4판

가족치료의 이해

정문자 · 정혜정 · 이선혜 · 전영주 공저

FOUNDATIONS OF FAMILY THERAPY (4th ed.)

학지사

4판 머리말

가족치료에 대한 사회적 요구가 꾸준히 증가하고 있고, 상담치료의 여러 현장에서 가족치료의 효용성이 크게 인정받고 있는 현실에서 역량 있는 전문가의 교육훈련이 더욱 중요한 시점이다. 가족치료의 교육훈련을 위해 유용한 교재를 저작하는 작업은 늘 저자들에게 커다란 관심이면서 부담이기도 하다. 저자들은 학생들을 만나는 강의실에서, 내담자를 만나는 임상 현장에서, 그리고 가족치료 발전을 함께 고민하고 나누는 동료들과의 만남에서 가족치료의 어떤 내용을 어떤 방식으로 구성하여 저작하는 것이 가장 적합한 교재일 것인지에 대한 여러 아이디어를 공유해 왔다. 이 책에 대한 독자들의 꾸준하고 좋은 반응은 큰 기쁨이 되어 왔을 뿐 아니라 책의 내용이나 방향에 대한 제안이나 평가는 책을 개정하는데 큰 자원이 되었기에 늘 감사한 마음이다.

『가족치료의 이해』 3판이 나온 지 7년 만에 내놓게 된 4판은 기존의 내용과 틀을 그대로 유지하되 몇 가지를 수정·보완하였다. 저자들은 각자의 바쁜 일정 속에서도 4판 개정을 위해 수차례 모임을 하며 의견을 나누고 다듬었으며, 개략적으로 다음과 같은 내용으로 개정하였다.

제1부 '가족치료의 발달'의 제1장에서 가족치료의 여러 모델을 소개한 부분을 모두 삭제하였다. 각 모델에 대해서는 제4~7장, 제9~10장에서 자세히 다루고 있기 때문이다. 다만, 해결지향 모델과 협력언어체계 모델에 대한 간략한 설명은 그대로 유지하였다. 제2장 '한국 가족치료의 발달'에서는 최근의 논의를 반영하여 한국 사회의 전통적 문제해결 방식에 관한 신문기사 내용을 대폭 업데이트하였다. 또한 한국 가족치료의 현황을 소개하는 부분에서는 2000년 이후 도입 확대되어 온 가족상담 및 치료 관련 법과 제도 그리고 한국 가족치료 국제화에 관한 최근 흐름을 추가하였다.

제2부 '초기 가족치료 모델'의 제3장에서는 가족치료의 세계관과 이론적 틀을 다룬 그림을 수정하였고, 제4~7장에서는 다세대, 경험적, 구조적, 전략적 가족치료의 틀을 유

지하면서 일부 내용을 보완하였다. 또한 각 장의 연습문제 가운데 최소 한 문제를 변경하였고, 각 장의 연습문제를 모두 세 문제로 통일하였다.

제3부 '후기 가족치료 모델'의 제8장 '후기 가족치료 이론적 기초'에서는 포스트모더니즘을 둘러싼 논란을 간략히 소개하였다. 제9장 '해결중심단기치료'에서는 해결중심적 사례개념화를 간략히 설명하고, 치료자가 해결중심 치료를 적용할 때 지침이 될 수 있도록 치료과정을 단계별로 설명하였다. 제10장 '이야기치료'에서는 기존의 틀을 유지하되 문제의 발생과 해결에 관한 입장을 보다 명확하게 제시하였다.

제3부 '가족치료의 이슈'의 제11장 '가족생활주기와 가족치료'에서는 가족생활주기 단계와 관련하여 소개했던 신문기사를 삭제하고 그 내용을 본문에 일부 포함시켰고, 이혼 및 재혼가족의 가족생활주기에서는 최신 통계 자료를 제시하고 연구 결과를 소개하였다. 제12장은 '가족평가'에서는 '가족치료 과정'으로 제목을 변경하고, 내용을 수정하였다. 가족치료 과정을 초기, 중기, 후기의 세 단계로 나누고, 각 단계별 주요 이슈와 점검사항을 살펴보았다. 마지막으로, 제13장 '가족치료의 윤리적 쟁점'에서는 코로나19 이후 급증한 비대면 상담치료 서비스의 추세를 반영하여 사이버상담에 대한 국내외 윤리 기준과 관련 쟁점을 설명했다. 또한 후기 가족치료의 시각에서 윤리적 실천의 개념과 방법을 새롭게 소개했다.

이 책의 제1, 3, 6, 8장은 정혜정 교수가, 제4, 7, 12장은 전영주 교수가, 제5, 9장은 정문자 교수가, 제10, 13장은 이선혜 교수가 담당하였다. 제11장은 정문자 교수와 정혜정 교수가 공동 집필하였으며, 제2장과 용어 정리는 모든 교수가 함께 참여하였다. 이번 4판 개정 작업에서는 각 장을 원집필자가 맡아 수정하였고, 제2장은 정혜정 교수와 이선혜 교수가, 제11장은 정혜정 교수가 개정하였다.

이 책이 독자들의 요구에 보다 부합하는 교재이기를 바라는 마음이 크다. 그럼에도 여전히 부족한 부분이 남아 있을 것이며, 좋은 책은 늘 독자들과의 열린 대화를 통해 가능하기에 독자 여러분의 조언과 비판을 흔쾌히 기다리며 아낌없는 의견을 주시기를 부탁한다. 이 개정판이 나오기까지 좋은 책 출판을 위해 관심과 지원을 아끼지 않으신 학지사 김진환 사장님과 편집 과정을 꼼꼼하게 챙겨 주신 편집부 유은정 과장님께 감사드린다.

2025년 8월

저자 일동

3판 머리말

『가족치료의 이해』의 2판이 출간된 지 6년이 흐르면서 가족치료 이론과 임상 현장에도 변화가 있어 이를 반영하기 위해 3판을 내놓게 되었다. 저자들은 독자 여러분들의 관심과 응원에 힘입어 『가족치료의 이해』 3판을 작업하면서 이 책이 유용할 뿐 아니라 이해하기 쉽도록 노력하였다. 이 책이 가족치료를 이해하고 학습하여 교육, 임상, 연구 활동에서 활용하는 데 도움이 되는 책으로 계속 남기를 저자들은 기대하고 소망하는 바이다.

이번 3판은 2판과 같이 총 4부 13장으로 구성되어 있으며, 그간의 이론적 · 임상적 · 현실적 변화를 반영하여 보완 · 확장하였다. 세부적으로 살펴보면 다음과 같다.

제1부 '가족치료의 발달'에서는 서구 가족치료 및 한국 가족치료의 발달에 대해 설명하고 있다. 이번 3판에서는 최근 한국 가족을 둘러싼 사회변화와 탈근대주의 가족으로의 이행 현상을 새롭게 추가 기술하였고, 한국 가족치료 인력과 현장의 최근 발전 동향을 포함하여 세계와 아시아 속에서 변화하는 한국가족치료의 위상을 소개하였으며, 관련학회의 가족상담 자격제도를 최근 공지된 내용으로 대체하였다.

제2부 '초기 가족치료 모델'에서는 초기 이론과 초기 모델 중 보웬, 사티어, 구조적, 전략적 가족치료 모델에 대한 설명에 더하여 모델별로 발전된 사항을 업데이트하거나 기존 내용을 보완하였다. 제3부 '후기 가족치료 모델'에서는 후기 이론과 후기 모델 중 해결중심치료와 이야기치료에 대한 설명과 함께 그간 발전된 내용을 업데이트하거나 기존 내용을 보완하였다.

제4부 '가족치료의 이슈'에서는 가족생활주기, 가족 평가, 윤리적 쟁점을 다루었다. 특히, 가족생활주기의 역동적 과정 모델을 소개하여 가족생활의 복합적 양상을 이해하는 메타 렌즈를 소개하였다. 현대가족이 경험하는 가족생활주기별 주요 이슈를 대중 매체 자료를 기초로 소개하고 설명함으로써 가족치료 현장에 참고할 수 있도록 보완하였다. 최근 컴퓨터와 모바일 매체에 기반한 다양한 사이버상담이 부상하는 추세를 감안하여

사이버상담 윤리를 다루었다.

이 책의 제1, 3, 6, 8장은 정혜정 교수가, 제4, 7, 12장은 전영주 교수가, 제5, 9장은 정문자 교수가, 제10, 13장은 이선혜 교수가 담당하였으며, 제11장은 정문자 교수와 정혜정 교수가 공동 집필하였으며, 제2장과 용어 정리에는 모든 교수가 참여하였다.

이 책이 독자 여러분의 서가에 오래도록 함께할 수 있도록 저자들은 여러분의 의견과 요청를 소중히 여기며 조언과 비판을 흔쾌히 수용할 것이다. 촉박한 일정 속에서 3판 작업이 신속히 진행될 수 있도록 격려하고 지원해 주신 김진환 사장님과 편집을 총괄하신 김준범 차장님께 진심으로 감사드린다.

2018년 2월

저자 일동

2판 머리말

『가족치료의 이해』의 초판이 출간된 지 4년이 좀 넘었다. 그동안 저자들은 가족치료를 강의하고 틈틈이 학회 활동을 하면서 이 책에 대한 각자의 의견과 경험을 나누곤 했다. 독자들의 우호적인 반응은 우리를 소녀처럼 기쁘게 만들었고, 지적과 평가에 대해서는 감사한 마음으로 수용하면서 이 책의 개정판은 어떤 모습이 되면 좋을지 그려 보곤 했다.

그러던 중 개정판 작업에 대한 김진환 사장님의 제안을 받고 다시 검토해 보니 그 세월 동안 변화도 많았고 정보도 많이 바뀐 것을 실감하게 되었다. 그리하여 개정판에서는 최신 정보를 가능한 한 많이 수록하였으며 책의 내용이 보다 쉽게 이해될 수 있도록 하였다. 개정판은 초판의 골격을 유지하되 다음의 측면에서 차이가 있다.

첫째, 한 개 장으로 되어 있던 가족치료의 이론적 기초를 초기 이론과 후기 이론의 두 개 장으로 나누고 각 장을 보완하였다.

둘째, 초기 이론 또는 후기 이론에 따라 가족치료 모델을 재정비하였다.

셋째, 초판에서는 하나의 가족치료 사례에 대해 한 가지 이상의 치료모델을 적용하여 기술한 반면, 개정판에서는 독자들이 혼란을 겪지 않도록 각 치료모델에 맞는 사례만을 적용하였다.

이 책은 총 4부 13장으로 구성되었다.

제1부 '가족치료의 발달'에서는 서구 및 한국 가족의 발달에 대해 설명하였다.

제2부 '초기 가족치료 모델'에서는 초기 이론과 이에 해당되는 모델 중 보웬, 사티어, 구조적, 전략적 가족치료 모델에 대해 설명하였다.

제3부 '후기 가족치료 모델'에서는 후기 이론과 이에 해당되는 모델 중 해결중심치료와 이야기치료에 대해 설명하였다.

제4부 '가족치료의 이슈'에서는 가족생활주기, 가족평가, 윤리적 쟁점을 다루었다.

이 책의 1, 3, 6, 8장은 정혜정 교수가, 4, 7, 12장은 전영주 교수가, 5, 9, 11장은 정문자 교수가, 10, 13장은 이선혜 교수가 담당하였으며 2장과 용어 정리에는 모든 교수가 참여하였다.

저자들은 『가족치료의 이해』 개정판이 독자의 궁금증을 풀어 주면서 유용하게 활용되는 좋은 가족치료 책이 되길 바라는 마음으로 노력을 아끼지 않았다. 그럼에도 남아 있을 부족한 부분에 대해서는 독자 여러분의 애정 어린 조언과 비판을 기대한다. 이는 독자 여러분의 관심과 애정에서 나오는 것임을 알기에 소중히 여길 것이며 지면을 빌려 감사의 마음을 전한다. 그리고 좋은 책이 나올 수 있도록 격려하고 지원해 주신 김진환 사장님과 편집과정에서 수고해 주신 김경민 과장님께 깊이 감사드린다.

2012년 1월

저자 일동

1판 머리말

국내 대학에 가족치료 과목이 개설된 것은 1970년대 말이다. 그때에는 가족치료에 관한 국내서적은 물론 외국자료도 제한되어 있어 가족치료 강의에 어려움이 있었다. 그 후 많은 가족치료 관련 교재가 출간되어 강의하기가 한결 수월해졌다. 최근 가족치료의 관점과 기법이 가족치료의 발생 초기에 비해 빠르게 변화하고 있고 한국 가족치료도 크게 발전되어 이러한 부분을 포함한 교재가 필요하다는 생각에 네 명의 교수가 뜻을 함께해 책을 쓰게 되었다. 이 책의 저자들은 대학교에서 오랫동안 가족치료를 가르치면서 임상실제에서도 가족치료를 해 온 교수들로서, 각자의 학문 분야에서 성실하게 전문성을 키워 온 것이 이 책을 쓰는 데 도움이 되었다. 급변하는 현대 사회에서 한국인이 경험하는 다양한 어려움을 이해하고 해소하는 데 가족치료의 유용성과 효과성이 크게 인정되는 분위기인 만큼 이 책이 한국인 정신건강의 청신호를 켜는 데 일조하였으면 한다.

이 책은 총 3부 13장으로 구성되어 있다. 1부 가족치료의 기초에서는 가족치료를 이해하기 위한 기본적인 내용을 다루며, 1, 2, 3장의 3개 장으로 구성된다. 1장에서는 가족치료가 태동하고 발달하기까지의 과정과 초기 가족치료 연구를 설명하며, 2장에서는 가족치료와 개인치료의 차이를 통해 가족치료의 특성을 설명하며, 초기와 후기 가족치료 모델의 이론적 기초와 특성을 살펴본다. 3장에서는 한국 가족치료의 발달과 현황 및 자격제도를 설명한다.

2부 초기 가족치료의 모델에서는 대표적인 가족치료 모델 6개를 선정하여 이 모델들의 발달배경, 주요개념, 치료목표, 치료과정, 치료기법, 그리고 치료자 역할을 설명하며, 4, 5, 6, 7, 8, 9장의 6개 장으로 구성된다. 4장은 보웬의 다세대 가족치료, 5장은 사티어의 경험적 가족치료, 6장은 구조적 가족치료, 7장은 전략적 가족치료, 8장은 해결중심단기치료, 그리고 9장은 이야기치료에 관한 것이다.

3부 가족치료의 이슈에서는 가족치료의 실제에서 중요하게 고려되어야 하는 점을 살피며, 10, 11, 12, 13장의 4개 장으로 되어 있다. 10장에서는 가족생활주기별 발달과제와 한국 가족의 구조적 변화 및 가족치료의 쟁점을 살피며, 11장에서는 가족평가의 개념과 여러 가지 평가방법을 고찰한다. 12장에서는 윤리적 가족치료 실천을 위한 가족치료의 윤리원칙과 윤리적 딜레마, 그리고 윤리적 의사결정 모델을 설명하며, 마지막 13장에서는 다섯 가지 가족치료 사례에서 제시된 문제를 다양한 가족치료 모델로 접근한다.

이 책의 1, 2, 6장은 정혜정 교수가, 4, 7, 11장은 전영주 교수가, 5, 8, 10장은 정문자 교수가, 그리고 9, 12장은 이선혜 교수가 담당하였으며, 3, 13장과 용어 정의에는 모든 교수가 참여하였다.

이 책의 기획에서부터 집필과 교정에 이르기까지 저자들은 더 좋은 책을 만들기 위해 각자의 바쁜 일정에도 불구하고 서울에서 수차례 모여 의견 조율과 내용 검토를 하였고, 이 책이 가족치료에 관심이 있는 학생, 임상가, 학자에게 도움이 되도록 많은 노력을 기울였다. 그럼에도 이 책의 내용에 이견이 있을 수 있으므로 독자 여러분의 충고와 지적을 감사히 받을 것이다.

이 책의 집필은 자료 수집과 정리 작업에서 여러 조교의 헌신적인 도움을 받았다. 연세대학교 대학원의 김윤경, 곽윤영 조교, 전북대학교 대학원의 이주연, 조소희 조교, 중앙대학교의 황영은 조교, 그리고 신라대학교의 손주영 조교에게 지면을 빌려 고마운 마음을 전한다. 끝으로 이 책의 집필을 격려하고 지원해 주신 학지사 김진환 사장님과 편집과 교정 과정에서 수고해 주신 김경민 님께 진심으로 감사드린다.

2007년 8월

저자 대표 정문자

차례

제2부
초기 가족치료 모델

제1부

가족치료의 발달

인간의 고통과 질병, 문제와 어려움은 역사와 함께하는 인간 존재의 본질이다. 사회적 · 문화적 · 역사적 맥락에 따라 특징적으로 나타나는 문제와 문제로 규정하는 내용이 다를 뿐 인간의 존재와 더불어 인간이 경험하는 문제 또한 언제 어디서나 다양하게 존재해 왔다. 동서고금을 막론하고 문제의 원인에 대한 시각과 그 방법 또한 다양하게 논의되어 왔으며, 이것 역시 사회문화적 배경과 역사적 맥락에 따라 차이가 있었다. 전통사회에서는 주로 종교, 무속신앙이나 민간신앙 등을 통해 문제의 원인과 해결책을 찾으려 하였다.

전통적인 민간 중심의 해결방식에 비해 '상담'이나 '치료'라는 과학적 접근방식을 통하여 문제해결을 시도한 역사는 길지 않으며, 서구에서도 상담은 100여 년의 짧은 역사를 가지고 있다. 정신분석이론을 비롯한 초창기 상담은 주로 문제의 원인을 개인에게서 찾고 개인을 대상으로 해결을 시도하는 개인 중심적인 접근이었다. 크게 정신분석이론, 행동주의와 인본주의 전통의 세 분파로 나누어진 개인 심리치료적 접근은 서구인의 취향에 맞는 과학적 방식으로 발전하여 20세기의 중반까지 주요한 문제해결 방식으로 존재하여 왔다.

20세기 중반에 이르러 서구에서는 개인 심리치료의 바탕이 된 세계관과는 다른 세계관이 출현하면서 '가족치료' 분야가 등장하게 되었으며 현재까지도 다양한 모습으로 발전하고 있다. 제1부에서는 가족치료를 이해하기 위한 기초 내용을 다룬다. 제1장에서는 가족치료가 태동하고 발달하기까지의 과정과 초기 가족치료 연구 및 개인치료와 가족치료의 차이에 대해 설명하고, 제2장에서는 한국 가족치료의 발달과 현황을 설명한다.

제1장

서구 가족치료의 발달

가족치료의 태동은 개인 심리치료적 접근으로 다루기에는 한계가 있었던 문제를 해결해야 하는 사회적 분위기와 다양한 분파의 학문적 노력에 의해 이루어졌다. 또한 제2차 세계대전이 끝나고 사회적 불안정의 중심에 가족이 있었고, 그러한 문제를 해결해야만 하는 시대적 요구도 있었다. 이것은 가족치료의 태동 이전에 존재하였던 선구자들의 노력과 통찰력, 인간의 문제해결 그리고 성장과 변화를 위한 이들의 새로운 시도를 향한 모험이 있었기에 가능하였던 것이다.

가족치료의 세계로 더 깊이 들어가기 전에 가족치료란 무엇인지, 가족치료사는 어떤 사람인지 개략적으로 이해해 보자. 가족치료의 정의나 특성에 대한 여러 시각이 있지만, 가족치료 발전의 모태가 된 미국부부가족치료학회(American Association for Marriage and Family Therapy: AAMFT) 홈페이지에 소개된 내용을 [글상자 1-1], [글상자 1-2], [글상자 1-3]에 실어 두었다.

글상자 1-1 가족치료란?

가족의 행동 패턴은 개인에게 영향을 미친다. 따라서 가족은 치료계획의 일부분이 되어야 한다. 가족치료의 단위는 개인이 아니다. 단 한 사람만 상담에 참석하더라도 치료의 단위는 그 개인이 속한 관계의 망이다.

가족치료는 단기적이고, 해결에 초점을 두며, 구체적이고 성취할 수 있는 목표를 설정하며, 종결을 염두에 두고 치료를 설계한다. 가족치료사는 다양하고 심각한 임상 문제를 다룬다. 지금까지 연구된 결과에 따르면 가족치료는 많은 정신건강 문제를 치료하는 데 있어 개인중심치료만큼 효과적이며, 어떤 경우에는 더 효과적이다. 성인의 조현병, 정서장애(예: 우울증, 불안), 성인 알코올 중독과 약물 남용, 아동의 품행장애, 청소년 약물 남용, 젊은 성인 여성의 식이장애, 아동 자폐증, 성인과 아동의 만성 신체질환, 부부불화와 갈등, 부모-자녀 간 문제를 정신건강 문제의 예로 들 수 있다.

가족치료사는 대개 평균 12회기의 단기치료를 한다. 대개 사례의 65.6%가 20회기 이내에 종결되며, 87.9%는 50회기 이내에 종결된다. 부부 · 커플을 대상으로 한 치료는 11.5회기, 가족을 대상으로 한 치료는 9회기 정도 요구되는데, 이는 개인을 대상으로 한 가족치료가 평균 13회기 걸린다는 점에 비추어 볼 때, 부부 · 커플이나 가족을 대상으로 한 가족치료가 더 단기에 이루어진다는 점을 말해 준다. 가족치료의 거의 반은 일대일 형식이며, 나머지 반은 부부치료, 가족치료, 혹은 여러 형태가 혼합된 치료다.

출처: www.aamft.org

글상자 1-2 가족치료사는 누구인가?

가족치료사는 심리치료와 가족체계이론 분야에서 훈련을 받는 전문가이자 결혼, 부부, 가족체계의 맥락에서 정신장애와 정서장애를 진단하고 치료할 자격을 갖춘 정신건강전문가로서 평균 13년의 임상 실습을 거친 임상 전문가다. 가족치료사는 전통적으로 개인을 강조하던 시각에서 벗어나 결혼과 가족이라는 일차적인 관계망 속에서 개인이 어떤 역할을 하며 어떤 특성을 갖는가에 초점을 둔다. 가족치료사는 정신건강 관리에 대해 전일론적(holistic) 시각을 취하며, 개인과 가족의 전체적 · 장기적 안녕에 관심을 둔다.

많은 연구가 정신장애와 정서장애 및 건강 문제를 치료하는 데 가족치료가 효과적임을 거듭 밝혀 왔다. 내담자는 가족치료사를 매우 만족스러워하며 자신의 직업 생산성, 동료 관계, 가족 관계, 파트너 관계, 정서적 건강, 전반적인 신체건강, 사회생활, 지역사회 활동이 매우 향상되었다고 보고해 왔다.

부부가족치료사(MFTs)는 부부가족치료 분야에서 석사 또는 박사 학위를 포함한 대학원 교육을 받고, 최소 2년 이상의 임상 경험을 쌓는다. 가족치료사는 정신건강의학, 심리학, 사회복지, 정신간호학과 함께 '핵심' 정신건강 전문직으로 인정받고 있다.

출처: www.aamft.org

글상자 1-3 왜 가족치료사를 이용하는가?

지금까지의 연구 결과에 의하면 가족치료가 정신장애와 정서장애 및 정서적 건강 문제의 다양한 범위를 치료하는 데 있어 효과적이라는 점이 반복적으로 밝혀졌다. 청소년 약물 남용, 우울증, 알코올 중독, 비만, 노인의 치매, 부부갈등과 불화 등은 가족치료사가 효과적으로 치료할 수 있는 사례 중 일부에 불과하다.

연구에 따르면 가족치료사의 서비스에 대해 내담자들의 만족도는 매우 높다. 내담자들은 직업 생산성, 동료와의 관계, 가족관계, 파트너와의 관계, 정서적 건강, 전반적인 건강, 사회생활, 지역사회 활동이 매우 향상되었다고 보고했다. 최근 한 연구에 따르면, 내담자들이 친구에게 가장 권하고 싶은 정신건강전문가로 가족치료사를 꼽았다. 가족치료 내담자의 98% 이상이 치료 서비스를 '좋았다' 또는 '아주 우수했다'고 평가했다.

치료를 받은 후, 내담자의 약 90%는 정서적 건강이 개선되었고, 약 2/3는 전반적인 신체 건강이 향상되었다고 보고했다. 대다수의 내담자는 직장에서의 능률이 향상되었고, 3/4은 부부관계가 향상되었다고 보고하였다. 또한 자녀가 치료대상인 경우, 부모들은 자녀의 행동이 73.7%의 사례에서 개선되었고, 다른 아이들과의 관계 능력이 크게 향상되었으며, 학교 성적이 향상되었다고 응답했다. 가족치료는 단기에 이루어지고, 문제해결 중심의 치료 방식과 가족중심 접근법, 그리고 입증된 효과 덕분에 정신건강 분야에서 그 중요성이 높아지고 있다.

출처: www.aamft.org

1. 가족치료의 발달배경

서구에서 가족치료가 하나의 학문 분야로 탄생하기까지 크게 두 가지 흐름이 뒷받침되었다. 첫째, 전통적인 개인 심리치료가 다루지 못했거나 그 접근으로는 한계가 있었던 문제와 어려움을 해결하기 위해서 개인치료의 주류 밖에서 몇 가지 새로운 움직임이 발생하였다. 둘째, 전통적인 심리치료의 밑바탕이 되었던 기계론적 세계관과는 기본적으로 다른 유기체론적 세계관이 확산되었다.

1) 개인치료의 주류 밖에서

가족치료가 탄생하기 전 서구에서는 개인 심리치료적 접근의 경계 밖에서 집단역동운동, 아동지도운동, 부부상담 그리고 사회복지실천에 대한 관심이 확산되었다. 이러한 움직임은 개인치료적 접근의 한계를 벗어나 문제를 해결하기 위한 공통된 시도였다. 집단역동운동은 개입의 대상을 개인에서 집단으로, 아동지도운동은 아동이나 성인의 심리적 문제의 원인을 개인의 심리 내면에서 아동기의 성장환경이나 부모와의 관계에서 찾았다. 부부상담은 부부관계와 가족 상호작용의 문제해결에 대한 요구였기 때문에 개인 심리치료의 주류 밖에 있는 전문가(예: 성직자, 교사)가 결혼생활의 문제를 상담하면서 발전하였다. 또한 사회복지실천도 개입의 초점을 개인이 아니라 가족에 두면서 가족치료 태동에 중요한 역할을 하였다.

(1) 집단역동운동

20세기 초 서구사회를 지배하였던 정신치료의 대상은 개인과 개인의 심리 내면이었다. 이러한 분위기에서 개인이 아닌 집단을 개입의 대상으로 하였다는 점은 획기적인 시도였다. 집단의 역동을 처음으로 도입한 것은 20세기 초였으며, 그 대표적인 인물은 오스트리아의 정신과 의사였던 모레노(Jacob Moreno)였다. 그는 환자로 하여금 어려움이나 갈등에 관해 직접 토론하는 대신에 드라마와 치료적 기술을 결합한 사이코드라마(psychodrama)를 개발하였고, 치료과정에서 환자의 심리적 어려움을 유발한 다양한 대인관계 상황을 재창출하고 재경험하는 것이 중요하다고 믿었다(Goldenberg & Goldenberg, 2002). 사이코드라마는 참여자의 삶을 실연함으로써 감정표현을 자극하고 갈등을 명확하게 하는 여러 가지 기법을 사용한다(Nichols & Schwartz, 2002). 대인관계의 행동과 갈등에 초점을 둔 사이코드라마를 통해 가족원 간의 관계를 탐색하고 갈등을 해결한다는 사고는 집단역동의 지도자에게 폭넓게 수용되었으며 가족치료의 발전과 자연스럽게 연결되었다.

집단역동에 관한 이론적 접근은 레빈(Kurt Lewin)이 발전시킨 장이론(field theory)을 기초로 하였다. 레빈은 인간의 행동은 개인과 환경 간 상호작용의 산물이라는 시각을 도입하였고, 집단이 그것의 부분의 합보다 크다는 개념을 발전시켰을 뿐 아니라 집단 토의가 개인 지도나 강의보다 더 효과적이라는 점을 강조하였다. 그의 시각이 소개되자 당시의 정신치료사들은 전통적인 정신치료 방식에 의문을 품었고, 개인이 아니라 가족 전체를 환자로 보기 시작하였다(Sieburg, 1985). 그리하여 가족 공동의 만남이 가족원 개인과의 분리된 만남보다 더 효과적일 것이라는 시각이 발전하였다(Nichols & Schwartz, 2002). 레빈의 이론은 게슈탈트 심리학을 바탕으로 하였는데, 가족치료에 적용된 그의 시각은, 첫째, 부분과 요소는 별개로 존재하지 않고 전체로 통합되며, 둘째, 행동은 기계적으로 이루어진다기보다 역동적이라는 두 가지 점이다. 이러한 시각은 인간의 행동은 모든 상황에서 동일하지 않으며 관계를 맺고 있는 사람과 상황에 따라 변화한다는 시각으로 발전하였다(Sieburg, 1985).

(2) 아동지도운동

20세기 초에 출현한 아동지도운동 또한 가족치료의 발달에 영향을 미쳤다. 이는 정신분석이론가와 개인 심리학자들이 주장한 것처럼 정서적 문제는 아동기에 시작되며, 아동기의 예방과 초기 발견 및 치료는 이후의 심리적 문제를 예방할 수 있다는 가정에 기초하였다(Nichols & Schwartz, 2002).

성인기의 심리적 문제가 아동기의 해결되지 않은 문제에서 비롯되었다고 가정한 최초의 인물은 프로이트(Sigmund Freud)였다. 그는 성적 에너지인 리비도의 위치 변화에 따라 심리성적 발달이 이루어지며, 증상은 심리성적 발달이 적절히 충족되지 않은 정신 내적 역동에서 나온다고 보았다. 그리하여 아동이 심리성적 단계를 성공적으로 밟아 가기 위해서는 부모가 적절한 반응을 보여야 한다고 가정하면서 조현병 및 다른 질병의 발현에서 가족관계의 영향을 의식하였다. 그는 유명한 '한스 소년'을 치료할 때 아버지를 참여시킴으로써 1인 이상의 가족원을 대상으로 치료한 최초의 인물이었다.

아들러(Alfred Adler)는 아동 발달에 부모와 가족이 미친 영향을 강조하였으며, 더 나아가 교사와 학교가 아동에게 미친 영향을 강조하였다. 그는 인생 초기 가족 경험이 성인이 되어서의 행동을 결정한다고 주장하였고, 그가 발전시킨 개념(예: 출생순위, 사회적 관심)이 가족치료에 적용되기도 하였다.

(3) 부부상담의 필요성 확산

개인의 심리 문제를 치료하는 주요 이론과 기법으로 정신치료가 전통적으로 사용되어 왔으나 20세기 초반에 확산된 결혼생활 문제는 개인의 심리적 문제이기보다는 부부 상호작용의 결과로 나타나는 경우가 더 많았기 때문에 정신치료적 접근으로 다루기에는 한계가 있었다. 따라서 당시에 결혼생활에 문제가 있었던 사람들은 심리치료전문가를 찾기보다는 목사, 의사, 변호사, 교수, 교사 등 정신치료의 주류 밖에서 사람들을 돕는 전문가 집단을 찾아 자신의 어려움을 의논하였다. 당시 정신치료는 환자 가족과의 접촉을 금하는 정신분석 전통을 따랐지만, 주류 밖의 전문가는 결혼생활의 어려움을 다루기 위해서 부부를 공동으로 만나야 한다고 확신하게 되었다. 비록 당시에는 부부 문제를 상담하기 위한 이론적 틀이 없었지만, 이들은 결혼생활 문제를 해결하기 위해 새로운 접근이 필요하다는 점에는 공감하였다. 이러한 움직임은 당시 남성이 지배하던 학문 영역에서 가정과 가족의 이슈가 무시되던 분위기에서 리처드(Ellen Richards) 등의 여성학자들을 중심으로 가정·가족과 환경의 상호작용 및 가족구성원 간의 상호작용에 초점을 둔 가족생태학 모델의 발전(Hook & Paolucci, 1970)과 자연스럽게 연결되었다. 가족생태학은 오늘날 가정학 혹은 생활과학 발전의 모태가 된 이론으로서(Allen & Henderson, 2017), 생태체계적 관점은 가족치료의 인식론적 기초(Keeney & Ross, 1982)가 되었고, 이는 일반체계이론의 많은 부분과 일치한다.

(4) 사회복지실천의 영향

사회복지실천은 19세기 말 영국과 미국의 자선조직협회(COS)에서 출발한 전문직으로, 전통적으로 개입의 초점을 가족에 두어 왔다. 초기에는 우애방문원(friendly visitor)으로서 가정을 방문하여 의식주와 같은 기본적 욕구를 사정하고 원조했으며, 이와 함께 가족의 심리정서적 문제에도 관심을 기울여 부부갈등이나 자녀양육과 같은 문제를 직접 다루었다. 또한 이민자의 정착을 돕기 위해 인보관(settlement house)을 설립하여 개인은 물론 다수 가족을 대상으로 원조를 제공했다. 가족대상 사회복지실천(family casework)은 초기 사회복지사 훈련의 최대 관심사였다. 가족 문제를 완전하고 정확하게 이해하기 위해 부모와 함께 면접하는 것에 중요성을 두었는데, 이는 가족생활의 책임을 어머니에게 돌리는 당시 관행과는 매우 대조적인 접근이었으며, 정신건강 분야에서 가족합동면접이라는 것이 시도되기 훨씬 전의 일이었다(Nichols & Schwartz, 2002). 특히 전체 가족에 대한 개입을 강조하여 개별 구성원을 그 맥락인 가족과 분리할 수 없다고 보았고, 구성원 간 정서적 유대를 개인 생존과 성취의 결정요인으로 보았다. 사회복지사는 가족치료 운동이 시작되면서 이 분야에 대거 참여하였으며, 반세기를 거치는 동안 사티어(Virginia Satir), 팹(Peggy Papp), 호프먼(Lynn Hoffman), 월시(Froma Walsh), 아폰테(Harry Aponte), 화이트(Michael White), 버그(Insoo Kim Berg), 드세이저(Steve de Shazer), 카터(Betty Carter), 몬탈보(Braulio Montalvo), 맥골드릭(Monica McGoldrick) 등의 가족치료 지도자를 배출했다.

2) 체계론적 사고의 등장

> 1950년대에 여러 흐름이 모여서 하나의 새로운 관점, 즉 가족은 살아 있는 체계이자 유기체적인 총체라는 관점에 이르게 되었다. 정신과 의사는 종종 환자가 회복되면 가족의 누군가가 악화된다는 사실을 발견하였다. 그래서 어떤 한 개인의 변화는 가족 전체의 체계를 변화시키며, 결론적으로 가족을 변화시키는 것이 개인을 변화시키는 가장 효과적인 방법이 될 수 있다는 사실이 명백해졌다(Nichols & Schwartz, 2002, p. 42).

하나의 학문 분야의 출현과 발달은 그 시대를 지배하는 과학적 패러다임이나 세계관을 바탕으로 한다. 가족치료도 서구인이 실재(reality)를 인식하는 방식과 서구의 학문 세계를 지배한 패러다임의 변화라는 시대적 분위기 속에서 탄생하였다. 중세 이후부터 서구의 과학은 엄격한 기계론적 패러다임이 지배하였고, 이를 바탕으로 1896년 프로이트의 정신분석이론이 탄생하였다. 한편, 20세기 초 아인슈타인의 '상대성 이론'이 발표되면서 물리학 분야의 개념과 사상에 극적인 변화가 일어났고, 그로부터 기존의 기계론적 패러다임에 변화가 일어나면서 그 변화의 일부로 가족치료가 출현하게 되었다. 이러한 변화는 유기체론적 세계관의 등장으로 요약할 수 있으며, 이것은 생물학자에 의해 구체화되고 조직화되었다. 새롭게 나타난 세계관은 체계론적 사고로 함축되어 나타났으며, 그로부터 일반체계이론과 사이버네틱스라는 구체적인 이론이 발달하게 되었고, 이들 이론을 바탕으로 체계론적 가족치료, 즉 초기 가족치료이론이 출현하였다(Becvar & Becvar, 2016).

체계론적 사고는 세계를 모든 현상의 상호 연관성과 상호 의존성으로 파악한다. 이러한 사고는 세계를 분리된 객체로 구성된 기계조직으로 본 기계론적 세계관과는 매우 다른 것이었다(Becvar & Becvar, 2016; Capra, 1998). 세계관의 차이는 문제의 원인과 해결을 바라보는 시각, 내담자와 치료자에 대한 시각, 개인이 세상을 인식하는 방식과 의미 등에서 차이가 있음을 가정하는 것이었고, 그 결과 전통적인 심리치료와는 다른 가족치료라는 새로운 분야가 탄생할 수 있었다. 여기서는 가족치료의 탄생이 세계관의 변화와 함께하였음을 간략하게 설명하는 데 초점을 두며, 체계론적 사고에 대해서는 제3장에서 자세히 다루었다.

2. 서구 가족치료의 발달단계

가족치료의 씨앗은 1930년대 후반부터 1940년대 초반에 뿌려졌고, 1950년대에 태어나 1960년대에 성장하다 1970년대에 성숙하기를 맞이했으며, 1980년대에 황금기에 이른 후 1990년대에 또 한 번의 도약과 통합을 이루게 되었다(Becvar & Becvar, 2001). 다음에서는 서구 가족치료의 발달사를 단계별로 살펴보며, [그림 1-1]에 가족치료의 발달과

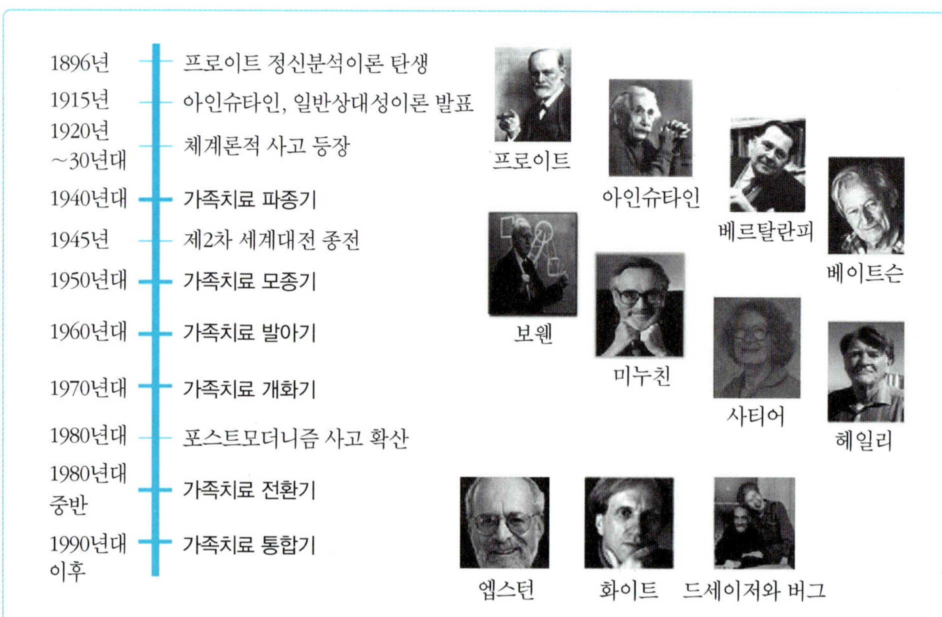

[그림 1-1] 가족치료의 발달과정과 주요 인물

정과 주요 인물을 간략히 소개하였다.

1) 파종기: 1940년대까지

가족치료는 심리치료의 한 분파로 발전하였다기보다 새로운 세계관과 인식론의 발전에 힘입어 태동하였다. 가족치료는 20세기의 중반까지 서구를 지배하였던 기계론적 세계관으로 설명할 수 없었던 많은 생명 현상을 설명하기 위하여 발전되었던 체계이론과 사이버네틱스의 영향으로 발전하였다. 사람을 로봇이나 컴퓨터와 같이 외부 자극에 반응하는 존재로 보는 기계론적 세계관은 생물학 분야에서 관찰되었던 여러 가지 현상, 특히 생명이라는 유기체를 설명하기에는 한계가 있었기 때문에 많은 비난을 받게 되었다. 그리하여 1920~1930년대에 생물학자였던 베르탈란피(Ludwig von Bertalanffy)는 세상과 사람을 유기체로 보는 생물학적 관념을 발전시켰고 그로부터 일반체계이론을 발전시키게 되었다(Bertalanffy, 1968). 사이버네틱스의 발전 또한 가족치료의 태동에 씨앗이 되었다. 사이버네틱스라는 용어는 1942년 위너(Norbert Wiener)가 처음으로 사용하였다. 사이버네틱스의 출현은 전통적인 심리치료가 성격의 구조나 내용에 관심을 두었던 시각에서 벗어나 사람 간의 의사소통 유형이나 피드백 과정에 관심을 돌리도록 하는 데 크게 기여하였다(Becvar & Becvar, 2016).

가족치료의 태동은 1940년대 미국의 시대적 상황과도 밀접한 연관이 있다. 제2차 세계대전이 한창이던 1940년대 초반 미국 사회의 최대 관심사 가운데 하나는 전쟁에서 이기는 것이었다. 전쟁기술 향상이라는 목적을 달성하기 위하여 다학제적 연구팀이 결성되었고, 기계론적 개념뿐 아니라 기계와 유기체를 함께 연구할 필요성이 절실해졌으며, 그 결과 유기체론적 사고에 관심을 기울여야 할 필요성이 대두되었다.

이러한 시대적 분위기에서 가족치료의 태동에 가장 중요하고도 직접적인 영향을 미쳤던 사람은 영국의 인류학자이자 민족학자였던 베이트슨(Gregory Bateson, 1972)이었다. 인식론자이기도 하였던 그는 제2차 세계대전 동안 미국의 국방기관에서 다학제팀의 일원으로 일하면서 다른 분야의 학자들과 아이디어를 교류하였다. 1946년 사이버네틱스에 관한 다학제적 토론의 장이었던 메이시 회의(Macy conference)에서 그는 학습이론을 비롯한 기계론적 모형이 생명현상이나 다양한 문화의 안정기제를 설명하기에는 한계가 있음을 지적하였으며, 당시 공학 분야에 적용되고 있던 사이버네틱스의 원리와 개념을 행동과학의 용어로 환원하기 시작하였다. 그가 사이버네틱스에 비상한 관심을 가졌던 것은 피드백이 생명의 일반적인 패턴이라는 사실을 발견하면서, 사회체계 또한 하나의 유기체로서 본질적으로 피드백이라는 순환과정에 의해 움직인다고 믿었기 때문이었다. 그의 궁극적인 관심은 분리되어 존재하는 실체를 탐구하는 것이 아닌 다양성 속에서 공통적인 조직원리를 발견하는 것이었으며, 수년 후 그는 그 원리를 "서로를 연결 짓는 패턴(patterns which connect)"이라고 설명하였다(Bateson, 1972). 그의 이러한 공헌은 개별적으로 존재하는 대상이나 실체에 초점을 두는 전통적인 심리치료적 접근에서 벗어나 사람 간의 상호작용이나 관계패턴에 초점을 두는 가족치료의 태동에 직접적인 동인이 되었다.

2) 모종기: 1950년대

메이시 회의는 그 이후에도 7년간 소규모 회의 형식으로 지속되면서 새로운 과학적 사고에 대해 나누고 체계화하는 토론의 중심이었다. 더불어 일반체계이론과 사이버네틱스의 개념이 행동과학에 구체적으로 적용되기 시작하였고, 가족치료라는 분야가 모습을 드러내게 되었다. 비록 전쟁이 승리로 끝났지만 이 시기의 미국 사회는 전쟁 이후 재결합한 가족의 스트레스 증가, 전쟁으로 인한 결혼의 지연, 종전 후 베이비붐 등 가족생활의 급격한 변화를 경험하면서, 사회의 기본단위인 가족의 안정성 회복을 통한 사회 안정이라는 데 관심이 모이게 되었다. 당시에는 개인과 자아를 강조한 정신역동적 심리치료가 서구사회를 지배하고 있었으며 표준적인 치료방식으로 간주되었다.

그럼에도 조현병은 전통적인 치료방식으로 해결하기 어려워 보였고, 문제해결을 위한 노력의 일환으로서 가족에 대한 관찰과 연구가 정당화될 수 있었다. 당시 가족을 관찰하고 연구하는 것은 과학적 절차를 따르는 표준적인 치료방식에 위배되지는 않았으나 환영받지는 못했다. 가족치료는 과학적 이론이라는 지도에도 없는 미지의 땅이었지만, 새로운 세계를 개척하려 했던 많은 선구자에 의해 서서히 그 모습을 드러내게 되었다.

이러한 시기에 베이트슨은 논리유형과 의사소통 수준에 구체적인 관심을 두게 되었고, 비슷한 관심을 보였던 여러 분야 전문가들의 중심에 서서 동물과 인간 행동의 다양한 측면을 연구하기 시작하였다(Bateson, 1972). 이 연구 집단에는 의사소통 전문가였던 헤일리(Jay Haley)와 문화인류학자였던 위클랜드(John Weakland), 정신과 의사였던 프라이(William Fry)가 있었다. 이들 연구의 초점은 의사소통 수준 간의 불일치에 있었다. 이 과정에서 이들은 조현병 환자의 언어를 연구하게 되었고, 정신과 의사였던 잭슨(Don

Jackson)이 연구팀에 합류하면서 의사소통이론에 초점을 두게 되었다. 그러면서 조현병이 가족환경 안에서 발생할 수 있다는 연구가설을 세우기 시작하였다. 그 결과, 베이트슨은 1956년 조현병 환자 가족에 관한 이중구속 가설을 발표하면서, 조현병이 개인의 정신 내적 질병이라기보다 대인적 · 관계적 현상이라고 보았다(Bateson, Jackson, Haley, & Weakland, 1956). 이는 당시 정신역동이론이 정신치료를 지배하였다는 점에 비추어 볼 때 획기적인 진전이었다.

정신치료 접근과 체계론적 접근 사이에 다리를 놓아 준 또 한 사람의 선구자는 소아정신과 의사였던 애커만(Nathan Ackerman)이었다. 그가 1937년에 발표한 『사회정서적 단위로서의 가족』은 가족치료 분야에서 최초의 출판물로 인정받고 있다. 전통적인 정신분석 훈련을 받았던 그는 지속적인 경제적 어려움이 가족환경과 정신건강에 미치는 영향에 관심을 갖게 되었다. 그 후 애커먼은 아동지도클리닉의 정신과 과장으로서 어머니와 자녀를 '함께' 면담하면서 치료하는 실험을 시작하기도 하였다. 비록 그는 체계론적 접근을 완전히 받아들이지는 않았지만, 개인의 정신역동에 가족환경이 미치는 영향을 중시하면서 가족평가와 치료를 주도하는 선구자 역할을 하였다. 그의 이러한 관심은 1960년 뉴욕에서 '애커만 가족연구소(Ackerman Family Institution)'를 창립하기에 이르렀고, 1962년 잭슨과 더불어 가족치료 분야의 최초의 학술지인 『가족과정(Family Process)』을 발행하게 되었다. 1971년 그가 사망하자 가족연구소는 그의 이름을 기려서 애커만 가족연구소로 개칭되었고, 그가 중심이 되었던 정신역동적 성향의 가족치료는 체계론적 경향으로 기울기 시작하였다.

보웬(Murray Bowen, 1978) 또한 이 시기에 활동하면서 가족치료 이론을 발전시킨 선구자였다. 그도 정신분석 훈련을 받은 전형적인 정신과 의사였지만 조현병 환자 가족과 일반 가족에 차이가 있음을 관찰하고, 환자와 어머니의 속박관계에 관심을 두고 관찰과 연구를 계속하였다. 그는 가족을 정서적 단위로 보았고, 여러 세대에 걸쳐 전수되는 정서적인 융합으로 인하여 조현병이 발생한다고 설명하였다.

경험적 가족치료를 발전시켰던 위터커(Carl Whitaker)는 조지아주 애틀랜타를 중심으로 1950년대부터 활동한 정신과 의사로서 조현병 치료를 위해 가족을 변화시키는 데 초점을 두었다. 그는 교육을 통해서가 아니라 치료 장면에서의 경험을 통해 가족을 변화시킬 수 있다고 믿었으며, 이론의 구축보다 치료기법을 개발하는 데 치중하였다. 그리하여 그는 조현병 환자의 치료를 위해 놀이치료를 실시하였으며, 환자뿐 아니라 가족도 치료과정에 참여시켰다. 그는 치료란 직관적이며, 비유와 자유연상, 환상을 통해 진행되는 예술과 같은 것으로 보았는데(Whitaker & Keith, 1981), 그의 시각은 이후 경험적 가족치료 발전의 기초가 되었다.

이 시기에 조현병 연구와 치료에 초점을 둔 정신역동적 성향의 또 다른 두 사람, 즉 리즈(Theodore Lidz)와 윈(Lyman Wynne)도 가족치료의 발전에 크게 공헌하였다. 이 두 사람 모두 이론의 구축이나 모델의 고안보다도 특정 개념을 만들어 조현병 환자 가족을 설명하는 데 주력하였다. 리즈는 조현병 환자를 치료하기 위해 프로이트적 관념을 거부하였고, 조현병 환자 가족에 관한 종단연구를 통해 어머니의 영향뿐 아니라 아버지의 영향도 중요하다고 강조하였으며, 부부균열과 부부불균형이라는 두 개념을 발전시켰다. 윈도 정신과 의사였지만, 조현병을 이해하기 위해서는 가족의 역할관계와 의사소통 유형을 고려해야 한다고 강조하였다. 1948년 하버드대학교 의과대학원을 졸업하고 1952년 미국정신건강연구소(NIMH)에 합류한 윈은 1954년 이 기관에 합류한 보웬과 함께 조현병 환자 가족에 관한 연구를 더욱 구체적으로 할 수 있게 되었고, 곧이어 애커먼, 잭슨, 리즈와 대화하면서 거짓친밀성, 거짓적대성, 고무울타리 등 몇 가지 중요한 개념을 발전시키게 되었다. 헝가리 출신으로 미국에 이민하여 정신분석학 훈련을 받은 정신과 의사였던 보조르메니-나지(Ivan Boszormenyi-Nagy) 또한 이 시기에 아동지도상담소에서 일하면서 가족의 다세대과정의 영향을 강조한 맥락적 가족치료 이론을 확립하였다.

3) 발아기: 1960년대

가족치료의 초기 선구자들이 뿌린 씨앗은 1960년대 들어 발아하기 시작하였다. 가족치료가 하나의 독립된 전문 분야로 자리 잡기 시작하였고, 몇 가지 대표적인 가족치료 이론과 모델이 발표되기 시작하였다. 당시 미국 캘리포니아주의 팔로알토(Palo Alto)에는 가족치료에 관심을 둔 전문가 집단이 결집하였으며, 여기에 정신건강연구소(Mental Research Institute: MRI)가 위치해 있다. 처음에 MRI는 조현병에 초점을 두었지만, 이후 치료의 폭을 넓혀 청소년 비행과 학교 문제, 정신·신체 질환 및 부부 문제를 치료하기 위해 가족을 연구하기 시작하였고, 일반 대중에게 가족치료에 관한 인식을 심어 주기 시작하였다.

당시 MRI를 중심으로 가족을 연구하고 치료했던 대표적인 인물로 잭슨, 헤일리, 사티어를 들 수 있다. 특히 잭슨은 1967년 가족치료 분야의 고전으로 간주되는 『인간 의사소통의 실용성(The Pragmatics of Human Communication)』이라는 책을 바츨라비크

(Paul Watzlawick) 및 비빈(Janet Beavin)과 함께 저술하였으며, 1962년 『가족과정(Family Process)』을 애커먼과 함께 창간하였다. 그는 또 가족항상성의 개념을 가족치료 분야에 소개하기도 하였다.

사티어는 오늘날까지 가장 영향력 있는 가족치료자 중의 한 사람으로 여겨지고 있는데, 그녀의 활동 무대도 이 시기에는 MRI였다. 그녀는 활동 초기에 의사소통에 관심을 두었고, 인생 초기 부모와의 의사소통과 상호작용을 통해 정서적 성장과 자아존중감이 형성된다고 믿었으며, 1964년 『공동가족치료(Conjoint Family Therapy)』를 저술하였다. 그녀가 발전시킨 초기 모델은 의사소통 모델로 분류되는 경향이 있었으나, 그녀의 후기 모델은 치료 장면에서의 경험을 중시하는 것으로 초점이 옮겨지면서 오늘날은 경험적 모델의 대표자로 더 잘 알려져 있다.

헤일리는 초창기 MRI의 주요 구성원으로서 초기에는 의사소통 수준에 관심을 두었고 베이트슨과 더불어 이중구속의 개념을 발전시키는 데 기여하였다. 그러나 그는 그 이후 권력(power)이 인간 상호작용의 필수적인 부분이라는 생각에 몰두하였고 이를 기초로 전략적 가족치료를 발전시켰다. 이와 같이 MRI는 가족치료의 발달 초기에 여러 선구자가 서로의 아이디어를 나누는 중심지로서 의사소통 가족치료와 전략적 가족치료를 탄생시켰다. 그러나 1968년 잭슨이 사망하고 사티어와 헤일리가 다른 곳으로 자리를 옮기면서 MRI는 단기치료 프로젝트를 시작하게 되었으며 오늘날까지도 미국 가족연구의 중심지로 자리 잡고 있다.

MRI가 미국의 서부 지역에 위치한 가족치료의 중심지로서 헤일리, 잭슨, 사티어가 이곳에서 주로 활동하였다면, 미국의 동부 지역에서는 아르헨티나 태생의 정신과 의사였던 미누친(Salvador Minuchin)이 가족을 치료하는 작업에 관심을 두기 시작하였다. 그는 저소득층 비행청소년 집단을 치료하는 과정에서 정신분석치료 기법이 효과적이지 못함을 발견하였고 이 집단을 치료하는 데 맞는 기법을 개발해야 할 필요성을 느끼게 되었다. 결국 그는 청소년의 비행 뒤에는 역기능적인 가족구조가 있음을 발견하게 되었고, 1967년 다른 연구자와 함께 『빈민가의 가족들(Families of Slums)』을 출판하였다. 그는 1965년 필라델피아 아동지도클리닉(Philadelphia Child Guidance Clinic)을 창설하여 빈민가족을 대상으로 더욱 구체적인 치료와 연구 활동을 시작하였다. 이후 미누친은 구조적 가족치료를 발전시킨 대표자이며 초기의 선구자로서 2017년 10월 사망하기까지 많은 활동을 하였다.

4) 개화기: 1970년대

가족치료의 태동과 발전과정에서 베이트슨의 영향과 공헌은 아무리 강조해도 지나침이 없다. 그는 자신의 아이디어를 집대성한 책인 『마음의 생태학의 단계들(Steps to an Ecology of Mind)』을 1972년에 출판하였다. 이 책은 가족치료의 선구자들과 초기 연구자들에게 큰 호응을 불러일으켰는데, 그의 중심 메시지는 '대상에서 관계로의 이동'이었다. 그는 생물의 특징인 서로 연결되어 있는 체계의 특징을 '마음'이라고 규정하였다. 마음은 개별적인 유기체뿐 아니라 사회 체계와 생태계에도 표출되어 있다고 강조하였다(Bateson, 1972, 1990; Flemons, 1991).

더불어 가족치료라는 전문 분야는 1970년대 들어 개화기를 맞게 되었다. 가족치료 선구자들이 발전시킨 이론적 모델은 더욱 분명하게 구분되었고, 특정 모델을 배우려는 학생들은 특정 모델을 대표하는 센터나 기관으로 몰려들기 시작하였다. 특정 모델의 지도자들은 록 스타처럼 유명인사가 되고 이상화되었으며, 가족치료가 심리치료의 대안으로서 매우 효과가 있다는 흥분에 찬 확신이 전염되기도 하였다(Nichols & Schwartz, 2002). 초기 선구자들의 치료와 연구결과를 담은 가족치료 관련 출판물의 성과는 최고조에 달하였으며, 주요 모델 간의 경계는 더욱 분명해졌다. 이 시기까지 발전된 가족치료의 주요 모델은 전통적인 심리치료와 구분되었지만, 일부 모델은 심리치료 모델을 가족치료에 접목하여 발전된 것이기도 하였다. 이 시기까지 발달한 대표적인 가족치료 모델로는 다세대 모델, 구조적 모델, 경험적 모델, 전략적 모델(MRI를 중심으로 발전된 모델을 의사소통 모델로 분류하기도 함), 맥락적 모델이 있으며, 심리치료 모델을 가족치료에 접목한 모델로는 대상관계 가족치료와 인지행동적 가족치료 모델이 있다.

5) 전환기: 1980~1990년대

(1) 초기 모델의 통합

일반체계이론과 사이버네틱스로 대표되는 체계론적 사고를 바탕으로 발전된 초기의 가족치료 모델은 1970년대에 그 발전이 정점에 이르렀다. 1970년대에 미국에서 특정 기법을 교육하는 훈련 센터는 특정 모델을 배우거나 워크숍에 참석하려는 사람들 때문에 언제나 만원이었다. 그러나 이처럼 특정 모델에 열광하던 분위기는 1980년대에 와서 많이 수그러들었다. 순수한 보웬파 또는 미누친파라고 규정하던 분명한 경계는 점차 그 의미가 퇴색되어 갔다(Becvar & Becvar, 2016). 특정 모델의 훈련만으로는 훌륭한 임상가가 되기에 충분하지 않았음을 인식하게 되면서 그 이상을 요구하는 분위기가 확산되었을 뿐 아니라 가족치료 훈련생 또한 여러 모델을 통합하고 필요에 따라 적절한 모델을 사용할 필요성을 절감하게 되었다. 그리하여 가족치료자는 개인의 선호 또는 내담자나 증상에 따라 특정 모델을 사용하거나 여러 모델을 통합할 필요성을 느끼기에 이르렀다.

초기 가족치료 모델은 '1차 가족치료' 혹은 '체계론적 가족치료'라고 불린다. 초기 가족치료 이론은 두 측면에서 서로 차이가 있다(Kaslow, 1986). 하나는 이론의 초점이 개인의 심리 내면에 더 있는지 아니면 대인관계에 더 있는지에 따라 차이가 있다. 보웬의 다세대 모델이나 사티어의 경험적 모델은 관계뿐 아니라 개인의 심리 내면체계에도 초점을 두는 반면, 미누친의 구조적 모델이나 전략적 모델은 관계체계를 더 강조하는 경향이 있다. 다른 하나는 시간에 대한 관점의 차이로 과거와 현재를 강조하는 정도에서 차이가 있다. 다세대 모델이나 맥락적 모델, 사티어의 원가족 경험의 강조는 현재뿐 아니라 과거에도 초점을 두지만, 구조적 모델이나 전략적 모델은 과거보다 현재에 더 초점을 두는 경향이 있다.

이처럼 초기의 이론은 서로 강조하는 초점과 주요개념, 치료목표 및 기법에서 차이가 있지만 다음과 같은 유사점도 있다(Gurman, 1979).

- 치료의 첫 단계에서 가족에 대한 평가를 강조한다.
- 문제발생에 대해 특정 가족원에 초점을 두는 것이 아니라 가족원 모두의 책임을 강조한다.
- 가족의 의사소통 유형 파악 및 수정을 강조한다.
- 치료의 목표가 유사하다. 즉, 가족역할의 융통성과 적응력 도모, 부부간의 권력 균형, 가족 집단성 안에서 개별성 확립, 의사소통의 구체성과 명료성 도모가 치료의 목표다.

(2) 후기 모델의 출현

초기 모델의 이론적 기초였던 일반체계이론과 사이버네틱스는 유기체론적 관점을 함축하고 있다. 그러나 초기 모델은 유기체론적 시각을 온전히 반영하였다기보다, 당시 서구사회를 지배한 모더니즘의 사조에 많은 영향을 받았다. 모더니즘은 기계론적 세계관을 반영한 사조로서, 이 세상은 어떤 법칙이나 규칙에 의해 움직이는 기계와 같고 일단 기계를 움직이는 법칙을 알면 기계가 고장이 나더라도 쉽게 고칠 수 있다고 믿었다. 절대적인 진리가 존재한다고 믿었으며, 보편적인 원리를 근거로 객관적이고 과학적인 관찰과 측정을 통해 실재를 발견할 수 있다고 믿었다. 이러한 시각을 반영하여 발전된 초기 가족치료 모델은 비록 그 초점을 개인의 심리 내면에서 벗어나 관계나 맥락에 두었지만, 여전히 가족의 상호작용 패턴을 객관적인 기준으로 관찰하고 평가할 수 있다고 믿었다. 초기 모델이 제시하고 있는 주요개념은 가족의 정상성이나 역기능성 여부를 정의하고 치료목표를 설정할 수 있는 근거가 되었다(Becvar & Becvar, 1999, 2016). 그리하여 치료자는 가족의 기능/역기능에 대한 객관적이고 전문적인 지식을 갖고 있기 때문에 그 관찰과 평가가 중시되었던 반면, 내담자의 경험세계는 후기 가족치료 모델에 비해 크게 고려되지 않았다.

모더니즘의 이러한 한계에서 벗어나려는 노력은 포스트모더니즘의 등장으로 확산되었다. 그리하여 개인이 의미를 부여하는 세계가 곧 진실이요, 실재라는 믿음이 확산되었다. 실재란 객관적으로 '바깥 거기에(out there)' 존재하는 그 무엇이 아니라 개인이 주관적으로 구성하는 의미의 세계라는 믿음이 확산되었던 것이다. 일반체계이론에 대한 믿음은 그 영향력을 잃어 가는 대신, 구성주의와 사회구성주의가 포스트모더니즘의 사조 속에 새롭게 등장하였다. 구성주의는 실재란 개인이 주관적으로 구성하는 것임을 강조하며, 사회구성주의는 우리가 경험하는 실재는 사회적이고 언어적 상호작용을 통해 구성된다고 보는 시각이다(Becvar & Becvar, 1999, 2016).

따라서 더 이상 특정 모델에서 제시하는 주요개념에 따라 정상성/역기능성을 평가하고 치료목표를 설정하는 것은 의미를 잃어 가게 되었다. 대신 개인이 자신의 가족이나 관계를 어떻게 경험하는지, 자신의 경험의 세계에 어떤 의미를 부여하며 자신의 경험의 세계를 어떻게 구성하는지를 파악하는 것이 문제해결 과정에서 더 중시되는 관점이 확산되었다. 그리하여 치료자는 내담자보다 더 많이 알고 있는 유능한 전문가가 아니라 내담자의 경험세계를 재창조하는 과정에서 협력해야 할 동반자의 입장이라는 관점이 강조되었다. 가족치료 후기 모델은 해결지향 모델, 해결중심 모델, 이야기치료, 협력언어체계 모델을 포함한다.

3. 가족치료의 여러 모델

지금까지 발전된 가족치료 모델은 초기 모델과 후기 모델로 나눌 수 있다. 초기 모델

표 1-1 가족치료 모델 비교

시기	모델	주제	대표인물	주요개념	치료목표	개입방법
초기	다세대	다세대에 걸친 정서과정에서 집중적인 투사의 대상이 된 가족원에게 증상이 나타남. 가족원의 자기분화를 촉진하여 가족체계의 변화를 유도하여 문제를 해결	Bowen, Kerr, Boszormenyi-Nagy	자기분화, 삼각관계, 핵가족정서체계, 가족투사과정, 정서적 단절, 다세대 전수과정, 형제위치, 사회정서과정	다세대 정서과정을 이해함으로써 자기분화의 촉진과 탈삼각화 촉진	가계도를 통한 가족정서체계 평가, 불안과 정서적 반응성을 낮춤, 치료적 삼각관계와 코칭을 통한 가족원의 자기분화 촉진
	경험적	미해결된 주제가 문제가 되어 현재의 기능을 방해하므로 이것을 지금-여기에서 경험하고 작업하여 일치적으로 만듦	Satir, Whitaker, Kempler, Keith, Banmen	자아존중감, 가족규칙, 의사소통 및 대처유형, 사회와의 연계성, 자기 선택과 결정, 경험의 공유	자아존중감 증진, 선택 능력 향상, 책임감 소유, 일치적인 존재가 되는 것	개인의 빙산 탐색. 가족규칙, 가족조각, 유머, 원가족 도표, 의사소통, 나의 영향권 이해, 은유, 명상 등을 이용
	구조적	증상이나 문제는 가족의 역기능적 상호작용 구조에서 비롯됨. 따라서 가족의 재구조화를 통한 문제해결에 초점	Minuchin, Montalvo, Aponte, Fishman	가족구조, 경계선, 하위체계, 위계구조, 연합, 우회, 동맹, 가족적응, 재구조화, 합류	경계선 및 하위체계 기능 변화를 통한 역기능적 가족구조의 재구조화	합류와 적응, 구조적 지도를 통한 가족 평가, 가족재구조화 기법 활용
	전략적	헤일리, MRI, 밀란 모델을 전략적 모델로 구분하며, 문제해결을 위한 치료자의 치료전략 고안과 지도적 위치를 중시함	Jackson, Weakland, Haley, Madanes, Selvini-Parazzoli, Cecchin	의사소통, 가족규칙, 권력과 통제, 치료적 이중구속, 가설설정-순환성-중립성	증상을 지속시키는 역기능적 연쇄과정에 전략적으로 개입하여 단기간에 제시된 문제를 해결함	구체적인 문제 정의와 가설 설정, 가족의 연쇄과정 파악, 역설적 개입(고된 체험기법, 위장기법)을 통한 전략적 개입
후기	해결 중심	내담자는 자기 문제의 전문가이고 문제해결 능력을 갖고 있다고 믿으며, 그의 장점, 자원, 성공적 경험을 활용하여 목표를 달성하도록 도움	de Shazer, Berg, Lipchik, O'Hanlon, Weiner-Davis	긍정적인 것에 관심, 강점과 자원 활용, 탈이론적, 현재와 미래에 초점, 변화의 불가피성, 단순하고 실현 가능한 해결방법을 먼저 사용, 알지 못함의 자세, 내담자에 대한 존중과 수용	강점과 자원을 활용하고 문제가 없는 예외 상황을 찾아 문제를 협동적으로 해결함	치료자-내담자 관계유형 파악, 해결 지향적 질문(상담 전 변화, 예외질문, 기적질문, 척도질문, 대처질문, 관계성질문, 악몽질문, 간접적인 칭찬 등)을 사용하여 목표를 설정하고 달성함
	이야기	내담자 자신이나 주변인이 문제로 가득 찬 이야기를 내담자의 정체성과 동일시할 때 문제발생. 당사자의 삶의 지식과 목적이 담긴 대안적 이야기의 구축에 초점을 둠	White, Epston, Freedman, Combs, Zimmerman, Monk	지배적 이야기, 색다른 결과, 빈약한-풍부한 서술, 대안적 이야기, 의도 상태, 행동의 전망, 정체성의 전망, 재저술	문제이야기 해체, 부수적 이야기와 대안적 이야기의 풍부한 발달, 대안적 정체성의 구성과 사회적 공유	외재화대화, 독특한 결과대화, 재저작대화, 회원재구성대화, 정의예식, 거푸집짓기(스캐폴딩), 치료적 문서 활용

은 1차 혹은 체계론적 가족치료라고 하며, 후기 모델은 2차 혹은 포스트모던 가족치료라고 한다. 다음에서 가족치료의 여러 모델을 간략히 소개하였으며, 〈표 1-1〉에서 모델별 특징을 비교할 수 있도록 정리하였고, [그림 1-2]에서 모델별 발생지역을 표시해 두었으니 참고하기 바란다.

[그림 1-2] 가족치료 모델 발생지역

주: ① 캘리포니아주 팔로알토(베이트슨, 잭슨, 사티어: 의사소통, MRI 단기 모델)
② 오리건주(패터슨: 행동주의 모델)
③ 위스콘신주 밀워키(드세이저, 버그: 해결중심 모델)
④ 뉴욕주 뉴욕(애커만: 정신역동 모델)
⑤ 펜실베이니아주 필라델피아(미누친: 구조적 모델)
⑥ 워싱턴 DC(헤일리: 전략적 모델)
⑦ 조지아주 애틀랜타(위터커: 경험적 모델)
⑧ 텍사스주 갤버스턴(앤더슨, 굴리시안: 협력언어체계 모델)
⑨ 캔자스주 토페카, NIMH(보웬: 다세대 모델)
⑩ 이탈리아 밀라노(파라졸리, 보스콜로, 체친, 프라타: 밀란 모델)
⑪ 노르웨이(안데르센: 반영팀 모델)
⑫ 호주와 뉴질랜드(화이트, 앱스턴: 이야기치료)

가족치료의 초기 모델은 1950년대에 태동하여 1970년대까지 체계론적 사고를 바탕으로 발전하였다. 초기 모델은 보웬을 중심으로 한 다세대 모델, 바츨라비크, 위클랜드, 사티어를 중심으로 한 경험적 모델, 미누친의 구조적 모델, 그리고 헤일리, MRI, 밀란 모델을 포함하는 전략적 모델로 분류될 수 있다. 초기 가족치료 모델의 이론적 기초는 제3장에서, 다세대 모델은 제4장에서, 경험적 모델은 제5장에서, 구조적 모델은 제6장에서, 전략적 모델은 제7장에서 자세히 설명된다.

한편, 포스트모더니즘의 확산으로 발전된 가족치료 후기 모델은 1980년대 중반부터 구체화되었으며, 해결중심 모델, 이야기치료, 해결지향 모델, 그리고 협력언어체계 모델로 분류될 수 있다. 후기 가족치료 모델의 이론적 기초는 제8장에서, 해결중심 모델은 제9장에서, 이야기치료는 제10장에서 자세히 설명되므로, 여기서는 해결지향 모델 및 협력언어체계 모델을 간략히 설명한다.

(1) 해결지향 모델

해결지향 모델은 한때 에릭슨과 함께 연구 활동을 한 적이 있던 오한런(William O'Hanlon)이 발전시킨 모델이다(O'Hanlon & Weiner-Davis, 1989). 오한런은 사람들이 문제를 가지는 것은 어떤 특정 상황을 문제라고 정의하는 의미체계에 갇혀 살기 때문이라고 믿었다. 그러나 동일한 상황이라 하더라도 다른 의미체계에서는 더 이상 문제로 정의되지 않을 수 있다. 오한런은 실재란 한 가지만 있는 것이 아니라 다중적으로 존재하며, 사람들이 자신의 삶을 '올바르게' 사는 방법은 한 가지만 있는 것은 아니라는 포스트모더니즘의 입장을 강력히 지지했다(Becvar & Becvar, 2016).

오한런의 해결지향 치료는 삶을 경험, 행동, 이야기라는 세 영역으로 구분한다. 첫째, 이 모델은 내담자의 경험을 정당화한다. 즉, 내담자의 경험이 정당하고 가치가 있음을 인정하고 전달한다. 또 내담자가 느끼고, 경험하고, 생각하고, 무언가를 할 수 있도록 허용하며, 내담자의 경험을 있는 그대로 치료적 대화 속에 끌어들이면서 해결로 이끈다. 두 번째 영역은 행동으로, 치료자는 내담자가 목표(문제해결)와 연결되었다고 말하는 행동에 치료적 대화의 초점을 두며, 그 목표에서 벗어난 행동에는 초점을 두지 않는다. 삶의 세 번째 영역은 이야기다. 이야기는 내담자가 치료과정에서 보이는 생각, 신념, 준거틀이나 언어습관 등으로 구성된다. 행동에서와 같이 목표로 연결되는 이야기는 대화의 초점이 되지만 그렇지 못한 이야기에는 초점을 두지 않는다(O'Hanlon, 1993).

오한런의 해결지향 치료는 다음과 같은 열 가지 개입에 초점을 둔다(Gale, 1991).

- 치료자는 내담자가 쓰는 언어(단어, 어구, 은유, 기분 등)를 사용하여 합류함으로써 내담자로 하여금 이해받았다는 느낌을 갖게 한다.
- 변화가 곧 일어난다는 가정을 암시하는 질문, 즉 '변화가 당연히 일어난다는 것을 전제로 한' 질문을 사용한다. 예를 들어, '만일…'이라는 질문이 아니라 '…이 일어날 때…'라는 질문을 사용한다.
- 선다형 질문을 한다. 즉, 치료자가 내담자의 변화를 유도하는 방향 안에 답이 있는 질문을 한다.
- 치료적 개입을 잠시 멈추고 가장 건설적으로 해결을 지향하도록 대화의 방향을 재조정한다.
- 문제를 정상화한다. 문제를 병리로 정의하기보다 일상적인 현상으로 정의하는 개입방법을 쓴다.
- 먼저 한 이야기를 요약하여 말해 주는데, 이때 해결지향적 방향으로 틀어서 말하는 '방향 틀어 요약하기' 방법을 쓴다.
- 내담자의 시각을 거부하거나 동의하지 않거나 저항하기보다 내담자의 관점을 있는 그대로 받아들이는 과정인 '활용'의 방법을 사용한다.
- 누가 봐도 아주 분명한 해결책을 제시하거나 상식적인 수준의 제안을 한다.
- 내담자의 가정이나 신념체계에 질문을 던져 그 가정이나 신념체계에서는 문제가 있을 수밖에 없음을 질문하는 '의문 던지기' 개입방법을 쓴다.
- 성공할 때까지 생길 수도 있는 방해요소를 예측하는 등 구체적인 목적을 향해 작업하는 '미래에 초점 두기' 기법을 쓴다.

(2) 협력언어체계 모델

협력언어체계(collaborative language system) 모델은 '협력적 모델' 혹은 '치료적 대화'라고도 부르는데(Anderson & Goolishian, 1988), 앤더슨(Harlene Anderson)과 굴리시안(Harry Goolishian)이 발전시켰다. 정신과 의사였던 굴리시안은 1950년대에 입원치료를 받았던 청소년이 퇴원 후 재발률이 높다는 점을 발견하면서 재발률을 낮추기 위한 치료방법을 고안하는 데 몰두하였다. 그는 초기에 MRI와 관계를 맺고 전략적 치료자가 되었으나, 포스트모더니즘과 구성주의를 만나면서 더욱 효과적인 치료기법을 개발하기에 이르렀다. 그는 텍사스주 휴스턴의 갤버스턴 가족치료연구소에서 앤더슨과 함께 작업하면서 이 모델을 개발하였다. 이 모델은 어떤 특정한 기법이나 틀을 갖지 않으며, 치료자가 내담자와 공감적이고 보살핌의 대화를 하면서 새로운 의미를 찾는 과정에 초점을 둔다.

앤더슨과 굴리시안은 치료자의 지식과 경험 그리고 가치가 내담자의 그것보다 진실에 더 가깝다고 가정하지 않으며, 동일한 상황에 대해서 하나의 시각만 존재한다는 관념을 강하게 부정하고 여러 다양한 관점이 존재한다는 시각을 지지하였다. 따라서 그들은 자신과 타인에 대한 시각이 사회적으로 구성되거나 언어로 구성된다고 믿었기 때문에 치료자와 내담자가 협력하여 다른 방식으로 대화하면 이를 재구성할 수 있다고 믿었다. 협력적 대화는 치료자가 전문가의 역할을 맡아야 한다고 가정하지 않는다. 그래서 앤더슨과 굴리시안은 '알지 못함의 자세(not-knowing posture)'를 소개하면서, 치료자의 앞선 경험과 앞선 지식이 치료과정을 이끌어 가는 것이 아니라 문제와 해결에 관한 내담자의 전문성이 문제해결로 이끌어 간다고 강조하였다.

사실상 앤더슨과 굴리시안은 가족이 체계라는 개념을 거부했고, 체계가 문제를 만든다는 관념을 받아들이지 않았다. 대신 그들은 문제가 체계를 만든다고 가정하였으며, 그래서 체계는 문제를 둘러싸고 조직된 대화나 의미체계로 구성된다고 하였다. 이 모델에서 볼 때 치료체계는 언어체계이며, 치료자는 치료적 대화의 참여관찰자(participant-observer)이자 참여관리자(participant-manager)로서 치료적 대화를 구축하는 예술가다.

협력적 모델은 반영팀(reflecting team)을 주요한 치료기법으로 사용한다. 반영팀은 1980년대 중반 노르웨이의 가정의학과 의사이자 정신과 의사였던 안데르센(Andersen, 1987)이 발전시켰다. 그는 정신병 환자가 가족, 친구, 직업, 이웃과 멀리 떨어진 곳에서 치료를 받아야 했던 현실을 안타까워하면서 더 나은 치료방법이 무엇인가를 궁리하였다. 그는 초기에 미누친, 헤일리, MRI 모델뿐 아니라 밀란 모델을 적용하여 치료하였으나 만족스러운 결과를 얻지 못하였다. 특히 초기 모델에서 나타나는 '우리는 당신 가족에게서 이러이러한 것을 관찰하였습니다.' '우리는 당신 가족을 이렇게 이해하고 있습니다.'라는 식의 객관적 관찰에 만족하지 못하고 '나는 당신이 이렇게 하기를 바랍니다' 혹은 '당신네 가족이 그런 식으로 노력하려는 것 이외에 이런 식으로도 노력해 보시기 바랍니다.'와 같이 제시하는 방식에 만족할 수 없었다.

그러던 와중 그는 '치료자인 우리는 왜 내담자 가족에 대해 우리가 생각하는 것을 숨겨야 하는가?'라는 치료과정에 관한 의문이 들었다. 이 질문에 대한 답을 찾고 있던 그는 1987년 반영팀이라는 개념을 처음으로 사용하고 모델을 발전시키기에 이르렀다. 이 모델은 관찰실에서 상담 장면을 관찰하던 치료팀의 생각과 느낌을 내담자와 그 가족이 듣도록 하는 데 초점이 있다. 이 상황에서는 참여자(내담자)–관찰자(치료팀)의 역할이 바뀌게 된다. 일방경 뒤에서 상담을 관찰하던 치료팀이 상담실로 자리를 옮겨 상담과정에 대한 자신들의 생각을 이야기하는 참여자가 되고 내담자는 관찰실로 자리를 옮겨 치료자의 이야기를 듣는 관찰자가 된다. 치료팀이 상담과정에 대한 생각을 반영하여 이야기할 때 '확실성'보다 불확실성과 잠정적인 태도로 표현하도록, 즉 '확실하지는 않지만 내가 보기에는 …인 것 같아요.' '…이 잘 이해가 되지 않지만….'과 같은 표현을 하도록 장려된다. 관찰실에서 치료팀이 주고받는 이야기를 듣고 난 다음 내담자 가족은 다시 상담실로 들어가 이야기를 나눈다. 이때의 이야기는 상담 때와는 다른 새로운 이야기이며 새롭게 이해한 내용을 나누는 시간이다.

만일 치료팀이 없다면 가족원이 서로의 이야기를 반영하여 이야기하도록 한다. 즉, 가족원끼리 각자 상대방이 한 말을 어떻게 들었으며, 또 상대방이 들었다고 말한 그 말을 어떻게 들었고 이해했는지를 서로 반영하여 말하는 방식으로 진행한다. 치료자 또한 자신의 생각을 말하고, 가족원에게 치료자가 한 말을 어떻게 들었는지 질문할 수 있다. 안데르센은 이것을 가리켜 '반영과정'이라고 하였다. 반영팀 모델의 기본가정은 하나의 상황을 보는 옳은 방법은 한 가지만 있는 것이 아니라, 동일한 상황을 설명하는 데는 수많은 방법이 있다는 신념이다.

4. 가족치료와 개인치료의 차이

가족치료는 개인치료에 새로운 이론이나 새로운 분야를 추가하여 만든 것이 아니라, 20세기 초 서구에서 나타난 새로운 관점인 유기체론적 세계관의 등장에서 비롯되었다. 따라서 가족치료와 개인치료의 차이를 이해하기 위해서는 기계론적 세계관과 유기체론적 세계관의 차이를 먼저 이해해야 한다.

기계론적 세계관은 세상이 기본적인 물질 구성체로 만들어진 거대한 기계와 같으며, 기계의 작동원리와 같은 법칙에 의해 움직여진다고 본다. 기계는 미리 정해진 방식으로 만들어지며, 어디에서 만들어지든 그 결과물은 동일하다. 기계는 고장이 나면 원인을 확인하여 고장 부분만 수리할 수 있으며, 맥락이나 상황에 관계없이 어디서나 똑같이 작동한다. 기계론적 세계관은 20세기 초 심리학 분야의 강력한 두 학파, 즉 행동주의이론과 정신분석이론을 지배하였다. 이 두 이론은 방법과 시각이 매우 다르나, 기본적으로 동일한 세계관에 집착해 있었다(Bertalanffy, 1968). 기계론적 심리학은 행동주의에서 그 극치에 달했는데, 심리현상은 행동의 형태로 환원되고 행동의 형태는 물리학과 화학법칙에 지배되는 생리적 과정으로 환원되었다. 행동주의자의 기본가정은 복잡한 현상은 원칙적으로 단순한 자극과 반응의 연합으로 환원될 수 있다는 것이다. 특히 왓슨(John Watson)의 행동주의에 따르면 생명체는 외부 자극에 반응하는 복잡한 기계이며, 이 자극−반응 기제는 뉴턴(Issac Newton)의 물리학을 그대로 반영하는 것이었다(Capra, 1985).

반면, 유기체론적 세계관은 우주가 상호 연관된 관계망으로 구성되어 있으며, 본질적으로 역동적이라고 본다. 사람, 자연, 생명체와 같은 유기체는 만들어지는 것이 아니라 태어나서 자라며, 부분들은 유기적으로 연결되어 있기 때문에 문제가 되는 부분만 제거하거나 고치기가 어려우며, 맥락이나 상황에 따라 상대적으로 행동한다(Capra, 1998). 예를 들어, 자동차라는 기계는 미리 정해진 방법으로 만들어지며, 동일한 기종의 자동차의 특성은 동일한 법칙으로 움직인다. 반면, 사람이라는 유기체는 정자와 난자의 결합으로 만들어지지만 동일한 부모 밑에서 태어난 자녀도 각각 저마다 특성이나 기질이 다르며, 성장환경에 따라 차이가 있다. 자동차가 고장이 났을 경우, 고장 부분만 수리를 하는 것이 가능하지만 사람은 문제가 되는 부분이나 문제가 되는 사람만 치료하는 것이 쉽지 않다. 사람의 몸은 유기적으로 연결되어 있고, 몸은 정신과 연결되어 있으며, 또 다른 사람이나 환경과도 유기적으로 연결되어 있기 때문이다.

유기체론적 관점의 출현으로 개인치료적 접근을 보완할 필요성이 제기되었으며 인간의 문제와 고통, 그에 대한 해결과 변화의 방향에도 혁신적인 변화가 일어났다. 다음에서 초기 모델인 체계론적 가족치료와 개인치료의 구체적인 차이를 비교하여 설명한다(정혜정, 2004; Becvar & Becvar, 2001; Nichols & Schwartz, 2002).

첫째, **문제의 초점**에 대한 시각에서 차이가 있다. 개인치료는 내담자를 별개의 독립된 존재로 본다. 내담자의 내면에서 무엇이 일어나고 있고 내담자의 특성은 무엇이며 내담자가 어떠한 행동을 하여 문제가 나타났는가를 파악하는 데 주의를 기울이기 때문에 내담자가 맺고 있는 관계나 맥락은 일차적인 초점이 아니다. 반면, 가족치료는 내담자를 다른 사람 또는 체계와 상호작용하는 관계의 망에 속해 있다고 보기 때문에 내담자의 문제나 증상은 그가 속한 가족이나 관계의 역기능과 직접적으로 연관된다고 본다. 따라서 가족치료에서는 내담자가 가지고 온 문제를 해결하기 위해서 내담자의 가족관계나 맥락을 일차적으로 고려한다.

둘째, **내담자**에 대한 시각에서 차이가 있다. 개인치료는 내담자를 수동적이고 반응적인 존재로 본다. 내담자는 외부에서 일정한 자극이 가해지면 그에 따라 반응하는 기계와 같은 존재로 보기 때문에 치료자가 전문적인 위치에서 해결책을 제시하고 치료과정을 지도하면 내담자는 반응할 것이라고 가정한다. 한편, 가족치료는 내담자를 능동적으로 선택을 할 수 있는 존재로 본다. 따라서 치료자가 전문적인 위치에서 치료과정을 지시하기보다 내담자의 세계와 내담자 가족의 상호작용을 존중하면서 치료과정을 진행한다. 구조적 가족치료의 주요 기법인 합류는 내담자 가족의 상호작용을 존중하면서 협력적인 치료관계를 형성하는 것으로 이의 대표적인 예다.

셋째, **인과관계를 보는 시각**에서 차이가 있다. 개인치료는 문제의 원인과 결과 관계를 선형적으로 본다(A → B → C). 따라서 개인치료는 원인을 파악하기 위해 '왜?'라는 질문을 자주 하며, 과거 혹은 역사에 초점을 두고, 증상과 행동의 원인을 파악하기 위해 이전의 발달단계를 추적해 나간다. 모든 심리적 사건에는 특정 원인이 있어 그것이 특정 결과를 가져오며, 개인의 심리상태는 초기 아동기의 '조건'에 의해 독특하게 결정된다고 인식한다. 반면, 가족치료는 인과관계를 순환적이고 회귀적인 것으로 본다(A ⇄ B, A◯◯B). 문제를 둘러싼 체계의 맥락은 유기적으로 연결되어 있기 때문에 원인을 정확히 파악하여 분별해 내는 것은 어렵다고 본다. 따라서 원인을 추적하기보다 지금-여기(here and now)에 '무엇'이 일어나고 있는지와 상호작용의 패턴을 파악하는 데 초점을 둔다.

넷째, **문제의 진단과 해결 과정**에서 차이가 있다. 기계는 일정한 법칙에 따라 작동하기 때문에 설명서를 보면 작동원리를 알 수 있고 고장 난 부분을 고치는 방법도 파악할 수 있다. 같은 논리로 기계론적 세계관에 기초한 개인치료도 내담자의 문제를 객관적이고 정확하게 진단하고 평가할 수 있다고 본다. 기계의 설명서가 어느 기계에나 적용된다고 보듯이, 진단과 평가의 기준은 객관적으로 설정될 수 있고, 그 기준은 어느 내담자에게나 절대적으로 적용될 수 있다고 가정한다. 예를 들어, 개인치료에서는 DSM-5-TR, MMPI, MBTI와 같은 진단도구를 흔히 사용한다. 따라서 적절한 과학적 방법은 실증적이고 계량적이며 지식은 실험과 관찰에 의해 추구되어야 하기에 가치중립적 과학이 가능하다고 믿으며, 주관적 판단과 서술을 비과학적인 것으로 인식한다. 한편, 가족치료는 내담자를 유기체로 본다. 유기체의 특성은 자신이 처한 상황이나 맥락에 따라 다르게 반응하고 행동하기 때문에 절대적이고 객관적으로 평가하는 것이 쉽지 않다. 따라서 내담자의 인식행위에 초점을 두며, 동일한 상황에 대해서도 내담자마다의 인식행위에 따라 다르게 이해되고 경험될 수 있다고 가정한다. 내담자의 사고나 행동을 지배하는 공통 법칙에 관심이 없는 것은 아니지만, 정확하고 객관적인 진단과 사정을 하는 것이 가족치료의 초점은 아니다.

글상자 1-4 해열제와 매운 콩나물국

동일한 증상에 대하여 서양의학과 동양의학이 다르게 접근하듯이, 개인치료와 가족치료도 동일한 상황에 대하여 기본적으로 다른 가정으로 접근한다. 다음의 예를 통해 동일한 증상을 두고 서양과 동양이 어떻게 다르게 접근하는지 보고, 그것이 개인치료와 가족치료의 차이에 시사하는 것이 무엇인지 생각해 보자.

예 1 어린아이가 열이 날 경우, 서양의학에서는 '열'이라는 증상을 제거하는 데 초점을 둔다. 그리하여 열을 내리기 위하여 아이에게 옷을 가볍게 입히거나 벗기며 해열제를 먹인다. 열이라는 것은 '문제가 되는' 것이기 때문에 여러 방법을 동원하여 열을 제거해야 문제가 해결된다고 가정하는 것이다. 한편, 나의 어린 시절을 돌이켜 보면 열이 났을 경우, 고춧가루를 탄 매운 콩나물국을 먹고 두꺼운 이불을 뒤집어쓴 채 한숨 푹 잠들었었다. '열'이라는 증상은 몸에 그럴 만한 이유가 있어서 났기 때문에 없애는 것보다 충분히 발산시키는 것이 오히려 회복을 돕는다고 가정한 것이다.

예 2 몸에 종기가 날 경우, 서양의학에서는 항생제와 소염제를 처방하여 종기를 다스리게 하는 한편, 동양의학적 접근은 종기 부위에 고약을 붙인다. 고약은 종기를 가라앉히는 것이 아니라 오히려 실컷 더 곪게 하여 고름을 빨아내는 작용을 한다.

예 3 배탈이 날 때, 증상을 가라앉히기 위하여 서양의학에서는 소화제를 먹게 하지만, 동양의학에서는 신체의 특정 부위에 침을 놓거나 손가락 끝을 눌러 자극을 가한다. 이는 신체의 여러 부위가 유기적으로 연결되어 있음을 가정한 것이다.

이와 같이 문제를 바라보고 문제를 진단하는 과정에서 개인치료는 '이것 아니면 저것(either/or)'이라는 이분법적 입장을 취한다. 문제라고 정의되는 것은 나쁜 것이고 그렇지 않은 상황은 옳다고 보는 절대적 판단, 전문가인 치료자(주체)와 내담자(객체)가 별개로 존재한다는 가정, 주체는 객체를 객관적으로 정확히 분류하고 평가할 수 있다고 가정한다. 한편, 체계론적 가족치료의 기본 세계관은 세상을 유기적으로 연결된 관계의 망으로 보기 때문에 '이것과 저것 모두(both/and)'의 입장을 취한다. 문제를 문제로 정의하는 것은 특정한 준거틀 안에서만 가능하며, 다른 준거틀에서는 더 이상 문제가 아닐 수 있다고 가정한다. 절대적으로 옳거나 절대적으로 그른 상황이 있다는 관념을 거부하며 모든 것은 상대적이며 보완적이라는 시각을 지지한다. 동일한 상황에 대해서도 개인마다 지각하고 경험하고 이해하는 바가 다르다고 가정한다. 그러므로 치료자가 내담자의 문제를 객관적인 잣대로 정확하게 진단할 수 있다고 가정하지 않는다.

흥미롭게도 가족치료의 기초인 유기체론적 세계관은 오래전부터 동양인이 실재를 사유하였던 방식(Becvar & Becvar, 2001; Capra, 1989; Nisbett, 2004)이었는데, 이는 다음의 인용문에서도 잘 드러난다.

> 동양의 순환론과 서양의 직선론, 서양의 either/or 지향과 동양의 both/and 지향, 동양사회의 집합주의적이고 상호 의존적인 특성은 세상을 좀 더 폭넓게 종합적으로 보는 시각, 어떤 사건이든 수없이 많은 요인이 복잡하게 얽혀 있는 것으로 보는 견해와 일맥상통한다. 같은 논리로 서양사회의 개인주의적이고 독립적인 특성은 개별 사물을 전체 맥락에서 떼어 내어 분석하는 그들의 접근, 사물을 다스리는 공통의 규칙을 발견할 수 있고 따라서 사물의 행동을 통제할 수 있다는 그들의 신념과 일치한다(Nisbett, 2004, p. 100).

이상에서 설명한 개인치료와 체계론적 가족치료의 차이를 종합하여 〈표 1-2〉에 정리하였다. 이러한 비교는 어디까지나 치료적 접근의 두 가지 큰 틀을 비교하기 위한 것일 뿐이지, 두 가지 접근이 절대적으로 다르다고 주장하는 것은 아니다. 개인치료와 가족치료의 유용성은 절대적으로 판단할 수 없으며, 내담자나 증상, 치료자의 선호 혹은 치료 맥락에 따라 개인치료가 옳은 선택일 수도 있고 가족치료가 옳은 방법일 수 있다. 벡바와 벡바(Becvar & Becvar, 2001, 2016)는 '이론적 상대성'의 개념을 사용하여, 체계론적 가족치료를 선호한다고 하여 개인치료를 거부할 필요가 없고 반대의 경우도 마찬가지임을 강조하였다. 음과 양이 홀로 존재하는 것이 아니라 상호보완적으로 의미를 부여하는 것과 마찬가지로 개인 심리치료와 가족치료도 서로 상대되는 접근이 존재함으로써 의미를 줄 수 있고 각 접근의 유용성이 더욱 드러날 수 있다.

체계론적 가족치료는 개인이 의미를 두는 일차적인 관계인 가족에 초점을 둔다. 그러나 경우에 따라서는 가족이 아니라 다른 관계나 맥락이 치료의 단위나 초점이 될 수도 있다. 따라서 가족치료라는 용어보다 관계치료(relationship therapy) 혹은 맥락치료(context therapy)라고 부르는 것이 더 정확하다는 주장도 있다(Becvar & Becvar, 2001, 2016). 이는 가족치료가 증상이나 문제와 연관된 관계의 망에 치료의 초점을 두고 있음을 강조하는 것이다.

표 1-2 개인치료와 가족치료 비교

구분	개인치료	가족치료
세계관	기계론적 세계관	유기체론적 세계관
은유	• 우주는 기본적 물질 구성체로 만들어진 거대한 우주 기계와 같다. • 기계, 자동차	• 우주는 상호 관련된 관계의 망으로 본질적으로 역동적이다. • 사람, 자연, 생명체
기본 가정	• '왜'라는 질문 • 직선적 인과관계 • 주체/객체의 이원론 • 이분법(이것 아니면 저것, either/or) • 결정론적/반응적 • 법칙, 법칙에 따른 외재적 실재 • 역사(과거사)에 초점 • 개인주의적 • 환원주의적 • 절대적 • 객관성의 과학 • 객관주의적 인식론 • 과학적 방법-양적 분석	• '무엇'이라는 질문 • 상호적, 순환적 인과관계 • 전체성, 전일성(holism) • 변증법적(이것과 저것 모두, both/and) • 선택의 자유/능동적 • 패턴 • 지금-여기에 초점 • 관계적 • 맥락적 • 상대적, 근사적 • 인식의 과학 • 주관주의적 인식론
대표 발언	"나는 인간의 육체를 하나의 기계라고 생각한다. 나의 생각은 병든 사람은 잘못 제조된 시계, 건강한 사람은 잘 제조된 시계에 비유될 수 있다는 것이다." – Descartes	"상관관계는 초등학생에게도 가르쳐야 한다. 어떤 것도 그것 자체가 무엇이냐가 아니라 다른 것과의 관계로 정의되어야 한다." – Bateson
지배 문화	서양 문화(서양 의학)	동양 문화(동양 의학)

출처: Becvar와 Becvar(2001)를 기초로 발췌 및 수정한 정혜정(2004)에서 인용.

요약

서구에서 가족치료가 탄생하기까지 크게 두 가지 흐름이 뒷받침되었다. 그 하나는 전통적인 심리치료의 기초였던 기계론적 세계관과는 근본적으로 다른 유기체론적 세계관이 등장하였고 그로부터 체계론적 사고가 확산되었다는 점이다. 체계론적 사고는 일반체계이론과 사이버네틱스로 발전하여 초기 가족치료 발전의 밑거름이 되었다. 다른 하나는 전통적인 심리치료적 접근의 경계 밖에서 집단역동운동, 아동지도운동, 부부상담, 그리고 사회사업실천운동 등 몇 가지 새로운 움직임이 발생하였다는 점이다. 그러한 움직임은 공통적으로 개인치료적 접근의 한계를 벗어나 문제해결을 요구하는 것이었다.

가족치료의 발달은 1940년대 초에 시작되었으며 그 과정에서 베이트슨의 영향은 매우 컸다. 1950년대에는 주로 보웬, 헤일리, 잭슨, 애커먼 등이 조현병 환자 가족연구의 일부로서 가족에 관심을 가지기 시작하면서 가족치료의 싹이 텄고, 1960년대에 발아하기 시작하였다. 이 시기에 보웬의 다세대 모델, 사티어의 경험적 모델이 모습을 드러냈고, MRI가 가족치료 선구자들의 중심 활동 무대로 자리하였다. 1970년대에 가족치료가 개화하면서 구조적 모델, 전략적 모델이 그 모습을 드러내었고 가족치료의 여러 모델은 대중의 인기와 신뢰를 얻기에 이르렀다. 1980년대 들어 포스트모더니즘 사고가 확산되면서 가족치료는 새로운 방향으로 변화하였다. 이 시기에는 후기 모델로 불리는 해결중심 모델, 협력언어체계 모델, 이야기치료가 등장하였다. 그리하여 오늘날의 가족치료는 초기 모델과 후기 모델이 공존하면서 치료자의 선호나 내담자의 상황에 따라 특정 모델만을 적용하기도 하고 모델을 통합하거나 절충하는 형식으로 접근하고 있다.

가족치료와 개인 심리치료는 기본적으로 서로 다른 세계관을 바탕으로 발전하였다. 구체적으로 개인치료는 내담자를 수동적이고 반응적인 별개의 존재로 보고 인과관계를 직선적인 것으로 보며 문제에 대한 정확하고 객관적인 진단과 평가를 강조한다. 한편, 가족치료는 내담자를 능동적이고 지각하는 존재로 보며, 내담자가 맺고 있는 관계나 맥락에 초점을 두면서 인과관계를 순환적인 것으로 간주하고, 문제를 정확하게 진단하는 것보다도 내담자의 인식행위에 초점을 둔다는 차이가 있다. 그러나 이러한 차이는 비교를 위한 것일 뿐이며, 특정 치료적 접근이 절대적으로 옳거나 그르다는 판단을 위한 것은 아니다.

연습문제

1. 지금까지 살아오면서 경험하였던 대표적인 가족 문제는 무엇이었으며, 가족구성원 각자는 그 문제의 원인을 무엇이라고 생각하였고, 그 문제를 해결하기 위해 어떠한 노력을 하였는지 의견을 나누어 보자.

2. 자신이나 가족의 문제로 상담이나 치료를 받아 본 경험이 있는지 생각해 보고, 동일한 증상이나 문제의 해결에 대해 개인중심의 심리치료와 가족치료는 어떤 면에서 차이가 있는지 논의해 보자.

3. 우리의 일상 문화에서, 특히 부모의 양육태도나 가족 상호작용에서 유기체론적 사고가 구체적으로 어떻게 나타나는지, 그리고 그것은 기계론적 세계관과는 어떠한 차이가 있는지 의견을 나누어 보자.

제 2 장

한국 가족치료의 발달

> 건강과 병, 정상과 비정상, 건전과 불건전이 무엇인지는 문화에 따라 상이하다. 더 나아가 사람이 병에 걸렸을 때 하는 특정 행위, 건강 문제에 대해 의견을 교환하는 방법, 증상을 표현하는 양식, 건강관리를 부탁하는 시기와 대상, 의사나 약사, 기타 치유자가 제공하는 설명과 치료방법, 이 모든 것이 사회와 문화의 영향을 크게 받는다(Capra, 1985).

전통적으로 한국인은 문제와 어려움에 어떻게 대처하여 왔는가? 가족원 가운데 한 사람이 정서나 행동상의 문제를 가지고 있거나 그러한 문제를 예방하기 위하여 무엇에, 누구에게 도움을 요청하여 왔는가? '상담'이나 '치료'라는 과학적 접근방법이 도입되기 전에는 어떠한 방식을 사용하여 왔는가? 오늘날 상담이나 치료는 한국인의 주요한 문제해결책이 되고 있는가? 일반인은 가족치료를 포함한 상담이나 치료를 어떻게 인식하고 있는가? 가족치료적 접근으로 사람들의 문제해결에 도움을 주고자 한다면, 한국인이 주로 사용하여 온 문제해결책에 대한 이해가 먼저 필요할 것이다. 어느 문화나 사회든 간에 상담과 치료이론이 발전하기 전에는 종교나 무속, 민간신앙이 치유의 주요한 준거가 되었다.

그러나 맥골드릭과 지오다노(McGoldrick & Giordano, 1996)가 강조하였듯이 사람들이 문제라고 여기는 것, 문제의 원인에 대한 신념, 문제를 의사소통하는 방식, 문제해결을 위해 도움을 요청하는 방법, 치료자의 역할이나 태도, 치료에서 기대하는 것 등은 문화에 따라 다르다. 그러므로 서구에서 발전된 가족치료적 접근을 우리나라에 효과적으로 적용하기 위해서는 우리 문화에 스며들어 사람들의 삶의 양식으로 자리 잡아 온 여러 가지 문제해결책에 대한 이해가 선행되어야 한다.

이 장에서는 전통사회에서부터 현재에 이르기까지 한국인의 문제예방 및 대처방식의 준거가 된 몇 가지 종교문화적 전통을 다룬다. 여기서의 초점은 전통 종교의 상담적 요소를 심층적으로 분석하는 것이 아니다. 그러한 작업은 한국적 가족치료 이론의 발전을 위해 반드시 필요한 부분이나 이 책의 범위 밖이므로 여기서는 생략한다. 이 장의 초점은 한국인의 일상적인 삶에서 엿볼 수 있는 문제예방 및 대처방식을 종교문화적 전통과 연결하는 것이다. 아울러 이 장에서는 최근의 주요한 사회변화와 함께 그러한 변화가 한국 가족에 미친 영향을 개괄적으로 살펴본다. 또한 한국에 가족치료가 도입되어 지금에 이르기까지의 발달과정을 소개하고, 가족치료의 현황과 자격 제도화를 간략히 소개한다.

1. 가족치료의 발달배경

1) 전통적 문제해결 방식

한국 문화는 유기체론적 · 전체론적 · 집단주의적 세계관으로 대표되는 동양의 문화적 전통을 깊이 반영하고 있다. 이는 기계론적 · 환원주의적 · 개인주의적 세계관으로 대표되는 서양 문화와 근본적으로 차이가 있다. 세상을 보는 시각의 차이는 문제에 대한 이해와 문제예방 및 대처방식에서의 차이를 가져오게 되며, 특정 시대의 특정 문화에 속한 사람들의 문제 대처방식은 그 시대를 지배하는 철학이나 종교의 영향을 깊이 받는다. 한국의 전통문화는 유교와 불교, 도(道) 사상의 영향을 깊이 받은 문화다. 서양의 학자들(Capra, 1985; Flemons, 2002; Nisbett, 2004; Suler, 1993)은 불교나 도 사상 같은 삶의 방식을 깊이 들여다보면, 그것은 서양에서 이해되고 있는 것처럼 종교가 아니라 심리치료에 가까운 그 무엇이며, 체계론적 시각과 흡사하다고 강조하였다.

> 유교, 도교, 불교는 모두 '조화' '부분보다 전체' '사물의 상호 관련성'이라는 공통 관심사를 가지고 있다. 세 철학에 공통적으로 존재하는 '전일성(holism)'은 우주의 모든 요소가 서로 관련되어 있다는 믿음에 기초하고 있다(Nisbett, 2004).

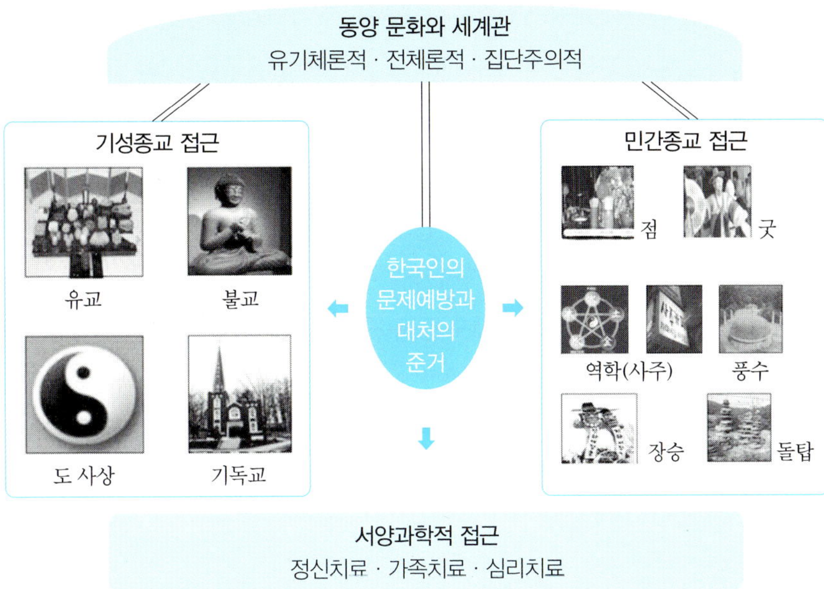

[그림 2-1] 한국인의 문제예방 및 대처의 준거

동양의 이러한 문화적 전통은 세상의 모든 것을 상호관계성 및 환경과의 조화와 균형의 측면에서 본다. 따라서 건강은 환경과의 조화와 평형이 유지된 상태며, 병이나 증상은 상호연결이 깨진 상태, 더 큰 전체로 통합이 이루어지지 않은 상태, 환경과의 균형과 조화가 깨진 상태라고 본다. 이와 같이 병이나 건강의 원인을 개인의 심리 내면이 아니라 개인 밖에 존재하는 더 큰 체계나 환경과의 연결성에서 찾았던 한국의 전통사상은 초기 가족치료의 이론적 기초가 된 체계론적 시각과 매우 흡사하다.

2000년 이후에 인터넷과 개인미디어의 발달로 한국의 전통문화와 종교의 영향이 많이 감소되었으나, 그 영향이 완전히 소멸되었다기보다는 다양하게 변형된 형태로 여전히 한국 사회를 지배하고 있는 것으로 보인다. 따라서 유교, 불교, 도 사상으로 대표되는 한국의 종교적 전통 및 민간과 무속신앙을 통해 나타나는 문제예방 및 대처방식을 간략히 살펴보는 것은 의미가 있을 것이다. [그림 2-1]은 한국인의 문제예방 및 대처의 준거를 전체론적 시각에서 개략적으로 도식화한 것이다.

(1) 유교

유교는 가족원 간에 지켜야 할 도리와 친족 및 조상과의 관계성을 강조하며, 가족원의 세대와 성별을 기초로 위계질서와 경계를 분명히 확립하고 각 가족원의 역할과 규칙을 명확히 할 것을 강조한다(엄예선, 1994; Jung, 1998). 구체적으로 남편과 아내가 서로 적절한 거리를 유지하도록 요구하는 부부유별(夫婦有別)의 윤리, 아버지와 아들이 친밀한 관계를 맺을 것을 강조하는 부자유친(父子有親)의 윤리, 연장자와 연소자 간에 위계질서를 지킬 것을 강조하는 장유유서(長幼有序)의 윤리는 가족관계에서 지켜야 하는 규범이 무엇인가를 말해 주는 지침으로서, 이러한 지침에서 벗어나는 행위는 문제시되었다. 유교의 윤리는 전통사회의 가족제도를 유지시키기 위한 근간으로 작용하였는데, 남성의 성을 중심으로 이어지는 가부장적 가족제도를 유지하기 위해서는 부부관계가 아니라 부자관계가 가족의 중심축으로 작용했다.

유교의 이러한 가르침은 가정과 사회에서 긍정적이고 적절한 인간관계를 맺는 것을 문제예방의 핵심으로 보는 것이다. 한편, 병이나 어려움은 사회적 규율과 관습에 적절히 적응하지 못해서 발생하는 것이다. 따라서 개인이 병에서 벗어나는 유일한 방법은 주어진 사회질서에 적합하게 그 스스로를 변화하는 것이었다(Capra, 1985). 유교의 전통에 입각하여 이루어져 왔던 부모에 대한 효행, 형제자매 간의 우애, 조상을 숭배하는 많은 의식은 문제를 예방하고 가족의 안녕과 복을 비는 예방적 · 치료적 효과와 깊은 연관이 있었다. 일상의 삶 속에서 흔히 이야기하는 '부모에게 효도하고 부모를 잘 모셔서 복을 받았다.' '형제간에 우애하지 못하니 저런 어려움이 생기지.'와 같은 말은 모두 유교문화의 영향을 반영한 문제 대처방식을 나타낸다. 제사를 정성스럽게 모시는 일, 한식이나 추석 등 특별한 날에 성묘를 가서 조상의 묘를 돌보는 일, 지금은 많이 사라졌지만 특정한 날에 묘사를 지내는 일, 풍수 좋은 곳에 조상과 부모의 묘 자리를 잡는 일 등은 유교윤리에 토대한 조상숭배 의식이지만 동시에 후손의 복을 빌고 화를 면하려는 대표적인 삶의 방식이 되어 왔다.

(2) 불교

불교는 마음의 병을 치료하는 길에 대해서 서양의 심리치료와는 비교할 수 없을 정도로 오랜 역사와 전통을 가지고 있으며(서광, 2002), 불교 경전은 심리치료에 관한 방대한 지식을 담고 있는 보물창고와 같다(박성희, 2007). 한국인이 문제예방 및 치료와 관련하여 흔히 접하는 불교의 핵심은 모든 것의 상호 의존성과 연결성을 나타내는 연기(緣起)의 개념으로 설명할 수 있다.

불교 방식에서 볼 때, 고통이나 문제는 현생과 연결된 전생 혹은 살아오면서 자신이 지은 죄업(karma)의 결과다. 업(業)은 인과응보라고도 한다. 즉, 모든 것은 나름의 파동을 만들어 내며 성질이 비슷한 파동을 일으키는데, 좋지 못한 생각과 말, 행동이 악하고 유해한 성질의 파동을 끌어오게 됨으로써 결국 좋지 못한 파동으로 결말이 나게 된다는 것이다. 굳이 불교 신자가 아니더라도 우리는 흔히 '모든 것은 업'이라는 말로 고통의 원인을 해석하는 모습을 종종 볼 수 있는데, 이렇게 자신이 겪는 고통이나 어려움은 원인이 있어서 일어난 것이고, '자신이 갚아야 할 업'이라고 믿는 경향이 있다. 따라서 고통에서 벗어나는 길은 고통을 있는 그대로 받아들이고 마음을 닦으면서 나와 연결된 많은 것

글상자 2-1 '업보(業報)' 때문에 생긴 일

▣ 신세대 아빠의 업

34세인 신세대 아빠 김 씨는 아들(4세)이 선천성 심장 기형으로 태어나 벌써 몇 차례 수술을 받아 힘들어하고 있다. 의사는 이제 아들의 심장이 완전히 정상이라고 말하지만, 김 씨는 아직 안심하지 못하고 있다. 아들의 심장이 그렇게 태어난 것은 분명 자신이 무언가를 잘못했기 때문일 것이고("내가 갚아야 할 업이지요. 그것이 아니라면 아무리 생각해도 이유가 없습니다."), 따라서 아들이 온전히 정상적인 아이로 잘 자라기 위해서는 자기와 아내가 좋은 일을 많이 하고 주변 사람에게 많이 베풀며 나쁜 행동을 하지 말아야 한다고 믿고 있다.

▣ 벽돌에 맞은 서양인과 동양인

미국의 한 대학 캠퍼스를 지나가다 떨어진 벽돌에 맞은 한 서양인 교수와 동양인 학자의 태도를 비교해 보자. 떨어진 벽돌에 팔을 다친 서양인 교수는 고통과 놀라움을 겉으로 드러내면서 학생들을 주위로 끌어모은다. 즉각 의학적 도움이 취해진다. 그리고 그 장소는 보존되어야 한다고 요구하여 곧 제한구역이 된다. 대학 당국은 책임을 지고 보험회사가 제반 비용을 지출한다. 한편, 그 교수는 그 일을 불운으로 놀리며 화를 내지만, 고소하지 않은 자신이 관대하다고 생각한다. 다른 사람은 그 사건이 학교의 잘못이거나 예측 불가능한 어떤 일이라고 생각한다.

그런데 캠퍼스를 지나다가 떨어진 벽돌에 맞은 동양인 학자는 소리를 질러서 부러진 팔에 사람들의 시선이 집중되도록 하지 않는다. 왜냐하면 그는 그 사건을 자신의 반영, 다시 말해서 그가 받아 마땅한 업(karma)의 결과로 보기 때문이다. 그는 곧바로 자신이 그런 일을 발생시킬 만한 어떤 행동을 한 것은 아닌지 스스로를 되돌아보기 시작한다. 떨어지는 벽돌에서 다른 사람을 보호하라거나 보험회사에 치료 비용을 청구하는 것 따위는 생각도 하지 않는다. 그는 스스로 잘못이 있기 때문이라고 생각하고 다른 사람에게 책임을 돌리지 않는다.

출처: Bolen (1994), p. 44.

에 자비를 베풀어 선업을 쌓고 더 이상 악업을 만들거나 죄를 짓지 않는 것이라고 믿는다([글상자 2-1] 참고).

불교적 전통의 치유방식이 드러나는 또 다른 예는 명상, 참선, 마음수련이다. 오늘날 명상은 역설적이게도 서양인 사이에서 새로운 치료기법으로 각광을 받고 있다. 명상수련은 단순한 이완훈련이나 스트레스 감소기법에 불과한 것이 아니라 전체성과 연결성을 직접 체험하기 위한 통로를 제공하는 불교전통에 입각한다. 명상수련을 통해 본질적인 전체성에 쉽게 재결합될 수 있고, 존재적인 자기 모습을 되찾게 되면 괴로움이나 공포감, 불안감, 나아가 절망감을 느끼는 마음의 경지를 쉽게 넘어갈 수 있게 된다(Kabat-Zinn, 2005). 뿐만 아니라 마음수련이나 태극권, 국선도 등을 통한 심신수련이 반드시 불교전통과 연관되는 것은 아니지만 모두 본질적인 전체성을 체험함으로써 현재의 고통에서 벗어나 평안을 찾고자 하는 동양적 마음수련법이자 치유방식이다.

(3) 도 사상

예로부터 우리 조상은 도를 숭상해 왔다. 차 한 잔을 마실 때 다도(茶道)를 강조하고 술을 마시는 데도 주도(酒道)의 예의를 강조하였다. 인간다운 행위의 핵심은 이러한 '도'를 따르는 것이었다. 도란 인간이 마땅히 가야 할 길이며 인간이 궁극적으로 추구해야 하는 실재다. 노자의 『도덕경』에 나타난 도 사상은 궁극적 실재인 도의 역동성과 상호관계성을 강조한다. 따라서 도와 조화를 이루는 행위, 그래서 자연의 흐름에 따르는 것은 옳은 행위이며 건강한 행위로 간주된다. 흔히 우리는 '무리하지 말고 흘러가는 대로, 흐름에 따라 행동하고 판단'할 것을 기대한다. 이러한 기대감 속에는 자연의 흐름에 반하는 행위를 함으로써 궁극적 실재인 도에서 벗어나지 말 것을 가르치는 도 사상이 우리의 삶 속에 스며들어 있음을 나타내는 것이다.

자연의 흐름에 따라 행동하는 사람은 무위(無爲)를 실천하는 것이다(無爲之爲). 무위란 도 사상의 핵심으로서, 행동이 너무나 자연스럽고 너무 자발적이어서 자기가 하는 행동이 구태여 행동으로 느껴지지 않는 행동, 그래서 행동이라 칭할 수도 없는 행위를 일컫는다. 한편 인간사에서 자주 발견되는 인위적이거나 과장되거나 계산된 행위, 남을 의식하고 남에게 보여 주는 행위, 자기중심적이며 부산하게 설치는 행위, 억지로 혹은 함부로 하는 행위, 남의 일에 간섭하는 행위 등 일체의 부자연스러운 행위는 궁극적 실재인 도 혹은 자연의 흐름에 반하는 행위(老子, 1995)로서 건강하지 못한 행위로 간주된다.

『도덕경』은 또한 역설의 논리와 대립지향의 논리를 통해 사람들이 화를 피하고 복된

글상자 2-2 인간만사 새옹지마(塞翁之馬)

중국 변방의 한 노인(새옹)에게 훌륭한 말이 한 마리 있었는데 어느 날 그 말이 도망쳐 버렸다. 마을 사람은 노인의 불행을 자신들이 당한 것처럼 슬퍼하며 노인을 위로했다. 그러나 노인은 별로 슬퍼하지도 않고 이 불행이 더 큰 행복으로 변할 수도 있다는 생각으로 느긋한 마음으로 지냈다. 그로부터 두 달이 지났다. 노인은 이미 도망쳐 버린 자신의 말을 기억 속에서 거의 지우고 있었다.

그런데 어느 날 오후, 뜻밖에도 두 달 전에 없어졌던 말이 어디에서 데리고 왔는지 살찌고 기름진 암말 한 마리를 대동하고 나타났다. '과연 화가 복으로 바뀌었구나(轉禍爲福)!' 첫눈에 보아도 암말은 명마였다. 이튿날이었다. 아침부터 마을 사람이 노인의 집으로 모여들었다. "축하합니다! 잃었던 말이 명마까지 데리고 왔다면서요!" 이 말에 노인은 고개를 가로저었다. "아니요. 그렇지 않소! 이 복이 화가 될지도 모르는 일이오!" "공짜로 명마까지 얻었는데, 그게 무슨 화근이 되겠습니까?" "두고 볼 일이오." 노인에게는 승마를 무척이나 즐기는 아들이 있었다. 어느 날 아들은 암말을 부친 몰래 끌고 나왔다. 아들은 너무 욕심을 내고 마음껏 속력을 내다 말이 돌부리에 걸리는 통에 그만 앞으로 나뒹굴어졌고, 그 바람에 왼쪽 발목뼈가 부서지고 말았다. "복이 화로 바뀐다고 하지 않았더냐(好事多魔)!" 마을 사람이 또다시 노인의 집으로 몰려들어 왔다. "참 안됐습니다! 어쩌다가 이런 불행한 일이…!" 노인은 자신 있게 대꾸했다. "이런 화가 복이 될지 어떻게 알겠소!" 아들이 절름발이가 된 지 한 해가 지났고, 어느 날 흉노가 쳐들어 왔다. 마을의 젊은이는 모두 전투에 참가해야 했지만 노인의 아들은 다리를 쓸 수 없었기 때문에 전쟁터로 나갈 수가 없었다. 그 전투에서 마을 젊은이의 십중팔구가 전사했으나, 노인의 아들만은 종군할 수가 없었기 때문에 살아남을 수가 있었다(轉禍爲福).

세상일이란 이처럼 앞날을 예측하기 힘들고, 길흉화복(吉凶禍福)을 점치기 어렵다. 복이 화가 될 수 있고 화가 복이 될 수도 있다. 인간만사 새옹지마인 것이다. 따라서 발생한 일에 웃고 울고 하기보다는 긍정적인 생각으로 현재에 충실할 것을 권하는 고사성어인 셈이다.

출처: 『회남자』의 「인간훈」.

삶을 살 것을 가르친다. 사람들이 일상적으로 사용하는 '인간만사 새옹지마'라는 고사성어는 대립지향의 논리를 잘 보여 준다([글상자 2-2] 참고). 대립 지향의 논리를 잘 알면 극단으로 치우치는 행동을 가능한 한 삼가게 된다(박성희, 2007). 『도덕경』에 자주 활용되는 역설의 원리가 문제예방 및 대처방식에 나타나는 또 다른 예로 '지는 것이 이기는 것이다' '호사다마' '전화위복'의 경우를 들 수 있다. 사람들이 갈등이 있을 경우 맞서려 하기보다 상대방에게 지는 것이 곧 이기는 것이라는 역설, 좋은 일이 있다고 너무 기뻐한 나머지 균형을 잃지 말고 미래에 생길지도 모를 나쁜 일에 대비하라는 역설, 화가 변하여 복이 될 수 있고 복이 변하여 화가 될 수 있으니 어느 한 시점에 머물러 울고 웃는 행위를 삼가라는 역설, 부드러운 것이 강한 것을 이길 것이라는 이 모든 역설적 지침은 어려움을 당하더라도 극단으로 치우치거나 균형을 잃지 말고 흐름에 따라 어려움을 있는 그대로 받아들일 것을 강조하는 길잡이가 되어 왔다.

(4) 음양오행 사상

음양오행 사상이 동양의 사회문화 전반에 걸쳐 막대한 영향을 끼쳤다는 사실을 부정하는 사람은 많지 않을 것이다. 음양오행 사상은 정치철학, 음악이론, 천문역법, 동양의학 전반에 부인할 수 없는 흔적을 남겼다(황희경, 2003). 뿐만 아니라 음양오행 사상은 오랫동안 한의학, 풍수, 역학 혹은 사주명리학에 적용되어 한국인의 삶의 양식을 지배하여 왔다. 우리는 흔히 서양의학이 동양의학보다, 또 서양의 심리학적 전통에 입각한 성격유형 검사가 사주팔자를 보는 것보다 더 과학적이고 합리적이라고 믿고 있다. 그러나 실제로는 너무도 오랫동안 한의학이나 역학은 한국인이 병이나 문제를 예방하고 치료하는 주요한 접근법으로 자리하여 왔다. 이 이론에 따르면 음양(陰陽)과 오행(木, 火, 土, 金, 水)의 순환이 융합되어 우주의 모든 면이 역동적 형태의 전체 속에서 잘 정의되고 기록될 수 있으며, 따라서 이 체계가 병의 진단과 치료의 이론적 기반을 형성한다(Capra, 1985).

따라서 우리는 인간의 길흉화복이 음양오행으로 설명되는 우주의 기운과 역동적 평형 상태를 이루는 것을 전제하고 있다. 이사나 혼인을 위해 길일(吉日)이나 '손 없는 날'을 택하는 행위, 궁합을 보거나 승진 혹은 진학 가능성을 점 보는 행위, '쌍춘년에 결혼해야 백년해로한다'는 등 일상적인 삶의 이야기는 모두 음양오행 사상에 토대한 문제예방책이었다. 한국인이 역술이나 사주팔자에 의존하는 세태는 그것이 미신이냐 과학이냐를 떠나 그리고 그것이 정확한가 아닌가를 떠나 이미 우리 문화에 뿌리 깊이 박혀 일반인의 문제예방 및 대처방식이 되고 있다. [글상자 2-3]은 음양오행 사상에 토대한 사주팔자와 점에 의존하는 세태를 담은 신문기사를 소개한 것이다. 음양오행 사상은 또 풍수학의 근간으로서, '조상과 부모의 좋은 묘 자리'를 통해 자손의 복을 비는 우리의 일상적인 삶과 매우 깊은 연관이 있다. 대통령 선거 때만 되면 '대통령이 되기 위한 준비 절차'처럼 조상의 묘를 풍수가 좋은 자리로 이장하였다는 이야기, 집안의 흉이나 화가 '조상 묏자리를 잘못 썼기' 때문에 이장을 하였다는 일상의 이야기 모두 유교문화와 결합된 음양오행 사

글상자 2-3 사주와 점(占)에 의존하는 세태

사람을 능가하는 인공지능이 등장하고 우주를 들락날락하는 첨단 기술문명 사회에서 살고 있음에도 여전히 수천년 전의 운명학을 찾는 사람들이 많다. 한 해가 시작될 때면 역술가들의 온-오프라인 상담코너는 운세를 보려는 사람들로 북적인다. 운세 시장 규모가 한 해 수조 원에 이를 것으로 추정하는 이도 있다. 예측기술이 발달한 첨단 테크놀로지 시대에도 사람들은 여전히 불확실성 속에 살고 있음을 말해 준다. … 사주명리학뿐 아니라 성명학, 관상, 풍수지리, 점성술, 타로 등 동서양의 전통 운명학들에 대한 개괄적 설명과 함께 이것들이 어떻게 생겨났고 발전해 왔는지, 사람들의 삶에 어떤 영향을 미쳤으며….

출처: 한겨레신문(2024. 6. 29.).

사주 풀이 상담을 넘어 사주를 적극적으로 공부하는 MZ세대(1980~2000년대 초반 출생)가 늘어나고 있다. … 기성세대의 전유물 같았던 사주가 젊은 세대 사이에서 미래를 점치거나 사람을 잘 이해하기 위한 도구로 인기를 끌고 있다고 한다. 유튜브, 취미 활동 플랫폼 등 MZ세대가 주로 사용하는 플랫폼에서는 '내 사주 내가 보기' '명리학 공부법' '사주 해석' 등의 강의물이 조회수 10만 단위를 기록하고, 후기는 3,000개에 육박한다.

출처: 조선일보(2023. 10. 4.).

상이 우리의 문제 대처방식에 남긴 깊은 흔적이다.

(5) 무속신앙과 민간신앙

한국 고유의 전통적 문제해결 방식으로 빠질 수 없는 것은 바로 무속신앙(샤머니즘)과 민간신앙이다. 무속인(샤먼)은 종교적 의식을 주재하고 접신(接神)을 통해 예언을 하며, 병의 진단과 치료를 맡는 상담자의 역할을 하게 된다. 샤머니즘은 인간이 질서 있는 체계의 불가결한 부분이며, 모든 병은 우주적 질서와의 부조화한 결과라고 믿는다. 또 병은 일종의 부도덕한 행위에 대한 징벌로 해석되기도 하며, 병이 발생한 사회문화적 맥락에 주로 관심을 갖는다. 따라서 무당은 문제의 원인에 대한 질문을 받으면 경쟁, 질투나 욕망, 악령, 환자 가족의 잘못 또는 환자나 그 친척 중에서 누가 도덕적 질서를 지키지 못했다는 등으로 설명한다(Capra, 1985). 전 가족원의 참여와 협조하에 전 가족을 대상으로 행해지는 무속치료 굿을 통해 무당은 개인의 병(신체질환이든 정신질환이든)이 가족의 문제와 연관된다고 설명한다(엄예선, 1994). 예를 들어, 정신병 증세가 있는 남자 고등학생을 위해 가족이 굿을 벌이자 그 병의 주된 원인이 조상을 잘 모시지 않고 가정이 화목하지 않아 조상이 화를 낸 것으로 나왔다. 무당은 조상신에게서 "이 집안이 이래서야 아들이 병 안 나고 어쩔꼬. 화목하지는 않고 저마다 잘났다고 저마다 위하라고만 하니 집안 화목이 있을 수 있느냐? 그래서 내가(조상신) 참다못해 벌을 주었다. 화목하고 부지런히 살아라."라는 말을 듣고 가족에게 전달하였다. 굿을 통해 가족은 화목을 되찾을 기회를 얻고(김광일, 1991), 자신들의 삶이 조상과 연결되어 있다는 새로운 인식을 하게 된다.

이와 같이 무당은 살아 있는 사람과 죽은 사람 사이의 해결되지 못한 관계성을 다루는 치료자(이부영, 1972)로서, 굿에서는 현재 살아 있는 가족원과 죽은 가족원의 원혼 간의 원한과 갈등을 풀어 준다. 또 점이 개인을 상대로 하는 것이라면, 굿은 이웃과 친척을 초대하여 내담자 가족을 위한 지지체계를 이루도록 한다는 점에서 가족치료의 특징과 일치한다(엄예선, 1994). 샤머니즘에서는 자연 속에서나 인간관계 또는 영적 세계와의 관계에서 조화 또는 평형을 회복할 것을 강조하는데, 인간 존재를 질서 있는 체계에 통합되는 부분으로 보며 또 부조화와 불균형의 결과를 병이라고 하는 견해는 현대의 체계론적 관점과 완전히 일치하는 것이다(Capra, 1985).

점차 사라져 가던 무속이 오늘날에도 인기를 끌고 있다는 신문 보도([글상자 2-4] 참고)가 있듯이 무속의 기본 가정, 즉 대부분의 문제를 가족 밖의 외부에 투사시킨다는 점, 그리고 조상과의 관계성에서 그 원인을 찾는다는 점은 사람들의 삶의 양식에 아직도 뿌리

글상자 2-4 "불안한 한국 젊은이들, 무당 찾아" … 외신이 분석한 '샤머니즘' 인기 이유

세계에서 가장 현대적인 나라이자 첨단 기술을 갖춘 나라로 꼽히는 한국에서 샤머니즘(무속신앙)이 인기를 끌고 있다는 외신 보도가 나왔다. A통신은 '한국의 젊은 무당들이 SNS를 통해 전통을 되살린다'는 제하의 기사를 통해 한국의 샤머니즘 문화를 조명했다. 통신은 "한국 인구 5,100만 명 중 절반 이상이 종교를 믿지 않는 것으로 나타났으나 샤머니즘은 시대를 초월해 인기를 끌고 있다"고 전했다. …

구글 트렌드에 따르면 유튜브에서 한국어로 '무당'과 '운세' 등을 검색하는 횟수가 지난 5년 동안 두배로 늘었다. 최근에는 20~30대 젊은 무당들을 주인공으로 하는 영화 '파묘'가 개봉해 흥행에 성공했다. …

출처: 조선일보(2024. 6. 11.)

박혀 있다. 가장 대표적인 예가 개인에게 심각한 문제가 발생했을 때 아무 연관도 없어 보이는 '조상 무덤을 잘못 쓴 탓'으로 돌리는 것이다. 이는 조상숭배라는 유교 전통과 결합하여 아직도 많은 사람이 중시하는 길흉화복의 길잡이가 되고 있다.

한국의 민간신앙에서도 문제예방 및 치료적 요인을 발견할 수 있다. 민간신앙은 민간층에 대대로 전승되어 내려오는 자연적 종교현상으로서, 많은 경우 유교, 불교, 도교 등의 종교 의식이나 샤머니즘과 결합된 형태로 나타난다. 민간신앙의 핵심은 인간에게 일어나는 일은 우주 전체에 영향을 주며, 이 세상에 존재하는 모든 것은 영혼을 가지고 있다는 믿음이다. 등산을 하면서 돌탑을 쌓고 복을 비는 행위, 마을로 들어오는 잡신을 막고 사람들의 안녕을 빌기 위하여 마을 입구에 나무 장승을 세워 놓는 행위, 마을 뒷산에 서낭당을 지어 촛불을 올리고 복을 비는 행위, 특정한 날에 특정한 행위를 삼가는 행위 등은 모두 인간의 길흉화복이 인간을 둘러싼 자연환경과 밀접한 연관이 있음을 기본적으로 가정하고 있다는 점에서 체계론적 가족치료 관점과 상통한다.

> 동양인은 자연세계와 초자연세계의 현상을 이해하는 과정에도 종합적 사고방식을 적용했다. 그들은 땅(인간계)에서 일어나는 사건이 자연계와 우주 전체에 영향을 준다고 생각했다. 예를 들면, 도 사상의 경우 강한 애니미즘을 내포하고 있어서 동물이든 식물이든, 심지어 인간이 만들어 낸 인공물조차 모든 사물은 영혼을 가지고 있다고 믿는다 (Nisbett, 2004).

이상에서 한국인의 삶 속에 스며들어 있는 문제예방 및 대처방식을 종교적 전통과 연결하여 간략히 살펴보았다. 이를 종합해 볼 때 유기체론적 · 전체론적 · 집단주의적 성향의 동양적 세계관이 한국인의 문제 대처방식에 분명하게 드러나 있음을 볼 수 있다. 다시 말해, 한국인은 고통이나 어려움의 원인이 개인을 둘러싼 관계망, 가족, 조상, 더 나아가 우주적 질서와의 연결성 속에 있다고 믿어 왔다. 따라서 문제해결을 위한 치유방식 또한 상담이나 치료라는 과학적 접근방식보다 개인을 둘러싼 더 큰 체계와의 조화와 균형을 통해 찾으려 하는 경향이 있었음을 알 수 있다.

이러한 양식은 근래에 도입된 기독교(구교 및 신교 포함)적 접근에도 반영되어 있다. 기독교는 한국의 전통 종교가 아니라 서구에서 도입된 종교적 전통으로 간주하여 이 장에서 구체적으로 다루지 않았지만 [글상자 2-5]에서 소개하는 기독교의 새벽기도회 열풍에도 한국인 특유의 문제예방과 대처방식이 잘 드러나 있음을 볼 수 있다. 즉, 한국인은 체면을 중시하고, 집단행동을 선호하며, 자신의 감정을 자연스레 표현하는 것을 억제하는 경향이 있다. 그런데 최근 사회가 급격히 변화하고 경쟁이 치열해지면서 사람들은 불안감과 스트레스를 더 심하게 겪게 됨으로써 그것을 자연스레 표출할 출구를 찾게 된다. 이러한 시기에 기독교의 새벽기도회 혹은 집단(구역) 모임은 개인으로 하여금 불안감과 스트레스를 표출하고 해결책을 모색하는 집단적 장(field)을 제공하는 것으로 보인다(Chung & Gale, 2005). 새벽기도회라는 집단의 장에서 개인은 비슷한 아픔을 경험하는 집단의 일원으로 참여하여, 체면손상을 걱정하지 않고 자신의 아픔을 거침없이 쏟아 내면서 해결책을 모색할 수 있게 된다.

글상자 2-5 새벽기도회에 '구름 인파' 몰리는 이유

새벽기도회 열풍이 뜨겁다. 서울에서만 수만 명에 이르는 사람들이 매일 새벽기도회를 찾아 움직인다. … 대형 교회만 새벽기도회를 열고 있는 것이 아니다. 골목골목 자리 잡은 크고 작은 교회마다 매일 새벽 수십 명, 수백 명이 모인다. 개신교가 한국 땅에 들어온 지 120여 년이 지난 현재의 모습이다.

새벽기도회는 전 세계 어디서도 볼 수 없는 한국적 풍경이다. … 새벽기도회의 뿌리는 멀리 100년 전으로 거슬러 올라간다. 1907년 평양 대부흥을 이끈 K 장로는 기독교에 귀의하기 전 도가(道家) 수련을 해서 새벽 수련이 몸에 배어 있었다. … 대형 새벽기도회는 참석자 중 절반 이상이 30~40대 젊은 층이고 남자가 40%에 육박한다. 몇 십 명 둘러앉는 동네 교회 새벽기도회도 요즘 남자 신도의 참여가 두드러지는 변화다. (중략)

외환위기 후 한국인의 삶은 완전히 달라졌다. 젊은이는 취업이 어렵고, 직장과 가정 모두에서 남자가 겪는 불안감은 상상할 수 없을 정도로 심각하다. 회사에서는 언제든 잘릴 수 있고 가정에서도 자칫하면 소외당하거나 이혼당할 위기에 놓여 있다. 예전처럼 남자의 권위를 내세우는 것도 통하지 않는다. … 새벽기도회는 … 가정의 회복과 화해를 특별 주제로 하는 경우가 많으며, 부부가 함께 참여하도록 권장한다. 세상에서 받은 상처를 치유하고 믿음의 공동체를 이루는 기쁨이 있으며, … 복을 비는 것을 넘어서서 죄에 대한 아픔을 드러내는 것으로 패러다임이 확대되고 있다.

출처: 조선일보(2007. 4. 13.).

2) 사회변화와 한국가족

(1) 가족을 둘러싼 사회변화

현대가족을 둘러싼 사회변화 중 주목할 만한 현상으로 여성의 노동시장 참여 증가, 저출산, 고령화, 세계화, 혼인율 감소와 이혼율 증가 등을 들 수 있다.

1 여성의 노동시장 참여 증가

산업화가 진행되면서 경제구조가 바뀌었고 여성의 노동시장 참여에 대한 사회적 요구로 인해 여성의 경제활동 참가율이 꾸준히 증가해 왔다. 2008년 기준 경제활동참가율은 남성 73.5%, 여성 50.0%이다. 여성의 절반이 경제활동에 참여하고 있으며, 특히 미혼 직장인들의 경우 맞벌이를 선택이 아닌 필수로 인식하고 있는 상황이다. 그러나 전통적으로 어린 자녀와 노인 등에 대한 돌봄 노동을 맡아 왔던 여성의 노동시장 진출이 활발해지면서, 현대가족의 돌봄기능에 적신호가 켜졌다. 동시에 전통적인 성역할 인식이 남아 있는 상황에서 대다수 기혼 여성은 일 · 가정 양립의 어려움과 불균형을 경험하고 있다.

여성의 경제활동 참여 증가는 저출산 문제와도 관련이 있다. 과거에는 일정 연령이 되면 결혼을 하고, 또 자연스럽게 자녀를 갖는 것이 정상적인 삶의 과정이자 성인으로서의 과업으로 생각되었다. 그러나 여성의 경제활동 참여가 높아지면서 결혼과 출산, 육아 과정이 과거와 달리 어려워졌고, 개인의 자아실현을 중요시하는 개인주의가 확산되고 일 · 가정 양립이 어려운 사회환경에서 출산과 양육을 포기하는 여성들이 늘어 가고 있다. 저출산 문제는 여성의 문제이거나 가족의 문제가 아닌 기업과 사회, 국가의 문제다. 따라서 최근 기업과 정부는 일 · 가정 양립 문화 확산을 위한 다양한 정책을 추진하고 있다.

2 고령화

평균수명의 연장으로 인한 고령화 현상은 선진국 중심으로 전 세계적으로 나타나고 있는 공통적 현상이다. 노인인구의 증가는 의학기술의 발달, 식생활의 개선, 교육수준의 향상, 위생환경의 개선 등에 기인한다. 노인인구의 증가와 함께 노인과 가족관계가 중요한 문제로 떠오르고 있다. 노인기의 가족관계는 노인케어와 부양 문제, 노인의 정신건강, 생활의 질 등에 다각적인 영향을 미치는 요인이기 때문이다. 그동안 노인에 대한 주부양자였던 여성의 노동시장 진출이 증가하면서, 누가 노인을 돌볼 것인가에 대한 문제가 사회적 관심으로 떠올랐다. 맹목적인 '효' 사상으로 장남이나 여성(며느리나 딸)이 부양을 책임져야 한다는 전통적 인식은 점차 쇠퇴하고 있고, 사회와 국가가 분담해야 한다는 의식이 확산되고 있다. 전통적으로 노인가족의 생활형태는 가족과 동거하거나 자녀에게 의존하는 형태가 대부분이었다. 그러나 최근에는 노인들 스스로 본인과 자녀의 자율성을 인정하고 각자의 독립된 가구를 유지하며 자유로운 삶을 영위하는 방향으로 전환되고 있는 추세다(한국가족복지학회, 2009). 한편, 할아버지, 할머니가 손자녀를 양육하는 '조손가정' 또한 증가 추세인데, 어린아이들의 부모가 이혼하거나 실직, 파산, 사망이나 가출 등 다양한 이유로 자녀양육이 어려워지면 양육부담이 조부모에게 전가되기 때문이다.

3 세계화

세계화는 노동시장뿐만 아니라 결혼시장에도 영향을 미쳐, 우리나라를 포함한 많은 나라들의 가족의 문화와 인종 구성을 변화시키고 있다. 지난 10여 년간 결혼이민자 여성, 외국인 노동자, 북한이탈자들의 유입으로 우리나라의 다문화가족의 비율이 지속적으로 증가하고 있다. 단일민족에 대한 전통적 관념으로 인해 국제결혼으로 형성된 가족에 대한 사회적 편견과 부정적 인식이 존재하나, 최근에는 세계화의 추세로 인한 사회현상으로 국제결혼이나 다문화가족에 대해 보다 수용적으로 받아들이고 있다. 다문화가족에 대한 제도적 지원이 이루어지고 있음에도 불구하고, 다문화가족 자녀의 언어 및 학습부진, 학교적응 문제, 부부의 의사소통 문제 및 가정폭력, 가족문화차로 인한 시댁과의 갈등 등 다문화가족의 문제가 산적해 있는 실정이다.

4 혼인과 이혼 추세의 변화

결혼과 가족에 대한 가치관이 변화하면서, 혼인과 이혼의 추이도 변화해 왔다. 즉, 혼인율은 지속적으로 감소하고 있는 반면, 이혼율은 고공행진을 계속하고 있는데, 이러한 저 혼인, 고 이혼 현상은 '결혼을 꼭 해야 한다.'라는 인식과 '이혼은 절대 하면 안 된다.'라는 인식 모두 낮아지고 있는 것과 관련이 깊다. 가족을 무엇보다 중시 여기던 과거의 문화와 달리, 개인주의의 영향으로 가족을 안식처라기보다 자율성을 침해하는 영역으로 간주하는 경향과, 자본주의 사회에서의 성인의 과업으로 경제활동이 결혼보다 선행되어 고려되는 경향이 늘고 있다.

낭만적 사랑을 바탕으로 형성된 근대 부부 중심 가족은 정서적 기능에 문제가 생길 때 과거에 비해 가족이 해체될 가능성이 더 높아졌다. 1970년대 이래 우리 사회의 이혼율은 꾸준히 증가하였으나 2000년대 중반을 정점으로 다소 감소하여 안정 추세에 있다. 재판이혼보다 협의이혼이 차지하는 구성비율이 줄었으며, 미성년 자녀를 둔 부부의 이혼 구성비율도 감소하였다. 이혼연령은 지속적으로 증가하고 있고, 20년 이상 함께 산 부부들의 이혼이 특히 늘고 있다.

(2) 탈근대주의 가족으로의 이행

지난 반세기 동안 산업화를 거치면서 핵가족은 한국가족의 대표적인 가족유형으로 자리 잡아 왔다. 핵가족이란 한 세대의 부부와 그들의 미혼자녀로 이루어진 기본적인 구조로, 지리적 이동이 잦은 산업화시대에 가장 최적화된 가족유형으로 인식되어 왔다. 그러나 최근 정보화시대로 접어들면서 가장 기본단위라고 생각되었던 핵가족의 분열이 진행되고 있다. 결혼을 하지 않거나, 결혼하고도 자녀를 낳지 않거나, 기혼자들의 이혼 또한 늘어나면서, 독신가구나 무자녀 부부가족, 한부모가족 등 핵가족보다 더 작은 단위의 가족 및 다양한 가족유형이 늘어나고 있다. 사회변화는 가족생애주기의 변형과 가족구조의 다양화, 가족기능의 변화, 가족가치관의 변화를 가져왔다고 볼 수 있다.

1 가족생애주기의 변화

평균수명이 연장되고 출산율이 저하되면서 나타난 가족주기의 뚜렷한 변화로는 자녀 출산과 양육기간이 줄어들고, 탈양육기의 중노년 부부가 둘만 남아 함께 보내는 빈둥우리(emptiy nest) 시기가 길어졌다는 것이다. 이와 같은 변화로 인해 가족생활에서 부부관계의 질에 대한 비중이 더욱 중요해졌으며, 조기은퇴나 황혼이혼이 주요 가족 문제로 나타나고 있다.

2 가족구조의 변화

가족구조의 주요 변화로는 소(小)가족화 경향에 따른 가족 규모의 축소, 그리고 다양한 가족 형태의 증가를 볼 수 있다. 독신가구나 무자녀부부, 한부모가족, 재혼가족 등 다양한 라이프스타일이 사회적으로 수용되면서 증가하고 있어, 농경사회에서 지배적인 가족 형태였던 전통적 봉건 확대가족은 산업화 이래 근대적 부부 중심 가족 형태로 변화되었고, 최근 탈근대적 가족 형태인 가족의 다양성이 부각되고 있는 실정이다.

3 가족가치관의 변화

산업화의 진행과 함께 직업 중심의 잦은 지리적 이동, 개인주의 확산, 변화하는 경제환경, 자유로운 선택 보장 등은 결혼과 가족에 대한 가치관을 빠르게 변화시켜 왔다. 결혼은 '반드시 해야 하는 것'이라는 과거의 태도와 달리 '하지 않아도 괜찮은 것'으로 변화함으로써 결혼에 대한 유연한 사고가 늘었고 독신가구도 증가하고 있다. 또한 혼전동거나 이혼, 국제결혼에 대한 수용성도 보다 높아졌으며, 결혼하면 반드시 자녀를 가져야 한다는 과거의 의식과 달리 자발적 무자녀 가족을 선택하는 사람들도 증가하고 있는 추세다. 노부모 부양에 대해서는 장남이나 가족이 부양해야 한다는 의식이 낮아지고, 사회나 국가가 함께 부양해야 한다는 의식이 높아지고 있다.

4 가족기능의 변화

가족의 기능도 크게 변화되었다. 사회경제적 환경의 변화로 농경시대 자급자족하던 생산과 소비, 교육, 오락, 종교적 기능 등이 대폭 축소되었다. 무엇보다 소(小)가족화와 맞벌이 증가, 이혼율 증가 등에 따른 가족의 돌봄기능 약화는 어린 자녀와 노인, 장애를 가진 가족원에 대한 보호를 사회와 국가가 나누어야 한다는 제도적 필요성이 제기되어 왔다. 가족이 일터와 분리되면서 가족의 생산기능은 쇠퇴했지만 소비기능은 늘었다. 과거에 비해 높아진 가족기능으로는 가족의 정서적 유대기능과 여가기능이다. 결혼이 부부의 사랑과 성을 중심으로 유지되며 부부간의 친밀감과 애정의 기능이 중요시되고 있다.

5 가족위기의 압축성

한국가족은 격동적 사회변화 속에 다양한 기능과 역할을 한꺼번에 수행해 오면서 '기능적 과부하' 상태를 겪어 왔다(장경섭, 2016). 이는 비교적 풍부한 자원을 갖춘 중산층 이상의 가족에게도 어려운 일이었으나, 다수의 빈곤층 가족의 경우 가족생활과 가족관계 유지에 엄청난 스트레스가 동반될 수밖에 없었다.

최근의 연구에 의하면, 한국의 위기가족은 1,000만 가구 이상으로 이는 전체 가족의 약 58%가 질병, 빚, 실업 등으로 인한 위기상태를 겪고 있는 셈이다(김승권, 2012). 위기 사유의 비중을 보면, 가족의 건강 문제, 경제적 어려움(부채, 빚), 취업 및 실업, 자녀 문제, 가족관계 문제, 주거 문제, 알코올 문제, 가출, 폭력 등의 순서로 나타났다. 기타 사유에 이혼, 사고사, 자살, 타살에 의한 사망, 화재, 교통사고 등의 다양한 원인에 의해 발생한 위기가족도 28만 가구 이상 되는 것으로 추정되고 있다(김승권, 2012).

2. 한국 가족치료의 발달

가족치료가 소개되기 전 한국에서도 상담은 정신치료가 주를 이루었고, 대학에서도 심리학이나 교육학 분야에서 심리상담 이론을 부분적으로 다루는 정도였다. 가족치료가 처음으로 소개된 것은 1970년대 후반이지만, 대학이나 대학원의 정식 교과목으로 채택된 것은 1980년대다. 한국 가족치료의 발달을 다음과 같은 몇 단계로 구분할 수 있다.

1) 생성기: 1970년대 후반부터

이 시기에 외국에서 가족치료를 공부한 학자들이 국내에서 가족치료 과목을 학부와 대학원에서 가르치거나 임상 현장에서 내담자를 치료하면서 가족치료에 대한 이해와 인식이 생기기 시작하였다. 가족치료 서적들이 번역되기 시작했으며, 학위논문으로 가족치료에 관한 주제가 등장하였다. 외국의 가족치료 전문가들이 국내에서 워크숍을 개최하여 가족치료에 대한 이해와 학습에 도움을 주었다.

2) 발아기: 1980년대 중반부터

상담에 종사하는 학자와 임상가들은 가족치료에 더 많은 관심을 가지게 되면서 가족치료를 조직적이고 협동적으로 연구하고 임상 현장에 적용할 수 있는 방법을 모색하였다. 그 결과 1988년에 다학제적 접근으로 '한국가족치료학회'를 창립하게 되었다. 정신의학, 심리학, 사회복지학, 간호학 분야 등의 교수와 임상가들은 그동안 각자의 전공 분야에서만 학문 영역을 고수하던 것에서 벗어나 협력적으로 학회 창립에 동참하였다.

비슷한 시기인 1991년에 가족치료에 매료된 정신과 의사와 상담 관련 교수들이 '가족치료연구모임'을 결성하여 해결중심단기치료를 자문팀 접근으로 내담자 상담에 적용하고, 해결중심치료에 대한 연구와 저술을 한 것이 한국 가족치료의 발전에 기틀이 되었다.

이 시기에 가족치료 교과목이 여러 대학에서 개설되면서 가족치료를 전공하는 학생 수도 증가하였으며, 특정 가족치료 모델명으로 대학원의 교과목이 개설되어 이론과 실기 모두를 충실히 할 수 있게 되었다.

3) 개화기: 1990년대 중반부터

한국의 가족치료 발전은 '한국가족치료학회'가 개최한 다양한 가족치료 모델에 대한 이론 특강과 워크숍에 힘입은 바 크다. 가족치료 모델에 대한 워크숍은 해결중심단기치료, 사티어 경험적 치료, 구조적 치료 등으로 다양하였다. 이 중에서 해결중심단기치료의 개발자인 김인수(Insoo Kim Berg)와 남편 드세이저(Steve de Shazer)는 한국의 임상가를 위해 지속적인 교육과 슈퍼비전을 하였으며, 오늘날 이 모델이 국내에서 가장 많이 애용되는 데 큰 역할을 하였다.

가족치료에 대한 연구는 '한국가족치료학회'가 1993년에 학술지를 출간하면서 가속도가 붙기 시작했다. 대학에서는 학위논문으로 가족치료 모델과 임상 결과에 대한 주제가 늘어났다. 이 학회에 대한 관심과 참여는 아동학, 가족학, 상담학, 목회상담학 등에서도 이루어졌고 학회의 발전과 파급에 영향을 미쳤다. 이러한 발전은 가족치료 전문가 자격제도를 공고화했으며, 가족관계학회에서도 규정을 만들어 가족치료 전문가를 배출하기에 이르렀다.

4) 성장기: 2000년대부터

한국 가족치료의 성장기는 2001년부터 현재에 이르고 있다. 우선, 이 시기의 특징적인 활동은 가족치료와 관련한 다양한 이론서와 번역서의 출판이 증가한 것이다. 초기가족치료에 이어서 후기가족치료 모델이 확산되면서 포스트모던 성향의 워크숍이 학회와 일부 대학에서 개최되었고, 관련 이론서와 논문이 다양하게 출판되어 연구와 임상 활동의 저변을 확대하는 데 기여했다. 더불어 가족치료 임상 실천에 대한 관심이 높아짐에 따라 자격증 취득자가 지속적으로 증가하고 있으며 가족치료 관련 상담소나 기관이 증가하고 있는데, 이러한 변화는 가족치료 전공자의 증가를 잘 보여 주는 것이다.

2000년대 중반에는 이혼숙려제가 실시되고, 건강가정 및 한부모, 다문화가족 관련 지원센터에서 가족상담서비스가 개시되었으며, 사회서비스(바우처)에 가족상담서비스가 포함되는 등 공공 영역에서 가족상담에 대한 수요충족 노력이 가시화되었다. 이는 가족치료에 대한 사회적 요구가 증가하고 있음을 보여 주는 것으로, 그에 따라 가족치료사의 윤리적 책임에 대한 요구도 늘어나게 되었다. 이에 한국가족치료학회에서는 임상 실천 및 연구와 관련한 윤리강령을 제정하였다.

5) 확장기: 2010년대부터

그간 가족치료 분야에서 단일모델을 연구하고 훈련하던 모임들이 2010년대 들어 점차 응집되면서 사티어변경체계치료, 이야기치료, 해결중심치료 분야에서 각각 전문학회가 창립되었다. 모델학회의 창립은 한국 가족치료가 보다 전문화된 연구와 훈련이 가능한 방향으로 성장하는 데 기여하고 있다. 이들 학회들은 정기적으로 공동학술대회를 개최하고 자격요건 일부의 연동을 인정하는 등의 노력을 기울이고 있다. 이는 한국가족의 현실에 대한 적확한 인식과 전문적 역량 강화라는 공통의 과제 앞에서 다양한 모델의 가족치료 접근을 연결하는 가교 역할을 하고 있다. 최근 국민 마음건강에 대한 정부의 관심과 재정 투자가 이루어지면서 한국이야기치료학회는 전문성 강화를 위해 한국내러티브상담학회로 거듭나게 되었고, 한국가족치료학회 및 연계학회는 한국상담학회 산하 부부가족상담학회, 한국가족관계학회, 한국가족놀이치료학회로 네트워크 외연을 확장하는 등 국내 가족상담치료 분야의 성장 및 발전에 새로운 동력을 마련하였다.

국제적으로 볼 때, 한국 가족치료는 지난 수십 년 동안 많은 성장을 거듭하여 이제 아시아지역에서 저변이 가장 두터운 가족치료 현장으로 주목받고 있다. 1990년대 말부터 이어져 오던 한국과 일본 간 연례 국제사례회의가 2017년부터 대만을 포함하는 KJT(Korea, Japan, Taiwan) 국제사례회의로 확대되었다. 또한 한국을 비롯한 아시아 국가들이 참여하는 AAFT(Asian Academy of Family Therapy) 연차학술대회가 회원국을 순회하며 개최되어 아시아지역의 가족치료 연구와 임상 교류에 활기를 불어넣고 있다. 한국은 2021년 코로나19 팬데믹 속에서 실시간 온라인으로 제7차 대회를 진행하였으며, 2026년 서울에서 제11차 대회를 개최한다.

이러한 흐름 속에서 2017년 한국가족치료학회에서 세계 최초로 동양 문화와 가족치료에 역점을 둔 영문 국제학술지 『Asian Journal of Family Therapy』를 창간하여 온라인 국제저널 플랫폼을 구축하기에 이르렀다. 또한 동학회 부부가족상담전문가(1급) 자격기준은 2017년 국제가족치료협회(International Family Therapy Association)의 가족치료 교육훈련과정 인증을 획득하여 그 전문성을 국제적으로 인정받고 있다. 이제 한국 가족치료는 동양권에서 선도적 위상을 인정받고 있으며 동양 문화와 가족치료가 교차하는 글로벌 연구 및 실천 현장 속에서 국내외 가족치료의 호혜적 발전에 기여하고 있다.

3. 한국 가족치료의 현황

1) 가족치료 분야의 다학제적 성격

한국의 가족치료 분야는 서구의 경우와 마찬가지로 가족 현상, 가족 문제, 가족 개입에 관심을 갖고 있는 여러 학문 분야가 모여 이루어진 다학제적 성격의 분야다. 가족치료를 교육하고 훈련하거나 직접 가족에게 서비스를 제공하는 사람들은 가정의학, 가정학, 가족학, 교육학, 교육심리학, 상담학, 목회상담학, 사회복지학, 심리학, 아동학, 정신의학 등 다양한 분야의 학문적 배경을 갖고 있다(Lee et al., 2013). 한국은 아직까지 가족치료 관련 국가공인 자격 제도는 마련되어 있지 않은 상태로, 현재 한국가족치료학회, 부부 · 가족상담학회, 한국가족관계학회의 3개 민간단체를 주축으로 자격심사와 자격증 교부가 이루어지고 있다. 한편, 가족치료에 대한 구체적 자격제도를 운영하고 있지는 않지만, 가족상담이나 치료 관련 훈련프로그램 등 회원에게 간접 지원을 제공하는 관련 학술단체도 다양하게 존재하고 있다.

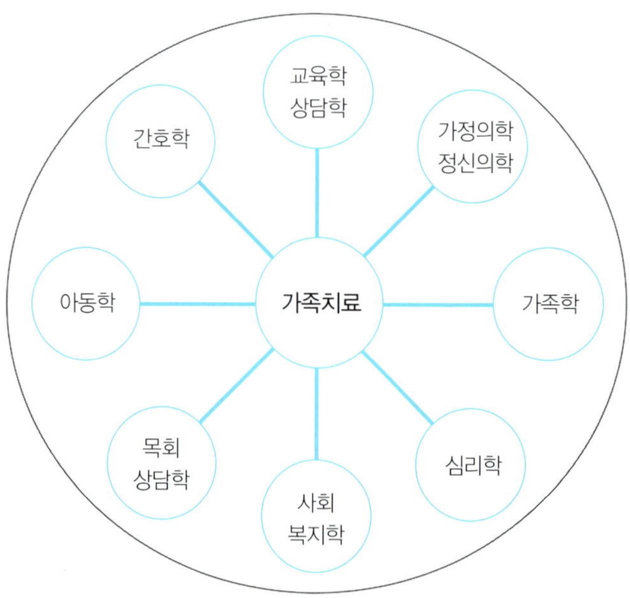

[그림 2-2] 가족치료 관련 학문 분야

2) 가족치료 정규 교육과정

한국에 가족치료가 소개된 것은 1970년대 중반으로 볼 수 있으며, 정규 학위과정에 포함된 때는 이화여자대학교 대학원 사회사업학과(현 사회복지학과)에 전공 선택 과목으로 개설된 1979년이다. 1980년 이후 학위논문이 배출되었으며 여러 대학에서 단독과목으로 개설되기 시작했다. 1990년대 후반부터는 전문 가족치료사를 양성하는 대학원 과정이 만들어지기 시작하여, 가족치료 학과나 전공을 개설한 대학의 수는 2005년 기준 12개교, 14개 전공으로 집계되었다(신혜종, 노치영, 김은영, 2005). 이후 대학원 교육단위를 중심으로 가족치료 학과나 전공이 신설되어 왔으며 관련 학과에서도 가족치료 과목이 단독과목의 형태로 교육되어 왔다. 최근 연구(최중진, 고정은, 2019)에 따르면 정규 학위과정 중 학사과정은 4개교, 석사과정은 27개교, 그리고 박사과정은 2개교에서 가족상담 관련 학과 및 전공이 개설된 것으로 나타났다. 이 조사 결과에 비추어 볼 때, 가족상담에 관한 전문인력 양성은 2005년에 비해 적어도 두 배 이상의 성장을 이뤄 낸 것으로 볼 수 있다.

가족치료 전공의 교육 철학 및 목표는 가족 문제 이해와 함께 가족 문제 예방 및 치료를 위한 지식과 기법을 습득한 유능한 전문가를 양성하는 데 초점을 두고 있다. 가족치료 교과과정은 대학 간에 다소 차이가 있으나 [참고]와 같이 유형화된다. 전공 교과에 포함된 다양한 과목의 개설 현황을 살펴보면, 전국 관련 전공 대학에 개설된 과목 총 923개 가운데 가장 큰 비중을 차지하는 것은 상담이론(263개)과 가족치료이론(235개) 과목인 반면, 실습이나 직업윤리와 같은 실무 관련 과목은 이론 과목에 비해 적게 개설되고 있어

참고 가족치료 전공 교과과정

- 가족 관련: 일반체계이론, 가족체계이론, 가족발달이론, 가족 문제 연구, 가족관계, 가족 복지, 가족 생활주기 등
- 가족치료: 체계론적, 전략적, 구조적, 경험적, 행동적, 단기해결중심적, 이야기치료적, 정신역동적, 의사소통, 성치료 등 가족치료 접근법을 포함하는 과목
- 상담: 상담이론, 개별상담, 집단상담 등
- 인간발달: 인간발달이론, 성격이론, 성역할이론, 이상행동이론, 정신병리, 정신위생 등
- 직업윤리 관련: 가족치료 윤리강령, 법적/윤리적 책임, 가족법 등
- 가족치료연구방법: 연구방법론, 자료분석 및 통계

증설이 요구된다(최중진, 고정은, 2019). 현장에서 양질의 가족치료 서비스가 전달되기 위해서는 가족치료 교육의 실효성을 높이는 방향의 변화가 필요할 것이다.

한편, 과거 입학생은 주로 사설상담, 교육 · 연구, 사회복지, 종교 관련 기관의 현업 종사자들이었으나, 최근에는 아동 · 청소년, 여성, 다문화, 정신건강, 장애 관련 휴먼서비스 부문에서 군 · 경찰 등 공공 부문이나 일반 회사 같은 민간영리 부문에 이르기까지 다양한 분야의 종사자들이 가족치료에 대한 심화 교육 및 훈련을 위해 진학하는 양상이 더해지고 있다. 더 많은 대학에서 가족상담 관련학과와 전공이 개설되고 교과과정도 다양하고 풍성해진 것은 전문인력 양성 측면에서 매우 고무적인 현상이다. 하지만 인력양성을 위한 정규 학위과정이 서울, 경기, 인천 등에 집중된 현상은 2005년과 비교해 크게 달라지지 않아, 수도권 쏠림현상의 완화가 향후 가족치료 전문 교육의 과제로 남는다(최중진, 고정은, 2018).

3) 가족치료 관련 법과 제도

우리 사회는 지난 한 세대 동안 가족 가치와 규범이 급격히 변화하면서 다양한 가족관계 이슈에 직면하고 있다. 또한 정신건강, 대인관계 갈등, 학대, 폭력, 직장내 괴롭힘 등 사적 관심사로 치부되던 많은 사안이 사회적 문제로 인식되고 있다. 이에 따라 다양한 관련법률이 제정되고 있으며 과거와 달리 관련인(예: 피해자 또는 이혼 당사자)을 대상으로 심리사회적 서비스 제공을 포함하는 경우가 늘어나고 있다. 이들 조항에서는 관련 서비스를 지칭하기 위해 '가족지원' '가족상담'을 포함하여 '상담' '심리상담' '심리지원' 등의 다양한 용어를 사용하고 있다. 여기서는 정신건강 및 심리상담 서비스를 제공하는 가족치료자의 현장 활동과 직간접적으로 관련 있는 법적 · 제도적 근거를 몇 가지를 소개한다.

(1) 가족상담 및 치료적 지원

가족상담 및 지원에 관한 포괄적 법률은 「건강가정기본법」이다. 이 법은 가정이 개인의 기본적 욕구를 충족시키고 사회통합을 위해 기능할 수 있도록 유지 · 발전되어야 한다는 기본이념을 중심으로, 국민의 권리 · 의무와 국가의 책임을 명시하고 있다. 가족상담은 이러한 취지에 따라 가족서비스 전달체계에서 수행되는 여러 사업 중 하나로, 가족문제 해결 및 가족구성원의 성장과 발달을 통한 가족관계의 향상 및 가족기능의 강화를 목적으로 하는 전문적 활동이다. 생애주기별 다양한 갈등 상황을 경험 중인 모든 가족을 대상으로 체계론적 시각에서 개인상담, 부부상담, 부모자녀상담 등 다양한 방식으로 가족상담이 제공된다.

이혼숙려기간은 이혼하는 부부에게 이혼결정을 재고할 기회를 주는 한편, 이 과정에서 자녀의 복리가 우선 고려되도록 하기 위한 제도다. 「민법」에서는 협의이혼을 신청하는 부부에게 미성년 자녀(임신 중 태아 포함)가 있을 경우에는 3개월, 자녀가 없거나 성년 자녀만 있을 경우에는 1개월 동안 숙려기간을 갖도록 규정하고 있다. 가정폭력 등 이혼해야 할 급박한 사정이 있는 경우에 숙려기간을 단축 또는 면제받을 수 있다. 법원이 필요하다고 판단하는 경우 협의이혼을 신청한 부부에게 지식과 경험을 갖춘 전문가의 상담을 받도록 권유할 수 있다.

한편, 아동학대, 학교폭력, 여성폭력, 자살(시도), 비계획임신, 사회적 재난 등 충격적 사건은 가족구성원 개인의 정신건강뿐 아니라 가족 관계에 부정적으로 작용한다는 인식이 널리 확산되어 왔다. 이에 따라 당사자뿐 아니라 그 가족 전체의 피해를 최소화하고 회복을 도모하기 위해 다양한 제도와 정책이 수립되었다. 그중 몇 가지를 살펴보면, 「한부모가족지원법」에서는 취약가족에 대한 가족돌봄, 정신적 외상치료, 가족상담 등 가족 기능 회복을 위한 서비스 제공하도록 규정하고 있으며, 「아동청소년의 성보호에 관한 법률」에서는 아동성보호법 피해아동청소년, 보호자 및 형제자매에 대해 상담이나 치료를 제공할 수 있음을 명시하고 있다. 「가정폭력방지 및 피해자보호 등에 관한 법률」에 근거하여 가정폭력을 신고하거나 이에 관한 상담을 요청한 사람과 그 가족에 대한 상담을 명시하고 있다.

「자살예방 및 생명존중문화 조성을 위한 법률」에서는 자살시도자 및 그 가족 또는 자살자의 가족 등에 미치는 심각한 심리적 영향이 완화되도록 자살시도자 등에게 심리상담, 상담치료를 지원할 수 있다는 규정을 두고 있다. 「위기 임신 및 보호출산 지원과 아동 보호에 관한 특별법」에서는 경제적 · 심리적 · 신체적 사유 등으로 인하여 출산 및 양육에 어려움을 겪고 있는 임산부의 안전한 출산을 지원하기 위한 상담을 명시하고 있다.

그 외 「사회보장기본법」은 바우처 방식으로 제공되는 대상별 · 문제별 사회서비스 제도의 법적 근거를 명시하고 있다(www.socialservice.or.kr). 최근 스트레스와 국민 정신건강에 대한 사회적 관심이 증대됨에 따라, 아동, 노인, 장애인을 대상으로 하는 돌봄서비스뿐만 아니라 마음건강서비스가 전 국민을 대상으로 확대 적용되고 있다. 지방자치단체에 따라 한부모가족, 발달장애나 정서문제를 가진 아동의 가족, 위기가족, 조손가족, 다문화가족, 출산을 앞둔 예비부모 등에 대한 가족상담이 바우처 방식으로 제공된다.

(2) 가족상담 및 치료 서비스 제공자

가족치료는 체계론적 시각에서 가족관계 향상 및 가족기능 강화를 목적으로 하는 전문상담이다. 과거 국내법에서 관련 서비스 제공자 범위에 명시된 직종은 의사, 임상심리사, 사회복지사로 제한적이었다(김현아 외, 2013). 하지만 가족 및 보건복지 전달체계에서 제공되는 서비스 과정의 다양한 지점에서 심리상담의 필요성에 대한 사회적 공감대와 수요가 증가하면서, 여러 관련 법과 규정에 전문상담 제공의 근거가 마련되었다. 이에 따라 가족치료사를 포함하여 다양한 심리상담 이론과 훈련 배경을 가진 서비스 제공자가 점차 활동 범위를 넓혀 가고 있다.

가족지원센터는 「건강가정기본법」에 근거를 둔 대표적 가족지원 인프라로서, 가족상담 전문인력(상근직 및 위촉직)의 자격요건을 〈표 2-1〉에 명시된 기준 중 어느 하나 이상으로 규정하고 있다. 여성가족부에서 인증하는 가정폭력·성폭력 전문상담사 제도는 「가정폭력방지 및 피해자보호 등에 관한 법률」, 「가정폭력범죄의 처벌 등에 관한 특례법」, 「성폭력방지 및 피해자보호 등에 관한 법률」에 근거를 두고 있다. 「청소년기본법」

표 2-1 가족상담 전문인력 자격요건

<table>
<tr><th>자격 요건</th><th>세부 기준</th></tr>
<tr><td>• 가족상담 관련 전공학과의 석사과정 이상 수료한 자</td><td>※ 가족상담 관련 전공(대학원): 가족(부부)상담, 가족치료, 교육심리(아동·청소년·노인) 상담, 가족관계, 정신의학 등</td></tr>
<tr><td>• 관련 전문 학회에서 발급하는 2급 이상 자격증 소지자</td><td rowspan="2">• 한국연구재단에 등록
• 한국연구재단 등재(후보) 이상의 학술지 발간
• 가족상담 관련 자격증 발행 후 10년 경과(자격증 명칭에 가족 명시)
• 사단법인</td></tr>
<tr><td>• 관련 전문 학회에 소속되어 100시간 이상의 상담 실무경력자 또는 이에 상당하다고 인정되는 경력을 가진 자</td></tr>
<tr><td>• 관련 분야 석사학위를 취득한 후 1년 이상 관련기관 상담원으로 근무한 경력이 있는 사람</td><td rowspan="2">※ 관련학과 전공분야: 상담심리학, 심리학, 사회복지학, 가정학, 여성학, 아동학, 청소년학, 교육학, 사회학 등
※ 관련기관: 사회복지시설, 건강가정지원센터, 다문화가족지원센터, 청소년상담복지센터, 상담 관련 비영리법인 및 비영리민간단체, 「초중등교육법」 및 「고등교육법」 등의 법률에 의한 각급 학교 등</td></tr>
<tr><td>• 관련 분야 학사학위를 취득한 후 2년 이상 관련기관 상담원으로 근무한 경력이 있는 사람</td></tr>
<tr><td>• 기타 위와 동등한 자격이 있다고 인정되는 자</td><td></td></tr>
</table>

출처: 여성가족부(2024), pp. 14-15.

에 의한 청소년상담사는 청소년상담복지센터, 초중고등학교 상담실, 교육청위센터 등에서 활동하는데, 최근 이 세팅에서 가족치료 적용이 늘고 있다. 한편, 보건복지부에서 발급하는 정신건강전문요원 자격은 「정신건강증진 및 정신질환자 복지서비스 지원에 관한 법률」에 근거를 두고 있으며, 중증 정신질환(장애) 당사자와 가족에 대한 교육 및 상담을 실시한다.

(3) 종사자의 폭력 신고의무

최근 우리 사회에 폭력범죄에 대한 사회적 인식이 확산되면서 「가정폭력방지 및 피해자보호 등에 관한 법률」, 「가정폭력범죄의 처벌 등에 관한 특례법」, 「성폭력방지 및 피해자보호 등에 관한 법률」, 「학교폭력 예방 및 대책에 관한 법률」이 제정되었으며, 일반인을 비롯한 관련 기관 서비스 종사자의 폭력 신고를 의무화하고 있다. 이들 폭력관련법 이외에 「노인복지법」, 「아동복지법」도 노인과 아동에 대한 폭력 신고의무 및 피해자 보호를 명시하고 있다. 법률마다 다소의 차이는 있으나, 일반적으로 교육 및 보호기관 종사자, 정상적 판단능력이 결여된 자에 대한 서비스를 제공하는 의료인, 시설종사자, 상담원 등은 폭력범죄를 알게 된 경우에 이를 수사기관에 즉시 신고해야 할 의무가 있다.

(4) 폭력 사건의 심리재판 및 피해자 보호

「성폭력범죄 등 사건의 심리재판 및 피해자 보호에 관한 규칙」은 「성폭력범죄의 처벌 등에 관한 특례법」의 성폭력범죄, 「아동 · 청소년의 성보호에 관한 법률」의 아동 · 청소년대상 성범죄 및 「아동학대범죄의 처벌 등에 관한 특례법」의 아동학대범죄 사건의 심리 · 재판 절차 및 피해자 등의 보호에 필요한 사항을 정하고 있다. 이 규정에는 피해자 보호와 배려 차원에서 소송관계인으로 하여금 심리재판 과정에서 피해자 인적사항 등이 공개되거나 타인에게 누설되지 않도록 노력할 것과 당해사건과 무관한 피해자 사생활에 관한 신문이나 진술이 이루어지거나 피해자가 성적 수치심이나 공포감을 느낄 수 있는 상황이 발생하지 않도록 노력할 것을 규정하고 있다.

한편, 증인지원관을 두어 피해자 등 증인에 대해 신문절차 안내, 증인신문 전후 심리적 안정을 위한 상담 등의 업무를 수행하도록 하고 있으며, 13세 미만 아동이거나 신체적인 또는 정신적인 장애로 의사소통이나 의사표현에 어려움이 있는 경우 진술조력인을 두어 증인신문을 중개나 보조할 수 있도록 하고 있다. 또한 증인 신문에 있어 신뢰관계에 있는 사람의 동석, 비디어 등 중계장치 등에 의한 신문 여부의 결정과 중계방법, 증인의 증언 보조도구 사용(인형, 그림 등), 증인 소지품 허용(담요, 장난감 인형 등) 등의 조항을 두고 있다. 가족치료사는 내담자가 신문 과정에 적절히 대응할 수 있도록 사전에 내담자와 함께 작업하고 지원하는 역할을 수행할 수 있다.

(5) 자해와 타해의 위험에 대한 조치

「정신건강증진 및 정신질환자 복지 서비스 지원에 관한 법률」은 정신질환의 예방·치료, 정신질환자의 재활·복지·권리 보장과 정신건강 친화적인 환경 조성에 필요한 사항을 규정함으로써 국민의 정신건강증진 및 정신질환자의 인간다운 삶을 영위하는 데 기여함을 목적으로 한다. 이 법에는 연구, 조사, 지도, 상담 등에 대한 국가의 의무, 정신보건시설의 설치와 운영, 지역정신보건사업, 정신질환자의 보호 및 치료, 퇴원의 청구·심사, 권익보호 및 지원, 정신질환으로 자신이나 타인을 해할 위험이 있는 경우의 입원조치, 퇴원의 청구 및 심사 등을 명시하고 있다. 가족치료자는 내담자에게서 자해나 타해의 우려가 있는 행동을 감지했을 때 이 법에 근거하여 적절한 조치를 취해야 할 상황에 처하게 될 수 있다.

(6) 전문가 의견 조회

「성폭력범죄의 처벌 등에 관한 특례법」에 따르면, 법원은 정신과의사, 심리학자, 사회복지학자, 그 밖의 관련 전문가에게 행위자 또는 피해자의 정신·심리상태에 대한 진단 소견 및 피해자의 진술내용에 관한 의견을 조회할 수 있으며, 성폭력범죄를 조사·심리함에 있어서 전문가 의견조회의 결과를 참작하도록 되어 있다. 다만, 피해자가 13세 미만이거나 신체적인 또는 정신적인 장애로 사물을 변별하거나 의사를 결정할 능력이 미약한 경우에는 관련 전문가에게 피해자의 정신·심리상태에 대한 진단 소견 및 진술 내용에 관한 의견을 조회하여야 한다.

가족치료자는 이와 같은 법적 근거에 따라 내담자가 경험한 성폭력 사건과 관련하여 전문가로서의 의견을 제출해 달라는 법원의 요청을 받을 수 있다. 그 외 부부가 이혼하는 과정에서 법원 또는 변호인이 가족치료사에게 부부 관계 및 갈등 상담에 대한 사실 확인 또는 전문가 소견을 요청하는 경우가 있다. 이러한 요청은 법에서 강제하지 않는 한 비밀보장 원칙이 적용되며, 상담 사실에 대한 확인 및 상담 개요를 중심으로 서면 소통하는 것이 일반적이다.

4) 한국 가족치료의 현장과 인력

한국에서 가족치료는 의료기관, 지역정신건강기관, 사회복지기관, 정부지원 상담기관 등을 비롯하여 사설 상담기관, 대학부설기관, 종교기관, 교육기관 등에서 시작되었다. 기관 성격에 따라 다소 차이는 있으나, 이들 기관에서는 가족치료 이외에도 개인상담 및 치료, 집단상담 및 치료, 전화 및 사이버상담, 부모역할교육, 정보 제공, 각종 자원 연결, 가족심리교육, 가족자조집단 후원 등 다양한 프로그램을 병행해 왔다. 국내에서 가족치료가 활용되는 다양한 현장에 대한 포괄적 조사가 처음 이루어진 것은 2000년대 중반이다. 보건의료, 교육, 종교 기관 등을 포함하는 전국 실태조사(이선혜, 서진환, 신영화, 2005)에서 인력과 시설 여건, 가족치료 교육과 훈련 등 당시 민간 및 공공부문 가족치료 실천 현장의 일반적 상황을 보여 주는 자료가 제시되었다. 2018년에는 한국가족치료학회 회원들을 중심으로 이루어진 조사(최지원, 김수지, 2018)에서 가족치료의 주요 실천 현장을 비롯하여 관련 자격 소지여부, 상담구조, 가정법원 등 국가공공기관과 연계된 상담(가정폭력, 아동학대, 청소년 비행 등) 관련 현황이 포함되어 국내 가족치료 실천의 현장과 영역의 확대를 보여 주었다.

특히 여성가족부 산하 가족지원센터는 전문적인 가족상담을 포함하여 가족 문제의 예방과 개입에 초점을 둔 다양한 사업을 활발히 진행해 왔다. 이들 센터의 가족상담에 관한 실태조사(정혜정 외, 2015)는 상담유형, 주요 호소문제, 사업 운영, 상담서비스 내용, 전문인력 자격 및 훈련 등을 조사하였고, 전국 현황에 관한 포괄적 자료를 최초로 제시하였다. 2024년 1월 기준 전국에 설치된 가족서비스 센터는 총 243개소에 이른다(〈표

표 2-2 가족센터 · 건강가정지원센터 · 다문화가족지원센터 설치 현황(2024년 1월 1일 기준)

구분	합계	서울	부산	대구	인천	광주	대전	울산	세종	경기	강원	충북	충남	전북	전남	경북	경남	제주
가족 지원센터	211	26	10	8	9	5	3	5	1	26	18	11	13	13	22	20	19	2
건강가정 지원센터	–	–	3	–	1	–	–	–	–	5	–	–	2	1	–	–	1	–
다문화가족 지원센터	19	–	4	–	1	–	2	–	–	5	–	1	2	1	–	3	–	–
계	243	26	17	8	11	5	5	5	1	36	18	12	17	15	22	23	20	2

출처: 여성가족부(2024), pp. 363-373.

표 2-3 가족상담사업 주요 내용

구분	상담분류	상담내용
일반상담 (개별)	부부상담	부부 관계갈등, 의사소통, 부부성격 및 가치관 차이, 외도, 배우자 의심, 부부 성, 경제 등 부부관계에서 발생하는 문제를 상담
	부모-자녀 상담	부모-자녀 간 관계갈등, 자녀양육, 자녀 성격 및 병리, 자녀 비행·일탈·따돌림 등 부모자녀 간 발생하는 이슈를 상담
	그 외 가족상담	본가 및 처가, 형제자매를 포함하는 원가족 갈등, 역할 분담 및 기대, 부양 및 간병 갈등, 임신출산갈등 등을 상담
	개인상담	정신건강, 우울, 성격, 대인관계, 외상후 스트레스 등 개인 문제 상담
집단상담 (프로그램)	가족집단상담	• 비슷한 가족 이슈를 가지고 있는 상담 대상을 집단으로 구성하여 집단의 역동과 상호작용을 이용하여 상담을 실시 • 이혼전후집단상담, 부모자녀집단상담, 부모집단상담, 부부집단상담, 자녀대상집단, 성인대상집단

출처: 한국건강가정진흥원(2023), pp. 36-41에서 재구성.

2-2〉 참고). 이들 센터의 가족상담사업에서는 부부나 부모자녀관계상담, 이혼전후상담 등 개별가족 대상의 일반상담을 포함하여, 복수가족이나 공통 이슈를 가진 집단을 대상으로 집단상담을 실시하고 있다(〈표 2-3〉 참고).

5) 한국 부부·가족상담사 자격제도

2025년 현재까지 정부가 공식적으로 인정하여 제도화한 부부·가족치료 관련 자격증은 없다. 대신 여성가족부에서는 가족상담 사업을 수행하는 전문인력의 기준에 대해 관련 전문학회가 발급하는 자격증 소지자를 포함하는 규정을 제시하고 있다. 여기서 관련 학회란 [참고]의 기준을 충족하는 단체를 말한다. 현재 우리나라 가족상담 분야의 주요 학회 가운데 이 기준을 충족하고 부부 및 가족치료와 직접 관련되어 전문가 자격증을 발급하는 학회는 한국가족치료학회, 한국상담학회 산하 부부가족상담학회, 그리고 한국가족관계학회다. 이 세 개 학회는 2021년 가족상담전문학회 컨소시엄을 구성하고 광역단위 가족센터 및 2025년 한국건강가정진흥원(www.kihf.or.kr)과 업무협약(MOU)을 체결하여 가족상담사업 고도화 그리고 가족치료 전문인력의 효과적인 확보와 배치 전략을 수립하는 등 가족상담 서비스 접근성과 질 향상을 위한 행보를 이어 가고 있다. 이들 학회의 부부·가족치료사 자격 제도를 간략히 살펴보면 다음과 같다.

참고

- 한국연구재단에 등록
- 한국연구재단 등재(후보) 학술지 발간
- 가족상담 관련 자격증 발급 후 10년 경과(자격증 명칭에 가족상담 명시)
- 사단법인

첫째, 가족치료와 관련된 우리나라 최초의 전문학술단체인 한국가족치료학회(familytherapy.or.kr)는 1988년 정신의학, 사회복지학, 간호학 전공 전문가 30명을 중심으로 발족하여 오늘에 이르고 있으며, 2000년 가족치료 전문가에 대한 자격관리위원회가 구성·운영되고 있다. 부부가족상담전문가 2급, 1급, 슈퍼바이저 등 세 등급의 자격증을 발급하고 있다. 한국가족치료학회가 인정하는 부부가족상담전문가가 되기 위해서는 자격시험을 치르고 자격심사를 받아야 한다.

둘째, 부부·가족상담학회(kamfc.or.kr)는 2003년 모학회인 한국상담학회의 가족상담 분과학회로 발족하였다. 부부가족 분과학회 전문상담사는 모학회에서 운영하는 1급 자격을 취득하고 부부가족 분과학회가 규정하는 회원 활동 및 수련 요건을 충족해야 한다. 한국상담학회 전문상담사 자격은 1급과 2급으로 구분되고 산하 학회에 속한 전체 학회원에 공통적으로 적용되기 때문에, 부부·가족상담 분야에 특화된 전문가임을 확인하기 위해 이와 같은 별도 규정을 두고 있다.

셋째, 한국가족관계학회(kafr.or.kr)는 가족학 및 가정학 연구자 중심으로 1996년 창립하여 현재에 이르렀다. 한국가족관계학회는 학회 정회원 중 학부나 대학원 및 그에 준하는 교육인정기관에서 필수 교과목을 이수하고 자격시험과 자격심사에 통과한 사람에게 가족상담사 자격증을 발급하고 있는데, 가족상담사 자격은 가족상담 슈퍼바이저, 가족상담사 1급, 가족상담사 2급, 가족상담사 3급으로 구분된다.

요약

사회와 문화에 따라 사람들이 병이나 문제라고 지각하는 것, 문제의 원인에 대한 신념이나 대처방식에 차이가 있다. 따라서 서구에서 상담이나 치료가 도입되기 전에 한국인이 사용해 온 문제예방과 대처방식에 대한 이해는 서양에서 발전된 가족치료를 우리나라에 접목하기 위해 기본적으로 이루어져야 할 작업일 것이다.

이를 위해 이 장에서는 유교, 불교, 도 사상, 음양오행 사상 등 한국의 전통 종교의식에 대해 간략히 살펴보았다. 유기체론적, 전체론적 세계관으로 대표되는 동양 문화권에 속한 한국인은 문제발생이 개인을 벗어나 가족, 사회, 더 나아가 우주적 질서와 밀접한 연관이 있다고 믿으며, 문제예방 및 해결책 또한 더 큰 체계와의 연결성 속에서 찾아왔음을 알 수 있다.

아울러 최근의 주요한 사회변화와 그러한 변화가 한국 가족에 미친 영향을 개괄적으로 살펴보았다. 여성의 노동시장 진출 증가, 저출산 및 고령화, 세계화와 신자유주의, 혼인율 감소와 이혼율 증가 등이 현대 한국 가족을 둘러싼 새로운 사회적 위험으로 떠오르는 점을 논의하였다. 가족생애주기, 가족구조, 가족가치관, 가족기능상의 변화 등 탈근대주의 가족으로의 이행이 현대 한국 가족이 처한 위기의 압축성에 기여하고 있는 점을 조명하였다.

다음으로 한국에 가족치료가 도입되어 현재에 이르기까지 발달과정을 살펴보았다. 전문학회의 결성 과정과 현황, 자격제도화 발전과정 및 가족치료사의 자격요건, 대학에서의 가족치료 교육과 연구 현황, 그리고 가족치료 발전을 위한 다양한 학문적 활동 현황 등에 대하여 살펴보았다. 최근에 이루어지고 있는 가족치료 관련법과 제도에 대한 소개를 통해 가족치료사의 활동 영역을 제시하였다.

연습문제

1. 최근 우리 사회의 화두가 되는 가족관계 이슈를 검색하고, 가족 가치관과 규범의 변화가 이러한 이슈에 어떻게 작용하고 있는지 각자의 생각을 나누어 보자.

2. 전문학회가 요구하는 가족치료자의 자격요건 이외에 전문적인 가족치료사는 어떠한 자질을 가져야 한다고 생각하는지 이야기해 보자.

3. 가족치료사가 알아 두어야 할 국내 현행법에는 어떤 것들이 있는지 해당 법률을 찾아 함께 검토해 보자. (법제처 https://www.moleg.go.kr/)

제 2 부

초기 가족치료 모델

제2부에서는 초기 가족치료 모델의 이론적 기초를 일반체계이론과 사이버네틱스를 중심으로 알아본다. 특히 일반체계이론에서 본 가족의 특성에 대해 이해하고, 1차 사이버네틱스의 차이에 대해 간략히 이해한다. 다음으로, 대표적인 가족치료 모델 네 가지를 중심으로 각 모델의 발달배경과 주요개념, 치료목표와 과정, 치료자의 역할 및 치료기법 등을 살펴본다. 이 책에 소개된 가족치료 모델 외에도 많은 치료 모델이 소개되었지만, 대표적으로 정서에 초점을 둔 역사적 관점 모델 두 가지와 현재의 가족역동에 관심을 둔 두 가지 모델을 선택하였다. 이 네 가지 모델 모두 '관계'의 변화에 관심을 갖지만 초점 영역과 관점에는 차이가 있다. 제4장 보웬의 다세대 가족치료와 제5장 사티어의 경험적 가족치료에서는 역사적 관점을 갖고 가족과 가족구성원의 정서에 초점을 둔다. 제6장 구조적 가족치료와 제7장 전략적 가족치료에서는 지금, 현재의 관점에서 사이버네틱스로 상징되는 가족의 상호작용(행동)에 초점을 둔다. 각 모델을 접하며 가족의 과거와 현재, 미래를 바라보는 방식뿐만 아니라 가족의 정서와 행동, 인지를 다루는 방법을 배우기를 기대한다. 유능한 가족치료자는 각 치료모델의 강점과 약점을 알고 본인에게 잘 맞는 모델을 중심으로 여러 모델의 경계를 넘나들 수 있는 융통성을 가져야 함을 유념하기 바란다.

제 3 장

초기 가족치료의 이론적 기초

"체계는 모든 곳에 존재한다."(Bertalanffy, 1968)

"가족체계는 움직이는 장난감 모빌과 같다. … 장난감 모빌에서와 같이 가족 모빌에서도 한 부분을 움직이면 다른 부분들도 움직인다."(Satir, 1972)

가족치료의 태동과 발전은 세상을 바라보는 시각의 변화와 함께하였다. 그 시각은 세계관, 인식론, 준거틀 혹은 패러다임 등 다양한 용어로 나타낼 수 있다. 그 용어가 무엇이든 세상이나 실재(reality)를 바라보는 시각에 따라 세상에 대한 지각 경험이 달라짐을 의미한다. 치료자가 실재나 세상을 어떻게 인식하는지, 문제의 원인과 문제가 발생한 맥락은 무엇이라고 알고 있는지, 문제해결이나 변화의 방향을 무엇이라고 인식하는지, 그리고 내담자나 치료자의 역할을 어떻게 인식하고 있는지에 따라 치료의 기본가정이나 개념과 기법이 달라진다. 초기 가족치료는 체계론적 사고를 함축하고 있는 일반체계이론과 사이버네틱스를 토대로 태동하고 발전하였으며, 후기 가족치료 모델은 포스트모더니즘의 확산으로 나타난 후기 구조주의와 사회구성주의에 기초하여 발전하였다. 가족치료 발전의 이론적 기초와 연관된 세계관과 사조의 흐름을 간략히 정리하여 [그림 3-1]에 제시해 두었다.

[그림 3-1] 가족치료의 세계관과 이론적 틀

주: 점선은 간접적인 관련성을 표시함.

1. 일반체계이론

체계이론이란 세계를 모든 현상의 상호 연관성과 상호 의존성에 의해 파악하는 것이다. 살아 있는 조직체, 사회 및 생태계는 모두 체계다. 고대 중국의 음양 사상이 서구 과학이 최근에야 연구하게 된 자연 체계의 본질적 성질과 관련이 있다는 것을 알게 된 것은 매혹적인 일이다(Capra, 1985).

1) 일반체계이론의 발달과 특성

가족치료의 초기 모델은 1950년대에 출현하여 1970년대에 절정에 이른 체계론적 사고를 바탕으로 발전되었다. 1940년대 이전에도 '체계'라는 용어는 여러 학자에 의해 사용되었으나, 생물학자인 베르탈란피(Ludwig von Bertalanffy)가 1937년 '일반체계이론' 개념을 최초로 제기하고, 1950년 『사이언스(Science)』에 「물리학과 생물학에서의 개방체계이론」이라는 논문을 발표한 것이 계기가 되어 서구에서 체계론적 사고가 중요한 과학적 운동으로 수립되었다. 또한 그는 1968년 자신의 사고를 집대성하여 『일반체계이론(General Systems Theory)』을 세상에 내놓았다. 체계론적 사고를 함축하는 용어는 일반체계이론, 사이버네틱스, 생태체계이론, 전일론(全一論, holism), 자연체계이론 등 다양하다. 일반체계이론은 베르탈란피(Bertalanffy, 1968)가 생물체계의 문제를 다루는 데 있어서 기계론적 사고로는 한계가 있음을 인식하고 유기체론을 발전시킨 구체적인 이론 형식으로 간주된다(박창근, 1997). 초점에서 차이가 있지만, 이 모든 용어의 공통점은 부분이 아니라 전체와 상호 연관성을 강조한다는 데 있다([그림 3-2] 참고). 실제로 '체계(system)'라는 용어는 그리스어 'synhistanai(함께 두다)'에서 유래한 말로, 가장 근본적으로는 어떤 현상을 보다 큰 전체라는 맥락 속에 넣어 이해하는 것, 즉 그 연관성의 본질을 확인하는 일을 뜻한다(Capra, 1998). 그리하여 흔히 체계이론이라 함은 상호작용하는 일련의 관련된 요소에 대한 연구를 가리키는 일반적인 용어로 일반체계이론과 사이버네틱스를 포함한다(Nichols & Schwartz, 2004).

일반체계이론은 체계가 외부환경과 상호작용하면서 환경의 지속적인 입력과 출력을 통해 자신을 유지해 나간다고 보는 살아 있는 체계에 대한 생물학적 모델이다(Nichols & Schwartz, 2004). 일반체계이론은 체계를 환경과 지속적인 상호작용을 하는 개방체계로 보기 때문에, 외부 관찰자가 체계에 대한 투입(input)과 산출(output) 간의 피드백 과정을

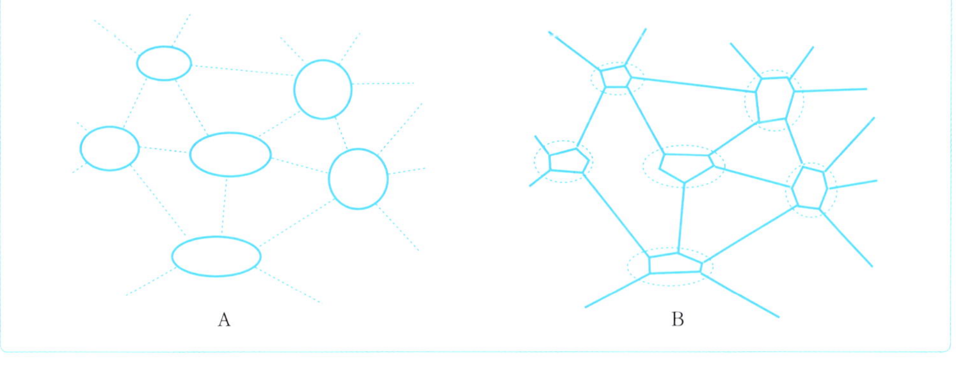

[그림 3-2] 대상에서 관계로의 이동

주: A는 대상을 강조, B는 연결망과 상호관련성 강조.

출처: Capra (1998).

관찰함으로써 체계의 특성을 파악할 수 있다고 본다. 이러한 가정에서 체계를 블랙박스(black box)로 보는 시각이 발달되었다. 블랙박스는 통신 분야에서 빌려 온 개념으로서, 통신기계의 전자설비가 너무 복잡하기 때문에 때로 그 장치의 내부 구조는 무시하고 그 장치가 보여 주는 투입과 산출의 관계에만 관심을 집중시키는 것이 더 편리하다는 점에 주목한다. 이 개념을 심리학적인 문제에 적용하면, 마음은 복잡하기 때문에 마음 안에 무엇이 진행되고 있는가를 연구하기보다 입력과 출력(행동, 의사소통, 규칙 등)을 연구하는 것이 더 편리하다는 결론(Nichols & Schwartz, 2004)에 이르게 된다. 따라서 더 이상 관찰이 불가능한 심리 내면에 대한 가정을 세울 필요가 없으며, 관찰이 가능한 투입과 산출 관계에만 관심을 두면 된다는 결론에 도달한다.

살아 있는 유기체에 대한 일반체계이론 초기의 관심은 더 나아가 인간체계와 사회체계에도 적용되었다. 가족도 특정한 관계에 있는 개인으로 이루어진 전체로서 외부환경과 지속적인 상호작용을 하는 개방체계로 보았던 것이다. 가족이라는 체계가 어떻게 작동하는가를 이해하기 위해 가족체계로 들어가는 것(투입)과 나오는 것(산출)에 관심이 집중되었고 블랙박스의 은유를 가족체계에 적용함으로써 가족의 상호작용 원리를 이해하고자 하였다. 가족을 블랙박스로 보게 되면 가족에 대한 많은 복잡한 설명을 생략해도 된다는 이점이 있다. 초기의 가족치료 이론가는 가족이라는 블랙박스 밖에서 가족으로 들어가는 것과 나오는 것 간의 관계를 관찰함으로써 가족의 상호작용 원리를 파악할 수 있다고 믿었다. 그 결과, 가족의 정상성과 역기능성을 설명하기 위해 많은 개념이 만들어졌고 그것은 증상이나 문제가 나타나게 된 맥락을 설명하는 준거가 되었으며, 또 치료 목표가 되었다. 삼각관계, 가족규칙, 의사소통, 가족의 경계 등 여러 개념은 가족이라는 블랙박스 안에서 일어나는 상호작용을 설명하기 위한 준거틀로 소개되었다.

일반체계이론은 사이버네틱스와 동일한 세계관을 기초로 발전되었고 동일한 기본 가정을 가지기 때문에 이 둘을 같은 범주로 보는 사람도 있고 하나를 다른 하나의 분파로 여기는 사람도 있다. 그러나 이러한 논쟁은 기본 가정이나 이론적 입장에서의 차이 때문이라기보다 각 관점의 적용과 관련이 있다. 미국에서는 일반체계이론이라는 용어가 더 널리 사용되었던 데 반해, 유럽에서는 사이버네틱스라는 용어가 더 널리 채택되었다(Becvar & Becvar, 2001; Keeney, 1983).

2) 일반체계이론의 기본 개념

체계의 특성을 설명하기 위해 다양한 개념이 제시되었으며, 초기 가족치료 이론을 이해하기 위해서는 이러한 개념에 대한 이해가 우선되어야 한다. 다음에서 일반체계이론의 기본 개념을 소개하고, 이것이 '가족이라는 체계'를 이해하기 위해 어떻게 설명될 수 있는지 살펴본다. 우선 체계의 구조적 특성을 이해하기 위해 체계와 하위체계 및 경계, 개방성과 폐쇄성의 개념을 소개하고, 체계의 작동을 이해하기 위해 피드백, 순환적 인과관계, 정보처리와 의사소통, 규칙의 개념을 설명하며, 마지막으로 체계의 속성을 이해하기 위해 전체성, 상호보완성과 패턴, 자율성과 자기조직의 개념에 대해 설명한다.

(1) 체계와 하위체계

체계는 상호작용하는 관계에 있는 부분들의 집합으로서 여러 수준(levels)이 있다. 어떤 특정 체계보다 더 높은 수준은 그 체계의 상위체계(suprasystem)이고 더 낮은 수준은 하위체계(subsystem)다. 체계의 수준들은 상호작용하면서도 고유하게 존재한다. 따라서 한 체계에 있는 특성은 다른 수준의 체계에도 있으므로 동일한 개념을 적용하여 서로 다른 체계를 이해할 수 있다. 한편, 각 수준의 체계에서 관찰되는 현상은 그보다 낮거나 더 높은 수준에서는 존재하지 않는 고유한 특성을 나타내기도 한다(Capra, 1998).

가족도 상호작용하는 개인의 집단으로서 하나의 체계다. 가족체계도 사회라는 상위체계의 하위체계임과 동시에 더 낮은 개인체계의 상위체계다. 가족의 하위체계는 개별 가족원일 수도 있고, 여러 다른 하위체계일 수도 있다. 부부와 자녀로 구성된 가족의 하위체계는 부부, 부모, 부모-자녀, 형제자매 하위체계 등을 포함할 수 있다. 따라서 가족이라는 전체 체계를 이해하기 위해서는 가족과 상호작용하는 상위 및 하위체계의 특성을 이해해야 한다.

(2) 체계의 경계

모든 체계는 그것을 구성하는 요소들의 성질 및 관계와 수량에서 유한하다. 체계의 유한성은 체계의 경계(boundary)에 의해 구현된다. 경계란 체계의 유한성을 가리키는 특정한 규정성을 나타내며, 체계의 생성이나 소멸은 경계의 존재에 따라 다르게 표시될 수 있다. 즉, 하나의 체계는 상위체계의 부분이며, 더 작은 하위체계로 구성된다. 경계 개념은 특정 체계가 상위체계와 하위체계로부터 어떻게 분리되고 소속되는가에 따라 체계의 정체성이 달라짐을 시사한다. 체계의 경계는 두 가지 역할을 한다. 하나는 유통역할로 외부체계와 상호작용하면서 에너지나 정보를 교환하는 역할을 한다. 다른 하나는 보호역할로 체계에 유익한 에너지나 정보는 받아들이지만 무익한 것은 들어오지 못하게 하며, 또 체계에 필요한 에너지나 정보가 외부체계에 쉽게 흘러 나가는 것은 저해하지만 체계에 해로운 것은 외부체계에 최대한 신속하게 배출한다(박창근, 1997). 이와 같이 살아 있는 체계는 그 자체로 존재하면서도 자기 경계 밖의 환경과 끊임없이 상호작용한다. 유기체는 자기 경계 밖의 체계와 상호작용을 통해 생존을 유지하며, 반대로 지나친 상호작용은 체계의 생존에 혼란을 야기할 수 있다.

가족도 하나의 체계로서 경계의 개념을 통해 가족의 정체성을 구분 지을 수 있고, 또 가족 안에 존재하는 다양한 하위체계의 정체성을 구분 지을 수 있다. 가족의 경계는 우리 눈에 보이지 않지만, 가족의 상호작용을 반복적으로 관찰하다 보면 파악할 수 있다. 경계는 개인 간 또는 하위체계 간 그리고 가족과 더 큰 상위체계 간에 에너지와 정보를 주고받고 서로 접촉하는 정도나 문제해결을 위해 상호교류하는 정도를 말한다.

가족체계의 경계가 기능적으로 규정되는가의 여부는 인간의 기본적인 욕구와 연관된다. 모든 인간은 자율적이고 독립적이고자 하는 욕구와 더불어 누군가와 친밀한 관계를 맺고 소속감을 느끼고자 하는 욕구가 있다. 기능적인 가족은 개인의 그러한 욕구를 충족시키는 방향으로 상호작용한다. 한편, 밀착된 경계의 가족에서는 가족원 간의 지나친 상호작용과 지지, 협동, 관여 등으로 인해 가족에 대한 소속감과 충성심은 강하지만 개인으로서의 자율성이나 독립성은 부족하며, 따라서 가족원 개인이 독립적으로 성장할 기회가 방해받을 가능성이 크다. 반대로 가족원 간의 경계가 경직된 경우에는 가족원 개인이 자율적이고 독립적으로 기능할 수는 있지만, 가족원 간의 상호교류가 거의 없으므로 가족에 대한 소속감과 충성심이 부족하다. 마치 '빈껍데기 가족(empty shell family)'처럼 최소한의 의사소통이나 협동과 지지만 있을 뿐 모래알처럼 흩어진 가족처럼 유대감을 형성하지 못한다. 부부간의 경계가 경직될 경우에는 법적 혼인관계만 유지하고 있을 뿐 정서적 이혼상태에 있을 가능성이 크다.

(3) 개방성과 폐쇄성

체계의 개방성과 폐쇄성은 외부체계에서 들어오거나 외부체계로 내보내는 정보의 흐름이나 상호교류를 허용하는 정도를 나타낸다. 살아 있는 체계는 모두 외부환경과 끊임없이 상호작용하므로 어느 정도 개방적이다. 체계가 개방적이냐 폐쇄적이냐는 이분법적으로 판단할 수 있는 것이 아니라 정도의 문제다. 체계가 건강하게 기능하기 위해서는 개방성과 폐쇄성 간에 적절한 균형을 이루어야 한다. 체계가 지나치게 개방적이거나 지나치게 폐쇄적일 경우 역기능적이라 할 수 있는데, 이 경우 체계는 외부로부터의 정보를 지나치게 많이 받아들이거나 전혀 받아들이지 않게 됨으로써 체계 고유의 정체성과 생존이 위협받을 수 있다. 이와 같이 체계가 개방성이나 폐쇄성의 극단에 있을 때를 엔트로피(entropy) 상태에 있다고 말한다. 반대로 체계가 개방성과 폐쇄성의 적절한 균형을 이룸으로써 체계의 질서를 최고로 유지하고 있을 때를 니겐트로피(negentropy) 혹은 부적 엔트로피의 상태에 있다고 말한다. 니겐트로피 상태에서 체계는 적절한 양의 정보와 변화를 받아들이고 체계의 생존을 위협하는 정보와 변화는 거부한다. 체계가 에너지를 쓰는 방식을 보면 체계가 엔트로피와 니겐트로피의 연속선상의 어느 지점에 위치하는가를 알 수 있다(Becvar & Becvar, 2003).

체계의 개방성과 폐쇄성 간에 어느 정도의 균형이 바람직한가는 체계가 처한 맥락이나 상황에 따라 다르다. 가족체계의 맥락에 적용하여 새로운 곳으로 이사를 한 가족의 예를 들어 보자. 가족이 지역사회에 빨리 적응하고 아이들이 또래와 좋은 관계를 유지하면서 건강하게 자랄 수 있도록 지원하기 위해서 이 가족은 가능한 한 개방적이어야 한다. 그래서 외부체계로부터의 많은 정보를 입수하여 적응하도록 노력하여야 한다. 그러지 못하고 이전에 살던 곳에서의 생활 패턴을 반복한다거나 여전히 식구 간의 상호작용만 강조하고 외부체계에 폐쇄적이면 지역사회에 적응하는 것이 쉽지 않을 것이다. 한편, 특정 사이비 종교 집단은 자기들의 정체성을 보호하고 외부체계의 압력에 저항하기 위해 폐쇄적이어야 한다. 비슷한 예로 특정 종교에 대한 믿음만 강요하는 가족의 경우, 다른 종교에 대한 정보 입수나 교류를 가로막으면서 폐쇄적 입장을 취할 수 있다. 이런 경우 가족원이 다양한 종교를 탐색하고 자기에게 맞는 종교를 선택할 기회를 박탈당함으로써 건강한 발달이 방해받을 수 있다.

(4) 피드백

피드백(feedback)은 체계가 어떤 과정이나 행동의 결과에 대한 정보를 그 근원에 전달하는 과정으로, 체계의 자기조절 기제를 나타내는 용어다. 피드백 과정을 통해 체계는 본연의 정체성을 유지한다. 위너가 최초로 사용했던 가장 간단한 피드백의 예는 조타수다. 배가 현재의 경로에서 이탈할 때, 가령 오른쪽으로 벗어난다면 조타수는 이탈을 평가한 후 배의 키를 왼쪽으로 움직인다. 이 행동으로 배의 이탈은 줄어들어 결국 원래의 위치로 돌아온 다음 정확한 상태에서 항해를 하다가 이번에는 배가 다른 쪽으로 이탈하게 된다. 이러한 과정의 어느 한 단계에서 조타수는 배의 이탈에 대한 새로운 평가를 내리고, 그에 따라 키의 방향을 다시 바꾼다. 이런 식의 움직임이 계속되는 가운데 조타수는 배가 올바른 경로를 유지하도록 연속적인 피드백에 의존하게 된다. 이와 같이 피드백은 체계가 역동적인 균형 상태에서 스스로를 유지할 수 있도록 하는 자기조절인 항상성(homeostasis)의 필수적인 메커니즘(Capra, 1998)이다.

> 사회체계가 개인과 마찬가지로 하나의 유기체이며, 의사소통체계에 의해 하나로 묶여 있으며, 그 속에서 본질적으로 피드백인 순환과정이 중요한 역할을 하는 역동성을 갖는다는 것은 분명한 사실이다(Wiener, 1948).

가족체계도 끊임없는 피드백 과정에 의해 안정성이 유지되기도 하고 변화되기도 한다. 체계가 변화나 이탈을 거부하고 안정성을 유지하는 방향으로의 피드백을 부적(negative) 피드백이라고 한다. 한편, 체계의 안정적인 상태를 거부하고 체계를 변화시키려는 방향으로의 피드백을 정적(positive) 피드백이라고 한다. 여기서 '부적' 혹은 '정적'은 가치판단적 용어가 아니다. 즉, 어느 피드백이 더 좋다거나 나쁘다는 판단을 할 수 없다. 체계이론에서 볼 때, 좋음과 나쁨은 상대적인 용어이며 특정 맥락에 따라 다르게 평가될 수 있기 때문이다. 부적 피드백의 개념은 잭슨(Jackson, 1965)이 제시한 가족항상성의 개념과 유사하다. 가족항상성은 가족체계가 어떤 파괴 상황에 직면할 때 변화에 저항하고 이전의 균형 상태로 돌아가게 하는 가족의 보수적인 성향을 의미한다. 비슷한 개념으로 안정지향성(morphostasis)과 변화지향성(morphogenesis)이 있다. 안전지향성은 체계가 변화의 맥락에서 안정과 역동적 평형상태를 유지하려는 성향을 말하며, 변화지향성은 체계가 안정의 맥락에서 성장과 혁신과 변화를 허용하려는 성향을 의미한다(Becvar & Becvar, 2003).

가족체계가 기능적이기 위해서는 안정을 유지하면서도 변화해야 하기 때문에 부적 피드백과 정적 피드백이 모두 필요하다. 자녀가 성장함에 따라 가족체계는 변화할 필요성도 있지만 가족생활주기의 어느 시점에서는 안정을 유지하는 것이 더 바람직하기도 하다. 예를 들어, 자녀가 사춘기에 접어드는 시기에 가족체계는 자녀의 성장을 격려하기 위하여 변화가 필요하다. 그러나 자녀의 모험적이고 독립적인 행동을 원래 가족체계에서 이탈한 것으로 보고 순종적이고 의존적인 원래의 행동을 하게 하는 피드백이 이루어진다면(부적 피드백), 가족체계의 원 상태는 유지될 수 있어도 자녀의 성장은 방해를 받을 수 있다. 한편, 자녀의 독자적이거나 모험적인 행동(원래 체계에서 이탈)이 어느 정도 허용되는 방향으로 피드백이 이루어진다면(정적 피드백), 자녀는 자율적인 청소년으로 성장할 수 있다. 여기서 정적 피드백 과정이란 이전에 가족을 유지했던 규칙이나 의사소통 패턴, 훈육양식 등을 조정하여 아이를 새로운 방식으로 대하는 과정을 의미한다. 아이가 일단 자율적이면서도 책임감 있고 부모나 다른 가족원과 친밀한 관계를 유지할 수 있는 단계에 이르면 다시 부적 피드백 과정을 작동하여 가족체계의 안정성을 유지할 필요가 있다.

이와 같이 가족체계의 건강한 생존을 위해서는 부적 피드백과 정적 피드백이 모두 필요하다. 가족체계가 부적 피드백 과정에만 의존하면 가족은 안정을 유지하기 위해 항상 같은 모습을 보이기 때문에 가족원의 자연스러운 성장발달에 방해가 된다. 마찬가지로 가족이 정적 피드백에만 의존하게 된다면 가족체계는 끊임없는 변화와 혼란과 일탈의 결과에 직면할 것이며 결국에는 가족이라는 체계의 경계가 무너질 수 있다.

(5) 순환적 인과관계

살아 있는 체계의 요소들은 유기적으로 연결되어 있어서, A와 B는 서로 영향을 미치며 A의 행동은 B의 행동에 대한 논리적인 보완으로 볼 수 있다. 순환적 인과관계의 개념은 체계에서 일어나는 행동은 순환적으로 서로 영향을 미쳐 순환적인 결과를 일으키므로 원인과 결과를 정확하게 찾고 구분 지을 수 없음을 나타낸다. 따라서 증상이나 문제는 특정 원인에 의해서 일어나는 것이 아니라 행동과 반응의 연속선상에 존재한다.

직선적 인과관계는 어떤 결과에 선행하는 사건이 있고, 결과가 문제라면 선행사건(원인)을 찾아 교정하면 된다고 가정한다. 예를 들어, 아이가 울고 있는 상황을 문제로 가정해 보자. 아이가 울게 된 사건은 형이 놀아 주지 않고 때렸기 때문이다. 그러면 아이를 울지 않게 하기 위해서는 형이 놀아 주면 된다고 가정한다. 그러나 순환적 인과관계는 형의 행동 전에 또 어떤 원인, 예를 들어 공부하는데 동생이 와서 귀찮게 했다는 사건이 있고, 그 사건 이전에 또 다른 사건이 있음을 가정한다. 형이 놀아 주기로 하였는데 놀아 주지 않았던 까닭은 어머니가 제시간에 공부를 마치지 않으면 혼내겠다고 하였기 때문이고, 어머니의 그런 지시는 남편의 비난(가정을 잘 돌보지 못한다)을 피하기 위해서이며, 남편의 그런 비난은 직장생활의 스트레스에서 비롯되었음을 가정한다. 물론 그 이전의 원인까지도 계속 찾아갈 수 있을 것이다.

순환적인 인과관계 속에서 특정 원인을 구별해 내는 것을 마침표(punctuation)라 한다.

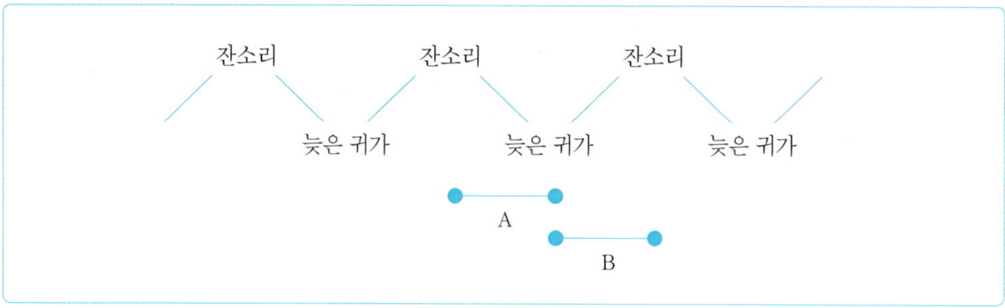

[그림 3-3] 대상에서 관계로의 이동

주: 점선은 간접적인 관련성을 표시함.

마침표는 인과관계를 바라보는 관찰자에 따라 다르며, 마침표를 찍는 사람에 따라 원인을 식별해 내는 행위도 달라진다. 가족원 간 혹은 대인 간의 갈등은 대부분 원인에 대한 마침표를 다르게 찍는 것에서 비롯된다. [그림 3-3]에서 보듯이 아버지와 아들이 '잔소리 → 늦은 귀가'라는 상호작용을 계속하고 있을 때, 아버지는 아들이 늦게 귀가해서 잔소리를 하였다는 '늦은 귀가 → 잔소리' 패턴의 마침표를 찍고, 아들은 아버지가 잔소리를 해서 늦게 귀가한다는 '잔소리 → 늦은 귀가'에 마침표를 찍는다. 이러한 상황에서 체계론적 가족치료자는 아들의 마침표가 옳은가 아니면 아버지가 옳은가에 초점을 두기보다는 이러한 패턴으로 둘 간의 상호작용이 지속되고 있음에 주목한다.

인과관계의 순환성 혹은 비선형성(nonlinearity)을 함축하는 개념으로 동일결과성(equifinality)과 동일잠재성(equipotentiality 또는 다귀결성, multifinality)이 있다. 동일결과성은 "살아 있는 체계가 다양한 출발 상태에서 시작하여 다양한 방식과 역동적 상호작용

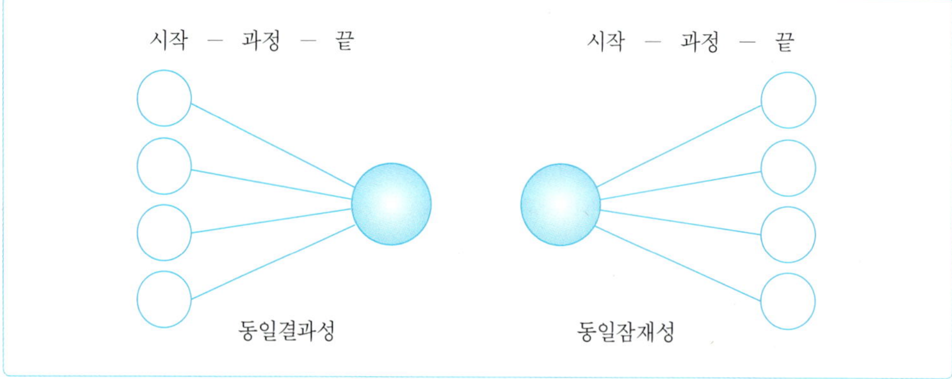

[그림 3-4] 대상에서 관계로의 이동

을 통해 동일한 특징적 결과에 이르는 경향"(Bertalanffy, 1968, p. 46)을 의미하며, 동일잠재성은 "똑같은 출발에서 다양한 결과에 이른다."라는 뜻이다([그림 3-4] 참고). 예를 들어, 현 시점에서 실연(동일한 사건)을 한 많은 사람이 10여 년 후에 보면 다양한 삶을 살고 있을 수 있다. 현재의 이혼(동일한 결과)은 사람마다 다른 삶의 과정에서 비롯되었을 것이다. 어떤 개념이든 체계의 특성을 파악하기 위해서는 직선적 인과관계로 보기보다는 그 과정에 주목할 필요가 있다.

(6) 정보처리와 의사소통

체계론적 사고의 핵심은 체계의 모든 과정이 정보처리와 의사소통으로 이루어진다는 데 있다. 살아 있는 체계는 외부체계에서 들어오는 정보를 처리하고 외부체계에 내보낼 정보를 조절함으로써 그 고유의 구조와 기능을 유지하기 때문이다. 가족 안에서 그리고 가족과 외부체계 사이에서 이루어지는 정보의 교환은 불확실성을 감소시키고 혼란을 피하게 함으로써 가족이 제 기능을 유지하도록 돕는다(Goldenberg & Goldenberg, 2002). 이와 같이 가족과 같은 사회체계에서 우리가 어떻게 의사소통하고 어떻게 정보를 나누고 조절하는가는 전체 체계를 보다 완전하게 이해하기 위한 열쇠가 된다(Becvar & Becvar, 2003).

가족을 체계로 본다는 것은 가족원 개인의 특성에 초점을 둔다기보다 가족의 상호작용 과정에 초점을 둔다는 의미다. 가족원 간의 상호작용은 정보처리와 의사소통을 통해 이루어진다. 가족치료학자는 의사소통의 세 가지 원칙을 제시하였다(Bateson, 1972; Becvar & Becvar, 2001). 첫 번째는 '사람은 행동하지 않을 수 없다.'라는 원칙이다. 우리는 아무것도 하지 않을 수 없다. 아무것도 하지 않는다는 것도 무언가를 한다는 의미다. '아무것도 하지 않고 가만히 앉아 있다.'라는 것도 그러한 행동을 하고 있다는 메시지를 주변 사람에게 전달한다는 의미이며, 이는 곧 아무것도 하지 않는다는 의미를 부정하는 것이다.

참고 의사소통 원칙

- 사람은 행동하지 않을 수 없다.
- 사람은 의사소통하지 않을 수 없다.
- 어떤 행동에 부여하는 의미가 곧 그 행동의 진짜 의미는 아니다. 그러나 누군가가 그 행동에 특별한 의미를 부여하면 그것은 그 사람에게 진실이 된다.

출처: Becvar & Becvar (2001), p. 85.

두 번째는 '사람은 의사소통하지 않을 수 없다.'라는 원칙이다. 우리가 언어적 차원의 의사소통은 하지 않을 수 있지만 비언어적 메시지인 행동을 하지 않을 수는 없다. 아무 말도 하지 않고 침묵을 지키는 것도 '침묵을 지키고 있다.'라는 메시지를 전달하는 것이다. 따라서 가족치료자는 행동과 의사소통을 동일한 개념으로 본다.

세 번째는 '어떤 행동에 대해 부여하는 의미가 곧 그 행동의 진짜 의미는 아니다. 그러나 누군가가 그 행동에 특별한 의미를 부여하면 그것은 그 사람에게 진실이 된다.'라는 원칙이다. 이는 마치 김춘수 시인의 시 「꽃」에서 "내가 그의 이름을 불러 주기 전에는 그는 다만 하나의 몸짓에 지나지 않았다. 내가 그의 이름을 불러주었을 때 그는 나에게로 와서 꽃이 되었다."라는 표현처럼 어떠한 행동도 그 행동에 의미를 부여하기 전에는 진정한 의미를 갖지 않음을 나타낸다. 특정한 행동이나 메시지가 해석되는 방식은 참으로 많으며 어떠한 해석도 어느 다른 해석보다 더 정확하다거나 더 큰 의미가 있다고 단정할 수 없다. 실재(진실)는 객관적이기보다 주관적이며, 내가 실재를 어떻게 보느냐는 그것을 바라보는 나의 지각의 결과이며 나의 준거틀의 기능이기 때문이다.

가족체계의 의사소통과정을 이해하기 위해서는 이상의 원칙 이외에 의사소통의 두 가지 양식에 대한 이해가 필요하다. 의사소통은 디지털(digital) 양식과 아날로그(analog) 양식으로 구분된다(하나의 신호와 상대적인 신호 사이에 불연속이 있을 때, '디지털'이라 한다. '예'와 '아니요'는 디지털 신호의 실례다. 그와는 대조적으로 그 신호의 강도 또는 양이 지시 대상의 연속적인 변량을 표현하는 데 사용될 때, 그 신호를 '아날로그'라고 한다). 디지털 양식은 중간 중간 끊어짐이 있는 언어적 의사소통을 의미하며, 아날로그 양식은 비언어적 메시지와 맥락을 합한 것으로 중간에 끊어짐이 없이 연속적으로 이어지는 메시지 양식을 뜻한다. 특정 메시지가 어떻게 받아들여지는가를 평가할 때 디지털 언어의 영향은 약한 반면, 아날로그 메시지의 영향은 강하다. 특히 의사소통 문제가 관계와 연관될 때 디지털 양식은 무의미한 경우가 더 많다. 예를 들어, 두 여성이 대화를 주고받는 과정에서 한 여성이 상대방에게 "당신 참 피곤해 보여요."라는 언어적 메시지를 전달했다고 하자. 이 메시지의 의미 혹은 메시지에 대한 해석은 이 두 여성이 어떠한 관계에 있고, 어떠한 상황에 있는가에 따라 확연히 달라질 수 있다. 딸이 친정어머니에게 그런 말을 한 상황이라면 아마 '어머니가 피곤해 보이셔서 걱정이 된다.'라는 의미를 전달하는 것일 수 있다. 그러나 이 두 여성이 경쟁관계에 있는 직장동료 사이라면 메시지의 의미는 달라질 수 있다.

가족치료 이론가는 의사소통의 또 다른 차원인 과정과 내용에도 주목하였다. 그들은 내담자가 무엇을 말했는가(내용)에 관심을 더 기울이고, 그것을 어떻게 전달했는가(과정)

에는 별 관심이 없음에 주목하였다. 그러나 의사소통의 내용은 주로 언어적 메시지로 전달되기 때문에 효과가 가장 약하다. 예를 들어, 아내가 거의 매일 밤늦게 귀가하는 남편에게 '일찍 좀 들어오라.'라는 내용의 메시지를 수없이 전달했지만 효과가 없었다는 불평을 털어놓았다고 해 보자. 이때 아내는 메시지의 내용 측면만을 강조하고 그것을 '어떠한 방법과 과정'을 통해 '어떠한 상황'에서 전달했는가에는 별 관심 없었는데, 이는 결국 자신의 메시지가 제대로 받아들여지지 않았다는 불평만 털어놓은 것이다. 가족치료 과정을 통하여 어떠한 내용의 메시지를 전달하였는가보다 동일한 내용의 메시지를 어떻게 전달하는가에 따라 메시지의 효과가 달라질 수 있음을 경험하고 받아들이게 되면 자신의 문제에 더욱 효과적으로 대처할 수 있다.

(7) 규칙

체계는 일정한 규칙에 의해 유지되고 기능한다. 체계의 규칙은 체계가 허용하거나 수용하는 행동의 범위를 나타내며, 체계가 무엇을 가치 있게 여기고 어떠한 행동을 적절한 것으로 여기는가를 드러내는 일종의 규범이다.

가족은 하나의 체계로서 규칙에 의해 움직인다. 가족규칙은 가족의 상호작용을 지배하는 행동규범이나 기대다. 가족규칙은 명문화되어 있거나 가시적이지는 않지만 특정 가족을 반복해서 관찰하면 그 가족의 규칙이 무엇인지 파악할 수 있다. 가족규칙에 대한 이해를 돕기 위하여 간단히 인간의 몸을 예로 들어 보자. 인간의 신체는 살아 있는 유기체의 표본이다. 우리는 몸이라는 체계의 기능을 유지하기 위해 적절한 규칙을 설정하고 그 규칙에 따라 살아간다. 적절히 먹고 잠을 자고 운동을 하며 쉬기도 하고 사람들과 관계도 맺으며 독서도 한다. 사람에 따라 얼마만큼 먹고 언제 먹으며 어디에서 얼마 동안 운동을 하는가에 관한 규칙은 다르지만, 각자의 몸을 유지하기 위해 자신에게 알맞은 규칙을 설정하고 그것에 따라 움직인다.

가족도 체계로서 기능하기 위하여 규칙을 설정하며, 설정된 규칙에 따라 움직인다. 가족규칙은 성역할, 행동규범, 의사소통 방식, 감정표현 방식 등과 연관된다. 집안일은 누가 하고, 귀가시간은 몇 시이고, 명절이나 생일에는 어떤 일을 하고, 의사결정 과정은 어떻게 이루어지고, 무슨 일은 누구에게 말해야 하며, 감정표현은 어떻게 하는가 등은 모두 가족규칙을 나타낸다. 규칙의 설정과정은 대개 가족의 반복적인 상호작용 과정을 통해서 이루어지며 명문화되어 있지 않다. 따라서 가족규칙을 위반하고 나서야 그것이 규칙이었는지를 아는 경우가 많다. 이와 같이 가족을 체계로 본다는 것은 개별 가족원의 특성을 파악한다기보다 가족을 지배하는 규칙을 파악함으로써 가족체계를 이해한다는 의미이기도 하다. 특정 가족의 정체성을 구분 짓는 것도 가족을 지배하는 규칙에 근거한다. 가족이 고정된 기계가 아니고 체계라는 것은 바로 가족마다 지배하는 규칙이 다르고 그것에 의해 가족이 서로 다르게 살아가고 있음을 의미하는 것이기도 하다. 한편, 기계는 동일한 법칙에 의해 움직이며, 작동법칙은 설명서가 있어 누구든 그 법칙만 알면 기계를 작동할 수 있고 고장 난 부분을 고칠 수 있다.

(8) 전체성

전체성이라는 시야로 사물을 본다고 하는 것은 고립된 시야로 볼 때는 제대로 볼 수 없으며, 전체라는 체계로 보지 않으면 어려운 문제를 제대로 볼 수 없다는 점을 인식하게 한다. 전체성의 시야로 보면, 본래부터 존재하는 내적 연결망을 인식할 수 있게 되어 이 내적 연결망 속으로 융합될 수 있다. 즉, 이런 전체성으로 사물을 보는 것이 바로 '치유'다(Kabat-Zinn, 2005).

체계이론을 판단하는 가장 일반적인 기준은 부분에서 전체로의 전환이다. 체계의 전체성(wholeness)은 체계가 하나의 전체로 존재하며 하나의 전체로 운동함을 의미하며(박창근, 1997), 체계는 부분들을 단순히 합쳐 놓은 것보다 더 크다는 비합산성(non-summativity)의 특성을 가짐을 의미한다. 이는 살아 있는 체계의 특성은 좀 더 작은 부분의 특성으로 환원되어 이해될 수 없고 전체 속으로 통합되며, 부분의 특성은 좀 더 큰 전체라는 맥락 속에서만 이해될 수 있음을 가리킨다. 어떤 체계를 고립된 요소로 분해하면 그 체계의 특성은 파괴된다(Capra, 1998). 이것은 시계가 톱니바퀴와 스프링을 모아 놓은 것 이상이고, 교향곡이 단순한 음표들을 모아 놓은 것 이상인 것과 같으며(Nichols & Schwartz, 2002), 사람이라는 생명체가 단순히 오장육부 등 신체의 각 기관을 합쳐 놓은 것 이상인 것과 같다는 의미다.

체계의 전체성은 1+1=2가 아니라 1+1=3과 같음을 의미한다. 가령, 2인 가족의 경우 두 사람의 개인단위, 즉 두 사람 각각의 특성만 파악해서 이 가족체계의 전체 특성을 파악할 수 없다. 모두 3단위, 즉 두 사람 각자의 특성(2단위)뿐 아니라 두 사람 간의 상호작용(1단위)까지 파악해야 이 가족의 전체 특성을 파악할 수 있다. 이와 같이 가족이라는 체계가 개인으로 구성된 것은 사실이지만, 단순히 개개인을 모아 놓은 것에 '불과한' 것만은 아니다.

(9) 상호보완성과 패턴

체계의 상호보완성(complementarity, interrelationship)은 체계의 요소들을 독립적으로 이해할 수 없으며, 체계의 한 부분에서 일어난 변화는 다른 부분에도 영향을 끼치고 그 반대의 경우도 마찬가지임을 나타내는 개념이다. 가족체계에서도 관계를 맺고 있는 사람들의 행동은 상호보완적인 특징이 있다. 한 사람의 행동은 그 자체만으로 이해하기는 어려우며, 그 사람이 맺고 있는 관계나 맥락을 고려할 때 충분히 이해할 수 있다. 예컨대, 아내의 잔소리는 무관심하고 뒤로 물러서는 남편의 행동에 비추어 보면 이해가 되는 행위다. 또 십대 자녀의 반항은 권위적이고 독재적인 부모에 대한 논리적인 보완일 수 있다. 이는 음과 양이 서로 보완되어 의미를 갖는 것과 같은 이치다. 달라이 라마(Dalai Lama, 2000, p. 69)는 "상호의존성의 성질에 대한 지식이 부족한 결과, 인간이 문제를 갖게 된다."라고 강조한 바 있으며, 노자(老子, 1995)의 『도덕경』 2장에서도 선악, 미추, 고저, 장단 등 모든 것이 상대적이고 상호보완적인 개념임을 강조하고 있다.

> 가지고 못 가짐도 서로의 관계에서 생기는 것
> 어렵고 쉬움도 서로의 관계에서 성립되는 것
> 길고 짧음도 서로의 관계에서 나오는 것
> 높고 낮음도 서로의 관계에서 비롯하는 것
> 악기 소리와 목소리도 서로의 관계에서 어울리는 것
> 앞과 뒤도 서로의 관계에서 이루어지는 것(老子, 1995, 2장)

체계의 상호의존성은 패턴에 대한 이해에서 출발한다. 기계론적 관점이 실체(substance)와 구조(structure)에 초점을 맞춘다면, 체계이론은 패턴(pattern)과 형상(form)에 초점을 둔다. 우리가 무엇인가의 실체를 알고자 할 때 '그것은 무엇으로 만들어졌는가?' '~물질의 궁극적인 구성요소는 무엇인가?' '물질의 본질은 무엇인가?'라는 질문을 한다. 구조를 연구할 때 우리는 사물의 길이를 재고 그 무게를 단다. 그러나 길이를 재거나 무게를 다는 방식으로 패턴을 파악할 수는 없다. 그에 비해 형상에 대한 탐구는 '그것의 패턴은 무엇인가?'라는 질문에서 시작한다. 패턴은 체계를 전체적으로 파악할 때 알 수 있으며, 이것은 지도로 작성되어야 하는데(Capra, 1998), 동일한 실재를 나타내는 지도는 다양하다.

> 모든 생물이 궁극적으로 원자와 분자로 구성된다는 것은 사실이지만, 생물이 원자와 분자에 '불과한' 것은 결코 아니다. 생물에는 그 밖에 다른 무엇, 비물질적이고 환원 불가능한 무엇이 있다. 그것이 바로 조직 패턴이다(Capra, 1998).

살아 있는 체계를 이해하기 위해서는 우선 패턴을 이해해야 한다. 왜냐하면 체계의 특성은 다름 아닌 패턴의 특성이기 때문이다. 체계의 특성은 질서정연한 관계의 구성인 패턴에서 발생한다. 생물을 해부할 때 파괴되는 것은 패턴이다. 가족이 체계라는 것은 가족원 개인의 특성이라는 실체를 파악하는 데 초점을 두기보다 가족의 상호작용 패턴에 초점을 둔다는 의미다.

(10) 자율성과 자기조직

유기체는 환경과 상호작용할 뿐 아니라, 기계와 달리 스스로 움직일 수 있으며 자기생성적이다. 그러나 기계는 미리 정해진 방식으로 만들어지고 외부 자극에 의해서만 움직인다.

> 생명체는 기계와 달리 자기재생적이고, 자기조직하는 전체다. 기계의 경우 그 부분은 서로를 '위해서', 즉 기능적인 전체 속에서 서로를 떠받치고 있다는 의미에서 존재할 뿐이다. 그에 비해 생물체의 경우, 부분은 서로를 만들어 간다는 의미에서 서로에 '의해서' 존재한다(Capra, 1998).

> 살아 있는 유기체는 하나의 조직된 체계이며, 그 질서는 환경에 의해서가 아니라 체계 그 스스로가 확립하게 된다. 이 말은 그들이 환경과 분리되어 있다는 뜻이 아니라, 그와 반대로 그들은 환경과 끊임없이 상호작용하지만, 이러한 상호작용이 그들의 조직을 결정하지는 않는다. 그들은 자기조직적이다(Prigogine & Stengers, 1993).

간단한 예를 들어 보자. 자동차라는 기계의 어떤 부분이 고장이 나면, 그 부분은 외부의 처치에 의해서 수리가 되든지 교체되어야만 다시 작동할 수 있다. 자동차는 자기재생이 불가능하고, 자동차의 생존은 전적으로 외부환경에 의존하기 때문이다. 그러나 사람이 교통사고가 나서 다리를 다치면, 병원의 처치를 받아야 하지만, 상처의 치유는 의사나 병원의 처치에 의해서만 전적으로 결정되는 것은 아니다. 사람의 몸은 각기 다르게 자기조직화되어 있고 자기재생적이기 때문에 병원의 처치는 몸의 조직 상태에 따라 다른 결과를 만들어 낸다.

살아 있는 체계는 그 구성요소를 계속 변화시키고 재순환시키면서도 그 전체 구조를 유지할 수 있는 능력이 있다. 따라서 체계의 질서와 움직임은 환경에 의해서만 부과되는 것이 아니라 체계 자체에 의해 서로 수립된다. 체계는 환경과 상호작용하지만 이러한 상호작용만이 체계의 구조를 결정하는 것은 아니다. 체계는 그들에게 영향을 주는 환경의 많은 자극 중 극히 일부에 대해서만 반응을 한다(정혜정, 2004).

개인이나 가족도 정보의 교환이라는 면에서는 환경과 상호작용하는 개방체계이지만, 환경과의 상호작용에 의해서만 그 움직임이 결정되는 것은 아니다. 이를 가족치료에 적용해 보면, 내담자나 그 가족의 변화는 외부의 치료적 개입에 의해서만 결정되는 것은 아니다. 환경의 투입(치료적 개입)은 변화를 촉발하는 많은 요인 가운데 하나일 뿐이다. 내담자나 그 가족은 자율적이며 자기조직적 체계이므로 동일한 치료적 처치도 내담자나 가족에 따라 다르게 나타날 수 있다. 내담자의 변화는 내담자 가족의 구조적 패턴에 따라 다르게 나타날 수 있으며, 치료적 행위는 단지 가족의 변화를 촉발시킬 수 있을 뿐이다. 체계의 자율성과 자기조직적 특성은 체계론적 사고의 핵심을 이루지만, 초기 가족치료 모델보다 후기 모델에 더 많이 반영되어 있으므로 이는 제8장에서 자세히 설명한다.

2. 사이버네틱스

사이버네틱스(cybernetics)라는 용어는 배의 조타수를 의미하는 그리스어인 'kybernetes'에서 유래되었다. 현대적 의미의 사이버네틱스는 제2차 세계대전이 한창이던 1940년대에 뉴욕시에서 열린 메이시 회의를 통해 개념틀이 수립되었다. 이 회의에 참석했던 학자들은 두 개의 핵심집단, 즉 수학자, 공학자, 신경과학자로 이루어진 최초의 사이버네틱스 학자와, 베이트슨과 미드 주위에 몰려든 인문학 분야의 학자 집단으로 나뉘었다(Capra, 1998). 이들은 공통적으로 기계와 살아 있는 유기체의 통제와 자기조절 과정을 이해하기 위한 인식론을 발전시키는 데 관심이 있었다. 이들이 발견한 점은 기계와 살아 있는 유기체의 작동원리에 차이가 있다는 것이었다. 즉, 기계는 원인과 결과, 자극과 반응, 투입과 산출의 연결이라는 선형적 인과관계에 의해 작동된다. 그러나 살아 있는 유기체는 인과적으로 연결된 구성요소의 순환적인 배열이라는 피드백 루프에 의해 움직인다는 점에서 기계와 차이가 있다는 시각을 발전시키게 되었다.

이렇게 새로운 인식론에 '사이버네틱스'라는 용어를 붙이자고 제안한 사람은 수학자인 위너(Wiener, 1948)였고, 사이버네틱스는 '생물체계와 사회체계에 있어서 순환적 인과관계와 피드백 기제에 관한 과학'으로 발전하였다(Keeney, 1983). 사이버네틱스의 발달 초기에 그 기본 원리는 주로 공학에 적용되었다. 그 결과, 자동온도조절 장치나 로켓 같이 자기조절 기능이 있는 공학 장치가 많이 개발되었고, 국내에서도 이 부분이 강조되어 소개됨으로써 사이버네틱스를 '인공두뇌학'으로 번역하는 경우가 많았다. 한편, 사이버네틱스의 공학적 개념을 행동과학의 용어로 환원하고 가족치료에 적용하는 데 주도적 역할을 했던 사람은 베이트슨이었다. 그는 사이버네틱스의 원리에 기초하여 '마음'의 개념을 수립하였는데, 마음은 "살아 있는 것의 본질"(Bateson, 1990)로서 기계와 살아 있는 유기체를 구분하는 기준이 된다고 강조하였다.

사이버네틱스는 1차 수준과 2차 수준으로 구분되며, 1차 사이버네틱스를 일반체계이론과 동일한 것으로 간주하기도 한다(Becvar & Becvar, 2001; Keeney, 1983). 1차 사이버네틱스(simple cybernetics, first-order cybernetics)는 관찰자(치료자)가 체계 밖에서 체계를 객관적으로 관찰하고 중립적으로 조절하는 것이 가능하다고 본다. 이러한 관점은 치료자를 절대 위치에 올려놓았으며, 치료자의 생각과 행위에 절대적 권위를 부여하였다는 점에서 비판을 받았다. 또한 1차 사이버네틱스는 피드백 과정에 의해 이루어지는 체계의 내적 특성 및 체계와 환경의 상호 의존성에 주로 초점을 맞춤으로써 체계가 자동적으로 움직이고, 또 자기조직적 특성을 갖는다는 사실을 무시하였다는 비판을 받았다. 한편, 2차 사이버네틱스(cybernetics of cybernteics, second-order cybernetics)는 피드백 과정에도 여러 수준이 있으며, 가장 높은 수준에서 볼 때 체계는 닫힌 체계이며 자기조직하는 체계라고 본다. 2차 사이버네틱스는 포스트모더니즘 사조의 많은 부분을 반영하고 있으며, 후기 가족치료의 탄생에 기초가 되었으므로 제8장에서 더 자세히 설명한다.

3. 초기 가족치료 연구

가족치료의 발전은 조현병 환자 가족에 관한 연구에서 시작하였다. 그리하여 가족치료의 발달 초기에 조현병이 발현하게 된 가족의 역기능을 설명하기 위하여 여러 개념이 소개되었다. 대표적으로 베이트슨 연구진이 발표한 이중구속, 리즈가 발전시킨 부부균열과 부부불균형, 윈이 소개한 거짓상호성과 거짓적대성, 그리고 보웬의 자기분화 개념이 있다. 다음에서 이 개념들을 자세히 설명하며, 자기분화는 보웬의 다세대 모델을 다룬 제4장에 자세히 설명되므로 여기서는 생략한다.

1) 이중구속

이 개념은 베이트슨 연구진이 조현병 환자 가족의 의사소통에 관한 프로젝트 수행 결과를 1956년 학술지에 발표하면서 처음 소개되었다(Bateson, 1972; Bateson, Jackson, Haley, & Weakland, 1956). 이중구속(double bind) 상황에 처한 사람은 상대방에게서 언어적 메시지와 비언어적 메시지가 서로 일치하지 않고 모순되는 메시지를 받는다. 따라서 어떠한 메시지가 진짜 메시지인지 분간하지 못하기 때문에 어떠한 수준의 메시지에 반응하더라도 결코 적절한 반응이 될 수 없는 상황에 처하게 된다. 구체적으로 이중구속은 다음의 [참고]에 제시한 상황에서 성립한다.

참고 이중구속 성립 상황

이중구속 상황은 다음과 같은 몇 가지 조건에서 성립된다.

① 두 사람 이상이 관계를 맺고 있고, 그 가운데 한 사람이 희생자로 지정된다.
② 이들 간의 관계 경험은 일시적이 아니라 지속적이다.
③ 희생자에게 1차 부정명령이 내려진다.
④ 1차 부정명령과 불일치하는 2차 부정명령이 더욱 추상적인 차원에서 내려지는데, 이는 처벌이나 생존을 위협하는 신호로 보내지기 때문에 따르지 않을 수 없다.
⑤ 희생자가 이 상황에서 빠져나가지 못하도록 하는 3차 부정명령이 내려진다.
⑥ 마지막으로 희생자 자신이 이중구속 상황에 빠져 있음을 지각하였을 때는 이미 이상의 모든 과정에서 빠져나올 수 없게 된다. 그리고 위의 각 과정에 대해 공포나 분노를 느끼게 된다. 이 상황에 처하면 서로 불일치하는 부정명령은 환청으로도 들을 수 있게 된다.

출처: Becvar와 Becvar(2001)에서 발췌 및 수정.

또한 이중구속 상황이 성립하기 위해서는 개인의 성장과 발달에 중요하고 지속적인 관계에서 상대방이 보내는 불일치한 메시지를 받은 사람이 어떤 메시지에 반응하는 것이 옳은 것인가를 파악하기 위해 상대방에게 질문하는 것이 어렵고 두려움을 느끼는 상황에 처해 있어야 한다. 예컨대, 어린아이에게 중요하고도 지속적인 관계는 부모와의 관계다. 부모가 언어적 메시지와 불일치한 비언어적 메시지를 보내면 아이는 어떤 메시지가 진짜 메시지인가를 파악할 수 없기 때문에 적절한 반응을 하기 어렵다. 이때 아이가 부모에게 어떤 메시지가 진짜 메시지인가를 질문할 수 있고 부모가 적절히 대답하여 결국 아이가 적절한 반응을 할 수 있다면 이중구속 상황이 성립하지 않는다. 그러나 아이의 질문에 부모가 오히려 부정명령을 하게 되고, 이런 경험이 쌓이게 되면 자신의 생존을 부모에게 의존하고 있는 아이는 두려움과 위협을 느낄 수 있고, 결국 부모에게 더 이상 어떤 메시지에 반응해야 하는가를 질문할 수 없게 된다. 이러한 과정에 관한 예를 다음의 [참고]에서 설명하였다.

보통 사람은 상대방이 보내는 메시지의 신호에 민감하게 반응할 수 있다. 그러나 이중구속의 희생자는 어떤 종류의 메시지가 진짜 메시지인가를 알지 못하며 질문할 수도 없

참고 정상과 이중구속 상황의 예

엄마: '사랑한다'는 언어적 메시지와 불일치한 무관심한 표정

↓

아이: "엄마, 절 사랑하신다면서 왜 저를 보지도 않고 말씀하세요?"

↙ ↘

정상	이중구속
엄마: "응 그랬니? 엄마는 널 정말 사랑한단다."라고 말하면서 껴안아 준다.	목소리를 낮추고 아이를 보지도 않으면서 "엄마가 널 사랑한다는데 왜 자꾸 귀찮게 그러니, 나가서 놀아!"라고 말한다.
↓	혼란과 두려움
아이: "네, 엄마, 저도 엄마 사랑해요."	↓
↓	비슷한 경험의 반복
아이의 적절한 반응 정상적인 상황	↓
	여전히 무관심하면서도 짜증 나는 표정으로 목소리를 낮추며 "정말 귀찮게 구는구나, 숙제는 다 했니? 공부 좀 해! 안 하면 밥 못 먹을 줄 알아!"
	↓
	비슷한 경험이 반복되면서 이중구속 상황으로 발전될 수 있음

는 혼란 상태에 빠지게 된다. 결국 희생자는 모든 말의 이면에 숨겨진 의미가 있다고 생각하는 조현병을 겪게 될 수 있다.

2) 부부균열과 부부불균형

이 두 개념은 예일대학교 정신의학과 교수였던 리즈(Theodore Lidz)가 조현병과 가족 간의 관계를 연구하면서 환자 가족의 부부 문제에 관심을 기울인 결과 소개되었다(Lidz & Lidz, 1949). 부부균열(marital schism)은 부부가 서로 역할을 교환할 수 없고 목표를 공유하거나 보완할 수 없는 상황을 가리킨다. 부부는 각자 자신의 기대와 욕구를 충족하기 위하여 상대방을 억누르고 상대방의 동기를 믿지 않으려 할 뿐 아니라 상대방의 지위, 특히 부모로서의 지위를 손상시키려 한다. 부부불균형(marital skew)은 부부간의 권력이 지나치게 불균형을 이룬 상황으로 부부 중 한 사람은 강하고 다른 한 사람은 약한 위치에 있다. 이 경우 강한 배우자가 약한 배우자를 지배함으로써 부부간 갈등이 표면화되는 것을 막을 수 있다. 그러나 부부간 조화로운 힘의 균형을 유지하는 데 실패할 뿐 아니라 부부간에 허용되는 것과 실제로 느끼는 것 사이의 불일치를 공개적으로 표현할 수 없게 된다.

부부균열이나 부부불균형의 특징이 있는 가족에서, 자녀는 부모 중 누구에게 충성심을 보여야 할지 갈등하게 되고 깨질지도 모를 부모의 결혼생활을 붙잡아 주어야 한다는 압박감에 시달릴 수 있다(Nichols & Schwartz, 2002). 결국 어릴수록 부모를 통해 세상을 조직하고 경험하므로 어린 시절 이런 경험으로 인해 일관성 있고 논리적으로 사고하고 의사소통하는 능력의 발달에 손상을 입은 아이는 혼란과 갈등의 세상에서 살게 되고, 이러한 경험을 반복하다 보면 조현병을 보일 수도 있다는 것이다.

3) 거짓상호성과 거짓적대성

윈(Lyman Wynne)은 1954년에 조현병 환자 가족에 관한 연구를 시작하였고 조현병 연구에서 가족의 의사소통 유형과 역할관계를 고려해야 한다고 강조하면서 1958년에 거짓상호성(pseudo-mutuality)과 거짓적대성(pseudo-hostility)의 개념을 소개하였다(Wynne, Ryckoff, Day, & Hirsch, 1958). 이 두 개념은 윈이 가족치료 분야에서 이룩한 중요한 공헌으로 인정되고 있다.

거짓상호성은 겉으로 드러난 가족원 간의 친밀한 상호작용이 사실은 진실한 모습이 아니라 거짓된 모습임을 나타내는 용어다. 거짓상호성을 보이는 가족은 가족원 개인의 정체성을 인정하면 가족원 전체의 결속에 방해가 된다고 믿는다. 그리하여 그들은 가족원이 각자의 생각이나 느낌을 표현하는 것을 용납하기를 두려워한다. 가족원 간의 갈등이나 이견을 겉으로 드러내서는 안 되며, 가족원 모두 결속된 모습을 보여야 한다고 믿기 때문에 거짓으로라도 가족원이 서로 친밀한 모습을 보여야 한다는 데 지나치게 몰두한다. 따라서 역할관계를 조정하는 과정에서 일어나는 갈등을 표현하기를 두려워하기 때문에 역할에 융통성이 없고 경직되어 있으며 유머와 자발성이 부족하다. 반면, 잘 기능하는 가족은 가족원 각자의 개별성과 가족 전체의 결속 간에 적절한 균형을 유지할 수 있다.

한편, 거짓적대성은 가족원이 진실한 모습으로 상호작용하는 것이 아니라 겉으로 거리감을 두거나 적대적인 방식으로 상호작용하는 상황을 나타낸다. 이런 가족의 구성원은 친밀감을 나누는 것뿐 아니라 갈등이나 불화를 직접적으로 다루는 데 어려움을 느낀다. 그 결과, 겉으로 적대적이고 파괴적으로 상호작용하면서 친밀감에 대한 욕구뿐 아니라 갈등과 불화를 해결해야 할 필요성을 위장하고 피한다. 거짓상호성과 마찬가지로 거짓적대성도 의사소통을 왜곡시키고 현실에 대한 지각을 손상시키기 때문에 관계에 대해 논리적으로 생각하는 것을 어렵게 한다.

거짓상호성이나 거짓적대성이 오랫동안 강하게 지속되면 가족원 중 한 사람이 고정된 가족역할에서 벗어나려고 시도하는 상황이 일어난다. 이때 가족은 가족원 개인이 정체성을 찾으려는 진정한 생각이나 의미를 일부러 무시하거나 배제한다. 대신 가족은 가족이 함께 있어야 한다고 판단되는 곳이면 어디까지라도 가족의 경계를 확장해 나간다.

이와 같이 가족원 개인이 자신의 정체성과 독자성을 찾으려는 시도를 무시하고 가족이 함께해야 한다는 믿음으로 가족의 담장을 확장해 가는 상황을 고무울타리(rubber fence)라고 한다. 이런 가족에서는 허용할 수 있는 행동이나 정보는 받아들여지지만, 허용할 수 없는 정보는 폐쇄하여 배척하기 때문에 가족의 경계가 바뀌게 되고, 이 상황이 고무가 늘어났다 줄었다 하는 상황과 같다는 데서 고무울타리라고 명명한 것이다. 결국 개인이 가족 밖의 경험에서 의미를 정확히 추론할 수 있는 자신의 능력을 의심하게 되고 가족의 안전한 경계로 회귀하려 하면서 혼란 상태에 빠지게 된다.

조현병에 대한 그 당시의 치료적 접근은 대부분 정신분석이론에 기초하였던 것에 반해, 조현병이 심리 내적 질병이 아니라 대인 간 불일치한 의사소통이나 관계 패턴에서 비롯되었다는 초기 가족치료 연구자들의 발표는 획기적이었다. 이러한 움직임에 힘입어 가족치료는 빠른 속도를 발전하고 제 모습을 찾아가기 시작하였다. 더불어 조현병에 관한 연구는 모든 과학적 방법을 동원하기에 이르렀고, 현대 과학을 통해 지금까지 밝혀진 결과에 따르면 조현병도 다른 질병과 마찬가지로 환경과 유전의 복합적 요인에 의해 발생하는 것으로 보고 있다. 조현병의 발병이 가족의 상호작용과 밀접한 연관이 있다는 가족치료 발달 초기의 시각은 여전히 고려되고 있지만, 인지행동치료 및 가족심리교육 모델이 조현병 치료를 위한 새로운 접근법으로 발달하게 되었으며, 신경과학의 발달로 말미암아 조현병은 뇌기능 장애와 밀접한 연관이 있다는 시각이 널리 받아들여지고 있다.

요약

가족치료는 개인 심리치료의 한 분파로 발전한 것이 아니라 개인치료의 밑바탕이 된 세계관과는 다른 세계관이 나타나면서 태동하고 발전하였다. 초기 가족치료 모델은 체계론적 사고를 함축하는 일반체계이론과 사이버네틱스로부터 비롯되었으며, 가족의 역기능성을 설명하기 위한 다양한 개념과 기법을 제시하였다. 일반체계이론의 개념을 처음으로 제기한 사람은 생물학자인 베르탈란피였으며, 일반체계이론과 더불어 생태체계이론, 자연체계이론, 전일론, 사이버네틱스 등의 비슷한 개념이 소개되었는데, 이 모든 용어는 부분에서 전체로의 전환을 함축하였다. 일반체계이론의 기본개념인 체계와 하위체계 및 경계, 개방성과 폐쇄성의 개념을 통해 체계의 기본구조를 파악할 수 있으며, 피드백, 정보처리와 의사소통, 규칙의 개념을 통해 체계의 작동원리를 이해할 수 있고, 상호보완성과 패턴, 전체성, 자기조직의 개념을 통해 체계의 속성을 이해할 수 있다. 가족도 하나의 체계로서 일반체계이론의 기본개념을 근거로 가족을 이해하는 것은 초기 가족치료 모델을 이해하기 위해 선행되어야 하는 작업이다. 한편, 사이버네틱스는 1차와 2차로 구분되며, 1차 사이버네틱스는 일반체계이론과 동일한 것으로 간주되기도 한다.

일반체계이론은 초기 가족치료 모델의 발전을 이끌었으며, 가족치료 모델이 구체화되기 전에도 일반체계이론을 기초로 조현병 환자 가족을 설명하고 치료하기 위하여 다양한 개념이 발전되었다. 베이트슨의 이중구속 개념, 리즈의 부부균열과 부부불균형 개념, 윈의 거짓상호성과 거짓적대성 및 고무울타리 개념은 당시 조현병 환자 가족의 치료에 중요한 공헌을 하였다. 지금도 조현병의 발병이 가족의 상호작용과 밀접한 연관이 있다는 이러한 시각이 여전히 고려되고 있지만, 신경과학의 발전은 조현병이 뇌기능 장애와 관련된다는 강력한 근거를 제기함으로써 조현병 치료는 새로운 국면으로 접어들었다. 초기 가족치료 연구에서 발전된 여러 개념은 오늘날 조현병 환자 가족을 설명하기 위해서보다도 역기능적 가족의 특성을 설명하기 위해 더 많이 사용되고 있다.

연습문제

1. 다음과 같이 아홉 개의 점이 있다. 점 사이의 간격은 동일하다. 네 개의 직선을 사용하되 연필을 종이에서 떼지 말고, 한 번 그어진 선분 위에는 다시 반복하여 그리지 말고 아홉 개의 점을 연결해 보자. 해답을 미리 찾아보지 말고 스스로 5분간 생각해 보고 선을 이어 보자.

이 문제를 해결하기 위해서는 좀 더 넓은 시야가 필요하다는 것을 알 수 있다. 즉, 주어진 영역 안에서는 문제의 해결책을 찾을 수 없다. 이 아홉 개의 점의 영역은 무엇인지, 문제해결을 위해 자기의 틀을 벗어나야 했던 경험에 대해 이야기 나누어 보자.

2. 가족을 체계로 보고 가족원들 간의 의사소통을 이해할 때 고려해야 할 요소들은 무엇인지 생각해 보자. 특히 이러한 요소들을 기초로 할 때, 가족원들 간 의사소통이 어려웠거나 문제가 있었던 경험을 어떻게 이해할 수 있는지 나누어 보자.

3. 초기 가족치료 연구에서 발전된 몇 가지 개념이 문제나 증상이 있는 가족을 설명하는 데 어떻게 적용될 수 있는지 논의해 보자. 특히 자녀 입장에서 볼 때, 이러한 개념이 자신의 건강한 성장발달에 어떠한 시사점을 주는지 생각해 보자.

제 4 장

보웬의 다세대 가족치료

정서체계는 동기를 부여하는 힘이며, 관계체계는 그것이 표현되는 방식이다
(Bowen, 1978).

다세대 가족치료이론을 정립한 보웬(Murray Bowen)은 가족의 정서과정이 세대를 관통하여 지속되며 이전 세대에서 제대로 정리되지 않은 문제가 다음 세대에 넘어가서 문제를 일으킨다고 보았다. 그가 보는 가족은 정서 단위(emotional unit)로 가족원은 가족이라는 '정서적 장(emotional field)' 안에서 반응하는 정서적 자극의 복합체다. 그런데 마치 일상에서 중력을 의식하지 못하듯 가족에 대한 우리의 정서 반응은 습관적이어서 우리 자신이 속한 정서적 장을 감지하는 것은 쉽지 않다. 따라서 본인의 가족을 제대로 보려면 한 걸음 뒤로 물러나는 것이 필요하다. 치료목표는 여러 세대를 관통하는 가족의 정서적 과정을 이해하고 특정 가족원의 분화를 통해 가족체계의 변화를 성취하는 것이다.

보웬은 진화론과 생물학에 관심이 많았으며, 그의 가족치료이론은 자연체계이론에 기반을 두었다. 즉, 가족이 자연적으로 발생된 체계라는 점에서 인간과 인간의 가족은 '자연의 법칙에 따라' 동기화된 것이라고 가정한다. 진화에 의해 호모사피엔스의 정서체계가 다른 유기체보다 더 복잡해졌다고 할지라도 근본적인 특성은 자연계의 다른 모든 생명체를 규제하는 과정과 다르지 않다는 것이다(Kerr & Bowen, 2005). 또한 모든 가족은 덜 심각한 임상 문제에서부터 매우 심각한 임상 문제에 이르기까지 일련의 정서과정의 연속선상 위에 존재할 뿐이므로 기능적 가족과 역기능적 가족을 범주화하는 것은 별 의

미가 없다고 보았다. 이러한 맥락에서 보웬은 정신질환(mental illness)이라는 용어 대신 정서질환(emotional illness)을 대체 사용하였는데, 정서과정이 강해질수록 가족원의 상호의존성이 높아지며 정서적 반응성도 함께 높아진다고 주장하였다.

1. 발달배경

다세대 가족치료의 선구자인 보웬은 미국 테네시 농촌에서 대가족의 장남으로 성장하였다. 그는 의대에 진학하여 정신의학을 전공하면서 조현병에 관심을 갖게 되었는데, 메닝거(Menninger) 클리닉에서 수련을 받던 시절부터 조현병 환자와 어머니의 정서적 관계로 임상적 관심을 넓혀 갔다. 그는 조현병 환자 모자를 임대주택에 살게 하면서 이들의 상호작용을 관찰하였는데, 조현병 환자의 모자관계에서 강렬한 불안애착과 불안격리의 정서적 긴장이 주기적으로 반복되는 병리적 애착을 발견하였다. 보웬은 이런 현상을 '모자공생(mother-child symbiosis)'이라고 명명하였다. 모자공생이란 어머니와 성인 조현병 자녀가 서로에 대한 정서적 개입이 지나치게 심한 나머지 별개의 두 사람이 아닌, 하나의 존재 또는 하나의 자아로 간주될 정도의 강한 정서애착을 갖고 있는 상태를 의미한다(Bowen, 1978).

'공생'에 대한 보웬의 관심은 이후 그의 이론을 정립하는 데 핵심적인 개념이 되었다. 인간을 포함한 포유류는 출생 직후 어머니와 완전한 융합상태이자 공생상태로 삶을 시작하나 독립된 성인으로 자라면서 어머니에게서 자연스럽게 떨어져 나간다. 그러나 조현병 환자의 경우에는 자녀에 대한 어머니의 개입의 정도가 매우 강렬하며, 이 정서적 강도가 자녀의 성인기까지 계속 이어진다.

메닝거에서 미국립정신보건연구소(National Institute of Mental Health: NIMH)로 자리를 옮긴 보웬은 조현병 가족에서 어머니뿐만 아니라 아버지까지 치료에 포함시키며 연구의 단위를 넓혀 가족 내 삼각관계의 개념을 연구하기 시작하였다. 보웬이 초기에 주목하였던 어머니와 성인 자녀 간의 강렬한 관계는 사실 전체 가족원 모두가 관여된 과정으로, 아버지와 형제 등 모든 가족원이 문제를 키우고 유지하는 데 각자 역할을 하는 것으로 관찰되었다.

보웬은 정신분석의 개념이 지나치게 개인적이라 가족을 설명하는 언어로는 한계가 있다고 느꼈다. 1959년 보웬은 미국립정신보건연구소(NIMH)에서 조지타운대학교 의과

대학으로 옮긴 이래 31년간 가족을 단위로 하는 포괄적인 다세대 가족치료이론 발달에 힘을 쏟았다. 그의 가족체계이론은 가장 체계적이고 영향력 있는 가족치료의 이론으로 정립되었으며, 1978년 출간된 그의 저서 『임상 현장에서의 가족치료(Family Therapy in Clinical Practice)』(1978)에 보웬 이론의 주요개념이 정리되었다. 다세대 가족에 대한 보웬의 통찰은 가족치료의 역사에 한 획을 긋는 업적이 되었다. 보웬은 학자와 임상가, 작가로 폭넓게 활동하였고 미국가족치료학회(American Family Therapy Association: AFTA)의 초대회장을 역임한 열정적인 가족치료 운동의 지도자로 기억되고 있다. 그는 1990년 오랜 병고 끝에 사망하였다.

보웬 이론은 그의 탁월한 제자들에 의해 계승되고 확장되었다. 조지타운대학교 의과대학 정신과에서 보웬의 강의를 접하고 그에 매료된 커(Michael Kerr)는 전통적인 정신역동 훈련을 받았지만 보웬의 가족체계이론을 가장 정통적으로 계승한 제자다. 그는 조지타운 가족센터(Georgetown Family Center)에서 가족치료 훈련을 담당하면서 동시에 암환자와 같은 만성적 신체질환과정에서 가족이 갖는 영향을 연구하였고, 현재 조지타운가족센터(www.thebowencenter.org)의 책임자다.

보웬의 또 다른 제자인 게린(Philip Guerin)과 포가티(Thomas Fogarty)는 뉴욕에 가족학습센터(Center for Family Learning)를 설립하여 가족치료자를 양성하였는데, 이 중에는 페미니스트 가족치료자이자 가족생활주기와 가계도 연구로 유명한 맥골드릭(Monica McGoldrick)과 카터(Betty Carter)가 있다. 맥골드릭과 카터 등의 여성 제자는 스승인 보웬의 주요개념인 '자기분화'나 '융합' 등이 가부장적이며 남성중심적이라고 비판하였으나, 결과적으로 보웬의 이론을 더욱 확장하고 성과 문화 측면에서 균형 잡힌 이론으로 발전시키게 되었다. 현재 이들은 뉴저지 다문화가족연구소(Multicultual Family Institute of New Jersey)에서 보웬 치료 모델의 임상훈련과 교육을 하고 있다.

머리 보웬(1913~1990)

한국에도 보웬 가족치료에 관심을 가진 임상가가 늘어나는 추세이며, 특히 우리 문화의 관점에서 자기분화나 융합, 개별성 등의 보웬 개념의 타당성을 검토한 연구가 꾸준히 이루어졌다(이선혜, 1998; 전영주, 1998). 2005년 맥골드릭이 내한하여 보웬 가족치료 워크숍을 진행한 바 있으며, 2009년에는 커가 내한하여 워크숍이 개최되었다.

2. 주요개념

보웬의 가족체계이론은 여덟 가지의 상호 연관된 개념으로 구성되어 있다. 그중 여섯 가지의 개념은 핵가족과 확대가족에서 일어나는 정서적 과정에 대한 것이며, 나머지 두 가지는 가족과 사회에서 세대를 통해 일어나는 정서적 과정에 관한 것이다.

보웬 개념의 중심에는 우리의 삶에 만성불안(chronic anxiety)이 항상 존재한다는 가정이 깔려 있다. 만성불안은 문화나 상황에 따라 다르게 나타날 수 있지만, 자연계의 필연적 부분인 생물학적 현상이다. 개인의 자율성이 허용되지 않고 연합에 대한 압력이 강한 상황에서는 만성불안이 증가하게 된다. 보웬은 만성불안의 감소는 오직 분화를 통해서만 가능하다고 보았다. [그림 4-1]은 두 사람 간의 관계의 융합 정도와 만성불안을 보여 준다. 관계 A는 강한 연합성을 보이는 미분화 상태다. 관계 A에서는 두 사람 간의 정서적 상호 의존이 너무 높아 매우 높은 수준의 만성불안을 만들어 낼 수 있다. 관계 B와 관계 C는 점진적인 분화 상태를 보여 주며, 관계 D는 이론적 수준에서의 완전한 분화로 만성불안을 발생시키지 않는다.

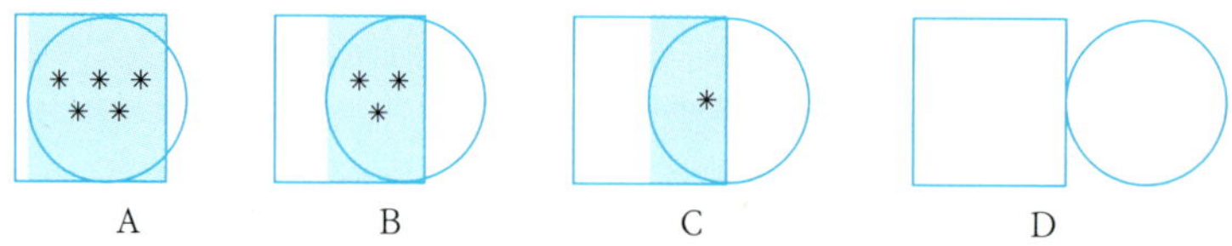

[그림 4-1] 분화와 만성불안

주: *만성불안의 크기를 의미함.

출처: Kerr & Bowen (2005), p. 101.

글상자 4-1 급성불안과 만성불안

산속에서 폭풍우를 만나거나 건물에 화재가 발생한다면 당신은 어떻겠는가? 이러한 상황에서 나타나는 맥박과 혈압 상승을 동반한 자율신경체계의 변화는 당연한 것이며 유기체의 생존을 위한 중요한 적응기능이다. 실제 위협에 따른 이러한 '급성불안'은 단기적으로 경험되는 것이며 개인의 적응을 위해 순기능적이다.

그러나 실제적인 위협이 없는데도 만성적으로 거부나 유기의 불안을 느낀다면 개인의 적응능력을 위축시킬 수 있으며 역기능적이다. 만성불안은 가족원 간에 '전염'되는 특징이 있어서 가르치거나 사고할 필요 없이 자동적으로 전달되고 흡수된다. 만성불안은 일반적으로 가족 내에서 학습되며, 핵가족 내의 평균치 불안을 개인의 만성불안의 기저선으로 발달시키게 된다. 핵가족 단위의 만성불안의 평균수준은 개인과 가족의 기본 분화수준과 관련이 있다. 어떤 사람의 만성불안의 수준은 현재의 소득이나 가족관계와 같은 현재 상황보다 성장기에 학습되어 전 생애를 통해 지니게 된다.

출처: Bowen (1978).

1) 자기분화

(1) 분화의 개념

매우 추운 어느 날 밤 고슴도치들이 추위를 피하려고 떼 지어 몰려들었다. 그러나 추위를 피하기 위해 가까이 붙을수록 서로 뾰족한 가시에 찔려 고통스러웠다. 그러나 멀리 떨어지면 견디기 힘든 추위가 엄습했다. 고슴도치들은 붙었다 떨어지기를 여러 번 반복한 끝에 마침내 너무 아프게 찔리지 않으면서도 편안하게 추위를 견딜 수 있는 적당한 거리를 알게 되었다. 이런 거리를 '품위'나 '좋은 매너'라고 부르게 되었다(Kerr & Bowen, 2005, p. 72).

연인관계나 부모-자녀 관계 또는 다른 어떤 정서적 관계이든 자세히 들여다보면 모든 상호작용에 입각한 관계의 성격은 정적인 관계라기보다 역동적인 평형 상태에 가깝다. 이러한 관계 균형을 유지하기 위해 관계 안에서 서로 조절하면서 체계의 역동적 특성을 만들어 낸다.

자기분화(differentiation of self)는 보웬 이론의 핵심개념으로, 개인이 타인이 아닌 자신만의 방식에 따라 기능하는 것을 배우는 과정이라고 할 수 있다. 자기분화는 정신 내적 개념인 동시에 대인관계적 개념으로, 정신 내적으로는 사고와 감정을 분리할 수 있는 능력을 의미하며 대인관계적으로는 자신과 타인 사이의 분화를 의미한다.

보웬은 미분화 가족 자아군(undifferentiated family ego mass)이라는 개념을 제시했는데, 이는 온 가족이 감정적으로 한 덩어리가 되어 정서적으로 고착된 상태를 의미한다. 이러한 가족은 '과잉친밀(over-closeness)' 때문에 상대에 대한 정서적 반응성이 높고 상대방을 불편하게 만듦으로써 결과적으로 상호거부를 초래한다. 자신과 다른 관점을 가진 사람을 비난하거나, 관계체계에서 등을 돌려 정서적 연결을 끊는 행위, 스트레스 상황에서 기능이 현저히 저하되는 상태 등은 모두 분화능력이 떨어지기 때문이다. 자기분화란 어떤 수준의 상태를 의미하기보다는 원가족의 정서적 혼돈에서 자유로워지는 과정으로 정의될 수 있으며, 개인의 기능수준이나 인간적인 성숙도와 직결되는 개념이기도 하다. 그러나 분리와 독립성을 강조하는 분화의 개념은 남성 또는 서구 중심의 편협한 사고를 내포한다는 이유로 페미니스트 치료자와 동양권의 치료자에 의해 비판받기도 하였다.

글상자 4-2 자아와 집단 지각에서의 동양과 서양의 차이

니스벳은 동양과 서양의 자아와 집단지각에 대한 차이를 연구한 결과, 동양인이 서양인에 비해 인간에 대한 관점이 관계적이며 내집단과 외집단을 차별화하는 정도가 높다고 하였다. 동양인은 인간이 완전히 독립적인 행위를 하는 것은 불가능할 뿐만 아니라 바람직한 것도 아니라고 보는 경향이 있다. 서양인에 비해 동양인은 내집단을 신뢰하고 자신과 유사하다고 느끼는 반면, 외집단에 대해서는 일정한 거리를 두고 싶어 한다. 따라서 동양에서의 자아 발달과 행동은 타인의 관계에 의해 조정되며, 인간관계에서의 조화를 이루는 것이 사회생활의 가장 중요한 목표가 된다.

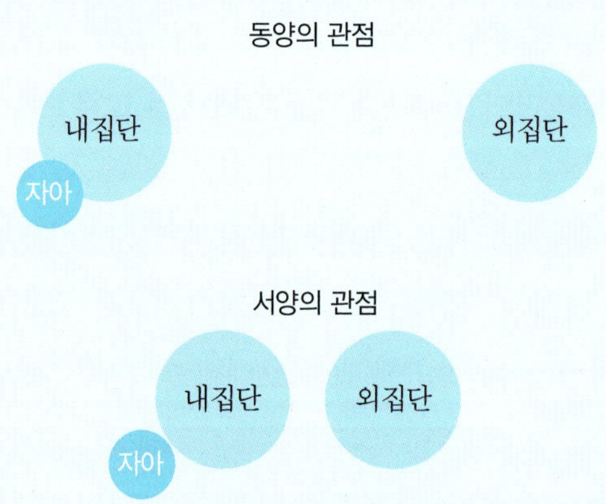

출처: Nisbett (2004), pp. 55-56.

(2) 정서 프로그래밍

보웬은 자기분화를 개념화함에 있어서 뇌의 정서적 기능에 주목하였다. 보웬과 커어는 세 가지 뇌 기능이 정서 프로그래밍에 관여한다고 보았다. 첫째, 사고와 이성, 그리고 반영을 가능하게 하는 지적체계(intellectual system)는 뇌의 바깥쪽 기능으로 충동, 즉 자동반응성에 대한 의식적 통제 기능을 한다. 둘째, 정서체계(emotional system)는 진화 초기에 발달한 중뇌에서 관장하며, 주관적이고 본능적이며 자율신경계와 관련된 기능을 한다. 정서체계는 관계체계를 좌우하는 힘을 가지고 있으며 세포와 신체과정을 연결하는 기능을 한다. 셋째, 감정체계(feeling system)는 지적체계와 정서체계를 연결하는 기능을 한다. 이는 충동적이며 자동반응적인 감정이 대뇌 피질에 입력된 정서적 기능 양상이라고 할 수 있다.

자기분화의 정도는 개인의 지적체계를 정서체계와 구분할 수 있는 능력을 반영한다. 정신 내적으로 분화수준이 낮은 사람은 주관적 감정에서 객관적 사고를 분리하기 어렵기 때문에 감정에 따라 맹목적으로 추종하거나 분노에 의해 배척한다. 반면, 분화수준이 높은 사람은 사고와 감정이 균형을 이루어 예민한 정서를 갖더라도 감정적인 충동을 참을 수 있는 자제력과 객관성을 가진다. 대인관계에서도 분화수준이 낮은 사람은 자주적 정체감이 적어 타인과 쉽게 융합되며 자신과 타인을 분리하지 못한다. 따라서 권위적인 인물의 지시나 가족의 의견에 긍정적이든 부정적이든 감정적으로 반응하게 되며, 자신의 독자적 신념보다 남에게 들은 것을 되뇌게 된다. 반면, 분화수준이 높은 사람은 타인과 차별되는 자신만의 분명한 입장을 가지며 자신의 신념에 따라 행동한다. 타인과 친밀한 접촉을 유지하면서도 융합되지는 않는다.

(3) 분화수준

개인의 분화수준은 기본분화와 기능분화로 분류된다. 기본분화(basic differentiation)는 원가족의 분화수준, 즉 다세대 정서과정에 의해 결정되는 분화수준이다. 기본분화수준은 개인의 노력과는 무관하며 원가족과의 정서적 분리수준에 의해 결정된다. 반면, 기능분화(functional differentiation)는 현재에 맺고 있는 관계과정에 의존하는 기능으로, 개인이 원가족에게서 물려받은 기본분화수준보다 높거나 낮게 기능할 수 있다. 예를 들어, 기본분화수준이 동일하게 35인 남성과 여성이 만나 결혼했을 때, 이들의 기본분화수준은 같을지라도 결혼관계 과정에서 기능분화가 '교환'될 수 있다. 즉, 남편의 기능분화수준은 25로 저하되고 아내는 45로 증진될 수 있는데, 이러한 교환과정은 관계의 불안을

100

75~100: 명확한 가치와 신념을 가지며, 목표지향적이다. 융통성이 있고 안정적이며 자율적이다. 갈등과 스트레스에 대해 인내심이 있으며 강한 자아감을 갖는다.

75

50~75: 분명한 신념을 가지고 있음에도 타인의 선택에 대해 의식하는 경향이 있다. 의사결정을 내려야 할 때 의미 있는 타인(부모)의 인정을 받을 수 있는지 의식하는 편이나, 스트레스 상황에서도 기능을 잘 잃지 않으며 역기능적이 되어도 금방 회복이 된다.

50

25~50: 안정에 대한 기본적 욕구가 있으며 갈등을 회피한다. 타인을 기쁘게 하려고 노력하며 의존적이고 자율적 능력이 부족하다. 독립적으로 결정에 이르거나 문제를 해결하는 능력이 별로 없다.

25

0~25: 척도의 가장 낮은 수준으로 감정과 사고의 융합이 너무 심해 삶이 온통 감정에 의해 지배된다. 이들은 타인의 인정을 받기 위해 개별성을 희생하며, 스트레스 상황에서 쉽게 역기능적이 된다.

0

[그림 4-2] 이론적 자기분화 범위

출처: Bowen (1978).

경감시키려는 의도와 관련이 있다. 이러한 경우 부부체계의 기본분화의 평균수준은 여전히 35로 동일하나, 관계 속의 개인의 기능분화수준에는 차이가 생기게 된다.

보웬(Bowen, 1978)은 개인의 기능수준을 평가하기 위해 심리도구로서가 아닌 이론적인 의미에서 자기분화척도를 제안하였다. 이론적 자기분화척도는 감정적 · 지적 기능의 융합이나 분화의 정도에 따라 분화수준을 임의적으로 네 가지로 구분한다. [그림 4-2]에서 보듯이, 분화수준이 높을수록 타인과의 정서적 융합이 적으며, 자아감이 확실하고 분명한 신념을 갖는다.

2) 삼각관계

보웬 이론의 또 다른 핵심개념인 삼각관계(triangles)는 가족 내 불안과 긴장을 해소하기 위해 만들어지는 삼인체계의 정서적 역동을 의미하는 것으로, 삼각관계에 가장 주요한 영향을 미치는 것은 불안이다(Kerr & Bowen, 2005). 만일 이인관계가 평온하면 오랫동안 안정적 상태를 유지할 수 있지만, 이인관계가 불안정해지면서 불안이 증가하면 긴장을 해소하는 방법으로 삼각관계가 이루어진다.

스트레스는 불안을 야기하고 불안은 전염성이 있기 때문에 삼각관계가 더욱 활발해진다. 다리가 두 개뿐인 의자를 생각해 보라. 의자가 바로 설 수 있도록 균형을 잡기란 아주 어려운 일이다. 그러나 다리를 한 개 더 받쳐 준다면 상당히 안정적인 의자가 될 수도 있다. 이와 같이 불안정한 이인관계에서 제삼자의 개입은 삼각관계를 통해 두 사람 사이에 확산되어 있는 불안을 감소시켜 준다.

보웬은 삼각관계를 가장 작은 안정적 관계체계라고 언급하였다. 예컨대, 남편과 아내 간의 애착의 욕구와 개별화의 욕구의 균형이 다를 때 이것을 맞추려는 시도로 삼각관계가 발생할 수 있다. 사랑받고자 하는 욕구가 강한 아내와 독립적인 생활을 원하는 남편 간에는 긴장이 있을 수 있다. 이러한 긴장이 어느 지점에 도달하면, 아내는 특정 자녀와 강한 애착관계를 맺어 결혼관계의 긴장을 감소시킬 수 있다. 이렇게 형성된 남편-아내-자녀 간의 삼각관계는 이인관계보다 더 안정되고 융통성 있으며 스트레스에 더 강한 관계가 될 수 있다. [그림 4-3]을 보면 왼쪽의 첫 번째 이인관계는 안정된 관계를 보여 주는 것이며, 두 번째 그림은 긴장된 이인이 불안을 덜기 위해 관계에서 불편함을 더 많이 느끼는 A가 제삼자인 C를 관계에 끌어들이는 과정이다. 세 번째 그림은 삼각관계의 결과로 이인관계의 갈등이 B와 C 간의 관계로 이동한 것을 볼 수 있으며, 그 결과 A와 B의 관계는 편해진다.

삼각관계에서의 불안이 감소하게 되면 정서적 구조는 다시 '2인+1인'의 아웃사이더'로 회귀될 수 있다. 두 사람은 다시 친밀해지고, 제삼자는 다소 불편함을 느끼는 방관자가 된다. 이러한 일련의 역동은 끊임없는 변화를 보일 수 있다. 만일 긴장 감소를 위해 삼각관계를 이루었음에도 관계 속의 불안이 계속 증가하면 또 다른 아웃사이더를 개입시켜 여러 개의 삼각관계로 확장되게 된다. 상호 맞물린 삼각관계는 가족을 벗어나 직장과 사회 등으로 확산될 수 있다.

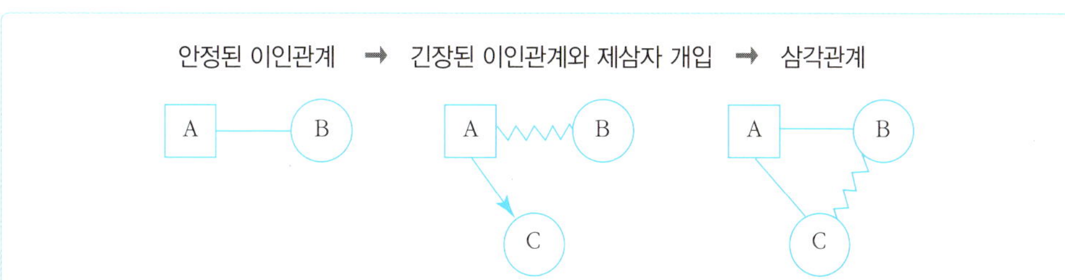

[그림 4-3] 삼각관계로의 이동과정

출처: Kerr & Bowen (2005), p. 171.

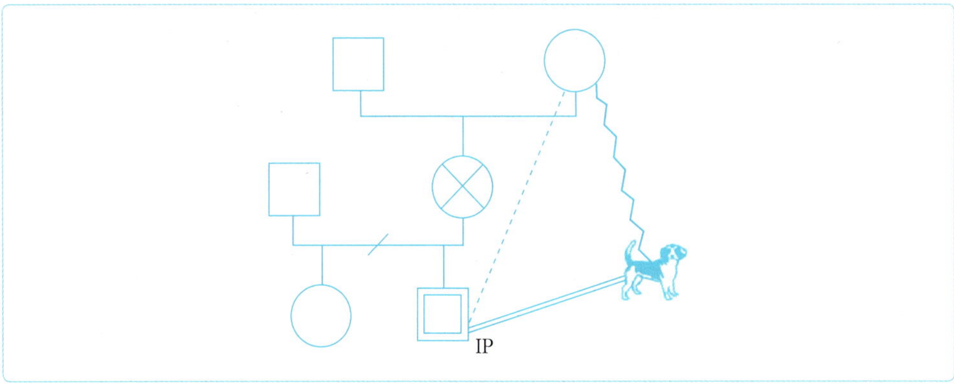

[그림 4-4] 강아지와의 삼각관계

일반적으로 가족의 융합 정도가 높을수록, 즉 가족원의 분화의 정도가 낮을수록 삼각관계를 만들려는 노력은 더욱 강렬하다. 반면, 가족원의 분화수준이 높을수록 삼각관계를 만들지 않고도 긴장을 다루고 불안을 관리할 수 있다. 예컨대, 형제가 싸울 때 어머니가 화를 내지 않고 어느 편도 들지 않으면서 양쪽 자녀 모두에게 공정한 태도로 이야기를 나눌 수 있다면, 형제의 고조된 감정은 차차 가라앉을 것이다. 가족 내 삼각관계의 가능성은 가족원의 미분화에 의해 높아지는 것이며, 문제를 풀기 위해 삼각관계에 의존하는 것은 특정 가족원의 미분화를 지속시킨다.

삼각관계는 사람뿐만 아니라 사물이나 쟁점 등이 개입되어 형성될 수 있다. 현대 가족에서 흔히 개입되는 제삼자로는 자녀, 반려동물, 인터넷 게임, 돈 등 다양하다. 한 가족원이 텔레비전이나 반려동물에 몰두할수록 다른 가족원은 그것으로부터 소원해진다(McGoldrick, Gerson, & Shellenberger, 2011). [그림 4-4]는 한부모가족의 아들(IP)과 그의 외조모, 그리고 애완견 간의 삼각관계를 보여 주는 예다.

3) 핵가족 정서체계

보웬은 사람들이 무의식적으로 자신과 비슷한 수준의 분화(즉, 자신의 원가족과 비슷하게 융합된) 상대를 배우자로 선택한다고 하였다(Bowen, 1978). 이것은 연애에서 결혼에 이르는 과정에서 두 사람이 이성적으로 자신들의 관계를 심사숙고하기보다 거의 무의식적 수준에서 자동적으로 이루어지므로, 이는 정신분석학에서의 '전이(transference)'[1]에 해당된다고 할 수 있다(Kerr & Bowen, 2005). 각 배우자는 자신의 원가족에서 겪은 경험을 서로에게 전이함으로써 상대가 아주 잘 맞는 사람이라는 느낌을 받게 된다.

핵가족의 정서적 분위기는 부모의 분화수준에 의해 결정된다. 부모가 원가족에게서 이룬 분화수준에 따라 핵가족 내의 정서 분위기가 결정되고, 이는 다시 가족원의 기능에 영향을 미친다. 분화수준이 각각 50인 남녀가 결혼하였다면, 자녀의 분화수준은 부모의 평균 분화수준인 50보다 다소 낮거나 높을 수는 있지만 극단적으로 높거나 낮은(예컨대, 20 이하 또는 80 이상) 수준이 되기는 어렵다. 왜냐하면 핵가족 정서체계는 세대를 통해 아주 천천히 변화되기 때문이다(Kerr & Bowen, 2005).

핵가족 정서체계(nuclear family emotional system)는 다세대적 개념으로, 개인이 원가족으로부터 학습된 방식으로 타인과 관계를 맺게 되며 결혼 선택을 통해 가족의 정서적 장을 다세대에 걸쳐 반복함을 의미한다. 따라서 현재의 문제를 해소하는 방법은 개인의 원가족과의 상호작용을 변화시키는 것뿐이다. 분화수준이 높아지면 개인은 가족에 퍼져 있는 정서적인 힘(불안)에 대해 덜 반응적일 수 있게 된다.

부부의 분화수준이 높을수록 정서적 융합은 적으며, 부부관계 내에서 신뢰와 성실, 상호존중 등의 요인에 의해 분화가 더욱 강화된다. 반면, 분화수준이 낮은 남녀가 결혼하여 가족을 이루면 상대에 대한 감정적 의존욕구가 크고 상대가 이를 만족시켜 주지 못할 때 불만과 두려움이 오히려 고조된다. 이렇게 미분화된 가족이 싸우거나 혹은 관계가 멀어지면 가족의 불안수준이 높아지면서 배우자나 자녀에게 신체적 · 정서적 · 사회적 문제가 증상으로 나타난다.

일반적으로 핵가족 융합의 결과로서 세 가지 유형의 증상, 즉 배우자의 신체적 또는 정서적 역기능, 만성적인 결혼갈등, 자녀의 역기능이 발달될 수 있다(Bowen, 1978). 스트레스가 없는 상황에서 핵가족 정서체계는 크게 두드러지지 않는다. 그러나 핵가족 융합이 심한 경우 가족의 내부 또는 외부 스트레스 상황은 가족의 불안을 급격히 상승시켜 서로에 대한 정서반응을 격렬하게 만들고 역기능을 발생시킨다.

[그림 4-5]를 보면 비록 핵가족과 남편의 원가족, 아내의 원가족에서 일어난 융합의 결과는 각각 다른 유형이지만, 세대 간 미분화의 전수가 이루어지고 있음을 볼 수 있다. 남편의 원가족(A) 불안의 핵심은 배우자의 역기능이다. 어머니의 과소기능(화살표 아래쪽 방

1) 정신분석에서 환자가 과거에 부모 등 의미 있는 타인에게 경험했던 감정, 욕망, 기대 등을 치료자에게 나타내는 현상을 말한다.

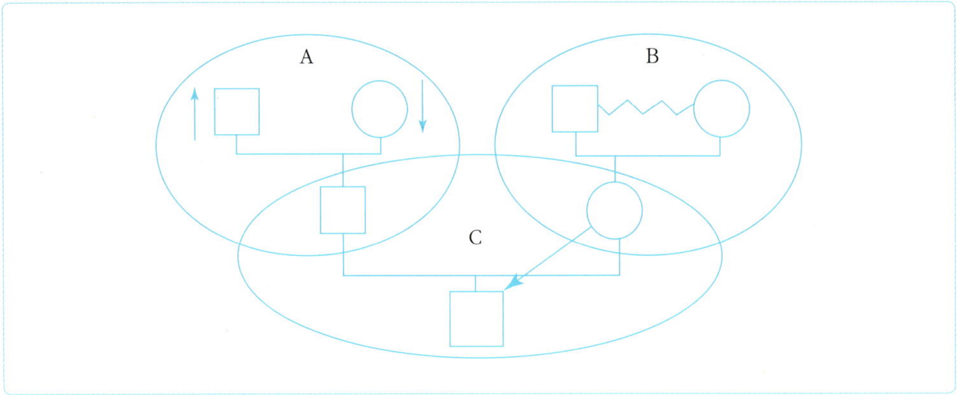

[그림 4-5] 확대가족의 정서기능 양상

출처: Kerr & Bowen (2005), p. 377.

향)과 아버지의 과대기능(화살표 위쪽 방향)이 이를 보여 준다. 반면, 아내의 원가족(B) 불안의 주요방식은 부부갈등이다. 남편과 아내의 핵가족(C)이 불안을 다루는 방식은 자녀의 역기능으로 나타난다. 따라서 남편의 원가족, 아내의 원가족, 그리고 핵가족을 살펴볼 때 비록 동일한 증상이 발생하지 않을지라도 배우자의 역기능, 부부갈등, 자녀의 역기능이라는 세 가지 가족정서과정이 두 세대에 걸쳐 나타나고 있는 것이다.

(1) 배우자의 역기능

가족의 불안이 한쪽 배우자에게 치중되어 흡수될 때 그 배우자에게 우울증이나 두통 등의 만성적인 신체적 · 정서적 역기능이 초래될 수 있다. 일반적으로 한쪽 배우자가 생명에 위협이 되는 정도는 아니더라도 매우 잦은 증상(예: 만성 편두통)을 일으키고, 증상이 없는 배우자는 후에 심각한 증상을 나타내는 경우가 많다. 이는 부부가 불안을 해소하기 위해 서로 억지로 관계에 적응하려 하기 때문이다.

두 남녀가 처음 만나 매력을 느껴 관계를 시작할 때부터 문제가 일어나는 것은 아니다. 관계 초기에는 아무런 문제가 없을 수 있다. 그러나 시간이 경과하면서 관계 내부 또는 외부의 스트레스가 발생하면 두 사람의 관계가 격렬해지며 임상적 역기능이 발생한다. 남편의 사업 실패와 알코올 문제로 위기에 처한 부부가 있다고 하자. 아내는 생계를 위해 일자리를 구하고 술 문제를 가진 남편을 돌보는 역할까지 떠맡는다. 이런 경우에 표면적으로는 남편은 과소기능, 아내는 과잉기능을 하고 있어 부부의 분화수준이 다르게 평가될 수 있으나, 부부의 관계과정을 추적해 보면 남편과 아내는 유사한 분화수준을 갖고 있는 경우가 많다.

(2) 만성적 결혼갈등

만성적 결혼갈등은 가족의 불안이 남편과 아내에 의해 흡수되는 경우에 부부간의 정서적 거리와 과잉애착이 반복적으로 일어나는 역기능 유형이다. 이런 유형의 부부관계는 만성적인 긴장과 파괴적인 다툼, 서로에 대한 부정적인 태도의 특징을 갖지만, 가끔은 열정적인 친밀감으로 갈등이 정리되기도 하는 '청룡열차'와 같은 관계를 지속한다. 부부갈등은 중독적 성격을 가지며 신랄하지만 때로 친숙하기도 하다. 부부 모두 다투기를 원치 않지만, 그 대안을 알지 못한다. 주로 돈 문제, 자녀 문제, 성 문제에 대한 부부간의 의견 차이가 갈등의 원인이라고 생각하지만, 오히려 이러한 문제가 생겼을 때 가족원에게 내재된 감정적인 미성숙이 더 문제다. 이렇게 갈등이 많은 결혼의 특징은 각 배우자가 상대가 견딜 수 있는 것보다 더 많은 의존을 하려 하거나, 상대가 너무 많은 지배성을 가지고 있다고 느낄 때 발생한다.

갈등관계에 있는 부부를 성공적으로 상담하기 위해서는 각 배우자가 자신 안에서 일어나는 불안과 감정반응이 자신과 배우자에게 어떤 영향을 미치는지 잘 알게 하며, 자기

글상자 4-3 쫓는 아내와 벗어나려는 남편

결혼한 지 20년이 된 A씨 부부는 지난 결혼생활 내내 부부갈등으로 여러 차례 위기를 겪으며 부부치료를 받았다. 아내는 남편에게 너무 많이 몰두하고 남편은 그것에서 벗어나려 하는 부부역동을 가지고 있었다. 아내는 결혼생활에서 느끼는 감정을 자유롭게 표현하는 편이었는데, 이러한 행동은 남편의 감정을 자극하였다. 치료기간 중 감정표현을 억압하자 남편은 즐거워했지만 아내는 편두통에 시달리게 되었다. 치료자는 아내가 억지로 남편에게 관심을 두지 않기보다는 흥미를 갖고 몰두할 수 있는 일을 시작하게 하였다. 그러자 아내의 편두통은 사라지고 남편에 대한 과도한 에너지도 일에 분산되었다. 그러나 이번에는 남편이 아내가 자신에게 관심을 갖지 않으며 심지어 자신을 사랑하지도 않는 것 같다는 의심을 갖게 되었다. 남편은 아내의 철회된 관심의 대안으로 오래전부터 잘 알고 지내던 친구인 여성과 많은 시간을 보내기 시작했다. 아내는 남편의 행동에 대해 불안해했고 남편을 비난하였다. 남편은 큰소리를 쳤지만 그 여성과의 관계를 종결했으며 부부는 다시 원래의 연합성으로 돌아갔다.

출처: Kerr & Bowen (2005).

방어를 위해 상대를 비난하거나 거부하는 것을 합리화한다는 사실을 깨닫게 해야 한다.

(3) 자녀의 역기능

자녀의 역기능은 가족불안이 특정 자녀의 손상된 기능으로 흡수되어 발생하는 유형이다. 자녀에게 나타날 수 있는 심리적 · 사회적 역기능으로 가출 및 비행, 학습 문제, 왕따, 정서장애 등 매우 다양한 증상이 있을 수 있다.

자녀의 역기능이 발생하면 부모의 주의가 문제를 가진 자녀에게 쏠리면서 부모는 자신들의 미분화를 무시하거나 부인한다. 가족 내 불안이 높을수록, 자녀의 분화수준이 낮을수록 핵가족의 자녀에게 나타나는 신체적 · 정서적 · 사회적 증상의 임상적 역기능의 위험성은 크다. 투사가 집중적으로 이루어진 특정 자녀의 분화가 낮을수록 그 자녀는 가장 상처받기 쉽다. 종종 자녀의 역기능은 아이가 성장하는 동안 나타날 수도 있지만 자녀가 집을 떠난 후 생길 수도 있다.

분화는 정서기능의 패턴에 의해 한 세대에서 다음 세대로 전달된다. 부모가 자녀의 기능에 과잉초점을 둘수록 오히려 자녀의 분화수준을 낮추게 된다. 마찬가지로 불안을 전수하지 않으려는 부모의 시도는 오히려 불안을 전달하는 매개가 된다. 부모가 자녀에게 '분화'를 가르치는 것은 자녀의 분화 촉진에 도움이 되지 않지만, 부모 스스로의 분화수준을 높이는 데 주력하는 것은 자녀의 분화 촉진에 도움이 된다.

4) 가족투사과정

동일한 가족 안에서도 부모는 각 자녀에 대해 같은 방식으로 대하지 않는다. 같은 가족 안에서도 첫째 자녀와 둘째 자녀가 느끼는 가족환경은 이질적일 수 있다. 분화의 측면에서 볼 때, 부모는 자녀에게 동일하게 분화를 전수하지 않는다. 어떤 자녀는 부모보다 높은 분화수준을 성취하나 어떤 자녀는 낮은 수준을 갖는다. 부모의 미숙함에 많이 노출되는 자녀일수록 다른 자녀보다 융합의 정도가 높고 가족 내 정서적 스트레스에 더 취약하며, 결과적으로 다른 형제에 비해 이성보다 감정에 의해 지배되는 삶을 살기 쉽다.

미성숙한 부모는 가족체계나 부부체계를 안정시키기 위해 무의식적으로 자녀 중 가장 유아적이고 취약한 자녀를 투사대상으로 선택한다. 보웬은 이것을 '가족투사과정(family projection process)'이라고 명명하고, 어머니, 아버지, 자녀의 삼각관계 안에서 투사과정이 작동한다고 하였다. 예컨대, 어머니의 불안에 자녀가 반응하고, 자녀의 문제에 어머니는 과잉지각하며, 아버지는 수동적으로 아내의 불안에 대처한다. 가족의 융합이 클수록 투사과정에 많이 의존하게 되고, 자녀의 정서적 손상도 커질 수 있다. 투사가 심할수록 종종 두 명 이상의 자녀가 투사대상이 되기도 한다. 가족투사과정의 강도는 부모의 미숙함과 가족이 겪는 스트레스와 불안의 정도에 의해 결정된다. 보웬이 그의 이론을 발전시켰던 시대에는 여러 자녀를 둔 가정이 보편적이었지만, 요즘과 같이 한두 명의 자녀만을 두는 저출산 시대에는 가족투사과정이 비선택적이며 그 강도도 더욱 높을 수 있다.

5) 정서적 단절

원가족으로부터의 정서적 단절(emotional cut-off)은 투사과정에 많이 개입된 자녀에게 주로 일어나는 현상으로, 원가족을 접촉함으로써 생기는 불안을 줄이기 위해 부모의 집에서 먼 지역으로 이주하거나 부모와 말을 하지 않는 등 부모와의 접촉을 끊는 행위를 의미한다. 자녀는 이런 행동을 통해 가족과 연결된 끈에서 해방되었다고 느끼지만, 사실은 부모와의 미해결된 융합에 대한 과장된 독립성의 표현일 뿐이다. 정서적 단절을 하는 개인은 오히려 원가족과의 미해결된 갈등을 부인하는 경향을 갖는다.

정서적 단절은 서로 정서적 의존성과 불안이 높은 가족에서 빈번하게 발생한다. 높은 융합과 불안은 강한 가족결속력을 요구하나 이것이 견딜 수 없는 수준에 도달하면 단절이 발생한다. 이렇게 되면 가족원은 매우 피상적이고 간결한 대화를 유지하며 잠시 방문하거나 짧은 전화통화 정도만 하는데, 이것도 단절의 표현일 수 있다. 왕래가 드문 가족이 만나는 추석이나 설과 같은 명절에 가족 간의 다툼으로 인한 사건이 많은 것도 분화수준이 낮은 가족이 한자리에 모임으로써 불안수준이 급격하게 높아지기 때문이다([글상자 4-4] 참고).

정서적 단절 역시 세대 간 전수 가능성이 있다. 조부모와 부모 세대에 정서적 단절이 있었다면, 부모와 자녀 세대에서도 단절 가능성이 높다. 정서적 단절을 피할 수 있는 방법은 원가족과 접촉하고 분화를 촉진함으로써 원가족과의 미해결된 애착을 해소하는 것이다.

글상자 4-4 명절기간 동안 잇달은 가족의 폭력사건

일가친척이 모처럼 다 모이는 명절, 정을 나누기에도 아쉬웠을 텐데 어찌된 게 전국에서 가족 간의 폭력사건이 잇따랐습니다. 유산 문제로 법정싸움을 벌이던 49세 차 모 씨가 동생에게 엽총을 쏴 상처를 입혔고, 인천의 43세 주부 양 모 씨가 6층 난간에 매달려 투신 소동을 벌였습니다. 또한 설날 밤 서울 31세 황 모 씨가 말다툼을 하던 형을 흉기로 찔렀습니다. 경남 진주에서는 60세 천 모 씨가 아내를 때려 숨지게 했습니다. 설 연휴는 짧았지만 경찰에 입건된 가족 간 폭력사건은 10여 건이나 되었습니다. 전문가들은 평소 쌓여 있던 가족 사이의 갈등이 함께 모이는 명절에 오히려 폭발할 수 있다고 지적합니다. 평소에 자주 만나고 대화하면서 서로를 이해해야 가족 간의 불미스러운 일을 피할 수 있습니다.

출처: SBS 8시 뉴스(2007. 2. 20.).

6) 다세대 전수과정

보웬 이론이 여러 가족치료 이론 중 가장 폭넓은 관점을 가졌다고 하는 이유는 개인이나 관계의 역기능을 여러 세대의 전수과정 맥락에서 살펴보기 때문이다. 보웬은 조현병을 비롯한 여러 가지 개인과 핵가족의 적응력 손상은 다세대 전수과정(multigenerational transmission process)의 결과로 발생한다고 보았다. 예컨대, 각 가족에서 분화수준이 낮은 두 사람이 만나 결혼했다고 가정하자. 보웬이 예측한 대로라면 이들은 투사의 결과로 부부보다 더 낮은 분화수준의 자녀를 갖게 될 것이며, 이런 과정이 여러 세대 반복된다면 각 세대에서 점진적으로 불안과 융합에 취약한 개인이 양산된다. 특정 세대에서 이러한 전수과정이 느려지거나 유지될 수 있으나, 짧게는 3~4세대, 또는 8~9세대에 걸쳐 만성 알코올 중독이나 조울증, 강박증, 조현병 등의 역기능을 유발하는 수준에 이르게 된다.

따라서 개인의 '질병'은 개별 '환자'의 경계를 넘어 개인을 둘러싼 관계과정의 증상으로 간주된다(Kerr & Bowen, 2005). 예컨대, 조현병은 가족의 정서체계 혼란을 의미한다. 조현병을 가진 사람의 형제, 고모, 삼촌, 사촌, 그리고 조부모는 비록 조현병이 아니라 하더라도 적응력이 매우 손상된 상태일 가능성이 높다. 한 가족 안에서 특정 임상증상이 빈번하게 발생하는 것은 단순히 유전적 요인 때문만이 아니라 취약성을 결정짓는 정서과정 때문이라고 본다. 종종 증상은 한두 세대를 건너뛸 수 있다. 예컨대, 할아버지가 60대에 처음 조울증이 발생하였는데 아들을 건너뛰어 손자가 20대에 조울증이 생길 수도 있다. 이는 증상이 한 세대 이상을 건너뛸 수 있지만 다세대 전수과정은 절대 건너뛰지 않음을 의미하는 것이다(Kerr & Bowen, 2005). 즉, 한 세대의 기본분화수준은 이전 세대의 기본분화수준과 크게 다르지 않다.

다세대 전수과정에서 증상의 '유형'과 '정도'는 많은 정서적 변인에 의해 영향을 받는다. 예를 들어, 한 세대에서 발생하는 심각한 외부 스트레스나 불안은 분화수준과 상호작용하여 역기능 발생을 촉진한다. 외부 스트레스가 없다면 분화수준이 낮아도 특별한 역기능 발생 없이 비교적 평탄하게 관계를 유지할 수 있다. 그러나 최근에는 건강한 정서체계의 다세대 전수과정의 사례에도 관심을 기울여야 할 필요성이 제기되고 있다.

다세대 전수과정을 파악하기 위해서는 확대가족에 대한 자료를 수집해야 하며, 이 과정 자체가 분화를 촉진하는 수단이 된다. 정보 수집은 어느 정도 주관적일 수밖에 없으나, 정보를 수집하는 과정에서 각 배우자의 직계 원가족에 널리 확산된 기본 정서기능의 양식을 알게 해 준다(Kerr & Bowen, 2005).

[그림 4-6]을 보면 다세대에 걸쳐 남편은 기능장애를 가지는 반면, 아내는 생계부양까지 맡는 과잉기능을 하는 역할구조가 반복되고 있음을 볼 수 있다. 이런 경우에 부부는 원래 유사한 기본분화수준의 원가족 출신이나 현재 핵가족 정서체계과정에서 서로 다른 기능을 함으로써 개별적으로는 다른 기능분화수준을 보이게 된다. 그러나 부부의 평균적인 분화수준은 원가족의 기본분화수준과 큰 차이가 없다.

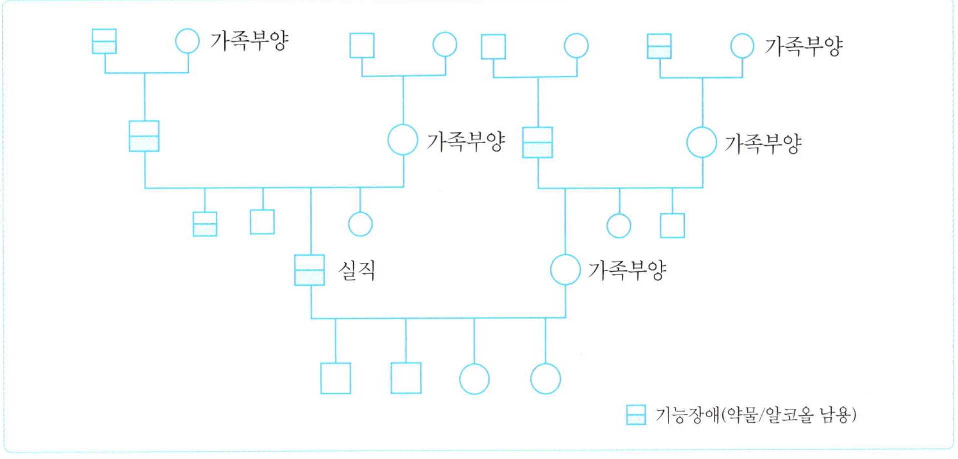

[그림 4-6] 확대가족의 기능 양상

출처: Kerr & Bowen (2005), p. 377.

7) 형제자매 위치

이 개념은 토먼(Toman, 1961)의 출생순위와 성격관계에 대한 연구를 바탕으로 보웬이 핵가족 정서과정에서의 형제자매 위치(sibling position)의 영향을 개념화한 것이다(Kerr & Bowen, 2005). 보웬은 출생순위 또는 형제자매 위치가 가족의 정서체계 안에서 특정한 역할과 기능을 한다고 보고, 배우자의 상호작용 역시 그들의 원가족에서의 형제 위치와 관련이 있다고 보았다. 예컨대, 막내와 결혼한 장자나 장녀는 결혼관계에서 좀 더 책임감 있고 의사결정의 권한을 갖는 경향이 있으나, 장남과 장녀의 결혼은 둘 다 책임감 있는 자리에 익숙한 나머지 갈등을 겪을 수 있다.

그러나 형제자매 위치가 반드시 출생순위와 일치하는 개념은 아니다. 막내와 같은 역할을 하는 장녀도 있는 반면, 장자의 역할을 하는 차남도 있다. 즉, 미래의 행동을 형성하는 것은 실제 출생순위보다 가족 내의 기능적 위치에 의존한다고 보는 것이 적절할 것이다.

8) 사회정서과정

보웬은 개인과 가족에 대한 정서과정 개념을 사회정서과정(societal emotional process)으로 확장하였다. 그에 따르면 사회도 가족과 마찬가지로 연합성과 개별성의 반대적 힘의 균형에 영향을 받는데, 사회가 전쟁이나 인구 증가, 성차별 등과 같은 만성적 스트레스 상황에 처할수록 사회의 불안은 커지고, 그 결과로 결속에 대한 압력이 강해지며 분화수준은 감소된다. 분화수준이 감소된 역기능적 삼각관계가 계속적으로 서로 맞물려 사회 전체로 확장된다.

보웬의 이론은 진화론에 영향을 받았는데, 인간이 포유류를 비롯한 다른 척추동물과 차별화되는 점은 응집성이나 이타주의, 협동과 같은 사회적 기능이라고 하였다. 특정 사회집단이나 가족의 분화수준이 높을수록 그들은 좀 더 협동적이고 다른 사람의 복지를 고려한다. 또한 스트레스가 있을 때나 없을 때나 타인과의 접촉을 유지한다. 반면, 집단의 분화수준이 낮을수록 스트레스 상황에서 구성원의 이기심과 공격성, 회피성이 매우 높아진다.

사회정서과정의 개념을 우리나라의 상황에 적용해 본다면, 지난 세기 동안 우리 사회가 겪은 외상적 사건, 즉 일제강점 통치, 6 · 25 전쟁, 급격한 경제발전, 민주화 항쟁, IMF

금융위기, FTA와 같은 세계화 등 일련의 스트레스원이 사회의 긴장 상태를 증폭시켰을 것이다. 이러한 스트레스원은 급격한 사회변화를 초래하며 사회구성원의 불안을 증가시켰을 것이고, 이것은 강한 사회적 융합을 초래했을 수 있다. 사회에 팽배되어 있는 획일성에 대한 압력과 이질적인 것에 대한 강한 배타성 등도 이러한 맥락으로 이해될 수 있다.

현재 젊은 세대는 위 세대로부터 누적된 수직적 스트레스를 전수받음과 동시에, 당대에서 직면한 취업환경의 불안과 환경오염 등의 수평적 스트레스를 경험하고 있다. 이러한 스트레스의 상호작용을 통해 증가된 만성불안은 어린 세대에서는 학교폭력이나 왕따 등의 현상, 중년 세대에서는 자녀에 대한 비정상적인 교육열, 심각한 음주문화, 부동산 투기 등의 사회적 역기능 발생에 일조했다고 볼 수 있다.

3. 치료목표 및 치료과정

1) 치료목표

보웬 치료의 핵심은 여러 세대를 통해 반복되고 있는 가족과정과 구조를 파악하여 원가족에게서 자기분화를 높여 가족체계를 변화시키는 것이다. 가족과정이란 정서적 충동에 속박된 반응성을 의미하며, 구조는 맞물린 가족 내 삼각관계를 의미한다. 다세대 정서체계에 퍼져 있는 만성불안 유형에서 벗어나기 위해서는 가족원의 불안을 경감시키고 자기분화를 촉진하여 삼각관계에서 벗어나도록 해야 하며 그것이 보웬 치료의 목표다. 그 밖의 다른 것은 없다. 그렇게 함으로써 개인의 자주성과 성장의 문이 열리고 비로소 미분화의 세대 간 전수를 막을 수 있다(Titelman, 1998).

보웬 모델의 관점은 다세대를 어우르는 광범위한 시각을 요구하지만 실제 치료의 개입 단위는 한두 명에 불과하다. 보웬 치료자는 증상이 무엇인지에는 별로 관심이 없다. 제시된 임상적 문제가 무엇이든 상관없이 개인 또는 부부를 대상으로 하여, 불안 감소와 자기분화 촉진, 탈삼각화를 치료목표로 한다.

2) 치료과정

보웬 모델은 내담자에 의해 제시된 임상적 문제가 무엇이든 간에, 가족의 분화수준을 높이기 위한 궁극적인 목표를 달성하기 위해서는 다음과 같은 일반적인 치료과정을 거친다. 치료과정의 첫 번째 단계인 가족평가는 가계도를 중심으로 개인력, 핵가족력, 확대가족력의 순서로 진행된다. 치료의 단위는 주로 개인이거나 부부가 된다(Kerr & Bowen, 2005).

- 가계도를 통해 정확한 가족정서체계(개인력, 핵가족력, 확대가족력)를 평가하여 현재의 문제를 다세대 체계의 맥락에서 분석한다.
- 주요 가족원과 관련하여 불안과 정서적 반응성의 수준을 경감시킴으로써 가족 내 불안수준을 낮춘다.
- 맞물린 삼각관계 중에서 가장 핵심적인 삼각관계 변수를 정의한다.

(1) 가족평가: 개인력, 핵가족력, 확대가족력

보웬의 다세대 가족치료모델은 가족의 문제가 여러 세대에 걸쳐 전달되어 현재의 증상을 일으킨다고 가정한다. 따라서 치료적 개입에 앞서 문제를 일으키는 다세대 정서과정의 기본유형을 찾는 것이 무엇보다 중요하다. 평가 인터뷰는 신체적·정서적·사회적 증상에 초점을 두어 제시된 문제력과 증상이 그 사람의 관계에 미치는 영향에서 시작된다. 초기면접은 1회 이상의 회기를 통해 현재의 증상과 관련된 가족의 역기능을 측정하며, 개인력과 핵가족력, 확대가족력의 순서로 이루어진다(Kerr & Bowen, 2005).

면담의 시작은 증상을 가진 개인이나 관계에 초점을 맞춘다. 언제 증상이 발병했는지, 재발했는지 등의 날짜를 확인한다. 증상의 발발은 가족의 정서적 기능이나 스트레스 사건과 시간적 관련성이 있기 쉽다. 그러한 관련성을 파악한다면 문제를 완화시킬 수 있는 단서를 얻을 수 있다. 한편, 문제를 바라보는 관점은 가족원마다 다를 수 있다. 따라서 문제에 대한 가족원의 인식이 각각 어떠한가에 대한 평가도 놓치지 않도록 해야 한다.

핵가족력의 조사는 남편과 아내가 처음 만났을 때부터 시작한다. 연애시절 전후로 이들의 경력, 증상, 연애동기와 결혼동기, 구혼, 신혼생활 환경, 결혼기간 동안의 별거나 이혼 고려 등 심각한 문제가 있었는지 등을 자세히 물어본다. 첫아이를 언제 가졌는지, 이사를 했는지, 배우자의 직업력은 어떠했는지, 상담이나 심리치료를 받은 적이 있는지 등도 조사한다.

확대가족력의 평가는 모계와 부계를 모두 살펴보면서 현재의 핵가족의 위치를 알아보는 데 목적이 있다. 확대가족의 조사에서는 각 친척의 출생일, 사망일, 사망원인, 교육배

참고 가족평가 항목

- 누가 치료를 받으려고 하는가?
- 핵심증상은 무엇이며, 가족관계에 어떤 영향을 주는가?
- IP와 가장 가까운 관계체계는 누구인가?
- 핵가족의 정서기능 양상은 어떠한가?
- 핵가족의 정서과정은 어떠한가?
- 무엇이 문제의 심각성에 영향을 미치는가?
- 확대가족체계의 본질은 무엇인가?
- 확대가족에 대한 정서적 단절이 있는가?
- 예후는 어떠한가?
- 치료의 중요한 방향성은 무엇인가?
- 가족의 관계체계는 어떠한가?
- 현재의 스트레스원은 무엇인가?
- 가족은 스트레스를 어떻게 다루는가?
- 가족원은 얼마나 잘 분화되었는가?
- 가족의 적응수준은 어떠한가?
- 가족은 어떻게 불안을 다루는가?
- 어느 가족원 간의 삼각관계가 존재하는가?
- 가족정서기능의 역사적 유형은 어떠한가?
- 가족생활주기에서 나타나는 가족불안 수준은 어떠한가?
- 과거에 경험한 스트레스의 양과 현재 기능을 비교하면 어떠한가?
- 부부관계의 과정을 통해 한쪽 배우자의 기능이 현저히 개선된 반면, 다른 한쪽 배우자의 기능은 의미 있게 감소되었는가?

경, 건강력, 장수, 직업력, 결혼력, 출산력, 이사 등 다양한 정보를 포함한다. 평가 인터뷰에서 관심 있게 살펴보는 내용은 앞의 [참고]를 참조한다.

(2) 개인 대상 치료

보웬은 한 명의 가족원이 성공적으로 분화한다면 그것은 전체 가족체계로 확산되어 가족체계의 분화수준을 높일 수 있다고 보았다. 개인을 대상으로 할 때 치료의 목표는 확대가족 내의 신경증적 유형을 해결하는 것에 초점을 둔다. 개인이 가족원을 만날 때 감정적으로 반응하기보다 한 개인으로서 볼 수 있도록 그리고 삼각관계 안에서의 자신의 모습을 관찰할 수 있도록 돕는다. 궁극적으로 분화된 개인은 가족원 모두와 개인 대 개인으로서 성숙한 관계를 맺을 수 있다.

개인이 부모에게 얼마나 융합되어 있는가에 따라 방어기제나 신체적 거리를 통해 정서적 거리를 유지하려고 노력하게 된다. 부모와의 불안이 낮다면 단지 대화를 회피함으로써 불안을 피할 수 있지만, 세대 간 불안수준이 높으면 집을 벗어나는 것으로 불안을 처리하게 된다. 앞서 이야기한 것처럼 정서적 단절은 종종 융합을 의미하기도 한다. 분화수준이 높아지면 개인은 가족과 갈등을 일으키는 대신 진지하고 친밀한 관계를 유지할 수 있는 개방적 관계체계를 갖게 된다. 보웬 치료는 개인의 분화수준을 높이기 위해 확대가족과의 접촉을 늘리며 친밀감을 증진시키고 삼각관계에서 벗어나도록 한다.

확대가족 안에서 자아를 분화시키기 위한 선행조건은 두 가지다. 첫째, 가족체계가 어떻게 기능하는지 아는 것, 둘째, 변화를 위한 강한 동기가 있는지를 파악하는 것이다. 변화의 과정은 본인 가족의 역사를 깨달아 가면서 나타난다. 예컨대, 가계도 작성을 위한 정보 수집 과정에서 개인은 분화를 이루어 나갈 수 있다. 확대가족의 구성원과 일대일 관계를 맺으며 심화시켜 나가는 과정에서 가족 내 정서적 힘에 대해 배우게 된다.

분화를 위해서는 본인의 의지가 가장 중요하지만, 전문적인 코치의 도움도 필요하다. 치료자는 중립적이고 객관적인 조언을 통해 개인이 가족의 정서적 반응성에 심리적 거리를 두고 대응할 수 있도록 계획을 세운다. 가족 내에 문제가 발생했을 때 그 문제행동은 가족과정의 한 부분이며 자신도 그 과정에 책임이 있다. 그러므로 가족의 문제가 발생하면 자신의 행동부터 살펴볼 수 있어야 한다.

(3) 부부 대상 치료

보웬 치료에서는 핵가족의 핵심단위인 부부를 치료의 대상으로 하는 경우가 많다. 그런데 치료실에 오는 부부는 종종 감정적으로 격앙되어 있고 정서적 반응성이 지나치게 높아 상대의 말을 경청하기 어렵다. 이럴 때 치료자는 질문을 통해 부부간의 상호작용의 양을 조절해야 한다. 부부끼리 이야기하게 두면 비생산적인 논쟁에 빠져 문제가 해결되기는커녕 서로에 대한 끝없는 비난만 계속되기 때문이다. 이런 경우에는 부부가 서로 이야기하는 것보다 치료자가 적극적으로 개입하여 부부 각각에게 조용히 질문하면서 각자의 생각을 말하도록 유도한다. 부부가 상대가 아닌 치료자에게 각자의 말을 하게 될 때,

부부는 서로 이야기할 때보다 훨씬 차분하고 수월하게 상대의 말을 들을 수 있게 된다. 이런 과정을 통해 부부가 상대를 비난하지 않고 부부 문제에서의 자신의 역할에 대해 깨닫고 책임을 느껴 변화에 대한 동기가 생긴다.

부부를 대상으로 치료를 진행하게 되면 필연적으로 치료자와 내담자 부부로 이루어진 삼각관계가 형성된다. 치료자는 당연히 삼각관계에 대한 지식을 갖고 있어야 하며, 부부와 삼각관계를 맺으면서 정서적으로 중립적 위치를 지키기 위해 노력해야 한다. 삼각관계의 정서역동에 말려들지 않으려면 가능한 한 차분한 목소리로 말하고 감정보다 사실을 이야기하도록 한다(Nichols & Schwartz, 2002). 만일 부부의 정서적 격앙이 좀처럼 가라앉지 않는다면 부부를 따로 만나 개별 치료회기를 갖는 것이 도움이 된다. 치료자와의 삼각관계에서 부부의 불안이 경감되면 탈삼각화와 분화의 과정이 진행되며, 여러 세대 동안 반복되어 온 가족정서체계에 심오한 변화를 일으키게 된다.

4. 치료자 역할 및 치료기법

1) 치료자 역할

보웬은 그의 이론을 자신의 원가족에 적용하였고 본인의 자기분화를 증진함으로써 자신과 가족을 이론의 타당성을 증명하기 위한 실험의 첫 대상으로 삼았다. 이러한 실험은 치료자의 자질에 대한 중요한 준거가 되었는데, 치료자의 자기분화수준이야말로 치료결과의 중요한 변수가 되었다. 즉, 치료자의 자기분화수준은 내담자의 자기분화수준보다 높아야 한다.

보웬 모델은 치료자의 객관적인 태도를 중시하므로, 치료자를 '코치' 또는 '컨설턴트'에 비유한다. 이것은 치료자가 냉담하거나 무관심해도 된다는 의미는 아니다. 코치(coach)는 가족원을 조용히 보조하는 능동적인 전문가로서 가족원의 말을 경청하고 그들의 정서적 반응성을 통제하는 역할을 한다.

특히 치료목표인 가족원의 분화와 불안의 감소를 성취하기 위해서 치료자는 가족에게서 탈삼각 관계로 남아 중립성을 유지해야 한다. 이를 위해 치료자는 가족정서체계에 융합되거나 갈등적 삼각관계에 개입되지 않도록 주의하며 차분하고 객관적인 태도를 지키기 위해 노력한다. 또한 잘 정의된 '나-입장(I-position)'을 시범 보이고 표현하는 모델이 되며, 내담자도 자기 입장을 취할 수 있도록 돕는 역할도 한다. 치료자가 주체성 있는 자기 입장을 가질수록, 가족도 자신의 입장을 분명히 하게 된다. 치료자가 부부 중 한쪽 편을 들지 않으면서도 양쪽과 접촉을 유지한다면 각 배우자의 분화수준은 높아진다. 이인관계가 안정화되면 치료자가 아웃사이더로 회귀하며 탈삼각화가 이루어진다. 그러나 치료자가 배우자 중 한쪽과의 정서적 접촉을 하지 않는다면 이인구조로 전락되어 또 다른 삼자의 개입으로 삼각관계를 이루게 된다.

만일 치료자가 부부와 더불어 삼각관계를 만들더라도 치료자가 과잉기능하거나 정서적으로 반응하여 삼각관계의 정서과정에 사로잡히지만 않는다면, 삼각관계 내에서 불안하지 않은 존재로 남아 있음으로써 다른 두 사람의 관계에 변화를 가져올 수 있다 (Goldenberg & Goldenberg, 2002).

2) 치료기법

보웬은 기법보다 가족체계가 어떻게 작동하는지 개념을 이해하는 것이 훨씬 중요하다고 생각했다. 보웬 치료자들은 가계도를 기반으로 가족과정을 진단하며 가계도 작업을 통해 가족분화를 촉진한다. 오늘날 대부분의 가족치료사는 선호하는 상담모델과 상관없이 가계도 면접을 진행한다. 보웬 치료기법으로 주로 질문이나 과제가 사용되는데, 이들 기법은 내담자의 정서나 행동의 변화에 초점을 두기보다는 내담자의 인지적 자각을 촉진하고 삼각관계를 벗어나도록 유도한다.

(1) 치료적 삼각관계

보웬 가족치료의 기본기법 중 하나는 두 성인과 치료자로 이루어진 삼각관계 시스템에서 작업하는 것이다. 두 사람의 긴장을 감소시키기 위해 치료자를 자동적으로 삼각화 과정에 끌어들이려고 할 때 치료자가 정서적으로 말려들지 않는다면, 치료적 삼각관계(therapeutic triangle) 안에서 가족체계는 다시 평정을 찾아 문제를 해결할 방법을 찾게 된다. IP가 증상을 가진 아동일 때도 보웬은 아동을 치료대상으로 삼는 대신, 부모의 결혼관계에 문제가 있다는 가정을 부모가 수용하기를 요구한다. 부부 중 한쪽(주로 좀 더 성숙하고 분화된)을 택하여 일정 기간 동안 개인치료를 통해 정서적으로 엉긴 유형을 깨뜨릴 수 있도록 돕기도 한다.

참고

상담자가 부부 한 사람씩 초점을 두며 대화를 이끌어 가는 접근은 부부상담 초기 또는 부부간의 갈등 수준이 높을 때 두 사람 간의 상호작용을 최소화하며 진행하는 기법이다. 상담자가 각각의 배우자와 대화를 하는 동안 한쪽 배우자가 다른 쪽 배우자를 관찰할 수 있으므로 자신의 정서에 덜 몰입하고 객관적으로 배우자의 입장을 이해할 수 있도록 돕는다.

(2) 코칭

코칭(coaching)은 보웬 치료자가 내담자에게 직접 접근하여 문제에 대처할 수 있도록 조언함으로써 내담자가 직접 본인의 가족 문제를 해결해 나가도록 지원하는 치료적 기법이다. 코칭기법으로 때로는 직면과 설명, 과제부여 등을 사용하기도 하지만, 주로 질문을 통해 가족의 역할을 변화시켜 나가도록 한다. 코칭을 통해 치료자가 내담자의 삼각관계에 끌려들어 가지 않으면서도 가족 스스로 가족의 정서과정을 이해하고 개인의 역할을 이해할 수 있도록 돕는다. 코칭의 목적은 자기이해와 가족원에게 건강한 애착을 가질 수 있도록 하는 것이다. 친구와는 달리 전문적인 코치는 중립적이고 객관적인 조언을 통해 개인의 분화를 돕게 된다. 개인이 분명하게 정의된 자기 입장을 가지고 분화된 방향으로 체계에 영향을 미치게 되면, 코칭하는 횟수를 점차 줄여 나간다. 보웬 치료자는 개인 또는 부부 내담자가 자신의 원가족으로 돌아가 부모와 조부모, 친척 등을 직접 만나 그들과 잘 지내는 방법을 배우도록 한다.

(3) 과정질문

과정질문(process question)은 내담자가 감정을 가라앉히고 정서적 반사반응을 낮추면서 가족체계와 정서과정을 이해할 수 있도록 돕는 질문기법이다. 과정질문을 통해 내담자의 불안을 낮추고 가족관계 속에서 자신의 역할을 인식하며 변화를 유도할 수 있다. 이 질문은 내담자의 감정이나 정서에 초점을 두기보다 인지에 초점을 두며, 내담자가 어떤 방식으로 관계유형에 관여되어 있는지를 묻는다. 예를 들어, 알코올 중독 남편의 아내에게 다음과 같은 일련의 질문을 통해 부부관계를 탐색하도록 한다(Nichols & Schwartz, 2002).

치료자: 남편이 술을 마시면 부인께서는 어떤 생각을 하세요? (인지에 초점)

아 내: 화가 나죠.

치료자: 남편이 술을 마시는 데 부인이 한 역할은 무엇인지 아십니까?

아 내: 모르겠는데요.

치료자: 남편이 당신에게 속마음을 털어놓을 수 있었습니까?

아 내: ….

이와 같은 질문과정을 통해 치료자는 내담자 부부가 부부과정에서 일어나는 일에 대해 자각하게 하고 상황을 개선하려면 본인이 어떤 역할을 해야 하는지에 대해 통찰을 격려하게 된다.

(4) '나-입장' 기법

'나-입장(I-position)' 기법은 감정보다 이성에 기초한 자신의 입장을 갖도록 돕는 기법이다. 가족이 다른 가족원의 정서적 압력에 직면했을 때 상대의 행동을 비난하거나 지적하기보다, 이성적으로 자신의 입장을 밝히도록 돕는다. 이 기법은 가족원들 간의 정서적 반사반응의 악순환에서 벗어날 수 있도록 돕고 대응적 대화고리를 끊는 데 효과적이다. 예컨대, "당신은 왜 이렇게 게을러?"라는 반응보다 "당신이 나를 좀 도와주었으면 좋겠어."라는 표현이 적절하다. 이 기법은 정서적 충동에 의해 반응하는 것을 막는 방법으로, 치료과정에서 치료자도 내담자에게 '나-입장'을 취한다.

(5) 가계도

가계도는 보웬 모델에서 다세대 정서역동을 살펴보기 위해 개발된 기법으로 평가도구이자 치료도구다. 가계도는 삼세대 이상에 걸친 가족원에 관한 정보와 그들 간의 관계를 도표로 기록하는 작성법이다. 가계도에는 가족에 관한 정보가 도식화되어 있어 복잡한 가족 유형의 형태를 한눈에 볼 수 있고, 가족원 각 개인과 가족 속에서 반복되어 나타나는 유형이나 사건을 볼 수 있다. 이를 바탕으로 가족이 호소하는 문제와 관련하여 가설을 세워 볼 수 있다. 치료자는 가계도 작성과정에서 체계적인 질문을 할 수 있고 가족 스스로가 공간과 시간을 넘나들면서 다세대적 맥락에서 가족의 정서과정을 살펴보면서 현재의 가족 문제를 볼 수 있게 한다.

1 개발 배경

보웬은 다세대적 정서체계가 현재의 핵가족과 개인의 기능에 중요한 영향을 미친다고 믿었기 때문에, 치료적 기법으로 최소한 3세대에 걸친 표식을 통해 문제를 폭넓게 진단하는 그래프적 방법을 사용했다. 보웬이 NIMH 시절에 '가족도표(family diagram)'를 사용한 것을 후에 그의 제자인 게린이 '가계도(genogram)'로 명명하였다. 가계도는 첫 면접에서 내담자와 함께 작성하여 여러 회기에 걸쳐 수정·보완된다. 가계도는 가족의 세대를 통해 저변에 흐르는 정서과정의 역동을 검토할 수 있게 해 줄 뿐만 아니라, 가족과 함께 탐색할 수 있는 여러 가설이 나올 수 있는 유용한 도구다. 예컨대, 원가족과의 융합 문제, 미분화 문제, 핵가족 정서체계, 정서적 단절, 삼각관계 등의 보웬 개념이 가계도를 통해 드러난다.

2 가계도 작성법

보웬의 제자인 맥골드릭(Monica McGoldrick)과 거슨(Randy Gerson)이 표준화된 가계도 작성법을 정리하여 출판함으로써 더욱 일관성 있고 다양한 방식으로 가계도를 활용할 수 있게 되었다(McGoldrick et al., 2011). 맥골드릭은 초기 가계도가 문제에 초점을 둔 것에서 벗어나 가족의 강점 중심의 가계도 사정을 제안하였고, 혈연으로 맺어진 친족관계뿐만 아니라 의미 있는 타인의 관계망도 가계도에 포함시켰다. 맥골드릭은 가계도 작업에 놀이적 요소를 도입하여, 그림이나 장난감 등의 소품을 이용한 놀이 가계도(play genogram)를 개발하였다.

- 표준기호([그림 4-7] 참고)를 사용하여 가족원과 가족구조를 서술한다.
- 표준기호를 사용하여 가족관계 유형(예: 친밀, 적대 등)을 표시한다.
- 가족의 만성적 질병이나 문제를 기재한다.
- 직업, 학력, 종교, 가정폭력, 알코올이나 흡연 문제, 이사 등의 정보를 기재한다.

3 가계도 면접

가계도 면접은 간단하고 무난한 질문에서 시작하여 어렵고 부담이 되는 질문으로 진행한다. 치료자는 가계도를 작성하는 과정이 가족에게 편안하도록 배려하면서 작성된 가계도를 보면서 가족의 생각을 서로 나누도록 한다. 일반적으로 첫 면담에서 가계도가 작성되지만 새로운 정보가 나타날 때마다 수정한다. 종종 가족치료실에 비치된 화이트

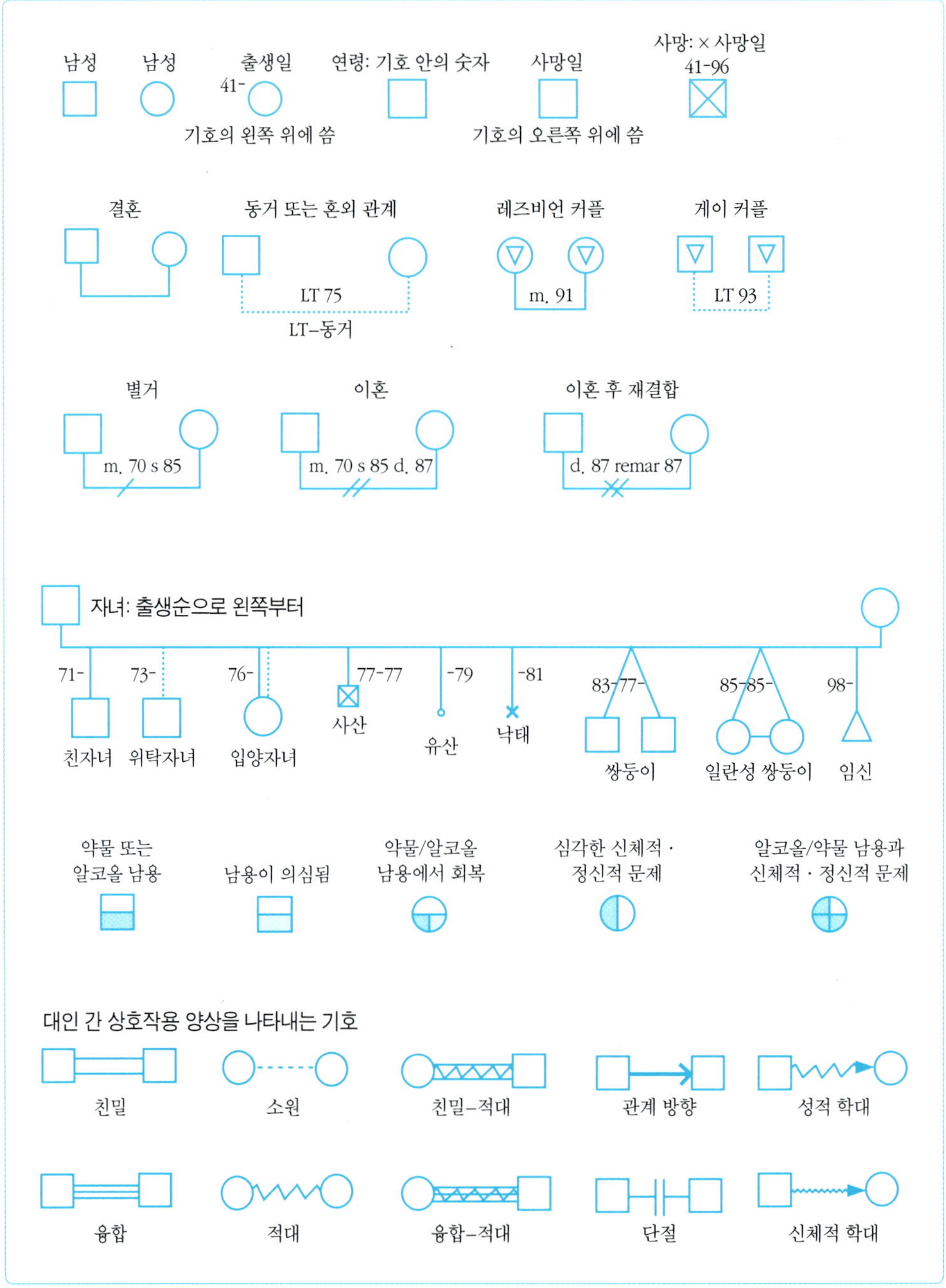

[그림 4-7] 가계도 표준기호

출처: McGoldrick et al. (2011).

보드나 칠판을 이용하여 가족과 함께 그려 보면 한눈에 가족의 정서과정을 볼 수 있다.

- 제시된 문제에 대한 질문
- 가족구조(가구)에 대한 질문
- 부모의 출생 가족에 대한 정보 수집
- 조부모 세대에 대한 질문
- 문화적 배경(사회계층, 출신지역)이나 출신국가(국제결혼 등)에 대한 질문
- 성역할 태도에 대한 질문
- 주요 생활사건(사망, 질병, 전쟁 등)에 대한 질문
- 가족관계(단절, 연합, 지배 등)에 대한 탐색
- 가족역할에 대한 탐색
- 가족의 강점(유머, 신앙, 용기 등)에 대한 탐색
- 개인의 기능(정신적 문제, 중독, 의료적 문제, 법적 문제 등)에 대한 탐색

4 가계도 해석

- **가족의 구조 및 구성**: 부부 관계와 형제자매 관계를 중심으로 가족의 구성을 살펴본다. 사별이나 이혼으로 인한 한부모 가구에는 자녀양육의 어려움이나 부모의 외로움 등의 문제가 없는지 보며, 재혼가족의 경우에는 계부모 간 갈등이나 계자녀의 충성심 갈등 등의 문제가 있는지 살펴본다. 또한 형제자매의 출생순위 및 시기, 자녀에 대한 가족의 기대, 성역할에 대한 부모의 편견 등을 살펴본다.
- **생활주기상 가족의 위치**: 가족이 일련의 가족생활주기 중 어느 단계에 있는지 보고, 각 단계의 과업을 성공적으로 달성했는지, 전환기마다 가족의 재조직이 성공적으로 이루어졌는지 등을 살펴본다.
- **세대에 걸쳐 반복되는 유형**: 증상 저변에 있는 다세대에 걸쳐 반복되는 기능(역할)유형, 관계유형, 가족 내 지위와 관련된 유형이 있는지 살펴본다. 예컨대, 가정폭력이 반복된다든지, 모녀간의 동맹이 세대별 전수된다든지 하는 것이다.
- **가족역할과 기능의 균형**: 기능적인 가족은 가족의 역할과 특성이 균형을 이룬다. 서로 부담을 공유하며 특정인이 지나친 과대역할이나 과소역할을 하지 않는다.

5 초점화된 가계도

가계도에 너무 많은 정보가 포함될 경우 지나치게 복잡하여 오히려 해석하기 어려울 수 있다. 이러한 문제를 해결하기 위해 내담자의 핵심 이슈에 초점을 둔 가계도(focused genogram) 작성을 하기도 하는데, 예컨대 분노가계도(anger genogram), 젠더가계도(gender genogram), 성가계도(sex genogram) 등이 그 예다.

또한 가족의 문제보다 강점이나 자원의 세대전수를 중심으로 가계도를 작성할 수도 있다. 프레임(Marsha Frame)은 영성가계도를 통해 가족의 종교와 영성이 다세대 가족관계에 미치는 영향 및 문제에 대한 영성적 이해를 도울 수 있도록 하였다(이부덕, 2007). 영성적 가계도 작업을 함으로써 가족 내의 종교 예식이나 영성적 경험, 가치체계에 대한 이해의 폭이 넓어지고 문제를 해결할 수 있는 자원을 구할 수 있다.

참고 영성가계도 질문

- 당신의 삶 속에 영적이며 종교적 만남이라고 부를 수 있는 최초의 기억은 무엇입니까?
- 종교적 믿음이나 영성적 면이 당신의 가족관계 속에서 어떻게 세대 간 전수되었습니까?
- 당신에게 전수된 가장 두드러진 종교적 사건이나 의식은 어떤 것입니까?
- 다양한 가족원 간에 주요한 종교적 전환점이 어떤 의미를 주었습니까?
- 위기를 당할 때 영성적 자원이나 종교적 믿음을 얼마나 적극적으로 활용하였습니까?

출처: 이상복(2007).

5. 사례연구

1) 사례개요

전문직 부부의 충성심 갈등

의뢰과정

강 씨(변호사, 36)와 부인(변호사, 36)은 신혼 초부터 시어머니 문제로 다투곤 했다. 이 부부는 자신들이 출석하는 교회의 목회자와 상담하다가 부부갈등이 심화되자 가족치료전문가에게 찾아왔다.

제시된 문제

아내가 시집에 발을 끊은 지 4년이 되었으며, 남편은 어머니와 아내 사이에 끼어 스트레스를 받고 있는 상태다. 남편은 아내 앞에서 부모님에 대한 이야기를 할 때 극도로 불편하며, 어린 자녀들이 친가친척과 거의 보지 못하고 외가친척과만 가깝게 지내는 것이 불만이다. 아내는 남편이 우유부단하여 강한 리더십으로 시어머니 문제를 분명하게 처리하지 못하는 것이 불만이며, 처가와 자신에 대해 좀 더 세심하게 잘 챙겨 주기를 바라고 있다. 부부 모두 같은 업종의 전문직 종사자로 경제력이 있기 때문에 각자의 부모에게 경제적 원조를 하고 있다. 시어머니의 과도한 금전 요구로 부부갈등이 수차례 있었다.

(1) 가족의 기초정보

남편과 아내는 8년 전 연수원에서 만났으며, 1년여의 연애 끝에 결혼하였다. 현재 부부 사이에는 남매(5세 아들, 3세 딸)를 두고 있으며, 장모가 아이들을 보살펴 주고 있다. 남편은 4남 중 차남이며, 형제들은 평범한 회사원이다. 아내는 2남 2녀 중의 차녀로, 아버지는 10여 년 전 사업에 실패한 후 현재 조그만 가게를 하고 있다.

남편은 장인의 사업자금을 지원해 준 적이 있고, 최근에는 어머니가 계약한 아파트의 잔금을 지불했다. 이 부부의 부모들은 모두 경제적 형편이 좋지 않아 부부 각자가 자신의 부모에게 정기적으로 재정적인 지원을 하고 있다.

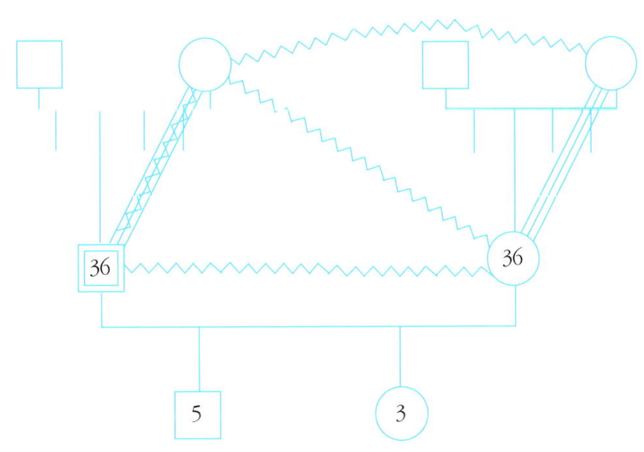

[그림 4-8] 강 씨 부부 가계도

(2) 문제발생 배경

결혼 당시 아내의 집안은 아버지의 사업실패로 경제적으로 어려운 상황이었는데 시어머니는 전문직 아들과 결혼하면서 예단을 제대로 챙기지 않은 것에 대해 며느리를 타박하였다고 한다. 양쪽 집안의 문화가 다르다 보니 결혼기간 동안 장모와 시어머니 사이에 여러 차례 크고 작은 다툼이 오갔으며, 3년 전 사돈 간에 심한 다툼이 발생한 후 아내는 시집과 단절하였다.

현재 시어머니는 아들에게 자주 전화하여 부부가 함께 찾아오도록 종용하고 있지만 아내는 시집과의 화해를 완강히 거부하고 있다. 장모 역시 딸이 시집과 화해하면 모녀관계를 끊을 것이라며 사돈에 대해 완강한 태도를 가지고 있다. 아내는 시집의 문화와 친정집의 문화가 너무 다른 것이 문제라고 생각한다.

부부는 시어머니에 대한 주제만 나오면 싸움으로 발전된다. 아내는 시어머니와 화해하면 이전과 같은 일이 벌어질까 봐 걱정이다. 시어머니 개인을 생각하면 안됐다는 생각도 들지만 고부관계에서 교통정리를 제대로 하지 못하는 남편이 더 서운하다.

(3) 가족역동의 이해

첫째, 남편과 아내 모두 양쪽 집안에서 가장 사회적으로 성공한 자녀로서 소위 젊은 파워커플이다. 다른 형제자매에 비해 부모의 기대를 많이 받고 자란 자녀로서 부부 모두 부모와 가족에 대한 일종의 채무감을 갖고 있다.

둘째, 아내가 남편의 본가 가족과의 단절을 강력하게 요구하고 있으나 실제로는 아내와 장모의 정서적 융합도 심한 상태다.

셋째, 현재 강 씨 부부에게 표면으로 드러난 증상은 고부갈등이지만, 시어머니의 문제는 부부 대화를 (파괴적이지만) 연결하고 있는 기제다.

넷째, 부부 모두 비교적 안정된 성품으로 공통적으로 동일한 직업과 종교를 가지고 있다는 자원이 있다.

2) 치료모델의 적용

(1) 가설 및 치료목표

이 사례는 각각 원가족과 융합된 관계를 끊지 못하는 남편과 아내의 갈등을 보여 주고 있는데, 고학력 전문직 부부의 원가족 분화를 촉진하기 위해 보웬 모델을 적용해 볼 수 있다. 즉, 치료목표로서 남편과 아내가 모두 원가족에 대한 채무감을 정리하고 배우자에게 헌신할 수 있도록 한다. 이를 위해, 첫째, 가계도 원가족 분석을 통해 아내가 친정어머니의 밀착관계를 정리하고 친밀한 부부하위체계를 정립하도록 격려하며, 시어머니 문제를 활용하는 방식을 포기하고 남편과 기능적 의사소통을 가질 수 있도록 코칭한다. 둘째, 남편은 역시 원가족에서 습득한 대처방식을 포기하고 표현력 증진과 강한 리더십을 가질 수 있도록 격려한다. 셋째, 부부가 호소하는 시집과 친정집의 서로 다른 문화의 쟁점을 단점이 아닌 이 가족의 장점으로 전환하여 자원으로 활용한다.

(2) 치료적 개입

초기면접에서 부부를 대상으로 가계도 작업을 한다. 치료실에 설치된 화이트보드에 가계도를 그려 봄으로써 부부가 다세대 정서과정의 맥락에서 현재의 문제를 보고 관계에 대한 통찰을 갖도록 유도한다. 강 씨와 아내는 윗세대의 가계도를 보면서 머리가 총명했던 강 씨의 어머니가 보수적인 시대에 가난한 대가족의 딸로서 교육받지 못하고 억압된 삶을 살면서 많은 분노가 쌓였고 그것이 현재 그의 행동과 어떻게 관련되는지 이해할 수 있었다. 가계도 작업은 시어머니뿐만 아니라 강씨 부부의 불안을 이해하고 자아분화를 촉진하는 도구로 사용될 수 있다.

상담이 진행되면서 핵심적 삼각관계에 대한 탈삼각화 작업을 시도한다. 이 사례의 핵심적 삼각관계는 표면적으로 '시어머니–남편–아내'로 보이나 장모와 아내의 모녀 하위체계가 심각한 융합상태라 실제로는 '친정어머니–아내–남편'의 삼각관계가 더욱 심각한 상태라고 할 수 있다. 아내는 시어머니와 화해할 생각을 해 보다가도 친정어머니가 화해를 싫어하기 때문에 엄두를 낼 수 없는 형편이다. 아내가 친정어머니에게서 분리되어 사고하고 기능하며 결혼하위체계를 강화하기 위해 부부만의 시간과 공간을 확보하고, 친정어머니가 집에 오는 시간을 줄여 보는 것을 생각할 수 있다.

한편, 부부는 바쁜 업무와 어린 자녀로 인해 대화의 시간이 매우 부족한 편이며, 그나마 남편의 표현력 부족과 시어머니 문제는 부부간 의사소통의 장애요인이 된다. 남편이 아내에게 평상시에 '고맙다' '미안하다'와 같은 표현을 하도록 교육하고 과제로 내준다. 또한 부부가 시어머니 문제를 주제로 대화하기보다 부부의 관계 자체에 대해 대화하도록 코칭한다.

부부의 서로 다른 문화적 배경(부모의 출신지역 등)은 결혼관계에서 문제요인으로 작용하고 있으나, 이것을 관계의 장점으로 전환해 볼 수 있다. 가훈이나 신앙 등 배우자의 원가족의 긍정적 부분을 재인식하고 확장하는 시간을 가진다. 무엇보다 부부의 강점으로 부부 양쪽 모두 정서가 안정되어 있고 신앙(기독교)을 갖고 있고 서로에 대한 믿음과 사랑이 강하다는 점, 같은 직업을 갖고 있어 부부간에 업무 이해도가 높은 점 등을 적극 치료의 자원으로 활용할 수 있다.

글상자 4-5 맞벌이 '파워커플' 뜬다

"성공한 남성들이 얻었던 젊고 아름다운 전업주부 아내의 매력이 점점 시들고 전문직 여성의 인기가 늘어나고 있다." 영국 데일리메일 신문은 성공한 남성이 상패처럼 집에 모시는 '트로피' 아내보다 고위 전문직 여성을 더 선호해 맞벌이 '파워커플'이 등장하는 추세라고 14일 보도했다. 스완시대학 교수진 2명과 공동으로 연구조사를 실시한 칼린 교수는 조사 결과 남성의 연봉과 아내의 근무시간 사이 상관관계가 최근 20년 동안 역전됐다고 말했다. 1980년대까지만 해도 남성의 연봉이 많을수록 아내가 일하는 시간이 더 적었다. 하지만 최근에는 아내의 근무시간이 연간 1,000시간씩 늘어날 때마다 전문직 남성의 보수도 5.5%씩 늘어나는 것으로 나타났다고 그는 지적했다. 특히 과거 성공한 남성의 아내를 집에 묶어 두는 요인으로 작용했던 남녀 간 연봉 격차와 직장 내 차별 관행이 줄어들면서 기혼여성을 직장으로 유도하고 있다고 칼린 교수는 덧붙였다. 남녀 간 임금 격차는 70년에 45%였으나 2002년에는 25%로 좁혀졌다. 기혼여성의 취업률도 80년대 초반 50%에서 이제 70%에 근접하고 있다. 데일리메일은 '파워 커플'의 대표적 예로 할리우드 영화배우 마이클 더글라스와 캐서린 제타 존스 부부, 영국 에드 볼스 재무부 차관과 이베트 쿠퍼 지방정부 차관 부부를 들었다.

출처: 매일경제(2007. 1. 16.).

요약

보웬은 가족이 자연의 진화과정의 결과라고 보기 때문에, 보웬 이론은 '가족'에 관한 것이라기보다 자연의 일부로서의 인간 행동에 관한 것이라고 할 수 있다. 보웬은 개별성과 연합성의 균형에 있어 가족의 정서역동이 다른 자연계 법칙과 동일한 역동을 따른다고 보았다. 가족 내 만성불안이 만연하면 연합성에 대한 압력이 증가하여 가족원이 공동의 자아, 즉 융합 상태가 되는 것이다.

보웬 가족치료 모델은 치료기법보다 여덟 가지 핵심개념을 중심으로 한 이론적 무장을 강조한다. 보웬 모델에서 치료목표는 자기분화의 증진을 촉진하는 것인데, 자기분화란 독립성과 연결성이 균형 잡힌 심리적 통합인 동시에 개인이 타인과 건강한 접촉을 유지할 수 있는 능력을 의미한다. 치료적 접근은 감정에 지배되지 않은 차분한 분위기에서 내담자가 가족관계의 역사를 직면하고 현재 문제와의 관련성을 깨닫도록 하는 데 중점을 둔다. 운동장에서 경기를 직접 할 때보다 관람석에서 경기의 흐름을 더 잘 파악할 수 있는 것처럼, 가족의 불안유형과 정서과정의 흐름도 한 걸음 떨어져 봄으로써 가족체계가 어떻게 작용하는지 잘 이해할 수 있기 때문이다. 치료자 자신이 가장 중요한 치료적 도구이므로 내담자 가족보다 더 높은 자기분화수준을 유지해야 하며, 이를 위해 치료자 훈련과정에서 원가족 탐색이 요구된다.

보웬 가족치료 모델은 증상에 초점을 두기보다 개인 또는 핵가족 증상의 맥락, 즉 여러 세대에 걸친 가족정서과정을 고찰한다는 면에서 창의적이며 개인을 비난하지 않는 체계적 관점을 가진 접근이다. 지적체계와 정서체계의 균형을 강조하며 대물림되는 가족의 정서에 초점을 둔 이 모델은 임상가에게 독특한 통찰력을 제공해 주었다. 최소 3세대 이상의 가족을 다룬다는 점에서 탐색범위가 넓으나, 실제 치료단위는 개인이나 부부에 한정되어 있다.

보웬 모델은 임상적 유용성에도 불구하고 몇 가지 비판에 직면해 왔다. 첫째, 자기이해를 통한 분화를 강조하는 인지적 접근이라는 점에서 어린이나 인지능력이 부족한 사람을 대상으로 적용하기 어렵다는 한계가 있다. 둘째, 보웬 이론과 수요개념이 성과 문화적으로 중립적이지 않다는 점에서 페미니스트 치료자로부터 가부장적 모델이라는 비판을 받아 왔다. 예컨대, 자기분화 개념이 독립성과 개별성을 지나치게 강조하여 여성보다 남성이, 동양 문화권보다 서양 문화권의 사람들이 더 높은 수준의 자기분화 수준을 주장할 수 있는 오류가 있다. 그럼에도 보웬 모델의 한계점은 다양한 학문적 · 문화적 배경을 가진 제자와 여성 가족치료자에 의해 끊임없이 보완되고 있으며 임상적 유용성 또한 확장되고 있다.

연습문제

1. 2명씩 한 조를 이루어 번갈아 상담자와 내담자 역할을 맡는다. 동물그림카드를 활용해 놀이가계도 활동을 진행하고 각 가족원에 대해 특정 동물카드를 선택한 이유에 대해 설명해 보자.

2. 집단적 불안으로 인한 사회적 정서과정 현상(집단 따돌림, 과도한 교육열, 성차별 등)에 대하여 생각해 보고, 지역공동체의 분화수준을 높일 수 있는 방안에 대하여 토론해 보자.

3. 나의 가족에서 훌륭한 가족이념이나 종교적 신앙 등 가족의 강점 또는 긍정적 가족테마가 다세대 전수되는 사례에 대하여 이야기해 보자.

제 5 장

사티어의 경험적 가족치료

사람은 서로의 공통점 때문에 친해지고 차이점 때문에 성장한다(Satir, 1988, p. 34).

이 장에서는 경험적 가족치료가 발달하게 된 배경과 이 모델의 대표적인 인물인 위터커(Carl Whitaker)와 사티어(Virginia Satir)를 살펴보며, 최근 부각되고 있는 정서중심치료에 대해서도 간단히 소개한다. 경험적 가족치료에서는 사티어의 경험적 가족치료를 중심으로 자아존중감, 의사소통 및 대처유형, 가족규칙 등의 주요개념을 설명하며, 경험적 가족치료자의 역할과 임상 현장에서 사용할 수 있는 치료과정과 기법에 대해 알아본다. 이 장의 마지막 부분에서는 경험적 가족치료의 이론과 내용을 활용할 수 있는 활동을 소개한다.

1. 발달배경

경험적 가족치료는 즉각적이고 지금-여기에서의 경험을 중요시하는 인본주의 심리학에 뿌리를 두고 있다. 그러므로 인간이 경험하고 있는 것의 질적 측면이 개인의 심리적 건강을 판단하는 근거가 되며, 치료적 개입의 대상이 된다. 또한 개인이 표현하는 정서는 가족과 공유하는 경험으로 충만함의 수단이 된다고 본다. 1960년대 들어서면서 정신분석 사조가 퇴조하기 시작하고 유럽의 실존주의 정신의학 사조가 들어오면서 게슈탈트 치료가 차츰 인정받게 되었다. 이 영향을 받은 경험적 가족치료는 인간 개개인의 감정, 욕구, 행동을 존중하고 현재의 충만함을 치료의 목표로 삼으며 실존주의적인 태도를 갖게 되었다. 경험적 가족치료는 현상학의 영향도 많이 받았는데, 현상학에서 시간이란 '연속되는 시점의 합'이 아니라 현상학적으로 의식에 나타나고 주관적으로 체험되는 '의식의 흐름'으로 간주되기 때문에 엄밀한 의미에서 지금-여기만이 실존적인 시간이라고 할 수 있다. 그러므로 현상학적 관점은 모든 실존치료에서 공통적이다. 경험적 치료는 기법에서도 형태치료, 참만남 집단, 예술치료, 심리극 등 다양한 치료의 영향을 받아 빈 의자 기법, 조각, 가족그림과 같은 표현적인 기법을 많이 사용한다.

경험적 가족치료의 대표적인 인물로는 위터커와 사티어가 있다. 이들은 지금-여기에서 치료자와 가족 사이에 매 순간 일어나는 상황과 경험을 중요시하였으며, 이러한 경험을 통해 성장한다고 보았다. 치료과정에서 내담자의 체험을 중시하고 치료자의 가족에 대한 사적인 관여가 치료적 변화를 촉진한다는 점에서 위터커와 사티어는 의견을 같이 하였으나, 방법에서는 차이가 있다. 자신의 치료방법을 상징적 경험주의 가족치료라고 정의한 위터커는 개인적 만남을 강조하였으며, 치료자는 자신을 활용하여 가족과 인간 대 인간의 관계를 맺을 수 있도록 도와야 한다고 보았다. 반면, 사티어는 치료란 무엇보다도 성장과정의 체험 연습임을 주장하며 가족이 성숙한 인간으로 성장할 수 있도록 도와야 한다는 성장모델을 개발하였다(정문자, 2007).

위터커는 산부인과 수련생활을 마치고 제2차 세계대전 당시 군대에서 정신과 공동치료팀으로 일한 것을 계기로 정신치료에 관심을 갖게 된 후 애틀랜타 정신진료소를 설립하였으며, 논문 집필과 연구 및 임상 활동을 활발하게 하였다. 그는 가족이 무책임과 위장을 드러내며 자신을 구속하는 가치관, 관습, 행동에서 자유로워지는 데 도움을 줌으로써 본연의 자아를 찾도록 하였다. 그는 분석과 해석을 통하여 내담자에게 통찰을 주었으며 직관적 접근을 많이 사용하였다. 위터커가 한 젊은 조현증 환자를 치료하여 가정으로 돌려보냈는데 환자의 어머니가 그를 찾아와 심하게 항의한 에피소드가 있다. 내용인즉, "당신이 우리 아들을 되레 망쳐 놓았는데 우리 아들이 난생 처음으로 나에게 '난 엄마가 싫어요.'라는 말을 했다."라는 것이었다. 여기에서 위터커는 '가족'이 정신질환의 원인에 중심적 역할을 한다는 것을 실감하게 되었다. 그리하여 그는 인간의 심리 내적 딜레마와 대인관계에서의 딜레마를 중심으로 조현증을 개념화하고 가족을 치료에 참여시키기 시작했다. 이러한 과정을 통하여 상징적 경험주의 가족치료가 탄생하게 되었다.

위터커는 치료의 초점을 내담자와 가족의 성장에 두었다. 치료과정에서 일어나는 일과 치료자를 포함한 모든 참여자의 느낌과 경험 그리고 생각을 공유하는 것을 중요시하였다. 위터커는 치료자로서 자발적이고 창조적인 모습을 보여 준 좋은 예가 되는데, 내담자에게 개방성과 진실성을 격려하는 치료자라면 치료자 자신이 개방적이고 진실해야 한다고 믿었다. 위터커는 가족의 변화를 위하여 치료자 자신을 활용해야 한다고 주장하였다. 그는 자신의 치료방법이 개인적이고 집중적이기 때문에 두 명의 치료자가 공동 작업하는 것이 필수적이라고 믿어 공동치료의 중요성을 강조하였으며 공동치료자를 적극 활용하였다.

사티어는 캘리포니아주의 팔로알토(Palo Alto)에 위치한 정신건강연구소(Mental Research Institute: MRI)의 창립 멤버로 내담자와 가족이 정서적인 경험을 하는 것과 의사소통을 개선하는 데 초점을 두었다.

버지니아 사티어(1916~1988)

대학원에서 사회사업을 전공한 사티어는 1951년 가족치료연구소를 개업하여 본격적으로 가족을 관찰하고 치료하였으며, 1959년에 잭슨(Don Jackson)을 도와 MRI를 설립하였다. 1966년에 캘리포니아주의 빅서(Big Sur)에 있는 에살렌 연구소(Esalen Institute)의 지도자가 되기 위해 MRI를 떠났으며, 그 후 성장기법의 개발에 큰 관심을 보였다. 개인의 심리 내적 과정의 변화를 통해 가족과의 의사소통을 건강하고 원만하게 하여 결과적으로 성장을 경험하게 하므로 사티어 가족치료를 성장모델이라고 부른다.

최근에는 사티어의 제자이면서 계승자로 알려진 반맨(John Banmen)이 전통적인 경험적 가족치료를 체계적 단기경험치료 모델로 발전시켜 나가고 있다.

경험적 가족치료 모델은 1991년 AVANTA에서 사티어 경험적 치료 모델을 수련받은 송성자와 정문자가 1994년 한국가족치료학회의 후원을 받아 반맨을 초청하여 사티어 모델 워크숍을 개최하면서 한국에 널리 알려지게 되었다. 2011년 6월에 한국사티어변형체계학회(http://www.ksta.kr)가 발족되었다.

정서중심 부부치료(Emotionally Focused Couple Therapy: EFCT)[1]는 부부 불화의 중요

1) 정서중심 부부치료는 개발 초기부터 최근까지 EFT라는 약자로 사용되었으나, 2020년을 전후하여 정서중심 치료(EFT)가 부부뿐 아니라 개인에 초점을 둔 정서중심 개인치료(EFIT)와 가족에 초점을 둔 정서중심 가족치료(EFFT)로 세분화됨에 따라, 정서중심 부부치료는 EFCT라는 약자로 사용되고 있는 추세다.

요인에 초점을 맞춘 단기치료로 경험주의 치료와 체계이론 그리고 애착이론을 바탕으로 1980년대에 존슨(Susan Johnson)과 그린버그(Leslie, S. Greenberg)가 개발하였다(Johnson & Greenberg, 1985). 1980년대에 접어들면서 인간의 정서에 대한 연구가 심화되면서, 부부의 행복과 불화에 정서적 의사소통이 중요한 역할을 하며, 불화부부는 부정적 정서가 지배하며 경직되고 제한적인 상호작용의 특징을 갖는다는 점이 폭넓은 인정을 받았다. 특히 정서는 애착과 밀접하게 연결되어 있어 어린 시절 및 배우자와의 애착이 어떻게 형성되었는가에 따라 정서적 상호작용이 달라진다는 점이 밝혀졌다. 즉, 안전애착을 형성한 부부는 정서적 접근과 반응이 용이하여 안전한 정서적 유대감을 형성하고 있다고 봄으로써 정서경험과 정서표현 방식은 불화부부의 변화를 이끌어 주는 매개체이자 목표가 된다. 존슨이 발전시킨 정서중심 부부치료(EFCT)는 정서와 애착 및 상호작용을 통합하는 모델인 반면, 그린버그의 정서중심 치료(Emotional Focused Therapy)는 애착의 역할을 고려하지 않는다. EFCT는 배우자 개인이 애착과 연관된 정서반응을 통해서 자신의 경험을 처리하는 방식에 초점을 두는 정신내적인(intrapsychic) 면과 부부간의 상호작용 패턴, 즉 고리(cycle)가 형성되는 방식에 초점을 두는 관계적인(interpersonal) 면을 통합하였다.

정서중심 부부치료에서의 변화는 3기(stages) 9단계(steps)에 걸쳐 이루어진다. 1기는 1~4단계로 부부간의 부정적 상호작용이 단계적으로 약화되고, 2기는 5~7단계로 부부간의 상호작용이 재구조화되는 과정으로 위축자가 정서와 관계에 재개입하며 추적자는 순화되는 변화를 하고, 3기는 8~9단계로 부부간 상호작용이 강화되며 통합되는 단계다. 이러한 변화를 이루기 위해서는 거시기법인 탱고(Tango)와 미시기법인 반영, 인정, 환기적 반응과 질문, 강조, 공감적 추측 등의 개입기법이 사용된다. EFCT 치료사는 부부가 정서경험을 재처리하도록 돕는 과정 자문가이며, 관계 속에서 정서경험을 재조직하도록 돕는 안무가로 부부의 지금-여기에서의 경험에 초점을 두면서 배우자 개인의 내적 경험과 상호작용 방식 및 상대 배우자의 경험을 확대시킨다. EFCT 치료가 효과적으로 이루어지면 불화부부가 안전애착을 형성하여 안전한 정서적 유대감을 경험하게 됨으로써, 서로에게 다가가고 서로의 애착욕구에 적절하게 반응할 수 있게 된다(Johnson, 2022).

이러한 정서중심 부부치료의 기초 이론과 기법은 개인 및 가족 체계에도 적용되어 발전되었다. 정서중심 가족치료(Emotionally Focused Family Therapy: EFFT)는 EFCT를 가족체계에 적용한 모델로서 가족구성원의 정서와 애착경험 및 상호작용에 초점을 두며, 미시기법과 거시기법을 사용하여 3기 9단계의 과정을 통해 변화가 이루어진다는 면에서 EFCT와 동일하지만, 그 초점과 내용에서 차이가 있다. EFFT는 부모-자녀 간 이인관계의 애착 역동에 내재된 갈등 및 가족구성원이 애착 대상과의 안전한 유대감을 상실했을 때 나타나는 애착 관련 불화에 초점을 두어 가족불화를 조직하는 정서경험을 이끌어 내고 정제하며 심화시킨다. EFFT가 효과적으로 이루어졌을 때, 부모-자녀 간에 안전한 유대감이 형성되어 접근과 반응 및 교감이 가능한 애착과 돌봄 반응의 재구조화가 일어나 부모-자녀 간의 문제가 안전한 입장에서 새로운 해결책을 찾을 수 있게 되고 긍정적인 상호작용이 자리를 잡게 된다(Furrow et al., 2023). 처음에 존슨은 부부를 대상으로 정서중심 부부치료(EFCT)를 개발하였고, 그 후 이론적 기초와 기법 및 변화과정에서 동일하지만 그 초점과 대상에서 차이가 있는 두 가지 모델을 더 발전시켜서 현재는 가족을 대상으로 한 정서중심 가족치료(EFFT)와 개인을 대상으로 한 정서중심 개인치료(Emotionally Focused Individual Therapy: EFIT)의 세 가지 모델로 이루어진다. 각 모델에 대한 자세한 소개 및 자격 취득 과정은 국제정서중심치료센터의 홈페이지(https://iceeft.com/)를 참고하기 바란다.

2. 주요개념

사티어는 오랜 임상 활동을 통해 인간의 문제와 관련된 다양한 역기능을 발견하였다. 역기능이란 적절하게 기능하지 못하고 문제해결 능력이 낮아서 발달적·상황적 위기에 잘 대처하지 못하는 것이다. 사티어가 발견한 개인과 가족의 역기능은 네 가지 영역, 즉 인간의 자아존중감, 의사소통 및 대처유형, 가족규칙, 지역사회와의 연계성에서 나타났다.

여기에서는 사티어 모델에서 핵심이 되며 치료의 목적이 되는 자아존중감, 의사소통 및 대처유형, 가족규칙을 중심으로 살펴보기로 한다.

1) 자아존중감

자아존중감의 형성에는 가족구조와 부모와의 관계가 중요하게 부각되는 생애 초기에 자녀가 어떠한 관계 경험을 했는가가 매우 중요하다. 부모-자녀 관계에서 부모가 자녀에게 적절하게 반응하지 못한 경우, 자녀가 자기가치와 자아존중감을 학습하고 발전할 수 있는 기회를 갖지 못한 경우, 또는 기회를 주고 반응은 하였으나 자기가치나 자아존중감이 낮게 형성된 경우도 있다. 그뿐 아니라 부모가 역기능적으로 의사소통하거나 의사소통 내용이 부정적일 때 자녀의 자아존중감은 손상된다. 사티어는 자아존중감을 인간의 기본욕구로 간주하였다. 자아존중감은 에너지의 자원이 되는데, 인간이 자신을 사랑하고 감사를 느낄 때 에너지가 만들어지며, 에너지가 조화롭고 긍정적으로 사용될 때 현재 주어진 상황을 더욱 창조적이며 현실에 맞게 잘 극복할 수 있게 된다(송성자, 정문자, 1994).

사티어의 성장 모델은 개인의 낮은 자아존중감을 회복시켜 자신의 가치를 인정하고, 자신의 장점과 자원을 발견하고 활용하도록 도와 스스로 문제상황에 잘 대처할 수 있게 한다. 사티어는 자아존중감에 대한 개념을 자기, 타인, 상황의 세 요소로 기술하고 있는데, 이는 다음의 의사소통 및 대처유형에서 설명하기로 한다.

글상자 5-1 나의 자존심 선언

나는 나다.

온 세상 천지에 나와 똑같은 다른 사람은 단연코 존재하지 않는다. 나는 나에 관한 모든 것을 소유한다. 내 몸과 몸이 하는 모든 것, 내 정신과 그 속에 담긴 모든 생각과 사상, 내 눈과 내 눈이 보는 모든 형상 그리고 노여움이나 기쁨, 좌절, 사랑, 실망, 흥분을 포함한 내가 느끼는 모든 감정, 내 입과 거기서 나오는 공손하거나 달콤하거나 거칠거나 옳거나 그른 모든 말, 그리고 나 자신이나 다른 사람에 대한 나의 모든 행위.

나는 나의 환상과 꿈, 희망과 공포심을 소유한다.

나는 나의 모든 업적과 성공, 실패와 잘못을 소유한다.

나는 나의 모든 것을 소유하기 때문에 나 자신과 친밀하게 사귈 수 있다. 나에게는 나를 궁금하게 하는 면이 있고 또 있는지도 몰랐던 면이 있다는 것도 안다. 그러나 내가 나 자신을 친절하고 사랑스럽게 대하는 한 나는 용감하고 희망차게 나를 궁금하게 하는 문제의 해결책을 찾고 나에 대해서도 좀 더 알아낼 수 있을 것이다.

내가 어떻게 보이고 들리든, 무엇을 말하고 행동하든, 또 주어진 순간 무엇을 생각하고 느끼건 그 모든 것은 나다. 이것은 확실하며 내가 그 순간 어디 있느냐를 상징한다.

나중에 나의 모습과 목소리와 말과 행동과 생각과 감정을 살펴보면 어떤 부분은 알맞지 않다. 나는 그 알맞지 않은 부분을 버리고 알맞은 것만 간직하며, 버린 부분 대신 새로운 무엇을 만들어 낼 수 있다.

나는 보고 듣고 느끼고 생각하고 말하며 행동할 수 있다. 나는 나의 주인이며 나를 조절할 수 있다. 나는 나이며 나는 꽤 괜찮다.

출처: Satir(1991), pp. 41-43에서 발췌 및 수정.

2) 의사소통 및 대처유형

사티어는 임상 활동을 하면서 사람들이 긴장할 때 보여 주는 의사소통 및 대처유형을 유심히 관찰한 결과, 긴장을 처리하는 방식에 공통점이 있음을 발견하였다. 이러한 방식은 일종의 생존유형(survival stance)으로 자아존중감이 낮으며 불균형 상태에 있을 때 주로 나타났는데, 사티어는 이 유형들을 회유형, 비난형, 초이성형, 산만형으로 명명하였다. 이러한 유형은 역기능적 의사소통 유형으로 자아존중감에 문제가 있음을 의미한다(정문자, 2007).

사티어는 자아존중감의 3대 요소로 자기, 타인, 상황을 지적하였다. '자기'는 애착, 사랑, 신뢰, 존중을 통해 얻는 자신에 대한 가치와 자신의 유일성을 말한다. '타인'은 다른 사람과의 관계에서 형성되며 다른 사람에 대해 느끼는 것으로 다른 사람과의 동질성과 이질성 그리고 상호작용에 대한 것이다. '상황'은 주어진 여건과 맥락을 의미하는데, 주로 부모나 원가족 삼인군에서의 상황을 말한다. 사티어는 자아존중감의 3대 요소 중 어떤 것이라도 온전하지 못하면 역기능적이라고 보았고, 이 세 부분이 모두 순기능을 하여 일치되도록 돕고자 하였다.

역기능적 대처방식인 회유형, 비난형, 초이성형, 산만형과 기능적인 대처방식인 일치형을 간단히 설명하면 다음과 같다.

(1) 회유형

회유형(placating)은 자신의 내적 감정이나 생각을 무시하고 타인의 비위에 맞추려는

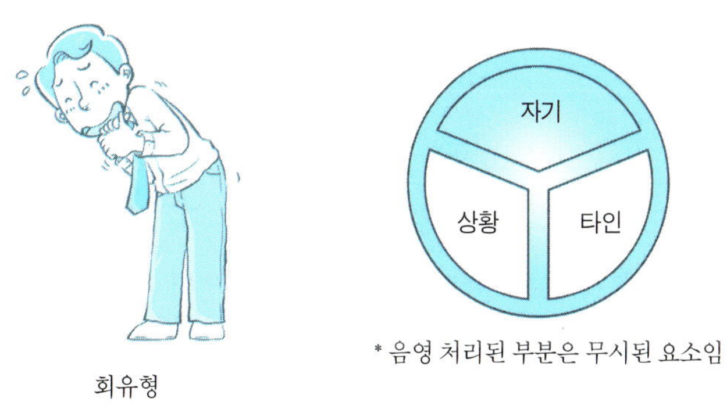

[그림 5-1] 회유형의 자세와 자아존중감

성향을 말한다. 따라서 다른 사람의 의견에 무조건 동조하고 비굴한 자세를 취하며, 사죄와 변명을 하는 등 지나치게 착한 행동을 보인다. 이러한 성향 때문에 회유형의 대처 방식을 사용하는 내담자는 위장관 장애나 편두통 등의 질병을 호소할 수 있다. 이 유형에게 나타나는 심리적 증상으로는 감정 억제, 짜증, 걱정, 공황 습격, 자살 생각이 있다. 이들이 갖고 있는 자원은 돌봄, 양육과 민감성이다.

(2) 비난형

비난형(blaming)은 회유형과는 정반대로 타인을 무시하는 성향을 보인다. 타인의 말이나 행동을 비난하고 통제하며 명령하는데, 외적으로 보이는 행동은 공격적이나 내적으로는 소외감을 느끼며 외로운 실패자라고 생각한다. 이러한 성향의 내담자는 편집증과 고혈압과 같은 혈액순환 장애를 보일 수 있다. 심리적 증상으로는 분노, 짜증, 반항, 적대감, 편집증, 폭력, 반사회적 특성이 있다. 이들의 자원은 주장성, 지도력과 에너지다.

[그림 5-2] 비난형의 자세와 자아존중감

(3) 초이성형

초이성형(super-reasonable)은 자신과 타인을 모두 무시하고 상황만을 중시한다. 규칙과 옳은 것만을 절대시하는 극단적인 객관성을 보인다. 매우 완고하고 냉담한 자세를 취하고 독재적인 행동을 하지만, 내적으로는 쉽게 상처받으며 소외감을 느낀다. 이러한 성향으로 암, 심장마비 등과 같은 신체적 질병이 발생할 수 있다. 이들에게 나타나는 심리적 증상으로는 우울증, 정신병, 집착증, 강박증, 사회적 철회, 공감력 부족, 자폐증이 있다. 이들의 자원은 지성, 세부 사항에 주의를 집중하는 것과 문제해결 능력이다.

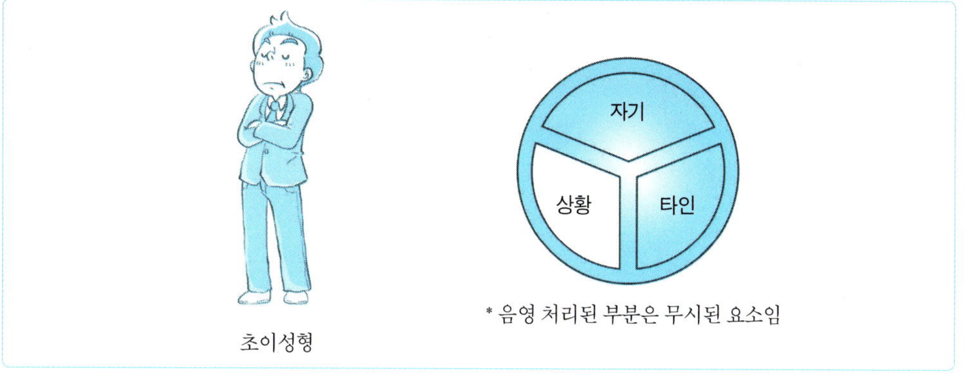

[그림 5-3] 초이성형의 자세와 자아존중감

(4) 산만형

산만형(irrelevant)은 초이성형의 반대로 자신, 타인, 상황을 모두 무시한다. 따라서 상담에서 심리적으로 접촉하기가 가장 어려운 유형이다. 주제나 상황에 맞지 않는 말을 하며 산만하게 행동한다. 정서적으로 혼란된 심리상태를 보이며, 신경성 장애, 위장관 장애, 편두통 등의 질병을 보일 수 있다. 심리적 증상으로는 혼란스러움, 부적절함, 낮은 충동 통제, 우울증, 공감력 결핍, 타인의 권리 침해, 학습불능이 있다. 이들의 자원은 유머, 자발성과 창조성이다.

[그림 5-4] 산만형의 자세와 자아존중감

(5) 일치형

일치형(congruent)은 앞의 네 가지 유형과는 달리 기능적인 유형으로, 의사소통의 내용과 내적 감정이 일치한다. 의사소통이 매우 진실하며 자기감정을 잘 알아차리고 이를

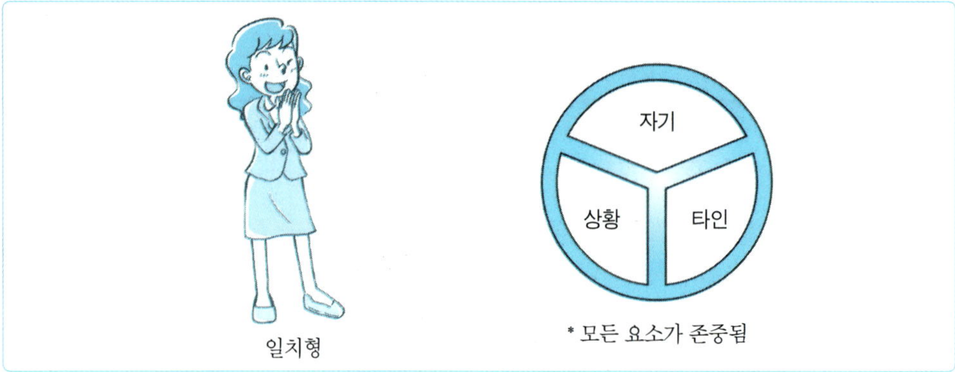

[그림 5-5] 일치형의 자세와 자아존중감

적절하게 표현한다. 매우 생동적이고 창조적이며 독특하고 유능한 행동양식을 보인다. 일치형의 사람은 높은 자기가치감을 갖고 있으며, 심리적 · 신체적으로 건강한 상태에 있다. 일치형의 자원은 높은 자아존중감이다. 사티어의 중요한 치료목표는 사람들이 일치적인 의사소통을 하도록 도와 자기가치수준을 향상시키는 것이다.

의사소통 유형에 따른 반응의 예를 들어 보면 다음과 같다.

참고

새벽에 귀가한 대학생 딸에게 아버지가 화를 내면서 야단칠 때 딸이 보인 반응이다.

- 회유형: (고개를 숙이고 손을 비비면서) 아빠, 제발 용서해 주세요. 제가 정말 정말 잘못했어요. 제가 시간을 잘 봤어야 했는데…. 모든 게 다 제 잘못이에요.
- 비난형: 아빠가 이렇게 자꾸 야단치시니까 집에 들어오기 싫잖아요. 제가 늦게 들어오는 건 다 아빠 때문이라고요.
- 초이성형: 아빠, 이건 그냥 무조건 야단칠 일이 아니고요. 제가 왜 늦었는지에 대해 이성적으로 생각 좀 해 보세요.
- 산만형: (다른 곳을 쳐다보며) 이런, 아빠가 화나셨나 봐. 누가 아빠를 화나게 한 거예요?
- 일치형: (아빠의 눈을 바라보면서) 늦는다고 연락을 드렸어야 했는데 시험 준비에 정신이 없어 깜빡했어요. 죄송해요. 저 기다리시느라 잠도 못 주무셨죠?

3) 가족규칙

사티어는 가족을 돕기 위한 방법의 하나로 가족규칙을 살펴보았다. 가족규칙은 일종의 명령(injunction)으로 인간이 원가족 삼인군에서 경험한 것을 내면에 지니고 있다. 가족규칙은 행동이나 반응으로 나타나며 대처방식의 일부가 된다. 사티어에 따르면 대부분의 인간은 비합리적인 규칙에 얽매여 비인간적인 삶을 살고 있으며, 이러한 규칙은 자아존중감에 부정적인 영향을 미친다. 규칙에는 합리적이고 융통성이 있으며 인간적이어서 개인의 성장에 도움이 되는 규칙이 있는 반면, 도움이 되지 않는 규칙도 있다. 부모는 자라면서 자신의 부모에게서 배운 규칙을 현재의 가족에게 적용한다. 그러나 부모는 각기 다른 가정에서 태어나고 자라면서 가족의 규칙을 배웠고 그 규칙에 익숙해 있으므로 현재 가족에서 자녀를 키울 때는 부부의 규칙이 상치되어 자녀에게 혼란과 갈등을 줄 수도 있다.

어린 자녀가 자랄 때 규칙 엄수는 생존 문제와 관련될 수 있었다. 그러나 오랜 기간 자녀가 비합리적 · 비현실적 · 비인간적인 규칙을 준수해야 한다면 자녀의 성장은 저해될 수밖에 없다. 그러나 인간은 가족의 규칙에 익숙한 나머지 이 규칙을 자동적으로 적용한다. 대부분의 가족규칙은 의식 수준에 있지 않기 때문에 규칙을 알아내려면 탐정기술이 필요하다. 규칙을 변화시키는 것은 어려운 과정이며 외부의 도움이 필요할 수 있다.

비합리적인 가족규칙을 따름으로써 생기는 것은 낮은 자아존중감이다. 이러한 가족규칙을 따르기 위해서는 그 사람의 어떤 부분이 무시되어야 하기 때문이다. 그러나 부모가 가족규칙을 가르칠 때는 세상을 살아가는 데 도움을 주려는 긍정적인 의도가 있다. 예를 들어, '타인의 감정을 결코 다치게 하지 말라.'라는 가족규칙은 타인의 감정을 수용하고 존중하며 배려하는 행동을 하라는 것을 가르치려고 한 것이다. 그러나 타인을 기분 좋게 만들기 위해서 자신의 감정을 평가절하해야 한다면 결과적으로 자존감이 낮아지게 된다. 인간은 자신의 감정이 가치 없다고 느끼게 되거나 자신의 감정이 인정받거나 잘 수용되지 않는 것에 대해 분개하면서도 가족규칙을 따르기 쉽다. 가족규칙은 속담에서 따올 수 있으며 예를 들면 다음과 같다.

참고

남자 역할

- 북어와 여자는 두들겨야 한다.
- 사나이가 부뚜막 맛을 알면(아내 일 간섭) 계집을 못 거느린다(불화 자초).

여자 역할

- 암탉이 울면 집안이 망한다.
- 시집살이 못하면 동네 개가 짖는다.

자식의 도리

- 아버지의 그림자는 밟지도 않는다.
- 효성이 지극하면 돌 위에 풀이 난다.

가족규칙의 기본적인 교훈은 간직하되 개인과 가족의 역기능의 원인이 되며 성장에 방해가 되는 규칙은 지침으로 재구성해 볼 수 있다. 가족규칙이 지침으로 변형되기 위해서는 가족규칙이 표면화되고 확인되어야 한다. 이처럼 인간이 규칙을 지침으로 변형시킬 수 있는 것은 다섯 가지의 자유를 갖고 있기 때문이다(Satir et al., 1991, p. 62). 즉, 구체적으로 현존하고 있는 것을 보고 듣는 자유, 느끼고 생각하는 것을 말하는 자유, 느껴지는 대로 느끼는 자유, 허락을 기다리기보다 원하는 것을 요구하는 자유, 안전하게 있기보다는 모험을 하는 자유가 있기 때문이다. 규칙을 지침으로 바꿈으로써 일치된 의사소통을 하여 자아존중감을 높이고, 생활을 여유 있고 자유롭게 하며, 자신의 가치와 진실을 깨달을 수 있다. 가족규칙을 지침으로 바꾸는 원리는 다음과 같다.

참고

규칙: 나는 어른에게 복종해야만 한다.

지침

1단계: 나는 어른에게 복종할 수 있다. ('해야만 한다'를 '할 수 있다'로 바꿈으로써 강제가 선택으로 변하게 한다.)

2단계: 나는 어른에게 가끔 복종할 수 있다. ('가끔'을 첨가함으로써 선택의 폭을 넓힌다.)

3단계: 나는 어른이 합리적일 때 복종할 수 있다. ('일 때'를 첨가함으로써 가능성의 폭을 넓힌다.)

3. 치료목표 및 치료과정

1) 치료목표

사티어 경험적 가족치료의 궁극적인 목적은 내담자의 자아존중감을 높이고, 자기 인생에 대한 선택권을 스스로 갖도록 하며, 가족규칙을 합리적 · 현실적 · 인간적으로 만들고 내담자의 의사소통 유형을 일치적으로 만드는 것이다. 치료자는 이러한 치료목표를 가지고 내담자에게 변화가 일어날 수 있도록 수용적이며 긍정적인 분위기를 만들며 내담자가 안전하고 가치 있다고 느끼게 함으로써 변화가 시작될 수 있게 한다. 내담자가 치료 작업에 동의하고 함께 노력을 기울일 때 변화를 위한 첫걸음이 시작된다.

2) 치료과정

사티어의 경험적 모델은 내담자의 생명력, 열망, 인간경험의 보편성에 기반하여 성장과 변화를 촉진시키는 데 초점을 두고 있다. 내담자가 느끼는 고통은 자신의 행동, 정서, 인지, 기대를 어떤 방식으로 경험하는가에서 비롯되므로, 치료적 개입은 내담자의 경험방식에 변형을 유도하는 데 초점을 두게 된다. 이 변형적 변화의 과정은 내담자로 하여금 자기 상황에서 야기된 고통과 자기 삶의 긍정적 에너지를 동시에 경험하도록 하는 특징을 갖고 있다(Banmen & Maki-Banmen, 2014). 치료적 변형의 순환적 단계를 살펴보면 [그림 5-6]과 같다.

치료가 시작되면 내담자의 고통이 의식 수준으로 끌어올려지면서 동시에 내담자는 자신의 자원, 열망, 내면의 목소리(I deserve better)를 경험하게 된다. 이 두 가지 상반되는 경험을 동시에 하는 것은 혼돈을 유발한다(예: 생존방식에 기초한 '나는 사랑받을 자격이 없어.'와 열망에 기초한 '나는 사랑스런 존재야.'). 혼돈은 양립할 수 없는 두 가지 경험을 의미하며 매우 불편한 경험이지만, 체계적 변형에 반드시 필요한 과정이다. 내담자가 혼돈을 경험하는 단계에서 치료자는 내담자가 희망과 가능성 속에 머무를 수 있도록 하면서 실존적 결정을 요구한다.

이제 내담자의 생명력이 자신의 열망을 충족시키는 방향으로 이동하면서 내담자는 반사적 정서를 내려놓고 자신의 생명력과 좀 더 조화를 이루는 보다 새로운, 긍정적 신념

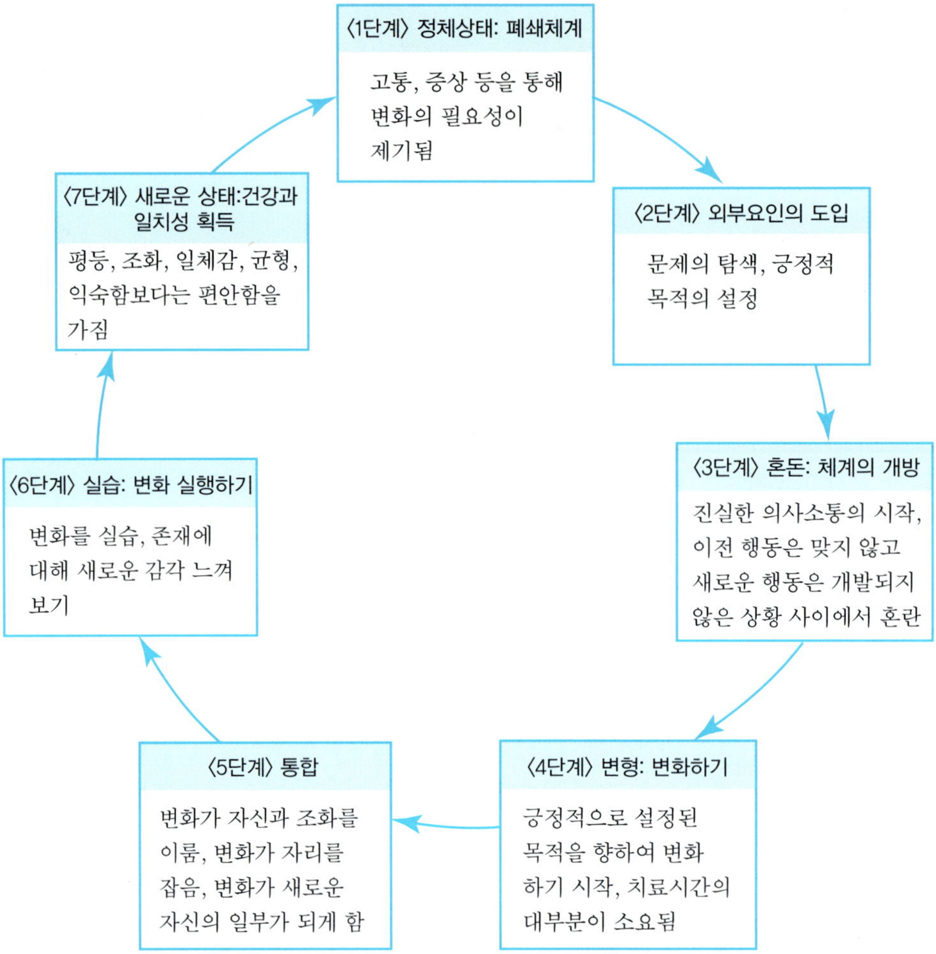

[그림 5-6] 치료적 변형의 순환적 단계

출처: Banmen (2001).

과 기대를 채용한다. 이런 유형의 변형적 변화가 발생할 때 내담자는 심리적으로 다른 것을 느끼고 새로운 신념과 기대를 만들어 낼 뿐 아니라 신체적으로도 달라 보인다. 에너지의 전환이 이루어진 것이 확실하게 관찰된다. 이제 내담자는 외부세계에 의존하지 않고도 자신의 열망을 충족시킬 수 있으며, 자신의 고유성과 내적 자원을 높이 평가하고 소중하게 여길 수 있게 된다.

4. 치료자 역할 및 치료기법

1) 치료자 역할

경험적 가족치료에서는 치료자의 사람됨과 일치성이 중요하다. 반맨은 경험적 가족치료자로서 갖추어야 할 3대 요소를 유능(Competent), 자신감(Confident), 일치(Congruent)의 '세 개의 C'라고 강조한다. 사티어의 치료 모델에서 초기면접 시 치료자의 역할을 간단히 소개하면 다음과 같다(Banmen, 2001, 2002).

첫째, 치료자는 자신을 내적 · 외적으로 준비한다.

둘째, 내담자와 라포를 형성한다. 내담자에 대해 알기 위하여 몇 분을 사용하는데, "상담을 시작하기 전에 자기소개를 좀 해 주시죠?"라는 말로 시작한다. 치료자는 내담자를 수용하고 신뢰하며, 안전감을 제공하고 자신을 개방하면서 내담자와 연결시킨다.

셋째, 내담자가 상담을 통해 얻고자 하는 것에 귀 기울이면서 내담자가 희망과 소망을 갖게 한다. "오늘 이 자리에서 어떤 일이 일어나길 바라십니까?" 등의 질문을 하면서 뭔가 좋아질 것이라는 기대를 갖게 한다. 치료자가 어떻게 도움이 될 수 있을지 묻는다.

넷째, 내담자의 현재 문제를 듣는다. 이 문제가 내담자의 대처방식에서 오는 문제인지를 알아본 후 개인의 빙산을 사용하여 문제의 성격을 탐색한다. 그 상황뿐 아니라 내담자의 가치를 인정한다. 문제가 오히려 성장의 기회가 되도록 도우며 부정적인 진술을 긍정적인 목표로 바꾼다.

다섯째, 문제를 긍정적이며 해결중심적인 관점으로 변형시킨다. 구체적으로 달라질 것이 무엇인지를 결정하도록 돕는다. 그러나 매번 구체적이지 않을 수도 있다.

여섯째, 상담의 전 과정을 통해 사정을 한다. 내담자의 대처유형을 확인한 후, 개인의 빙산을 탐색하기 위해 과정 질문을 사용하면서 과거에 충족되지 못한 기대와 열망에 대해 알아본다.

일곱째, 치료의 초점을 어디에 둘지를 내담자와 함께 정하며, 내담자가 변화를 위해 노력하겠다는 다짐을 받는다. 치료자의 역할을 명확히 알려 준다.

여덟째, 내담자의 장점과 좋아하는 것을 한 개 이상 찾아 이야기한다. 내담자에게 도움이 되는 내적 · 외적 자원을 떠올리게 한다. 그 외 방해물도 알아본다.

아홉째, 상담한 것을 정리하고 희망을 주면서 상담을 종결한다. 상담에 대해 내담자의 피드백을 받거나 내담자에게 피드백을 줄 수 있으며 필요하면 교육을 해도 좋다.

마지막으로, 계속 상담을 할 경우에는 과제를 주며 다음 약속을 정한다.

2) 치료기법

(1) 빙산치료

1 개인의 빙산

치료는 경험의 다양한 수준에서 이루어지게 되는데 이를 개인의 빙산에 비유해 보면, 수면 위에 보이는 것이 사람의 행동이고, 수면 밑에 있는 것이 사람의 감정, 지각, 기대,

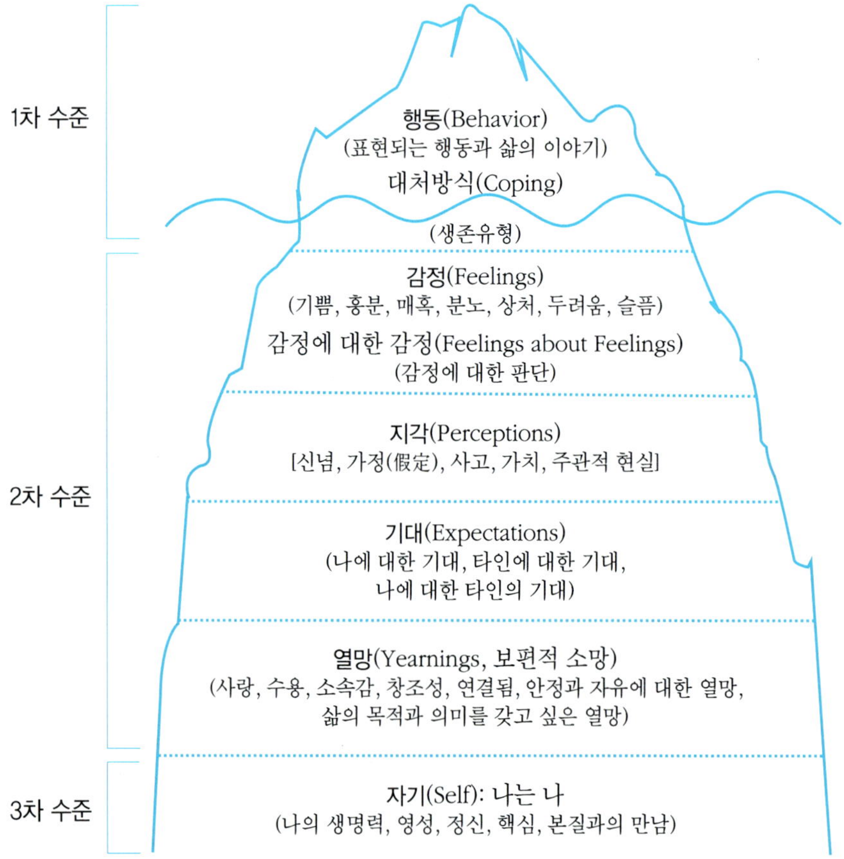

[그림 5-7] 빙산에 비유한 인간의 심리 내적 경험

출처: Banmen (2001).

열망이다. 개인의 내적 과정을 이끌어 내는 은유적인 방법으로 사티어는 빙산기법을 활용하였다. 일반적으로 내담자를 대할 때 개인의 빙산 차원에서 보면 빙산의 극히 일부분인 행동만을 보기 쉽다. 그러나 우리 경험의 대부분은 '수면 아래'에서 경험되고 있다. 대부분의 치료모델에서는 문제행동의 변화에 초점을 두므로 1차 수준의 변화를 가져온다. 사티어 모델에서는 개인의 빙산 '수면' 아래를 탐색하여 부적응적인 내담자의 경험을 표면화하고 변형하도록 함으로써 2차 수준과 3차 수준의 변화를 목표로 한다.

2 빙산치료 과정

치료자는 내담자의 외적 과정, 즉 표면적 경험의 수준에서뿐 아니라 잠재의식 수준인 내적과정과 작업하여 역동을 변형시켜야 하는데, 이를 위해서는 고도의 기술이 필요하다. 변화를 시도하고 치료과정을 진행함에 있어서 사티어 모델은 가족구성원 간의 상호관계적 역동과 개인의 심리 내적 역동을 활용하도록 권장한다.

이 치료에서는 내담자가 내면의 감정을 진정으로 느끼고 표현하며, 자신이 품었던 기대를 저버리게 하는 것이 중요한 치료과정이 된다. 기대를 표면화시키고 기대를 저버리는 단계를 통해 부모로부터 충족되지 않았던 아동기의 열망을 다른 방법으로 실현할 수 있도록 돕는다. 이는 내담자에게 힘을 줄 뿐 아니라 내담자가 가진 내적 · 외적 자원을 잘 활용할 수 있도록 격려하고 지지함으로써 내담자가 스스로 선택할 수 있게 하며 자기 선택에 대한 책임을 질 수 있게 하는 것이다. 그러나 기대를 표면화시키고 변형시키는 과정에서 내담자가 죄의식을 가질 수도 있음을 유념한다.

개인의 빙산치료는 개인뿐 아니라 부부나 가족이 함께하는 치료 상황에서 자신과 상대방에 대한 감정, 지각, 기대, 열망을 알아차리고 공감하는 데 유용하다. 특히 서로에게 거는 기대가 달라서 많이 싸우는 부부는 개인의 빙산 탐색을 통해 과거 경험에 대한 각자의 감정과 감정에 대한 감정을 파악할 수 있으며, 서로에 대해 가지고 있는 지각과 열망을 알게 됨으로써 상대방에 대한 이해를 넓히며 상대방의 욕구를 충족시키려는 시도를 할 수도 있다.

상담 전에 치료사가 계획하는 상담과정을 간단히 살펴보면 다음과 같다.

- 접촉: 연결을 시도한다.
- 내담자의 문제를 듣는다. 내담자의 빙산 부분들을 염두에 두면서 내담자의 문제를 명료화한다.

- 문제를 긍정적인 목표로 바꾼다. 즉, 무엇이 문제인가보다는 어떻게 되고 싶은가에 초점을 맞춘다.
- 목표 달성을 돕는다.
  - 어느 부분에 고착되었는지를 보고, 고착상태를 감소시킨다.
  - 변화에 대한 내담자의 헌신 정도를 점검한다.
- 상담을 마치기 전에 변화한 점에 대해 요약한다.
- 계속 상담할 경우 과제를 준다.
- 일반적으로 주 1회 1시간 상담한다. 내담자는 다음 상담일까지의 7일을 연습하는 시간으로 잡고 작업한다.

(2) 원가족 삼인군 치료

1 원가족 도표

원가족 삼인군 치료를 위해서 필요한 도구는 스타의 원가족 도표, 스타의 어머니 원가족 도표, 스타의 아버지 원가족 도표다. 사티어는 치료의 대상을 내담자(client) 또는 IP(Identified Patient/Index Person)라고 칭하지 않고 스타(Star)라는 용어를 사용한다. 사티어가 사용한 원가족 도표(family of origin map)는 가족치료에서 흔히 사용하는 가계도(McGoldrick et al., 2011)와는 구성과 내용에서 차이가 있다. 이 도표는 원가족의 맥락 속에서 개인 심리의 내적 과정뿐 아니라 가족과의 상호작용 및 가족역동성을 이해하고 평가하게 해 준다. 구체적으로 이 도표를 통하여 가족구성원의 성격, 자아존중감 정도, 대처방법인 의사소통 방식, 가족규칙, 가족의 역동성, 가족 내의 대인관계, 세대 간의 유사점과 차이점, 사회와의 연계성 수준 등을 파악할 수 있다. 또한 내담자가 높은 자아존중감을 갖고 일치된 의사소통을 하는 데 어떤 변화가 필요한지를 알기 위해 사용된다. 이 도표는 자신의 기억이나 경험 그리고 가족의 역사를 잘 아는 가족구성원, 특히 부모와의 면담에 기초하여 작성한다. 정확한 정보를 얻기 어려울 때는 내담자가 추리하거나 상상하여 적어도 된다.

원가족 도표를 그리는 방법은 다음과 같다.

① 1단계: 원가족 도표 그리기

- 스타의 아버지와 어머니를 각각 도형(□, ○)으로 그리고 각 도형 안에 아버지와 어

머니의 이름, 출생일, 연령을 적는다. 부모의 혼인 관련 날짜(별거 또는 이혼 포함)를 적는다. 부모가 사망한 경우 사망일을 적으며, 도형에 사선을 긋는다(예: ⍁).

- 각 도형 옆에 부모의 개인 및 인구론적 정보를 적는다([그림 5-8]의 ⓐ에서 ⓖ까지).
- 스타의 형제를 출생 순으로 개인의 인구론적 정보를 적는다.
- 스타를 표시하기 위해 스타 주위에 별표를 그린다.
- 원가족 도표의 자세한 내용은 [그림 5-8]을 참고한다.

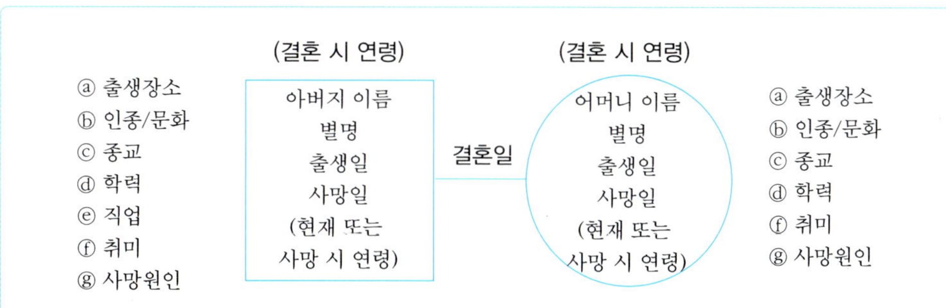

[그림 5-8] 원가족 도표 그리기

② 2단계: 과거에 느꼈던 가족의 모습 그리기([그림 5-9] 참고)

- **성격적 특성을 형용사로 표현**: 18세 이전으로 돌아가 그때 생각했던 가족구성원 각각의 특성을 적되 긍정적 특성과 부정적 특성을 각각 세 가지씩 적는다.
- **대처유형(방식)**: 18세 이전에 가족구성원이 스트레스 받을 때 1차적으로 보인 대처방식을 적되, 가능하면 2차 대처방식도 적는다. 대처방식은 회유, 비난, 초이성, 산만, 일치로 표시한다.
- **관계의 양상**: 18세 이전에 스트레스를 경험한 특정한 상황을 생각하면서 그때의 가족관계를 표시한다. 만약 두 사람 간에 한 가지 이상의 양상이 보이면 이를 모두 표시한다. 관계의 방향이 서로 다를 때 관계선 끝에 화살표를 한다. (예: ⇄)

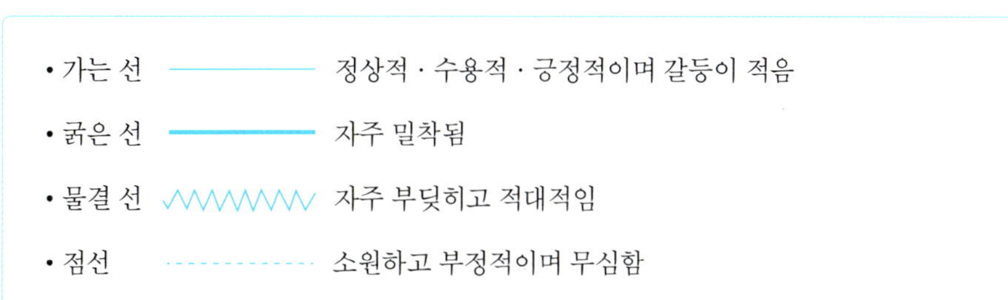

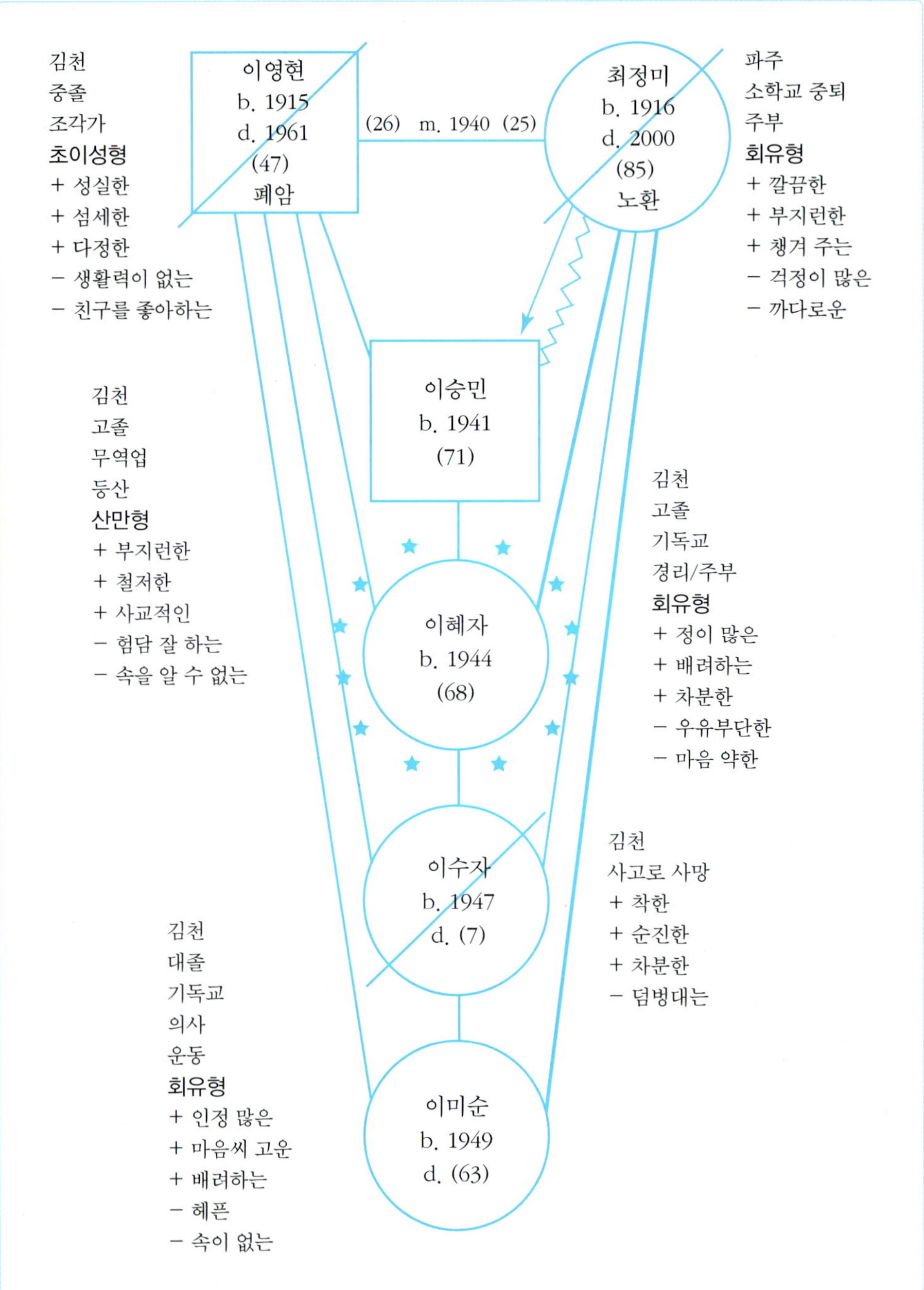

[그림 5-9] 이혜자의 원가족 도표(별칭: 부지런 가족)

출처: 정문자(2007).

앞과 같은 방법으로 원가족 도표를 작성한 후, [그림 5-9]에서처럼 원가족의 특성을 잘 묘사하는 별칭(예: 부지런 가족)을 적는다. 이러한 원가족 도표는 '원가족 삼인군 치료'에서 사용된다.

2 원가족 삼인군 치료과정

사티어는 가족치료 모델의 개념적 틀에서 개인이 성장하는 방법, 성장에 미치는 영향에 대한 신념, 개인의 변화에 대한 관점에 기초하여 개인치료 모델을 발달시켰는데, 이것이 '원가족 삼인군 치료(Primary Triad Therapy)' 모델이다. 이 모델은 삼인군(triad) 개념을 중요시하는데, 역기능적인 원가족 삼인군 가족(어머니, 아버지, 아동) 관계에서 유래된 쟁점을 현재의 상황에서 이해하게 하고, 이 쟁점을 현재의 삶에 대한 방해물이 아닌 긍정적인 것으로 부각시켜 원가족 삼인군을 치유하는 것이다. 구체적으로 아동은 원가족 삼인군에서 습득한 학습 중 정서적 학습을 잘 기억하는데, 특히 생존과 관련된 학습을 가장 잘 기억한다. 원가족 삼인군에서 겪었던 경험이 긴장의 연속이었다면, 그때 학습한 스트레스 대처방법이 이후의 성격과 인생에 영향을 미친다. 학습과정은 개인이 지지받고 있다고 느낄 때 극대화되며, 그 결과 모험을 하려는 마음과 모험을 할 수 있는 능력이 생기게 된다. 개인은 비록 새로운 행동을 배우더라도 자신에게 적합한 행동만을 선택할 필요가 있다. 그러므로 원가족 삼인군에서 갖게 된 왜곡된 지각이나 경험 그리고 미해결된 많은 일이 학습 삼인군(learning triad)[2] 활동에서 치유될 수 있다. 사티어는 삼인군의 구성, 관계, 역할, 조화 및 협동을 중요하게 생각하였으며, 사람은 삼인군 경험을 통하여 가장 잘 성장할 수 있다고 하였다.

원가족 삼인군 치료의 목적은 기능적인 삼인군의 특성을 갖게 하는 데 있다. 내담자가 원가족 삼인군에서 배운 역기능적 대처방법에 집착하기보다는 죄의식을 느끼지 않으면서 가족규칙과 부모의 규제에서 벗어나 개별성을 갖도록 돕는 것이다. 또한 의식적인 선택을 통하여 내담자가 자신의 행동에 책임을 지고, 자신의 감정과 그 감정에 대한 감정을 잘 관리할 수 있도록 도우며, 자신의 내적·외적 자원을 인정하고 개발하며 일치된 의사소통을 할 수 있도록 하여 궁극적으로 자아존중감을 높이는 것이 목적이다(정문자, 2007).

2) 학습 삼인군이란 세 명이 하나의 팀을 이루어 학습과 활동을 통하여 자기성장을 도모하는 학습군이다. 갈등이 많이 야기될 수 있는 삼인군 상황에서 각자 자신의 취약점, 대인관계와 대처유형을 파악하여 이를 이해하고 재구성하는 과정에서 치유적 경험을 하게 된다.

원가족 삼인군 치료과정을 간단히 살펴보면 다음과 같다.

- 작업을 진행하기 전에 작업을 희망하는 사람이 스타가 되어 자신의 원가족 도표를 준비한다.
- 스타가 자신의 원가족 도표를 제시하고 간단히 설명한다.
- 스타가 다루고 싶은 상황에 대해 설명한다.
- 스타와 가족을 대신하여 역할을 맡을 사람들을 선정한다.
- 진행자가 가족조각을 통하여 치료작업을 실시한다.
- 스타가 치료 과정과 결과에 만족하면 작업을 종결한다.
- 작업에 참여한 모든 사람이 역할 벗기를 한다.
- 참여자들이 경험을 공유한다.

(3) 가족조각

가족조각(family sculpture)이란 어느 시점을 선택하여 그 시점에서의 가족관계, 타인에 대한 느낌과 감정을 동작과 공간을 사용하여 표현하는 비언어적인 기법을 말한다. 조각은 근육과 표정으로 내적 감정을 표현하므로 개인의 내적 감정이 시각화·표면화되고 은밀한 생각과 느낌이 외현화된다. 한 가족구성원이 다른 가족구성원에게 느끼는 내적 정서 상태를 자세와 동작 및 소도구를 사용하여 공간적으로 나타내므로 정보는 말이 아닌 행동으로 볼 수 있다.

조각 기법은 "역동적, 능동적, 비선형적(nonlinear) 과정으로 사건이나 태도가 동시에 지각되며 경험될 수 있다. 관계의 의미와 은유, 이미지를 제공하므로 참여자와 관찰자가 함께 공유할 수 있다."(Duhl, Kantor, & Duhl, 1973, p. 6). 이 기법을 일명 '심리 사회적 모델'이라고 부르는데 그 이유는 사회체계를 자극할 뿐 아니라 같은 사회체계에서 다른 위치를 점유하고 있는 조각가의 지각과 정서적 반응을 표면화시키기 때문이다. 가족조각 기법은 캔터(David Kantor)와 덜(Fred Duhl)이 고안한 것으로 1960년대 말부터 사용되어 왔다.

이 기법을 사용하는 목적은 가족구성원이 각각 자신의 내면적 감정에 접함으로써 진정한 자아에 대해 알고 느끼며 새로운 대처방법을 생각해 보게 하는 것이다. 이러한 과정에서 가족의 역동성이 가시화되는데, 구체적으로 가족의 의사소통 유형, 권력구조, 경계선, 소속감, 개별화, 규칙, 가족체계의 융통성이 어느 정도 파악될 수 있다. 그 외 가족

가족조각의 예: 가족관계에서 경험한 것을 의사소통 유형으로 조각한 장면

조각에서 나타나는 가족 간의 물리적 거리, 얼굴과 신체표정 그리고 자세를 통하여 가족관계, 동맹, 감정, 스트레스 상황에서의 대처방법을 알 수 있다. 이처럼 조각은 진단과 평가뿐 아니라 가족치료에서 널리 사용되고 있는 효율적인 기법 중 하나이며 심리극에서도 많이 활용되고 있다.

조각기법은 치료자의 목표와 활용능력, 가족의 참여 정도와 치료 상황에 따라 다르게 사용된다. 이 기법을 사용함으로써 가족의 방어감이 감소되는데, 그 이유는 조각 장면이 조각자의 지각에 의한 것이고 비언어적으로 표현되기 때문이다. 이처럼 비언어적인 조각기법은 자신에 대한 표현을 용이하게 하므로 언어능력이 제한되어 있는 가족, 어린 아동이 있는 가족, 말이 너무 많거나 말이 없는 가족에게 매우 효율적이다. 또한 사고와 이성을 중요시하거나 모든 것을 지성화하는 가족, 인간관계가 매우 고립되어 있거나 밀착되어 있는 가족, 갈등이 많은 가족에게도 유용하다.

(4) 나의 생활 연대기

나의 생활 연대기(life chronology)는 출생 후 현재까지 나의 주요 생활사건을 연대별로 나열한 것이다([그림 5-10] 참고). 이것을 통해 자신의 인생 경험을 반추해 보며 자신에게 영향을 미쳤던 사건을 인식하고 재구성하는 과정을 통해 성장할 수 있는 기회를 갖는다.

- 현재 나이까지의 주요 생활 사건을 기억해 본다.
- 그 사건들을 수평선 위에 연대별로 나열한다.
- 그 사건들이 나에게 영향을 미친 정도를 긍정적 또는 부정적 차원에서 점(·)으로

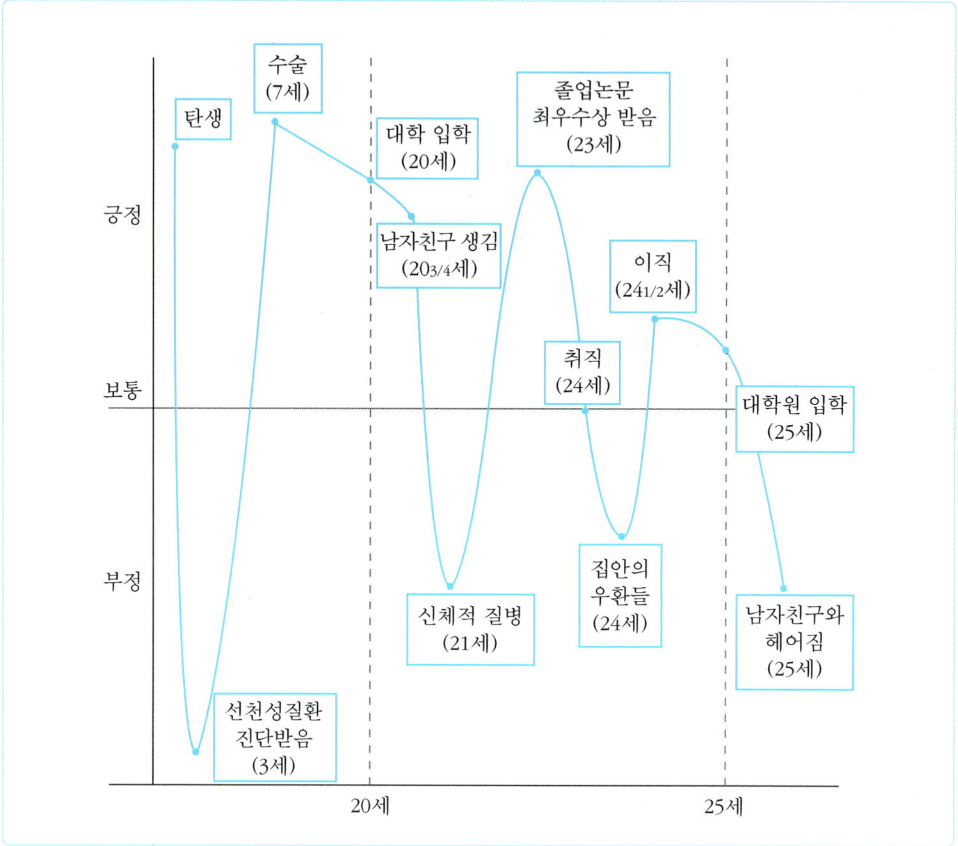

[그림 5-10] 나의 생활 연대기

표시한다.

- 점과 점 사이를 선으로 잇는다.
- '나의 생활 연대기'를 팀과 함께 공유하며 이야기 나눈다.

(5) 나의 영향권 이해

영향권(wheel of influence)이란 성장기 동안 우리에게 지적·정서적·신체적·사회적으로 영향을 준 사람이나 사건을 바퀴 모양의 그림으로 만든 것이다. 이 그림을 통하여 미처 인식하지 못했거나 인정하고 싶지 않았던 경험과 관계를 재정리해 볼 수 있다. 수레바퀴에 많은 바퀴가 달려 있을수록 스타의 성장과정에 영향을 미친 사람들이나 그들로부터 얻은 자원이 많음을 의미한다. 영향권 그림은 가족생활 연대기와 같이 전지에 그려서 가족재구성 치료를 할 때 사용한다.

나의 영향권을 그리는 방법은 다음과 같다.

- 먼저 나 또는 스타를 중앙에 그린 다음, 나에게 영향을 준 사람과 사건을 적는다.
- 나에게 영향을 준 인물 등을 특징적으로 묘사하는 형용사를 3개 정도 적는다. 사용한 형용사가 나에게 수용되는 정도에 따라 긍정(+) 또는 부정(−)으로 표시한다.
- 나와 이들 간의 친밀도를 선으로 표시한다. (두께: ━, —, 모양: —, ⋀⋀⋀)
- 이들이 나에게 준 메시지를 생각한다.
- [그림 5−11]과 같이 그림이 완성되면 팀과 이야기를 나눈다.

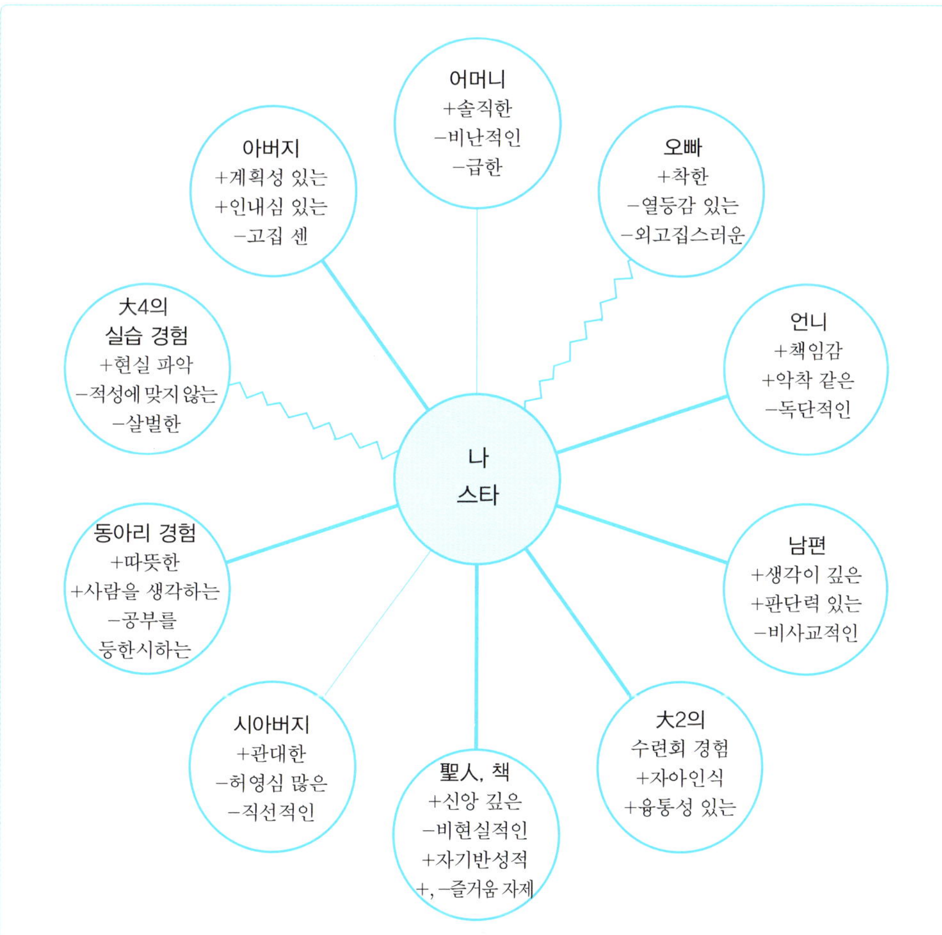

[그림 5−11] 나의 영향권

참고

앞의 활동을 응용하여 다음과 같이 진행해도 좋다.

① 각 인물이나 환경을 가장 잘 나타내는 이미지(스티커)를 골라 풀로 붙인다(이미지나 소품이 준비되지 않은 경우 이미지로 떠오르는 단어, 예컨대 곰, 호랑이 등으로 대신해도 좋음).

② 이 작업이 끝나면 3~5명이 한 집단이 되어 의견을 나눈다.

③ 내용은 나와 관계가 좋은 경우, 그 관계를 유지하거나 향상하기 위한 방법에 대해 토론한다. 만약 나와 관계가 좋지 않은 경우, 그 관계를 호전시키고 싶은지 여부를 결정하여 관계를 호전시키고 싶은 경우, 각자가 할 수 있는 방법과 자세 등에 대해 토론한다.

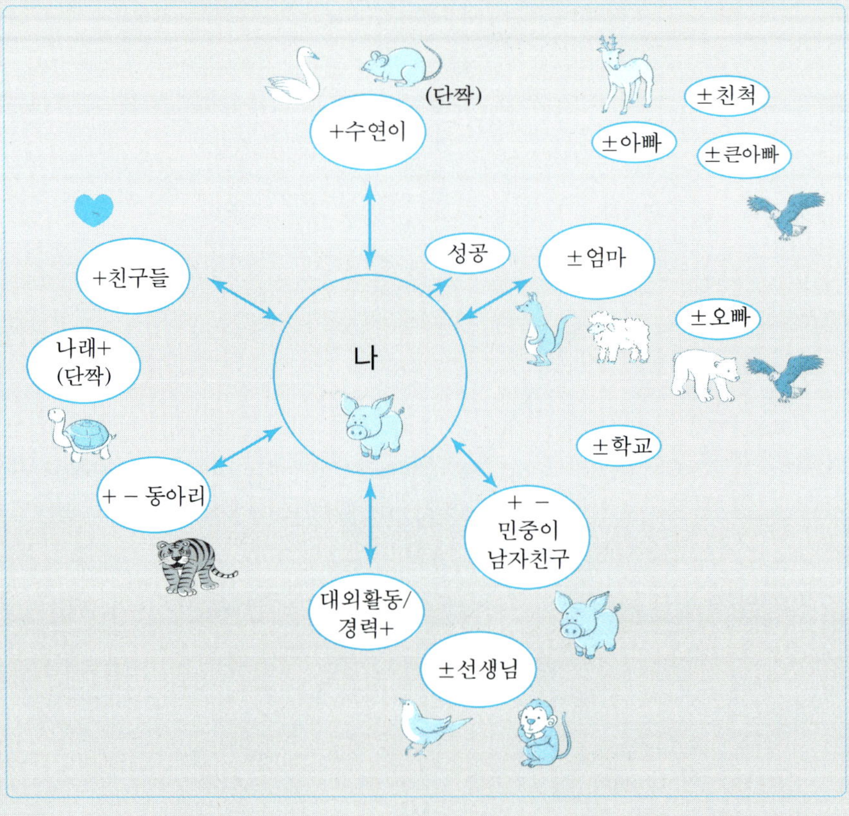

(6) 은유

은유(metaphor)기법은 치료자가 직접적으로 지시하거나 평가하기보다는 간접적이고 비유적인 표현을 사용하는 것으로, 내담자의 자아존중감이나 체면을 손상시키지 않기 때문에 덜 위협적이다. 은유적 표현을 잘 이해하기 위해서는 독창성과 예리한 관찰력이 필요하므로 치료자의 은유를 놓칠 수도 있다. 이 은유기법은 사티어를 비롯하여 에릭슨(Milton Erickson)과 헤일리(Jay Haley)가 애용한 기법이다.

내담자가 치료자의 지시에 저항할 때, 유추하거나 은유를 사용함으로써 문제를 다룰 수 있다. 예를 들어, 내담자가 A를 저항하면 치료자는 B를 이야기할 수 있는데, A와 B가 은유적으로 연관이 될 때 내담자는 이 둘을 '자발적'으로 연관 지으며 적절하게 반응한다. 예를 들어, 다음의 사례에서 치료자가 몇 년 전 낯선 남자로부터 성폭행을 당한 한 여성이 자상한 남성과 결혼을 약속하게 되면서부터 악몽을 자주 꾸게 되는 문제를 직접적으로 논의하기보다는 은유적으로 접근한 것을 볼 수 있다.

> 내담자의 호소를 들은 치료자는 만약 남자 친구와 공원을 산책하다가 날개가 다친 새 한 마리를 발견한다면, 둘은 어떻게 할 것인지를 질문하였다. 내담자는 주저 없이 그 새를 돌봐 줄 것이라고 대답하였다. 치료자는 남자 친구가 어떻게 할 것으로 추측하느냐고 묻자, 그도 틀림없이 다친 새를 돌봐 줄 것이라고 대답하였다. 치료자는 자기가 보기에 당신이 바로 날개를 다친 새로 보인다고 암시하였다. … 내담자는 자신의 상황을 긍정적으로 보게 되었을 뿐 아니라 남자 친구가 알았을 경우에도 자신에게 연민을 가질 것이라는 확신을 하게 되었다(이윤주, 양정국, 2007, p. 154).

사티어는 변화를 증진시키기 위해 은유를 자주 사용하였는데, 특히 내담자에게 특별한 의미를 전달하기 위해 사용하였다. 은유를 통해 치료자 자신이 의미하는 것과 실제 대상과의 사이에 일정한 공간이 생기는데 그 공간은 내담자가 자기 나름대로 해석할 수 있는 여유를 제공한다고 보았다. 그러므로 은유는 간접적 치료를 유도하는 하나의 보조 치료자라고 할 수 있다(Satir et al., 1991). 그뿐 아니라 내담자가 위협으로 느낄 것 같은 경우, 내담자의 사고를 새로운 수준으로 끌어올리려 할 때, 친숙하지 않은 것을 친숙한 것으로 만들기 위해 또는 대안을 확장시키려는 목적으로 사용된다.

(7) 명상

명상은 감정과 직관력을 담당하는 뇌의 우반구를 사용하게 하고 '지금-여기'에 집중하게 한다. 그뿐 아니라 자신의 내적 · 외적 자원을 감사히 생각하고 충분히 활용할 수 있게 하며, 새로운 에너지를 갖고 새로운 선택과 가능성을 추구할 수 있도록 함으로써 변화와 성장을 도모한다.

글상자 5-2 당신의 귀중함

당신의 귀중함을 느껴 보세요.
당신은 당신이라는 이유로서뿐 아니라
전 우주에 존재하는 보편적 원리
그 자체를 보여 주기 때문에 귀중하답니다.

우리가 스스로 잉태되지는 않았으나
성장은 함께하는 것이지요.

자신을 사랑하십시오.
왜냐하면 당신은 우주의 단 한 사람이니까요.

출처: Banmen & Gerber (1992), p. 45.

명상을 하는 과정에서 사고(思考)가 일어나기는 하지만 이를 지적과정으로 보지는 않는다. 명상은 자존감을 고양시키고 더 이상 우리에게 필요 없는 것에 집착하기보다는 우리에게 맞는 것을 추구할 수 있도록 에너지를 집중시켜 준다. 개인의 독자성을 감사히 생각하고 활용하도록 하면서도 타인과의 차이점을 수용하게 하여 타인과 진실로 연결될 수 있는 성장의 기회를 제공해 준다. 사티어는 "잘 처리된 긴장은 에너지로 바뀐다."라고 하였다(Schwab, 1990, p. 101).

사티어가 초기에 사용한 명상은 주로 호흡, 감정, 집중에 관한 것으로 우리 자신을 통찰하게 하는 것으로 사용하였다. 그러나 후기의 명상은 확인, 긍정적 지각, 올바른 선택, 새로운 가능성과 자기 수용을 강조하는 것으로 "명상을 통해 당신과 나 그리고 우리 모두가 지금 일어나고 있는 일에 대한 인식을 높이기 위해서"라고 하였다(Satir et al., 1991, p. 292).

명상을 하기 위한 준비로 치료자나 워크숍의 지도자는 참여자가 현재 느끼는 감정을 그대로 시인하게 한다. 그러고는 참여자가 편안한 자세로 두 발은 바닥에 대고 눈은 감은 채 숨을 깊이 들이마시게 한 다음, 차분하고 낮은 목소리로 명상을 인도한다. 필요하면 배경음악을 사용하여도 좋다.

5. 사례연구

1) 사례개요

상사가 아빠 같아요

의뢰과정

지선은 최근 상사와의 관계가 더 힘들어져 친구의 소개로 상담실을 오게 되었다.

제시된 문제

회사업무 관계로 상사의 핀잔을 자주 듣는데, 자신의 잘못이 아닌데도 말을 하지 못하고 속으로 억울해한다. 윗사람을 대하는 것이 대체로 어렵고 하고 싶은 말을 제대로 하지 못하는 것 때문에 뒤돌아서면 속상하다. 잘 지내고 싶은데 마음처럼 잘 되지 않으며, 마주하면 긴장하여 거리를 두기 때문에 상대방도 불편해하는 것 같다.

(1) 가족의 기초정보

스타인 지선(27세)은 주눅이 들어 있고 자신이 없는 표정을 지으며 내방하였다. 1남 1녀 중 장녀로 온화한 성격을 가진 듯 보인다. 미혼이며 종교는 기독교다. 어머니를 존경하나 아버지에 대한 분노가 크다. 신앙의 힘으로 아버지를 용서하고 싶으나 마음처럼 잘 되지 않아서 힘들다.

스타의 아버지(59세)는 완벽주의 성향을 갖고 있으며 성격이 무척 급하고 가족을 많이 비난하는 편이다. 예절을 중시하여 스타가 어릴 때 조금만 잘못해도 고함을 치고 매를 들었다.그는 스타가 대학교를 다닐 때 대부분의 과목에서 A^+를 받아도 '잘했다'고 칭찬하기보다는 더 잘해야 한다고 다그쳤다.

스타의 어머니(54세)는 따뜻하고 수용적이며 합리적이다. 급하고 비난적인 아버지와 괴팍한 할머니의 성격을 묵묵히 받아 주며 살아왔다. 스타가 아버지에게 매를 맞으면 약을 바르며 어루만져 주었고 아버지가 화낼 땐 가만히 있으라고 하였다.

스타의 남동생(25세)은 아버지처럼 자신의 일에 성실하며 꼼꼼한 편이다. 성취하려는 욕구가 강하며 일이 잘 안 되면 타인을 비난한다.

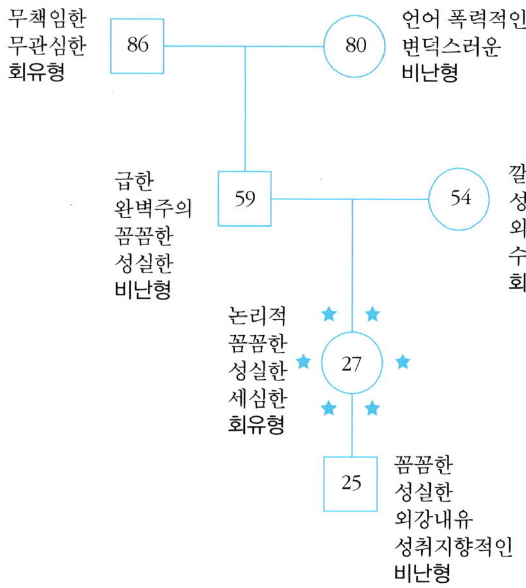

[그림 5-12] 지선(스타)의 가계도

스타의 할머니(80세)는 성격이 불같고 변덕스러우며 매일 심한 욕설과 비난으로 가족을 힘들게 한다. 특히 스타의 어머니에게는 '××년, 잡아 죽일 ×'과 같은 말을 한다. 할머니를 좋아하는 가족은 아무도 없다. 그러나 예전에 비하면 '이 빠진 호랑이' 같다.

스타의 할아버지(86세)는 가족의 일에 별로 관심이 없으며 무책임한 행동을 많이 한다. 할머니의 기세에 눌려 눈치를 보며 할머니에게 의존한다.

(2) 문제발생 배경

스타가 직장의 프로젝트에서 본인의 책임은 완수했으나 다른 동료의 잘못으로 일이 늦어지는 바람에 팀원 모두가 부장의 질책을 들었다. 그런데 부장이 스타에게 서로 돕지 않고 혼자만 했냐며 나무랐다. 스타는 당황하고 화도 났지만, 잘못했다고 말하며 돌아서 나오는데 속이 매우 상했다. 이전에 그 부장이 공동 작업을 소홀히 한 적이 있어 스타가 대신하느라 힘들었었고 이에 대해 말했을 때 별것 아닌 것처럼 반응했었다. 이와 유사한 경험을 수차례 겪었는데 스타는 이런 상황에서 왜 스스로를 변호하지 못하고 자신을 표현하는 것에 어려움을 겪는지 알 수가 없어 답답하다.

(3) 가족역동의 이해

스타는 자라면서 아버지로부터 심하게 비난받고 폭력을 당한 기억이 많다. 그때는 생존하기 위해 억울함을 누르고 아버지의 요구에 맞추는 대처방식을 발달시켜 왔는데, 이러한 역기능적 대처방식이 현재 윗사람과의 관계에서 그대로 나타나고 있다. 어머니는 시어머니로부터 심한 언어폭력과 비난을 받아 왔으므로 이들 간에 심한 고부갈등이 있었을 것이며, 이처럼 부정적인 상호작용도 스타의 대처방식에 영향을 미쳤을 것이다. 스타는 힘을 가진 윗사람에게는 복종하며 잘 따라야 사랑을 받을 것이라는 지각체계를 형성하여 윗사람과의 관계에서 강한 회유반응을 보여 왔다. 이러한 대처방식은 힘 있는 자의 인정을 받기 위해 자신의 내적 열망을 강화시키면서 가족관계뿐 아니라 대인관계에서도 억울함과 불편함 등 부정적인 감정을 증가시키며 자존감을 손상시키고 있다.

2) 치료모델의 적용

(1) 치료목표

상담 초기에 치료자는 내담자의 문제에 대한 평가와 목표를 설정하는 것을 염두에 두고 상담을 진행하였다. 내담자는 상사의 질책 때문에 힘들어했으며 상사에게 당당하게 자신의 입장을 밝히지 못한 것에 대해 억울해하며 자신이 왜 그러했는지 알고 싶고, 앞으로는 억울해하지 않으며 당당하게 말하고 싶다고 했다. 치료자는 '이전에도 이와 비슷한 경험이 있는지'를 탐색하였으며 가계도를 통하여 가족역동을 평가하였다. 이 과정에서 여러 상담목표가 제시되었다. 구체적으로 아버지를 마음으로 받아들이고 좋은 관계 유지하기, 걸림돌을 제거하고 수용하여 관계를 개선하기, 대인관계에서 자기의사를 분명하게 표현하기를 목표로 정하였다.

(2) 내담자의 빙산 탐색하기

내담자의 개인빙산을 탐색하면서 내담자의 문제행동(자기표현이 어려움), 감정, 지각, 기대, 열망에 대해 탐색하였다. 내담자는 "아버지가 예의를 굉장히 중시해서 말을 조금만 잘못해도 야단을 맞았다. … 나도 모르게 착해야 된다고 생각하면서 자신을 많이 억누른 것 같다."라고 하였다. 내담자는 긴장 속에 자신을 가두어 두는 것 같은 답답함, 적막감을 느끼며 이 답답함은 "가슴 아래쪽에서 누르는 것 같다."라고 하였다. 누르고 있는 것은 아빠의 억압 때문이며 가족과 아빠의 기대와도 연관이 된다고 하였다.

내담자가 가진 자신에 대한 기대는 타인과 대화할 때 좋게 보이고 예쁘게 행동하는 것인데 이제 이것도 본인의 선택이 될 수 있음을 상담과정을 통하여 알게 되었다. 그리하여 상사와의 관계에서도 올바르고 좋게만 보이려 하기보다는 마음 편하게 있는 그대로의 모습을 보여 줄 것을 다짐하였다.

치료자는 내담자에 대한 아버지의 행동을 탐색하였으며 어머니의 반응에서 내담자가 느낀 감정(예: 슬픔)과 감정에 대한 감정(예: 초라함)을 파악하였다. 아버지의 예상 반응에 대한 내담자의 생각과 감정을 탐색하면서 아버지의 반응에서 어릴 적 경험한 것과는 다른 긍정적인 면을 발견하게 되었다.

치료과정에서의 경험이 내담자로 하여금 연락을 재개하고 싶은 마음을 갖게 하였다. 치료자는 내담자가 어려운 치료 작업에 끝까지 동참한 것에 대해 칭찬하며, 오랫동안 익숙한 행동(아버지에 대한 반응)을 단번에 바꾸기는 쉽지 않겠지만 이것이 좋은 시작이 될 수 있음을 언급하였다.

상담회기 사이에 내담자는 아버지와 통화를 했는데 아버지가 힘이 없어 보여 안타까운 마음이 들었으며 말을 더 계속하지 못했다고 하였다. 치료자가 "지금은 어떤가요?"라고 물으니 "좀 편하다. 할 일을 한 것 같은, 전에는 옛날 생각에 아버지가 자꾸 미워져 교회에서 기도해도 잘 안 되고 그랬는데…." 하고 말하였다.

치료자는 할머니에 대한 내담자의 지각을 탐색하였으며, 할머니와 할아버지의 관계 그리고 서로에 대한 기대에 대해 질문하였다. 내담자는 가족 모두가 할머니를 미워했으나 어머니만은 할머니를 대접해 드린 것 같다고 하였다. "지금 이 자리에 할머니가 계신다면 무엇을 하고 싶은가요?"라고 치료자가 묻자 내담자는 "안아 드리고, 사랑한다고…, 당신도 사랑받기 위해 태어난 존재라고…."라고 말하면서 눈시울을 적셨다. 치료자가 "지금 마음에서 무엇이 일어나고 있나요?"라고 묻자 내담자는 "…내 마음속에 내가 서 있는데 웃고 있어요. 기쁘기도 하고, 이런 표현은 처음인데 내가 조금은 자랑스럽다는 생각이 들어요."라고 하였다.

내담자의 상담목표인 아버지를 마음으로 받아들이고 좋은 관계 유지하기, 걸림돌을 제거하고 수용하여 관계를 개선하기, 대인관계에서 자기의사를 분명하게 표현하기가 어느 정도 성취되었으므로 내담자의 동의하에 치료를 종결하기로 하였다. 2개월 후에 추후 상담을 제안하였고 내담자는 그때 오겠다고 답하였다.

(3) 치료에 대한 평가

이 상담에서는 내담자가 아버지에 대해 갖고 있는 오랜 원망과 억눌림, 어머니에 대한 연민, 조부모에 대한 부정적인 감정이 표면화되었다. 이러한 감정이 치료자와의 신뢰 있고 안정된 관계에서 지금-여기로 가져와 잘 다루어졌으며, 내담자가 용기를 내어 아버지와 통화하는 등 문제해결을 위한 시도를 하였다. 이 시도는 상담자의 격려와 칭찬을 받았으므로 내담자가 아버지를 용서하고 이해하며 관계를 개선하는 데 도움이 될 것이다. 이 모든 작업은 내담자의 궁극적인 목표인 '윗사람과의 관계' 개선을 시도할 수 있다는 희망과 의지를 가져다주었다.

요약

경험적 가족치료는 즉각적이고 지금-여기에서의 경험을 중요시하는 인본주의 심리학에 뿌리를 두고 있으며, 철학과 기법의 측면에 있어서 게슈탈트 치료, 현상학, 형태치료, 참만남 집단, 예술치료, 심리극 등 다양한 치료의 영향을 받았다. 사티어는 경험적 가족치료의 주요개념으로 자아존중감, 의사소통 및 대처유형, 가족규칙을 제시하였으며, 인간의 역기능과 문제의 근원을 인간의 자아존중감의 결여, 경직되고 비합리적인 가족규칙, 의사소통 및 대처유형의 문제로 보았다. 이 치료의 궁극적인 목적은 내담자의 자아존중감을 높이고, 자기 인생에 대한 선택권을 스스로 갖도록 하며, 가족의 규칙을 합리적 · 현실적 · 인간적이도록 바꿈과 동시에 내담자의 의사소통 유형을 일치적으로 만드는 것이다. 경험적 가족치료과정에서 사용되는 치료도구로는 원가족 도표, 가족조각, 은유, 명상 등이 있다. 이러한 치료도구를 사용한 경험적 가족치료 기법에는 '빙산치료' '원가족 삼인군 치료' 등이 있다.

경험적 가족치료는 사람들이 마음속 깊이 갖고 있는 정서, 특히 부정적 정서와 욕구를 표현하게 하고 이를 지금-여기에서 작업하면서 이해받고 수용되는 경험을 통해 내담자의 목표를 성취하도록 돕는 데 유용하게 사용될 수 있다. 대체로 추상적이고 일치적이지 못한 한국인의 의사소통 방식을 일치형으로 바꾸는 데 기여할 수 있다. 원가족과 가족관계에서 학습하게 된 역기능적인 규칙을 합리적이고 현실적인 것으로 만드는 것은 기능적인 인간으로 성장하는 데도 도움이 된다.

이 모델은 이해보다는 경험을 강조하며, 이론과 기법보다는 치료자의 자세와 능력이 중요하다. 다른 치료모델에 비해 치료자의 통찰과 감성적인 면이 많이 요구된다. 치료자가 경험, 통찰력, 유연성이 부족하면 내담자의 문제를 제대로 다룰 수 없게 되므로 내담자에게 상처를 줄 수 있다. 치료적 도구로서 치료자의 자기 활용이 매우 중요하므로 치료자가 먼저 능력, 자신감, 일치성을 가져야 하며, 그러기 위해서는 상당 기간의 수련이 필요하다. 이 모델에서는 개인의 성장이 치료목표이기 때문에 가족을 반드시 참여시키지는 않아도 된다고 보지만, 한 개인의 변화만으로 가족체계가 변화하는 것은 제한적일 수 있다.

연습문제

1. 서로 다른 의사소통 유형을 가진 사람들과 대화하거나 토론을 하면서 합의점을 찾는 것은 어려운 일이다. 다음의 방법을 사용해서 나와 다른 유형의 의사소통을 하는 사람들과 합의점을 찾는 연습을 해 보자.

   ① 4~5명이 한 팀을 이루어 가족구성원의 역할을 맡는다. (예: 부, 모, 아들, 딸, 딸)

   ② 각 구성원이 역기능적 의사소통의 한 유형을 역할 맡는다. 예를 들어, 아버지는 비난형, 어머니는 회유형, 아들은 초이성형, 첫째 딸은 회유형, 둘째 딸은 산만형으로 각자의 역할을 충실히 하도록 한다.

   ③ 이 가족의 과제는 다음과 같다.

   > 어느 공휴일에 모든 가족이 야외로 나가 함께 즐기기로 되어 있다. 그런데 아버지는 가정 형편상 식구 1명당 8,000원만 쓸 수 있다고 한다.
   > 가족이 모두 함께 의논하여 어디로 갈 것이며 무엇을 할 것인가에 합의점을 찾도록 하는 것이다. 토의시간은 10분 정도로 하나 경우에 따라 조절한다.

   ④ 이 활동이 끝나면 합의 과정에서의 경험(어려운 점, 잘된 점, 알게 된 점 등)을 발표를 통해 서로 이야기 나눈다.

2. 나의 아동기와 청소년기를 떠올리며 그때의 경험을 표현해 보자.
   - 이 시기에 나의 스승이나 롤모델은 누구였는가?
     책, 유명인사, 개인적으로 아는 사람이나 친구, 가족 등을 탐색해 보고 이들이 어떤 점에서 나에게 영향을 미쳤는지 살펴본다.
   - 나의 아동기와 사춘기를 되돌아볼 때 행동양식 중에서 버린 것은 무엇이고, 아직도 소중히 간직하고 있는 것은 무엇이며, 감사할 일은 무엇인가에 대해 목록을 작성하고 공유한다.
   - 사춘기 이후 어떤 변화가 있었는가를 살펴보고 평가해 본다.

3. 나의 가족의 규칙을 탐색해 보고, 나의 정신건강과 성장에 도움이 되지 않는다고 생각되는 규칙이 있다면 이를 변경해 보자.

① 나의 가족규칙을 5개 정도 생각하여 적는다.

② 이 규칙 이면에 있는 핵심 가치와 목적은 무엇인지 생각해 본다.

③ 이 규칙들 때문에 내가 치른 대가, 얻게 된 감정과 경험은 무엇인지 생각해 본다.

④ 나의 성장에 도움이 되었던 규칙에는 +, 도움이 되지 않았던 규칙에는 −, 별다른 영향을 주지 않았던 규칙에는 △으로 표시한다.

⑤ 나에게 긍정적 영향을 미쳤던 규칙에는 고마움을 표시하고 부정적 영향을 미쳤던 규칙은 지침으로 만들어 본다(p. 156 참고).

⑥ 이 활동은 혼자 해도 좋으며 다른 사람과 팀을 이루어 이야기 나누어도 좋다.

제 6 장

구조적 가족치료

가족구조가 변하면 그 구성원의 행동과 내면의 심리과정이 변화한다 (Minuchin, 1988).

어떠한 가족이든 가족원 간의 상호작용을 반복적으로 관찰하다 보면 일정한 패턴을 가지고 있음을 알 수 있다. 구조적 가족치료에서는 가족의 상호작용 패턴을 가족구조의 개념으로 설명하고 있다. 집이라는 물리적 공간이 일정한 구조를 가지고 있듯이 가족의 상호작용도 일정한 구조로 이루어진다는 것이 구조적 가족치료의 핵심이다. 이 모델은 가족구조의 개념을 중심으로 하위체계, 경계선, 위계구조 등 몇 가지 개념을 제시함으로써 무엇이 기능적인 가족이며 또 역기능적인 가족인가에 관한 명확한 지도(map)를 제공한다.

구조적 가족치료의 목적은 가족을 재구조화하는 것이며, 이러한 목적을 달성하는 과정에서 내담자의 문제나 증상이 자연스럽게 사라진다고 본다. 치료자는 가족의 일원으로 합류하고 가족을 있는 그대로 존중하면서 가족을 재구조화하기 위한 치료적 개입을 시도한다. 이 장에서는 미누친이 발전시킨 구조적 가족치료의 주요개념 및 치료적 실제에 대해 살펴본다.

1. 발달배경

살바도르 미누친(1921~2017)

구조적 가족치료는 자신이 처했던 시대 상황에 순응하고 안주하기보다 더욱 적절한 이론과 방법을 찾아 고민하던 선구자 가운데 한 사람인 미누친(Salvador Minuchin)에 의해 시작되었다. 그는 유럽에서 아르헨티나로 이민을 간 유태인 부모의 세 자녀 중 장남으로 태어나 성장하였고, 아르헨티나에서 의과대학 훈련을 받은 후 미국으로 건너가 소아정신과 훈련을 받았으며, 이스라엘에 가서 전쟁으로 인해 고아가 되고 집을 잃은 아이들과 유태인 가족을 돕는 일을 하였다. 1954년 그는 다시 미국으로 돌아가 정신분석 훈련을 받고 정신과 의사가 되었으며, 뉴욕 근교의 윌트윅 비행청소년 기숙학교(Wiltwyck School)에서 일하였다. 그 과정에서 잭슨(Don Jackson)의 논문에 영향을 받게 된 미누친은 비행청소년 개인뿐 아니라 청소년을 둘러싼 사회적 맥락과 가족을 변화시켜야 할 필요성을 절감하게 되었다. 당시 개인치료적 접근에서 적절한 답을 찾지 못했던 그는 가족의 구조를 바꾸기 위한 개입방법을 개발하는 데 주력하였다. 윌트윅 학교에서 8년을 보내면서 그는 빈곤가족을 대상으로 한 많은 치료기법을 개발하였다. 그 내용을 담아 그는 1967년 『슬럼가의 가족들(Families of the Slums)』(Minuchin, Montalvo, Guerney, Rosman, & Schumer, 1967)을 출판하였고, 이 책은 구조적 가족치료의 초석이 되었다.

1962년 미누친은 팔로알토에 있던 헤일리(Jay Haley)와 관계를 맺으면서 전문성을 쌓아 갔고, 1965년 '필라델피아 아동지도클리닉(Philadelphia Child Guidance Clinic)'의 소장이 되었다. 이 기관은 원래 흑인 빈민굴에 소재한 평범한 기관이었으나 미누친의 지도력 아래 세계적으로 유명한 가족치료 훈련기관으로 성장하여 '필라델피아 아동가족치료훈련센터(Philadelphia Child and Family Therapy Training Center)'로 거듭났으며, 아동, 청소년, 부부와 가족을 대상으로 구조적 가족치료를 자문, 훈련, 슈퍼비전을 하는 중심기관이 되었다.

미누친은 1974년 『가족과 가족치료(Families and Family Therapy)』를 출판함으로써 구조적 가족치료의 기본 개념과 기법을 세상에 널리 알렸다. 1975년 필라델피아 아동지도클리닉의 소장직에서 물러난 미누친은 심리신체화 증상이 있는 사람의 가족을 대상으로

한 치료적 접근에 몰두하게 되었다. 1981년 그는 뉴욕에서 가족학연구소(현재 미누친가족연구소로 개칭함)를 설립하여 가족치료자를 훈련하는 데 전념하다가 1996년 은퇴하였다. 2007년 미누친은 '심리치료 네트워커(Psychotherapy Networker)'의 조사에서 지난 25년 동안 심리치료 관련 전문가 2,600여 명 가운데 가장 영향력 있는 10명 중 한 명으로 선정되었다(www.psychotherapynetworker.org). 미누친은 오랫동안 자신의 가족치료 모델에서 가족의 현재 상호작용 구조에 초점을 두고 내담자의 과거 역사를 고려하지 않았으나, 삶의 후반에 동양권의 학자인 홍콩의 리웨이영(Wai Yung Lee)과 함께 『부부 · 가족상담 4단계 모델』(Minuchin, Nichols, & Lee, 2007)을 출판함으로써 내담자의 원가족 경험을 고려하는 관점으로 자신의 치료 모델을 확대하였다. 2017년 96세의 나이로 미국 플로리다주 보카라톤에서 사망하기까지 미누친은 계속해서 후학들을 가르치고 슈퍼비전을 하고 저술 활동을 하였다.

미누친 이외에 구조적 가족치료의 발달에 기여한 인물로는 정신과 의사인 피시먼(Charles Fishman), 임상 사회복지사인인 아폰테(Harry Aponte), 그리고 몬탈보(Braulio Montalvo)와 로스먼(Bernice Rosman)이 있다. 구조적 가족치료는 가장 많이 연구된 모델 가운데 하나로서 전략적 모델의 발달에 영향을 미쳤으며, 비행청소년 가족, 거식증 환자 가족, 약물이나 알코올 중독자 가족, 사회경제적 지위가 낮은 가족을 대상으로 한 가족치료에서 특히 효과가 있는 것으로 입증되었다(Becvar & Becvar, 2003; Goldenberg & Goldenberg, 2002). 구조적 가족치료는 문화적으로 다양한 가족에 적용되어 왔다. 특히 가족 내 적절한 경계와 위계를 강조하는 동양 문화에서 가족 문제를 사정하고 치료하는 데 효과적인 것으로 평가되고 있으며(Jung, 1998), 아프리카계 미국인 및 남미의 여러 나라 가족에게 구조적 가족치료가 특히 효과적인 것으로 알려져 있다.

구조적 모델은 가족구조에 미친 문화적 · 사회적 영향을 중시하였지만, 페미니스트는 구조적 모델이 남성중심적인 문화적 규범을 표면적으로 지지하지는 않았어도, 부부 및 부모 하위체계에 존재하는 권력의 불균형에 주목하지 않음으로써 가족원 간 힘의 불균형을 치료적 개입에서 다루지 않았다고 비판하였다. 또 그들은 "구조적 모델이 남녀 간 성역할 사회화 과정의 차이에 주의를 기울이지 않았기 때문에 치료과정에서 남녀의 서로 다른 경험을 존중하지 못하였다."(Walsh & Scheinkman, 1989)라고 비판하였다.

2. 주요개념

구조적 가족치료의 핵심 개념은 가족구조다. 가족구조를 이해하기 위해서는 하위체계, 경계선, 위계구조를 이해해야 한다. 가족구조는 눈에 잘 보이지 않으며 식별하기가 쉽지 않으나 눈으로 쉽게 식별할 수 있는 건물의 물리적 구조를 가족의 상호작용 구조를 이해하기 위한 은유로 사용할 수 있다([그림 6-1] 참고). 즉, 건물의 층은 위계구조의 개념으로, 각각 나누어진 공간은 하위체계의 개념으로, 공간 사이의 벽이나 창은 경계선의 개념으로 비유할 수 있다. 뿐만 아니라 각 부분의 기능도 비유될 수 있다. 예컨대, 건물의 각 공간은 그 공간에서 수행되어야 하는 기능적 요구가 있듯이, 가족의 하위체계도 그 하위체계나 가족 전체체계가 존재하기 위하여 기능적으로 수행해야 하는 요구가 있다.

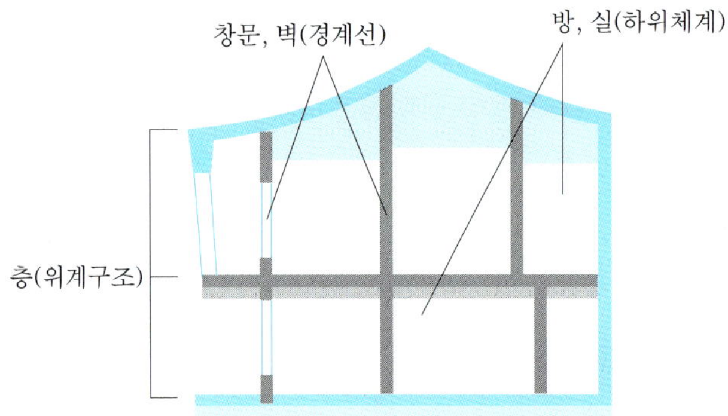

집의 물리적 구조		가족의 상호작용 구조
방, 실	⇨	하위체계
벽, 창문	⇨	경계선
층	⇨	위계구조

[그림 6-1] 집의 구조와 가족의 구조 비교

1) 가족구조

가족원 간의 상호작용은 집이라는 물리적 구조 공간의 안팎에서 오고 가는 언어적 메시지와 비언어적 메시지를 통해 이루어진다. 이러한 상호작용은 하나의 패턴을 형성하게 되는데, 가족구조란 "가족구성원이 상호작용하는 방식을 조직화하는 하나의 보이지 않는 기능적 요구"(Minuchin, 1988, p. 79)다. 가족구조란 반복적이고 체계화되어 있어서 예측할 수 있는 가족의 행동양식이다. 가족의 상호교류 패턴을 유심히 관찰하면 누가, 언제, 어떻게, 누구와, 얼마나 자주 관계를 맺는지, 그래서 그들의 관계는 얼마나 친밀한지 파악할 수 있다. 반대로 누가 누구와 상호교류를 하지 않는지, 그래서 소원한 관계인지도 파악할 수 있다.

> 구조적 가족치료 접근법이 유일하면서도 가장 중요하게 신봉하는 주의가 있다면 그것은 모든 가족이 구조를 가지고 있다는 것과 이 구조는 가족이 행동하고 있을 때만 드러난다는 것이다. 이 견해에 따르면 전체 가족구조를 생각하지 못하고 단지 하나의 하위체계에만 개입하는 치료사는 지속적인 변화를 거두지 못할 것이라는 점이다(Nichols & Schwartz, 2002, p. 319).

가족구조는 가족원의 행동양식을 규정하는데, 여기에는 두 가지 제한요인이 있다. 첫 번째는 보편적인 요인으로서 대부분의 가족에 적용되는 일반적인 규범체계다. 대부분의 가족은 위계구조를 확립하고 있고, 가족원은 서로 상보적인 역할을 수행함으로써 가족의 구조를 기능적으로 유지한다. 구체적으로 부모가 자녀보다 더 큰 권한을 갖는 계층구조를 확립할 때 가족이 기능적인 구조를 유지할 수 있다. 예를 들어, 남편이 지나치게 간섭하면 아내는 뒤로 물러서는 경향을 보이고, 형이 지나치게 순하면 동생은 다소 거친 경향을 보일 수 있다. 이는 가족이 평형을 유지하기 위해 서로 보완적인 역할을 수행해야 할 필요성을 보여 주는 것이다.

두 번째는 특수한 제한요인이다. 이는 특정한 가족이 특정한 상호교류 패턴을 발전시킴으로써 가족원의 행동을 규제하는 것이다. 가령, 김씨 가족은 거실에 TV를 설치하는 대신 책과 책장, 낮은 책상 등을 배치함으로써 가족이 함께하는 공간에서 책을 읽고 이야기하는 이 가족만의 특수한 상호교류 패턴을 발전시킬 수 있다.

2) 하위체계

가족을 하나의 체계로 볼 때 가족 안에는 다양한 하위체계(subsystem)가 존재한다. 개인은 가족의 하위체계다. 부부, 부모, 어머니와 딸, 형과 동생 등 이인 관계(dyad)도 하위체계다. 하위체계는 세대, 성별, 흥미, 기능에 따라 형성될 수도 있다. 각 개인은 가족 내 다양한 하위체계에 속하게 된다. 여성은 딸, 언니나 누나, 동생, 아내, 어머니, 며느리 등이 될 수 있고, 남성은 아들, 형, 동생, 남편, 아버지, 사위 등이 될 수 있다. 가족원 개인은 각 하위체계 안에서 각기 다른 권력과 역할을 갖게 되며 고유의 기능을 수행하면서 상보적인 관계를 맺는다.

건강한 가족에서는 하위체계의 구성원이 고유의 역할과 기능을 충실히 수행한다. 이는 마치 우리 신체의 각 부분이 제 기능을 다할 때 건강한 신체를 유지할 수 있고, 신체의 일부가 제 기능을 하지 못할 때 장애라고 부르는 것과 같은 이치다. 가족도 살아 있는 체계로서 일부 혹은 전체 하위체계가 제 기능을 다하지 못하면 역기능적 가족이 되어 문제나 증상이 발생할 수 있다. 미누친(Minuchin, 1988)은 가족체계에서 부부, 부모, 부모자녀, 형제자매 하위체계가 제 기능을 다해야 한다고 강조하였다.

(1) 부부 하위체계

부부 하위체계는 두 사람의 결혼과 더불어 형성된다. 결혼을 할 때 남편과 아내는 각기 자신의 원가족에서 부부란 무엇인지, 결혼생활은 어떻게 하는 것인지 등에 관한 규칙과 기대를 가지고 온다. 부부체계가 건강하게 기능하기 위해서 부부는 각자 원가족의 영향에서 어느 정도 독립적이고 적절히 분화되어야 한다. 결혼 후에도 자신의 원가족과 밀착되어 있거나 원가족의 규칙을 강요하면 건강한 부부체계의 확립에 어려움이 따른다. 이는 원가족과의 관계를 단절하고 부부관계에만 몰입해야 한다는 의미가 아니라 원가족과 친밀한 관계를 유지하고 원가족의 규칙, 유형, 역할을 존중하면서도 독립적인 부부체계를 발전시켜야 한다는 의미다.

부부 하위체계의 주요 과업은 협상과 조정이다. 부부간 협상과 조정의 이슈는 아주 작고 사소한 일부터 크고 중대한 일에 이르기까지 매우 다양하다. 예를 들어, 부부간 종교가 서로 다른 경우, 명절에 어느 쪽의 의례를 더 존중할 것인지는 큰 사안에 속한다. 한편 잠자리에 들기 전에 아내가 혼자 조용한 시간을 보내고 싶어 하는 것, 식사준비를 하는 것, 애정을 표현하는 방법 등은 작은 일에 속하지만 이런 사안 역시 적절히 조정하지 못하면 갈등과 불만이 쌓일 수 있다. 부부는 어느 한쪽이 전적으로 희생하기보다 각자의 능력과 자원과 고유성을 서로 존중하고 지원함으로써 서로의 자아실현과 성장을 상호지원해야 한다.

부부 하위체계의 기능은 성, 사랑, 친밀감 등과 연관되며, 그 기능을 다하기 위해서는 가족 내 다른 체계로부터 적절히 보호되어야 한다. 예를 들어, 자녀가 부부 하위체계를 방해한다면, 자녀의 간섭이나 방해에서 부부만의 영역을 확보할 수 있어야 한다. 또 시부모나 친정부모가 부부 하위체계의 기능에 부정적으로 연루되어 있다면 그들의 영향을 차단할 수 있어야 한다.

우리나라 전통사회에서는 부부 하위체계의 확립과 기능이 사실상 크게 중요하지 않았다. 부부유별이 강조되고 평균수명이 짧았던 전통사회에서 결혼생활은 단지 자녀를 출산하고 양육하는 생활의 연속에 불과하였다. 그러나 오늘날에는 자녀 수 감소와 평균수명의 증가로 자녀독립 후 부부만 남는 '빈둥지 시기'가 급격히 증가하였고, 이에 따라 그 어느 때보다 지속적인 협상과 조정을 통해 부부 하위체계가 제 기능을 다해야 할 필요성이 강조되는 시기에 있다고 하겠다.

(2) 부모 하위체계

핵가족에서 부부와 부모는 동일한 사람이지만, 역할이나 임무는 다르다. 부부 하위체계는 자녀를 포함하지 않지만 부모 하위체계는 자녀가 있을 때 형성된다. 부부 하위체계에서는 사랑과 성, 친밀감의 교류가 중요하지만, 부모 하위체계의 주요 기능은 자녀양육, 지도, 통제와 연관된다. 건강한 가족에서는 부모 하위체계와 부부 하위체계가 분리되어 존재한다. 따라서 자녀는 부모의 부부관계에 개입되거나 부부간의 갈등 때문에 걱정할 필요 없이 부모의 자녀로서 독립적으로 기능하고 존재할 수 있다.

부모 하위체계의 기능은 자녀의 연령이나 발달단계에 따라 달라진다. 부모는 자녀의 발달단계에 맞는 규칙을 설정하고 부모의 권위를 적절히 사용함으로써 자녀의 성장과 발달을 도와야 한다. 예컨대, 자녀가 영유아기일 때 부모는 자녀의 건강한 심신 발달을 위해 전폭적인 지원을 해야 하지만, 자녀가 사춘기에 이르러 부모에게 독립을 요구할 시기에 이르면 자녀의 자율성을 허용하는 방향으로 가족의 상호작용이 재조정되어야 한다. 또한 자녀가 결혼을 하면 자녀의 부부체계가 건강하게 확립될 수 있도록 충분히 독립적이어야 한다. 이와 같이 자녀의 성장 발달을 돕고 가족이 건강하게 기능하기 위해서 발달단계에 따라 가족은 적절히 재구조화되어야 한다. 그 과정에서 부모는 각자의 선호와 자녀양육 방식에서 차이를 보일 수 있다. 부모는 이러한 차이를 서로 협상하고 조정해서 자녀에게 일치된 훈육과 지원을 제공하여야 한다.

자녀의 성장 발달을 지원하는 과정에서 부모의 적절한 애정과 통제는 매우 중요하다. 이는 부모교육 이론가들이 강조한 것이기도 하다. 대표적으로 바움린드(Baumrind, 1991)

는 부모가 애정적이면서도 적절한 통제를 하는 권위 있는 부모역할을 가장 이상적인 양육태도로 제시하였다.

(3) 부모-자녀 하위체계

부모-자녀 하위체계는 부모와 자녀로 이루어지며 아버지와 아들, 어머니와 딸, 아버지와 딸, 어머니와 아들로 이루어질 수 있다. 이 하위체계는 세대가 다른 사람으로 구성된다는 특징이 있어서 이 하위체계의 가장 중요한 측면은 위계구조를 확립하는 것이며, 그렇지 못할 경우 역기능적으로 될 가능성이 크다. 다음 인용문에서 볼 수 있듯이 가족이 기능적이기 위해서는 부모가 자녀를 훈육하고 자녀의 성장 발달을 돕기 위해 권위와 통제를 적절히 사용할 필요가 있는데, 이는 가족원 모두가 동등한 권리를 갖는 민주주의가 되어서는 안 된다는 의미다.

> 자녀와 부모, 때로는 치료자도 종종 이상적인 가족을 민주적인 가족이라고 묘사한다. 그러나 그들은 민주적인 사회를 지도자가 없는 사회로 보고, 또한 가족을 동년배로 구성되는 사회로 간주하는 오류를 범한다. 가족이 효과적인 기능을 하기 위해서는 부모와 자녀가 분화된 권위를 사용하는 것이 부모 하위체계를 위해서 꼭 필요한 요소라는 사실을 받아들여야 한다. 이것은 자녀에게는 사회적 훈련의 실험실이 되고, 여기에서 자녀는 권력이 불평등한 상황에서 협상하는 방법을 배워야 한다(Minuchin, 1988, p. 89).

부모가 자녀에게 적절한 권위를 행사하지 못하거나 한 자녀와 지나치게 밀착된 관계를 형성하면서 다른 한쪽 배우자와 소원한 거리를 유지하면 역기능적이 될 수 있다. 또 부모의 권한이 한 자녀에게 이양되는 경우 그 자녀는 부모역할을 하는 자녀(parental child)가 된다. 이런 자녀는 대가족, 한부모가족, 맞벌이 부부가족에서 자연스럽게 형성될 수 있다. 이 경우 어린 자녀는 보호받을 수 있고, 부모역할을 하는 자녀는 자신의 나이 이상으로 책임감, 능력, 자율성을 발전시킬 수 있다. 한편, 부모역할을 하는 자녀에게 이양한 권한이 분명하지 않거나, 부모가 그 자녀에게 지도, 통제, 결정권을 모두 일임하거나, 혹은 그 자녀가 수행할 수 있는 능력 이상의 것을 요구할 경우 그 자녀가 곤란에 직면할 수 있다. 그러한 경우 부모역할을 하는 자녀에 대한 요구가 아이로서 자신이 갖는 욕구와 상충될 수 있으며 자신의 능력으로 수행할 수 없는 것일 때도 있다. 이러한 상황이 발생하면, 부모역할을 하는 자녀가 부모를 도울 수 있게 하면서도 부모와 자녀 간의 관계를 분명하게 재정비해야 한다. 아울러 이 자녀는 지도적 위치와 제2인자의 권한을 유지하면서도 형제자매 하위체계로 되돌아갈 수 있어야 한다.

(4) 형제자매 하위체계

이 하위체계는 동일한 세대에 속한 형제자매로 구성되며, 어른에게 부과되는 책임감 같은 것 없이 자녀로 존재하면서 여러 가지를 시도할 수 있는 '사회적인 실험실'과 같다. 자녀들은 형제자매 하위체계 속에서 서로 지지하고, 분화하고, 희생하는 법을 실험하고 배운다. 또 자신의 위치와 대등하지 않은 세력과의 관계에서 협동하고 협상하며, 친구를 만들고 연합하는 법을 배우고 실험할 뿐 아니라 서로 간의 차이와 갈등을 해결하고, 상대방에 복종하고 반대하며 자신을 보호하거나 체면을 지키는 법을 실험하고 배울 수 있다. 아울러 자녀들은 성장과정에서 필요한 자신들만의 욕구충족을 위해 서로 연합함으로써 부모 하위체계에 대항하기도 한다.

형제자매 세계에서 획득한 위치와 학습은 그 후에 이어지는 삶의 과정에서 매우 중요하다. 즉, 아동은 가족 외부의 동료집단과 접촉할 때 형제자매 세계에서처럼 행동하려고 노력할 것이다. 이 하위체계의 중요성은 외동아이인 경우에 분명히 나타난다(Minuchin, 1988). 외동아이는 일찍부터 성인의 세계에 적응하는 방법을 배울 가능성이 크므로 조

글상자 6-1 자매간 갈등 사례

민지는 중학교 2학년으로 언니는 중학교 3학년, 여동생은 초등학교 6학년이다. 지난 한 달 동안 민지는 집에 있을 때 누구와도 말을 하지 않고 있다. 어머니가 문제의 심각성을 인식하고서 가족상담을 요청하였다. 상담과정에서 드러난 것에 따르면, 언니와 동생이 평소 친하게 지내면서 민지를 따돌렸고, 그것이 억울한 민지가 부모에게 여러 차례 도움을 요청하였다. 그러나 아버지는 이 일에 별로 관심을 보이지 않았고 어머니는 민지보다 공부를 잘하는 큰딸과 막내딸 편만 들었다. 그러한 상호작용이 지속되자 민지는 집에서 누구와 말해도 소용없다는 것을 깨달았고 급기야 집에서 말문을 닫게 되었다.

상담자는 어머니에게 가족의 상호작용을 다음과 같은 비유로 설명하였다. "세 딸이 시소를 타고 있는데, 큰딸과 막내딸이 시소의 한쪽에 타고 민지가 다른 쪽에 타고 있는 상황과 같군요. 그런데 어머니는 큰딸과 막내딸 쪽으로 가서 시소에 앉고, 아버지는 저 멀리서 물끄러미 바라보는 상황과 같아요." 이런 설명을 들은 어머니는 재빨리 "어머, 그러면 제가 빨리 내려서 민지 쪽에 앉아야겠네요."라고 반응하였다.

숙한 발달이 이루어질 수 있지만, 또래와 함께 나누고 경쟁하고 협동하는 능력은 부족할 수 있다.

형제자매 하위체계가 기능적이기 위해서는 부모 하위체계에 대항하여 자신들만의 세계와 흥미를 개발하고 확립할 수 있어야 하며, 사생활이 보호되어야 하고, 시행착오의 자유를 확립할 수 있어야 한다. 형제간의 상호작용과 실험에 부모가 잘못 혹은 부적절하게 개입하면 더 큰 문제가 발생할 수 있다. [글상자 6-1]은 성장과정에서 정상적으로 일어날 수 있는 자매간의 갈등과 동맹에 부모가 잘못 힘을 실어 준 결과 상황이 더욱 심각해진 사례다.

3) 경계선

경계선은 눈에 보이지 않지만 가족원 개인과 하위체계의 안팎을 구분하는 선이며 가족원 사이에 허용되는 접촉의 양과 종류를 규정한다(Becvar & Becvar, 2001). 즉, 경계선은 "누가 어떻게 참여하는가를 규정하는 규칙"(Minuchin, 1988, p. 81)이다. 경계선을 통해 개인 혹은 하위체계 간 친밀함의 정도, 정보의 상호교환 정도, 문제해결을 위해 서로 상호교류하는 정도를 파악할 수 있다. 경계선은 인간의 정체성 확립에 대한 요구와 관련 있다. 인간은 본질적으로 자율적이고 독립적이고자 하는 욕구를 가지는 한편, 타인과 친밀한 관계를 맺고 또 어디엔가 소속되기를 바라는 욕구를 동시에 갖는다. '나는 누구인가.'라는 물음에 답함으로써 확립되는 개인의 정체성은 분리와 개별화에 대한 욕구와 친밀감과 소속감에 대한 욕구에 영향을 받는다. 이 두 가지 욕구의 적절한 균형과 조화는 건강한 정체성 확립의 기초가 된다.

구조적 가족치료는 경직된(rigid), 명확한(clear), 밀착된(enmeshed) 혹은 모호한(diffuse) 경계선이라는 세 가지 범주를 제시한다([그림 6-2] 참고). 경직된 경계선은 '나는 나, 너는 너' 식의 지나치게 독립적인 태도로 서로를 대하는 경우다. 이런 가족은 가족원이 서로 거리감과 소외감을 느끼며, 가족원은 각자 자율적이고 독립적으로 기능한다. 그러나 가족에 대한 충성심과 소속감이 부족하고, 도움이 필요할 때 원조를 주고받는 능력이 부족하며, 반응이 필요할 때 반응을 하지 않는 경향이 있다. 또한 가족원 간 의사소통이 원활하지 못하고, 가족이 보호 기능을 수행하기 힘들다.

반대로, 너무 모호한 경계선은 가족원이 마치 '너의 일은 모두 나의 일'이라는 태도를 가지며, 가족원 개인의 정체성 구분이 모호하고, 가족원 간에 거리감이 없고, 강한 소속감 때문에 자율성이 방해를 받는다. 가족원이 서로 지지하고 협동하고 상대방의 생활에 늘 관여하기 때문에 문제를 자율적으로 탐색하고 해결할 능력을 발달시킬 기회가 부족하다. 이런 가족은 소속감과 친밀감을 중시한 나머지 개인의 독립성과 자율성 욕구는 허용하지 않는다. 때로 가족원 개인이 분화하고자 하는 행동은 가족을 배신하는 행위로 간주되기도 한다. 한 가족원에게 어떤 일이 일어나면 가족체계 전체가 반응한다. 한 아이가 재채기를 하면 누나는 휴지를 가지러 뛰어가고, 어머니는 체온계를 집으러 가며, 아버지는 가족에게 병이 난 것을 걱정한다(Goldenberg & Goldenberg, 2002).

가장 기능적인 가족은 명확한 경계선의 가족이다. 이런 경우의 가족원은 자율적이고 독립적이면서도 필요할 때면 서로의 안녕과 행복을 위하여 협동하고 지지하며 서로의 삶에 관여한다. 그리하여 명확한 경계의 구성원은 '우리'라는 집단의식과 함께 '나 자신임'의 감정을 잃지 않는다.

대부분의 가족은 경직된 경계선으로부터 모호한 경계선에 이르기까지 연속선상의 어느 한 지점에 위치한다. [그림 6-2]에서 보는 바와 같이 경직된 경계선을 나타내는 선은 하위체계의 이쪽과 저쪽 사이의 경계가 일직선으로 닫혀 있으나, 모호한 경계선은 이쪽과 저쪽 사이를 구분 짓는 선이 매우 혼란스러워 언제든 양쪽을 넘나들 수 있도록 표시된다. 한편, 명확한 경계선은 적절한 크기의 점선으로 나타내어 하위체계의 이쪽과 저쪽 사이가 독립적이면서도 서로 관여할 수 있도록 표시된다.

가족의 경계선은 어느 날 갑자기 정해지는 것이 아니라 가족원 간의 지속적인 상호작용의 결과로 그 범주가 정해진다([글상자 6-2] 참조). 신혼 초 대부분의 부부는 모호한 경계선을 형성한다. 그러나 시간이 지나면서 부부가 서로의 욕구나 정서적 지지 요구에 적

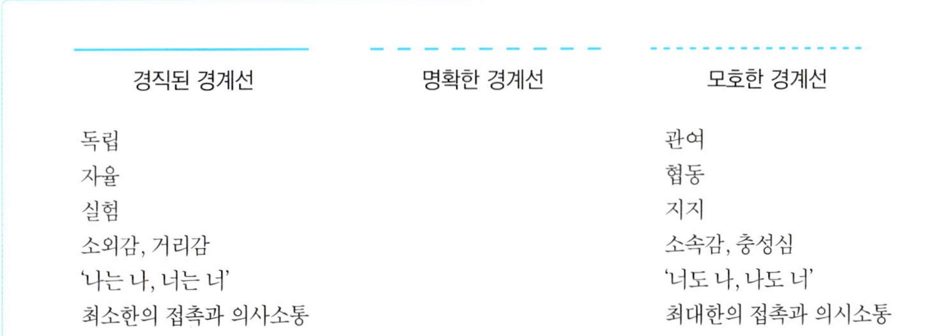

[그림 6-2] 경계선의 범주

절히 반응하지 못하는 상호작용을 되풀이하면 부부관계는 멀어지고 두 사람은 법적 혼인관계만 유지할 뿐 정서적으로 친밀한 교류 없이 독립적으로 움직이는 경직된 경계선을 형성하게 된다. 마찬가지로 자녀가 청소년기에 이르면 자녀의 정체성 확립과 부모로부터의 독립성 욕구 증가 등으로 부모-자녀 간의 갈등이 증가한다. 그러면서도 청소년 자녀는 어디엔가 소속되고 싶고 누군가로부터 인정받고자 하는 욕구를 동시에 갖는다. 이러한 상황에서 부모가 자녀의 독립성 욕구를 부모에 대한 반항으로 해석하고 또 소속과 인정의 욕구에 반응하지 않는 방향으로 상호작용을 계속하면, 자녀는 점점 부모에게 마음의 문을 닫게 될 것이고 결국 부모-자녀 간의 경계선은 경직될 것이다.

대부분의 경우 명확한 경계선이 가장 바람직하지만, 이상적인 경계선을 고려할 때 가족이 직면한 발달 상황이나 기타의 스트레스 상황을 고려해야 한다. 가족은 가족원 개인의 발달적 욕구 충족을 지원하는 한편 외부환경과 끊임없이 상호작용하는 체계이므로, 가족의 내적 및 외적 상황에 적절히 적응하기 위해서는 경계선의 조절이 필요하다. 예를 들어, 아이가 영유아기일 때 아이의 성장 발달이 가족의 최우선 과제다. 이 시기의 적응을 위해서는 가족원 간의 상호작용이 더욱 빈번하고 활발한 모호한 경계선이 이상적인 반면, 자녀가 성장하여 독립을 준비하는 시기에는 명확하지만 독립적인 경계선을 확립하는 것이 더 바람직할 것이다. 한편, 가장(家長)의 갑작스러운 실직이라는 스트레스 상황에 직면할 때 가족은 그러한 문제에 효과적으로 대처하기 위해 가족원 간에 가능한 한 많은 의사소통을 하고자 한다. 이때 가족원 간의 경계선은 '명확한'에서부터 '모호한' 사이의 어디엔가 위치하는 것이 문제해결을 더욱 용이하게 할 것이다. 그러나 어떤 경우든 극단적으로 밀착되거나 경직된 경계선의 경우에는 증상이나 문제가 나타날 수 있다.

글상자 6-2 경직된 부부 경계선 사례

어느 날 거실에서 남편이랑 TV를 보고 있는데 내가 좋아하는 여자 탤런트의 차림새가 너무 멋있어 보였습니다. 나는 그 모습이 너무 좋아 "여보, 나도 저렇게 입어 볼까?" 하고 혼잣말 비슷한 질문을 했지요. 그러자 남편은 "뱃살이나 보고, 주제파악이나 해!" 하는 것이었어요. 평소에도 저의 감정을 무시하기 일쑤여서 점점 거리감을 느껴 가던 남편이었는데, 그 말을 들은 후부터 남편에 대한 제 마음은 더욱 굳게 닫히게 되었습니다.

4) 위계구조

가족의 위계구조는 집이라는 물리적 구조의 '층'을 비유로 들어 설명할 수 있다. 여러 층으로 이루어진 건물의 아래 위치한 층은 위층을 지탱할 수 있도록 설계되고 건설되어야 한다. 그렇지 않고 아래층보다 위층이 더 무겁게 건설될 경우 그 건물은 서서히 붕괴되고 말 것이다. 마찬가지로 가족이 적절히 기능하기 위해서는 효율적인 위계구조가 확립됨으로써 구성원이 각자 적합한 위치에 있어야 한다. 효율적인 위계구조는 가족 내 권력(power)을 기반으로 한다. 가족 내 권력은 권위(결정권자가 누구인가) 및 책임(누가 그 결정을 수행하는가)과 관계가 있으며(Goldenberg & Goldenberg, 2002), 이는 하위체계의 기능 및 경계선과 관계가 있다. 다시 말하여 가족이 기능적이기 위해서는 부모와 자녀가 분화된 권위를 가져야 하며, 자녀의 성장과 발달에 책임을 지는 부모 하위체계가 자녀 하위체계보다 위계구조의 위에 위치해야 한다.

부모가 자녀보다 더 큰 권위와 책임을 맡아야 한다는 가족의 보편적인 위계구조가 위반되어 가족 상호작용이 일어나는 경우 역기능이 발생할 수 있다. 그러한 역기능은 제휴의 개념과 연관이 있다. 제휴(alignment)는 가족원이 서로 연결되는 방법 혹은 가족 활동을 하는 데 있어서 서로 반대하는 방법으로 정의되며(Goldenberg & Goldenberg, 2002), 동맹과 연합이 있다. 동맹(alliance)은 이해를 같이하는 두 사람이 제3자와 다른 공동의 이익이나 목적 때문에 공동전선을 펴는 것이며, 연합(coalition)은 특정 가족원이 제3의 구성원에 '대항하기 위해' 맺는 동맹이다(Minuchin, Rosman, & Baker, 1978). 가족원 간의 연합이 안정적이면 역기능적이 될 수 있다. 안정된 연합(stable coalition)이란 가족 내 한 가족원을 밀어내기 위해 두 사람이 밀착된 관계를 지속적으로 형성하는 현상을 말한다. 연합하는 두 사람은 정서적으로 강하게 밀착되어 서로의 욕구에 민감하게 반응하는 반면, 다툼의 대상이 되는 가족원과는 거리를 두는 관계를 맺는다(김용태, 2000). 안정된 연합이 세대를 넘어 형성될 경우, 가족의 위계구조는 무너지고 가족은 역기능적이 된다. 예를 들어, 부부간 갈등이 심할 경우, 배우자 중 한 사람이 자녀 혹은 확대가족원이나 가족 밖의 누군가와 안정된 연합을 형성하면, 부모로서의 권위는 위협을 받거나 부부로서 제 기능을 하는 것이 어렵게 된다. 우리나라의 대표적인 가족 문제 가운데 하나인 고부갈등은 안정된 연합의 대표적인 형태다. 며느리의 부부관계에 시어머니가 개입하게 되고, 아들(남편)은 아내보다 어머니와 밀착된 관계를 맺고 모든 의사결정을 어머니와 함께하는 상황이 벌어질 수 있다. 이 경우, 남편과 시어머니가 위계구조의 위에 있고 그 아래 아내

(며느리)가 있게 된다. 이렇게 되면 건강한 부부관계가 형성될 수 없을 뿐 아니라 자녀 입장에서도 부모가 생물학적인 어머니와 아버지인지 아니면 할머니와 아버지인지, 그렇지 아니면 어머니인지 혼란스러울 수 있다.

한편, 우회연합(detouring coalition)은 가족원 간에 갈등이 생길 경우 이를 피하기 위한 수단이다. 특히 가족의 위계구조를 위태롭게 하는 우회연합은 부부갈등이 있을 때 한쪽 부모가 자녀 중 한 명과 밀착된 관계를 형성함으로써 자신의 슬픔과 외로움을 달래고자

참고 **집과 가족구조 그리기**

〈배경〉 집의 물리적 구조를 나타내는 평면도는 가족의 기능적 구조에 대한 중요한 정보를 제공하는 표현도구이자 중재기법이다. 집은 가족원에게 중요한 의미를 가진다. 가족원의 정서적인 면과 역동성—편안함과 긴장, 즐거움과 고통, 가까운 사이와 먼 사이, 소속과 소외, 강함과 약함 등—이 집이 주는 이미지에 들어 있다. 또 집이 일하던 곳이었는지, 즐겁게 지내던 곳이었는지, 단순히 밥 먹고 지내던 곳이었는지, 아니면 싸우던 곳이었는지도 깨달을 수 있다.

〈절차〉 각 가족원에게 큰 종이와 굵은 펜을 주어 원가족 집의 평면을 그리게 한다. 그림을 그리는 동안 치료자(조별 작업을 할 때는 조원 중 한 사람)는 중간중간 다음과 같은 질문과 지시를 한다.

1. **하위체계 기능**: 집을 그리면서 각 방은 누가 사용하였고, 각 방에서는 어떤 일이 일어났는지 생각해 보십시오. 그 방을 함께 사용했던 사람들의 관계는 어떠했습니까? 가족이 함께 사용하는 공간(예: 거실, 주방, 식당)에서는 주로 무슨 일이 일어났습니까? 그 공간을 가족은 얼마나 자주, 그리고 주로 누가 사용했습니까? 그리고 그것은 누가 결정하였습니까?
2. **경계선**: 집 안의 각 공간을 나누는 벽이나 문은 어느 정도 개방적이었습니까? 들어가기 어려운 방이 있었습니까? 각 공간에서의 사생활은 얼마나 보장되었습니까? 가족이 함께하는 공간에서 식구는 얼마나 자주 모였고, 그 공간에서 어떠한 말이나 행동을 주로 하였습니까? 경계선의 개념을 적용한다면 각 공간 사이의 경계선은 어떻게 표시하겠습니까?
3. **위계구조**: 집에서 주로 의사결정을 하는 사람은 누구였습니까? 집이 2층이나 3층이라고 가정해 보고, 권위와 책임을 가진 사람이 위층에 있다고 하면, 누가 위층에 있고 누가 아래층에 있습니까?
4. **가족의 적응**: 가족이 직면한 특별한 스트레스 상황에서 위의 1, 2, 3은 어떻게 조정되었습니까? 조정의 과정은 순조롭게 이루어졌습니까? 아니면 어려움과 방해가 있었습니까?

치료자는 질문을 고안하되 잘 드러나지 않는 가족 내 하위체계 기능, 경계선, 위계구조에 관한 기억을 끌어내도록 한다. 이렇게 모은 기억을 토대로 치료자는 가족구조의 기능성 여부를 알아낼 수 있다.

할 때, 혹은 한쪽 부모가 자녀를 자기편으로 끌어들여 자신의 우위를 주장하려 할 때 형성된다. 이때 자녀양육에 대한 권위와 책임을 함께 가져야 하는 부모 간의 연합이 깨짐에 따라 가족의 위계구조가 붕괴될 수 있다. 부적절하게 형성된 가족 위계구조의 또 다른 예는 부모역할을 하는 자녀가 있는 경우, 자녀가 부모보다 더 큰 힘을 갖는 경우를 들 수 있다.

유교적 전통이 강한 우리나라에서는 세대와 연령, 성에 따라 엄격한 위계구조를 확립할 것을 강조하여 왔다. 아내는 남편에게, 동생은 형에게, 손아랫사람은 손윗사람에게, 여자는 남자에게, 그리고 며느리는 시어머니에게 순종할 것을 강요하여 왔다. 최종 의사결정은 좀 더 높은 지위에 있는 사람의 몫이었으며, 여기에 순종하지 않는 것은 불손한 행위 혹은 집안의 창피로 간주되기도 하였다(Jung, 1998). 그러나 오늘날 성평등적 가치와 개인주의 문화의 확산에 따라 유교전통의 위계구조는 점차 효력을 잃어 가고 있다. 이러한 상황에서 가족 내 바람직한 위계구조에 대하여 가족원 간 합의가 이루어지지 않을 경우 가족은 혼란과 갈등을 경험할 수 있으므로, 치료 시 이에 대한 합의 작업이 필요할 것이다.

이상에서 설명한 구조적 가족치료의 주요개념이 각 가족에서 어떻게 나타나는지를 파악하기 위해 앞의 [참고]를 참조하면 도움이 된다.

3. 치료목표 및 치료과정

1) 치료목표

구조적 가족치료에서 볼 때, 문제나 증상은 역기능적 가족구조에서 비롯된다. 가족구조는 가족원 간의 상호작용을 조직하기 위해 일련의 기대되는 요구로서 경계선과 하위체계 그리고 위계구조를 통해 파악할 수 있다. 역기능적 가족은 경계선이 분명하지 않고 경직되거나 지나치게 밀착된 가족, 각 하위체계가 제 기능을 다하지 않는 가족, 그리고 가족의 위계구조가 적절히 확립되지 못한 가족으로 요약할 수 있다. 따라서 구조적 가족치료의 목적은 문제나 증상의 제거가 아닌 역기능적인 가족구조의 재구조화(restructuring)에 있으며, 재구조화 과정에서 증상이나 문제가 제거된다고 본다. 가족의 재구조화라는 목적 달성을 위해서는 다음과 같은 몇 가지 지침을 고려한다(Becvar & Becvar, 2016).

첫째, 가족 위계구조를 적절히 확립한다. 적절한 위계구조란 부모가 권위와 책임을 맡고 부모의 권위를 바탕으로 부모-자녀가 세대 간 차이를 인정하는 구조다.

둘째, 부모가 연합한다. 부모는 서로 지원하고 서로에게 적응함으로써 자녀에게 일관된 모습을 보여야 한다. 부모 간 연합이 이루어지지 않을 경우, 자녀가 힘을 갖게 되거나 부모 중 한쪽이 자녀와 지속적으로 연합함으로써 부모가 제 기능을 할 수 없게 되면 가족의 상호작용은 역기능적이 된다.

셋째, 부모가 연합된 모습을 보일 때, 자녀들은 동년배의 형제자매 체계로 기능할 수 있다. 부모는 자녀끼리 협상하고 지원하고 갈등이나 차이를 해결하고 서로를 존중하도록 지원할 수 있어야 한다.

넷째, 부부 하위체계는 부모 하위체계와 분리되어 존재한다. 부부 하위체계는 사랑과 친밀감 그리고 서로의 자아실현을 돕기 위해 형성되지만, 부모 하위체계는 자녀의 성장과 발달을 지원하기 위해 형성된다. 따라서 부모 하위체계와는 별도로 부부만의 독립적인 영역과 시간을 가지고 부부간의 친밀감과 사랑을 증진시킬 수 있어야 한다.

다섯째, 경계선이 경직되거나 분리된 가족을 대상으로 치료를 할 경우, 가족원 간의 상호작용 빈도를 증가시킴으로써 분명한 경계선을 갖도록 돕는다. 그리하여 가족원이 각기 독립적이고 자율적으로 존재하면서도 서로에 대한 보살핌과 지원을 제공할 수 있도록 한다.

여섯째, 경계선이 밀착된 가족을 대상으로 치료할 경우, 개인이나 하위체계가 서로 분화하도록 돕는다. 특히 자녀의 발달단계에 따른 차이를 존중하고 자녀의 연령에 맞는 활동을 독자적으로 시도할 수 있도록 돕는다.

2) 치료과정

구조적 가족치료는, 첫째, 치료자가 가족에 합류하여 지도자의 위치를 확보하고, 둘째, 치료자가 가족의 구조를 확인하며, 셋째 가족구조를 변화(재구조화)시키는 세 단계로 이루어진다(Minuchin, 1988).

(1) 합류

가족의 성공적인 재구조화는 합류(joining)에서 시작된다. 합류는 개인 심리치료에서처럼 치료자가 객관적인 기준으로 가족의 상호작용을 진단하는 것과는 거리가 멀다. 합류는 치료자가 가족의 조직과 상호교류 유형을 있는 그대로 수용하고 가족의 강점을 직접 경험함으로써 가족체계와 관계를 맺는 행동이다. 치료자가 가족에 합류한다는 것은 가족 상호작용의 일원이 된다는 것이다. 그리하여 치료자는 가족 상호작용의 핵심 주제를 파악하고, 가족의 희생양이 느끼는 고통이나 슬픔을 함께 느낄 수 있고, 특정 가족원이 가족에서 받고 있는 신뢰와 사랑도 느낄 수 있다. 가족에 적절하게 합류하기 위해서 치료자는 적응(accommodation) 능력이 있어야 한다(Minuchin, 1998). 적응은 인류학자가 자신이 성장한 문화와 다른 문화를 이해하기 위해 자신의 연구실에서 객관적인 잣대로 그 문화를 분석하는 것이 아니라 그 문화의 구성원과 함께 생활함으로써 외부인의 관점이 아닌 그 문화의 일원으로서 그 문화를 이해하는 과정과 같다.

합류는 치료자가 가족의 정서체계에 적응한다는 것이다. 치료를 받으러 오는 가족은 대개 서로를 비난하거나 서로에게 화가 나 있기도 하고 죄책감이나 저항감을 느끼기도 하고 치료자에게서 비난을 듣거나 자신이 부정적으로 평가받을지도 모른다는 불안이나 두려움을 갖는다. 또 가족은 증상이나 문제해결을 원하면서도 기존의 가족구조를 변화시키는 데 두려움을 느끼기도 한다. 특히 체면을 중시하는 우리나라 문화에서는 가족 문제를 외부에 드러내는 것 자체가 체면을 깎는 행위라고 생각하는 경향이 강하다. 이런 상황에서 치료가 이루어지기 위해서는 가족이 치료자를 받아들여야 하는데, 그러기 위해서는 치료자가 먼저 가족의 있는 그대로를 받아들이고 존중한다. 가족과의 성공적인 합류는 치료자가 가족의 위계구조를 존중할 때 가능하다. 특히 세대 간 위계를 강조하는 우리나라 문화에서 치료자는 부모의 권위를 먼저 존중할 필요가 있고, 따라서 부모에게 먼저 질문하며 합류한다.

합류는 따뜻하고 수용적인 방식으로 말하기, 가족원에게 말할 기회를 동등하게 부여하기, 부정적인 지각을 긍정적인 인식으로 재정의하기, 취약점이 아니라 강점을 부각하기, 긍정적 행동을 강화하기, 내담자의 염려를 확인하기, 모든 가족원이 다루고 싶어 하는 사안을 각각 다루기, 긍정적 상호작용 분위기를 이끌어 내기, 내담자에게 익숙하거나 의미 있는 언어나 개념을 사용하기(Jung, 1998)를 통해 성공적으로 이루어질 수 있다.

흔히 라포(rapport) 형성을 합류와 같은 개념으로 사용하지만, 라포가 치료적 관계 상태를 뜻한다면, 합류는 치료적 관계 형성을 위한 치료자의 지속적인 자발적 행동을 뜻한다(Minuchin, 1988). 치료자가 가족에 합류하여 가족을 있는 그대로를 존중하고 받아들일 때, 가족이 역기능적인 측면뿐 아니라 기능적인 측면도 가지고 있음을 부각시켜 줄 때, 가족은 편안과 안전을 느끼며 변화과정에 참여하고자 하는 의지를 갖게 될 가능성이 더 크다.

(2) 가족의 구조 확인

치료자가 가족과 합류한 다음 가족의 구조를 확인하는 과정이 진행된다. 가족의 구조는 하위체계, 경계선, 위계구조, 가족생활주기의 측면에서 파악할 수 있다. 각 하위체계는 제대로 기능을 하는지, 개인 간 혹은 하위체계 간 경계선은 어떠한지, 그리고 가족의 위계구조는 적합한지 등을 확인한다.

치료자가 가족구조를 파악하는 작업은 우선 가족의 일반적인 특성을 파악하는 작업에서 시작된다. 치료자는 먼저 가족이 어떤 특징적인 구조를 가지고 있는지 파악한다. 가족구성원은 몇 명이고 누구이며, 나이와 성별은 어떠하며, 종교와 사회경제적 지위는 어떠한지, 현재 제시된 문제는 무엇인지 등 기초적인 정보에 대한 확인 작업을 한다.

구조적 모델은 치료자가 가족구조에 대해 사전의 가정을 하지 말고, 가족의 상호교류를 관찰하고 실연하게 함으로써 가족의 유형과 구조를 파악하도록 강조한다. 특정 가족구조의 경우, 첫 번째 면담 전에 현재의 구조에 관해 몇 가지 가정을 도출할 수 있다(Becvar & Becvar, 2016). 이 경우에 해당되는 몇 가지 예를 다음의 [글상자 6-3]에서 살펴볼 수 있다.

글상자 6-3 특정 가족의 구조

▣ 한부모와 한 자녀로 구성된 가족

한부모와 한 자녀 간에 모호한 경계선을 형성하고 서로 지나치게 의존하는 경향이 높다. 자녀와 한부모는 많은 시간을 보내기 때문에 부모-자녀 관계는 동료 관계와 같기 쉬우며, 자녀는 또래와 충분한 시간을 보내지 못하므로 제 나이에 비해 조숙한 모습을 보일 수 있다. 비슷한 유형으로 한부모와 다자녀로 구성된 가족의 경우, 장남이나 장녀가 부모역할을 하는 자녀(parental child)가 되기 쉽다. 그 자체가 문제가 되는 것은 아니지만 맏이가 자신의 능력 밖의 책임을 맡거나, 부모가 맏이를 지원하지 못하거나, 다른 자녀가 맏이에 대해 불평을 하거나, 맏이가 발달단계에 맞는 과업을 수행하지 못해 적절한 발달과 성장이 이루어지지 못할 경우 문제가 될 수 있다.

▣ 3세대 가족

이 가족의 주요 사안은 자녀의 부모역할에 관한 것일 가능성이 크다. 자녀에게 어머니 역할을 하는 사람이 어머니인지 아니면 할머니인지 분명하지 않을 수 있다. 특히 어머니가 직장생활을 하는 경우와 그렇지 않은 경우, 또 부모가 조부모 집에 사는 경우와 조부모가 부모 집에 사는 경우 상황은 달라질 수 있다. 어떤 경우든 자녀양육이나 교육에 대해 주요 권한을 가진 사람이 부모인지, 조부모인지, 아니면 아버지와 조부모가 연합한 형태인지, 부모 하위체계의 기능을 방해하는 세대 간의 연합이 있는지 등이 주요 사안일 수 있다. 우리나라의 경우 핵가족이 가장 보편적인 가족 형태이지만, 내용적으로는 확대가족으로 기능하는 가족이 많다. 이런 경우 세대 간의 역기능적인 연합이나 동맹이 부부 혹은 부모 하위체계의 기능을 방해하는지 등이 주요 이슈일 수 있다.

▣ 복합가족

이 가족은 이혼이나 사별 등으로 두 가족이 합친 경우로서, 부부관계 차원에서만 결합한 가족이다. 혼합가족이 문제를 보일 경우, 친부모와 계부모에 대한 자녀의 충성심 갈등 및 상실감의 미해결, 부부 하위체계 확립의 어려움, 공동양육자 간의 갈등과 관련될 가능성이 크다. 혼합가족은 무엇보다 부부 하위체계가 제 기능을 하는 것이 중요하므로, 치료자는 재혼한 부부가 부모역할을 제대로 할 수 있도록 돕기 전에 부부체계가 건강하게 기능할 수 있도록 돕는다.

(3) 가족의 재구조화

구조적 가족치료에서 증상이나 문제는 가족 하위체계, 경계선, 위계구조로 드러나는 가족구조가 잘못 되어서 발생하는 것이므로 가족을 재구조화하면 증상이나 문제는 사라진다. 또한 미누친(Minuchin, 1988)은 가족이 내적 · 외적 스트레스에 적응하기 위해서 재구조화될 필요가 있음을 거듭 강조하였다. 가족이 직면하는 내적 스트레스는 가족원 개인이나 가족 하위체계의 발달상 변화다. 또한 가족은 사회 · 정치 · 경제 체계 등 가족을 둘러싼 외적 환경의 요구에 적응하기 위해 재구조화가 필요하다. 가족체계의 적응, 즉 가족의 재구조화를 요하는 네 가지 스트레스 상황이 있는데, 이는 다음의 [글상자 6-4]에서 서술한다.

구조적 치료자는 가족구조를 확인한 다음 재구조화 작업을 시작한다. 가족구조를 확인하는 작업과 가족을 재구조화하는 작업은 별개로 일어날 수도 있고 동시에 일어날 수도 있다. 가족을 재구조화한다는 것은 치료목표에서 설명하였듯이 가족의 경계선을 조정하고, 하위체계가 제 기능을 하도록 도우며, 위계구조를 적절히 확립하도록 돕는 것이다. 그 과정에서 가족 상호작용은 불균형에 직면하고 가족이 오랫동안 간직해 온 가족의 신념체계는 도전을 받게 된다.

글상자 6-4 가족의 재구조화가 요구되는 상황

▣ 한 가족원이 가족 외부 세력과의 접촉에서 스트레스를 받는 경우

예를 들어, 직장에서 스트레스를 받은 남편이 집에 돌아와 아내와 상호작용할 때, 남편이 실직했을 때, 학교에서 따돌림을 당한 자녀가 집에서 부모와 관계를 맺을 때, 가족은 이러한 스트레스 상황에 적응하기 위해 가족의 상호작용 패턴을 바꾸고 재구조화할 필요가 있다.

▣ 가족 전체가 가족 외부 세력과의 접촉에서 스트레스를 받는 경우

예를 들어, 가족이 IMF 같은 경제적 상황에 직면할 때, 새로운 곳으로 이사하였을 경우로서, 가족은 이러한 상황에 효과적으로 적응하기 위하여 가족구조를 융통성 있게 재구조화할 필요가 있다.

▣ 가족이 가족생활주기상의 과도기에서 스트레스를 경험할 때

임신, 출산, 자녀입학이나 사춘기, 자녀의 독립과 결혼, 부모의 중년기, 은퇴 등은 가족생활주기상 대부분의 사람에게 기대되는 과도기다. 예를 들어, 자녀양육의 부담에서 벗어난 중년기 여성이 지역사회 봉사활동에 참여하고자 하는 욕구가 자연스럽게 받아들여지도록 부부간 상호교류 패턴의 조정이 필요하다.

▣ 가족의 특수한 문제에서 발생되는 스트레스 상황

예를 들어, 정신적 또는 신체적 결함을 가진 자녀가 있는 가족, 만성질환 환자가 있는 가족 등은 그 가족원이 수행하는 기능이나 권력의 일부가 다른 가족원에게 이양되도록 재구조화되어야 한다. 그렇지 못하면 제 기능을 하지 못하는 가족원을 비난하거나 서로 책임을 전가함으로써 역기능적 상호작용이 계속될 수 있다.

3) 가족평가의 4단계 모델

앞서 설명한 구조적 가족치료의 치료과정은 미누친이 1960년대와 1970년대에 개발한 초기 모델의 과정이라면, 미누친은 삶의 후반기에 1960년대에 개발한 이론적 개념을 충실히 유지하지만, 시간이 흐름에 따라 자신의 시간, 사상, 경험과 더불어 가족평가와 치료의 방향을 제시하기 위하여 새롭고 더 넓은 렌즈를 발전시켰다고 소개하였다. 가족평가의 4단계 모델로 알려진 미누친의 최근 모델의 치료과정(Minuchin, Nichols, & Lee, 2007)은 [그림 6-3]과 같이 제시할 수 있다. 미누친의 새로운 가족평가 모델은 가족구조를 이해하기 위해 가족구성원의 과거와 원가족 경험을 탐색하고, 특히 삼각관계를 살펴본다는 면에서 차이가 있으며 전반적으로 가족구조의 이해, 치료과정 및 기법은 초기 모델과 거의 유사하다.

1단계	2단계	3단계	4단계
호소 문제를 드러내기	문제를 지속시키는 상호작용을 부각하기	가족구조에 초점을 두어 과거 탐색하기	대안적인 관계 방식을 모색하기
증상을 가지고 있는 사람과 당면한 문제를 분리시키기	당면한 문제를 지속시키는 가족 패턴을 탐색하기	가족원들이 과거에서부터 가지고 와서 현재까지 영향을 주는 관건이 되는 것은 무엇인지 탐색하기	문제를 재정의하고 다른 선택을 할 수 있도록 열어 놓기

ㅁ가족구조 이해:
구조, 하위체계, 경계선, 동맹 , 연합, 삼각관계, 가족생활주기
ㅁ치료기법:
합류, 실연, 경청, 안내도 만들기, 재구조화하기, 몰입하기, 유능성 찾기, 경계선 만들기, 평형 깨뜨리기

[그림 6-3] 가족평가의 4단계 모델

4. 치료자 역할 및 치료기법

1) 치료자 역할

가족의 재구조화라는 치료목표를 달성하기 위해 구조적 가족치료자는 다음과 같은 역

할을 한다(Becvar & Becvar, 2016).

- 가족구조의 개념에 대한 지식과 신념을 가진다.
- 가족구조를 나타내는 가족의 상호교류와 그 패턴을 관찰한다.
- 현재의 가족구성원과 가족환경을 고려하여 이 가족의 이상적인 구조가 무엇인지를 명확히 한다.
- 치료자는 지도자의 역할을 맡는 한편, 치료목표를 달성하기 위해 가족에 합류하고 가족을 수용하며 존중하면서 가족의 상호작용에 적응한다.
- 치료자는 가족을 존중하지만 확고한 방법으로 개입함으로써 변화되기를 원하는 바가 치료 시 일어날 수 있도록 돕는다.
- 가족구성원을 지원하고 그들이 치료시간에 새로운 방법을 시도할 수 있도록 도우며, 그들의 시도와 성공을 인정하고 칭찬한다.

이러한 과정은 미누친과 같이 역동적이고 강압적인 방법으로 진행될 수도 있고 그렇지 않을 수도 있다. 그러나 변화가 일어나기 위해서 치료자는 가족의 주의와 관심을 집중시킬 수 있을 만큼 확고하고 분명한 입장에서 치료강도를 조절해야 한다.

2) 치료기법

구조적 가족치료의 기법으로 합류를 위한 기법, 구조적 지도, 가족의 재구조화를 위한 기법을 들 수 있다.

(1) 합류를 위한 기법

합류를 위해서 구조적 치료자는 유지, 추적, 모방 기법을 사용한다(Minuchin, 1988).

1 유지

유지(maintenance)는 치료자가 가족구조를 지각하고 분석할 때 가족구조를 의도적으로 지지해 주는 기법이다. 유지는 가족의 전체 구조뿐 아니라 가족의 하위체계에 대한 적극적인 승인과 지지를 포함한다. 예를 들어, 어머니의 지도력이 강한 가족에 합류할 경우, 어머니의 그러한 위치를 인정하고 어머니를 통해 자녀와 접촉하는 것이다.

또한 유지는 가족원 개인의 특성을 있는 그대로 받아들이는 것으로 흔히 가족원 개인의 장점과 가능성을 인정하고 지지하는 것, 혹은 특정 가족원의 위치를 지지하는 것을 포함한다. 침묵을 지키려는 자녀를 그대로 수용하고 존중하는 것, 특정 자녀가 가족의 문제에 얼마나 통찰력 있는가에 대한 치료자의 의견을 말하는 것, 가족이 사용하는 특정 의사소통 패턴이나 표현방식을 있는 그대로 사용하는 것 등은 모두 유지기법이다.

유지는 때로 가족을 재구조화하는 데 사용될 수 있다. 치료자가 하나의 하위체계를 있는 그대로 존중하고 지지할 때, 가족의 다른 부분은 그것에 적응하기 위해 재구조화해야 할 것이다. 예를 들어, 치료자가 약하게 형성된 부부 하위체계를 지지하면, 남편과 시어머니 하위체계는 재구조화의 필요성을 느끼게 된다. 또 치료자가 형제 하위체계를 지지하면, 모자 하위체계와 부부 하위체계가 재구조화의 필요성을 인식할 수 있다.

2 추적

추적(tracking)은 마치 레코드판의 홈을 따라 움직이는 바늘과 같이 치료자가 가족의 의사소통과 행동의 내용을 따라가고 그것이 계속되도록 격려하면서 가족에 합류하는 기법이다. 치료자는 가족이 말하는 내용을 명확히 하기 위해 질문을 하고, 찬성하는 의견을 말하거나, 가족이 말한 내용을 확대시켜 문제의 핵심을 이끌어 내는 작업을 한다. 치료자는 가족의 이야기에 도전하거나 반박하지 않으며, 가족에게 관심을 갖고 있음을 보여 준다.

추적은 비지시적 치료자가 가족에 합류하기 위하여 사용하는 전형적인 방법으로, 가족의 이야기를 들으면서 단지 "음, 예, 네…." "아, 그렇군요."와 같은 말을 하면서 가족이 자신들의 이야기를 계속하도록 격려하는 것이다. 치료실에서 일어나는 행동이나 의사소통 내용도 추적될 수 있다. 예를 들어, 치료실에서 자녀가 마구 돌아다니면서 치료를 방해하는데도 부모가 아무런 제지를 하지 않을 경우, 치료자는 이러한 상황에 대해 부모에게 질문을 함으로써 부모 하위체계의 기능을 추적할 수 있다. 가령, "아이가 참 활발하군요. 집에서도 아이가 이렇게 행동하나요? 그럴 때 어머니(혹은 아버지)는 어떻게 하시나요? 어머니가 그렇게 할 때 아버지는 어떻게 하시죠?"와 같은 추적질문을 통해 가족 하위체계의 기능을 파악할 수 있다. 또 아내나 남편이 사용하는 특정 용어나 의사소통 패턴을 추적함으로써 문제의 핵심이나 가족구조를 파악할 수 있다.

3 모방

모방(mimesis)은 치료자가 가족의 생활방식과 정서상태에 적응하기 위해 가족이 사용하는 언어, 몸짓, 대화방식 등을 그대로 따라 하는 기법이다. 예를 들어, 느릿느릿 반응하는 가족원에게 치료자 자신도 속도를 늦춰서 반응하거나, 말수가 적은 가족에게 치료자도 말을 아껴 반응함으로써 가족의 의사소통 패턴에 적응하는 것은 모두 모방을 통한 합류다. 또 치료자가 치료과정에서 가족의 경험과 동일한 자신의 경험을 강조하여 말하는 것도 모방이다. 예컨대, 남편이 "제 아내는 성격이 참 급해요."라고 말하면, 치료자가 "저도 성격이 불같은 여자와 살고 있지요."라고 말한다든가, "우리 아이들이 사춘기라서 그런지 부모에게 반항하기 시작해요."라고 내담자 부부가 말하면, "저도 사춘기 아들이 있는데 말대꾸를 자주 하지요."라고 말하는 것은 모방을 통한 합류다.

유지와 마찬가지로 추적과 모방도 가족의 재구조화를 위해 사용할 수 있다. 가족이 중시하는 상호작용 패턴을 추적하는 과정에서 가족은 밀착된 혹은 유리된 관계의 모습을 드러내고 재구조화의 필요성을 느낄 수 있다. 마찬가지로 치료자가 특정 가족원의 생활 경험을 모방할 때, 치료자와 그 가족원 간의 연합이 이루어질 수 있고 가족 상호작용은 재구조화의 필요성에 직면할 수 있다.

(2) 가족구조 확인 기법

1 관찰

가족이 치료자의 개입 없이 자발적으로 하는 행동을 관찰함으로써 가족구조를 확인할 수 있다. 예컨대, 가족이 치료실에 들어올 때 보이는 상호작용 방식은 가족구조에 대한 중요한 단서를 제공한다. 부부가 멀리 떨어져 앉고 어머니와 큰아들이 옆에 붙어 있고 아버지는 뒤로 물러서 있는 경우, 부부는 경직된 경계선을, 어머니와 큰아들은 모호한 경계선을 형성하고 있을 가능성이 크다. 또 어머니와 큰아들 간의 연합으로 아버지의 권위가 확립되지 못할 가능성도 배제할 수 없다. 치료과정에서 누가 먼저 말을 시작하고, 누구의 말이 존중되며, 누구의 말이 차단되는지 등도 가족구조를 파악하는 실마리가 된다.

가족이 치료실에서 자리에 앉는 위치를 관찰하는 것도 가족구조를 확인하는 중요한 단서가 된다. 그들이 앉는 위치에 따라 가족원 간의 동맹과 연합, 중심과 소외가 드러날 수 있다. 만일 한 아이가 어머니 옆에 재빨리 앉거나, 부부가 멀리 떨어져 앉을 경우, 혹은 십대 청소년이 혼자 구석진 자리에 앉을 경우 등 치료자는 이 가족의 구조에 대해 어떤 가정을 할 수 있다. 마찬가지로 자리배치는 가족원 간의 대화를 조장하고 가족의 재구조화를 위한 기법이 될 수 있다. 부부가 떨어져 앉아 있을 경우, 가까이 앉도록 자리를 재배치한 다음 둘이 마주 보고 직접 대화하도록 하는 개입은 둘 간의 경계선을 밀착된 방향으로 조정하도록 돕는 것이다.

2 실연

가족구조는 치료자가 실연(enactment)을 통해서도 확인할 수 있다. 실연은 치료자가 가족에게 요청하여 가족의 상호작용을 치료실에서 실제로 행동해 보이도록 하는 것이다. 가령 자녀의 행동 문제를 부모가 어떻게 다루는지 치료실에서 직접 논의하도록 요청할 수 있다. 부모가 논의하는 가운데 장녀가 아버지의 말에 적극 동의한다면, 이는 장녀와 아버지 간의 연합 혹은 모호한 경계선, 장녀와 어머니 간의 경직된 경계선, 장녀가 세대 차이의 중개역할을 하며, 부모 간의 연합이 약하다는 가족구조를 드러내는 것일 수 있다(Becvar & Becvar, 2001). 실연을 관찰하는 동안 치료자는 바로 가족의 재구조화 작업을 진행할 수 있고 가족이 상호교류를 다른 방식으로 시도하도록 제시할 수 있다. 위의 예에서 치료자는 장녀가 부모의 대화에 개입하지 않도록 요청함으로써 부모 간의 연합이 중요하다는 메시지를 전달할 수 있다.

3 구조적 지도

구조적 지도(structural map)는 가족의 상호작용 구조를 그림으로 나타내는 것이다. 치료자는 구조적 지도를 통해 가족의 상호작용 구조를 간략히 나타냄으로써 변화과정을

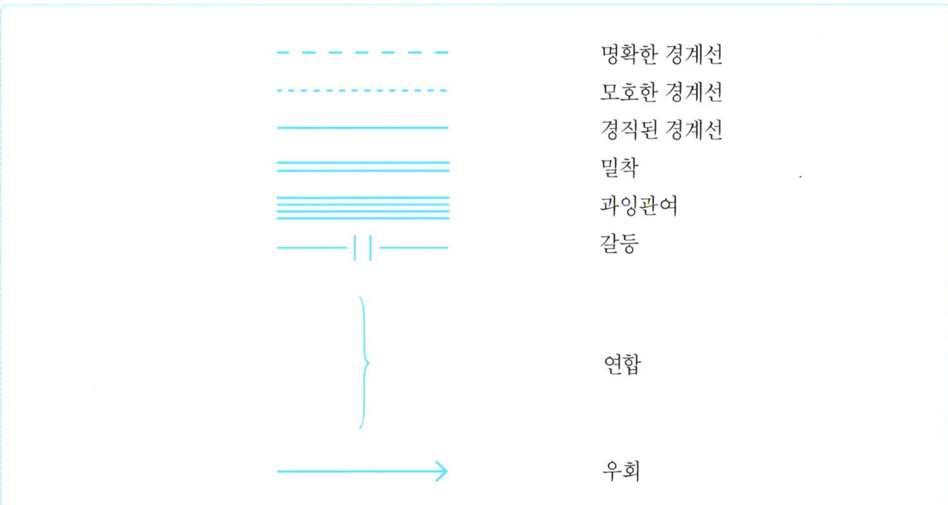

[그림 6-4] 구조적 지도의 기호

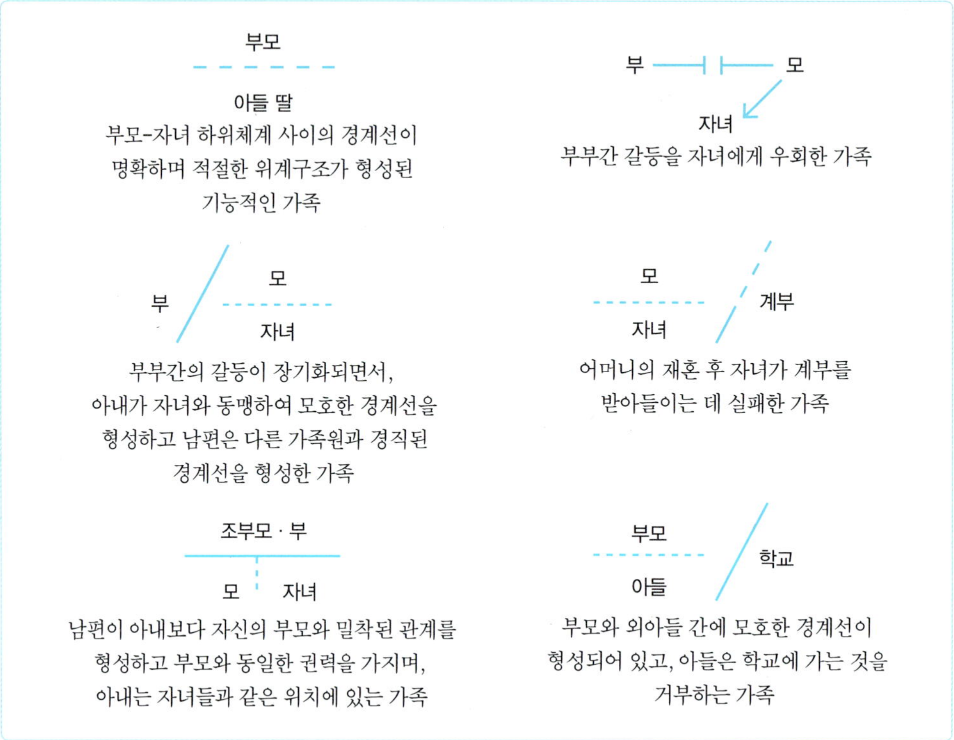

[그림 6-5] 구조적 지도의 예

평가하거나 치료목표를 설정하는 데 사용한다. 구조적 지도의 기호 설명과 구조적 지도의 기호에 따라 여러 가지 가족구조를 제시하면 각각 [그림 6-4], [그림 6-5]와 같다.

(3) 가족 재구조화 기법

가족을 재구조화하기 위해 치료자는 긴장고조, 경계선 만들기와 균형 깨기, 증상 활용, 과제 부과라는 기법을 사용한다(Minuchin, 1988; Minuchin & Fishman, 1981).

1 긴장고조 기법

구조적 치료자는 가족체계의 여러 부분에서 스트레스를 증가시키는 긴장고조 기법을 사용함으로써 가족이 재구조화하도록 돕는다. 가장 간단한 전략은 치료자가 가족의 평소 의사소통 패턴을 방해하는 것이다. 예를 들어, 최 씨 가족에서 부인은 남편의 의견을 대변해 주는 역할을 한다. 치료자가 남편에게 질문하자 부인이 남편의 의견을 대신 말할 때 치료자는 "부인, 잠깐만요." 하고 말을 중단시킨 후 "저는 남편 분의 의견을 직접 듣고 싶군요."라고 하면서 남편이 자신의 의견을 직접 말할 수 있도록 한다. 가족체계에 스트레스를 증가시키는 또 다른 전략은 가족이 무시해 왔던 차이점을 들추어 냄으로써 갈등을 공개적으로 토론하고 가족이 차이점에 부여해 왔던 부정적인 의미를 되돌아보도록 하는 것이다. 또 가족에 내재된 갈등을 표면화시킴으로써 가족체계에 긴장을 증가시킬 수 있다. 가령 아이의 역기능적 행동이나 증상은 사실 부모가 싸움을 하고 난 다음에 일어나거나 특히 심해진다는 사실을 부각시킨다. 치료자가 가족원 중 한 명이나 하위체계에 일시적으로 합류하는 것도 가족체계에 스트레스를 야기할 수 있다. 예를 들어, 극도로 밀착된 가족과 작업하는 치료자는 가족이 분명한 경계선을 발전시킬 수 있도록 돕는 것이 목표다. 그리하여 치료자는 한 번은 아버지 편에 서서 그가 부인에 대한 불만을 토로하도록 돕다가, 다음에는 부인 편에 서고, 그다음에는 자녀 편에 서서 각자의 의견이나 불만을 표현하도록 돕는다.

긴장고조 기법은 가족이 지켜 온 평형상태에서 벗어나 재구화되도록 돕는 기법이다. 이러한 개입은 강조(intensity)기법을 통해 더욱 원활해질 수 있다(Nichols & Schwartz, 2002). 강조는 가족 상호작용의 흐름을 막음으로써 가족이 예전 상태로 되돌아가지 않고 평형 상태에서 벗어나도록 하는 데 사용하며, 치료자가 목소리의 크기나 높낮이, 말의 속도, 적절한 단어를 선택함으로써 효과적으로 사용할 수 있다. 또 치료자가 언제 어떻게 내담자의 정곡을 찔러 효과적으로 말해야 하는가를 아는 것도 강조기법을 사용하는 데 필요하다.

강조기법이 가족 상호작용의 흐름을 막는 데 사용하는 기법이라면, 능력 형성(유능감 조성, shaping competence)은 물줄기의 방향을 바꾸어 상호작용을 수정하는 또 다른 방법이다. 이것은 가족원이 이미 가지고 있는 긍정적이고 기능적인 방법을 찾아 사용하도록 함으로써 긍정적인 것을 강화하고 가족원의 능력을 충분히 활용하여 가족의 재구조화를 돕는다.

2 경계선 만들기와 균형 깨기

경계선 만들기(making boundary)는 부부/부모, 부모-자녀, 형제관계, 확대가족 하위체계에서 모호한 혹은 경직된 경계선을 형성하고 있는 경우에 더 명확한 경계선을 형성하도록 돕는 것이다. 미누친은 회기 중의 움직임을 활용하여 가족원의 자리를 이동시킴으로써 경계선을 새롭게 만드는 기법을 사용한 것으로 유명하다(Reiter, 2021). 예컨대, 자녀가 부모 사이에 앉아 있을 경우, 부모 옆에 가서 앉도록 하고 부모가 나란히 앉도록 하는데, 이는 부부/부모 하위체계의 경계선을 강화하는 것이며, 부 혹은 무와 자녀 간의 밀착된 경계선에 변화가 필요함을 알려 주는 것이다. 또한 이렇게 부부간에는 경직된 경계선을 형성하고 있고 모자간에는 모호한 경계선을 형성하고 있는 경우, 회기와 회기 사이에 부부간 상호작용의 빈도를 높이고 결과적으로 모자간의 상호작용을 줄이는 과제를 부여함으로써 경계선을 새롭게 만들도록 도울 수 있다.

균형 깨기(unbalancing)는 가족원의 위계 구도를 변화시키고(Minuchin & Fishman, 1981), 변화를 향해서 현재의 가족구조 상태를 건드리는 것이다. 이는 치료자가 한 가족원이나 하위체계에는 합류하고 다른 가족원이나 하위체계에는 합류하지 않음으로써 일어날 수 있다. 말하자면, 치료자가 한 가족원과 연합하고 다른 가족원을 무시하거나, 혹은 다른 구성원에 대항하여 한 구성원과 동맹을 맺음으로써 현재 가족구조의 균형을 깰 수 있다. 이렇듯 균형 깨기는 가족원 모두에 대한 치료자의 합류가 확실하게 이루어진 상태에서 치료자가 가족구조, 증상의 시기와 심각성, 가족의 고착 정도, 치료 맥락을 정확하게 이해하면서 일시적으로 일부 하위체계와의 합류에서 철회함으로써(Reiter, 2016) 가족의 재구조화를 돕는 것이다.

3 증상 활용 기법

가족 재구조화를 위한 또 다른 기법은 증상을 활용하는 것이다. 치료를 요청하는 가족은 증상을 가진 사람(IP)에게 초점을 맞추기를 기대하는데, 치료자는 가족의 이러한 경향에 도전하거나 제시된 증상을 직접 다룬다. 이를 위해 다음과 같은 몇 가지 전략을 사용할 수 있다.

- **증상에 초점 맞추기**: IP의 증상은 대개 가족이 스트레스를 해결하는 방법으로 기능하기 때문에 가족의 상호작용에 의해 지지를 받는다. 이때 치료자가 증상에 초점을 둔 과제를 부여하거나 증상과 관련된 상호작용을 실연하게 하거나 증상을 계속 유지하도록 할 때, 가족은 증상을 둘러싼 가족 상호작용에 새로운 의미를 부여하거나 증상을 새로운 각도에서 바라볼 수 있다.
- **증상을 과장하기**: 이는 증상을 과장하여 표현하도록 하는 전략으로서 증상 처방(유능감 조성symptom prescription)이라고도 한다. 예를 들어, 불면증이 있는 부인에게 불면증을 없애려 노력하기보다 며칠 동안 잠을 자지 말 것을 권고한다. 불면증은 부인이 처한 맥락을 고려하면 당연히 나타날 수밖에 없는 증상임에도 가족은 증상을 제

거해야 한다고 믿으며, 그러한 의도는 대개 가족의 역기능적 상호교류를 낳는다. 따라서 증상은 그것이 발생한 맥락을 놓고 볼 때 정상적인 것이므로, 증상을 제거하려 하지 않고 오히려 과장하여 표현하도록 하는 개입은 가족의 재구조화를 돕는다.

- **증상에 무관심하고 새로운 증상으로 이동하기:** 증상에 의도적으로 무관심하고 증상을 둘러싼 가족의 내재된 갈등이나 다른 증상에 초점을 둔다. 이는 가족원 한 명의 증상은 가족체계의 역기능과 연관이 있다는 가정에 기초한다. 예를 들어, 십대 자녀의 비행이라는 증상에는 일부러 무관심하고 증상을 둘러싼 부부간의 부정적 상호작용으로 치료의 초점을 이동한다.
- **증상을 재명명하기:** 증상이란 겉으로 표현된 개인의 부정적인 정서나 행동 상태다. 그러나 구조적 가족치료에서 볼 때, 증상은 역기능적 가족구조의 표현이다. 증상을 재명명한다는 것은 증상이 역기능적 가족구조를 표현하거나 연관이 있다고 재정의해서 말해 주는 것이다. 예를 들어, 대학생 딸의 식이장애는 부모의 통제에서 벗어나 독자적인 생활을 하려는 시도라고 재명명할 수 있다. 증상을 재명명하게 되면 가족은 증상을 새로운 각도, 특히 가족구조의 기능으로 볼 수 있고, 이것은 가족구조가 변화되는 데 도움이 될 수 있다.

4 과제 부과

과제는 치료자가 가족의 재구조화가 진행되는 과정에서 자연스럽게 이루어질 수 없었던 영역을 지적하고 활성화시키기 위해 사용할 수 있다. 가족이 과제를 수행하도록 함으로써 치료자는 가족의 재구조화를 도울 수 있을 뿐 아니라 가족의 구조를 관찰할 수 있는 또 다른 기회를 가질 수 있다. 과제는 치료시간 중에 부과할 수도 있고, 치료회기 사이에 집에서 하도록 부과할 수도 있다. 치료시간 중에 부과되는 과제는 단순히 가족원이 누구에게 어떻게 의사소통해야 하는지를 지적하는 것일 수 있다. 가령, '여기서 아이를 키우는 방법에 대해 부부가 서로 마주 보고 토론해 보세요.'라는 단순한 과제를 부과함으로써 부모 하위체계의 기능을 관찰하고 변화시킬 수 있는 기회로 삼을 수 있다. 또 치료시간 중에 자리 재배치와 관계 있는 과제가 부과될 수도 있다. '남편께서 부인 옆에 앉아서 부인이 속상해할 때마다 부인 손을 잡아 주세요.'라는 과제를 통해 부부간의 경계선을 더욱 밀착된 것으로 만들 수 있다. 치료자는 치료회기 사이에 가정에서 할 수 있는 과제의 예를 들면, 부부가 서로 소원한 관계를 맺고 있을 경우, 일주일에 두 번 공통으로 관심 있는 TV 프로그램을 찾아 함께 보고 30분간 이야기하는 과제를 부과할 수 있다. 이러한 과제는 부부간의 경계선을 조금 더 밀착된 방향으로 재구조화하는 데 도움이 될 수 있다. 물론 과제는 치료자가 일방적으로 부과하기보다 내담자와 함께 내담자가 할 수 있고 내담자에게 도움이 되는 것을 찾아 부과하도록 해야 한다.

5. 사례연구

1) 사례개요

조선족 아내의 몸부림

의뢰과정

내담자는 10년 전 농촌 총각과 결혼하여 입국한 조선족 여성으로, 남편의 폭력과 욕설로 집을 도망쳐 나와 쉼터에 입소하고 있던 중 상담에 의뢰되었다.

제시된 문제

중국에 사는 장모가 아내의 초청으로 관광 비자를 받아 입국하여 체류하던 중, 장모는 딸(내담자)이 가게, 집안일, 농사일, 시집일 등 혼자 감당하기 힘든 상황을 참고 살아온 점을 안타까워하였고 딸이 머슴살이 하는 것 같다고 느꼈다. 그러던 어느 날 남편이 폭력과 욕설을 퍼부었고, 이를 보던 장모가 참고 참다가 "이 ××야!"라고 한마디하였다. 이에 남편이 장모에게 온갖 욕을 하게 되었고, 아내가 화가 나서 "딸자식 보려고 먼 곳에서 오셔서 며칠만 있으면 가실 텐데 엄마에게까지 함부로 대한다."라고 하며 대들게 되었다. 남편의 욕설과 폭력은 더욱 세게 이어졌고, 아내는 친정엄마도 모시고 나오지 못한 채 도망쳐 나와 쉼터에 입소하게 되었다.

(1) 가족의 기초정보

내담자인 아내(36세)는 조선족 교포로서 한국어 의사소통이 가능하지만 아직은 한글로 말하고 읽고 쓰는 것이 미숙한 상태다. 현재 농촌 마을에서 구멍가게를 운영하고 있고, 손재주가 좋아서 폐백 음식과 뜨개질 등으로 부수입을 올리고 있다. 남편(41세)은 장남으로 고졸이며 공공근로를 하고 있으며, 우락부락한 외모와 달리 수줍고, 소심하며, 소박하여 부모의 말을 잘 따른다. 마음 한구석에는 늘 아내가 똑똑하고 영리하여 도망갈

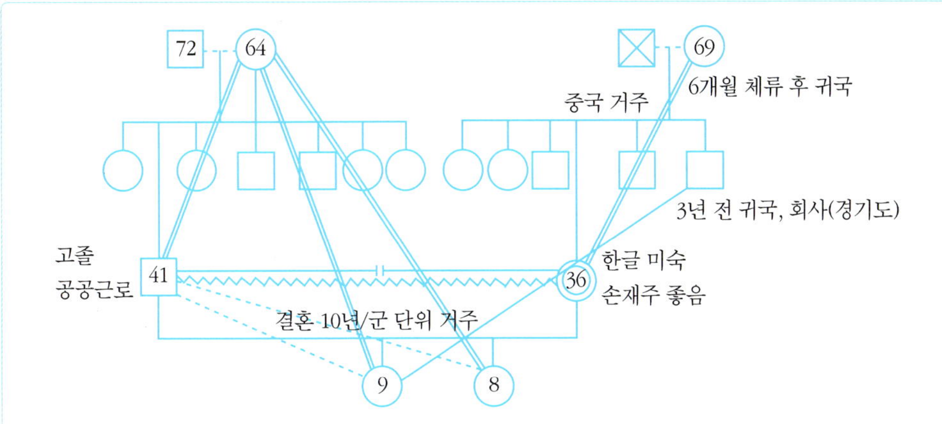

[그림 6-6] 조선족 아내의 가계도

지도 모른다는 걱정이 있고 그래서 아내를 잘 믿지 못하고 있다. 이들 슬하에 9세와 8세 딸이 있다. 시부모는 보수적이고 전통적인 사고방식을 가지고 있다. 시동생 내외는 모두 대학원에 다니고 있는데, 시부모 집과 두 시간 거리에 살고 있으며, 한 달에 한두 번 정도 부모님 집에 방문한다.

(2) 문제발생 배경

결혼 후 3년간 시부모와 함께 살던 중 아내는 농사와 집안일, 가족의 뒤치다꺼리, 특히 동서와는 다른 시부모의 대우(시동생 내외가 찾아오는 날에는 시어머니가 동서 편을 들고 동서의 편의만 봐줌)에 불만을 갖게 되었다. 남편은 마마보이로 자신의 일도 결정하지 못하고 부모의 결정에 좌지우지되며 일처리도 혼자서는 제대로 못하는 유형이다. 아내는 시집에 살면서 시어머니에게서 한글을 배웠으며 이 점을 늘 고맙게 생각하고 있다. 그러나 조선족 며느리에게 부과되는 부당하고 차별적인 대우, 과중한 일, 남편의 어리숙한 태도 등으로 갈등이 잦아져 같은 마을이기는 하지만 분가하게 되었다. 아내는 아직도 식성이나 문화의 차이 때문에 가족과 갈등이 빈번하다.

아내는 주위에서 흔히 들리는 조선족 교포가 시집와서 도망갔다는 말이 너무나 불쾌하고, 자신이 사기 결혼한 것처럼 오해받는 것이 싫어 더욱 이를 악물고 살아왔다. 시부모나 남편은 아내가 잘못된 일에 대해 의견을 말하거나 해명하는 것을 '따지고 든다.' '고집이 세다.' '주장이 강하다.'라며 나쁘게 받아들인다. 아내는 중국에서 왔다는 이유로 '그것도 모르냐?' '멍청하다.' 등으로 무시당해 왔으며, 결혼해서 가족으로 온 것이 아니라 마치 얻어먹으러 온 거지처럼 취급당한다는 느낌이 자주 들었다. 아내가 한마디라도 하는 날이면 남편은 폭력을 행사하고 폭언을 늘어놓았다. 2년 전에 남편의 폭력과 폭언, 무시 등을 참기 힘들어 가출했으나 몇 가지 요구사항을 들어 준다기에 다시 재결합하였다. 그때는 남편이 사람이면 자신의 어려움을 알아 줄 것이라 생각했고 또 남편이 모두 자기 잘못이라고 인정하는 공증까지 해서 남편에게 기회를 주고자 하였지만 남편의 폭력과 폭언은 여전하다.

아내의 바람은 더 먼 곳으로 분가하는 것이지만, 남편은 아내의 그런 요구에 대해 주위 사람의 말을 인용한다. "똑똑한 아내가 재산을 챙겨 달아나면 남편만 쪽박 차게 될지도 모른다고…." 시어머니 또한 며느리가 혹시 다른 마음을 먹지 않을까 하는 불안함이 커 멀리 분가시키는 것이 두렵다.

(3) 가족역동의 이해

첫째, 아내는 식성, 가치관, 의사소통 방식 등 한국 문화에 적응하는 데 어려움이 있고 의사소통 능력에도 한계가 있다. 그럼에도 부부가 서로의 문화적 차이에 대해 이해할 기회를 갖지 못함으로써 갈등을 건설적으로 해결하지 못하고 있다.

둘째, 부부의 결혼은 사랑과 친밀감을 기반으로 이루어졌다기보다는 서로의 필요에 의해 이루어졌을 가능성이 크다. 그리하여 애정을 바탕으로 한 부부관계가 형성되지 못했고, 아내는 낯선 곳에서 시작한 결혼생활의 어려움을 마음 터놓고 이야기할 대상이 없다.

셋째, 시부모와 남편은 성역할 고정관념을 가지고 있으며, 아내가 맡아야 하는 일(농사, 가게, 집안일, 자녀양육 등)이 너무 많음에도 아내를 도와줄 지지체계가 부족하다. 또 시부모는 부부관계가 잘 형성되도록 돕는다든가, 조선족 며느리의 문화를 이해하려고 노력하기보다 아들 내외가 복종하기를 원하는 전통적 가치관을 고수하고 있다.

넷째, 남편은 감정조절을 하지 못하여 폭력과 폭언을 일삼을 뿐 아니라 부모의 말에 좌지우지되는 등 자존감이 낮고 성숙하지 못한 사람으로 건강하고 친밀한 관계를 맺지 못하고 있다.

2) 구조적 치료모델의 적용

(1) 가족구조 분석

구조적 모델에서 볼 때, 이 가족은 장남의 국제결혼이라는 발달적 · 상황적 스트레스에 직면하여 가족을 재구조화하지 못한 결과 문제를 겪고 있다. 이 가족에게 필요한 첫 번째 요건은 장남의 부부 하위체계가 적절히 확립되도록 가족의 상호작용을 조정하는 것이었다. 그것은 부부가 시부모와 친밀한 관계를 맺으면서도 독립적일 수 있도록 가족 관계를 재조정하는 것이며, 부부간 그리고 가족 내 하위체계 간 경계선을 적절히 재조정하고, 가족 내 위계구조를 효율적으로 마련하는 것이다.

건강한 부부 하위체계를 확립하기 위해서는 원가족에서 적절히 분화될 필요가 있다. 또 국제결혼한 부부가 경험할 수밖에 없는 문화적 차이는 부부간의 협상과 조정을 거쳐 해결할 수 있다. 그러나 이 부부는 부부 하위체계를 확립하지 못하였데, 그 요인은 여러 가지로 지적될 수 있다. 첫째, 충분한 교제기간 없이 서로의 필요에 의해 결혼했기 때문에 서로를 알고 이해할 시간이 부족했다. 그런 상황에서 결혼과 동시에 시부모와 동거하게 되면서 아내가 일방적으로 시집의 문화에 적응해야 했고 결과적으로 부부간의 협상과 조정과정이 어렵게 되었다.

둘째, 남편은 부모에게서 심리적으로 독립하지 못하고 의존적이고 순종적이며, 부모 또한 아들을 독립된 인격체로 바라보지 못하고 부모 말에 순종해야 한다는 기대감이 컸다. 이는 시어머니와 아들 간의 밀착된 경계선을, 부부간에는 경직된 경계선을 형성하도록 하였다.

셋째, 부부체계에 대한 시부모의 전통적 가치관이 장남부부에게 그대로 강요되었을 가능성이 크다. 시부모는 자신의 세대에서 아내가 남편에게 순종하였듯이 며느리도 아들에게 순종하기를 기대하였을 것이고, 부모에게서 독립하지 못하고 자존감이 낮았던 남편은 부모의 기대에 순응하려고 하였을 것이다. 또한 남편과 아내가 동등하거나 비슷한 권력을 갖기보다는 남편이 더 큰 권한을 갖는 위계구조 속에 살고 있다. 이는 아내의 자기주장이나 의견 제시를 부정적인 것으로 폄하함으로써 부부간의 협상과 조정과정을 어렵게 하였다.

넷째, 아내의 의사소통 능력의 한계 때문에 효과적인 부모역할 수행을 위해 협상하고 합의하는 과정에 어려움이 있어서 부모 하위체계가 제 기능을 못하고 있다. 따라서 자녀는 부모보다 오히려 할머니와 친밀한 관계를 맺고 있는데, 이는 자녀가 조부모와 갈등관계에 있는 어머니의 권위를 받아들이는 과정을 어렵게 할 수 있다.

(2) 치료적 개입

구조적 모델에 입각하여 사례 가족을 치료하고자 할 때, 가족 상호작용을 재구조화하여 부부 하위체계가 건강하게 확립될 수 있도록 다음과 같은 영역에 대한 개입을 해야 한다.

첫째, 시어머니와 남편 간의 밀착된 경계선을 분명한 경계선으로 바꾸기 위해 모자간 상호작용 빈도를 감소시킨다. 그러기 위해서는 우선 시어머니가 가지고 있는 관계성 욕구가 시아버지와의 부부관계를 통해서나 다른 사람과의 관계 형성을 통해 충족되도록 돕는 작업이 병행되어야 한다.

둘째, 부부 하위체계가 애정과 친밀감을 바탕으로 형성되도록 부부간 상호작용의 빈도를 서서히 증가시킨다. 부부 상호작용의 내용은 부부가 선호하고 현실적으로 할 수 있는 것으로 협의하여 선택한다.

셋째, 시부모의 권위를 인정하되, 부부가 자녀양육의 책임을 맡고 아이들과 친밀한 관계를 형성하도록 가족의 위계구조를 재확립한다.

넷째, 재명명 기법을 통해 가족원이 문제를 둘러싼 사건이나 상황을 긍정적으로 바라보고 변화 의지를 갖도록 돕는다. 예를 들어, 남편의 폭력과 욕설, 아내의 가출은 '갈등에 대처하는 다른 좋은 방법을 모르는 것'이라고 재명명함으로써 효과적인 갈등대처 방식을 배우도록 이끈다. 이를 위해 치료실에서 실연 기법을 통해 부부가 갈등에 대처하는 방법을 실습하고 실천할 수 있도록 돕는다.

요약

구조적 가족치료는 아르헨티나 태생으로 의학을 공부하다가 미국으로 건너가 정신분석 훈련을 받은 미누친에 의해 발전되었다. 그는 미국의 흑인 빈민굴에 위치한 윌트윅 소년학교에서 일하던 중 비행 청소년의 문제가 청소년 개인만이 아니라 가족의 역기능적 상호작용과 연관이 있다고 가정하면서 구조적 모델을 발전시켰다.

구조적 모델은 가족구조의 개념을 핵심으로 하위체계, 경계선, 위계구조 등의 개념을 발전시킴으로써 어떠한 가족이 기능적 혹은 역기능적 상호작용 구조를 가지고 있는지에 대한 명확한 지도를 제공한다. 치료의 목표는 증상제거나 문제해결에 있지 않고, 가족의 상호작용 구조를 기능적인 방향으로 재구조화하는 과정에서 증상이나 문제가 사라진다고 본다. 치료적 개입은 내담가족에 대한 치료자의 합류, 가족구조 평가 및 가족 재구조화라는 세 과정으로 이루어진다. 특히 이 모델은 적절한 치료적 개입을 위해서 치료사가 가족에 합류할 것을 강조한다. 합류에 성공한 치료자는 가족을 재구조화시키기 위하여 하위체계와 경계선 등의 측면에서 가족구조를 평가하고, 변화가 필요한 가족의 상호작용 구조 측면에 적극 개입한다. 그 과정에서 가족의 상호작용에 긴장을 고조시키거나 증상을 활용하거나 과제를 부과하는 기법을 사용한다. 따라서 치료의 성공은 치료자의 성공적인 합류와 사정, 그리고 가족 재구조화를 위한 적절한 기법의 사용 여부에 달려 있다.

구조적 가족치료는 가장 많이 연구되고 실행된 모델 가운데 하나로서, 비행청소년, 거식증 환자, 약물이나 알코올 중독자 가족, 사회경제적 지위가 낮은 가족의 치료에 특히 효과가 있는 것으로 알려졌다. 또 이 모델은 문화적으로 다양한 가족에 적용되어 왔으며, 특히 가족 내 적절한 경계와 위계질서를 강조하는 동양 문화에서 가족 문제를 사정하고 치료하는 데 효과적으로 평가되고 있다. 우리나라에서도 부부관계에 대한 인척의 개입으로 발생하는 문제, 부부갈등이나 부모-자녀 간 갈등 문제를 다루는 데 구조적 모델이 효과적으로 적용될 수 있다. 그러나 구조적 모델이 남성중심적 사회규범을 공공연히 지지하지는 않았지만, 사회문화적 권력의 불균형이 가족관계에 미친 영향이나 가족관계에 엄연히 존재하는 권력의 불균형을 도외시하고 치료적 개입에서 직접 다루지 않았다는 한계가 있다. 또한 이 모델은 고정관념적인 성역할 사회화과정에서의 남녀 차이에 주의를 기울이지 않았고 치료과정에서 남녀의 서로 다른 경험에 주의를 기울이지 못하고 그러한 차이를 존중하지 못한다는 한계가 있다.

연습문제

1. 구조적 가족치료의 주요개념을 적극 활용하여 각자 처한 가족생활주기의 단계(예: 대학생은 자녀독립기)에서 가족 전체와 가족원 개인이 잘 적응하기 위해 어떠한 방향으로의 재구조화가 필요한지 논의해 보자.

2. 다음과 같은 절차에 따라 '실연'을 통해 가족구조를 평가하는 작업을 실습해 보자.
   ① 다섯 사람이 한 조가 된다. 그 가운데 한 명은 내담자가 되고, 다른 한 명은 치료자가 되며, 나머지는 가족원을 실연하는 역할을 맡는다.
   ② 내담자는 조원에게 최근 겪었던 가족 문제를 예로 들어 설명한다.
   ③ 내담자는 나머지 조원에게 적절히 자기 가족원의 역할을 맡아 실연해 줄 것을 부탁한다.
   ④ 이렇게 구성된 가족원에게 치료자는 최근 가족이 문제를 겪었던 구체적인 상황을 실연해 줄 것을 요청한 후 관찰한다.
   ⑤ 실연을 관찰한 치료자는 가족의 상호작용 구조를 평가하고, 내담자와 나머지 조원은 치료자의 평가에 대해 피드백한다.

3. 다음과 같은 절차에 따라 '합류' 기법을 실습해 보자.
   ① 세 사람이 한 조를 이루어 상담자, 내담자, 관찰자 역할을 한다.
   ② 내담자가 자기 문제를 이야기하고 상담자는 합류기법을 활용하여 내담자에 적응한다. 이때 상담자 역할을 맡은 사람은 합류를 위한 유지, 추적, 모방 기법을 적절히 사용한다.
   ③ 관찰자는 자기가 관찰한 바를 이야기하고, 내담자와 상담자가 자신의 느낌과 생각을 이야기한다.
   ④ 역할을 바꾸어 위의 과정을 되풀이한다.

제 7 장

전략적 가족치료

스트레스로 손톱을 깨무는 아이에게 "열 손가락의 손톱을 공평하게 깨물지 않으면 안 돼."라고 진지한 얼굴로 충고하는 치료자가 있다면, 그는 분명히 에릭슨(Milton Erickson)[1)]을 존경하고 있는 사람이다(石井裕之).

고통받는 증상으로부터의 해방은 모든 치료의 목표일 것이다. 증상으로 고통받는 가족은 증상을 개선시키기 위해 여러 시도를 하지만, 안타깝게도 대부분 잘못된 문제해결 시도를 한다. 마치 불이 났는데 물을 붓지 않고 기름을 붓는 식으로 대응하는 것이다. 그 결과, 증상을 줄이려는 그들의 시도는 문제를 더욱 악화시킨다. 전략적 가족치료 모델은 이러한 가족의 반복적인 역기능적 행동에 직접적으로 개입하여 변화를 유도하는 접근으로 간결한 기법과 단기적이며 효율적인 개입이 특징이다.

전략적 치료모델의 시초는 캘리포니아 팔로알토(Palo Alto)에 위치한 정신건강연구소(Mental Research Institute: MRI)에서 이루어진 가족의사소통 연구 프로젝트에서 비롯되었다. 미국 서부 MRI에서 개발된 전략적 접근은 점차 동부 워싱턴(Washington D.C.)과 이

1) 밀턴 에릭슨(1901~1990)은 증상 제거에 초점을 둔 혁신적 최면기법을 발전시킨 미국의 정신의학자다. 그는 내담자의 문제에 따라 개별적이며 구체적인 치료전략을 세워 역설적 방식으로 접근하였다. 에릭슨은 내 담자의 타고난 지혜와 힘을 믿었으며, 내담자가 증상에 직면하는 것보다 스스로의 힘을 사용하여 증상을 포기할 수 있도록 유도하였다. 그의 임상기법은 MRI 모델, 헤일리의 전략주의 모델, 그리고 해결중심 모델 등의 발전에 지대한 영향을 미쳤다.

돈 잭슨
(1920~1968)

폴 바츨라비크
(1921~2007)

제이 헤일리
(1923~2007)

마라 셀비니-파라졸리
(1916~1999)

탈리아 밀란으로 거점을 확대해 갔다([그림 7-1] 참고). 전략적 모델의 이론적 바탕은 일반체계론(general systems theory)과 사이버네틱스(cybernetics)에 근거한 의사소통 및 상호작용주의로, 가족의 문제가 특정 가족원의 개별적 문제가 아닌 가족 전체의 역기능적 상호작용 과정과 위계 때문에 발생한다고 보았다.

전략적 가족치료 모델은 잭슨(Don Jackson)과 바츨라비크(Paul Watzlawick) 등이 이끈 MRI의 상호작용 모델, 헤일리(Jay Haley)의 전략적 구조주의 모델, 셀비니-파라졸리(Mara Selvini-Palazzoli)가 이끈 이탈리아 밀란(Milan)의 체계적 모델 등 세 학파로 나누어진다. 이들은 모두 베이트슨(Gregory Bateson)의 순환적 인식론에 영향을 받아 가족의 상호작용에 치료적 초점을 둔다는 점에서는 공통되나, 핵심개념과 개입방식에서 다소 차이가 있다. 현재까지 남아 있는 전략적 집단은 미국 서부의 MRI 학파와 동부의 워싱턴 학파로 대표된다. 이 장에서는 헤일리의 전략적 접근방법을 중심으로 MRI의 상호작용 모델, 밀란의 체계론적 모델 등 전략적 가족치료 접근에 대하여 살펴보기로 한다.

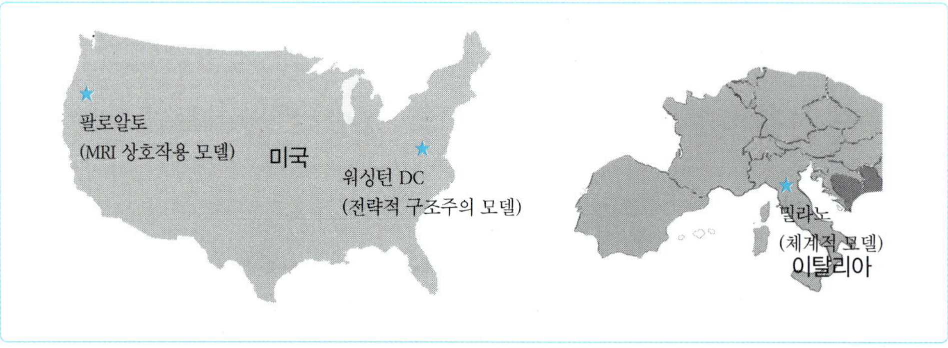

[그림 7-1] 전략적 가족치료의 메카: 미국과 이탈리아

1. 발달배경

1) MRI 상호작용 모델

1950년대와 1960년대는 미국에서 가족치료 운동이 전국적으로 확산되면서 조현병 연구가 활발하게 진행된 시기다. 특히 1959년 잭슨에 의해 설립된 캘리포니아의 정신건강연구소(Mental Research Institute: MRI)에서는 조현병 가족연구팀을 중심으로 의사소통에 대한 획기적인 연구가 이루어졌다. 베이트슨, 잭슨, 헤일리, 바츨라비크 등의 MRI 가족연구팀은 가족이 문제를 경감시키기 위해 사용하는 해결 시도가 오히려 문제를 악화시키는 것을 보고 파괴적이고 영속적인 가족 상호작용에 주시하였다(Bateson & Jackson, 1964; Watzlawick, 1965; Weakland, Fisch, Watzlawick, & Bodin, 1974). 이들은 의사소통의 '내용'이 문제가 아니라 잘못된 의사소통 '과정'이 문제라고 보았다. 순환적 인식론에 근거한 이러한 발견은 가족치료 분야의 초점을 개인의 심리 내적 역동에서 문제를 유지시키는 상호작용으로 전환시켰다(Jackson & Watzlawick, 1963).

이후 저명한 최면 정신의학자인 에릭슨(Milton Erickson)의 임상기법을 접하게 된 MRI 가족연구팀은 그들의 의사소통 연구와 에릭슨의 역설적 접근을 접목하여 문제해결을 위한 단기전략적 접근모델을 개발하였다. 전략적 개입은 반복적이며 부정적인 가족의 영속적 주기를 깨뜨리는 데 초점을 두었으며 10회 미만의 단기치료 모델로 자리를 잡았다.

문제에 대한 MRI의 접근은 단순하다. 첫째, 같은 해결방법에 고착되어 문제를 유지시키는 정적 피드백 고리를 확인한다. 둘째, 이러한 역기능적 상호작용을 유지하는 가족규칙을 파악한다. 셋째, 가족규칙을 변화시킬 수 있는 전략을 찾는다(Nichols & Schwartz, 2002).

바츨라비크와 비빈(Janet Beavin), 잭슨 등이 1967년에 집필한 『인간의 의사소통 실용론(Pragmatics of Human Communication)』은 의사소통 영역의 고전이며 의사소통의 공리를 제시한 것으로 평가되고 있다. 그러나 1990년대 이후 가족치료 분야에서 전략적 모델보다 협동적인 치료가 선호되고, 행동적인 모델보다 인지적 변화에 초점을 두는 추세가 진행되면서 MRI 모델은 포스트모더니즘의 치료적 방법을 절충하면서 진화하고 있다. 최근 MRI는 반항적 청소년과 성인의 문제에 대한 전략적 접근의 훈련에 집중하고 있다.

2) 헤일리의 전략적 구조주의 모델

MRI 가족연구팀원으로 합류할 때 스탠퍼드대학교의 의사소통 전공 석사과정 학생이었던 헤일리는 의사소통이론과 역할이론에 관심을 갖고 송신자와 수신자가 교환하는 메시지에 내재된 통제와 권력투쟁에 주목하였다. 그는 가족 안에서 '누가 의사결정에 영향력이 있는가?' '누가 관계를 정의하는가?'와 같은 쟁점에 근거하여 가족의 역동을 관찰하였다. 헤일리는 권력과 통제에 대한 자신의 입장과 더불어 최면 정신의학자인 에릭슨의 임상적 방식(저항을 처리하는 방법, 지시와 은유적 언어 사용, 역설적 개입 등)을 물려받아 독특한 전략적 치료모델을 발전시켰다. 그는 증상행동이 다른 가족원에 대한 부적응적 통제전략이라고 보았고, 이중구속의 개념을 치료적으로 활용할 수 있다고 생각하였다(Haley, 1964).

1967년 MRI를 떠난 헤일리는 필라델피아 아동지도클리닉(Philadelphia Child Guidance Clinic)으로 옮겨 그곳에서 구조주의 가족치료자인 미누친(Salvador Minuchin)과 함께 작업하며 그로부터 구조주의 관점을 배우게 되었다. 헤일리(Haley, 1987)는 자신의 저서인 『문제해결치료(Problem-Solving Therapy)』에서 전략적 기법을 적용하기 위한 맥락으로 가족조직에 대한 구조적 관점을 사용하였다. 그의 전략모델은 증상을 유지시키는 가족의 위계와 조직의 문제에 특별한 관심을 두었기 때문에 전략적 구조주의 모델로 분류한다. 헤일리는 역기능적 가족일수록 위계구조가 혼란하여 세대 간 권력의 순서가 거꾸로 놓여 있거나 세대 간 연합의 특징이 있다고 보았다. 이러한 가족은 가족체계의 항상성에 고집스럽게 집착하며, 상황 변화에 융통성이 없어 변화에 적절하게 대처하기 어렵다. 따라서 문제를 해결하려고 시도하지만 결국 자신들의 엄격한 반복적 연쇄과정에서 벗어나지 못하고 만다. 헤일리는 이러한 가족을 치료적 이중구속에 빠지게 함으로써 역설적 방법으로 증상을 자발적으로 포기하도록 유도하였다.

1976년 헤일리는 필라델피아 아동지도클리닉에서 워싱턴으로 옮겨 매더네스(Cloé Madanes)와 함께 가족치료연구소를 운영하며 메릴랜드대학교 의과대학 강사를 역임하였다. 1995년 헤일리는 은퇴 후 캘리포니아로 돌아가 2007년 타계할 때까지 그곳에서 가족치료의 임상과 연구, 강의를 하며 생을 보냈다.

3) 밀란의 체계적 모델

미국에서 MRI의 전략적 모델이 확산되고 있는 동안 이탈리아 밀란에서는 셀비니-파라졸리(Mara Selvini-Palazzoli)를 주축으로 한 이탈리아 치료자들에 의해 사이버네틱스의 영향을 받아 가족규칙과 항상성에 대한 체계적 모델이 발전되었다. 1971년 정신분석가인 셀비니-파라졸리를 포함한 보스콜로(Luigi Boscolo), 체친(Gianfranco Cecchin), 프라타(Guiliana Prata) 등 네 명의 치료자가 '밀란 가족연구센터'를 설립하였다. MRI 모델과 헤일리의 모델이 에릭슨의 전략적 임상방법에 영향을 받아 발전된 반면, 밀란 모델은 개념적으로나 방법론적으로 가장 순수하게 베이트슨의 순환적 인식론에 일치한 접근으로서 체계적 가족치료(systemic family therapy) 모델로 불린다(Goldenberg & Goldenberg, 2002).

밀란 모델은 증상을 가진 가족의 '게임규칙'에 초점을 두고 그 규칙에서 벗어나지 못하는 가족에게 역설적으로 접근하였다. 통상 남녀 공동치료를 실시하며 치료팀이 상담장면을 관찰한다. 상담은 평균 한 달에 한 번 이루어지며 10회 이내로 제한된다. 회기 간의 간격이 긴 이유는 내담자 가족이 역설적 처방의 효과에 반응할 충분한 시간이 필요하기 때문이다. 대신 한 회기의 시간이 상대적으로 길었는데, 네 명의 치료자가 한 팀이 되어 한 회기를 다섯 단계로 나누어 진행하는 '장시간 단기치료(long brief therapy)'는 밀란 모델의 독특한 치료방식이다.

그러나 후기 밀란 모델은 2차 사이버네틱스의 핵심인 '정보'에 초점을 두게 되면서, 가족의 상호작용 유형의 변화보다 가족의 신념체계를 변화시키는 데 더 관심을 가졌다. 밀란 체계론자는 역기능적 가족이 '인식론적 오류'에 빠져 있는 것으로 보았으며, 가족이 고착되어 있는 그릇된 신념체계에 개입함으로써 가족체계에 새로운 정보를 유입시켜 역기능적 가족관계 유형을 변화시키고자 하였다. 치료자는 중립적 위치에서 가족게임의 규칙을 파악하고, 순환질문을 통해 가족원이 스스로의 인식론을 검토하여 새로운 신념체계를 도입하도록 유도하였다.

2차 사이버네틱스 개념이 함축된 밀란 모델의 이러한 시도는 1990년대를 지배한 해결중심접근과 이야기치료의 토대를 마련하며 가족치료 분야의 포스트모더니즘의 도래를 촉진하였다. 특히 순환적 질문은 전략적 면담기법에 비해 협조적인 치료방식으로 가족치료 분야에서의 구성주의 접근을 발전시키는 데 중요한 역할을 하였다(Goldenberg & Goldenberg, 2002).

표 7-1 주요 전략적 모델 비교

구분	MRI 상호작용 모델	헤일리의 전략적 구조주의 모델	밀란의 체계적 모델
일차적 관심	의사소통 유형	연쇄과정 및 구조적 위계	역기능적 가족게임
관심행동 지속성	단기적 상호작용	수개월에서 수년간 지속된 만성적 · 구조적 문제	장기적인 연속행동
연구/치료단위	이인 또는 삼인	가족 또는 사회관계망 전체	삼인
주요개념	의사소통, 가족항상성, 이중구속, 피드백 고리, 가족규칙	권력, 통제, 역설적 지시, 위계	가족게임, 가설설정, 순환질문, 중립성
이론적 근거	의사소통이론		일반체계이론
치료자 역할	지시적, 역설적		중립적, 치료동반자
치료적 개입방법	증상 처방, 치료적 이중구속, 역설적 지시, 재명명 등		긍정적 의미 부여, 순환질문, 의식, 불변의 처방 등
치료목표	증상제거 및 현재의 행동 변화		파괴적 가족게임의 중지, 의미변화로 가족체계 변화

출처: Goldenberg와 Goldenberg(2002)에서 발췌 및 수정.

2. 주요개념

1) 의사소통

1952년 시작된 미국 캘리포니아 팔로알토 MRI의 가족역동과 의사소통 프로젝트는 현대가족치료사에서의 의사소통과 관련된 주요개념 및 공리의 토대가 되었다. 의사소통은 MRI 상호작용 모델의 핵심개념으로 의사소통의 다중적 측면을 강조하는 공리는 다음과 같다.

(1) 모든 행동은 의사소통이다

의사소통이론에서 출발한 전략주의 모델은 '모든 행동은 의사소통적이며, 사람은 행동하지 않을 수 없듯이 의사소통하지 않을 수 없다.'라는 상호작용 원리를 가진다. 모든 행동은 어느 수준에서 의사소통이며, 심지어 침묵을 지키며 아무 반응을 하지 않는 내담자도 침묵으로 의사소통을 하고 있는 것이다. 침묵은 화가 났고 감정에 대해 말하고 싶지 않다는 의미를 전달한다.

(2) 의사소통은 내용과 관계의 측면을 포함한다

MRI의 의사소통 연구에서 드러난 중요한 원리 중의 하나는 모든 의사소통이 내용(보고)과 지시(관계)의 두 가지 수준으로 이루어져 있다는 것이다. 의사소통 과정에서 '내용'은 단순히 정보를 제공하는 수준이지만, '지시'는 관계에 대한 진술이다. 예를 들어, "엄마, 오빠가 날 때렸어요."라는 딸의 말은 오빠의 폭력에 대한 정보만을 엄마에게 전달하는 것이 아니라, 엄마가 오빠를 제지하고 벌해 주기를 바라는 부탁이 들어 있다. 또한 이 말을 하는 딸이 깔깔거리며 말했는지, 울면서 말했는지에 따라 또 다른 지시적 의미를 전달할 수 있다(Nichols & Schwartz, 2002).

(3) 의사소통의 관계는 대칭적이거나 보완적 관계다

부부 의사소통에서 주로 주목되는 차원으로, 남편과 아내의 의사소통이 대칭적 또는 보완적 유형으로 일어난다고 본다. 만일 관계가 평등하다면 의사소통 유형은 '대칭적'이나 행동교환의 맥락이 평등하지 않다면 '보완적'이 된다. 대칭적 관계에서는 경쟁적인 상호작용을 하게 된다(Bateson & Jackson, 1964). 예컨대, 남편이 자기주장을 하면 아내도 자기주장을 펴며, 이는 남편으로 하여금 더욱 강하게 주장하도록 만든다. 따라서 대칭적 의사소통은 서로의 감정적 반응을 증폭시켜 사소한 언쟁도 큰 싸움으로 번지게 할 수 있다. 반면, 보완적 관계는 차이를 극대화하는 상호작용으로, 예컨대 남편이 자기주장을 강하게 할수록 아내는 더욱 복종적이고 수동적인 반응을 하는 양상이다. 그러나 상위에 있는 남편과 하위에 있는 아내의 구도는 불평등을 심화시켜 관계에 파괴적 영향을 미칠 수 있다. 둘 중 하나의 유형에 고착되기보다 상황에 따라 대칭적 또는 보완적 의사소통이 상호 교환적으로 나타날 수 있는 융통적인 관계가 기능적이라고 할 수 있다.

(4) 마침표는 의사소통의 중요한 측면이다

마침표(punctuation)는 상호작용의 흐름 속에서 무엇이 자극이고 무엇이 반응인가의 개념이다(김유숙, 2002). 예컨대, 부부 의사소통에서 남편과 아내가 각각 자신의 반응이 상대방의 말 때문에 야기된 것이라고 인지할 경우 끝없는 논쟁 속에서 벗어날 수 없다. 이는 부부 중 누군가 틀렸기 때문이 아니라, 부부가 상호작용의 서로 다른 곳에 마침표를 찍고 있기 때문이다. 역기능적 의사소통이 지속되는 것은 대화 참여자가 각자 어디에 마침표를 찍었는지에 대해 대화하지 못하고 자기중심적인 마침표에 집착하기 때문이다.

(5) 의사소통에 대한 의사소통이 중요하다

의사소통은 많은 수준에서 동시에 이루어지곤 한다. 언어적으로 말해지는 것 외에도 몸짓이나 목소리 톤, 자세 등에서 메시지를 강화하기도 하고 반박 또는 수정하기도 한다. 상위의사소통(meta-communication)이란 '의사소통에 대한 의사소통'을 의미하는데, 이는 가족관계의 성장을 돕는 긍정적인 의사소통 방식이 될 수 있다. 예를 들어, "우리가 싸우는 방법은 너무 극단적인 것 같아."라든지 "네가 화날 때 침묵하는 버릇은 나를 힘들게 해."와 같은 의사소통이 상위 의사소통에 속한다. 상위의사소통을 통해 자신의 욕구를 정직하게 말하고 관계를 건설적으로 다룰 수 있다.

2) 이중구속

MRI 가족연구팀이 발표한 '이중구속(double-bind)' 개념은 발신자(특히, 권력을 가진 자)가 의사전달을 할 때 의사소통의 수준이 일치되지 않는 모순된 메시지를 보내는 역기능적 의사소통 형태를 의미한다. 수신자는 둘 이상의 상반된 메시지를 받고 어느 것에 반응해야 할지 몰라 결국 정서적 혼란에 빠진다. 왜냐하면 한 메시지에 반응하면 다른 메시지는 자동적으로 위반하게 되므로 어떻게 반응을 하든지 결국 실패하는 상황이 되기 때문이다. 일반적으로 '언어적' 메시지와 '비언어적' 메시지가 상반되는 경우가 많은데, 예컨대 슬픈 일을 웃으면서 설명한다면 이는 이중구속 메시지를 보내는 것이다. MRI 팀은 부모-자녀 관계에서의 지속적인 이중구속 상황은 자녀를 갈등과 불안에 빠지게 하며 궁극적으로 사회적 판별능력을 마비시켜 조현병과 같은 역기능을 일으킨다고 하였다. 예컨대, 권위적 위치의 사람에게서 아래와 같은 지시를 받았다고 가정해 보자.

이 지시를 무시하라!

위의 지시를 따르거나 따르지 않거나, 어떤 반응을 하든 실패하게 된다. 이중구속의 개념이 소개된 초기에는 이중구속 상황이 자녀의 조현병을 유발하는 요인으로 알려졌지만 오늘날에는 더 이상 그렇게 생각하지 않는다. 많은 가족이 때때로 이중구속 의사소통을 사용하는 것으로 알려졌으며, 역기능적 상황이 지속되거나 심하지 않는 한 이중구속의 개념을 덜 사용하는 경향이 있다.

3) 피드백 고리

사이버네틱스의 피드백 고리(feedback loop) 개념은 MRI 연구팀의 의사소통 연구에서 도출된 가장 중요한 개념 중 하나다. 가족은 피드백을 통해 서로 정보를 교환하면서 서로의 행동을 통제하거나 확장한다. MRI 팀은 피드백 개념을 도입하여 자극과 반응의 반복적인 의사소통 형태를 분석하였는데, 이 분석에 따르면 변화에 저항하여 가족을 원래의 평형 상태로 돌아오게 하는 부적 피드백 고리와 현재 상태를 벗어나 변화를 시도하는 정적 피드백 고리가 규칙에 의해 규제된다고 하였다. 많은 역기능적 가족은 문제를 해결하기 위해 새로운 시도(정적 피드백)를 하지만 문제가 악화되는 것을 보고 당황하여 기존의 의사소통 방식(부적 피드백)으로 돌아간다. 이는 문제를 더욱 악화시키며 결과적으로 부정적 순환을 가져온다.

전략주의자들은 가족의 변화를 볼 때 가족원의 행동이 바뀌는 일차적 변화(first order change)와 가족체계의 규칙이 바뀌는 이차적 변화(second order change)로 나눈다. 일차적 변화는 표면적 행동의 변화에 그치지만 내재된 규칙은 동일한 상태이며, 진정한 변화는 가족규칙이 변화됨으로써 가족의 행동뿐만 아니라 신념이 바뀌는 수준이 되어야 한다. 예를 들어, 늦게 귀가한 자녀에게 야단을 치는 부모는 자녀의 행동을 변화시켜 기존 가족규칙을 유지하고자 한다는 측면에서 일차적 변화를 시도하는 것이라고 할 수 있다. 그러나 부모가 늦게 들어온 자녀에 대해 "혹시 평상시에 놀 시간이 부족하다고 생각하니?" 또는 "우리가 너무 엄격하게 시간을 정했니?"라고 묻는다면 그것은 부모와 자녀 모두가 속한 가족체계의 규칙을 검토하는 것이므로 이차적 변화라고 할 수 있다.

4) 가족항상성

항상성은 원래 생물체가 몸을 일정한 상태로 균형을 유지하려는 작용 또는 성질을 의미한다. 가족체계 역시 다른 생명체와 마찬가지로 끊임없이 변화하는 가족 내외의 환경에 적응하면서 일관성을 유지하고자 하는 기능을 갖는다(류경남, 최수정, 2006). 체계는 입력(input)과 출력(output) 과정에서 변화 대신 기본적인 성격을 유지하기 위해서 피드백 고리를 통한 자기규제가 이루어진다. 부적 피드백은 체계의 일탈을 최소화하며 가족이 현재 상태를 유지하도록 하는 체계 환원적 단서이며, 정적 피드백은 체계의 변화를 유도해 다른 수준으로 재조정하는 체계 일탈적 단서다. 가족 내의 피드백 고리는 가족규칙을 유지 또는 조정하는 기제가 된다.

가족은 안정을 유지하고자 하는 기능뿐만 아니라 변화하고자 하는 기능을 동시에 갖고 있는 체계다(Jackson, 1965). 그런데 병리적인 가족일수록 변화보다 안정성을 위해 가족의 엄격한 연쇄과정을 유지하며, 기존 방식에 완고하게 집착한 나머지 변화를 성장의 기회라기보다 가족에 대한 위협으로 지각한다. 문제가 심각한 가족일수록 기존 체제의 안정(status quo)을 위해 더 많은 에너지를 쏟는다(Fisch, 1965). 전략주의자들은 증상이란 대인관계에서 어떤 이득을 취함으로써 유지되는 것이므로, 만일 증상이 관계에서 불이익을 가져다주면 사라질 것이라고 보았다.

5) 가족규칙

가족규칙은 시간에 걸쳐 가족행동을 제한하는 관계상의 합의로서, 가족항상성을 지속하는 기능을 한다. 가족규칙의 종류로 의식적이고 명백한 '명시적 규칙(explicit rules)'이 있는 반면, 무의식적이며 암암리에 이루어지는 '암묵적 규칙(implicit rules)'도 존재한다. 대부분의 규칙은 '… 해야만 한다' 혹은 '… 하지 말아야 한다'는 유형을 갖고 우리의 행동에 영향을 미치지만 우리는 규칙의 존재나 기능을 거의 의식하지 못한다. 왜냐하면 이미 그것은 가족이 살아가는 방식의 일부가 되어 버렸기 때문이다(Galvin & Brommel, 2001).

가족규칙에서 중요한 개념은 상위규칙(meta-rule)의 존재다. 상위규칙은 많은 일반적 규칙 위에 작용하는 '규칙을 총괄하는 규칙'이다. 이는 가족원이 가족규칙을 어떻게 유지하고 변화시킬 것인가에 대한 규칙을 의미한다. 역기능적 가족일수록 자신들의 가족규칙을 어떻게 변화시킬 것인지에 대한 아무런 상위규칙을 갖고 있지 않다. 경직되고 현상유지의 경향이 강한 가족일수록 가족규칙을 언급하거나 변경할 수 없다는 강력한 상위규칙을 갖는다(김유숙, 전영주, 김수연, 2003).

6) 권력과 위계

가족 내 권력과 위계에 대한 초점은 헤일리의 전략적 구조주의 모델에서 강조되었다. 헤일리는 증상이 가족항상성을 유지하기 위해 존재한다고 보았으며, 동시에 내담자

(IP)가 증상을 통해 가족원을 통제한다고 믿었다. 그의 주된 관심은 권력(power)과 통제(control)에 있었다. 그는 가족을 포함한 모든 대인 간 상호교류의 함축적 의미를 관계를 정의하기 위한 권력투쟁으로 보았는데, 이러한 관점은 우리가 일반적으로 가지고 있는 안식처로서의 가족 이미지와 상치되는 측면이다. 가족원이 자신의 위치에 맞는 권력과 통제를 가질 때 위계질서가 유지되며 힘의 균형이 깨지면 위계질서에 문제가 발생한다. 따라서 증상을 해결하기 위해서 치료자는 관계 이면의 권력과 통제 관계를 파악해야 하며 권력투쟁에 관한 가족관계를 파악함으로써 명확한 치료목표 설정과 구체적인 개입방식을 계획할 수 있다.

전략주의 관점에서 증상은 가족항상성을 유지하기 위한 기제이며 증상의 이면에는 관계를 통제하기 위한 IP의 전략이 있다(Haley, 1964). 현재의 상황에서 다른 모든 전략이 실패했을 때 개인은 마지막으로 증상을 통해 관계를 통제하려 한다. 예를 들어, 적대적이며 심한 갈등으로 힘든 결혼관계에 있는 부부가 자녀의 증상에 매달림으로써 결혼관계를 유지할 수 있다. 여기서 자녀의 증상은 위기 상태인 부모관계가 해체되지 않도록, 가족이 붕괴되지 않도록 하는 기제가 된다. 또 다른 예로, 아내의 불안발작 증상은 무의식적으로 남편이 자신의 곁에 있도록 남편을 통제하는 전략으로 볼 수 있다. 아내가 증상에 대해 무기력하게 행동함으로써 남편은 직장에서 일찍 퇴근하게 된다. 이는 증상을 통해 아내가 남편과의 관계에서 권력과 통제를 얻고 있다고 볼 수 있다.

권력과 관련하여 헤일리는 구조주의 접근의 위계(hierarchy)의 개념을 차용하게 되는데, 이는 헤일리의 전략적 모델의 구조주의적 성향을 잘 드러내는 것이다. 헤일리는 기능이 잘 되는 가족일수록 가족 내 위계질서가 제대로 서 있다고 보았다. 부모는 부모로서, 자녀는 자녀로서, 조부모는 조부모로서의 위치가 제대로 지켜져야 하며, 윗세대는 아랫세대보다 위계적으로 상위에 있어야 한다. 즉, 윗세대가 더 많은 권력과 통제를 가지고 규칙을 집행할 수 있어야 한다는 것이다. 또한 가족은 세대 간 구조와 경계를 분명히 갖고 서로 침범하지 말아야 한다. 명확한 경계를 통해 가족원은 각각의 위치(position)를 구조적으로 유지해야 하며, 이러한 구조적 질서가 잘 유지되는 가족일수록 기능적으로 볼 수 있다.

헤일리가 통제와 권력의 관점에서 위계에 접근하였다면, 그의 동료인 매더네스는 모든 인간의 딜레마를 사랑과 폭력 간의 투쟁 때문에 발생한다고 보고 보호와 관심이라는 측면에서 위계에 접근하였다. 가족은 자신의 위치에서 상대를 잘 돌보는 역할을 해야 하는데, 이것을 제대로 수행하지 못할 때 폭력이 생긴다고 보았다. 헤일리와 매더네스(Cloe Madanes) 모두 가족 내 위계에 염두를 두고 가족치료 작업을 하였는데, 가족원은 자신의 위치에 맞는 권력과 통제력을 가지고 이것을 타인을 보호하고 돌보는 데 사용해야 한다고 하였다(김용태, 2000). 가족의 구조가 제대로 유지되기 위해서는 권력의 측면과 돌봄의 측면이 균형을 이루어야 한다는 것이다.

7) 가족게임

밀란 모델은 역기능적 가족의 구성원들이 서로 힘을 얻기 위해 가족게임을 한다고 보았다. 가족 안에서 비밀리에 진행되는 가족의 상호작용은 오랫동안 발전되어 온 일련의 의사소통 규칙과 관계규칙을 갖는다. 밀란 모델에서는 이러한 규칙을 유지하기 위한 복잡한 가족 상호작용을 '가족게임(family game)'이라고 명명하였다. 조현병을 비롯한 역기능적 가족에서는 가족원 모두 게임의 규칙에 합의하지 않으면서 서로 힘을 얻기 위해 끝없는 게임을 한다. 승자도 패자도 없는 이 진흙탕 게임(dirty game)은 순환적인 연쇄과정을 이루고 있어 원인과 결과를 정확히 구분할 수 없다(류경남, 최수정, 2006). 증상은 게임을 의미하며 치료자는 이 게임을 멈추기 위해 역설적 개입을 하는 것이 효과적이라고 보았다. 그러나 후기 밀란 모델에 이르러 역설적이고 지시적인 접근보다는 협동적인 형태로 전환되었다.

3. 치료목표 및 치료과정

1) 치료목표

전략적 모델의 일차적 치료목표는 제시된 문제를 해결하는 것이다. 그러나 증상행동의 제거는 일차적 변화일 뿐이고, 행동을 규제하는 가족체계의 변화(이차적 변화)까지 치료목표에 포함된다.

치료목표의 설정은 매우 구체적으로 이루어진다. 치료자는 '언제' '어디서' '얼마나 자주' 등의 개방형 질문을 통해 내담자가 객관적이며 행동적인 언어로 문제를 분명히 규명하고 기대하는 구체적인 변화목표를 설정하도록 유도한다(양승은, 1995). 목표가 분명할수록 개입도 구체적이고 치료효과도 크다. 궁극적인 목표 달성을 위해 중간 목표를 설정하여 단계적으로 접근한다.

비록 전략주의의 핵심목표는 제시된 문제의 해결이지만, 증상이라는 것은 사회적 맥락에서 일어나는 것이기 때문에 내담자 가족을 둘러싸고 있는 사회관계망까지 치료과정에 포함시키고자 한다. 예컨대, 문제 청소년의 상담에는 청소년 전문가나 학교 선생님을 끌어들이거나 보호관찰 중인 내담자 사례에 대해서는 보호관찰관이나 변호사를 참여시키기도 한다.

또한 전략주의 모델은 가족의 발달단계별 과업과 전환기에서의 위기에 관심을 갖는다. 헤일리의 경우 치료의 목표에 가족생활주기에 따른 단계 이행기의 과업 달성과 성장을 포함시키기도 한다. 가족의 문제가 가족생활주기의 한 단계에서 다음 단계로 넘어가는 이행기에 발생하기 쉽다고 보았는데, 잘못된 문제해결 방식 때문에 고착되어 있는 가족이 문제를 잘 극복하여 성장하도록 도움으로써 다음 발달단계로 나아갈 수 있도록 하는 것도 치료목표의 일부가 된다.

2) 치료과정

전략적 치료과정은 MRI 상호작용 모델이나 헤일리의 전략적 구조주의, 밀란 모델을 막론하고 구조화된 방식으로 진행된다는 공통점을 가진다. 치료과정은 일반적으로 세 단계로 진행되는데, ① 현재의 문제를 정의하고, ② 구체적인 문제(증상)를 제거하기 위한 목표가 설정되며, ③ 목표 달성을 위해 치료적 개입이 단계적으로 계획된다. 구체적으로 MRI 모델과 헤일리의 모델, 밀란 모델 각각의 치료과정 단계는 〈표 7-2〉와 같다.

표 7-2 주요 전략적 모델의 치료과정

MRI 상호작용 모델	헤일리의 전략적 구조주의 모델	밀란의 체계적 모델
• 치료과정에 대한 소개	• 친화 단계	• 치료 전 단계
• 문제에 대한 질문과 정의	• 문제규명 단계	• 치료 단계
• 문제를 유지하는 행동평가	• 상호작용 단계	• 치료 간 단계
• 치료목표의 설정	• 목표 설정 단계	• 개입단계
• 행동적 개입의 선택과 실행	• 개입의 선택과 실행	• 치료 후 논의 단계

(1) 문제 정의하기

전략적 치료모델에서 초기면접은 전체 치료과정의 계획을 세우기 위한 중요한 단계다. 따라서 첫 면담에는 가능한 한 모든 가족원이 참석하도록 한다. 초기면접에서 치료자는 내담자에게 문제(증상)에 대해 구체적이고 행동적인 용어로 정의해 줄 것을 요구한다. 일단 문제와 목표가 구체적으로 정해지면 지금까지 문제에 대해 내담자가 시도했던 해결책에 대해 질문하는데, 이는 문제를 유지시키는 내담자 가족의 연쇄과정을 파악하기 위함이다. 또한 문제에 초점을 둠으로써 문제를 해결할 수 있는 가족의 새로운 행동을 찾아내기 위함이기도 하다.

초기면접에서는 가족치료실에 들어온 가족이 각자 원하는 곳에 자리를 잡도록 한다. 치료자는 자신을 먼저 소개한 후에 가족 개개인에게 소개를 요청한다. 만일 모두의 소개가 끝나기 전에 가족원 중 한 명이 먼저 문제에 대해 이야기하기 시작하면 치료자는 그의 말을 잠시 제지시키고 나머지 가족원의 소개를 마치도록 한다. 이 단계는 치료에 참석한 모든 가족이 협동적이고 편안한 분위기를 느낄 수 있도록 하는 것이 중요하다. 치료자는 모든 가족원이 가족치료에 대한 의견을 말할 수 있도록 돕는 한편, 가족의 상호작용을 관찰한다. 특히 부모가 자녀를 어떻게 다루는가를 보고 세대 간 위계관계에 주목한다. 또한 가족 중 누가 치료자와 거리를 두거나 반대로 밀착하려 하는지에 대해서도 관심을 갖고 본다.

치료자는 가족이 왜 가족치료실에 왔는지에 대해 질문한다. "왜 도움을 청하십니까?" "여러분 각자 어떤 변화를 원하나요?"와 같은 질문을 통해 문제에 대한 정보를 얻는다. 그러나 IP에게 가장 먼저 질문하는 것은 바람직하지 않다. 처음부터 문제에 대한 질문을 하면 IP는 문제의 책임감과 가족치료에 대해 위협을 느낄 수 있기 때문이다. 헤일리는 주로 아버지에게 가장 먼저 질문했는데, 이는 아버지의 참여를 높이고자 하는 전략적 이유 때문이었다. 종종 문제와 가장 관련이 적은 가족원이나 가족을 치료에 데려올 만한 영향력이 있는 가족원에게 먼저 질문하기도 한다. 이 단계는 각 가족원의 문제에 대한 관점을 보는 때이므로, 가족원의 의견에 대한 어떤 해석이나 충고, 비평을 하지 않는다. 질문의 초점은 가족이 어떻게 느끼는가에 대한 정서적 측면이 아닌 사실과 의견에 대한 정보 수집에 둔다.

가족이 중심이 되어 이야기를 나누는 동안, 치료자는 가족 상호작용에서 드러나는 가족의 의사소통 방식과 연합, 삼각관계, 권력위계 등을 관찰하면서 가족이 대화를 계속하도록 돕는다. 주의할 것은 치료자가 의사소통의 내용보다 의사소통의 과정에 집중하면서 들어야 한다는 점이다. 이 단계에서 치료자는 제시된 문제를 치료실에서 재현해 보도록 요구할 수 있다. 예를 들어, 아이가 손톱을 심하게 물어뜯는 증상이 있고 그것을 수정하고 싶어 한다면, 치료실에서 직접 손톱을 물어뜯어 보라고 한 후에 가족의 반응과 아이의 행동에 대하여 관찰한다. 이러한 과정을 통해 증상을 유지하는 가족의 연쇄과정과 가족구조가 좀 더 분명하게 드러나게 되고, 앞으로 진행될 치료의 개입 단서를 잡을 수 있게 된다.

(2) 목표 설정하기

가족이 해결하기를 바라는 문제(증상)에 대하여 치료자와 가족이 명확하게 정한다. 변화하기 원하는 부분에 대해 구체적이고 행동적인 언어로 말하도록 유도한다. 문제를 변화시키기 위한 첫 과제나 지시와 함께 초기면접을 마친다.

전략주의 모델에서 가족사정은 가족원 개개인이 문제를 어떻게 보는지를 파악하여 문제를 정의하는 데서 시작된다. 치료자는 가족의 구조적 정렬, 즉 가족위계가 어떻게 가족의 문제와 관련되는지 알기 위해 회기 중 가족의 상호작용을 면밀히 관찰한다. 특히 증상이 가족관계에서 보복적 성격을 가질 가능성을 고려하며 증상이 가족원을 어떻게 통제하는지에 대해서도 평가한다.

진단은 IP의 증상이 가족항상성을 유지하는 기제로 유지된다는 가정하에 내려진다. 앞에서 언급하였듯이 전략주의자는 증상이란 내담자가 타인과 의사소통하는 방식이며 자발적인 것이라고 본다. 즉, 가족은 가족의 평형 상태를 유지하기 위해 종종 IP의 증상을 필요로 하며, IP 또한 타인에 대한 통제방식으로 증상을 이용한다. 따라서 증상이 우울증이든 알코올 문제든 공포증이든 분노발작이든 그것은 가족항상성을 위한 적응적인 측면을 갖는다.

겉으로는 위계질서에 따른 질서를 잘 따르는 것처럼 보이는 가족도 부모 중 한 명이 자녀와 연합하여 부부결속이 약화되는 경우도 있다. 세대 간의 연합이 은밀하고 자신들이 인식하지 못할수록 가족의 문제는 더욱 심각하다. 가족원의 세대 간 연합이나 동맹, 거리감 등에 대한 질문을 바탕으로 수립된 예비 가설은 초반회기의 확인 작업을 통해 만일 잘못된 가설임이 밝혀지면 수정된다. 진단의 목표는 문제에 대한 체계적인 관점을 얻는 것이며, 사정결과는 구체적인 치료계획을 설정하는 자료가 되므로 매우 중요하다.

(3) 개입하기

전략적 모델의 미니멀리즘(minimalism) 철학은 잘 계획된 아주 작은 개입이 엄청난 치료적 연쇄효과(domino effect)를 가져올 수 있다고 가정한다. 따라서 전략주의자는 정밀한 관찰과 면접을 통해 가족 상호작용의 반복적 연쇄과정을 파악한 후 역기능적 연쇄과정을 수정할 수 있는 작지만 의미 있는 개입을 계획한다. 치료과정에서는 내담자의 저항을 최소화하기 위해 직면이나 설명은 되도록 하지 않으며, 직면보다는 우회적인 역설적 개입을 통해 과제를 주거나 지시를 하여 회기와 회기 사이의 변화를 유도한다.

전략적 접근은 문제별 독특한 요구에 따라 개별적인 맞춤형 전략을 세운다. 각 과제는 사례별로 주의 깊게 계획된 것으로 가족 스스로 자신의 문제를 다루면서 가족체계의 변화를 일으키도록 고안되며(〈표 7-3〉 참고), 치료과정에서 내담자 스스로 '할 수 있다'는 생각을 갖고 치료에 대한 동기와 성취감을 느낄 수 있는 작은 것으로 정한다. (어떤 경우에는 치료자가 내담자에게 생각나는 문제를 모두 적어 보라고 하고 빨리 해결해야 하는 것과 천천히 해결해도 되는 것을 스스로 정하도록 할 수도 있다.) 최근에는 포스트모더니즘의 영향으로 전략주의 치료에서도 내담자의 강점을 찾아 그것을 문제해결에 활용하며, 치료자의 자질에서도 지시적이기보다 내담자의 변화에 대한 동기를 불러일으키는 능력을 강조하고 있다. 치료자는 내담자에게 "마음속 가장 깊은 곳에 진짜로 변화되기를 원하는 문제가 무엇입니까?"라고 물을 수 있다.

치료회기에서 행해지는 지시나 과제의 설정은 전략적 가족치료의 핵심적인 부분이다. 특히 내담자에게 문제증상을 계속해서 실행하라고 지시하는 역설적 개입은 내담자로 하여금 변화하지 않을 수 없는 모순적 상황에 있도록 함으로써 변화를 끌어내는 치료적 방법이다. 역설적 개입은 치료 상황에서 내담자의 저항을 처리하는 효과적인 방법으로, 지시와 은유적 언어의 사용, 역설적 개입, 시련기법 등 다양한 방식으로 내담자를 치료적 이중구속에 빠지게 한다. 치료적 이중구속에 속박된 내담자는 문제증상을 포기하거나 증상에 대한 자발적 통제력을 인정해야만 하는 모순적 상황에 빠지게 되며, 결국 어떤 쪽을 택하든 변화되지 않을 수 없게 된다.

어떤 경우에 치료자는 역설적인 우회적 지시보다 직접적인 지시를 내리기도 한다. 예컨대, 남편이 아이에 대해 갖는 아버지의 권위에 자꾸 침범하는 아내에게 치료자는 "아버지와 아들이 대화하는 동안 어머님은 관여하지 않으실 수 있습니까?"라고 물어볼 수 있다. 만일 치료자가 "지시(또는 과제)를 수행하기로 약속하실 수 있습니까?"라는 질문에 "예, 하지만…."이라고 토를 다는 내담자의 경우는 아직 변화에 대한 두려움을 갖고 있다

표 7-3 문제상황에 따른 전략적 과제의 예

문제상황	과제 내용
결혼생활에 문제를 느끼는 경우	남편: 아내를 위해 멋진 계획을 세워 아내를 놀라게 해 주라고 지시함 아내: 남편이 하는 일이 무엇이든 고맙게 받아들이라고 지시함
어머니와 아들이 지나치게 밀착된 경우	아버지: 아내가 원하지 않을 만한 일을 아들과 함께 해 보라고 지시함 아들: 어머니가 원하지 않을 만한 일을 아버지와 함께 해 보라고 지시함
야뇨증을 가진 딸의 편을 드는 남편의 경우	아버지: 딸이 잠자리에 실수할 때마다 아버지가 요(sheet)를 빨도록 함
가족이 서로 말을 하려고 하는 경우	가족 모두: 모자돌리기를 하여 모자를 잡는 사람만이 말을 하도록 함
애정표현 방법을 모르는 부부의 경우	부부: 일주일에 3회, 자녀들에게 애정을 분명하게 표현하는 방법을 가르치게 함
취직시험 응시면접을 두려워하는 젊은이의 경우	젊은이: 시험에 합격해도 다니지 않을 만한 직장에 취업면접을 하도록 함
자녀의 나이 차를 고려하지 않는 엄마	엄마: 20분 간격을 두고 아이들의 취침시간을 정하도록 함

출처: 이화여자대학교 사회복지학과(1995).

고 볼 수 있다.

치료 상황에서 내담자 가족에게 15분 이상의 논쟁을 허락하지 않도록 주의한다. 가족의 상호작용을 관찰하는 것이 필요하다고 해도 과도한 언쟁은 치료 상황을 통제하기 어렵게 만들므로 만일 부부가 언쟁을 벌이더라도 15분만 하도록 제한한다. 한편 전략적 치료자는 종종 '관찰팀'과 함께 작업을 한다. 관찰팀은 일방경 뒤에서 가족 상호작용과 치료 장면을 보면서 치료실과 관찰실에 설치된 인터폰을 통해 치료자에게 직접 지도감독이나 지시를 준다.

4. 치료자 역할 및 치료기법

1) 치료자 역할

전략적 모델에서 치료자의 역할은 한마디로 '전략가'라고 할 수 있다. 전략주의 치료자는 다른 치료모델에 비해 변화에 대한 직접적인 책임을 진다. 전략적 모델에서 요구하는 치료자의 역량을 정리하면 다음과 같다.

(1) 전략적 기술

전략적 치료자는 내담자의 문제해결을 위해 합리적인 전략을 세울 수 있는 기술을 갖추어야 한다. 치료과정에서 치료자는 각각의 내담자 가족에게 맞는 구체적인 치료계획을 가지고 매우 지시적으로 접근하며, 내담자 가족에게 치료자의 지시를 잘 따라 줄 것을 요구한다. 치료자는 직접적인 지시를 내리기도 하고 역설을 통해 간접적으로 우회하기도 한다. 치료자가 내담자에 대해 강력한 권위를 갖고 있다면 직접적인 지시를 사용할 수 있지만, 내담자가 치료자의 지시를 잘 따라 줄 것인지에 대해 확신이 없다면 간접적인 접근법이 나을 수 있다.

(2) 활동성과 강한 책임감

전략주의 치료자는 활동적이며 강한 책임감을 가져야 하며 변화를 만들어 내고자 하는 강한 의지를 가져야 한다. 만일 문제해결이 원만히 진행되지 않을 때에 전략적 치료자는 내담자보다 치료자 자신에 대한 비난과 책임에 직면하게 된다. 전략주의 치료자는 재명명을 통해 가족원이 서로의 행동에서 긍정적인 측면을 볼 수 있도록 돕는 역할을 한다. 예를 들어, '우울하다'는 표현 대신 '게으르다'는 말로 바꿀 수 있다. 남편의 잔소리는 아내의 살림살이에 대한 불평이 아니라, 아내와 가까워지기를 원하는 마음을 제대로 표현하지 못한 것으로 재명명할 수 있다. 가족이 역기능적이라고 규정한 행동을 선한 것으로 이해하도록 돕는 것은 치료적 변화를 용이하게 한다.

(3) 통제와 권위의 유지

전략주의자들은 치료과정을 치료자와 내담자 간의 권력다툼으로 보고 이 권력투쟁의 결과가 치료결과에 영향을 미친다고 본다. 치료자는 치료 상황에 대한 통제를 잃지 말아야 하며 내담자에게 권위를 가져야 한다. 이를 위해서 치료자는 때로 목적을 위해 특정 가족원과 연합하기도 하지만 가족분쟁에 개입되기 전에 재빨리 벗어나기도 한다. 또한 치료자를 통제하려는 내담자의 시도에 대해서는 공개적으로 언급하기도 한다. 그러나 주의할 점은 치료자의 권위가 권위주의적인 것과는 차별화되는 편안하고 융통성 있는 권위여야 한다는 것이다.

(4) 팀 접근

전략적 치료자들은 적극적으로 팀 접근방법을 활용하였다. 치료자가 상담하는 동안 동료나 지도감독자는 일방경 뒤에서 상담과정을 보다가, 관찰실과 상담실을 연결하는 인터폰을 통해 가설이나 전략적 개입을 치료자에게 실시간 전달한다. 밀란 모델의 치료자들은 남녀 치료자가 공동 회기로 진행하였다.

최근에는 관찰팀이 치료자 및 내담자 가족과 공개적으로 상호작용하기도 하는데, 치료팀이 가족의 상호작용을 관찰한 결과에 대해 논의하는 모습을 가족이 볼 수 있게 되었다. 가끔 치료팀과 치료자의 의견이 다를 수도 있는데, 치료팀과 치료자 간의 논쟁을 봄으로써 내담자 가족은 본인들의 양가감정이 제대로 평가된다고 느낄 수도 있다. 이러한 쌍방적 방식의 관찰은 포스트모더니즘의 영향으로 촉진되었으며, 치료자와 내담자의 관계가 더욱 협동적이고 수평적으로 변화한 결과라고 하겠다.

(5) 밀란 치료자의 중립성

밀란 모델의 경우 MRI 학파나 워싱턴 학파의 전략적 치료자들의 지시적인 역할과는 차별화되는 입장을 갖는다. 밀란 체계론적 관점에서는 치료자가 가족체계와 합류된 전체 체계의 일부로 작동한다고 보았기 때문에 치료자의 객관성은 있을 수 없다고 보았고, 치료과정 역시 치료자와 가족원이 서로 영향을 미치면서 가족이 자신들의 인식론을 재검토하는 과정으로 보았다. 따라서 밀란 모델의 치료자는 중립적인 위치에서 가족이 스스로 신념체계를 검토하며 해결책을 찾아가도록 조력하는 역할을 한다.

2) 치료기법

여러 가족치료 모델 중에 전략적 치료는 가장 기법 위주의 접근이라고 할 수 있다. 전략적 치료자들은 개별 사례와 문제에 맞는 맞춤형 개입을 한 에릭슨의 전통을 따랐다. 전략적 치료의 핵심적 기법은 '역설적 개입(paradoxical intervention)'의 사용이지만, 밀란 모델의 경우 순환적 질문, 긍정적 의미 부여, 의식, 불변의 처방 등 타 전략적 모델과 차별화되는 독특한 기법을 발전시켰다.

헤일리는 IP가 '증상을 통해 상대에 대한 통제를 지속'한다고 보고 치료자가 치료관계에서 통제를 유지하기 위해서 역설적 개입을 사용할 것을 제안하였다. 역설적 개입의 핵심은 '통제'다. 치료자는 '증상 처방'을 통해 내담자의 통제 밖에 있다고 포기했던 문제행동을 내담자의 통제 안으로 끌어들인다. 가족은 치료자에게 도움을 청하지만 막상 치료자가 도움을 주려고 하면 저항한다. 왜냐하면 치료자가 가족의 안정성을 위협한다고 지각하기 때문이다. 이 결과 치료자와 내담자 가족 간에는 미묘한 권력투쟁이 일어난다. 이러한 가족저항을 다루기 위해 치료자는 잘 고안된 치료적 이중구속의 상황을 만들어 내담자가 역설적 개입에 저항하는 과정에서 증상행동을 포기하도록 만든다. 치료 초기부터 역설적 개입을 사용하는 것보다는 다른 치료적 방법이 효과가 없고 좌절되었을 때 역설적 개입을 활용하는 것이 좋다. 역설적 개입은 내담자가 역기능적 행동을 포기하도록 다루기 때문에 치료자가 이끄는 게임으로 비유되기도 한다.

치료자는 '변화하라'는 메시지와 '변화하지 말라'는 두 가지 모순된 메시지를 동시에 전달하는 '치료적 이중구속'의 상황을 만든다. 변화시켜야 하는 증상에 대하여 변화시키지 말라는 지시를 함으로써 내담자는 일종의 이중구속 상황에 빠지게 되는데, 만일 치료자가 변화하지 말라고 지시한 것을 충실히 따른다면 내담자는 이미 증상을 통제할 수 있게 되는 것이고, 만일 치료자의 지시를 따르지 않는다면 증상을 포기하게 되는 것이다.

비전략적 치료자는 내담자의 증상과 반대되는 행동을 하도록 격려하는 데 반해, 전략적 치료자는 가족원의 행동을 유심히 관찰한 후에 그대로 행동하도록 지시한다. 이러한 역설적 지시나 과제를 받은 내담자는 당황하고 격분할 수 있다. 심각한 문제에 대해 장난스러운 지시를 내린다고 생각할 수 있기 때문이다. 따라서 치료자의 전문성에 대한 내담자의 신뢰가 부족하다면 역설적 개입은 성공하기 어렵다. 만일 가족이 왜 이런 처방을 주는지 질문한다면 치료자는 '가족 스스로 증상을 통제할 수 있다는 것을 알게 하기 위한 것'이라고 설명해 준다.

역설적 개입을 계획하기 위해서는 재정의, 처방, 제지 등의 세 가지 단계를 거친다. 첫 번째 단계인 재정의는 문제에 대한 가족의 생각을 변화시키기 위하여 증상을 긍정적 의미로서 재명명하는 것이다. 두 번째 단계인 처방은 '부모에게 반항해라.' '우울하게 행동하라.'와 같이 간단하나 수용하기 어려운 증상 처방을 하는 것이다. 세 번째 단계의 제지는 '천천히 변하라.'라는 메시지를 내담자에게 주는 단계로 가족이 너무 빨리 변화하는 것을 견제하는 것이다. 이는 내담자가 변화에 저항할 것을 미리 예견하고 시작된 변화를 견고하게 하기 위함이다.

한편, 초기 밀란 모델은 MRI의 영향으로 역설적 기법을 선호하였지만, 후기 밀란 치료자들은 중립적 위치에서 질문을 통해 내담자 가족의 신념체계에 새로운 정보를 유입시켜 게임을 유지시킨 인식론적 오류를 수정하는 데 중점을 두었다.

참고 역설이란?

겉보기에는 명백히 모순되고 부조리한 듯하지만 표면적인 논리를 떠나서 자세히 생각하면 확실하고 진실된 진술 또는 정황을 말한다. 긴 설명과 설득의 과정이 역설적 진술로 말미암아 일거에 생략된다.

〈예〉

1. 일상언어 생활에서: 좋아서 죽겠다.
2. 종교적 잠언에서: 죄가 많은 곳에 하나님의 은혜가 많다.
3. 문학작품에서: 님은 갔지마는 나는 님을 보내지 아니하였습니다.

출처: http://user.chollian.net/~silbyone

(1) 증상 처방

증상 처방(symptom prescription)은 역설적 개입의 일종으로 내담자에게 증상행동을 자발적으로 계속하도록 격려하는 지시나 과제를 주는 기법이다. 그 결과 내담자가 치료자의 지시를 거부하고 증상을 버리든지, 혹은 지시대로 순종해서 증상이 본인의 통제권하에 있음을 인정하든지 선택하게 하는 것이다. 예를 들어, 아내에게 권위적이고 지배적인 남편에 대해 치료자는 아내에게 더욱 지배적으로 행동하도록 지시를 내리는 것도 역설적 개입의 일종이다. 이러한 지시는 남편을 딜레마에 빠지게 하는데, 그가 아내에게 권위적인 행동을 한다면 그것은 치료자의 지시에 순응하는 것이며, 이것으로서 증상(권위적 행동)이 통제 가능한 것이 되어 버린다. 반면, 치료자의 지시를 따르지 않는다면 남편은 권위적 행동을 포기하는 것이 된다. 또 다른 증상 처방의 예로 치료자가 잦은 부부싸움을 호소하는 남편과 아내에게 매일 2시간씩 부부싸움을 하도록 지시하는 것을 들 수 있다. 치료자 말대로 부부가 매일 규칙적으로 부부싸움을 한다면 내담자 부부는 부부싸움을 통제할 수 있게 된 것이며, 치료자 지시를 어긴다면 부부싸움을 포기하는 것이 된다.

(2) 고된 체험 기법

고된 체험 기법(ordeal technique)은 증상이 나타날 때마다 내담자가 괴로워하는 일을 수행하도록 지시하는 직접적이며 처방적인 개입이다. 이 기법의 원리는 내담자가 증상을 포기하는 것보다 증상을 유지하는 것이 더 고통스럽다는 것을 알게 될 때 내담자는 그 증상을 포기할 수 있다는 전제를 갖는다. 고된 체험의 과제로는 운동이나 숙제, 독서, 다

이어트 등 다양하다. 예를 들어, 우울증을 호소하는 내담자에게 우울해질 때마다 집 안 걸레질을 하도록 지시하거나, 고부갈등을 겪는 여성에게 시어머니에 대한 부정적인 생각이 들 때마다 시어머니에게 비싼 선물을 드리도록 지시하는 식이다. 내담자에게는 증상을 갖는 것보다 더 고된 체험의 결과가 있다면 차라리 증상을 포기하는 것이 낫게 된다. 그러나 고된 체험의 처방은 내담자의 바람(깨끗한 집을 유지하거나 시어머니와 잘 지낼 수 있는 것)과 일치하는 것이어야 하며, 불건전하거나 해를 입히는 일이 되어서는 안 된다. 이런 고된 체험은 내담자가 치료자와의 치료적 약속과 스스로의 변화에 대한 헌신이 강해야 성공할 수 있다(양승은, 1995).

글상자 7-1 고된 기법의 사례

재혼가족의 16세 소년인 A는 엉덩이에 여러 가지 물건을 올려놓고 엉덩이를 흔들어 물건들을 흩뜨려 놓아 온 집 안을 난장판으로 만들곤 하였다. 그럴 때마다 계모는 집 안을 청소해야만 했고, 아버지는 방관자처럼 지켜볼 수밖에 없었다. 헤일리는 이 사례에 고된 체험 기법을 사용하였다. 즉, A가 그런 짓을 할 때마다 아버지가 A를 뒷마당에 데리고 나가 깊이와 폭이 1m 정도 되는 구덩이를 파게 하였다. 그런 후에 흩뜨려 버린 물건을 구덩이에 파묻게 하였다. 몇 주 후 A의 증상은 멈추었고, 계모와 아버지의 관계는 더 가까워졌다.

출처: Nichols & Schwartz (2004), p. 156.

(3) 위장기법

위장기법(pretend technique)은 전략적 치료모델의 기법 중 비교적 부드럽고 덜 직면적이며 내담자가 증상을 가진 '척하고' 부모는 도와주는 '척하는' 연극적인 기법이다. 매더네스가 고안한 이 기법은 환상과 유머, 놀이에 기초하여 치료에 대한 내담자의 저항을 극복하는 데 도움을 준다. 예를 들어, 분노발작의 증상을 가진 아이에게는 시간을 정해 엄마 앞에서 '헐크 놀이'를 하도록 하고 (분노발작을 일으키는 '척'하도록 지시하고), 아이가 성공적으로 헐크 흉내를 내면 엄마는 아이를 도와주는 '척'하도록 지시한다. 이렇게 되면 아이의 분노발작도 위장이고 부모의 걱정도 위장이기 때문에 가족 상황은 긴장되고 심각한 싸움에서 쾌활한 가상적 게임으로 변형된다(Madanes, 1998).

역설적 개입이 치료자의 지시를 거부하는 가족의 저항을 활용한 접근이라면, 위장기법은 놀이를 즐기는 기분으로 저항을 우회시킨다. 위장기법을 이용해 가족이 통제할 수 없다고 믿는 증상에 대해 자발적으로 통제하는 상황을 연출해 볼 수 있다. 이는 가족의 이중적 위계구조를 재구조화하여 궁극적으로 증상을 유지하는 가족의 연쇄과정을 포기하도록 한다.

(4) 은유기법

은유기법(metaphoric task)은 가족이 자신들의 문제를 밝히는 것을 수치스럽게 생각하거나 토론하기 꺼릴 때 비유나 이야기를 통해 변화를 유도하는 방법이다. 우선 가족의 행동목표를 정한 후에 그 행동과 유사하되 좀 더 쉬운 행동(은유적 행동)을 선택하여 실행하도록 한다. 실행과정에서 은유적 행동에 대한 내담자의 사고방식을 이야기하도록 하고, 그에 대한 과제를 준다.

예를 들어, 성 문제로 갈등을 겪는 부부가 이 주제를 편안하게 다루기 난처해한다면 치료자는 성적 행위를 먹는 행위에 비유하여 이야기할 수 있다. 치료자는 '아이들 없이 단 둘이 식사를 한 적이 있는지' '음식 맛을 즐기기 위하여 어떻게 먹는지' '즐거운 식사를 위해 서로 어떤 배려를 하는지' 등의 질문을 한다. 또는 남편과 아내의 서로 다른 식욕과 음식 취향에 대해 이야기해 볼 수도 있다. 이와 같이 먹는 행위에 대해 부부가 생각하는 바를 이야기하게 함으로써, 자연스럽게 부부가 성적인 문제에 대해서도 생각해 볼 수 있게 하는 것이다(양승은, 1995).

그러나 은유기법이 유용한 방식이라고 그것에 너무 의존하여 치료를 진행하는 것은 바람직하지 않다. 왜냐하면 은유가 치료적 계약에 대한 치료자의 관점을 분명하게 보여주지 못하기 때문이다.

(5) 긍정적 의미 부여

긍정적 의미 부여(positive connotation)는 밀란 모델의 기법으로 문제를 지속시키는 가족의 행동을 재구성하는 방법이다. 주로 부정적인 증상행동을 긍정적인 동기로 설명해 주는데, '증상은 가족체계의 균형을 유지하고 가족의 응집성을 촉진하기 때문에 긍정적인 것'이라는 의미를 부여하여 파괴적인 가족게임을 무력화시키는 기법이다.

예를 들어, 자녀의 우울증으로 가족치료를 받게 된 가족에게 'IP의 우울증이 가족을 보호하고자 하는 기능'을 갖고 있다고 설명해 준다. 왜냐하면 IP의 우울증으로 인해 어머니는 IP를 과보호하고 아버지는 어머니를 비난하면서 가족체계를 유지하고 있기 때문이다. 따라서 치료자는 IP가 계속 우울하도록, 그리고 어머니는 과보호를 계속하고, 아버지는 어머니를 계속 비난하도록 처방한다. 또 다른 예로, 등교를 거부하는 자녀를 둔 부모에게 "당신의 자녀가 등교 거부를 하는 이유는 엄마의 외로움을 덜어 주고 싶어서입니다."라고 재명명해 주며, 자녀는 계속 학교에 가지 않고, 어머니는 IP를 돌보며 분주하게 지낼 것을 처방한다(김용태, 2000).

대다수 가족원은 은연중에 자신들의 행동이 IP의 증상과 관련 있음을 알고 있으며 파괴적인 '가족게임'의 의미를 인식하고 있다. 그럼에도 가족은 IP만 변화되기를 바라고 나머지 가족은 변화할 의지를 갖지 않는다. 긍정적 의미 부여는 결과적으로 가족이 가족게임에 대한 인식을 증가시키고 증상이 자발적인 것임을 알게 도와준다. 동시에 가족원 서로의 동기를 긍정적으로 바라보게 되면서 치료자가 자신들을 이해하고 있다고 느끼게 되고, 변화에 대한 저항도 줄게 된다. 무엇보다 통제될 수 없는 병리적 증상행동이 실제로는 자발적이고 좋은 의도로 생각될 수 있음을 암시하여 가족의 변화 동기를 강화시키고 미래의 치료적 변화에 대한 저항을 줄일 수 있다.

(6) 순환질문

순환질문(circular questioning)은 밀란 모델의 독특한 기법으로 각 가족원에게 돌아가면서 가족 상호작용이나 가족관계에 대해 이야기하게 하는 대화기법이다. 순환질문을 통해 내담자 가족은 개별 가족원의 반응을 경청하면서 가족을 새롭게 인식하는 경험을 하게 한다. 이는 내담자가 자신을 관계적 맥락에서 바라보게 하는 관계질문 기법이다. 다음은 자녀의 우울증으로 가족치료를 받는 가족에 대한 순환질문의 예다(Nichols & Schwartz, 2004).

치료자: 지훈이가 우울해서 가장 힘든 사람은 누구죠?

내담자: 엄마요.

치료자: 어머니가 지훈이를 어떻게 돕지요?

내담자: 엄마는 지훈이가 우울하면 몇 시간 동안 이야기도 하고 이것저것 지훈이가 원하는 대로 해 주세요.

치료자: 어머니가 지훈이를 그런 식으로 돕는 것을 마음에 들지 않아 하는 사람은 누구죠?

내담자: 아버지예요. 아버지는 지훈이가 원하는 대로 해 주는 것이 좋지 않다고 생각하세요.

치료자: 아버지 의견에 동의하는 분이 있어요?

내담자: 저도 아버지 의견이 맞다고 생각해요. 할머니도 그렇게 생각하시고요.

(7) 의식

의식(ritual)기법은 밀란 모델의 기법으로 일정한 의식을 만들어 게임을 하게 함으로써 가족게임을 과장되게 인식하도록 하는 기법이다. 예컨대, 우울증을 가진 자녀(IP)와 과보호하는 어머니, 어머니를 비난하는 아버지에게 이러한 연쇄과정(게임)을 계속하도록 처방하면서 특별히 일주일에 하루는 온 가족이 모여 자녀는 증상을 계속 가질 수 있도록 도와주는 부모에게 감사드리고 어머니는 더욱 과보호하는 행동을, 아버지는 강도 높게 아내를 비난하는 시간을 갖도록 한다. 이와 같이 경직된 가족규칙과 신화를 과장하는 의식에 가족원 모두 참여함으로써 자신들이 얼마나 어리석은 게임을 지속하고 있는지 깨닫게 하여 게임을 중단하도록 유도한다.

또 다른 의식기법의 예로, 시댁과 친정부모에 강하게 밀착된 신혼부부에게 밤마다 시댁과 친정에 대해 20분씩 이야기하는 의식을 처방할 수 있다. 토론하는 동안 부부는 반드시 시댁과 친정에 대한 존경심을 두 배 더 표현하도록 한다. 부부만의 토론시간은 비록 그 주제가 원가족에 대한 것일지라도 남편과 아내만의 부부체계를 강화함으로써 원가족 충성에 대한 가족규칙을 깨뜨리게 된다.

(8) 불변의 처방

밀란 모델의 셀비니-파라졸리와 파라타는 내담자 가족의 '진흙탕 게임'을 중단시키기 위해 모든 가족에게 적용할 수 있는 '불변의 처방(invariant prescription)'이라는 보편적 기법을 고안했다. 불변의 처방은 역기능적 가족의 '게임'에 유사성이 있음을 발견하고 가족으로 하여금 이에 대한 대항 방식을 형성하여 게임을 중단하도록 하는 데 초점이 있다. 처방은 일반적으로 10회로 제한된 회기와 팀 접근법, 그리고 가족게임을 중단하기 위해 고안된 역설적 지시 사용 등의 구조화된 회기에서 진행된다. 불변의 처방은 조현병 및 거식증 가족에서 일어나는 보편적인 여섯 단계에 근거한다(Goldenberg & Goldenberg, 2002).

- 부부관계에서 교착상태가 계속된다.
- 부모가 자녀를 끌어들인다.

- 가족게임에 끌려들어 간 자녀는 약한 쪽의 부/모의 편을 들어 강한 쪽 부/모를 통제하기 위해 증상을 발달시킨다.
- 약한 부/모는 자녀와 한편이 되는 대신 강한 부/모의 편을 든다.
- 자녀는 배신당했다고 느껴 증상을 더 심하게 함으로써 강한 쪽 부/모를 파멸시키기로 하고 약한 쪽 부/모에게 어떻게 해야 하는지를 보여 준다.
- 결과적으로 가족체계는 증상행동을 중심으로 안정화된다.

일반적으로 치료과정은 부모의 동맹을 강화하고 다른 가족연합을 해체함으로써 가족의 경직되고 파괴적인 상호작용에서 벗어나도록 유도한다. 초기 가족면접 이후에, 치료자는 부모만 따로 만나서 세대 간에 명확하고 안정된 경계선을 형성하기 위한 다음과 같은 처방을 준다.

> 이번 상담에 대한 모든 것을 집에서 완전히 비밀로 하십시오. 모든 것은 지금부터 시작입니다. 오늘 저녁에 식사 전에 외출하세요. 아무에게도 알려서는 안 됩니다. 단지 '우리가 오늘밤에 외출한다'는 메시지만 남기세요. 만일 당신이 돌아왔을 때 딸이 어디 있었느냐고 물어보면 "이건 우리 두 사람만의 일이다."라고 대답하세요. 그리고 부부 각각 자신의 일지를 주의 깊게 간수해서 아이들이 볼 수 없는 곳에 보관하십시오. 일지에는 날짜를 기록하고 다른 가족원이나 아이들 각각에 대한 언어적 · 비언어적 행동을 기록하세요. 이것은 두 분이 따르는 처방과 관련된 것입니다. 이러한 것을 하려면 부지런해야 합니다. 어떤 것도 잊어버리거나 생략해서는 안 됩니다. 다음 치료모임에 올 때 그 일지를 가지고 와서 그 동안에 일어났던 일을 읽어 주시기 바랍니다(Goldenberg & Goldenberg, 2002).

부부가 함께 행동하고 비밀을 유지함으로써 부모의 동맹은 처방에 의해 더욱 강화되며 이전에 존재했던 동맹과 연합은 깨진다. 이것은 기존의 가족게임을 방해하게 된다. 치료적 요점은 나머지 가족에게서 부모를 분리시키는 것이며 기존의 가족 상호작용 유형을 바꾸고 치료가 종결될 즈음에는 보다 안정된 동맹관계를 맺게 하여 가족을 재결합시키는 것이다. 따라서 불변의 처방은 경직되고 파괴적인 가족게임을 깨뜨림으로써 가족원이 더욱 융통성 있는 생활방식을 함께 개발하도록 하는 기법이라고 하겠다.

5. 사례연구

1) 사례개요

은둔형 외톨이 청년의 성형 갈등

의뢰과정

민수네 가족은 민수의 외모에 대한 끊임없는 불만과 은둔형 외톨이 생활, 성형수술을 둘러싼 가족 갈등으로 고통받고 있다. 정신과에서 우울증으로 진단받은 민수는 우울증 약 복용을 거부하고 있으며 증상이 나아지지 않자 가족치료를 제안받게 되었다.

제시된 문제

IP는 대학에 들어간 이후 계속 성형수술에 집착했으며, 그것이 모든 문제를 해결해 줄 수 있다고 믿고 있다. 이미 몇 가지 성형수술을 했음에도 부모에게 계속 수술을 하겠다고 조르며 외출을 하지 않은 채 대인관계를 기피하고 있다.

(1) 가족의 기초정보

민수는 군대를 제대한 지 6개월이 지난 23세, 대학 휴학생이다. 아버지(53세, 고졸)는 전기 기술자이며 어머니(49세, 중졸)는 주부다. 민수가 큰아들이며 남동생(남, 21)은 현재 군 복무 중이다. 아버지는 10남매의 막내로 부친을 일찍 여의고 홀어머니 밑에서 성장했다. 무뚝뚝하나 가족에 대해 헌신적이며 자녀들이 해 달라는 것은 다 해 주려고 한다. 어머니는 외동딸로 2세 때 친부를 여의고 난 후 친모가 재가하여 재혼가족에서 자랐다. 5명의 이복동생이 있으며 계부가 잘해 주었지만 성장기 동안 외롭고 슬픈 마음에 많이 울었다. 지금도 우울할 때가 많다고 하였으며, 평소 민수와 밀착된 관계를 갖고 있다.

민수는 3세까지 외가에서 키워졌으며, 3세부터 부모와 살면서는 고집이 세서 초등학교 4학년까지 부모에게 많이 맞았다. 고등학교 3학년 때는 대학입시 문제로 아버지와 다투고 맞는 일이 잦았다. 눈치가 빠르고 상냥한 동생에 비해 무뚝뚝하고 고집이 센 민수는 아버지와의 관계가 좋지 않다.

동생은 성형수술로 부모의 돈을 낭비하는 민수에게 분노하고 있고, 민수가 외모 콤플렉스로 사람을 사귀지 않는 것이 아니라 돈 쓰는 것이 아까워서 사람을 사귀지 못하는 것이라고 원망하였다.

(2) 문제발생 배경

민수는 고집이 센 것을 빼면 성장기 동안 비교적 내성적이고 온순하며 또래관계도 괜찮았다. 사춘기 때 외모에 대한 관심이 늘면서 항상 거울을 보고 외모에 대한 콤플렉스가 심해졌다. 대학교 입학 후에 민수는 왠지 주변에서 자신을 못생겼다고 수군거리는 것 같아, 부모를 졸라 쌍꺼풀 수술과 치아교정 등을 하였다. 1학년을 마치고 군 입대를 하였으며 군대에서도 본인의 외모 때문에 동료에게서 상처받은 일이 있었다고 했다. 6개월 전 제대한 후에 거의 외출을 하지 않고 집에만 머물고 있는데, 얼마 전부터는 안면윤곽수술을 받겠다고 부모를 조르고 있다.

그러나 치료자가 실제로 만난 민수는 180cm 이상의 훤칠한 키에 잘생긴 외모였다. 옷차림도 깔끔하고 세련된 편이었으나, 야구 모자를 깊게 눌러써서 얼굴을 가린 상태였다. 가족상담 내내 말이 없었으며 부모를 원망하는 투의 몇 마디 말만 하였다.

민수는 신경정신과에서 우울증 약을 처방받았지만 지금까지 복용한 적이 없다. 최근에는 우울증 약을 복용하는 조건으로 성형수술을 해 달라고 부모를 조르다가도, "이제는 다 틀렸다. 친구들도 다 떠났다. 지금 성형을 해 보았자 소용없다."라며 부모 원망을 하기도 한다. 최근 민수와 부모와의 대화는 성형수술에 대한 주제뿐이다. 현재 어머니는 민수가 걱정이 되어 밤에 아들 방에서 함께 잠을 잔다.

(3) 가족역동의 이해

첫째, 소원한 부부관계와 부자의 갈등관계, 모자의 밀착관계의 특징을 갖고 있다.

둘째, 부모의 허용적 양육태도와 어머니와 민수의 강한 밀착관계는 부모 하위체계를 무력화시키고 있다. 민수는 제대 후 학업과 진로에 대한 불안한 상황에서 부모가 본인에게 압력을 가하지 못하도록 우울증과 성형수술을 조건으로 부모를 통제하고 있다.

셋째, 민수에게는 이미 독립해야 할 단계의 청년에게 필요한 책임감과 분명한 정체성이 부족하고 무엇이든 다른 사람의 탓으로 돌리는 유아기적 버릇을 갖고 있다.

2) 치료모델의 적용

(1) 가설 및 치료목표

이 가족의 제시된 문제는 민수(IP)의 과도한 성형수술 집착이다. IP는 부모가 성형수술을 해 줄 것을 바라고 있고, 부모는 IP가 은둔생활과 성형수술에 대한 갈망을 포기하고 복학하기를 바라고 있으며, 남동생은 철없는 형에 대한 분노와 형의 숨은 의도에 대한 의심을 갖고 있다.

체계적 관점에서 평가해 보면, 첫째, 이 가족은 세대 간의 경계가 명확하지 않다. 부부 하위체계보다 모자 하위체계의 결속이 더 단단하며, 특히 어머니와 IP와의 연합관계, 아버지와 둘째 아들의 연합관계가 존재한다. 둘째, 부모 하위체계가 마땅히 가져야 할 지도력과 가족규칙의 집행을 IP가 통제하고 있어 위계구조에 혼란이 있다. 셋째, 가족 발달 단계상 아들들이 청년기에 접어들어 완연한 독립기로 접어들었지만, 자녀의 심리적 · 경제적 · 사회적 독립성이 허용되고 있지 않다.

위계질서가 혼란하여 세대 간 힘의 순서가 거꾸로 되어 있거나 세대 간 종적 연합을 가지고 있는 것은 역기능적 가족의 특징이다. 이 사례에서 IP의 증상(성형수술 집착, 은둔생활)은 가족의 항상성을 유지하는 기제가 되는 동시에, 다른 가족원을 통제하는 전략이기도 하다. 즉, IP의 증상 덕분에 가족은 어머니의 우울증상과 부모의 소원한 부부관계에 대해 덜 집중하고 있으며, IP는 제대 후에 부모가 자신에게 학업이나 진로에 대해 압력을 가하지 못하도록 통제하고 있다.

또한 증상 발생이 전형적으로 군대에서 제대 후 복학해야 하는 전환기에서 고착되어 일어난 점에 주목해야 한다. 부모는 헌신적으로 아들들을 키웠지만, 큰아들이 대학에 진학하고 군복무까지 마친 이상, 부모는 자녀가 심리적으로나 경제적으로 부모에게서 독립하도록 해야 한다. 그러나 이러한 발달적 변화에 적응할 정도로 가족체계가 융통성이 있지 못하며, IP가 고집을 부리며 조르면 부모는 타이르고 야단치다가 결국 IP의 요구를 들어주는 연쇄과정에서 벗어나지 못하고 있다.

(2) 치료적 개입

이 사례는 IP의 바람(성형수술 하는 것)과 부모의 바람(성형을 요구하지 않고 외부 활동을 하는 것), 동생의 바람(형이 철이 드는 것)이 모두 다른 경우다. 전략적 치료자는 사례의 독특성에 맞추어 개별적인 전략을 수립해야 하는데, 전략적으로 IP가 원하는 안면윤곽 성형술을 받기 위한 구체적인 계획을 세우는 과정에서 치료적 이중구속의 상황을 만들 수 있다. IP는 성인이므로 본인이 성형수술을 원한다면 얼마든지 할 수 있는 권리가 있다. 그러나 부모가 성형수술비를 지원하게 되면 아들들의 학비나 노후자금 준비에 차질이 생길 수 있으며, 따라서 IP가 수술비를 스스로 마련할 방법을 찾도록 전략을 세워야 한다. IP는 원하는 성형수술을 할 수 있고, 수술비 마련을 위해서는 은둔생활을 포기해야 한다. 만일 IP가 은둔생활을 지속한다면 성형수술비를 마련하기 어려울 것이기 때문이다.

증상인 은둔생활과 성형 요구에 대한 계획을 세움으로써 1차적 변화를 유도한다면, 2차적 변화는 이 가족의 규칙을 변화시키는 것이다. IP의 가족은 경직된 규칙을 갖고 있는데, 그것은 어떤 경우에도 부모가 자녀를 적극적으로 지원해 주고 자녀가 원하는 것을 우선적으로 들어 주는 것이다. 자녀의 독립기가 지났음에도 완고한 규칙을 고수하는 것은 가족원의 성장을 저해하는 요인으로 작용하고 있다. 가족의 개방성을 높이기 위해 어머니와 IP와의 은밀한 연합관계를 변화시켜야 하는데, IP가 성형수술 요구로 문제를 일으킨 날에 어머니가 IP와 함께 자는 대신 동생이 함께 자도록 지시할 수 있다. IP는 본인을 못마땅해하는 동생을 보호자 삼아 함께 자든지, 아니면 성형수술 요구를 멈추든지 해야 한다.

이와 같은 역설적 개입을 통해 IP의 증상이 더 이상 다른 가족원에 대한 통제 방법이나 가족항상성의 기제로 사용될 필요가 없어진다면, 증상을 포기하게 될 것이다.

글상자 7-2 대학생 성형수술에 대한 인식은?

최근 성형수술의 주 고객이었던 여성에서 벗어나 남성도 성형수술이란 '대세'를 따르기 시작했다. 특히 젊은 남성층에서 성형에 대해 긍정적으로 생각하는 사람들이 늘어나고 있다. 자신들도 외모적으로 돋보이고 싶다는 열망이 있으며, 콤플렉스를 성형이라는 방법을 통해 극복하고 싶다는 이들의 생각은 요즘 젊은이의 인식 변화를 반영하고 있다. 이처럼 성형수술에 대한 인식이 변화된 요인은 우선 시대적인 변화를 꼽을 수 있다. 인터넷의 발달로 자기표현에 대한 인식이 변해 가면서 있는 그대로의 자신을 드러내는 것이 긍정적으로 여겨지기 시작한 것이다. '자연산'을 찾아야 할 정도로 보편화된 성형수술 또한 이런 흐름의 이유다. (중략) 성형수술이 일반화되고, 고친 부위를 서슴없이 밝히는 현상이 오늘날의 인식 변화를 가져왔다고 볼 수 있을 것이다. 여전히 '성형'이라는 주제는 민감한 사항이다. 선천적인 이유나 상처 치료를 위해 어쩔 수 없이 성형을 하는 이들도 있지만, '아름다움'을 선호하는 추세에 맞추어 수술을 하는 이들은 점차 늘어만 가고 있다.

타고나는 아름다움과 주변의 시선을 둘러싼 이들의 찬반논쟁은 끊임없이 되풀이되고 있다. 하지만 잊지 말아야 할 것이 있다. 바로 자기 자신에 대한 정체성이다. 아무리 아름답더라도 원래의 자신을 찾을 수 없는 얼굴이 된다면 무슨 소용이 있을까. 원래 타고난 자신의 모습에 만족한다면 더할 나위 없겠지만, 그것이 어렵다면 수술이라는 다소 극단적인 방법을 통해서라도 자신감을 회복할 수 있다면 나름대로 의의가 있는 것은 아닐까?

출처: 세계일보(2007. 4. 9.).

요약

인공두뇌학과 에릭슨의 최면의학, 그리고 의사소통 연구에서 유래된 전략적 모델은 저항과 증상을 역설적 지시로 다루면서 1970년대 중반부터 1980년대까지 미국의 가족치료를 주도하였다. 전략적 치료자는 구체적이고 치밀한 치료계획을 바탕으로 지시적 기법을 사용하여 단기간에 문제해결을 유도한다. 문제의 원인에 대한 통찰이나 이해에는 관심이 적으며 치료적 이중구속 상황을 만들어 증상을 유지시키는 가족 내 역기능적 연쇄과정을 끊는 것에 집중하였다.

전략적 모델은 일반적으로 MRI 상호작용 모델과 헤일리의 전략적 구조주의 모델, 그리고 밀란의 체계적 모델 등으로 분류된다. MRI 모델과 헤일리의 모델은 베이트슨의 순환적 인식론과 에릭슨의 전략적 최면기법에 영향을 받아 가족의 상호작용 유형과 문제증상에 대한 역설적 개입에 초점을 두었다. 반면, 밀란 모델은 베이트슨의 2차 사이버네틱스 개념을 적극적으로 임상에 도입하여 가족 상호작용보다 신념체계에 더 관심을 가졌고, 이는 가족치료 분야의 포스트모더니즘 도래에 영향을 미쳤다.

전략주의자는 내담자의 감정이나 의도를 파헤치기보다는 가족 간의 상호작용에 개입하는 데 관심이 있었으므로, 지시적인 개입으로 단기간에 문제해결을 유도하였으며 이전까지 가족의 강렬한 정서에 압도당했고 상대적으로 장기적 치료기간에 지친 가족치료자를 매료시켰다. 명확한 치료목표와 개별적인 전략, 창의적인 지시를 활용한 점은 전략적 모델의 중요한 공헌이라고 할 수 있다. 전략주의자가 가족 내 권력관계에 주목한 점과 상담자와 내담자 간의 권력관계에 주목한 점은 가족치료 분야에 독특한 통찰을 제공한 부분이다. 전반적 쇠퇴에도 불구하고 전략적 모델은 반항적인 아동이나 청소년자녀나 섭식장애 등 가족 간 권력투쟁과 관련된 문제를 효과적으로 다룰 수 있는 모델로서 여전히 임상가의 관심을 받고 있다.

그러나 바로 이 점 때문에 전략적 모델은 비전략적 치료자에게서 지나치게 냉정하고 조작적이라는 비난을 받게 되었고, 1980년대 이후 가족치료의 중심 자리를 내놓게 되었다. 증상 처방과 같은 역설적 기법은 종종 윤리적 문제를 발생시킬 가능성이 있으며, 치료자 중심의 조작적 개입이 내담자 가족의 변화를 장기적으로 유지할 수 있는지에 대한 의문이 제기되기도 하였다.

최근 전략적 모델은 가족의 문제보다 가족의 강점을 찾아 치료에 활용하려는 한편, 치료자의 자질로서 전략적인 면보다 인간적이고 따뜻한 면을 강조하는 추세다. 또한 치료과정에서 다양한 문화와 인종집단에 대한 고려를 추가함으로써 '전략적으로' 포괄적인 접근으로 진화되어 가고 있다.

연습문제

1. 다음의 사례(거식증을 앓고 있는 여대생의 사례)를 읽고 전략적 모델의 관점에서 증상을 유지하는 가족의 연쇄과정에 대한 가설을 세워 본다. 가족의 항상성을 유지하기 위해 증상이 어떻게 유지되는지, IP가 증상을 통해 가족관계를 어떻게 통제하고 있는지 생각해 보자.

거식증을 앓고 있는 여대생의 사례

미모의 A씨는 학력과 불우한 집안 배경을 속이고 유능한 변호사인 남편과 결혼하였다. 결혼 후 아내의 거짓말을 우연히 알게 된 남편은 아내에 대한 신뢰를 회복하기 어려웠다. 결혼생활이 원만치 않은 가운데 A씨는 냉담한 남편과 시가와의 갈등을 못 이기고 결혼생활 12년 만에 초등학생인 두 딸과 함께 호주로 조기유학을 떠났다. 두 딸 중, 특히 엄마와 밀착된 관계를 가진 둘째 딸인 B는 A씨에게 정서적인 힘이 되어 주었다.

두 딸은 호주 생활에 잘 적응했지만 A씨는 혼자 지내는 남편에 대한 궁금증과 의심으로 고등학생이었던 B를 한국에 보냈고, 1년간 아버지와 지내면서 아버지 행동의 일거수일투족을 호주에 있는 엄마에게 보고하도록 지시하였다. B는 엄마와 처음으로 떨어져 한국에서 아버지와 지내면서 처음에는 엄마의 지시에 따랐지만, 점차 아버지를 존경하게 되었고 아버지와 원만한 관계로 잘 지냈다.

그런데 1년 후 다시 호주로 돌아온 B는 거식증을 앓기 시작하였다. 먹기를 거부하고 먹은 것을 다 토해 내 건강에 이상이 올 정도였다. 체중도 정상치 이하로 내려갔다. A씨는 남편과 상의하여 1년 후 조기유학 생활을 접고 가족 모두 한국으로 돌아왔지만 B의 거식증은 나아지지 않았다. 한국에서 B는 변호사를 꿈꾸며 법대에 진학하였지만 어머니와는 섭식 문제를 둘러싼 갈등은 심화되었다. A씨는 남편과 다시 살게 되었지만 부부관계는 여전히 소원하였고, 남편과의 대화는 B의 섭식장애에 대해 남편이 무관심하다는 불평 중심으로 유지되었다.

불신과 갈등으로 점철된 부모의 결혼관계, 사춘기를 거치며 깨달은 어머니의 모순에 대한 반감, IP와 어머니 간의 갈등융합관계, 성장기 동안 소원한 관계였지만 이제는 존경하는 역할모델이 된 아버지와 IP의 부녀관계, 이러한 가족 내 역동은 B의 거식증과 어떤 관련이 있는 것일까?

2. 각자 변화되고 싶은 본인의 문제를 하나 정하고, 스스로 고된 체험 개입을 구체적으로 계획해 보자(예: 늦잠의 문제에 대한 고된 체험 적용으로 오전 8시 이후에 기상하게 되면 30분간 러닝머신에서 뛴다).

3. 부모에게 적대적이며 매사 반항적인 청소년 자녀 가족에 대해 전략적인 접근을 적용하고자 할 때, 부모가 청소년 자녀에 대한 권위와 통제권 회복을 위해서 어떤 부분을 고려해야 할지 토론해 보자.

제3부

후기 가족치료 모델

1970년에 미국에서 초기 가족치료는 발전의 정점에 이르렀고 대중으로부터 큰 관심을 받았다. 각 모델은 고유의 이론과 기법을 확립하고 그것을 배우고자 하는 훈련생 수는 급증하였다. 한편, 초기 가족치료는 몇 가지 점에서 한계가 지적되었다. 각 모델은 자기만의 영역을 고수하고 타 모델과의 교류 없이 극단적 자기만족에 빠져 있었고, 핵가족체계에만 초점을 둔 나머지 다양한 가족 형태에 대한 관심이 적었다. 또한 가족 내 존재하는 성별 간의 권력 차이에 주의를 기울이지 않았고, 인종/민족/계층의 문제를 도외시하였으며, 가족 상호작용에 지나친 관심을 가진 나머지 가족원 개인의 문제와 경험을 소홀히 다루었다. 그러면서 가족 외 사회체계나 동료집단, 직장, 문화적 영향 등 더 큰 체계의 영향을 고려하지 못하였다는 비판을 받았다.

후기 가족치료는 1980년대 들어 초기 가족치료 모델 간의 뚜렷한 경계가 무너지면서 발달하기 시작하였다. 더불어 초기 가족치료에 대한 페미니스트의 비판, 포스트모더니즘 성향의 후기 구조주의와 사회구성주의의 발전은 후기 가족치료 모델이 탄생하기 위한 토양이 되었다. 후기 가족치료는 앤더슨과 굴리시안의 협동적 언어체계 모델, 드세이저와 버그의 해결중심단기치료, 화이트와 엡스턴의 이야기치료, 오한런의 해결지향 모델, 안데르센의 반영팀 모델 등으로 구분되어 발전하였다. 제3부는 세 개의 장으로 구성되었으며, 제8장은 후기 가족치료의 이론적 기초가 된 몇 가지 시각에 대해 살펴보고, 제9장은 해결중심 가족치료를, 제10장은 이야기치료에 대해 살펴본다.

제 8 장

후기 가족치료의 이론적 기초

옆의 그림은 누구인가?
어디를 바라보고 있는가?
무엇을 하고 있는가?
어떤 생각과 감정을
가지고 있는가?

이 그림을 다른 사람으로 본다면
그러면 이 사람은 누구이며 무엇을 하고 있는가?
누구의 인식과 관찰이 옳은가?
절대적으로 옳은 관찰이나 인식이 가능한가?

1980년대에 미국에서 가족치료는 일반 대중에게 널리 알려지게 되었고, 하나의 전문 분야로 인정을 받게 되었다. 일반체계이론과 사이버네틱스를 기초로 발전된 초기 가족치료 이론은 가족의 기능/역기능을 사정하기 위한 다양한 개념을 개발하고 가족을 변화시키기 위한 여러 가지 기법을 발전시키는 데 초점을 두었다. 초기 가족치료 모델은 문제나 증상을 정의할 수 있는 개념들을 제시하였고, 치료자는 특정 치료적 기법을 습득함으로써 가족을 치료할 수 있다고 믿었기 때문에 치료자의 전문적 지식이 내담자보다 더 우위에 있었다. 초기 가족치료의 이러한 경향은 당시 서구사회를 지배한 모더니즘의 영

향이 컸다. 한편, 모더니즘에 반기를 들거나 하나의 대안적 사조로 등장한 포스트모더니즘의 확산과 더불어 가족치료는 새로운 방향으로 전개되었고, 해결중심 모델, 협력언어체계 모델, 이야기치료 모델 등 후기 가족치료 혹은 2차 가족치료라 불리는 모델이 발전하였다. 다음에서는 후기 가족치료 모델 발달의 배경이 되었던 사조와 이론을 살펴본다.

1. 포스트모더니즘과 2차 사이버네틱스

1) 포스트모더니즘

포스트모더니즘(post-modernism)은 제2차 세계대전 및 여성운동, 학생운동, 흑인민권운동의 영향을 받고 모더니즘의 이성중심주의에 대해 근본적인 회의를 내포하고 있는 사상적 경향의 총칭이며, 1980년대부터 문학, 예술, 문화 전반에 나타난 시대정신이나 세계관이다. 포스트모더니즘은 인간과 자연, 사회를 인식하는 방향, 절대적 진리에 대한 인식 방법에서 모더니즘(modernism)과 차이가 있다. 모더니즘이 본질주의, 보편주의, 이분법적 사고를 강조한다면, 포스트모더니즘은 다양성, 차이, 비본질주의를 강조하며 탈중심적이고 다원적인 사고, 탈이성적 사고가 가장 큰 특징이다.

모더니즘 치료는 특정한 사회적 맥락에서 수용되는 기준과 표준에 따라 행동을 사정하고 변화시키려 한다. 모더니즘에서 문제는 객관적으로 존재하기 때문에 외부 관찰자가 실제로 파악할 수 있는 것으로 정의한다. 포스트모더니즘은 객관적 지식과 절대적 진실이 가능하다는 모더니즘의 신념에 도전하며, 인간은 누구에게나 똑같이 존재하는 하나의 우주(universe)가 아니라 각자의 관찰과 인식행위를 통해 다르게 구성된 여러 우주(multiverse)에 살고 있다고 가정한다. 따라서 사실(facts)은 관점(perspectives)으로 대체되며, 절대적으로 옳은 기준은 없다고 가정하기 때문에, 지식의 소유자에게 특권과 권한을 부여하였던 모더니즘의 시각에 도전한다(Becvar & Becvar, 2016).

모더니즘 성향의 치료는 인간의 문제를 문제중심적으로 접근하며, 인성적인 특성이나 가족 상호작용이 기능적인지(혹은 역기능적인지)에 중점을 두었다. 반면, 포스트모더니즘 성향의 치료는 무엇이 기능적이고 역기능적인가는 보는 사람의 시각에 따라 달라진다는 점을 강조한다. 가족의 기능/역기능 여부는 단일한 기준에 의해 평가될 수 없고 개인적인 경험이나 가족이 처한 상황에 따라 다르게 평가될 수 있으며, 또 민족성, 문화, 성,

성적 성향, 가족 형태, 인종 등을 고려하여 가족의 기능성 여부를 평가해야 한다고 본다 (Goldenberg & Goldenberg, 2013).

> 지도는 지형이 아니며, 이름은 그것이 나타내는 그 자체가 아니다[The map is not the territory, and the name is not what it represents](Korzybski: Becvar & Becvar, 2001에서 재인용).

> '도(道)'라고 할 수 있는 '도'는 영원한 '도'가 아닙니다[道可道非常道]. 이름 지을 수 있는 이름은 영원한 이름이 아닙니다[名可名非常名](老子, 1995, 1장).

2) 2차 사이버네틱스[1)]

2차 사이버네틱스는 일반체계이론이나 1차 사이버네틱스의 한계를 벗어난 인식론으로 발전되었으며, 포스트모더니즘 관점과 일치한다(Becvar & Becvar, 2003; Freedman & Combs, 1996; Goldenberg & Goldenberg, 2002; Mills & Sprenkle, 1995). 물론 사이버네틱스에 기초한 체계론적 인식론과 사회구성주의를 구분하는 학자들(Anderson & Goolishian, 1990; McNamee & Gergen, 2004)도 있다. 그러나 제3장에서 언급한 대로 1차 사이버네틱스(simple cybernetics)와 2차 사이버네틱스(cybernetics of cybernetics)를 구분할 필요가 있고, 2차 사이버네틱스의 가족치료에 대한 적용 논의는 사회구성주의가 발전되기 이전부터 여러 학자에 의해 폭넓게 논의되었다. 1차 사이버네틱스와 체계론적 관점을 기초로 발전된 초기 가족치료는 블랙박스 모델로서 체계와 환경과의 상호작용에 초점을 두며, 관찰자(치료자)를 관찰대상(내담자 체계) 밖에 두기 때문에 치료자로 하여금 내담자를 일방적으로 조절할 수 있다는 시각을 갖게 함으로써 치료의 실용적 목적에 많은 기여를 하였다. 그러나 이 시각은 크게 두 가지 점에서 한계가 있다. 우선 살아 있는 유기체는 환경과 상호작용할 뿐 아니라 그 자체가 상당한 자율성과 자기조직 능력을 가지고 있음에도 전자에만 초점을 두었다는 한계가 있다. 또한 1차는 관찰대상(내담자)을 블랙박스로 볼 뿐 아니라 관찰자(치료자)를 또 하나의 블랙박스로 보며([그림 8-1] 참조), 이들 간의 상

1) 이 내용은 정혜정(2004)의 연구를 일부 발췌하여 수정한 것임.

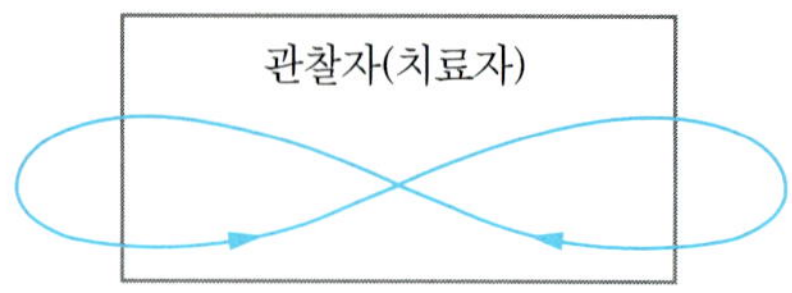

[그림 8-1] 1차 사이버네틱스

출처: Becvar & Becvar (2003), p. 78.

호작용은 고려하지 않았다는 점에서 문제가 있다. 더 높은 수준에서 볼 때, 두 개의 분리된 블랙박스는 서로 상호작용함으로써 하나의 전체 체계를 이루며([그림 8-2] 참조), 각각의 블랙박스에서 일어나는 단순한 피드백 과정은 더 높은 수준의 피드백 과정에 의해 재조정된다(Becvar & Becvar, 2003, 2016; Keeney, 1983). 그러나 체계론적 가족치료는 단순한 피드백 과정에만 초점을 두고, 더 높은 수준의 피드백에 대한 주의를 소홀히 하였다는 점에서 한계가 있다.

2차 사이버네틱스는 피드백 과정에도 여러 수준이 있음을 강조함으로써 발전하였다. 2차 사이버네틱스라는 용어는 1968년 영국의 인류학자인 미드(Margaret Mead)에 의해 처음으로 제안되었는데, 모든 수준의 체계는 피드백 과정을 통하여 환경과 상호작용할 뿐 아니라 가장 높은 수준의 피드백 과정에서 볼 때 모든 체계는 자기조직적임을 기술하기 위하여 발전된 시각이다. 1차 사이버네틱스 시각에서 체계의 속성을 경계, 의사소통, 규칙, 정서체계 등으로 설명할 수 있지만, 2차 사이버네틱스 시각에서 체계는 이러한 속성 이외에도 자기준거성, 자율성, 폐쇄성, 부적 피드백 같은 속성을 갖는데, 이러한 속성을 설명하면 다음과 같다.

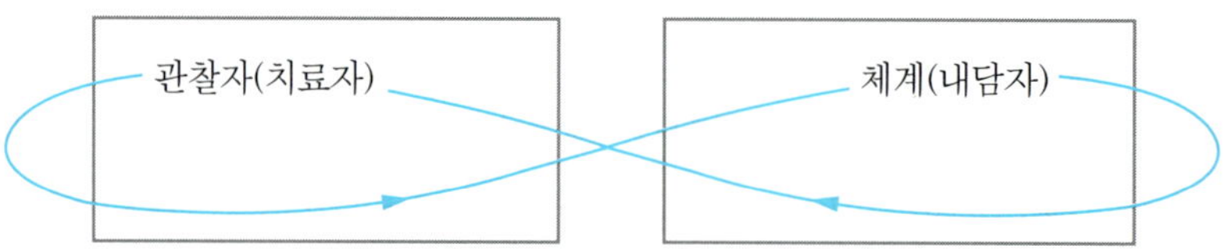

[그림 8-2] 2차 사이버네틱스

출처: Becvar & Becvar (2003), p. 78.

첫째, 체계는 자율성(autonomy)의 속성을 갖는다. 이는 체계의 구조와 그 작용의 질서가 환경에 의하여 일방적으로 주어지는 것이 아니라 체계 그 자체에 의해 만들어지는 것을 뜻한다(Maturana & Varela, 1987). 이는 체계가 환경에서 고립되어 있다는 것을 뜻하는 것이 아니며, 체계는 환경과 계속해서 상호작용하지만 그 상호작용이 그 조직을 결정하는 것이 아니라 그 구성요소들을 계속 변화시키고 재순환시키면서도 그 전체 구조를 유지할 수 있는 능력이 있다는 것을 의미한다(Capra, 1989). 여기서 조직(organization)과 구조(structure)의 차이를 살펴보자. 체계의 조직은 그 조직이 특정 집단에 속하는 것으로 특징짓는 구성요소 사이의 일련의 관계이며, 체계의 구조는 구성요소 사이의 실질적인 관계에 의해 구성된다(Keeney, 1983). 가족이라는 조직도 스스로를 통제하는 기능을 가지고 있는 사람들의 집단(김용태, 2000)으로서, 가장 높은 수준의 피드백 과정에서 볼 때 자율적 체계(Keeney, 1983)이며, 그 구성요소 사이의 일련의 관계에 의해 핵가족, 한부모가족, 재혼가족 등의 구조를 갖는다. 가족 안에는 가족원의 행동을 연결하는 여러 가지 단순한 피드백이 있지만, 가장 높은 수준의 피드백 과정은 여러 하위단위의 피드백과 연결되어 가족을 자율적으로 조직하고 조절함으로써 가족의 정체성을 유지한다. 이것이 깨질 때 가족이라는 체계는 깨진다.

둘째, 체계는 자기제작/자기조직(autopoiesis/self-organization) 혹은 자기만들기(self-making)의 속성을 갖는다. 이는 체계의 조직 내 구성요소는 연결망을 이루어 각 구성요소는 다른 구성요소의 생산이나 변형에 참여하는 방식을 통해 지속적으로 체계 스스로를 제작함을 의미한다. 연결되어 있는 체계의 모든 구성요소가 다른 구성요소에 의해 생산되기 때문에, 전체 체계는 정보의 교환이라는 측면에서는 열려 있어도 조직적으로는 닫혀 있다(Becvar & Becvar, 2003). 이러한 조직적 폐쇄는 체계의 질서와 움직임이 환경에 의해 부과되는 것이 아니라 체계 자체에 의해 수립되는 것이라는 의미에서 자기조직하는 체계다. 또 체계는 환경과 상호작용하지만, 이러한 상호작용이 그 체계의 구조를 결정하지는 않으며, 체계에 영향을 주는 많은 자극 중 극히 일부에 대해서만 반응함을 나타낸다.

그러면 가족, 사회, 생태계 등 보다 큰 사회체계가 자기제작하는 연결망 체계인지에 대한 물음이 제기된다. 인간과 사회체계는 인간의 사고, 의식, 언어와 함께 발생하는 개념, 사상, 상징 등의 내적 세계 때문에 물리적인 영역뿐 아니라 상징적인 사회적 영역에도 존재한다고 보게 되었다. 마투라나와 바렐라(Maturana & Varela, 1987)에 따르면, 인간은 언어와 의사소통을 자신들의 자기제작을 실현시키는 매개물로 보았다. 즉, 언어를 인간의 의식과 문화의 발전에 결정적인 기여를 한 현상으로 꼽았고, 인간의 사회단위는 언어의 교환을 기초로 자기제작을 실현한다고 보았다. 그 예로 가족체계는 순환적 대화의 연결망으로 규정될 수 있다. 대화는 더 많은 대화를 낳으며, 따라서 더 많은 피드백 루프가 형성된다. 이 연결망의 닫힘은 신념, 설명, 가치가 공유되는 하나의 체계를 낳으며, 가족의 역할과 경계는 모두 대화의 자기제작하는 연결망에 의해 유지되고 재조정된다. 이와 같이 인간이나 가족체계가 자기제작/자기조직적이며, 그것은 의사소통을 통해 실현된다는 인식은 사회구성주의의 기본 인식론으로 발전하였다.

셋째, 체계는 자기준거성(self-reference)의 속성을 갖는다. 2차 사이버네틱스에서는 관찰자와 관찰대상을 서로 분리된 것으로 보지 않으며, 관찰대상에 관찰자가 참여한다. 마투라나와 바렐라(Maturana & Varela, 1987)에 따르면, 우리가 이 세계를 인식하는 과정은 마치 '바깥 저기에' 존재하는 '사실'이나 물체에 대한 객관적인 관찰을 통해서가 아니라 우리의 마음에 의해서다. 즉, 관찰과정에서 관찰자의 의식은 결정적 역할을 하며, 관찰자의 관찰에 의해 한 세계가 탄생하는 것이지, 세계가 존재하는 대로 관찰을 하는 것이 아니다(Becvar & Becvar, 2003). 관찰자가 관찰하는 모형은 그의 가치, 인식론, 이론, 세계관 등 그의 마음의 모형과 밀접하게 연결되어 있다(Bateson, 1972). 따라서 그가 얻은 관찰 결과와 기술과 적용은, 그의 마음에 의해 좌우되므로 자기준거적 성질을 띤다. 이를 가족치료의 맥락에 적용해 볼 때, 문제진단에 대한 기술이나 치료목표 설정 등은 결국 치료자의 가치, 이론, 인식론적 전제를 기초로 하므로 객관적이라기보다 자기준거적이다. 자기준거성을 인식하지 못하는 치료자는 자신의 관찰이나 판단이 객관적으로 옳다는 오류를 범할 수 있다(Keeney, 1983). 한편, 자기준거성을 인식하는 치료자는 치료자의 가치나 개념틀, 인식론에 따라 기능과 역기능, 정상과 비정상의 기준, 치료방법 등이 달라진다고 인식한다.

넷째, 체계는 구조적 연결(structural coupling)의 속성을 갖는다. 자율적이며 자기제작하는 체계의 또 다른 특성은 그 조직 패턴을 보존하면서 동시에 지속적인 구조적 변화를 수행하는 데 있음을 의미한다. 구조적 변화의 한 가지 유형은 자기갱신(self-renewal)의 변화로, 모든 생물은 끊임없이 스스로를 갱신하며, 그러한 변화에도 불구하고 생물체계는 그 전체적인 자기동일성(혹은 조직의 패턴)을 유지한다. 생물체계에서 일어나는 두 번째 유형의 구조적 변화는 그 속에서 새로운 구조가 창조되는 것이다. 생물체계는 '구조적 연결'을 통해, 즉 순환적인 상호작용을 통해 환경과 상호작용하는데, 환경은 단지 구조적 변화를 촉발시킬 뿐 환경이 체계의 구조적 변화를 구체적으로 지정하거나 지시하는 것은 아니다(Becvar & Becvar, 2003; Capra, 1998). 구조적 연결의 특성은 생물체계와 무생물체계가 각기 환경과 상호작용하는 방식의 차이를 분명하게 설명한다. 베이트슨(Bateson, 1990)이 즐겨 지적하듯이, 돌멩이를 차는 것과 개를 차는 것은 전혀 다르다. 돌멩이를 차면, 직선적 인과관계의 특성에 따라 '반작용(react)'할 것이다. 그러나 개는 그 개의 성격과 조직의 비선형 패턴에 따라 구조적 변화에 '반응(respond)'할 것이며, 그 결과로 나타나는 행동은 일반적으로 예측이 불가능하다(Capra, 1998). 이를 가족치료에 적용해 보면, 치료자의 치료적 행위에 의해 내담자나 그 가족의 행동이 결정되는 것이 아니다. 내담자의 문제해결이나 변화는 내담자나 그 가족의 구조적 패턴에 따라 여러 가지로 다르게 나타날 수 있으며, 치료적 행위는 단지 가족의 구조적 변화를 촉발시킬 수 있을 뿐이다.

다섯째, 체계는 구조적 결정론(structural determinism)의 속성을 갖는다. 일반체계이론에서 체계는 환경과 상호작용하면서 환경과의 교류가 체계의 행동을 조직하는 것으로 본다. 한편, 마투라나(Maturana, 1978)에 따르면, 체계의 행동은 구조적으로 결정되어 있다. 이는 유기체의 행동은 외부의 힘에 의해 결정된다기보다는 그 체계의 자체 구조에 의해 결정되어 있다는 것이다. 체계는 그 조직의 패턴과 그 구조에 의해 여러 가지 서로 다른 방식으로 결정된다. 조직의 패턴은 그 체계의 정체성을 결정하며, 일련의 구조적 변화에 의해 형성되는 구조가 그 체계의 행동을 결정한다. 따라서 체계의 행동은 결정되어 있으면서 동시에 자유로운 것이다. 이 개념을 가족치료의 맥락에 적용해 보면, 증상이란 외부에서 투입한 요인의 결과가 아니라 체계 안의 구조적 부조화와 불균형에서 비롯되며, 체계의 존속과정에서 때로는 불가피한 것으로 본다. 그러므로 치료자가 증상을 완화시키고 가족원을 변화시키는 과정에 참여하기는 하지만, 건강의 회복은 결국 내담자의 몫이다. 치료자는 단지 내담자가 증상을 완화시키는 데 도움이 되는 맥락을 조성할 수 있을 뿐이다. 이 경우 치료자의 행위를 투입(input)이 아니라 교란(perturbation)이라고 볼 수 있다(Keeney, 1983).

마지막으로, 2차 사이버네틱스 수준에서 체계는 부적 피드백(negative feedback)의 속성을 가진다. 피드백은 유기체가 역동적인 균형 상태에서 스스로를 유지할 수 있도록 해주는 자기조절인 항상성의 필수 메커니즘이다. 피드백 과정의 가장 높은 수준에서 볼 때 체계의 생존과 유지는 부적 피드백에 의해서이며, 정적 피드백은 그 체계의 정체성이 깨짐을 의미한다. 이는 체계가 변화하지 않는 것을 의미하는 것이 아니라, 변하는 것은 체계의 구조, 기능, 또는 부분들 간의 관계이지 체계의 조직은 항상성을 유지한다는 것을 말한다(Becvar & Becvar, 2003). 이를 가족생활에 적용시킬 경우, 가족 안에서 가족의 기능이나 관계 양상을 변화시키기 위하여 여러 가지 활동이 전개될 수 있으나(정적 피드백),

표 8-1 1차와 2차 사이버네틱스 비교

순환단계	지배 사조	이론적 틀, 모델	가족치료 이론	체계의 속성	조정 단계피드백 과정
1차 사이버네틱스 (simple cybernetics)	모더니즘	일반체계이론 블랙박스 모델 초기(1차) 가족치료	정신역동적 경험적 구조적 의사소통 전략적 가족치료 등	상호 의존성 개방성 경계선 의사소통 규칙 등	단순한 피드백 단순한 조정
2차 사이버네틱스 (cybernetics of cybernetics)	포스트 모더니즘	구성주의 사회구성주의 후기구조주의 블랙박스+관찰자 모델 후기(2차) 가족치료	해결중심단기치료 이야기치료 협력언어체계 모델 반영팀 모델	자율성 자기준거성 구조적 결정 자기조직 자기제작	더 높은 수준의 피드백 (피드백에 대한 피드백) 더 높은 수준의 조정 (조정에 대한 조정) 부적 피드백 폐쇄 조직

출처: 정혜정(2004).

이러한 활동은 결국 가족이라는 체계를 유지시키기 위한 활동(부적 피드백)의 일부분으로 볼 수 있다. 만일 전체 가족 차원에서 피드백 과정이 변화를 지향하는 것이라고 한다면, 이는 가족이라는 체계가 깨짐을 의미한다.

키니(Keeney, 1983)의 시각을 기초로 1차와 2차 사이버네틱스 시각을 비교하여 〈표 8-1〉에 제시하였다. 이와 같이 2차 사이버네틱스로의 발전은 모두 후기 가족치료가 탄생하게 된 배경이 되었다. 이러한 변화는 몇 가지 특징으로 요약할 수 있다. 즉, 실재란 '저기 바깥에' 동일하게 존재하는 것이 아니라 인식자의 마음에 존재하는 '하나의 세계'라는 점, 체계가 환경과 상호작용할 뿐 아니라 자율적이고 자기제작적이며 자기조직적인 특성이 있다는 점, 인간체계는 언어와 의사소통을 통해서 자기조직체를 유지한다는 점, 따라서 가족치료는 개인이 자율적으로 구성하는 의미의 세계에 주목해야 한다는 점, 그들이 구성하는 의미의 세계는 언어를 통해 공유되고 표현된다는 점, 치료적 개입이 개인이나 가족의 변화를 일으킨다기보다 개인이나 가족의 구조적 결합에 의해 결정된다는 점 등으로 설명할 수 있다. 이러한 시각은 체계론적 가족치료 모델과는 분명히 구분되는 것으로서 해결중심치료와 이야기치료 등 포스트모더니즘 성향의 가족치료 모델에 그대로 반영되어 있다.

2. 후기 구조주의

후기 구조주의(post-structuralism)는 철학이나 사회과학에 나타난 포스트모더니즘 현상이며, 구조주의(structuralism) 이후에 등장한 이론 및 비평방법으로서 구조주의에서 변화된 이론으로 이해되기도 하고 구조주의를 반박하는 이론으로 이해되기도 한다. 〈표 8-2〉에서 보듯이, 구조주의자들은 행동을 개인의 깊은 내면에 있는 구성요소가 단순히 표현된 것으로 보며, 이러한 구성요소는 분류될 수 있고 필요하면 적절히 수정될 수 있다고 본다. 또한 구조주의자는 내면의 구성요소를 탐색하고 해석하는 객관적인 외부 전문가만이 행동의 의미에 관한 '진실'을 밝힐 수 있다고 주장한다. 그리하여 치료는 개인 내면 깊숙이 있는 원인을 찾아야 하고 잘못된 점을 수정해야 하며 증상을 단순히 줄이거나 제거하는 것으로 만족해서는 안 된다고 본다. 이와 같은 구조주의 사고는 20세기 후반까지 사회과학의 많은 부분을 지배하였으며, 프로이트의 심리 내적 구조에서 가족구조에 초점을 둔 초기 가족치료 모델에 이르기까지 많은 치료 모델에 반영되었다(Goldenberg

표 8-2 구조주의와 후기 구조주의 비교

구조주의	후기 구조주의
• 사람들을 일반적인 계층이나 유형에 따라 분류함	• 사람들의 정체성에 대한 상세한 기술을 추구함
• 전문가의 지식이 존중됨	• 개인이 가지고 있는 고유의 지식(local knowledge)이 존중됨
• 표면 현상은 내면 깊이 자리한 개인정체성의 단서일 뿐임. 전문가만이 표면 현상을 정확히 해독할 권한을 가짐	• 표면 현상은 우리가 실제로 알 수 있는 모든 것임. 우리 각자 표면 현상을 해석할 권한을 가짐
• 개인의 삶은 규칙이나 규범에 따라 해석되고 존중됨	• 기대나 규범에서 벗어난 예외적인 삶의 성취를 해석하는 데 초점
• 전문가는 삶의 구조 밑에 있는 공식을 해독함으로써 삶의 이야기에 의미를 부여할 권한을 가짐	• 사람들은 각자 행하고, 말하고, 기억하는 이야기들을 통해 각자 의미 있는 삶을 구성할 권한을 가짐
• 빈약한 결론(thin conclusions)	• 풍부한 서술(thick descriptions)

출처: www.eftc.info/NarrativeWorldview.html

& Goldenberg, 2002).

한편, 후기 구조주의는 모든 현상에는 심층적인 구조가 있고, 또 구조는 구성요소로 분해할 수 있다는 환원주의 관념을 거부한다. 후기 구조주의는 서구 철학이 선과 악의 이분법적 구분, 절대적 진리의 추구 등 존재하지 않는 것에 지나치게 집착해 왔다고 비판하며, 기존 철학이 추구해 온 진리는 정치적 · 사회적 권력에 의해 만들어진 담론(discourse)에 불과하다고 보고, 그것에 대한 정치적 · 사회적 상황과 맥락을 연구한다.

미셸 푸코(1926~1984)

이러한 사조에 지대한 영향을 미친 사람은 프랑스의 철학자 푸코(Michel Faucault)다. 그는 담론, 특히 특정 집단이나 연구 분야, 특정 국가나 문화가 공유하고 제도화한 서술과 기록 방식에 관한 심층적인 연구를 통하여 특정 집단의 사람들이 만들어 낸 사회적 담론이 사람들의 관계를 감시하고 통제한다고 강조하였다. 담론은 어떤 지식이 그 사회에서 진실하고, 옳고, 적절한지를 결정한다. 또한 담론은 특정 세계관으로서 대부분의 사람이 상식에 입각하여 간직하고 말하고 행동하며 의견을 공유하는 보편적 가치로서, 무엇을 어떻게 이야기할 수 있는지에 관한 선택의 틀을 제공한다. 지배적 담론은 자신, 타인, 관계를 표준화된 이분법적 기준으로 판단하려는 경향이 있다. 건강/병리, 기능/역기능, 정상/비정상의 기준이 지배적 담론에 의해 제시되고, 그것에 부합하지 않는 삶의 이야기는 제약을 받고 문제시되며 주변화된다. 담론은 담화, 이야기, 문서, 제도, 유머 등 다양한 형태로 제시된다.

> 담론은 공통의 가치를 공유하는 진술, 관행(practices), 제도 체계다. 담론은 언어 측면과 비언어 측면을 모두 포함한다. 담론은 생각하고 말하는 데 필요한 단어와 아이디어뿐 아니라 그와 관련된 개념과 행동을 담고 있는 문화적 관행을 제공하는 매체다. 담론은 표현 부호와 규약의 한정된 집합으로 특정 세계관이 지속되도록 한다. 그렇게 함으로써 특정 현상은 두드러지고 다른 현상은 가려진다. 특정 사회에서 대부분의 사람이 공유하는 시각을 바탕으로 가지고 있고, 말하고 행동하는 방식은 지배적 담론의 부분이면서 동시에 지배적 담론을 지탱하게 한다(Hare-Mustin, 1994).

푸코에 따르면, 지식과 권력은 서로 뗄 수 없는 관계여서, 지배적 담론은 권력을 가진 자들에 의해 형성된다. 즉, 어떤 지식이 사실이며 정당하고 적절한지는 지배적 지식이 어떤 권력의 위치를 차지하느냐에 따라 결정된다. 지배적 권력과 사회구조는 담론에 반영되어 나타나며, 담론을 통제하는 사람이 지식을 통제한다. 지배적 담론 속에 살아가는 사람들은 그것을 특정 시대와 특정 사회의 지배 계층에 의해 구성된 이야기라고 생각하지 않고 '현실' 혹은 '진실'이라고 생각한다. 그리하여 사람들이 치료적 담론을 포함하여 종교적 · 문화적 · 성적 담론을 따르게 되면, 그들은 어떤 화제가 가장 중요하며 가장 정당한 것인가에 대한 분명한 정의를 갖게 되지만, 그러한 정의가 담론에 휘말려 있다는 점을 인식하지 못한다(Becvar & Becvar, 2003; Hare-Mustin, 1994; Hoffman, 1992). 푸코의 작업은 포스트모더니즘 및 후기구조주의 관점의 확산에 직접적 동인이 됨으로써 후기 가족치료, 특히 이야기치료의 발전에 강력한 영향을 미쳤다.

데리다(1930~2004)

또한 후기 구조주의는 구조주의에서 강조하는 구조를 해체시킨 데리다(Jaeques Derrida)의 해체주의(deconstruction)를 기초로 한다. 해체란 우리의 대화, 행동, 정서적 표현의 기저를 이루면서 당연시되고 있는 담론과 범주와 가정을 분해하며, 더 나아

글상자 8-1 해체주의 철학자 데리다 뭘 남겼나

자크 데리다는 2000년의 서양철학 구조물을 해체하고 새 구조물을 짓고자 했다. 이것은 분명 엄청난 작업이지만 유(儒) · 불(佛) · 선(仙)으로 대표되는 동양적 사유를 모티브로 삼음으로써 전 세계 지성을 놀라게 만든 훌륭한 설계도를 그려 냈다….

데리다는 서양의 형이상학을 '로고스 중심주의'라고 규정했다. '로고스 중심주의'란 이성적 진리를 중심으로 이루어진 체계로서 로고스만이 모든 것의 으뜸 원인이자 궁극적이라는 믿음이라는 말이다. 하지만 중심이라는 것 또는 절대적 진리라는 것은 그와 반대되는 것을 배제하고서 이루어 낸 폐쇄적 사고방식의 결과이기도 하다…. (중략)

결국 서양의 의사소통관은 우리의 주관적인 개념조차도 이항 대립화시키고 있다(선과 악, 행복과 불행). 이런 대립화는 결국 우리를 상극의 논리에 빠뜨리고 만다. 이항대립적 표현은 'either or' 방식이기 때문에 반드시 하나를 선택하도록 한다. 'both all'로 상징되는 상생의 논리와 다른 점이다…. 데리다는 우리의 일그러진 자화상을 통렬히 지적하고 며칠 전 타계했다.

출처: 중앙일보(2004. 10. 13.).

가 절대적 진리라고 여겨지는 것을 분해한다. 해체의 개념을 적용하는 치료자는 대개 상식적이라고 여겼던 자신과 내담자의 선입견, 준거틀, 익숙한 습관, 사회적 행동양식, 신념, 판단에 의문을 던지고 이를 분해하여 검토하고자 한다(Sinclair & Monk, 2004). 해체주의는 2차 가족치료, 특히 이야기치료의 발전에 큰 영향을 미쳤으며, 이야기치료 과정에 그대로 반영되어 있다. 데리다가 해체주의를 표방하였던 것은 서양의 이분법적 사유방식에서 벗어나 동양적 사유를 모티브로 삼음으로써 가능하였다는 점은 흥미롭다([글상자 8-1] 참조).

3. 구성주의와 사회구성주의

가족치료가 포스트모더니즘 성향으로 전환하는 데 커다란 공헌을 한 이론은 구성주의와 사회구성주의다(고미영, 1998). 구성주의(constructivism)와 사회구성주의(social constructivism)의 출현은 둘 다 포스트모더니즘의 등장과 밀접한 연관이 있지만 동일한 개념은 아니다. 둘 다 지식의 본질을 다루며 실재를 객관적으로 서술할 수 있다는 관념을 거부한다. 구성주의는 인지 생물학에 뿌리를 두는데, 칠레의 신경생물학자인 마투라나(Maturana, 1978)는 생명체의 신경망에 대한 연구를 기반으로 모든 생명체계의 특징인 조직의 패턴을 규명하고자 하였으며, 살아 있는 체계는 곧 인지체계이며 자율적인 체계라고 규정하였다. 마투라나와 바렐라(Maturana & Varela, 1987)는 "모든 사람이 보는 '세계'는 세계가 아니라 '하나의 세계'다. 그것은 우리가 다른 사람과 함께 탄생시키는 무엇이다. 우리가 어떻게 아는지를 알 때, 우리는 우리 자신을 탄생시킨다."라고 말한다. 그리하여 인식현상이란 우리가 마치 '사실'이나 물체가 '바깥 거기에(out there)' 있고, 그것을 그냥 가져다가 머리에 넣으면 되는 것처럼 볼 수는 없다고 강조하였다(Capra, 1998). 왜냐하면 한 사람의 지각은 개인의 신경체계를 통해 여과되기 때문에 '바깥 거기에' 존재하는 것을 실제로 알 수 있다는 우리의 지각에는 한계가 있기 때문이다. 그래서 우리 각자는 동일한 상황에 대해 서로 다른 가정을 하며, 우리 자신의 정신적, 상징적 과정 및 의미제작 구조가 다르기 때문에 동일한 상황을 다르게 해석한다. 베이트슨(Bateson, 1990)은 이 점을 다음과 같이 설명한다.

> 누군가에게 발을 밟혔을 때 내가 경험하는 것은 그에 의해서 내 발이 밟힌 사실이 아니라, 밟히고 나서 얼마 후에 뇌에 전달된 신경보고와 함께 재구성된 그에게 발을 밟힌 것에 대한 나의 이미지다. 외계의 경험은 항상 어떤 특정의 감각기관과 신경통로에 의해 전달된다. 그러한 의미에서 사물에 대한 나의 경험은 주관적인 것으로서 객관적일 수 없으며 곧 사물은 나의 창조물이다.

한편, 구성주의를 인지 생물학적 전통에 사회적 요소를 가미하여 주창한 사람은 비고츠키(Vygotsky, 1986)다. 비고츠키는 아동 발달이 학습에 선행하는 것이고 학습은 유전적 · 신경학적 작용의 결과라는 견해가 주를 이루었던 20세기 초 당시 분위기 속에서 아동 발달이 대부분 학습에 기초한다고 보면서 학습은 아동의 독립적 노력이 아니라 사회적 공조 속에서 이루어지는 것임을 강조했다.

그는 아동이 알 수 있고 독립적으로 성취할 수 있는 것과 알게 될 가능성이 있고 성취할 가능성이 있는 것 사이에 존재하는 차이를 근접발달영역이라 부르면서, 이 영역은 사회적 공조 관계를 통해 채워진다고 보았다. 즉, 아동의 학습과정에는 성인 양육자나 발달적으로 앞선 또래가 존재하고, 이들은 아동이 잘 알고 익숙한 것, 통상적으로 기대되는 수준의 성취에서 나아가 더 많은 것을 알고 성취하도록 하는 데 일정한 역할을 수행한

표 8-3 구성주의와 사회구성주의 비교

구성주의	사회구성주의
• 실재(reality)는 발견되는 것이 아니라 개인이 구성하는 것이다. • 궁극적 혹은 선호하는 실재는 매우 개인적인 문제다. • 사람이나 현상에 관한 진실을 객관적으로 관찰할 수 없고 객관적 사실로 알 수도 없다. 다만 우리가 그것들을 구성한다는 것만 알 수 있을 뿐이다. • 진리는 내가 구성하는 것이다.	• 실재는 사회(가족, 친구, 또래, 집단, 민족, 국가 등)적으로 구성된다. • 실재는 언어를 통해 구성되고, 이야기를 통해 조직되고 유지된다. • 실재/진리는 언어라는 사회적 상호작용을 통해 내가 구성하는 것이다. • 자기(self)에 대한 경험은 타인과의 지속적인 상호작용에서 이루어진다.

다. 이들은 아동으로 하여금 마음을 당기고 늘이며 상상을 펼치도록 자극하면서 아동이 점진적으로 그 공간을 채울 수 있도록 아동의 삶에 참여하고 아동의 발달을 함께 만들어 가게 된다. 비고츠키의 연구는 비록 초기 아동기 발달에 초점을 두고 있으나, 알고 있고 익숙한 것으로부터 익숙하지 않은 삶의 지식, 기술, 자기 이미지로의 내담자 이동을 돕고자 하는 치료과정에도 적용된다(White, 2010).

구성주의가 '본질적이고 객관적인 진실이란 존재한지 않는다.'라고 가정하는 측면에서는 사회구성주의와 유사하나, 구성주의로부터 사회구성주의로의 이동은 경험적 인식론에서 사회적 인식론으로의 이동을 의미한다(Gergen, 1985). 즉, 개인이 자신의 경험에서 실재를 어떻게 구성하는가로부터 사람들이 나름 사실이라고 받아들이고 의미를 부여하는 사회를 구성하고 수정하고 유지하기 위해 어떻게 상호작용하는가에 초점을 두는 것으로의 이동이다. 구성주의가 실재의 주관적 구성이나 창조와 관여되는 신경체계의 작동에 중점을 두는 경향이 있다면, 사회구성주의는 그보다도 사회적 해석이나 언어, 가족, 문화의 내적 · 주관적 측면을 보다 강조한다(Freedman & Combs, 2009). 사회구성주의는 그 누구도 객관적 실재를 알 수 없다는 시각에 동의하며, 실재에 대한 지식을 구성하는 과정에서 상호작용의 영향력에 초점을 둔다. 즉, 우리가 관찰한 것을 구성하는 것은 우리가 타인과 공유하는 언어체계, 관계, 문화에서 비롯되며 우리의 태도, 신념, 기억, 정서적 반응은 관계의 경험에서 비롯된다. 우리의 사회적 실재를 구성하는 모든 것, 즉 신념, 가치, 제도, 관습, 명칭, 법률, 노동과 같은 모든 것은 문화의 구성원이 세대를 통해 그리고 일상적인 삶을 통해 상호작용함으로써 구성되는 것이다. 사회는 구성원이 세상을 해석하도록 하는 '렌즈'를 제공한다. 우리가 당연히 여기는 실재는 태어나면서부터 우리가 소속하게 되는 사회에 의해 구성된 것이다(Freedman & Combs, 2009). 사회에서 이미 정해진 지식을 가르치는 것은 바로 언어를 통해서다. 그리고 우리는 사회화 과정을 통해 타인이 용납할 수 있는 방식으로 말하는 법을 배우며 우리의 언어체계에 관한 가치와 사상을 공유한다(Becvar & Becvar, 2003).

사회구성주의의 기본 전제는 다음과 같은 네 가지로 요약할 수 있다(Freedman & Combs, 2009). 첫째, 실재는 사회적으로 구성된다. 즉, 사회적 신념, 법칙, 관습, 의식주 습관, 심리적 구성물(예: 조현병, 공동의존) 등은 사람들이 삶을 살아가면서 사회적 상호작용을 통해 함께 구성하여 생긴 것이다. 둘째, 실재는 언어를 통해 구성된다. 즉, 실재를 바라보는 관점, 세상이나 신념체계는 객관적으로 존재하는 것이 아니라 언어를 통해 구성되고 언어적 상호작용을 통해 언제나 변화할 수 있다. 셋째, 실재는 이야기를 통해 조직되고 유지된다. 실재가 언어를 통해 구성된다면, 그것은 우리가 일상적으로 말하는 이야기에서 생겨나고 소멸된다. 즉, 이야기는 실재에 대한 지식을 조직하고 유지하고 순환하는 데 핵심적 역할을 한다. 넷째, 본질적인 진실이란 존재하지 않는다. 누구에게나 정확하게 존재하는 실재란 존재하지 않으며 우리가 할 수 있는 것은 경험을 해석하는 것뿐인데, 언제나 다양한 해석이 가능하고 그 어떤 해석도 진정으로 옳은 사실은 아니다. 호프먼(Hoffman, 2004)은 모더니즘, 구성주의 그리고 사회구성주의의 차이를 다음 [참고]와

참고 세 왕조, 무엇이 다른가?

첫 번째 왕조: 모더니스트

"나는 그들이 존재하고 있는 대로 그들을 부른다."

진리(실재)는 객관적으로 정확하게 알 수 있다.

두 번째 왕조: 구성주의자

"내가 보는 대로 그들을 부른다."

진리는 내가 구성하는 것이다.

세 번째 왕조: 사회구성주의자

"우리가 부르기 전까지 그들은 존재하지 않는다."

진리는 언어라는 사회적 상호작용을 통해 내가 구성하는 것이다.

출처: Goldenberg와 Goldenberg(2004), p. 322에서 발췌 및 수정.

같이 '세 왕조'의 비유를 들어 표현하였다.

사회구성주의의 이러한 시각은 다음과 같은 몇 가지 치료적 함의를 갖는다(Nichols & Schwartz, 2002). 첫째, 모든 진리가 사회적 구성물이라는 시각은 치료자로 하여금 내담자의 신념을 키운 문화적 뿌리를 이해하도록 도움을 주었다. 둘째, 치료자가 내담자로 하여금 자신의 문제를 새롭게 구성할 수 있도록 돕는 것은 언어적 상호작용을 통해서다. 셋째, 치료자나 내담자 중 어느 한쪽이 진실을 알고 있는 것이 아니라고 보기 때문에 치료는 협동적 과정으로 이루어진다. 마지막으로, 사람들은 현재의 관계에 가장 큰 영향을 받기 때문에 치료자가 내담자에게 중요한 사람으로 인식되고 또 문제를 새롭고 유용한 방향으로 새롭게 구성하게 되면 치료는 종결된 것으로 본다.

4. 언어의 역할

모더니즘 시각은 객관적 세계와 주관적 세계를 명확하게 구분하며, 언어가 이 두 세계를 연결하는 것으로 본다. 모더니즘에서 언어란 객관적 실재를 나타내기 위한 수단이며, 하나의 상징 혹은 정보처리 수단이다. 그러나 포스트모더니즘은 더 이상 언어를 단순한 도구로 취급하지 않는다. 사회구성주의는 우리가 사용하는 언어가 어떻게 세계와 신념을 구성하는가에 초점을 둔다. 언어란 사람이나 세상을 정의하는 하나의 틀이며, 실재는 언어의 기능으로서 언어의 변화는 경험의 변화와 같다(Becvar & Becvar, 2003; Keeney & Ross, 1985)고 간주한다. 그리하여 실재란 사람들이 그 문제에 대해 어떻게 지각하고 이야기하느냐에 따라 다르게 존재하므로, 같은 상황을 다른 관점에서 보고 이야기할 수 있다면 더 이상 문제는 존재하지 않는다.

사회는 언어를 통해서 실재에 대한 시각을 구성한다. 사람들이 알 수 있는 유일한 세상은 우리가 언어를 통해 공유하고 있는 세상일 뿐이며, 언어는 상호작용 과정으로서 이미 존재하는 진실을 수동적으로 받는 것이 아니다. 진실은 인간의 마음과는 별개로 '바깥 거기에' 존재할 수 없듯이, 세상에 대한 서술은 '바깥 거기에' 존재할 수 없다. 세상은 말을 하지 않으며, 오직 우리가 말을 할 뿐이다. 우리의 언어는 세상을 어떻게 보는지, 그리고 세상에 있는 무엇을 보는지를 우리에게 말해 준다(Freedman & Combs, 2009).

언어 안에 존재한다는 것은 오직 인간에게만 가능한 독특한 면이다. 왜냐하면 인간은 언어를 통하여 의미의 공동체를 형성하고 이를 상호주관적인 현실로 만들어 가기 때문이다(고미영, 1998). 사람이 된다는 것은 언어 속에 존재함을 뜻하며, 사람은 언어 속에서 자신의 행동을 조정하고 언어 속에서 자신의 세계를 탄생시킨다(Capra, 1998). 세상을 조직화할 때 우리는 언어를 사용한다. 사회나 문화마다 세상을 조직하고 구성하는 방법에서 차이가 있듯이, 사회나 문화마다 사용하는 언어양식이 다르다. 니스벳(Nisbett, 2004)은 동서양의 언어사용이 다름을 다음과 같이 강조하였는데, 동서양의 언어 차이에는 세계관의 차이가 반영되어 있음을 알 수 있다.

> 동양의 언어는 '맥락'에 주로 의존한다. 동양어의 단어는 대개 다중의미를 지니고 있어서 문맥에 따라 다른 의미로 해석된다. 그러나 서양의 언어는 주로 맥락보다 '대상'에 초점을 맞춘다. 영어의 단어는 그 의미가 매우 제한적이며, 영어 사용자는 단어를 사용할 때 가능하면 맥락의 도움 없이 이해될 수 있도록 주의를 기울인다.

언어에 대한 모더니즘적 치료에서 벗어나 포스트모더니즘 시각에서 언어를 사용한 대표적인 가족치료 학자는 앤더슨과 굴리시안(Anderson & Goolishian, 1988, 1992)이다. 이들은 치료자가 내담자의 언어에 참여하여 새로운 의미가 도출되도록 치료하는 협동적 언어체계 모델을 발전시켰고, 호프먼(Hoffman, 1990, 2002)은 이들의 접근을 열정적으로 따른 대표적인 가족치료자다. 또한 노르웨이의 정신과 의사인 안데르센(Andersen, 1987, 1991)은 '반영팀(reflecting team)' 접근을 발전시켜 가족치료에 적극 활용하였다. 이야기치료를 발전시킨 호주의 화이트와 뉴질랜드의 엡스턴도 포스트모더니즘 시각에서 언어를 활용한 대표적인 학자다.

사람들이 언어를 통해 자기 정체성을 정의하고 관계를 맺으며 실재를 구성한다는 시각은 치료자가 '알지 못함의 자세'를 취할 것을 요구한다. 이 자세는 치료자가 미리 준비된 지식이나 이론을 가지고 치료에 임하는 것이 아니라 내담자와의 치료적 대화를 통하여 그들의 경험의 세계와 의미를 파악할 수 있다는 것이다. 이때 중심이 되는 사람은 치료자가 아니라 내담자이며, 치료자는 내담자가 이야기하고 싶어 하는 대로 이야기를 이끌어 가며, 치료자 자신이 중요하다고 생각하거나 미리 듣고 싶어 했던 것을 이야기하도록 이끌지 않는다(Anderson & Goolishian, 1988). '알지 못함의 자세'는 노자(老子, 1995)의 『도덕경』과 불교에서 강조된 것이기도 한데, 후기 가족치료 모델에 구체적으로 반영되어 있다.

알지 못하는 것을 아는 것이 가장 훌륭합니다[知不知上].

알지 못하면서도 안다고 하는 것은 병입니다[不知知病].

병을 병으로 알 때만 병이 되지 않습니다[夫唯病病 是以不病](老子, 1995, 71장).

아는 사람은 말하지 않고[知者不言], 말하는 사람은 알지 못합니다[言者不知](老子, 1995, 56장).

'오직 모를 뿐(only don't know)'의 자세로 앞으로 나아가십시오(숭산, 1999).

5. 페미니즘

포스트모더니즘의 확산과 후기 가족치료 모델의 발달에서 페미니즘의 영향을 간과할 수 없다. 페미니즘은 '개인적인 것은 정치적인 것이다.'라는 신념을 바탕으로 한다. 이것은 여성 개인의 경험은 사적인 것에 불과한 것이 아니라 성역할 고정관념화, 제도화된 성차별, 여성 억압을 강요하는 정치와 제도에서 비롯된 것이라는 신념이다. 따라서 여성 병리의 근원은 심리 내적 혹은 개인적인 것이라기보다 사회적이고 정치적인 것이며, 여성주의 상담의 핵심은 여성 개인의 문제에 대한 사회적 근원을 인식하고 여성의 역량을 강화하는 것이다(Worell & Remer, 2004).

1970년대 후반부터 페미니스트는 초기 가족치료 모델이 젠더(gender)와 관련된 사안에 주의를 기울이지 않았다고 비판하기 시작하였다. 1978년 헤어-머스틴(Rachel Hare-Mustin)의 연구와 함께 시작된 가족치료에 대한 페미니스트 비판의 핵심은, 첫째, 가족의 역기능을 서술할 때 사회정치적 맥락을 고려하지 못하였다는 점, 둘째, 문제와 관련된 사람들이 모두 문제발생에 똑같이 기여하였고, 따라서 문제해결에 대한 동등한 책임을 져야 한다고 가정하는 점, 셋째, 어머니를 가족 병리의 근원으로 간주하고 있다는 점, 그리고 넷째, 가족개입 시 중립적 입장을 취할 것을 강조한다는 점에 있었다. 더욱이 페미니스트는 체계론적 가족치료가 역기능이나 증상 발현에 대한 사회적·정치적·경제적 영향을 고려하지 못하였고, 가부장제 사회에 존재하는 권력의 불균형을 적절히 다루지 못하였으며, 순환적 인과관계의 개념을 사용함으로써 아내구타, 강간, 근친상간, 여성 성폭력과 같은 문제를 남성뿐 아니라 여성에게도 동일한 책임이 있다고 가정한다는 점에서 강하게 비판하였다.

페미니스트의 비판은 체계이론을 새로운 시각에서 돌아보는 계기가 되었다. 페미니스트는 치료 시 젠더와 관련된 사안을 포함해야 하고, 치료자가 자신의 성 편견이나 성 고정관념을 밝혀야 하고, 여성의 강점을 강조하며, 여성의 역량을 강화할 수 있는 방법을 포함해야 한다고 강조하였기 때문이다. 더 나아가 페미니스트는 치료자가 자신의 가치와 신념을 의식하고 있어야 하며, 그것은 가부장제 사회체계를 비롯한 더 큰 사회경제 체계와 연관이 있음을 인식해야 한다고 강조하였다. 페미니스트의 이러한 주장은 새로운 사조로 등장한 포스트모더니즘 및 사회구성주의와 결합함으로써 가족치료가 새로운 방향으로 발전하는 데 크게 기여하였다. 그 가운데 헤어-머스틴(Hare-Mustin, 1994)은 사회가 이성애 관계의 담론을 선호하며, 여성의 소망과 관련된 담론은 무시하는 한편, 여성의 희생화에 관한 담론은 쉽게 받아들이는 경향이 있다고 지적하면서, 치료자가 자신의 언어 사용을 자각하지 못하면 기존의 담론을 유지하는 데 참여하는 것이 된다고 강조하였다. 골드너(Goldner, 1993) 또한 치료자가 가지고 있는 개인적 진실은 하나의 유일한 '진실'을 나타내는 것이 아님을 자각해야 한다고 강조하였다. 페미니스트의 이러한 주장은 치료 시 사회문화적 맥락과 담론을 더 많이 의식할 것을 강조하는 내러티브 관점이나 2차 가족치료 모델 곳곳에 반영되어 있다.

6. 울트라모더니즘 시대의 가족치료

지난 20여 년간 포스트모더니즘은 가족치료 분야에서 열광적인 환영을 받았고, 포스트모더니즘의 확산과 더불어 체계론적 가족치료가 근대적이며 기계론적이므로 새롭게 나타난 이야기 개념보다 유용하지 않다는 비판이 제기되기도 하였다. 다른 한편 새로 한 걸음 나아가는 것이 반드시 과거에 확립하였던 이론과 연구를 버리는 것으로 이어져서는 안 될 것이며, 지금까지 발달된 가족치료 이론을 통합하고 절충할 필요가 있다는 주장이 제기되어 왔다.

포스트모더니즘은 상대주의와 맥락 및 구성주의를 강조하고, 내러티브를 그 중심으로 삼으며, 실재에 대한 객관적 지식을 문제시하는 관점으로(Pilgrim, 2000), 포스트모더니즘의 문제와 한계점에 대한 논쟁도 활발하게 이루어지고 있다. 예를 들어, 차이와 다양성을 인정해야 한다는 관점은 오히려 하나의 안경만을 쓰고 세상을 바라보도록 요구함으로써 모든 관계성을 차이와 맥락에 의해서만 강박적으로 읽어야 하는 배타성에 직면하도록 한다(유은혜, 2023). 이 경우, 폭력이나 억압과 같은 문제에 대한 비판이 어렵고 그 희생자에 대한 보호를 어렵게 할 수 있다. 또한 포스트모더니즘은 공통성과 보편성을 전제하는 모더니즘을 배척하기에 사람들이 '있는 그대로 볼 수 있고, 알 수 있고, 재현할 수 있다.'라는 가능성을 부정함으로써 인간 세상에 존재할 수 밖에 없는 보편적 진리와 사실을 선언할 수 없도록 만든다(유은혜, 2023). 이 경우, 사회문화적으로 공통된 문제를 파악하고 그에 대한 실질적인 해결책을 찾는 것을 어렵게 할 수 있다. 또한 포스트모더니즘은 객관적 실재 및 전통적인 과학적 방법론을 부정하는 경향이 있어서 과학과 이성의 발전을 약화시킬 수 있다. 가족치료 분야에서 미누친(Minuchin, 1998)은 포스트모던 가족치료가 가족구성원들 간의 상호작용 가운데 만들어지는 관계 패턴, 가족구성원들이 서로에게 영향을 미치는 현실, 문제해결을 위해 치료자의 전문지식이 가지고 있는 잠재성 및 치료자라는 존재 자체가 갖는 중요성, 치료자가 가지고 있는 편견에 대한 인식과 같은 점들을 간과하고 있다고 지적하였다.

그리하여 리나레스(Linares, 2001)는 가족치료 발달의 이 시점은 패러다임이나 세계관의 새로운 변화가 아니라 새로운 전환(turn)이 필요한 시점으로서, 포스트모더니즘을 넘어 새로운 통합을 이루는 방법으로 '울트라모더니즘(ultra-modernism)'이라는 용어 사용을 제창하였다. 현시점에서 볼 때 가족치료 이론이나 기법의 발달은 정점에 이른 것으로 보이기 때문에, 울트라모던 시대의 가족치료는 그동안 발전되어 온 가족치료 이론의 고유성을 인정함과 동시에 여러 이론을 선택적으로 사용하거나 통합할 필요가 있을 뿐 아니라 개인치료와 가족치료 등 치료 분파 간의 통합이 필요한 시대라는 것이다. 오늘날 뒷전으로 물러난 듯한 체계론적 가족치료냐, 아니면 대대적인 환영을 받고 있는 포스트모던 가족치료냐의 양자택일의 문제가 아니라 상황이나 맥락 혹은 치료자의 선호에 따라 '이것과 저것' 모두 유용한 접근이 될 수 있다. 이와 같이 울트라모던 가족치료가 강조하는 통합과 선택, '이것과 저것 모두(both/and)'의 시각에 '서로가 서로를 살림으로써 더불어 살아가다'는 의미를 가진 '상생의 가족치료'라는 용어를 붙이자는 의견(정혜정, 2004)도 제시되었다.

이와 같이 울트라모더니즘에서 강조하는 바는 동양인의 핵심적인 사유방식이다. 노자(1995)의 『도덕경』을 풀이한 오강남은 이원론적 세계관을 벗고 양쪽을 동시에 생각하는 사고방식, 양쪽으로 대립된 것처럼 보이는 사실은 모순이 아니라 '하나'라고 보는 '양극의 조화' '반대의 일치'를 터득하는 것이 궁극적 실재를 파악하는 길임을 역설하고 있다. 정상적인 논리란 '이것 아니면 저것'이라는 이분법적 사고에 근거하고 있지만, 궁극적 실재에 접근하는 것은 이분법적 의식의 세계, 분별지(分別知)의 세계를 넘어 초이분(超二分)의 세계, 합일의 세계로 돌아가는 것이 중요하다는 것이다. 따라서 가족치료 발달이 정점에 다다른 것으로 보이는 이 시대에 어떤 접근이 더 우위라거나 열등한 것이 아니라 맥락이나 선호에 따라 각 접근의 고유성을 인정함과 동시에 특정 접근의 선택이나 접근 간의 통합이 좀 더 궁극적인 치료적 실재에 도달하는 길임을 인식해야 한다.

마지막으로, 지금까지 발달된 다양한 가족치료 접근법을 통합함으로써 내담자에게 가장 적합한 장점만을 선택해서 임상에 임하도록 고안된 두 가지 모델을 소개한다(이상복, 2007).

- **통합적 문제중심 치료모델**(Integrative problem-centered therapy): 이 모델은 노스웨스턴 대학교의 가족치료연구소 소장인 핀소프(Pinsof, 1995)가 개발한 것으로 상호구성주의, 체계이론, 상호 인과관계를 기본적인 이론적 틀로 하며, 개인치료와 가족치료를 유기적으로 통합하자는 입장이다. 가족체계에서 문제를 유지하는 역동성을 사이버네틱스, 사회학습이론, 정신역동이론의 세 가지 관점에서 통합적으로 해석하며, 미누친의 구조적 모델과 헤일리의 전략적 모델 및 문제중심 모델, 그리고 인지행동 모델을 초기문제 확인 및 문제평가와 진단과정에서 주로 활용한다.
- **초월구조주의 모델**(Metaframeworks model): 이 모델은 노스웨스턴 대학교 가족치료연구소의 브르린과 슈워츠(Breunlin & Schwartz), 그리고 시카고 아동연구소의 가족치료 프로그램을 담당했던 매쿤-카러(McKunn-Karrer)에 의해 개발되었다. 이 모델은 가족치료 학파를 망라하는 주요개념을 선택하여 초월적인 원칙에 입각하여 서로를 연결하며, 내담자 문제 파악을 위해 심리 내적 과정, 가족구조, 가족 상호작용의 인과적 연결고리, 가족발달, 성, 문화라는 여섯 영역에 초점을 둔다.

요약

초기 가족치료가 일반체계이론과 사이버네틱스로 함축되는 체계론적 관점을 기초로 발전되었다면 후기 가족치료는 포스트모더니즘의 사조 확산과 사회구성주의 및 후기구조주의에 기초해 발전하였다. 모더니즘이 절대적 진실과 객관적 지식, 그리고 본질주의, 보편주의, 이분법적 사고를 강조한다면, 포스트모더니즘은 당연시되고 있는 담론과 절대적 실재라는 아이디어에 전적으로 도전하며, 다양성과 차이를 강조한다. 사회구성주의는 실재란 개인이 주관적으로 구성하는 것이며, 사회적 상호작용 과정에서 언어를 통해 그 의미가 부여되고 공유된다고 가정한다. 후기 구조주의는 푸코와 데리다에 의해 구체화되었으며, 모든 현상에 심층적인 구조가 있고 또 구조는 구성요소로 분해할 수 있다는 환원주의적 구조주의 관점을 거부한다. 대신 우리가 절대시하는 지배적 담론은 정치적 권력의 산물로서 절대적인 지식이 아니며, 이러한 지식에 도전하고 해체함으로써 새로운 의미를 부여하고 정체성을 구축할 수 있다고 표방한다. 초기 가족치료가 가족 내 존재하는 성별 간 불평등 문제에 주의를 기울이지 않았다는 페미니즘의 비판 또한 후기 가족치료의 발전에 중요한 공헌을 하였다.

가족치료 발달의 이 시점은 이미 발달된 가족치료 모델의 통합과 절충이 요구되는 울트라모더니즘 시대이자 '상생의 가족치료' 시기다. 즉, 내담자의 문제나 상황에 따라, 치료자의 선호에 따라 지금까지 발달된 가족치료 이론을 통합적으로 혹은 선택적으로 사용하는 것이 바람직하게 여겨지는 시대다. 지금까지 발전된 가족치료 모델을 통합한 모델도 발전되고 있는데 통합적 문제중심 치료모델과 초월구조주의 모델이 두 가지 대표적인 통합적 접근이다. 궁극적 치료적 실재의 창조는 각 접근의 고유성을 인정함과 동시에 맥락에 따라, 상황에 따라 치료자가 다양한 접근을 통합함으로써 이루어질 수 있을 것이다.

현재 우리나라에서 후기 가족치료 모델을 선호하는 치료자가 늘고 있는 추세다. 가족치료의 다양한 모델을 실천하고자 하는 전문가가 증가하고 있다는 측면에서 바람직한 추세이나, 벡바와 벡바(Becvar & Becvar, 2003)가 지적하였듯이 후기 가족치료 전문가가 되기 위해서는 단순히 가족치료 훈련만으로는 부족하며 철학, 인문학, 자연과학 등 통섭적 시각을 갖는 것이 필요하므로 이에 대한 적절한 훈련이 요구된다.

참고

이 장의 처음에 제시된 그림을 옆과 같이 볼 수도 있다.
(에스키모가 얼음집을 향해 있는 모습이 보이는가?)

연습문제

1. 결혼, 부부, 가족에 대해서 우리 사회에 널리 퍼져 있기에 많은 사람의 삶을 지배하고 있는 대표적인 담론은 무엇인지 살펴보고, 그러한 담론의 지배하에서 주로 사는 사람들과 그것에서 벗어난 삶을 사는 사람들에 대해 서로 이야기 나누어 보자.

2. 다음은 우리에게 잘 알려진 전래동화인 『콩쥐팥쥐』 이야기다. 이 동화의 등장인물(콩쥐, 팥쥐, 콩쥐의 아버지와 새어머니) 중 하나를 맡아서 각자 자신의 입장을 적극 이야기해 보자.

> 조선시대 중엽 전라도 전주 근방에서 최만춘이라는 퇴리(退吏)와 부인 조씨, 딸 콩쥐가 즐겁게 살고 있었다. 그런데 불행히도 부인이 병을 얻어 죽자 과부 배씨를 후처로 맞게 되었다. 그 뒤 배씨는 팥쥐라는 딸을 낳게 되었는데 배씨는 갖은 방법으로 마음씨 착한 콩쥐를 학대했다. 그러나 마음씨 좋은 콩쥐는 뒤에 선녀의 도움으로 감사의 후실이 되었는데, 이를 질투한 배씨와 팥쥐는 흉계를 꾸며 콩쥐를 연못에 밀어 넣어 죽게 했다. 그리고 팥쥐가 대신 콩쥐 행세를 하게 되었는데 한동안 이 사실을 모르던 감사는 기어코 자기 아내가 콩쥐가 아님을 알게 되었고 그 음모도 밝혀지게 되었다. 감사가 연못에 빠진 콩쥐의 시체를 찾아내자 콩쥐는 되살아났다. 감사는 팥쥐를 죽여서 그 시체를 배씨에게 보내니, 배씨 또한 놀라서 죽어 넘어졌다.
>
> 출처: 위키백과(http://ko.wikipedia.org).

3. 후기 구조주의와 사회구성주의에서 개인의 정체성을 어떻게 바라보고 이해하는지 생각해 보자. 이 두 관점을 기초로 할 때 각자 자신의 정체성을 어떻게 이야기할 수 있는지, 그리고 이러한 정체성은 모더니즘에서 바라보는 정체성과 어떤 면에서 차이가 있는지 서로 나누어 보자.

제 9 장

해결중심단기치료

일어날 것으로 기대하는 것은 그 기대만으로도 우리의 행동에 영향을 미친다
(de Shazer, 1985, p. 45).

이 장에서는 해결중심단기치료가 발생하게 된 배경을 살펴보며 이 모델을 다른 가족치료 모델과 구별 짓는 특성을 설명하기로 한다. 해결중심단기치료는 그 이름에서 알 수 있듯이 상담이 단기로 진행되며 문제의 원인을 파악하기보다는 해결책에 초점을 맞춘다. 구체적으로 해결중심단기치료가 어떤 원리와 가정을 갖고 있고, 목표의 설정과 달성을 위한 해결지향적 질문에는 어떤 것이 있는지를 배우도록 한다.

1. 발달배경

해결중심단기치료가 태동하게 된 배경에는 1958년 미국 팔로알토에 소재한 정신건강연구소(Mental Research Institute: MRI)의 단기치료센터(Brief Therapy Center)에서 활동한 드세이저(Steve de Shazer)와 인수 김 버그(Berg)가 있다(Fisch, Weakland, & Segal, 1982; Watzlawick, Weakland, & Fisch, 1974). MRI의 단기치료접근은 전통적으로 시간이 많이 걸리는 정신역동치료와는 달리, 10회 정도의 짧은 기간에 내담자의 문제를 해결하려고 하였다. MRI의 치료자는 내담자의 편의를 위해 상담 횟수가 적어야 한다고 믿었으며, 상담

스티븐 드세이저(1940~2005)와 인수 김 버그(1934~2007) 부부

의 초점을 문제의 원인을 파악하고 이해하기보다는 문제에 대해 효과적으로 생각하는 방법과 문제를 다루는 실용적인 방법을 찾는 것에 두었다(Furman & Ahola, 1994).

1975년 드세이저는 문제의 구성에 가족구성원과 내담자를 포함시킴으로써 더 종합적인 단기치료 모델을 만들었다(de Shazer, 1985). 드세이저는 MRI를 떠나 동료들(Insoo Kim Berg, Elam Nunnally, Eve Lipchik, Alex Molnar)과 함께 1978년에 미국 위스콘신주의 밀워키에 단기가족치료센터(Brief Family Therapy Center: BFTC)를 설립하였다(de Shazer, 1985). 해결중심단기치료 모델은 1980년대에 발전되기 시작하였고, 1982년부터 그 이름을 사용하였다(de Shazer & Berg, 1997). 드세이저와 버그(Insoo Kim Berg)의 MRI 경험은 해결중심단기치료의 중심철학에 영향을 미쳤는데, 구체적으로 살펴보면 다음과 같다. 첫째, 문제 삼지 않는 것은 건드리지 않는다. 둘째, 효과가 없다면 그것을 하지 않고 대신 무언가 다른 것을 한다. 셋째, 효과가 있는 것을 알면 그것을 더 많이 한다(de Shazer & Berg, 1995).

에릭슨(Milton Erickson)이 1950년 중반에 보여 준 단기치료의 선구적인 작업은 드세이저와 해결중심단기치료뿐 아니라 가족치료 전반에 크게 영향을 미쳤다. 드세이저는 어떻게 하면 치료가 효율적일 수 있는가를 알아내기 위해 에릭슨의 최면치료의 접근법과 기법을 공부하였으며, 결과적으로 내담자가 갖고 있는 것을 활용하는 것과 심리적 장애의 원인을 찾아내거나 교정하려 하지 않는 것을 해결중심단기치료에 사용하였다. 이 두 요소는 해결중심단기치료의 주요 가정인 내담자의 강점과 자원을 인정하는 것과 변화시킬 수 없는 과거보다는 변화가 가능한 현재와 미래에 초점을 두는 것이다(Kim, 2006).

사회구성주의도 해결중심단기치료의 철학에 영향을 미쳤다(Berg & De Jong, 1996; Franklin, 1998). 객관적인 사실과 실재만을 믿는 과학적 낙관주의와는 다르게 사회구성주의는 현실이란 개인에 의해 사회적 · 심리적으로 구성된 것이라고 주장한다. 타인과 상호작용하고 사람들을 관찰하면서 개인은 새로운 의미를 구성하고 이를 통해 일어나는 변화에 근거하여 무엇이 진짜인지에 대한 사고 구조를 형성한다. 해결중심단기치료는 언어는 내담자의 현실을 구성하기 위해 사용된다는 철학을 갖고 있기 때문에 후기 사회구성주의에 속한다(Franklin, 1998). 해결중심단기치료자는 언어와 소크라테스의 질문법[1]을 사용하여 내담자와 함께 목표를 세우고, 내담자의 강점을 활용하여 문제를 협력적으로 해결하려 노력한다. 목표는 내담자가 인생에서 변화하기 원하는 것을 말하며, 자원이란 목표를 충족시키기 위해 사용될 수 있는 것이다. 이러한 기본개념이 사회구성주의와 맥락을 같이하며 해결중심단기치료를 이루는 주된 특성이 되었다. 해결중심단기치료자는 내담자 자신이 느끼는 것과 현실의 의미, 문제와 관련된 과거 경험을 가장 잘 알고 있는 사람은 바로 내담자이기 때문에 내담자를 전문가라고 믿는다(Berg & De Jong, 1996). 치료자는 내담자와 함께 목표를 설정하고 내담자 문제의 해결책과 성공방법을 발견하도록 도와 내담자의 변화를 도모한다.

해결중심단기치료의 주요 인물로는 드세이저, 버그, 립칙, 와이너-데이비스(Weiner-Davis), 오한런(O'Hanlon), 프랭크린(Franklin) 등이 있다. 해결중심단기치료 이론의 주 개발자인 드세이저는 가족들의 욕구를 충족시키기 위해 그들이 치료실에서 보여 준 장점과 자원을 활용하는 것이 해결중심의 핵심이라고 하였다. 그는 에릭슨의 영향을 많이 받아 '문제의 원인을 제거하려는 노력은 필요 없다.'라고 보았다. 그의 대표적인 저서는 『Clues: Investigating Solution in Brief Therapy』(1988)이며, 여기서 해결중심치료 이론과 기법을 내담자의 사례와 함께 소개하였다. 버그는 임상에 탁월한 능력을 보였으며, 치료자에게 이론을 적용시켜 훈련시키는 일을 하였고, 미시간주의 '가족독립기관(Family Independence Agency)'에서도 열정적으로 일하였다. 대표적인 저서로 『Family Based Services: A Solution-Focused Approach』(1992)가 있으며, 그는 이 책에서 해결중심접근을 가족복지에 적용시켰다. 립칙은 해결중심단기치료 접근법을 최초로 아내구타에 적용하였으며 치료자의 치료적 질문을 개발하는 데 기여하고 있다. 와이너-데이비스는 드세이저로부터 훈련을 받은 후 일리노이 주의 우드스탁(Woodstock)에 있는 한 기관을 해결중심 모델로 전환했으며, 『이혼 깨부수기(Divorce-Busting)』란 책에서 해결중심 모델을 결혼 문제에 적용하였다. 오한런은 에릭슨의 이론과 개념을 잘 이해하는 인물 중 한 명이며 드세이저가 다진 해결중심적 개념을 확장시키는 데 중요한 역할을 하고 있다.

1) 인지행동치료에서 내담자의 사고를 변화시키는 데 많이 사용되는 것으로 내담자로 하여금 스스로 자신의 사고를 점검하도록 함으로써 설득이나 설명보다 더 지속적인 치료효과를 가진다. 질문을 치료적으로 사용하기 위해서는 다음과 같은 규칙을 준수한다. 첫째, 내담자를 대신해서 대답하지 않는다. 둘째, 구체적으로 질문한다. 셋째, 라포를 촉진할 수 있는 질문과 문제해결을 위한 질문을 적절한 시점에 사용한다. 넷째, 내담자의 대답을 잘 듣고 난 뒤 다음 질문을 한다(권정혜, 1993).

표 9-1 해결중심치료의 변화 여정

특징	첫 번째 여정	두 번째 여정		세 번째 여정		네 번째 여정
	MRI 단기치료 (1974~)	BFTC 단기가족치료 (1982~)	해결중심 단기치료 (1986~)	해결중심치료매뉴얼 (2011~)	통합/절충해결중심실천 (2000년대~)	새로운 세대 등장 (2016~)
주요 관점	• 상호작용 관점	• 내담자뿐만 아니라 치료자를 치료 체계에 포함시키는 생태체계적 관점	• 생태체계적 관점 • 치료자와 내담자 관계 유형: 고객형/불만형/방문형	• 체계론적 · 사회구성주의적 관점 • 동료적 · 협력적 관계 구축 • 목표 등 내담자에게 중요한 것을 치료자와 내담자가 공동으로 구성 • 관계 유형 없어짐	• 통합적 · 절충적 관점 • 실용주의 • 활용주의	• 사회구성주의적 관점
주요 연구	• 'Brief therapy: Focused **problem** resolution'		• 'Brief therapy: Focused **solution** development'			• 'Brief therapy: Focused **description** development'
중심 개입	• 내담자가 '뭔가 다른 것을 시도하도록' 개입할 필요가 있음	• 문제 발생의 주변 패턴을 탐색하고 개입할 수 있는 잠재적 지점 식별하기	• 문제가 없거나 덜한 예외에 대한 구체적이고 자세한 정보를 수집하고, 만일 있다면 무엇이 효과가 있는지 탐색하기	• 경청, 선별, 구축 과정을 통해 치료자와 내담자는 함께 새로운 의미와 가능성을 공동으로 구성	• '일단 효과가 있는 것을 알았다면 그것을 계속하라.'라는 원칙을 치료자의 입장에서 해석	• 내담자가 선호하는 미래에 대한 상세한 묘사 • 분명한 주제를 가진 대화 공간 중요
시작 단계	• 내담자에 의해 시도된 해결이 현재의 문제 상태를 유지한다고 봄	• 문제 없는(problem free) 대화로 회기 시작	• 문제 없는 대화로 회기 시작 • 문제 패턴에 대한 대화 • 내담자와 상담자의 관계에 의한 목표 설정 • 기적질문 등	• 치료 전 변화 • 해결중심 목표 구축(작고, 해결이 나타나 있는) • 더 이상 내담자와 상담자의 관계 유형 파악하지 않음.	• 다양함	• 최선의 희망 • 선호하는 미래에 대한 자세한 기술(기적질문 또는 유사한 질문)

특징		첫 번째 여정	두 번째 여정		세 번째 여정		네 번째 여정
		MRI 단기치료 (1974~)	BFTC 단기가족치료 (1982~)	해결중심 단기치료 (1986~)	해결중심치료매뉴얼 (2011~)	통합/절충해결 중심실천 (2000년대~)	새로운 세대 등장 (2016~)
중간 단계		• 문제와 시도된 해결책에 대한 구체적이고 세부적인 정보를 수집하기	• 문제와 관련된 패턴에 대한 구체적이고 자세한 정보 수집하기	• 변화를 위한 작은 단계 설정하기	• 기적질문 • 척도질문 • 예외책과 예외 구성하기 • 대처질문(필요한 경우)	• 다양함	• 선호하는 미래의 근거가 되는 '예시' 상세한 묘사 • 척도에서 1점 올랐을 때에 대한 묘사
종결 단계	휴식/팀	• 치료적 휴식 • 상담사가 작업하는 동안 일방경 뒤에 있는 팀이 보조의 역할을 함	• 치료적 휴식 • 컨설팅을 위한 휴식을 취함으로써 팀의 역할에 대한 시야 확대	• 치료적 휴식 • 팀과 함께 회기 종료 메시지 작성	• 치료적 휴식 • 팀(있는 경우)과 함께 회기 종료 메시지 작성	• 치료적 휴식	• 치료적 휴식 필요 없음 • 메시지 없음. 대신, 감사 요약 전달 • 내담자가 원할 경우 지금 또는 나중에 다시 상담 약속을 잡을 수 있도록 초대
	칭찬	• 내담자에게 상식적이고 일상적인 문제의 패턴을 멈추고 다른 것(과제)을 시도할 수 있도록 설득	• 칭찬	• 칭찬	• 칭찬	• 칭찬	• 메시지를 따로 전달하기 않기 때문에 칭찬도 따로 제공하지 않음
	과제	• 문제의 패턴을 수정할 수 있도록 고안된 전략적 개입 제공	• 첫 회기 과제 공식	• 효과가 있는 것을 더 많이 수행할 수 있도록 치료자가 다양한 행동, 관찰과제 제공	• 내담자가 이미 하고 있는 것 중심으로 목표 달성 방향으로 과제 제시 • 내담자가 스스로 과제를 제시할 수도 있음	• 다양한 전략적 과제 제안	• 과제 없음

출처: 최중진, 장새롬(2024), pp. 667-668.

최근 McKergow는 "차세대 해결중심치료의 실천-갤러리 모델"(2024, p. 13)에서 초기 해결중심 모델에 활성인지[2) 개념을 수용한 통합적 패러다임을 제안하면서 이를 "차세대 해결중심치료"로 명명하였으며, 그럼으로써 해결중심치료가 '내담자의 세계를 확장' 하도록 돕는 방법에 대한 이론적·실천적 발전이 될 것으로 보았다. 최중진과 장새롬(2024)은 해결중심치료의 변화 여정을 최근 문헌 고찰을 통해 〈표 9-1〉와 같이 정리하였다.

한국에는 1987년에 해결중심단기치료가 소개되었으며, 1991년부터 상담 관련 교수들과 정신과 의사가 '가족치료연구모임'을 만들어 팀 접근 방식으로 해결중심치료를 실시해 왔다. 이 모임이 기초가 되어 1996년에 '한국단기가족치료연구소'[3)]가 개설되었으며, 현재까지도 해결중심 전문 가족치료사 양성에 매진하고 있다. 이후 2011년 9월에 '해결중심치료학회'[4)]가 창립되어 연구, 교육, 사례 지도를 활발하게 진행 중이다.

2. 가정과 원리

1) 가정

해결중심단기치료는 문제의 진단과 제거에 초점을 맞추는 전통적인 치료모델과는 다른 철학과 가정(Assumption)을 가지고 있다. 이 모델의 기초가 되는 가정과 전제 가치를 살펴보기로 한다(Berg & Miller, 2001).

- 문제 상황보다는 긍정적인 측면에 초점을 맞춘다.
- 문제의 예외 상황을 발견하여 해결의 실마리로 사용한다.
- 변화는 항상 일어나고 있으므로 이 변화를 긍정적인 방향으로 설정한다.
- 작은 변화는 일어나기 쉬우며 생성적(generative)이다.

2) 인지는 단순한 정보처리 과정이 아니라 신체가 환경과 직접 상호작용하면서 인지과정이 이루어지는 것을 말한다.

3) http://www.가족치료.kr/, http://brief-therapy.or.kr

4) http://www.solutionfocus.or.kr

- 협동 작업은 있게 마련이며, 내담자는 항상 협조하고 있다.
- 사람은 자신의 문제를 해결하기 위하여 필요한 자원을 가지고 있다.
- 의미와 체험은 상호작용 속에서 일어나며, 우리의 세계는 상호작용 속에서 의미를 갖고 있다.
- 행동과 묘사는 순환적이다. 예를 들면, 자녀의 행동을 부모가 '옳다' '그르다' 중 어떻게 보느냐에 따라 대처방법이 다르다.
- 메시지가 전하는 의미는 관찰자에 의해 만들어지고 내담자의 자세 자체가 절대적인 의미를 갖고 있지 않다. 의사소통의 책임은 치료자에게 있다고 본다.
- 내담자가 전문가다. 내담자가 자기 문제에 대해 가장 많이 알고 있으며, 많은 해결책을 시도했을 것으로 본다.
- 내담자의 작은 변화는 타인과의 상호작용에 영향을 미친다.
- 치료팀은 치료목표의 설정과 달성을 위해 노력할 의사를 가진 사람으로 구성된다.

2) 원리

앞의 가정에 기초하여 해결중심단기치료는 다음과 같은 원리(Principle)로 진행된다.

- 병리적인 것 대신에 건강한 것에 초점을 둔다. 잘못된 것에 관심을 두기보다는 성공한 것과 성공하게 된 구체적인 방법을 발견하는 데 관심을 둔다.
- 내담자의 강점과 자원은 물론 증상까지도 발견하여 치료에 활용한다. 내담자가 원하는 결과를 성취하기 위해 내담자가 이미 가지고 있는 자원, 기술, 지식, 믿음, 동기, 행동, 사회관계망, 환경, 심지어 증상까지도 사용한다.
- 탈이론적이고 비규범적이며, 내담자의 견해를 존중한다. 인간 행동에 대한 이론적 틀에 맞추어 내담자를 진단하거나 사정하지 않는다.
- 간단하고 단순한 방법을 먼저 사용한다. 해결중심접근은 치료목적을 달성하기 위해 치료방법의 경제성을 추구한다.
- 변화는 불가피하다. 누구에게나 변화는 삶의 일부이기 때문에 변화를 막을 수는 없다. 문제가 발생하지 않는 예외적인 상황을 파악하고 예외를 증가시킴으로써 긍정적인 방향으로 변화하게 한다.
- 현재에 초점을 맞추며 미래 지향적이다. 과거와 문제에 대한 역사에 흥미와 관심을

두기보다는 현재의 상태와 미래의 해결방안 구축에 관심을 갖는다.

- 내담자와의 협력관계를 중요시한다. 치료자와 내담자가 함께 해결방안을 발견하고 구축하는 과정에서 협력을 중요시한다.

3. 치료과정

1) 사례개념화

치료과정에 대한 설명을 하기 전에 사례개념화에 대해 간단히 기술하고자 한다. 상담자는 내담 가족을 볼 때 개념적 틀을 갖는 것이 유용하다. 개념적 틀은 개입의 청사진으로 사례개념화를 의미한다. 사례개념화는 상담자에게 두 가지 측면에서 중요하다. 사례개념화는, 첫째, 내담자가 문제를 어떻게 발전시켰고 증상은 어떻게 유지되고 있는지를 생각하게 하는 틀을 제공하며, 둘째, 상담자가 상담 시 내담자에게 어떻게 개입하여 더 이상 문제가 존재하지 않게 하는지에 대한 틀을 제공한다(Reiter, 2016, p. 36). 상담자가 사용하는 모델에 따라 사례개념화는 다를 수 있기 때문에 어떻게 개념화해야 한다고 단정하거나 특정한 개념화를 가족의 문제와 관계없이 일반화하여 적용하는 것은 무리일 수 있다.

해결중심상담에서 사례개념화를 적용하는 것은 최근의 일이다. 해결중심상담의 사례개념화는 문제중심 상담의 일반적 사례개념화와는 확연히 다르다. 그 이유로 문제중심 상담의 사례개념화는 문제에 초점을 두기 때문에 문제의 발생, 원인, 이유, 배경에 대한 분석과 해석에 많은 시간과 에너지를 사용하며, 임상적 준거에 따라 문제를 진단하고, 내담자와 가족을 기능적으로 만드는 것을 상담 목표로 한다. 반면, 해결중심상담의 사례개념화는 사람은 각자 특별하며, 문제와 증상도 특별하다고 보아 공식적인 진단을 내려서 사람을 '병리적'으로 다루지 않기 때문에 임상적 진단을 하지 않는다. 내담자에 대한 정보 수집에서도 문제 관련 기술은 최소화하고, 내담자의 강점, 자원, 성공적 경험을 발견하여 해결책으로 활용한다. 사람은 심리적 문제를 온종일 가지고 있는 것이 아니기 때문에 문제가 없거나 문제 시 되지 않은 예외적 상황을 탐색하여 상담목표와 연결시키며, 내담자가 원하는 것과 현재와 미래에 일어났으면 하는 일들에 대해 내담자와 함께 해결책을 모색하며 해결책 실천에 더 많은 시간과 에너지를 사용한다.

앞의 설명에 기초하여 정의하면, 해결중심상담 사례개념화는 다음과 같다.

> "내담자에 대한 정보수집에서 문제관련 기술은 최소화하고 내담자의 강점, 자원, 성공적 경험의 예외 탐색과 인정을 통해 내담자가 원하는 목표를 협동적으로 설정하며 목표 달성을 위한 전략들을 통합적으로 활용하는 것"이다(정문자, 2021).

2) 치료과정

해결중심치료에서는 치료과정의 단계를 엄밀히 구분하여 진행하지는 않으나 대체로 다음의 단계로 진행한다.

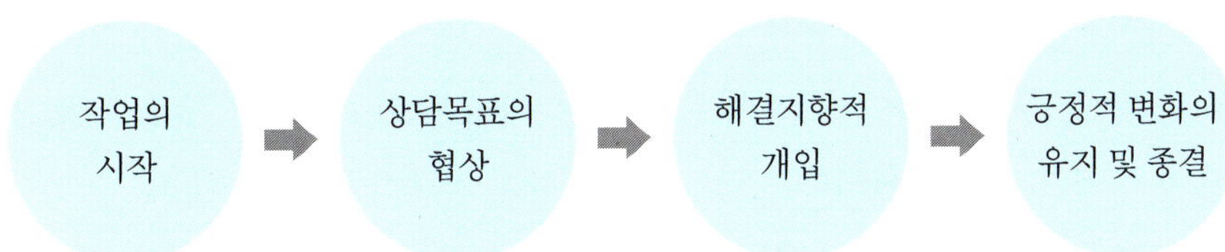

(1) 작업의 시작: 라포 형성과 체계론적 사정

1 라포 형성

상담 전 내담자에 대한 사전 정보가 내담자에 대한 선입관이나 편견을 만들지 않도록 한다. 내담자와 인사를 나눈 후 상담의 기본절차에 대해 간단히 설명한다.

상담은 내담자가 원하는 것에 주의를 기울이는 것으로 시작된다. 일반적으로 내담자는 자기 문제에 대한 하소연으로 상담을 시작한다. 상담자는 내담자의 하소연이나 이야기뿐 아니라 내담자와 가족의 지각과 관점을 열린 마음으로 경청한다.

내담자가 문제해결을 위해 시도해 온 것을 탐색하며 내담자가 제시한 문제와 해결 방법에 대해 의문을 갖게 하며 내담자의 '이것 아니면 저것'의 시각을 '이것과 저것, 모두'의 시각으로 바꿀 수 있도록 한다. 그리고 불평의 내용을 많이 알아야 한다는 생각은 상담에 걸림돌이 될 수 있음을 유념하는 것이 좋다.

내담자는 자기 삶의 전문가이며 많은 강점과 자원을 소유하고 있으며 자신의 문제를 성공적으로 해결한 경험이 분명 있다고 믿는다. 상담 초기에 내담자의 장점, 자원, 성공적 경험을 파악하고 활용하는 것은 내담자와 좋은 라포를 형성하게 하며, 이는 성공적인 상담을 위해 매우 중요하다. 내담자의 취미, 좋아하는 활동, 일, 관심사를 경청하고 지지하는 호의적인 분위기가 만들어지면 내담자는 상담에 호감을 가지며 적극적으로 참여하게 된다.

첫 회 상담 전반부에 '상담 전 변화에 대한 질문'을 사용하여 내담자에게 이미 변화가 일어났음을 암시한다. "오늘 상담하신 결과로 뭐가 좀 달라지면 여기 온 것이 보람 있었다고 말할 수 있습니까?"라는 보람질문으로 상담을 시작할 수 있다.

내담자가 문제가 없었거나 문제 시 되지 않았던 예외 상황을 충분히 탐색하며 그가 원하는 것을 찾아내어 그가 이미 잘하고 있다면 이것을 계속하도록 지지한다.

2 체계론적 사정

상담 전반에 걸쳐 필요한 만큼 탐색하는 데 내담자의 가족(원가족) 관계와 상호작용에 대한 파악은 내담자 문제의 발생과 유지를 이해하는 데 도움이 될 수 있다. 가족구성원(원가족)의 특성, 성향, 사회 문화적 상황, 자원 파악을 통해 가용한 자원을 십분 활용한다. 상담에 장애가 되거나 협력하는 인물을 파악하여 치료적 동맹을 맺는다.

상담을 하면서 상담자는 내담자–상담자 관계[5]에 대해 추정해 볼 수 있는데, 이것은 상담의 진행방법과 과제선정에 도움이 될 수 있다. 이 관계는 내담자가 자기 문제를 어떻게 이해하는가와 문제해결에 대한 의지 정도에 따르는 것인데, 이 관계는 잠정적이고 가변적이다. 이 내담자–상담자 관계는 내담자–가족 관계와 유사하다고 본다.

(2) 치료목표

해결중심단기치료의 목표는 도움을 받으러 온 내담자와 가족의 어려움을 해소하기 위하여 다양한 해결방법을 그들과 함께 모색하고 실행하는 것이다. 그들과 치료자가 첫 상담에서 목표를 명확하고 합리적으로 설정할 수 있다면 치료 종결을 위한 작업은 한결 수

5) 1) 방문형: 비자발적 유형으로 내담자는 자신의 의사와는 무관하게 상담실에 올 가능성이 높다. 내담자는 문제를 인지하고 있지 않거나 '문제'는 자신이 아닌 타인에게 있다고 생각한다. 상담목표를 설정하기 어렵다.
2) 불평형: 내담자와 치료자가 '문제'를 공동으로 확인하였으나 해결책 구축에 있어 내담자는 자신을 해결책의 일부로 보지 않으며 타인의 변화를 통해 이루어진다고 본다.
3) 고객형: 내담자와 치료자가 문제에 대한 인식과 해결책을 '공동으로' 확인한 경우로, 내담자는 자신을 해결책의 일부로 생각하고 문제해결을 위해 행동할 의지를 보인다.

월해진다. 목적 지향적인 이 모델에서는 목표가 잘 설정된다면 문제의 반은 이미 해결된 것으로 본다.

해결중심단기치료에서는 치료목표 설정 시 내담자와 함께 내담자가 원하는 목표를 세우는 것이 매우 중요하다. 목표를 세울 때에는 다음과 같은 원칙을 염두에 두도록 한다(Walter & Peller, 1996).

- 내담자에게 중요한 것을 목표로 한다. 치료목표는 내담자에게 중요하며 유익하여야 한다. 치료자가 원하는 것을 목표로 삼을 때보다는 내담자가 중요하게 생각하는 것을 목표로 할 때 내담자는 목표를 성취하기 위해 더 노력하기 때문이다.
- 작은 것을 목표로 한다. 목표는 작게 설정할수록 쉽게 성취할 수 있다. 목표 달성으로 인한 성취감과 성공 경험은 내담자에게 희망을 주며 변화하려는 동기를 증가시킨다. 내담자의 작은 변화는 파급효과를 갖고 있어 더 큰 변화를 이끌어 낸다.
- 구체적이며 명확하고 행동적인 것을 목표로 한다. 목표가 '행복해지는 것' 또는 '정상적인 생활을 하는 것'과 같이 추상적이면 목표의 성취 여부를 파악하기 어렵기 때문에 치료의 진행 정도를 관찰할 수 있고 측정할 수 있는 구체적인 행동적 목표를 설정하는 것이 유용하다.
- 목표를 문제행동의 소거에 두기보다는 원하는 긍정적인 행동의 시작에 둔다. 문제시되는 것을 없애며 부정적인 무엇을 하지 않으려고 노력하는 대신 긍정적인 그 무엇을 하는 것이 더 수월하다.
- 지금-여기에서 시작하는 것을 목표로 삼는다. 지금-여기의 과정이란 내담자가 해결책을 즉시 시작하거나 해결을 위한 행동을 지속할 수 있다는 것을 의미한다. 치료자는 내담자의 견해를 전적으로 수용하면서 원하는 결과를 위하여 초기단계에서 필요한 것을 구체적이며 명확하게 설명해야 한다.
- 내담자의 생활에서 현실적이고 성취 가능한 것을 목표로 한다.
- 목표 수행은 힘든 일이라고 인식한다. 목표의 성취는 치료자와 내담자의 협동 작업으로 이루어지며, 내담자로 하여금 과제를 수행하려는 노력이 있어야 함을 알게 하는 것이 중요하다.

> **참고 목표 설정의 지침**
>
> - 내담자에게 중요한 것으로 하기
> - 작은 것으로 하기
> - 구체적이고 명확하며 행동적인 것으로 하기
> - 문제행동의 소거보다는 원하는 긍정적 행동의 시작으로 하기
> - 지금-여기에서 시작하는 것으로 하기
> - 내담자의 생활에서 현실적이고 성취 가능한 것으로 하기
> - 목표 수행은 힘든 일이라고 인식하기

해결중심단기치료는 50분 상담의 경우 45분 정도 상담을 한 후 치료자는 메시지를 만들어 내담자에게 전달하면서 상담을 마치는데, 메시지는 치료팀의 도움을 받아 작성할 수 있다.

해결중심단기치료의 첫 회 상담은 2회 이후의 상담과정과 다른 측면이 있다. 첫 회 상담에서는 내담자와의 관계 형성과 목표 설정이 우선시된다. [그림 9-1]은 첫 회 상담과정을 도식화한 것이다. [그림 9-1]에 제시된 예외 상황의 탐색, 기적질문, 과제 등의 기법에 관해서는 4절에서 설명한다.

(3) 해결지향적 개입

내담자의 문제 상황에 몰두하는 대신 뭔가 다른 것을 해 보도록 해결 상황에 초점을 두며 문제대화를 해결대화로 바꾼다. 해결대화는 내담자의 삶에서 문제가 존재하지 않았던 때에 초점을 두면서 가능해진다. 내담자는 변화에 필요한 강점과 자원을 가지고 상담에 오므로 기술을 가르칠 필요가 없으며 이미 알고 있는 것을 하도록 돕는 것이 중요하다.

내담자의 초기 불평과 상관 없이 내담자의 목표가 성취되도록 돕는 것이 중요하다. 이것은 내담자가 문제해결에 효과적으로 사용한 것을 동의하고 인정하며 계속 사용할 것을 지지하고 격려함으로써 일어난다.

목표를 달성하기 위해 해결지향적 개입을 하는데, 이 목적을 위해 사용되는 해결지향적 질문들인 치료기법으로는 상담 전 변화에 관한 질문, 보람질문, 가상질문, 예외질문, 기적질문, 척도질문, 관계성질문, 대처질문, 악몽질문 등이 있으며, 상세한 설명은 4절에서 다룬다.

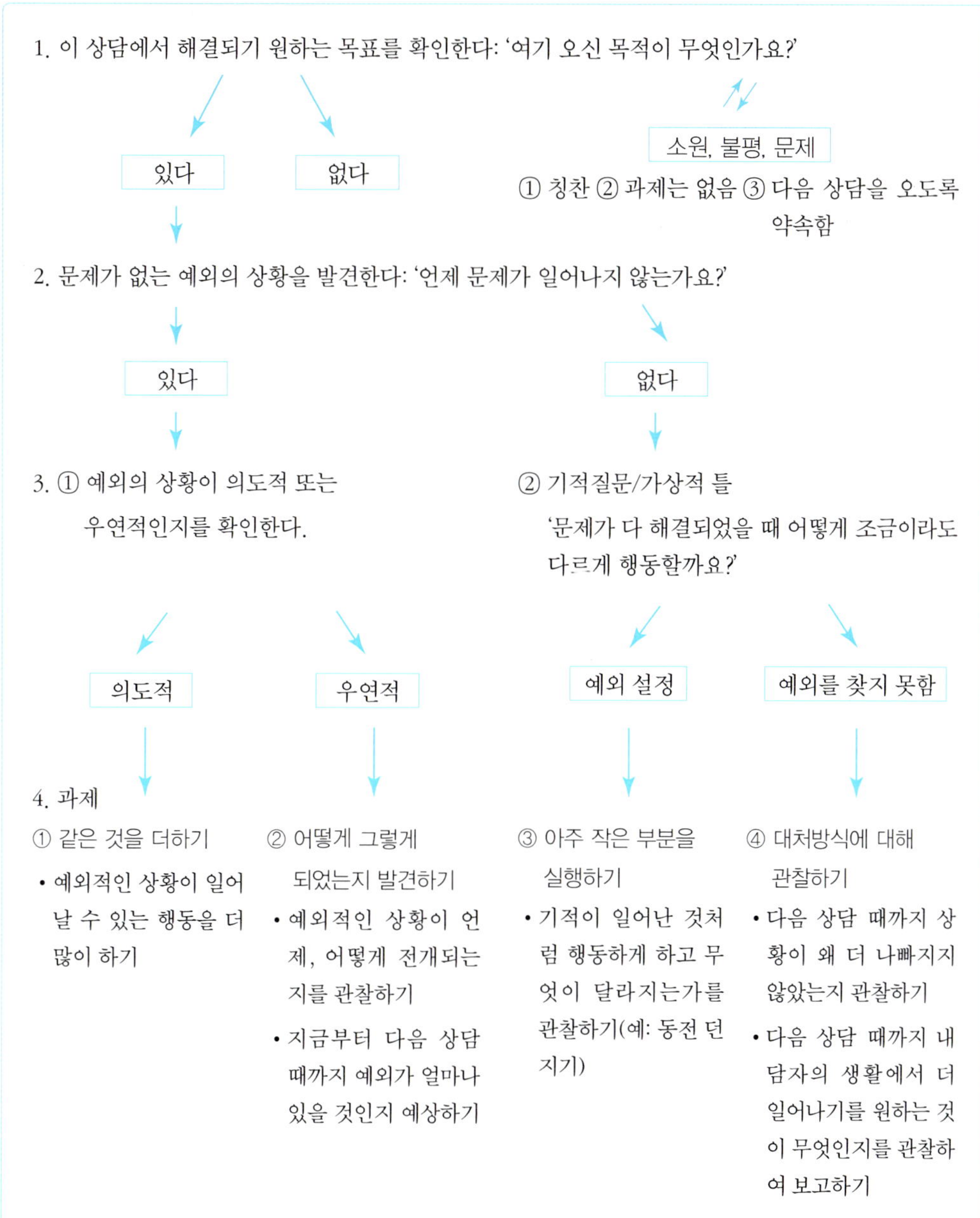

[그림 9-1] 첫 회 상담과정의 도식화

출처: 정문자 외(2006).

(4) 긍정적 변화의 유지 및 종결

1 변화의 유지를 위한 전략과 질문

2회 상담부터는 지난 상담 이후에 조금이라도 나아지거나 변화가 있었다는 전제하에 '무엇이 더 좋아졌습니까?'라는 질문을 하면, 내담자는 그동안에 자신이 변화한 것을 탐색하고 상기하게 된다. 상담자는 이를 인정하고 칭찬하면서 그러한 변화가 본인이 원하는 것이라면 계속 일어나도록 지지하고 격려한다. 만약 내담자가 변화가 없었다고 하면 도움이 안 된 것을 살펴서 다른 것을 하도록 격려한다.

2회 상담 이후 사용하는 질문들은 EARS로 요약된다. 구체적으로 보면 다음과 같다.

- **이끌어 내기**(Elicit: **E**)는 긍정적인 변화에 대한 질문을 함으로써 예외적인 상황을 발견한다.
- **확장하기**(Amplify: **A**)는 긍정적인 변화에 대해 구체적으로 질문을 한다.
- **강화하기**(Reinforce: **R**)는 내담자의 변화에 대하여 관심과 가치를 부여한다.
- **다시 시작하기**(Start again: **S**)는 "또 좋아진 것이 무엇이지요?"라는 질문을 함으로써 다시 시작한다. 변화가 없다고 응답하면, 작은 변화라도 찾아보게 함으로써 변화의 파급효과를 기대한다.

참고 2회기 이후의 상담

- 이끌어 내기 (**E**)
- 확장하기 (**A**)
- 강화하기 (**R**)
- 다시 시작하기 (**S**)

2 상담의 종결

상담의 종결은 첫 회기가 시작하면서 이미 시작된 것으로 본다. 상담목표는 구체적이고 현실적이며 행동으로 측정 가능한 것으로 설정했으므로 상담자와 내담자는 목표의 달성과 상담의 종결 시점을 정하기 쉽다. 상담은 내담자의 첫 불평이 더 이상 존재하지 않거나, 상담의 목표가 달성된 때를 종결 시점으로 보는 것이 무난하다. 내담자가 자신의 변화에 만족하는지를 종결회기에서 확인한다.

종결회기에서는 상담과정에 대한 요점을 간단하게 정리한다. 상담의 성공적인 결과를 내담자의 공으로 돌리는 것이 중요하다. 상담과정에서 보여 준 내담자의 노력과 능력, 의지와 긍정적 변화를 인정하고 칭찬하며 지지한다. 상담이 끝난다고 해서 상황이 계속 좋게 변화하지 않거나 악화될 수도 있기 때문에 상담 후 위기나 문제 재발 시 대처할 방안에 대해 상의하는 것도 필요하다.

4. 치료자 역할 및 치료기법

해결중심단기치료에서 기대되는 치료자의 역할과 치료기법에 대한 설명은 다음과 같다.

1) 치료자 역할

(1) 해결중심적 대화

해결중심단기치료는 내담자의 문제를 해결하기 위해 내담자와 치료자가 함께 목표를 세우고 해결책을 구상하며 실행한다. 치료자는 자기 문제의 전문가인 내담자가 문제를 어떻게 지각하는지를 파악하며 내담자를 '한 발짝 뒤에서 인도'한다(Cantwell & Holmes, 1994). 치료자의 적극적인 역할은 소크라테스의 질문법처럼 내담자가 문제를 다른 시각에서 바라보게 하며 내담자의 생활에서 문제시되지 않았거나 문제가 해결되는 시점의 예외 상황을 발견하도록 돕는 데 있다.

(2) 알지 못함의 자세

앤더슨과 굴리시안(Anderson & Goolishian, 1992)은 '알지 못함의 자세(not-knowing posture)'라는 매우 사려 깊고 협동적인 가족치료 접근을 발달시켰다. '알지 못함의 자세'란 치료자가 언어적 · 비언어적 행동을 통해 내담자에게 풍부하고 진실한 호기심을 표현하는 것을 말한다. 치료자는 내담자가 변화되어야 한다는 생각이나 기대보다는 내담자의 행동과 말을 좀 더 많이 알고 싶어 하는 의향, 즉 항상 '더 많은 정보를 얻고자 하는' 자세를 보여야 한다. '알지 못함의 자세'에서 나오는 대화적 질문은 가족이 '아직 말하지 못한 것'을 말해도 괜찮겠다는 안전함을 느끼는 시작점을 만들 수 있으며 가족의 내면에 있는 정서적인 억압을 제거할 수 있다.

해결중심단기치료자가 지녀야 할 '알지 못함의 자세'에 도움이 되는 의사소통 기술은 다음과 같다. 일반적인 상담에서도 중요시하는 치료자의 기본 기술인 경청, 공감, 요약, 개방형 질문의 사용, 쉽고 간략한 설명은 이 장에서 제외한다.

참고 '알지 못함의 자세'를 위한 의사소통 기술

- 치료자의 비언어적 행동
- 침묵의 존중
- 치료자의 자기개방
- 칭찬
- 내담자의 초점 돌리기
- 내담자가 사용하는 핵심용어의 반복
- 내담자의 비언어적 행동 주목
- '과정'에 대한 주목
- 내담자의 지각에 대한 확인
- '해결중심적 대화'의 확대

- 치료자는 비언어적 행동인 표정, 태도, 자세 등을 통해 내담자의 말에 귀를 기울이고 있음을 알린다. 치료자는 내담자의 말을 진지하고 주의 깊게 들으며 내담자를 존중하는 태도를 취해야 한다. 내담자는 치료자의 언어적 반응과 함께 비언어적 행동을 판단의 거울로 삼는다.
- 내담자가 사용하는 핵심용어를 반복한다. 내담자가 사용하는 용어에 대한 경청과 탐색은 내담자의 준거틀을 알 수 있게 할 뿐 아니라 해결책 구축에도 결정적인 역할을 한다. 이것은 또한 내담자에 대한 존중을 표현하는 것으로 매우 의미 있는 일이다. 그러므로 내담자가 사용하는 핵심용어를 전문적인 용어로 재명명하는 것은 내담자에 대한 실례이며 내담자의 자신감을 약화시키는 행동이 될 수 있다.
- 침묵의 시간을 존중한다. 침묵은 내담자뿐 아니라 초보 치료자를 특히 불편하게 만든다. 내담자의 침묵의 의미는 다양하다. 내담자가 자신의 생각을 정리하는 중이거나, 자신이 설명한 상황에 대해 혼란스럽거나 화가 나 있다거나, 혹은 치료과정에서 잠깐 '휴식'을 취하고 있기 때문일 수 있다. 따라서 치료자는 내담자의 침묵의 의미를 이해하며 존중하는 것이 중요하다.
- 내담자의 비언어적 행동에 대해 주목한다. 내담자도 치료자와 마찬가지로 비언어적인 의사소통을 사용하기 때문에 치료자는 내담자의 다양한 행동, 예를 들면 미소짓기, 눈동자 굴리기, 허공 쳐다보기, 의자에 축 늘어져 앉아 있기, 한숨 쉬기, 침묵하기 등 여러 행동의 변화에 주의를 기울여야 한다.

- 치료자의 자기개방을 권장하지 않는다. 내담자의 준거틀과 과거 경험을 많이 아는 것이 중요하다고 보기 때문에 내담자에게 치료자의 사적인 경험이나 생각을 공유하지 않는다. 그러나 내담자가 자신의 삶에 대한 지각을 명료화하는 데 도움이 된다면 치료자의 견해를 말하는 것은 필요하다.
- '과정'을 주목한다. 상담에서 치료자가 내담자를 이해한다는 것은 대화의 내용과 과정을 모두 이해하는 것을 말한다. 내용은 내담자의 고통이나 중요한 사건 또는 사람에 관한 정보를 의미하며, 과정은 내담자가 정보를 표출하는 방법으로 내담자가 이야기할 때 보여 주는 감정이나 표정 등을 말한다. 내담자 대화의 내용과 과정이 일치되지 않는 경우, 요약이나 치료자의 자기개방 등으로 지적하거나 기억해 두었다가 적절한 시기에 언급할 수 있다.
- 칭찬은 진술된 목적을 달성하기 위해 내담자의 강점과 과거의 성공을 중심으로 치료자가 내담자에게 보내는 찬사와 지지를 말한다. 칭찬은 내담자의 기분을 좋게 하거나 친절을 베풀기 위한 것이 아니며, 내담자의 말이나 '상담과정'을 통해서 알게 된 것과 '현실에 기초한' 것이어야 한다.
- 내담자의 지각에 대해 확인한다. 지각이란 한 개인이 생각하고 느끼는 능력과 직관 등을 통해 자신과 삶의 여러 양상에 대해 종합적으로 갖고 있는 인식으로 개인의 사고, 감정, 행동, 경험을 포함한다. 치료자는 내담자가 문제해결을 위해 시도한 노력, 자신의 삶 속에서 달라지기를 원하는 것, 문제해결을 위해 효과가 있었던 것과 없었던 것 등에 대해 내담자가 갖고 있는 '지각'을 물어보아야 한다.
- 내담자의 초점을 돌린다. 내담자는 종종 자신의 문제에 대해 무기력하게 느끼며 다른 사람이 문제해결의 열쇠를 갖고 있다고 말한다. 치료자는 내담자의 무기력을 힘으로 전환하기 위해 내담자가 자신의 상황이나 다른 사람에게 갖고 있는 불평을 '이 상황에서 무엇이 달라지기를 원하는지' 그리고 '자신은 그 해결책에 어떻게 참여할 것인지'에 대한 답으로 바꾸어야 한다.
- '해결중심적 대화'를 확대한다. 해결중심적 대화란 치료자와 함께 내담자가 자신의 생활에서 달라지기 원하는 것과 그러한 일이 일어나게 할 가능성에 초점을 두는 것이다. 해결중심적 대화를 확대하기 위해서는 상담 초기에 내담자가 원하는 것이 무엇인지, 그러한 일이 일어났을 때가 있었는지, 그러한 일이 일어날 가능성은 어떠한지를 자세하게 이야기하도록 할 때 내담자는 희망을 가지며 문제해결의 가능성에 대해 자신감을 갖게 된다.

전통적 심리치료에서 저항의 개념은 내담자가 변화를 원하지 않는 것으로 보며 변화의 내용은 주로 치료자의 관점에서 규정되어 왔다. 해결중심접근에서 저항은 내담자에게 생각할 시간이 필요하거나 치료자의 말을 이해하려고 노력하는 시도 등으로 간주하므로 치료자는 내담자의 반응을 잘 관찰하여 이를 치료에 활용하는 협력적 태도를 지녀야 한다고 본다.

또한 내담자의 지속적인 불평은 습관화 · 가속화되기 쉬우므로 불평의 내용을 깊이 알아야 한다거나 문제를 많이 알아야 문제가 해결된다고 보지 않는다. 대신 불평이 적거나 없는 상황을 탐색하는 데 초점을 둔다.

참고 '알지 못함의 자세'를 경험하고 익히는 데 도움이 되는 활동

① 두 명이 한 팀이 된다.
② 찬반 의견이 나올 수 있는 주제(예: 안락사, 사형제도, 임신중절 등)를 1개 선정한다.
③ 임의로 팀의 한 명은 찬성, 다른 한 명은 반대의 입장을 취한다.
④ 찬성자가 반대자에게 자신의 의견을 3분 정도 말한다. 이때 반대자는 찬성자의 의견을 경청하며 질문을 하거나 의견을 말하지 않는다.
⑤ 차례를 바꾸어 반대자가 찬성자에게 자신의 반대 이유를 3분 정도 말한다.
⑥ 두 명의 의견 발표가 끝나면 이 과정에서 각자 느낀 점과 힘들었던 점 등을 소집단이나 전체 집단에서 나눈다.

2) 치료기법

(1) 해결지향적 질문

1 상담 전 변화에 관한 질문

해결중심단기치료의 기본가정은 '변화란 불가피하며 계속적으로 일어난다.'다. 그러므로 내담자가 상담을 약속한 후 상담소에 오기까지 경험한 변화에 대해 알아보는 상담 전 변화에 관한 질문(pre-session change question)은 문제해결에 매우 중요한 단서를 제공할 수 있다. 상담 전 변화가 있는 경우, 내담자가 이미 보여 준 해결 능력을 인정하고 칭찬하여 확대할 수 있도록 격려한다.

> ▶ (제가 경험한 바로는) 처음 상담을 신청했을 때와 상담을 받으러 오시는 사이에 어려운 상황이 좀 나아진 사람들이 많았습니다. 혹시 그런 변화를 경험하셨습니까?

2 예외질문

예외란 내담자가 문제로 생각하고 있는 행동이 일어나지 않은 상황이나 문제적 행동이 문제가 되지 않았던 것을 의미한다. 어떠한 문제에도 예외는 있다는 것이 해결중심치료의 기본 전제이므로 예외질문(exception-finding question)을 통해 예외를 찾아내고 그때 내담자가 행한 성공적 경험을 찾아내어 이를 계속해 보도록 격려한다. 이것은 예외적인 상황을 찾아내어 밝히고, 내담자가 가지고 있는 자원이 활용되게 하여 내담자의 자아존중감을 강화할 수 있다.

> ▶ 최근 문제가 일어나지 않은 때는 언제였습니까?
> ▶ 문제가 해결된다면 어떻게 알 수 있겠습니까?
> ▶ 문제가 일어나는 때와 그렇지 않을 때의 차이점은 무엇인가요?

3 기적질문

기적질문(miracle question)은 문제 자체를 제거시키거나 감소시키지 않고 시공간의 변화를 통해 문제와 떨어져서 해결책을 상상하게 하는 것이다. 이 질문을 통해 치료자는 내담자가 바꾸고 싶어 하는 것을 스스로 설명하게 하여 문제에 대한 집착에서 벗어나 해결중심 영역으로 들어가게 함으로써 목표 설정이 용이하도록 돕는다.

> ▶ 이제 좀 색다른 (또는 다른) 질문을 하고자 합니다. 오늘 치료 후에 여러 가지 일을 보시고 밤에 집에 가서 주무시겠죠. 주무시는 동안 기적이 일어나 어머니를 여기 오시게 한 그 문제가 극적으로 해결되었습니다. 그러나 어머니는 주무시고 계셔서 이런 기적이 일어난 것을 모르지요. 그런데 아침에 일어나 보니 지난밤 기적이 일어나 모든 문제가 해결되었다는 것을 알았어요. 어머니께서는 처음에 무엇을 보면 기적이 일어났다는 것을 알 수 있을까요?

기적에 대한 내담자의 답이 추상적이거나 모호하며 비현실적일 때 이를 구체적이고 행동적이며 작은 것으로 바꿀 수 있어야 한다. 질문의 예는 다음과 같다.

- (불가능해 보이는 기적을 말하는 경우) 그렇게 된다면 정말 기적이겠군요. 언젠가는 그런 기적이 일어날 수 있겠지만, 지금은 아주 작은 기적을 한번 생각해 볼까요?
- 기적이 일어나면 선생님의 기분이 나아진다고 하셨는데, 부인께서는 무엇을 보면 선생님의 기분이 나아진 것을 알 수 있을까요?
- 몸무게를 10kg 감량하는 것이 기적이라고 하셨는데, 맨 처음 1kg이 준다면 어머니의 생활에서 무엇이 달라질까요?

4 척도질문

척도질문(scaling question)은 숫자를 사용하여 내담자가 느끼는 문제의 심각성, 자아존중감, 변화에 대한 확신, 변화하기 위한 의지, 문제가 해결된 정도 등을 표현하는 방법이다. 척도질문을 통해서 치료자는 내담자의 문제해결에 대한 태도를 더욱 정확하게 알 수 있으며, 내담자의 상황에 대한 구체적인 정보도 얻을 수 있다. 첫 상담에서는 상담 전 변화에 관한 내용이나 동기에 대해 알고자 할 때 척도질문을 사용해도 좋다.

- 1부터 10까지의 척도에서 1은 문제가 가장 심각할 때이고 10은 문제가 다 해결된 상태라고 하면, 지금은 몇 점입니까?
- 4점에서 5점으로 올라간다면 무엇이 달라질까요?
- 무엇을 보면 '아, 이제 내가 원하는 8점이구나.' 하실까요?

5 대처질문

대처질문(coping question)은 자신의 미래를 매우 절망적으로 보아 아무런 희망이 없다고 하는 내담자에게 주로 사용한다. 이런 절망적인 상황에 빠져 있는 내담자에게 희망을 준다는 것은 쉬운 일이 아니다. 대처방안에 대한 질문을 통해 치료자는 내담자의 신념체계와 무력감에 대항하는 동시에 내담자에게 일종의 성공을 느끼게 할 수 있다. 이 질문의 의도는 내담자 자신이 대처방안의 기술을 갖고 있음을 깨닫게 하는 것이다.

- 어머님은 그 어려운 상황 속에서 어떻게 지금까지 견딜 수 있었지요?
- 어떻게 해서 상황이 더 나빠지지 않을 수 있었나요?
- 계속 술을 마시는 것이 어떻게 도움이 되었습니까?

6 관계성질문

관계성질문(relationship question)은 내담자와 중요한 관계에 있는 사람들이 갖고 있는 생각, 의견, 지각 등에 대해 묻는 질문이다. 사람이 자신의 희망, 힘, 한계, 가능성 등을 지각하는 방식은 자신에게 중요한 타인이 자신을 어떻게 볼 것이라는 생각과 밀접한 관계가 있다. 때때로 내담자는 문제가 해결되었을 때 자신의 생활에서 무엇이 달라질 것인지에 대하여 전혀 예측하지 못하는 경우가 있다. 그러나 내담자는 자신의 입장에서 자신을 보다가 중요한 타인의 눈으로 보게 되면, 이전에는 없었던 가능성을 만들어 낼 수 있다.

- ○○ 씨의 어머니가 지금 이 자리에 계시다고 가정하고 제가 그분에게 ○○ 씨의 문제가 해결되면 무엇이 달라지겠냐고 묻는다면 그분은 뭐라고 말할까요?
- 지금 이 자리에 남편이 있다면, 남편은 결혼생활을 지속하고 싶은 정도를 몇 점이라고 할까요?
- 부인께서 보시기에 남편은 자신에게 가장 도움이 되는 것은 무엇이라고 말할 것 같습니까?

7 악몽질문

악몽질문(nightmare question)은 해결중심치료에서 기적질문과 유사하나 유일하게 문제중심적 질문이다. 목적 설정을 위한 상담 전 변화에 대한 질문, 예외질문, 기적질문 등이 효과가 없을 때 이 질문을 사용할 수 있다. 내담자에게 뭔가 더 나쁜 일이 일어나야만 현재와 다른 무엇을 하려고 하거나 문제에서 벗어날 수 있을 것으로 생각될 때 이 질문을 사용한다. 그러나 이 질문은 역설적이기 때문에 내담자와 라포가 잘 형성된 후에 사용하는 것이 좋다.

- 오늘 밤에 잠자리에 들었다고 가정해 봅시다. 한밤중에 악몽을 꾸었어요. 오늘 여기에 가져온 모든 문제가 갑자기 더 많이 나빠진 거예요. 이것이 바로 악몽이겠죠. 그런데 이 악몽이 정말로 온 거예요. 내일 아침에 무엇을 보면 악몽 같은 인생을 살고 있다는 것을 알겠습니까?

8 간접적인 칭찬: '어떻게 그렇게 할 수 있었습니까?'

내담자의 어떤 측면이 긍정적이라는 것을 암시하는 질문이다. 간접적인 칭찬의 질문은 내담자로 하여금 자신의 강점이나 자원을 스스로 발견하도록 하므로 직접적인 칭찬보다 더 효과적일 수 있다.

- 아드님이 어떻게 그처럼 명성 있는 학교에 다니게 되었나요?
- 어머님은 자녀 모두를 특별하게 대하는 것이 중요하다는 것을 어떻게 아셨습니까?
- 만약 아이들이 여기에 있어 제가 자녀들에게 어머니가 좋은 엄마가 되기 위해 무엇을 했느냐고 묻는다면, 자녀들은 뭐라고 대답할 것 같습니까?

9 '그 외에 또 무엇이 있습니까?' 질문

예외를 더 발견하고, 장점, 자원, 성공적 경험 등 긍정적인 측면을 더 이끌어 내려는 질문이다.

- 또 다른 좋은 생각이 뭘까요?
- 이전에 얘기한 것과 연결시켜 본다면 또 뭐가 있을까요?
- 어떻게 해서 그렇게 하도록 마음먹게 됐나요?

(2) 치료적 피드백: 메시지

치료적 피드백인 메시지는 칭찬(compliment), 연결문(bridge), 과제(task)로 구성된다. 칭찬은 내담자가 중요하게 생각하는 것, 내담자가 성공적으로 하고 있는 것과 이러한 성공을 통해 나타나는 내담자의 강점을 강조하는 것이다. 연결문은 칭찬 다음에 나오는 제안이나 과제와 연결시켜 주는 것으로 치료자가 제안을 하게 된 근거를 제공한다. 과제는 내담자와 치료자 간의 관계유형에 따라 다르게 제시된다(〈표 9-2〉 참고). 방문형인 경우에는 내담자가 자신이 처한 어려운 상황에서도 자신에게 도움이 되기 위해 상담을 받으러 온 것에 대해 칭찬하고 다음 상담에 오도록 격려한다. 불평형인 경우에는 관찰과제 또는 생각과제를, 고객형인 경우에는 행동과제를 준다. 치료를 계속 받을 것인지와 받는다면 언제 올 것인지는 내담자가 결정하게 한다. 치료자가 치료팀 없이 혼자 상담을 하

표 9-2 치료자와 내담자의 관계유형에 따른 과제와 메시지

구분	기적 여부	예외 여부(방법)	과제 / 메시지	
방문형	×	×	과제 없음	① 칭찬 ② 재방문 격려
불평형	×	×	생각과제/관찰과제	첫 상담과제(first session formula task); "…이 원하시는 … (행동, 사건 등)이 일어나면 잘 관찰하셨다가 다음 상담시간에 알려 주세요."
	○	○ (우연적)		예외 행동 주시
고객형	○	×	실행과제	가정하여 행동하기
	○	○ (의도적)		예외 행동을 계속/더 많이 할 것

는 경우에는 약간의 휴식시간을 가지면서 상담내용을 정리하도록 하며 칭찬과 과제를 준비하여 메시지를 전달한다.

5. 사례연구

1) 사례개요

십대 소녀의 과도한 책임

의뢰과정

내담자인 소영의 가족 중에는 중증장애인이 두 명 있는데, 이들에 대한 보호와 관리를 14세 딸인 소영이가 대부분 맡게 되어 학업을 중단한 상태이며, 이 과중한 역할로 인해 신체적 · 심리적 부담이 커서 어느 방송사의 추천으로 가족상담을 받게 되었다.

제시된 문제

내담자는 본래 학교생활에 충실하고 친구들과도 잘 지내던 밝은 아이였다. 장애를 갖고 있는 남동생을 간호해 오던 어머니가 갑자기 중풍으로 장애를 갖게 되어 내담자가 식구 두 명을 간병하고 집안일에 신경을 쏟게 되면서 학업을 중단한 채 꿈이 없는 아이가 되어 가고 있다. 학업에 대한 흥미도 점점 잃어버리고, 마음을 나눌 친구 한 명 없이 방 안에서 폐쇄적으로 살고 있다. 내담자가 제시한 문제로, 첫째, 간병과 집안일을 병행하는 데서 오는 어려움과 부담감, 둘째, 어머니와 남동생 간호와 집안일로 학교에 갈 수 없기 때문에 느끼는 속상함과 원망, 셋째, 자신의 마음을 알아 주지 않고 엄마에게만 신경을 쓰는 아버지와 집안일에 전혀 신경을 쓰지 않는 오빠에 대한 서운함이다.

(1) 가족의 기초정보

내담자 소영(14세)은 어머니와 남동생의 간병 때문에 5학년 때부터 2년째 학교에 다니지 못하고 있으며, 올해 중학교에 진학하려고 했으나 뜻대로 되지 않고 있다. 장애인인 어머니와 남동생을 간병하는 것 외 집안일을 전담하고 있다. 말을 거의 하지 않으며 웃고 우는 등의 기본적인 감정표현도 하지 않고 있다.

내담자의 아버지(43세)는 시장에서 물건을 나르는 등 일용직 노동을 하고 있다. 자식들의 진학 문제에 관심이나 적극성을 보이지 않고 있으며 아내의 간병에만 신경을 쓰고 있다. 경제적 사정이나 가정 여건상의 이유를 대며 간병 문제를 내담자의 몫으로 간주하며 내담자에게 경제권을 넘기고 돈을 타 쓰고 있다.

내담자의 어머니(39세)는 내담자가 초등학교 4학년을 마칠 무렵 중풍으로 쓰러져 회복하지 못한 채 뇌병변 1급 진단을 받았다. 근육이 심하게 경직되어 일주일에 2~3회 하반신 마비로 간질을 일으킨다. "네." "밥 안 먹어." 정도의 말을 겨우 하나 타인이 하는 말은 알아듣는다. 스스로 거동이 불가능하고 시도 때도 없이 투정을 부리며 남편이 잠시라도 자리를 비우면 불안해한다.

내담자의 오빠(17세)는 고등학교 1학년 중퇴로 가정형편을 비관하며 집안일이나 어머니와 남동생의 간병을 전혀 도와주지 않고 있다. 현재는 집에 있기 싫다며 주로 큰집에서 생활하면서 주유소에서 아르바이트를 하고 있다.

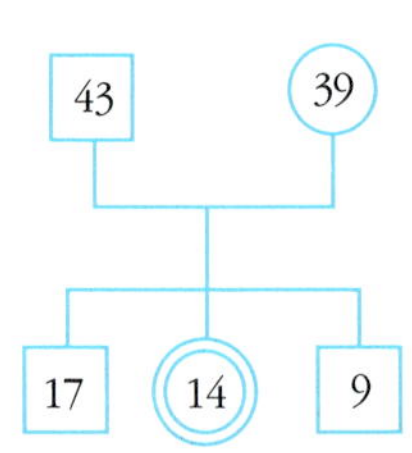

[그림 9-2] 소영의 가계도

내담자의 남동생(9세)은 뇌병변 1급 장애로 거동을 할 수 없다. 8개월 만에 미숙아로 태어나 장애진단을 받았다. 현재 9세이지만 4~5세 정도의 체구이며, 지능 저하, 근육 경직, 보행 장애 등의 증상을 보이고 있다. 벽을 짚고 겨우 설 수 있는 상태이지만, 표정은 밝고 말도 잘하며 다정다감한 성격이다.

(2) 문제발생 배경

내담자가 초등학교 4학년을 마칠 무렵, 집안일에 전념하고 장애인 남동생을 돌보던 어머니가 갑자기 중풍을 맞게 되었다. 내담자는 며칠만 학교에 나가지 않고 어머니와 남동생을 돌보면 된다는 아버지의 말을 믿고 따랐으나 2년이 지난 지금까지 어머니와 남동생 간호와 집안일을 혼자 떠맡고 있다.

아버지는 어머니가 중풍에 걸려 쓰러진 뒤로는 어머니의 건강상태에만 신경을 쓰고 자식에게는 거의 신경을 쓰지 않고 있는데, 이 가족은 도움을 받을 수 있는 친척이나 이웃이 없는 것으로 보인다. 아버지는 어린 내담자를 성인처럼 대하며, 집안일과 경제관리는 물론 두 장애가족의 간호까지 맡기고 있다. 내담자는 공부를 하려고 하면 아버지가 불러 잔심부름을 시켜 공부를 할 수가 없다고 한다. 가족 중에 도움을 줄 수 있는 아버지와 오빠는 집안일에 도움을 주지 않고 있으며, 자신들의 무심하고 무책임한 행동에 대해 인식조차 하지 못하고 있다. 이러한 상황에서 내담자는 집안일과 간병에 지쳐 있고 학교를 다니지 못하는 데서 오는 절망감과 속상함에 부모와 오빠에 대한 원망이 쌓여 가고 있다.

(3) 가족역동의 이해

첫째, 가족 내에 성 역할이 고정되어 있어 어린 내담자는 여자라는 이유로 집안일과 간병을 도맡아서 해야 하는 역할 과부하를 겪고 있다. 반면, 아버지와 오빠는 남자라는 이유로 집안일이나 간병을 자신들의 역할로 보지 않으며 그런 일은 여자인 내담자가 어머니를 대신하여 당연히 해야 한다는 태도를 지니고 있다.

둘째, 아버지와 오빠는 집안일과 간병을 모두 내담자에게 맡기는 것에 별다른 죄책감이나 책임감을 느끼지 못하고 있다. 내담자를 적극적으로 도와주려 하지 않으며 집안일과 간병하는 방법에도 익숙하지 못하다.

셋째, 학교에 가서 친구들과 공부하고 놀고 싶은 욕구가 좌절된 내담자는 아동기 경험의 일부를 건너뛰면서 우울감과 절망감을 크게 느끼고 있다.

넷째, 내담자는 자신이 많은 것을 포기하고 희생하고 있음에도 이를 몰라 주는 부모와 오빠에게 서운함과 속상한 감정을 가지고 있으며, 자신의 욕구와 상반된 식구들의 기대에 양가감정을 갖고 있다.

다섯째, 이 모든 문제의 원인이 어머니의 발병에 있다고 생각하지만 어머니를 원망할 수 없고, 어머니의 불평을 들으면서 어머니와 남동생의 간병을 담당해야 하는 고충으로 내적 갈등이 고조되고 있다.

2) 해결중심단기치료의 적용

(1) 내담자와 라포 형성 및 내담자-치료자 관계유형 파악

치료자는 내담자와 내담자 가족과의 라포 형성을 위해 해결중심적으로 그들이 가지고 있는 자원과 능력에 대해 칭찬을 해 주었다. 어느 정도 라포가 형성된 후 치료자는 내담자-치료자 간의 관계를 파악하였는데, 내담자는 고객형이면서 불평형, 아버지는 불평형, 오빠는 방문형이었다.

(2) 목표 설정하기

본격적으로 상담을 시작하면서 치료자는 치료목표를 설정하였다. 문제중심치료 모델처럼 내담자의 문제에 초점을 두어 문제의 원인을 파악하고 해결방법을 탐색하기보다는 내담자가 원하는 것에 초점을 둔 긍정적이며 미래 지향적인 목표를 세우고 치료를 진행하였다.

1 보람질문

치료자는 아버지에게 "오늘 상담을 통해 무엇이 조금이라도 변화된다면 마음이 편할 것 같으세요?"라고 질문함으로써 아버지가 상담에서 얻고자 하는 목표를 탐색하였다. 아버지는 소영이가 살림에서 벗어나 친구도 만나고 학교도 다시 다니기를 원하였고, 치료자는 이와 같은 큰 목표를 현실적이고 실행 가능한 작은 목표로 바꾸기 위해 "작은 변화라도 그것이 한 번 이루어지면 조금씩 커지면서 또 다른 변화가 일어나고 결국은 문제가 해결될 수 있거든요. 무엇이 조금만 변하면 아버님이 원하는 일이 일어날 수 있을까요?"라는 질문을 통해 작고 실행 가능한 목표를 설정하는 작업을 시작하였다.

▶ **치료자:** 오늘 이렇게 어렵게 오셨는데, 우리가 한 시간 정도 상담을 한 후 무엇이 조금이라도 변화되면, 조금이라도 달라진다면 "아, 오늘 상담 오기를 잘했구나."라고 말씀하실까요?

2 기적질문

소영이에게 상담을 통해 얻고 싶은 것이 무엇인지 물었을 때, 소영이는 현재 상황이 너무 힘들다면서 계속 문제중심적인 진술을 하였다. 목표 설정이 어려워지자 치료자는 '기적질문'을 사용하여 문제에 대한 집착에서 벗어나 해결중심 영역으로 들어가게 하였고, 소영이가 원하는 것을 탐색할 수 있도록 도왔다. 소영이도 아버지와 같이 매우 큰 기적을 말했고, 치료자는 그것보다 조금 더 작은 기적을 생각해 보도록 한 결과 현실적이며 구체적인 작은 목표가 세워졌다. 상담목표는 소영이가 집안일과 간병을 적게 하고 공부할 시간을 갖는 것이었다.

▶ **치료자:** 소영이가 오늘 상담이 끝난 다음에 다른 볼일을 보고 집에 가서 잠을 자겠지? 한번 상상해 보는 거야. 오늘 밤에 잠을 자는 사이에 기적이 일어났어. 기적이 일어나서 소영이가 오늘 여기 가져왔던 모든 문제가 다 해결되는 기적이 일어난 거야. 그러나 잠을 잤기 때문에 기적이 일어난 것을 몰라. 내일 아침에 일어나서 어떤 모습이나 상황을 보면 "와, 밤사이에 기적이 일어났구나."라고 할 수 있을까?

(3) 변화를 위한 해결지향적 질문

내담자와 내담자 가족이 원하는 목표를 설정하였고, 그들이 원하는 목표를 성취하고, 변화를 일으키기 위해 해결지향적 질문들을 사용하였다.

1 예외질문

2년 넘게 힘든 상황에서 생활해 온 소영이는 집안 사정이 더 이상 바뀌지 않을 것 같다는 말을 계속하였다. 이때 치료자는 '예외질문'을 통해 소영이가 원하는 것, 즉 집안일에 신경을 덜 쓰고 공부를 하거나 오빠가 도움이 되었던 적이 있었는지를 물어봄으로써 예외 상황이 다시 일어날 수 있다는 희망과 자신감을 심어 주었다.

▶ **치료자:** 2년 전 어머니가 쓰러지신 후 지금까지 2년 사이에 조금이라도 공부를 할 수 있었거나 학교를 가게 된 적이 있었니? 아니면 아빠나 오빠가 조금이라도 도움이 된 적이 있었니?

2 관계성질문

소영이 가족은 집안 형편이 어려우며 장애가족으로 인해 심리적·신체적으로 모두 힘든 상황에 있었으며 가족구성원 간에 대화가 거의 없었다. 그리하여 상대방이 얼마나 힘들고 괴로운지, 가족이 서로를 얼마나 사랑하며 애처롭게 생각하고 있는지를 모르고 있었다. 치료자는 '관계성질문'을 통하여 상대방이 자신을 어떻게 생각하는지에 대해 탐색하였고, 개인이 아닌 관계를 탐색함으로써 자신이 변하면 상대방과의 관계도 변할 수 있다는 것을 간접적으로 알려 줄 수 있었다.

▶ **치료자:** 결국은 우리 소영이가 모든 식구에 대한 책임을 다 지고 있는 걸로 보이네. 그런데 소영이가 엄마를 잘 돌볼 수 없다고 했잖아. 그런 소영이의 마음을 아빠도 알고 계시니? 만약 아빠가 이런 소영이의 마음을 아시면 어떻게 달라질 수 있을까?

3 대처질문 및 간접적 칭찬

힘든 상황에서 희망을 찾지 못하고 절망적이라고 생각하는 아버지에게 아버지도 훌륭한 대처기술을 가지고 있음을 확인하며 자신감을 주기 위해 "아버지께서는 그 어려운 상황 속에서 어떻게 지금까지 견딜 수가 있었습니까?"와 같은 '대처질문'을 하였다. 또한 아버지에게 자식, 특히 소영이를 돌볼 수 있는 힘이 있음을 알리며 격려하기 위해 "자식에 대한 사랑이 굉장히 깊으시네요."와 같은 칭찬과 지지를 해 주었다.

(4) 치료에 대한 평가

치료과정 중과 마지막에 여러 측면에 대한 내담자와 가족의 평가를 알기 위해 '척도질문'을 사용하였다. 이 가족이 변화를 위해 투자할 수 있는 노력과 의지 정도 그리고 치료에 대한 만족도를 척도질문을 통해 알아보았다. 이것을 통해 치료자는 내담자와 내담자 가족의 문제해결에 대한 태도를 정확하게 알 수 있었으며, 내담자가 앞으로 지향해야 할 방향에 대해 격려하고 힘을 줄 수 있었다.

▶ **치료자**: 소영이가 오늘 여기 오기 전에 가장 힘들 때를 1점으로 하고(손으로 자의 눈금을 가리키며) 소영이가 무엇이든지 원하는 대로 해결되는 최상의 상태를 10점이라고 하면 지금 여기서 선생님하고 얘기하고 난 후 몇 점 정도라고 말할 수 있을까?

▶ **소영**: 가슴이 뻥 뚫렸고요. 80점이에요. (치료자는 10점을 최고 점수라고 했으나 소영이는 100점으로 생각하여 말함)

마지막으로, 치료자는 치료팀과 함께 작성한 메시지를 내담자와 내담자 가족에게 전달하였다. 메시지에서 아버지가 이 가족을 지켜 주고 있는 든든한 버팀목 역할을 하고 있음을 칭찬하였고, 오빠와 내담자에게는 주어진 상황에서 최선을 다하는 모습을 칭찬하였다. 이 가족에 대한 과제로 내담자는 가정에 대한 책임을 모두 지려고 하기보다는 자신의 능력에 맞는 만큼만 책임지며 나머지 부분은 아버지와 오빠에게 도와줄 것을 요청하도록 격려하였다. 오빠에게는 여동생(내담자)이 원하는 방식으로 도움을 줄 것을 과제로 주었다. 아버지에게는 딸의 요구가 충족될 수 있도록 도와주는 것을 과제로 제시하였다.

요약

해결중심단기가족치료는 드세이저, 김인수 부부와 동료들이 1978년 밀워키에 단기가족치료센터를 설립하면서 발전하게 되었다. 이 치료는 내담자가 갖고 있는 자원을 최대한 활용하며 문제의 원인을 파악하기보다는 문제를 해결할 수 있는 현재나 미래 상황에 초점을 둔다. 내담자가 언어를 사용하여 자신의 현실을 구성한다고 보며, 해결지향적 질문을 통해 내담자와 함께 긍정적인 목표를 세우고 협력적으로 작업한다. 이 치료는 내담자에 대한 무조건적인 수용과 존중을 보여 주며 단기로 진행된다.

해결중심치료의 가정과 원리로는 병리적인 것 대신에 긍정적인 것에 초점을 두고, 변화는 항상 일어나고 있으며, 예외 상황의 발견으로 해결책을 찾고, 내담자가 자기 문제에 대한 전문가로서 문제를 해결할 자원과 능력을 이미 갖고 있다고 본다. 목표 설정과 문제해결 과정에 있어 치료자와 내담자 간의 협력관계를 매우 중요시한다. 목표 설정을 위한 해결지향적 질문으로 상담 전 변화에 관한 질문, 예외질문, 기적질문, 척도질문, 대처질문, 관계성질문, 악몽질문 등이 있다. 1회기 상담이 끝나면 치료자는 메시지(칭찬, 연결문, 과제)를 내담자에게 전달하면서 상담을 마친다. 2회기 상담부터는 변화한 것을 이끌어 내고 확장시키며 강화하고 다시 시작한다.

대부분의 상담모델이 내담자의 문제를 사정하고 평가하는 데 많은 시간을 보내는 것에 비해 해결중심치료는 내담자가 원하는 것에 초점을 맞추어 목표를 설정하고 작업하므로 상담이 단기에 끝날 수 있다. 목표를 달성하기 위해 내담자의 장점, 자원, 성공적 경험을 적극 활용한다. 체면을 중시하는 한국인의 성격을 감안하면 문제의 배경이나 원인에 초점을 맞추지 않고도 문제를 해결할 수 있다는 점이 큰 장점이 될 수 있다.

그러나 자기 문제와 문제 배경을 빠짐없이 치료자에게 토로하는 것이 자신의 문제해결에 도움이 될 것으로 믿는 내담자도 있기 때문에 내담자의 문제이야기가 재차 반복되기 전까지는 내담자의 이야기를 경청하고 수용하도록 한다. 또한 내담자의 긍정적인 면만 부각하는 것으로 문제가 해결된 것으로 간주하는 오류를 범하지 않아야 한다. 덧붙여 이 모델의 철학과 원리를 이해하지 못한 채 질문기법을 사용하는 것은 내담자에 대한 수용과 존중 그리고 협동적 해결과정에 반하는 것임을 유념해야 한다.

연습문제

1. 자신의 장점을 발견하고 활용하는 것은 자아존중감을 높이는 데 도움이 된다. 다음의 집단 활동을 통해 나의 장점을 깨닫고 타인의 장점을 찾고 인정하는 시간을 가져 보자.

① 조용히 눈을 감고 주위에 있는 다른 사람들을 생각해 본다.
② [그림 9-3]의 '사랑의 사탕 바구니 그림' 활동지에 자신의 이름을 적고 옆 사람에게 돌리면서 종이에 적힌 사람의 장점을 적는다. (활동지를 A4 용지 크기로 제공함.)
③ 전원이 장점을 기록한 활동지가 본인에게 돌아오면 내용을 진지하게 살펴본다.
④ 차례로 돌아가면서 활동지에 적힌 내용을 발표한다.
⑤ 발표를 마친 후 느낌을 함께 나눈다.

〈해결중심적 활용〉

- 리더는 참여자가 단점으로 생각하는 것이 장점이 될 수 있도록 재구성(reframing)한다.
- 사소하다고 생각하는 것도 장점이 될 수 있음을 알게 해 주고 칭찬을 하면서 더 많은 장점을 적을 수 있도록 격려한다.
- 자신의 장점이 인간관계의 유지와 개선 그리고 일상생활에 어떻게 활용될 수 있는가를 생각해 보게 한다.

[그림 9-3] 사랑의 사탕 바구니

출처: 전연진(2005)에서 발췌 및 수정.

2. 특정한 사람에 대해 갖고 있는 부정적인 인상을 긍정적으로 재구성(재명명)하는 연습을 통하여 그 사람의 장점을 발견하여 새로운 인간관계를 맺도록 하자. 이 활동은 개인 또는 집단에서 사용 가능하다.
   ① 자신이 부정적으로 생각하고 있는 어떤 사람을 그려 보고 그 사람의 특성을 아래 도표의 왼쪽 칼럼에서 3개 정도 뽑는다.
   ② 선택한 각 특성의 3개의 긍정적인 용어(형용사)로 재구성한다.
   ③ 그 사람의 부정적인 특성을 긍정적인 특성으로 바꾼 후 그 사람에 대한 인상이나 느낌이 바뀌었는지 생각해 본다. 이 경험이 앞으로 그 사람과의 관계에 어떤 영향을 미칠지 짐작해 본다.
   ④ 상담자 집단에서 이 활동은 상담자가 특정 내담자에 대한 편견을 없애고 내담자의 긍정적인 특성으로 인정함으로써 내담자와의 관계 향상에 도움을 줄 수 있다.

〈언어의 재구성〉

부정적 형용사	긍정적 형용사		
	1	2	3
무책임한	예: 생각이 많은	신중을 기하는	적기를 기다리는
비협조적인			
왜곡된			
조급한			
자기중심적인			
비판적인			
의존적인			
거짓말을 잘하는			
공격적인			
편견이 많은			
감정기복이 심한			
독선적인			
고집이 센			
불평이 많은			
우울한			
슈퍼맨 행세하는			

3. 자신의 억압된 감정을 알아차리고 이를 긍정적인 감정으로 바꾸어 보자.

① 감정카드를 사용하거나 다양한 감정을 카드에 적은 것을 준비한다. (예: 거부당하다, 답답하다, 활기차다, 사랑하다, 외롭다, 만족하다, 신난다, 기쁘다, 짜증난다, 속상하다 등)
② 최근에 있었던 행복했거나 힘들었던 순간, 당황했던 사건 등 기억나는 일을 떠올려 보면서 그때의 감정을 가장 잘 나타내는 카드를 2~3개 선택한다.
③ 그 카드를 선택한 이유를 차례대로 간단히 설명한다.
④ 자신이 갖고 싶은 감정이 적힌 카드로 바꾼 후 그 이유를 말한다.

〈해결중심적 활용〉

- 외로운 감정을 경험하였다고 말할 때 '대처질문'을 활용한다.
  (예: "외로움을 어떻게 견딜 수 있었어요?" "어떤 생각이나 행동이 외롭다는 느낌을 잊을 수 있게 했나요? 외로움 대신 어떤 감정을 느끼고 싶나요?")
- 사랑받는 느낌을 받았다고 할 때 그 상황이 평소와 무엇이 달랐는지를 질문한다.
  (예: "상황이 어떻게 달랐는데 그렇게 행복했었나요?")

[그림 9-4] 감정카드

출처: 해결중심 감정카드/스토리카드(한국단기가족치료연구소 개발).

제 10 장

이야기치료

> 우리의 삶을 이루는 것은 바로 우리 각자가 가지고 있는 자신의 삶의 이야기다
> (White, 1998, p. 226).

우리는 인생을 살면서 수많은 사건을 경험하지만 그중 일부 사건에 기초해 우리의 인생이야기를 쓴다. 이야기의 세부적인 내용은 이야기할 때마다 조금씩 달라지지만 내 인생은 어떤 인생이고 나는 어떤 사람인가라는 이야기의 내용과 주제는 좀처럼 변하지 않는다. 이야기치료는 부부나 가족이 말하는, 문제로 가득 찬 삶의 이야기를 대안적 이야기로 재구성하는 대화예술적 접근이다. 화이트와 엡스턴(White & Epston, 1990)은 사람과 문제를 분리하여 바라보면서 문제이야기를 해체하고 대안이야기를 발달시키는 치료적 대화를 통해 문제와의 관계를 수정할 것을 제안한다. 내담가족으로 하여금 문제와의 관계에서 주체적 입장에 위치하도록 하고 이 변화가 책임 있는 선택과 행보로 이어지도록 지원한다. 이러한 개입은 궁극적으로 현재 내담가족의 삶과 관계에 있어 고통을 감소시키는 한편, 가능성을 확장하고 대안적 현실을 구축하는 데 기여할 수 있다.

1. 발달배경

이야기치료(Narrative Therapy)는 해결중심단기치료나 협력적 언어체계 등과 함께

데이비드 엡스턴
(1944~)

마이클 화이트
(1948~2008)

1990년대 이후 널리 주목받기 시작한 치료적 접근 가운데 하나로, 전기 가족치료의 영향을 비롯하여 철학, 언어학, 인류학, 문학비평, 페미니즘, 사회심리학 등 광범위한 분야의 이론을 임상적으로 해석하고 적용하는 접근이다(Kelley, 2004). 이 모델의 공동 창시자인 화이트(Michael White)와 엡스턴(David Epston)은 내담자들이 자기 자신에 대해, 그리고 세상과의 관계에 있어 힘(power)을 경험하는 것이 중요하다고 강조하면서, 내담자의 내러티브를 효과적으로 재구성하는 과정을 지원하기 위한 대화적 접근을 개발했다. 이들의 모델을 공유하는 실천가로는 프리드먼(Jill Freedman), 콤스(Gene Combs), 몽크(Gerald Monk), 지머만(Jeffrey Zimmerman) 등이 있다. 이 분야의 대표적 출판물로는 『이야기방법을 통한 치료적 결말(Narrative Means to Therapeutic Ends)』(1990), 『이야기치료: 선호하는 이야기의 사회적 구성(Narrative Therapy: The Social Construction of Preferred Realities)』(2009), 『이야기치료의 지도(Maps of Narrative Practice)』(2010) 등이 있다.

마이클 화이트의 회고(White, 2001a)에 따르면, 이야기치료의 배경은 전기 가족치료 전통에서 유래한다. 개인의 삶이 가족관계 안에서 형성된다는 신념, 개인의 문제를 가족을 비롯한 다른 사회제도적 맥락과 연결 지으려는 시도, 가족의 정체성을 대인관계 속에서 재협상한다는 개념이 그것이며, 가족을 형태에 관계없이 하나의 역사적 · 문화적 현상으로 이해하는 움직임도 포괄하고 있다. 또한 밀란학파에서 순환적 질문을 통해 치료과정을 진행하는 방식은 이야기치료에서 동일한 문제를 다양한 방식으로 바라보는 데 관심을 가지는 점 그리고 질문을 통해 관계나 과정을 추적하는 점에 많은 영향을 미쳤다. 1980년대 들어 가족치료에서 실시간 관찰이나 녹화테이프를 활용한 훈련방식이 널리 퍼지면서 치료의 투명성이 부각되었는데, 내담자 치료나 훈련과정에서 반영팀이나 외부증인집단 등 타인이 참여하는 것은 그러한 시대적 분위기의 영향을 받은 것이다.

또한 이야기치료는 그레고리 베이트슨(Gregory Bateson)의 "중복억제(restraint of redundancy)" 개념에서 큰 영향을 받았다(Denborough, 2001). 이 개념은 우리의 마음이 사전에 확립된 패턴과 기대에 의존하여 정보의 수용을 능동적으로 제한하는 방식으로 작동된다고 본다(Bateson, 1972, 1979). 즉, 우리 마음은 모든 정보를 수동적으로 받아들이기보다 기존의 지식과 믿음을 바탕으로 관련 있는 것을 능동적으로 선택하며 그 패턴에 맞지 않는 것은 효과적으로 걸러낸다. 마음의 이러한 작동방식은 우리가 세상에 반응하는 방식, 의미를 부여하기 위해 선택하는 사건, 그리고 이 의미가 패턴, 설명, 이야기로 변환되는 과정에 영향을 미친다. 마음의 구조가 인식과 행동을 안내하는 역할을 하면서도 적응과 학습에 필요한 유연성을 유지하는 것이 중요한 이유다. 그 후 1980년대 후반에 포스트구조주의, 특히 미셸 푸코(Michel Foucault)의 권력–지식 발상에 주목하게 되었고, 같은 시기에 셰릴 화이트(Cheryl White)의 격려와 페미니즘에 대한 관심으로 내러티브 은유를 수용하게 되었다(White, 1995; White, 2001a). 중복억제, 권력–지식, 내러티브 은유를 아우르는 시각은 내담자의 정체성이 어떻게 구성되고 재구성되는지에 관한 다층적 이해를 촉진함으로써 이야기치료 세계관의 형성에 중요한 역할을 했다.

초창기 화이트는 정신병원에 소속되어 배변장애(encopresis), 공포증, 가족문제로 힘들어하는 아동의 가족들과 일했으나(White, 1989), 이후 지역사회로 나가 덜위치센터(Dulwich Cenre)에서 가족치료 임상가이자 훈련자로 활동하다 작고했다. 한편, 엡스턴은 오클랜드가족치료센터(Family Therapy Centre in Auckland)의 공동소장으로 다양한 어려움을 겪는 어린이와 청소년(질병, 완벽주의, 약물 문제, 학교 문제, 야간 공포 등)을 둔 가족들과 많은 경험을 쌓았다(Epston, 1989; Heywood, Conti, & Hay, 2022). 섭식장애를 강화하는 지배적 내러티브에 저항하고 개인의 가치관과 선호하는 정체성에 부합하는 새로운 내러티브의 생성을 촉진하는 그의 혁신적 기법들은 계속해서 관련 분야 치료자들 및 연구자들에게 영감을 주고 있다. 그 외에도 이야기치료의 전략과 기법은 다양한 트라우마 피해집단(여성폭력, 전쟁, 재난, 정신질환 등)의 공동체 발달을 지원하고 문제이야기에 기여하는 사회문화적 인식, 관습, 편견에 도전하는 지역사회 운동에 적용되는 등 확장성이 높은 접근이다(Denborough, 2012).

한편, 2000년대 들어 인간 게놈 프로젝트가 완료되면서 전 세계적으로 유전자와 뇌의 상호작용 연구가 활발해졌다. 이에 뇌 이미징 및 뇌 자극 기술 등의 발전과 더불어 치매나 우울증 같은 뇌 질환의 기능적 변화를 보다 정밀히 연구하게 되었다. 이러한 연구가 가속화하는 배경에는 인구 고령화로 인한 퇴행성 뇌 질환의 급증, 우울증이나 불안장애와 같은 정신건강 이슈, 전쟁이나 자연재해 등 외상경험에 대한 높은 사회적 관심이 자리하고 있다. 최근의 뇌 연구는, 특히 뇌의 자가치유 능력인 '신경가소성'을 활용한 혁신적 치료법을 개발하는 데 집중되고 있다. 이러한 흐름은 이야기치료의 치료적 메커니즘을 뇌 과학적으로 설명하는 시도를 가능하게 하고 트라우마 경험에 대한 뉴로내러티브 접근의 근거가 되었다(Zimmerman, 2017).

이를 간략히 살펴보면, 우리 뇌 속의 해마는 일상 속 경험을 기억의 형태로 저장하는 일종의 '이야기 저장고'로서 우리가 특정 사건에 대한 내러티브를 만들고 회상할 수 있게 한다. 과거 경험을 시간 순서대로 연결하는 방식으로 과거 기억과 현재를 연결하여 자기 이야기를 만들도록 하고 그렇게 만들어진 이야기는 개인 정체성의 근거가 된다. 개인의 내러티브를 재구성하는 치료적 대화는 해마 내 신경세포 생성을 촉진하고 신경회로를 재구성하는 방식으로 작용하는데, 새로운 신경회로는 내담자가 자신과 세계에 대해 이전과 다른 방식으로 반응할 수 있도록 한다. 뉴로내러티브 접근은 심리정서적 트라우마가 신경생리적 변화, 특히 편도체 과활성화와 긴장된 신체 반응을 초래하는 점에 주목한다. 내담자로 하여금 몸과 마음의 연결을 인지하고 안전한 환경 속에서 이를 표현하며(외재화 등) 대안이야기를 반복적으로 말하도록 함으로써 신경가소성 촉진을 통한 회복을 지원한다.

최근의 이러한 접근은 내담자의 내러티브와 정체성을 재구성하는 이야기치료의 작용과 효과에 대한 과학적 근거를 시사하는 것으로, 21세기 이야기치료에 새로운 가능성을 열어 주었다. 이러한 평가의 핵심은 편도체 활성화에 따른 부정적 신체 및 정서 반응을 내담자 내러티브를 통해 조명하고 역으로 내담자 내러티브를 재구조화함으로써 심신의 안정과 정체성을 회복한다는 발상에 있다(Zimmerman, 2017). 특히 이야기치료의 정교한 질문기법은 신경가소성 촉진과 관련하여 치료자들에게 큰 영감을 준다. 내담자 내러티브가 사회문화적 해석틀 속에서 생성되고 작동된다고 볼 때, 뇌생물학과의 연결을 시도하는 최근 이야기치료의 행보는 몸과 마음과 사회로 연결된 복합 네트워크(체계)를 재배열하는 작업으로 이야기치료의 지평을 넓혀 주는 듯하다.

국내에서 이야기치료는 2000년대 초 화이트의 내한 워크숍을 시작으로 호주 덜위치센터 및 관련 기관 훈련자들이 수차례 내한 워크숍을 실시하면서 빠르게 확산되었다. 이야기치료는 그간 국내에 소개된 가족치료 모델 가운데 교육 욕구 1순위로 꼽힐 정도로 현장 치료자들의 많은 관심을 받아 왔다(이선혜, 서진환, 신영화, 2005; 최지원, 김수지, 2018). 2011년 이야기치료의 저변 확대를 위해 한국이야기치료학회가 창립되었고(이선혜, 2008; Lee, 2014), 동 학회는 연례 동계기초교육(40시간) 등 국내에서 이야기치료를 교육·훈련하는 최대 플랫폼으로 자리 잡았다. 최근 정신건강 증진에 대한 사회적 관심과 비병리적 접근에 대한 전문상담자들의 요구 증가에 따라, 2023년 학회 명칭을 한국내러티브상담학회(www.narrative.co.kr)로 변경하고 슈퍼비전, 공개사례발표, 심화교육 체계를 고도화하였다. 이 책에서는 이야기치료를 가족에 적용하는 데 중점을 두고 설명한다.

2. 가정과 원리

1) 가정

이야기치료의 배경에는 일반체계이론과 사이버네틱스를 비롯하여 포스트구조주의와 사회구성주의 같은 포스트모더니즘으로 범주화되는 다양한 이론이 포함된다. 이 모델의 전략과 기법을 적절히 구사하는 데 요구되는 철학적 가정과 전제를 살펴보면 다음과 같다(이선혜, 2020; Mann & Russell, 2004).

첫째, 인간은 이야기하는 원숭이 '호모나랜스(Homo Narrans)'로서, 이야기하는 행위를 통해 자기 자신 그리고 타인을 포함한 세계와 관계를 맺는 존재다(El Ouassil & Karig, 2023). 인류 역사를 통해 말해진 모든 이야기는 혼란스러운 세계에 질서를 가져오려는 시도이자 그 과정을 표현한 것이다. 이렇게 이야기는 우리가 서로에게 경고하거나 위로하는 방식이자, 우리가 스스로 세상을 설명하는 방식이자, 모든 인간이 자신에 대해 말하고 정의하는 방식이 되어 왔다.

둘째, 인간은 해석하는 존재다. 사람은 자기 자신에 대해 이야기하거나 자기가 경험한 일들을 이야기할 때, 여러 사건 중 일부를 선택하고 연결하여 이야기를 전개한다. 그리고 그 사건들을 해석하고 그것에 의미를 부여한다. 어떤 사건을 선택하고 그것을 어떻게 이해할지는 개인이 가지고 있는 세계관 또는 해석틀, 다시 말해 현상을 바라보는 그 사람 고유의 방식에 달려 있다.

셋째, 인간의 경험은 사회적으로 구성된다. 인간의 경험을 해석하는 틀은 하나의 선입견으로서, 그 사람 과거의 주관적 경험과 그로 인해 형성된 태도나 입장, 그 사람이 속한 미시 · 거시 수준의 사회와 문화에서 통용되는 규범이나 관행 등의 영향을 받아 구성된다. 사람은 자신의 해석틀 안에서 때로는 혼자, 대부분은 다른 사람과의 관계 속에서 경험을 해석하는 행위를 지속한다. 그런 의미에서, 자신의 정체성, 즉 '나는 누구인가'에 대한 생각 또한 이 해석과정에서 도출된 사회적 구성물이라고 할 수 있다.

넷째, 인간 삶의 이야기는 복합적이다. 삶의 이야기는 개인의 다양한 면모, 대인관계, 그리고 삶 전체를 포괄하는 여러 이야기로 이루어져 있다. 그중 그 사람의 삶을 대표하는 이야기를 우세한 또는 지배적 이야기(dominant story)라고 하는데, 당사자에게 자부심이나 만족감을 주며 사회적으로 높이 평가되는 이야기인 경우도 있고, 자괴감을 주며 자존감을 떨어뜨리는 이야기인 경우도 있다. 만일 누군가의 우세한 이야기가 부정적 평가로 가득 찬 빈약한 이야기일 때, 그 이야기 주인공의 정체성은 빈약한 것으로 결론지어진다.

다섯째, 인간은 행위자로서의 역량(agency)을 가진 존재다. 사람은 자기 삶에서 무언가를 선택하고 이행하는 존재로, 개인의 내러티브에는 자질, 목적, 희망, 가치, 헌신 등 그 사람이 추구하는 다양한 층위의 의도(intention)가 깃들어 있다. 사람은 이러한 의도를 실행에 옮기는 과정을 통해 자신의 정체성을 지속적으로 재구성한다.

여섯째, 언어는 그것이 사용되는 사회문화적 맥락 속에서만 의미를 갖는 속성이 있다(Wittgenstein, 1980). 누군가의 내러티브에 대한 특정한 평가 결과, 즉 그 인생이 어떤 인생이고(주제) 그 인생 주인공이 어떤 사람인지(정체성)에 대한 해석과 결론은 해당 맥락에서만 통용되는 것이고, 다른 맥락에서는 그 의미가 달라질 수 있다. 또한 개인과 사회가 개인 정체성에 대해 해석하고 결론짓는 행위는 평생 반복되는 것이므로, 내려지는 모든 해석과 결론은 잠정적인 속성을 지닌다. 만일 기존의 해석과 결론이 고정된 것이 아니라면, 개인의 내러티브는 대안적 해석과 결론에 열려 있다고 볼 수 있다.

2) 원리

이상의 기본전제에 기초하여, 내담자 문제가 어떻게 발생하고 유지되는지, 그리고 그 문제가 해소나 감소하는 원리는 무엇인지에 관해 이야기치료가 제시하는 이론은 다음과 같다(이선혜, 2020).

(1) 문제의 발생

내담자(가족)의 문제는 성격 이슈, 정신 증상, 역기능적 상호작용 자체가 아니라 내담자(가족)를 대표하는 이야기가 부정적 평가로 도배되어 있다는 점이다. 누군가에 대한 지배적 이야기는 처음에는 부모와 양육자 같은, 영향력 있는 존재가 내린 평가와 판단에서 비롯될 것이다. 부모의 평가와 판단은 부모 개인의 해석틀 속에서 구성된 것이지만 사회문화적 규범의 영향으로 만들어진, 사회적으로 부여된 것이기도 하다. 예를 들어, 성장기에 부모로부터 "게으르다."라는 말을 계속 듣게 되면 내담자는 자신을 게으른 존재로 인식하게 될 것이고 그 정체성은 다른 경험들과 함께 자기 삶의 이야기 속에 엮인다. 이야기치료 시각에서 볼 때 문제가 되는 것은, 내담자에게 게으른 측면이 있다는 사실이 아니라 신속과 효율이 미덕이 되는 사회 속에서 내담자 특성이 게으름으로 이해되고 게으름이 내담자 이야기를 대표하는 주제가 되는 것이다. 그러면 점차 게으름 이외 다른 주제는 내담자와 가족을 비롯한 주변 사람들에게 거의 잊혀지게 된다.

문제를 중심으로 하는 내담자 삶에 관한 이야기는 내담자 스스로 자신을 바라보는 방식에 그리고 타인들과 관계를 맺는 방식에 지대한 영향을 미친다. 내담자의 문제이야기는 주변에서 회자되면서 내담자에 대한 부정적 평판(정체성)을 만들어 내고 그 사람의 사회적 관계를 제한하는 결과로 이어진다. 나아가 본인조차 그 이야기를 자기 삶에 관한 '진실'로 받아들이고 이야기 속 빈약한 정체성을 자기 정체성에 관한 '진실'로 받아들인다(White, 2010). 게으른 사람의 이미지로 가득 찬 이야기를 진실로 받아들인다는 것은, 과거와 현재의 모든 경험을 그 주제에 맞춰 정렬하고 평가한다는 의미다. 그리고 다른 이미지의 존재 가능성을 간과함으로써 다른 삶의 가능성을 닫아 버린다는 의미다. 자기 인생의 주인공임에도 내담자가 자신을 다른 지점으로 이동시키는 데 있어 아무런 힘(power)를 발휘하지 못한 채 무기력하게 존재하는 이유다.

(2) 문제의 해결

이야기치료에서 빈약한 과거 이야기는 빈약한 현재 이야기를 낳고, 빈약한 현재 이야기는 빈약한 미래 이야기로 이어진다고 본다. 내담자의 내러티브는 과거와 현재 경험에 대한 평가와 해석일 뿐만 아니라 미래를 조형하는, 즉 미래 삶의 모양을 결정하는 기준(틀)이 되기 때문이다. 역으로, 풍부한 과거 이야기는 풍부한 현재와 미래에 관한 이야기로 발전할 가능성이 있다. 누군가의 내러티브가 풍부하다는 말은 그 사람의 지배적 내러티브, 즉 내담자가 어떤 삶을 살아온 어떤 면모의 소유자인지를 보여 주는 대표적인 이야기가 내담자의 선호하는 모습을 담고 있다는 의미다. 많은 경우, 내담자가 선호하는 모습은 자기가 자기 삶의 주인으로 사는 모습이다. 이에 따라 문제해결의 핵심은 사람과 문제를 분리하여 바라보면서 사람과 문제의 관계를 수정하고, 자기 삶의 주인으로서 내담자 모습을 담고 있는 내러티브를 발달시키는 것이다.

문제와의 관계를 수정한다(White, 2010)는 말은, 내담자의 내러티브가 문제에 종속되어 억눌려 사는 존재가 아니라 문제와의 관계를 조절하며 살아가는 사람의 이야기로 재구성된다는 의미다. 내담자의 초라한 정체성이, 내담자 본질이 아니라 내담자의 특성이나 상황을 문제시하는 사회문화적 관행에 근거한 것임을 인식한다면 그리고 그러한 관행이 시공을 초월한 절대 기준이 아니라는 점을 상기한다면, 내담자의 경험을 다른 방식으로 해석할 수 있는 여지가 생긴다. 이에 따라 문제해결의 방향은 내담자조차 간과했으

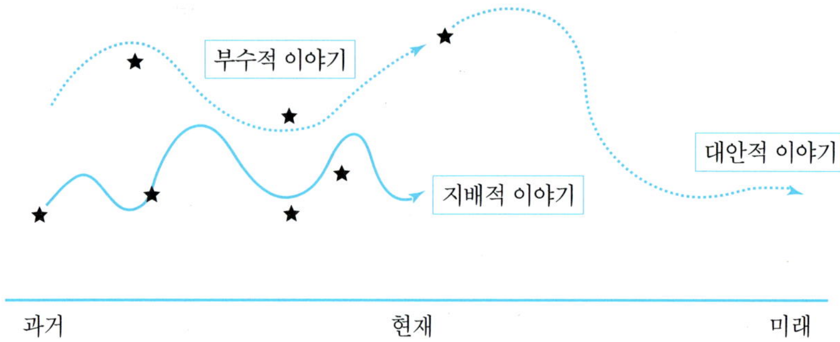

[그림 10-1] 대안적 이야기

나 주도적 행위로서의 의미가 있는 사건들에 주목하여 부수적 이야기를 발달시키고, 이를 내담자가 선호하고 내담자를 대표하는 이른바 대안적 이야기로 확장하는 것이 된다. 이러한 내러티브 전환은 내담자가 행위자로서의 역량(agency)과 힘(power)을 발휘한 지점에 주목함으로써 가능한 것이며, 이 과정은 내담자에게 임파워먼트(empowerment) 경험을 제공해 준다. 새롭게 부상한 이야기는 점차 내담자와 주변 사람들의 상호작용에 현실적 변화를 일으키면서 내담자를 대표하는 이야기로서의 위상을 갖게 된다. 내담자 현실을 재구성하는 노력에 내러티브 재구성이 필요한 이유다.

3. 치료과정

1) 치료목표

이야기치료의 목표는 단기적으로는 문제로 가득 찬 이야기가 내담가족에게 미치는 부정적인 영향을 감소시키는 데 있다. 문제이야기의 주인공이 개인이든 가족 전체이든, 치료자는 내담가족이 자신들의 지향하는 의도에 기반하여 결정하고 그 선택을 이행하는 역량(personal agency)이 향상되도록 지원한다. 궁극적으로는 내담가족 스스로가 자신들이 선호하는 방향으로 자기 가족의 대안이야기를 계속 써 나갈 수 있게 하는 데 초점을 둔다.

치료적 대화를 시작할 때는 구성원이 서로 상반되어 보이는 목표를 말한다고 할지라도 목표를 한 가지로 제한하지 않고 일단 수용한다. 이는 가족이 하나의 단위로서 다른 가족과는 다른 삶의 이야기를 갖고 있는 동시에, 그 가족을 이루는 구성원 또한 가족이 처한 어려움에 대해 각자 자기 나름의 이야기(설명)를 갖고 있다고 보기 때문이다. 즉, 각자의 이야기는 모두 고유한 것으로서 치료자를 포함하여 어느 누구의 이야기(특히 부모의 이야기)도 절대적이지 않다. 그러나 치료적 대화가 진행됨에 따라 공통된 삶의 지향이나 가치를 중심으로 가족구성원들이 연결되고 함께 문제와의 관계를 수정하는 단계가 되면, 치료자는 여러 개의 목표를 상호 연관된 것으로 재정의하는 대화를 진행할 수 있게 된다.

2) 치료과정

이야기치료의 과정은 대략 문제의 해체, 독특한 결과의 해체 및 부수적 이야기 발달, 대안적 이야기 구축, 대안적 정체성 구축의 순으로 이어지는데, 그 과정은 나선적 구조로 볼 수 있다. 치료의 시작은 전통적 가족치료와 달리 다양한 방식으로 이루어진다. 일례로 사람과 문제를 분리하고, 문제의 내력과 문제형성의 사회적 맥락을 탐색하는 데서 출발할 수 있다. 이를 위해 내담자가 문제를 해결하기 위해 사용했던, 예컨대 강압이나 폭력과 같은 방법이 오랜 사회문화적 관습의 영향이었음을 보게 하는 등 가족의 문제해결 방식과 사회문화적 관행 사이의 관계를 깨닫도록 돕는다.

어떤 경우에는 관행에서 벗어나고자 하는 내담자의 의지 또는 책임의식의 실마리를 확인하고 이제까지 주목받지 못했던 문제해결 지식과 기술을 조명하는 대화를 수행한다. 새롭게 조명된 지식과 기술, 그것을 사용했던 일화나 사건들을 수집하고 풍부한 이야기로 발달시키는 과정을 통해 가족이 지향하는 가치나 신념을 드러낸다. 또한 가족이 삶에서 새로운 관계 방식을 찾고 나아가 자신들은 물론 주변 사람이 가족에 대해 대안적 정체성을 새롭게 구성하는 기회를 제공할 수 있다.

이야기치료에서는 내담자의 이야기를 해체하고 재구성하는 데 필요한 대화방식을 몇 가지 유형으로 나누고 각각을 지도(map)에 비유한다. 각 지도는 몇 가지 세부 단계와 단계별 질문으로 구성되어 있으며, 치료자가 내담자의 삶의 기술과 지식을 탐색하고 그 기술과 지식을 문제해결을 향해 활용하도록 돕는 과정에 지침이 된다. 이야기치료의 지도는 지속적으로 개발 중에 있으며, 여기서는 여러 지도 가운데 가장 기본이 되는 것을 몇 가지 다룬다([그림 10-2] 참고). 각 지도는 여기에 제시된 방식 이외에도 필요에 따라 다른

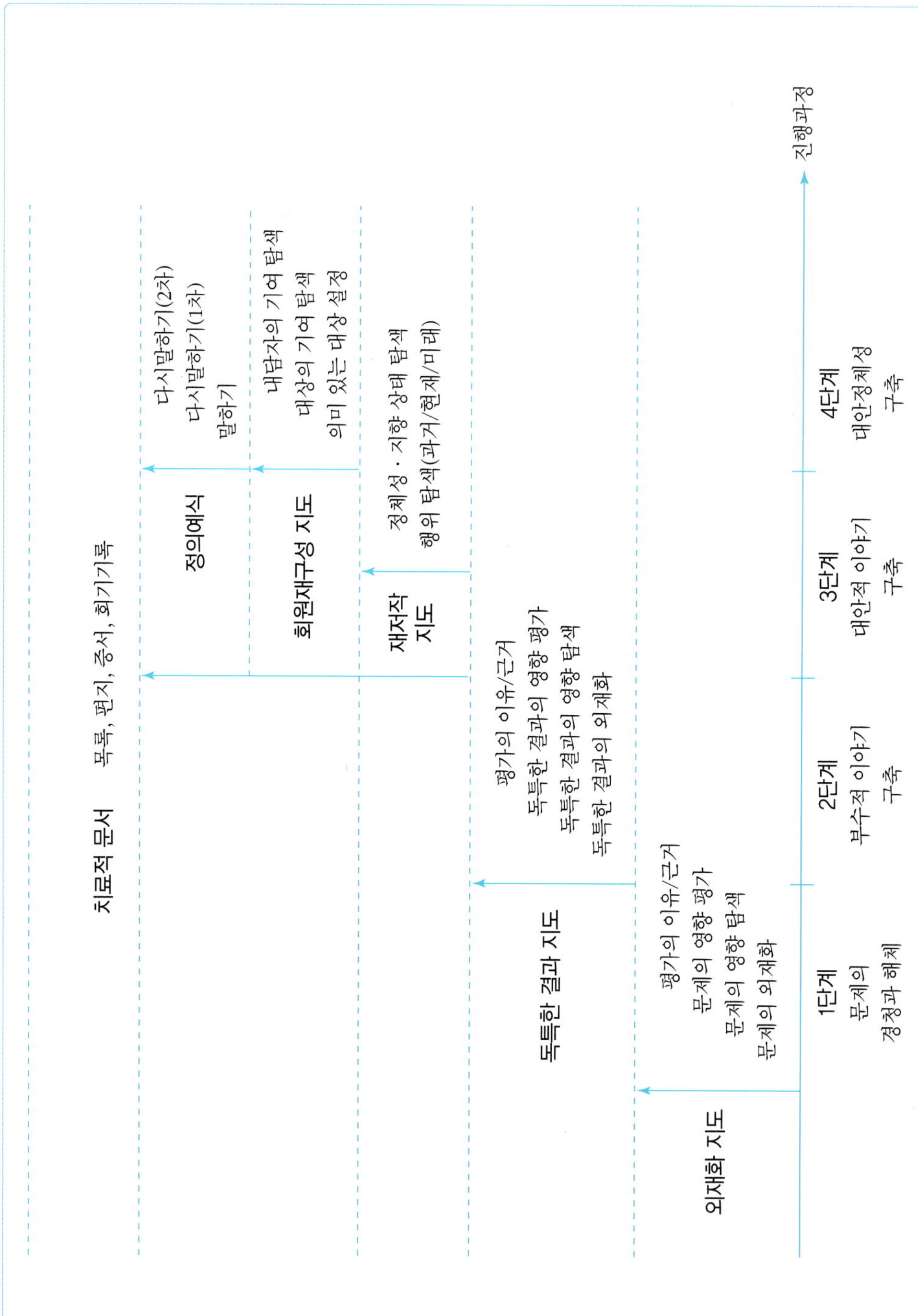

[그림 10-2] 이야기치료의 과정

지도와 혼합하여 활용할 수 있으며, 그 예는 화이트(White, 2010)에서 찾아볼 수 있다.

이야기치료에서 회기 구성은 매우 유동적이다. 경우에 따라 1~2회에 종결되기도 하고 여러 차례의 회기로 이어지기도 한다. 가족에게 새로운 일을 생각하고 시도해 볼 수 있는 시간을 주기 위해 회기는 대개 일주일 이상의 간격을 두고 정해지나, 상담시간, 회기간격 등은 내담자와 협의하여 조정할 수 있다. 치료자가 단독으로 진행하는 회기는 대개 50~60분 정도 걸리지만, 외부증인집단(Outsider Witnessing Group)을 활용하는 경우에는 2시간을 초과하기도 한다. 이런 경우에는 치료자 단독으로 진행한 회기보다 몇 배 더 큰 성과가 있으며 상담기간을 단축시키는 효과가 있다. 치료증서나 편지도 상담 횟수를 감소시키는 역할을 한다.

4. 치료자 역할 및 치료기법

1) 치료자 역할

다른 모든 사회현상과 마찬가지로 치료도 사회적 산물이다. 화이트는 치료에 참여하는 사람이나 그것이 행해지는 환경을 통틀어 치료 문화라고 일컬으면서, 거기서 치료자와 내담자 간에 본질적으로 권력관계가 재연될 소지가 있다고 비판한다(White, 2001b). 억압적 권력구조의 영향을 해체하는 데 민감해야 하는 존재로서 이야기치료자는 '탈중심적이고 영향력 있는(decentered and influential)' 위치를 고수해야 한다(White, 2004; White, 2010). 탈중심적이란 치료자의 전문적 이론이나 지식보다는 내담가족이 제시하는 자신들의 이야기나 삶의 지식과 기술에 우선순위를 두는 입장을 말한다. 또한 여기서 영향력을 가진다는 의미는 질문과 반영을 통해 가족이 그간 삶에서 간과되었던 삶의 지식과 기술을 포착하고 풍부하게 기술함으로써 현재 문제 · 곤경 · 우려를 다루는 데 활용하도록 효과적으로 지원한다는 의미다. 내담가족은 자신들의 이야기에 관한 한 '주 저자'이며, 치료자는 내담가족이 선호하는 자신들의 이야기를 써 나가는 과정에 함께하는 '공동 저자'다.

참고 **이야기치료자는 어떤 일을 할까?**

…저는 상담하는 것을 자문이라 부릅니다…. 제가 하는 일은 공사 중인 건물에 비계를 세우는 일(scaffolding)입니다. 전 건축자재를 제공하지 않습니다. 그것은 가족이 가져오는 것이지요. 제 일은 마치 비계를 세우는 듯 질문을 던지는 것입니다.

출처: White (2001b), p. 4.

2) 치료적 기법

(1) 해체하기

내방한 가족은 좌절, 절망, 분노, 슬픔 속에서 문제로 가득한 자기이야기를 시작한다. 구성원 대다수는 흔히 다 내 잘못이라며 문제가 자기 마음속에 있거나 자신의 일부라고 생각하면서 자신에게 책임을 돌리는 식의 이야기를 한다. 그러나 내담자의 문제는 대인관계, 나아가 더 큰 사회문화적 맥락 속에서 구성되는 것이기 때문에 문제를 해결하기 위해서는 문제가 발생한 맥락에 대한 이해가 선행되어야 한다.

이를 위해 치료자는 문제라고 생각되는 것이 어디서 온 건지, 문제를 키우는 좀 더 광범위한 문화적 신념, 생각, 관습에는 어떤 것이 있는지를 질문한다. 이는 사람이 문제가 아니라 문제가 문제임을 인식하는 단계로 이끄는 과정이다. 문제가 자신의 내면에서 비롯된 것이 아니라 기대, 규범, 관행이라는 맥락에 기인한다는 것을 내담자가 깨닫는 순간, 문제가 내담자 삶에서 차지하는 절대적 위치, 문제가 가하는 압박은 약화될 수 있다(이선혜,

- '좋은 엄마'라는 말이 무슨 의미지요? '좋은 엄마'가 어떤 엄마인지 사람마다 생각이 다를 수 있는데, '좋은 엄마'에 대한 당신의 생각은 어디서 온 거지요? 누가 그런 생각에 동의하고, 누가 동의하지 않을까요? '좋은 엄마'가 되어야 한다는 압박이 어떻게 해서 계속 우리 사회에 존재할 수 있는 걸까요?
- '주먹으로 문제를 해결한다'는 생각이 어디서 온 거지요? 그런 방식으로 문제를 해결하는 경우를 어디서 보았는지요, 어떻게 알게 되었는지요? 어떻게 해서 우리 주변에서 '주먹으로 일을 해결'하는 방법이 계속 사용되는 걸까요? 혹시 우리가 하는 생각, 말, 행동 중에 이런 관행을 정당화하는 것이 있을까요?

2020). 해체하기는 단독으로 진행되거나 다음에 설명할 외재화 대화로 이어지기도 한다.

(2) 외재화 대화

상담 초기에 가족이 들려 주는 이야기는 사람과 문제가 동일시되는 이야기다. 문제를 외재화하는 이유는 내담자의 문제가 소위 자질 부족, 정신병리, 성격 문제에서 오는 것이라는, 문제를 사람의 내면으로 끌어들이려는 행위를 경계하고, 그 대신 문제를 상황이나 대인관계의 산물로 이해하도록 하기 위한 것이다. 외재화 지도는 내면화된 문제를 사람과 분리시켜 사람과 문제 사이에 간격을 만들어 냄으로써 둘 간의 관계를 수정하는 기법이다. 외재화 대화가 진행됨에 따라 문제의 절대적 영향력이 감소하거나 약화되는 변화를 관찰할 수 있다.

1 문제이야기를 경청하고 외재화하기

치료자는 문제가 내담자에게 어떻게 경험되는지, 무어라 부르면 좋을지, 문제가 어떻게 유지되는지 등에 대해 문답을 주고받으면서 내담자와 문제를 분리시키는 '외재화(externalization)' 작업을 수행한다. 외재화의 대상은 감정(죄책감, 두려움, 질투 등), 대인관계 문제(말다툼, 비난, 질투 등)를 비롯하여 사회문화적 신념('맞을 짓을 했으니 때려도 된다') 이나 관습(자녀 문제에 대해 부모 탓하기, 성차별) 등 제한이 없다. 다만, 진단명과 같이 내담자의 경험과 동떨어진 명칭보다는 내담자의 일상 경험과 일치하는 표현을 사용하도록 한다(White, 2010). 또한 사람과 문제를 일체화하는 내재화 표현방식에서 문제가 사람을 지배하는 관계가 잘 드러나는 외재화 표현방식으로 대화한다. 특히 대상화된 인간의 위치가 잘 드러나도록, 문제는 주어로 내담자의 삶은 목적어로 표현한다. 그 외, 외재화된 문제를 그리거나 만드는 활동을 통해 이 과정을 촉진할 수 있다.

▶ **내담자**: 제가 원래 우울증이 있는 사람이라 일상이 엉망이에요.
치료자: 우울한 기분이 내담자님의 일상을 엉망으로 만들고 있다는 말씀일까요? 그 기분이 어떤 건지 설명해 주시겠어요? (설명 듣기) 마치 무엇 같은지요? 혹시 뭐라고 부를 수 있을지요? (이름 붙이기)

▶ **내담자**: 지호는 공격성이 높은 아이라 학교생활에 문제가 많아요.
치료자: 공격수가 자주 등장을 하다 보니 학교에서 지호가 곤란한 일이 많은가 봅니다. 공격수가 처음 지호의 일상에 나타난 것 언제쯤일까요? 주로 어디서 누구와 있을 때 나타나지요?

2 문제의 영향을 탐색하기

여기서는 문제로 인해 내담자 삶에 어떤 결과가 초래되었는지, 즉 문제가 이제까지 내담자 삶에 어떤 영향을 끼쳐 왔으며, 현재 내담자 삶에 어떤 원치 않는 상황을 만들어 내고 있는지를 질문한다. 삶의 여러 영역(부부 관계, 부모-자녀 관계, 직장동료 관계, 학교생활, 친구 관계 등) 중 내담자에게 특히 의미가 있는 영역에 초점을 두어 대화를 진행할 수 있다.

> ▶ (그 문제) 때문에 부부관계에 어떤 결과가 초래되었나요. 두 사람의 관계가 과거에는 어땠고 지금은 어떻게 달라져 있나요? (그 문제가) 상대 배우자에 대해 어떤 생각을 하게 만들었나요?
>
> ▶ (그 문제)로 인해 나 자신에 대해 어떤 생각을 하게 되었나요? 부모로서의 역할에는 어떤 영향을 미쳤나요? 직장생활에는 어떤 영향을 끼치고 있나요?

3 문제의 영향에 대한 자기 입장을 정리하기

위에서 이야기한 문제로 인해 발생한 결과에 대해 내담자가 어떻게 평가하고 있는지 내담자 입장을 질문한다. 이러한 질문은 문제가 내담자 삶에 행사하고 있는 영향력에 대해, 내담자 삶에서 벌이고 있는 일들에 대해 내담자가 어떤 입장인지를 밝히는 지점이다. 다시 말해, 문제와의 관계에 있어 내담자가 행위자로서 자신의 위치를 자리매김하는 중요한 작업이다.

> ▶ '말썽'(문제)이 아들 옆에 바싹 붙어서 학교생활을 어렵게 하고 부모-자녀 관계를 방해하고 있는데, '말썽'이 벌여 놓은 이런 상황을 바라보면서 아버지로서 어떤 생각이 드세요, 어떤 입장이신가요?
>
> ▶ (문제)가 그렇게 영향을 끼쳐도 괜찮은가요? (문제)가 초래한 이런 상황이 긍정적인가요, 부정적인가요, 아니면 둘 다인가요? 혹은 그 중간인가요?

4 자기 입장에 대한 이유를 설명하기

어떤 이유 또는 근거에서 위와 같은 평가를 내렸는지, 그러한 입장은 어떤 배경에서 나온 것인지를 질문한다. '나는 별 볼일 없는 사람이다.' 또는 '우리 관계는 최악이다.'라고 말하는 내담자(가족)의 경우는, '나는 내가 이런 사람이었으면 해서요.' 또는 '난 우리 관계가 저랬으면 해서요.' 등 자신들이 처음에 제시했던 정체성과 대조가 되는 것들을 말할 수 있게 된다. 이러한 문답이 오가는 과정에서 내담자는 자기 자신, 관계, 삶 등에 대해 지향하는 바를 표현하게 된다. 그러면 두 사람 대화는 다음에 설명할 독특한 결과를 조명하는 대화나 재저작 대화으로 이어질 수 있다.

- 만일 괜찮다면 그렇게 생각하는 이유가 무엇일까요, 만일 괜찮지 않다면 그 이유가 무엇일까요? 현재 이런 상황이 아니라면 대신 내가 어디서 무얼 하고 있는 모습이 상상이 되시나요, 그런 모습은 내담자님이 바라는 어떤 목적이나 가치와 관련 있는 건가요?
- 서로 미워하고 믿지 못하는 사이가 된 것이 너무 속상하고, 이건 아니라고 했는데(위에서 정리한 입장), 그런 사이가 왜 문제가 되나요? 둘 사이가 어때야 한다고 생각하기에 지금 이 상태가 아니라는 거지요?
- 관계란 서로 믿어 주는 것이기 때문이다? 그렇다면 그런 생각은 어디서 온 걸까요, 두 분 사이에 있었던 일 가운데 제가 두 분의 그런 생각('서로 믿어 주기')을 이해하는 데 도움이 될 만한 일화를 한 가지 말씀해 주시겠어요?

글상자 10-1 문제의 외재화

치료자: …정우의 '말썽'이 여러분의 삶에 어떤 영향을 미치고 있지요?

아버지: 정우는 우리 가족을 망가뜨리고 있어요.

치료자: (어머니에게) 정우의 '말썽'이 어머니 삶에 어떤 영향을 주고 있나요? '말썽'에게 입이 있어 말을 한다면 뭐라고 했을까요?

어머니: 저더러 빵점짜리 엄마라고 했을 거예요.

치료자: 그것이 어머니 삶에 어떤 영향을 주었지요?

어머니: 빵점짜리 엄마라고 생각하니까 너무 창피해서 다른 엄마와 어울릴 수도 없었고.

치료자: 그렇다면 이 문제가 어머니를 소외시키고 있나요? 문제가 어머니 삶에 또 어떤 영향을 미치고 있지요?

어머니: 제가 정우에게 엄마로서 해 주고 싶은 것을 할 수 없게 만들어요. 정우와 저 사이를 가로막고 있어요.

치료자: 그 점에 대해 어떻게 느끼세요? 지금 그 문제 때문에 빵점짜리 엄마라는 생각이 들고, 소외되어 있고, 하고 싶은 일을 하지 못하고 있는데, 그 점에 대해 어떤 느낌이 드세요?

어머니: 너무 슬퍼요. (어머니 운다.)

치료자: 이 사실이 왜 그렇게 슬픈가요?

정우 어머니는 친정어머니와 좋은 관계를 유지하고 있었기 때문에 자기 아들과도 그런 관계가 되기를 바랐다. 자녀를 잘 돌보는 좋은 어머니가 되고 싶다는 인생의 목적을 갖고 있었던 것이다.

출처: White(2001b)에서 발췌 및 수정.

(3) 독특한 결과를 조명하는 대화

독특한 결과(unique outcomes)란 처음에는 예측하기 어려웠을 수 있으나 커다란 의미와 변화 잠재력의 원천이 될 수 있는 사건을 말한다(Goffman, 1961). 여기서 치료적 과업은 문제 이야기의 주제와 결이 다른 독특한 사건, 즉 내담자의 특정한 행동, 지식이나 기술 등 차원에서 내담자의 문제 이야기와 대조가 되는 성격의 사건을 포착하는 것이다. 독특한 결과를 조명하는 대화는 문제를 외재화하는 대화의 구조와 유사하나, 문제 대신 독특한 결과를 심도 있게 살펴본다는 점에 차이가 있다.

1 독특한 결과를 경청하고 외재화하기

문제에 눌린 내담자 모습과 대조가 되는 내담자 행보에 주목하며 대화를 시작한다. 내담자가 문제를 제어하거나 덜 지배당하는 모습 또는 자기 삶에서 무언가 의도를 갖고 행위한 모습을 포착하는 데 집중한다. 그것이 무엇이든 문제의 힘을 약화시키는 데 도움이 될 가능성이 있는 내담자 행동이나 아이디어를 독특한 결과로 정의한다. 그리고 그 행동이나 아이디어의 유래, 적용 과정이나 방법 등에 대해 구체적으로 탐색한다.

- ▶ '믿을 수 없어.'라는 생각이 두 분 사이를 방해한다고 했는데, 그 생각이 간혹 수그러들기도 하나요? 언제, 어디서, 무엇을 할 때, 그 크기가 작아지는 걸 경험하셨나요? 어떻게 하다 그 방법을 알게 되셨는지요? 그런 도움이 되는 행동을 한마디로 뭐라고 할 수 있을까요? '차분히 시작하기'라고 할 수 있을 것 같아요.
- ▶ '목소리'에 귀를 기울이다 보면 식구들과 대화가 안 되어서 그 소리를 안 들으려고 해요. 목소리에 신경쓰지 않으면 대화가 잘 되는 거군요. 마치 불륨을 줄이는 것처럼요? 네, 볼륨을 조절하는 거에요. '볼륨 조절' 방법은 어떻게 하다 알게 되신 건가요?

2 독특한 결과의 영향을 탐색하기

독특한 결과를 정의하고 나면 문제가 내담자를 좌지우지하는 이야기를 하신 대신, 내담자의 그러한 행동이나 아이디어를 통해 문제로부터 거리를 두거나 문제를 제어함으로써, 내담자 삶에 어떤 선호하는 결과가 발생했는지를 자세히 설명하도록(unpacking) 한다. 즉, 독특한 결과가 내담자 삶에 어떤 영향을 미치는지, 자기 자신에 대한 생각이나 대인관계에 있어 어떤 상황이 펼쳐지는지 구체적으로 탐색한다.

- ▶ '서로 달라도 된다.'라는 생각이 두 분 관계에 비집고 들어오니 두 분 관계에 어떤 일이 생겼나요? 두 분의 일상에서 어떤 점이 달라졌나요? 그 외, 부부 사이에 어떤 것들이 가능해졌는지요? 이런 생각이 자녀들과의 관계에 어떤 영향을 미쳤나요? 혹시 부모로서 두 분 모습에 대해 어떤 생각이 들게 하나요? '서로 달라도 된다.'라는 생각이 직장 동료들과의 관계에는 어떤 영향을 주었을까요?
- ▶ 승호가 다친 친구의 손을 잡아 주었다는 이야기(독특한 결과)를 사람들이 알게 되니, 승호의 학교생활에 어떤 변화가 생겼을까요? 그 일이 알려진 뒤 선생님이 승호를 어떻게 대하게 되었나요? 친구의 엄마들이 승호를 어떻게 보게 되었나요?

3 독특한 결과의 영향에 대한 자기 입장을 정리하기

독특한 결과로 인해 현재 어떤 상황들이 전개되고 있는지에 관해 내담자가 어떤 입장인지 정리해 보도록 질문한다. 독특한 결과의 중요성을 내담자가 인식하고 그에 대해 입장 정리하는 과정을 수월하게 진행하기 위해서는 앞 단계에서 그 사건의 구체적인 사항, 그 사건을 촉진한 요인은 물론 장애요인들까지 모두 다양하게 질문하여, 그 사건이 일어나게 된 배경이나 맥락에 대해 풍부한 이야기가 나오도록 해야 한다(Morgan, 2003).

- ▶ 그 일이 두 분에게는 어떤 의미가 있나요? 평범한 경험인가요, 아니면 색다른 경험인가요? 자녀들이나 지인들이 반응이 그러한 것이 두 분에게 괜찮은 일인가요, 아니면 별로 좋지 않은 일인가요, 아니면 반반인가요?
- ▶ 사람들이 승호의 다른 면을 알게 되었다는 데 대해 어머니는 어떤 입장이신가요? 사람들의 새로운 반응에 대해 승호는 좋아하는지, 그저 그런지, 아니면 낯설어하는지요?

4 자기 입장에 대한 이유를 설명하기

어떤 이유 또는 근거에서 위와 같은 평가를 내렸는지, 그러한 입장은 어떤 이유나 배경에서 나온 것인지 질문한다. 특히 독특한 결과를 계기로 가능해진 현실, 즉 내담자가 선호하는 현실이 내담자에게 어떤 의미가 있는지, 특히 내담자의 삶의 목적과 희망, 꿈, 열망, 가치와 어떤 관련이 있는지 질문한다. 이런 대화는 현재 진행 중인 부수적 이야기가 대안적 이야기로 발전하는 과정을 촉진한다. 이 과정에서 가족은 자신의 경험에 대해 더욱 폭넓은 시각을 가지게 되고 자신들이 바라는 변화의 근거를 발달시키게 된다.

- 어떻게 해서 그런 입장을 갖게 되었나요? 그런 입장이 어디서 온 건지 제가 잘 이해할 수 있도록 그런 입장과 관계 있는 경험이나 과거 이야기를 한 가지 해 주시겠어요?
- 사람들의 생각과 반응이 달라지고 승호에게 친구가 많아지는 건 가슴이 짠하기도 하고 반갑기도 한 일이라 하셨는데, 어째서 그런 거지요? (어떤 부모이고 싶기에) 그런 입장인 거지요? 이런 입장은 '되고 싶은(선호하는) 부모 모습'에 가까운 건가요? 만일 그렇다면, 부모-자녀 관계에서 어떤 다른 모습이 가능할까요?

참고 치료자 주의사항

가족이 독특한 결과/예외/문제해결 기술 등 새로운 사실을 제시했을 때 치료자가 반가운 마음에 아래와 같은 반응을 보이게 되면, 치료자 자신의 역할은 중심적이 되고 가족이야기의 영향력은 상대적으로 약화된다.

- 새로운 사실에 좀 더 주의를 기울이고 긍정적으로 평가하라고 권유하거나 재촉한다.
- 새로운 사실의 결과나 잠재적 의미, 가능성에 대해 지적하려 한다.
- 새로운 사실, 의미, 가능성에 대해 강한 긍정적 태도를 보이거나 칭찬한다.
- 가족의 삶이나 정체성에 관해 갖가지 긍정적 결론을 도출해 낸다.

출처: White (2001b).

글상자 10-2 독특한 결과의 외재화

아버지: 정우는 문제에 저항하고 싶어 해요.

치료자: 정우야, 너 문제에 저항하고 싶은 거 맞니?

정　우: 저항이 무슨 말이에요?

아버지: (저항의 의미에 대해 설명해 주자 정우가 웃는다. 그리고 그 말이 마음에 든다고 한다… 중략)

치료자: 놀이터에 갔다 오면서 아빠랑 어땠어? 긴장됐니, 아니면 편했니?

치료자: (아버지에게) 저항이라는 것이 아버지와 아들 관계에 어떤 영향을 준 것 같으세요?

아버지: 마음이 훨씬 편하고 긴장이 풀렸어요.

치료자: 정우는 어땠어?

정　우: 저도 아빠랑 같아요.

치료자: 그럼 편안했다는 말이니?

정　우: (고개를 끄떡인다.)

치료자: (아버지에게) 이런 모습이 긍정적인 건가요, 부정적인 건가요?

아버지: 긍정적인 방향으로 나아가고 있는 것 같네요.

치료자: 정우는?

정　우: 아빠랑 같아요.

치료자: 긍정적이란 말이니?

정　우: 네.

치료자: 이게 어째서 긍정적인 발전이지요? 이게 왜 긍정적 발전인지 설명해 주시겠어요?

아버지: 이게 바로 제가 바라는 것이니까요. 제가 우리 정우한테 이런 아빠가 되었으면 좋겠다 하고 생각했던 거요. 아주 작은 일이지만 저한테 큰 위로가 됐어요.

치료자: (정우에게) 이게 너한테는 왜 긍정적인 거니?

정　우: 아빠랑 같아요….

치료자: 너도 아빠처럼 네 아들에게 그렇게?

아버지: 그게 아니고요, 정우도 제 아들이 되어서 좋다는 말이에요.

치료자: 정우야, 아빠 말씀이 맞니?

정　우: (끄덕끄덕) 맞아요.

치료자: 아빠가 또 알아맞히셨네요. 아들의 생각을 두 번이나 알아맞히신 느낌이 어떠세요?

아버지: (눈물을 흘리며, 아버지로서 아들의 생각을 알아맞힌다는 것이 자신에게 얼마나 큰 의미가 있는지 설명하기 시작했다.)

출처: White(2001b)에서 발췌 및 수정.

(4) 재저작 대화

이야기치료의 전 과정을 재저작 과정으로 볼 수 있지만, 문제이야기와 대조되는 이야기가 본격적으로 발달할 때 특히 재저작(reauthoring)이란 표현을 사용한다. 재저작은 흔히 독특한 결과를 탐색하며 시작되는데, 하나의 독특한 결과는 일회성 사건이 아니라 가족의 역사에 존재하는 여러 의미 있는 사건들의 결과로 보기 때문이다. 치료자는 독특한 결과와 관련 있는 과거 사건(들)을 포착하고, 그 사건들이 순서에 따라 시간의 흐름 속에서 특정한 주제와 플롯을 가지는 이야기로 발전하도록 안내한다(White, 2010).

우리 삶의 이야기는 행위와 의식의 두 가지 영역(전경)으로 구성된다(Bruner, 1986). 이야기치료에서는 이 발상을 적용하여 삶의 이야기가 사건을 말해 주는 행위 영역과 행위자의 의도를 담고 있는 정체성 영역으로 구성되었다고 보면서, [그림 10-3]과 같이 이 두 가지 영역에 관해 번갈아 질문하고 답변하면서 대안적 이야기를 발달시킨다. 내담자(들)가 어떤 행위를 했고, 어떤 의도로 그리했는지, 그리고 그것이 내담자의 인생 그리고 내담자라는 사람의 면모에 대해 무엇을 말해 주는지에 관해 대화를 주고받으면서, 가족은 관심 밖에 있던 자신들의 행위를 새롭게 조망하면서 새로운 의미를 생성한다.

1 행위에 관해 질문하기

치료자는 하나의 사건을 중심에 두고 이야기의 세부 사항을 구성해 나간다. 그러는 동안 내담자 이야기에는 계속 살이 붙으면서 이야기가 풍부해진다. 가족이 나름 어떠한 의도를 가지고 자신들의 삶을 살았는가를 보여 주는 이야기를 계속 발달시킨다. 독특한 결과를 계속 모으고 또 그것을 새롭게 발달하는 이야기에 편입시키면서 이야기 줄거리를

- (독특한 결과)를 한 것이 이번이 처음인가요, 아니면 전에도 이런 일이 있었나요? 늘 하는 일인가요, 아니면 아주 특이한 일인가요?
- 어떻게 된 일인지 설명해 주시겠어요? 제일 먼저 어떤 일이 있었지요? 그 뒤에는 어떤 일이 있었나요?
- 잠깐 그때로 돌아가서, 그때 어떻게 그렇게 대비할 수 있었는지 말씀해 주시겠어요? 무엇을 하려고 했었는지, 실제로 무얼 했었는지 기억이 나세요?
- 어떻게 이런 일이 생길 수 있었던 것 같아요? 당신이 앞서 한 일 가운데 결과가 이렇게 이어지는 데 기여한 일이 있나요?

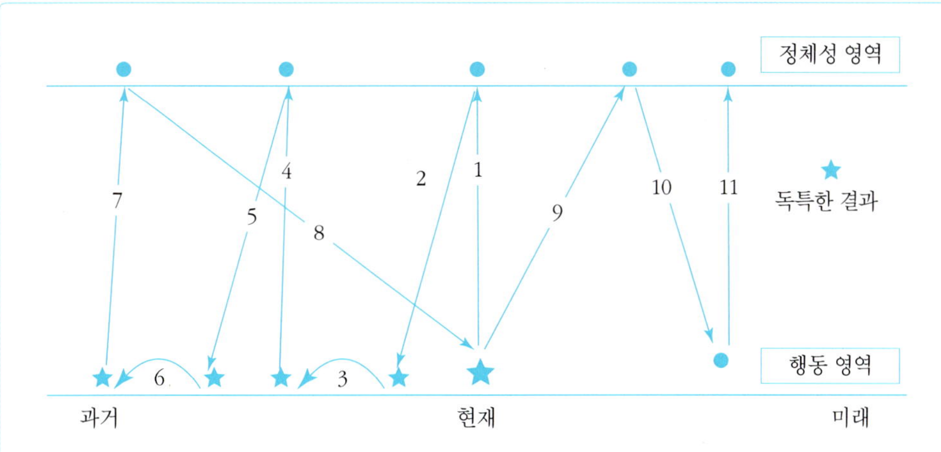

[그림 10-3] 재저작 대화의 과정

더욱 풍부하게 만들어 나간다. 사건을 알아가는 단계에서는 언제, 어디서, 누가, 무엇을 어떻게 했는가에 관해 매우 구체적으로 질문한다(White, 2010).

2 정체성에 관해 질문하기

위 탐색과정을 통해 내담자 행위가 발생한 맥락에 관한 이야기가 구성되면, 치료자는 이제 정체성 영역으로 이동하여 내담자가 수행한 행동의 의미를 질문하는 영역으로 들어간다. 행위자로서 내담자가 자기 삶에서 지향하는 것, 즉 내담자 행위 이면에 존재하는 의도상태(intentional states)를 구성하는 작업을 수행한다(White, 2010). 의도상태는 [그림 10-4]와 같이 내담자의 자질, 의도, 목적, 희망, 가치, 헌신 등 여러 층위로 구성되며, 포스트구조주의에서 말하는 인간의 정체성의 근거가 된다. 즉, 내담자가 어떤 면모의 소

- 그때 어떤 기대나 바람을 갖고 그런 일(독특한 결과)을 하기로 결정했나요?
- (독특한 결과)에 비추어 보았을 때, 내담자님은 삶에서 어떤 것(가치)을 중시한다고 할 수 있을까요?
- 무엇을 중요시했기에 이런 행동을 하게 되었나요? 내담자님이 중요하게 생각하는 게 뭔지 조금 더 말씀해 주시겠어요?
- 그런 희망이나 꿈에 비추어 볼 때, 내담자님은 어떤 식의 삶을 중요시하는 사람이라고 할 수 있을까요?
- 만일 편의상 그것(가치)에 편의상 이름이나 제목을 붙여 본다면, 어떤 것이 좋겠습니까?

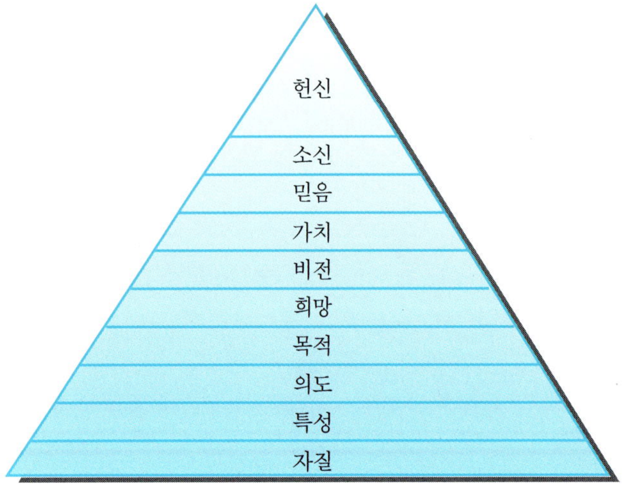

[그림 10-4] 의도 상태

유자인지, 어떤 세계관에 의거해 살아가는 사람인지를 보여 준다(이선혜, 2020).

대안적 이야기가 처음 만들어질 때는 한 올의 거미줄 같이 가늘고 빈약하며, 중간중간 공백도 있어 무어라 부르기 마땅치 않을 수 있다. 그러나 행위와 정체성에 관한 질문과 답변이 교차하면서, 공백이 메워지고 대안적 이야기의 구성은 복잡하게 발전하며 점차 분명한 제목(주제)을 가진 풍부한 이야기가 된다(White, 2010). 마치 독자가 문학작품을 읽을 때 자기 삶의 경험과 극적 만남을 갖게 됨으로써 작품 이야기의 공백을 메우고 또 그 이야기대로 사는 것처럼, 내담자도 재저작 대화를 통해 자기 삶에 대해 특정한 사실을 새롭게 알게 되고 거기에 새로운 의미를 붙임으로써 인생과의 극적 만남을 통해 자기 이야기의 공백을 메우고 또 그 이야기대로 살아갈 수 있게 된다(White, 2004).

글상자 10-3 대안적 이야기

치료자: (놀이터에서 다른 아이와 싸우지 않고 잘 놀았던 사건을 가리키며) 정우야, 어떤 비밀연습을 했길래 그렇게 할 수 있었지?

정 우: (놀이터에 가기 2주 전 토요일에 하루 종일 말썽을 부리다가) 일요일 아침에 일어나서 거울을 보고 나한테 … "정우야, 뭔가 좀 해야 되지 않겠니? 사는 게 점점 엉망이 되고 있잖아!" 그렇게 말한 적이 있었어요.

치료자: (부모에게) 그 일이 어떻게 해서 놀이터 일로 이어졌을까요?

(부모가 거울 앞의 독백이 어떻게 놀이터 일로 이어졌는지를 설명한다. 이어 그로부터 두 달 전으로 거슬러 올라가 거울 앞 독백의 토대가 되는 사건에 대해 설명한다. 중략)

치료자: 지금 설명하신 이야기가 정우라는 아이에 대해 무얼 말해 주고 있지요?

어머니: 정우가 용기가 있고 의지가 강한 아이라는 것을 보여 주는 것 같아요.

치료자: 이제까지 정우가 생활하면서 용기나 의지를 보여 주었던 일이 있었나요?

아버지: 정우가 다섯 살 때 일인데요, 정우가 밖에서 소리를 질러서 나가 봤더니, 혼자 두발자전거를 타고 있었어요. 주변에 자갈이 있어서 위험했는데, 정우는 자기가 두발자전거를 탄다는 게 너무 신기했던 거예요. (훔친 자전거였지만 그때 아버지는 화를 내지 않고 정우의 성취를 인정해 주었다.)

치료자: 그걸 보면 정우가 자기 인생에서 바라는 게 뭐라는 생각이 드세요?

… (중략) …

치료자: 정우야, 네가 그 꿈을 계속 가지고 있고 싶고, 또 용기나 의지 같은 것을 계속 사용하고 싶다면, 이제는 어떻게 해야 할까? 이제는 무얼 해야 하지?

치료자: (부모에게) 어떻게 도와주시면 정우가 용기와 의지를 계속해서 가질 수 있을까요?

정　우: (자신이 어떻게 하면 될지에 관해 떠오른 아이디어를 이야기한다. 중략)

치료자: (부모에게) 만일 정우가 그런 행동을 하는 단계가 된다면, 정우는 어떤 모습의 사람이 될까요?

출처: White(2001b)에서 발췌 및 수정.

(5) 회원재구성 대화

회원재구성 대화(Re-membering conversation)는 의미 있는 사람과의 관계에 대한 이야기를 풍부히 발달시킴으로써 내담자로 하여금 자신의 과거, 현재, 미래 모습에 대해 새로운 해석을 도출하도록 돕는 기법이다. 회원재구성이란 용어는 주변화된 유태인 노인 집단의 정체성에 관한 인류학 연구(Myerhoff, 1986)에 착안한 것으로, 회원이란 내담자의 과거나 현재나 미래 삶에서 중요한 위치를 차지하면서 내담자의 정체성 구성에 영향력을 행사할 수 있는 사람이나 존재를 말한다. 우리 삶은 마치 인생 회원들로 이루어진 클럽과 같고 우리의 정체성은 이들로부터의 영향 속에서 만들어진다(White, 2010). 이들이 우리를 어떻게 바라보는지, 이들과의 관계에서 우리가 스스로를 어떻게 경험하는지, 우리가 어떻게 서로의 인생에 참여하는지, 이런 모든 것들이 우리가 어떤 사람이 되어 가는지(정체성)에 영향을 미친다(이선혜, 2020).

회원재구성의 대화에 초대되는 사람은 내담자와 직접적인 관계가 있고 생존해 있을 수도 있지만 그렇지 않을 수도 있다. 내담자에게 영향을 미친 책의 저자나 영화 속 등장인물, 애완동물이나 인형 등이 될 수도 있다. 회원의 범위와 규모를 결정하는 것은 내담자이고 그 방법도 다양하다. 회원재구성 대화를 통해 내담자는 자신의 삶 속에 존재하는 여러 관계를 다른 식으로 수정할 수 있는 기회를 갖게 된다. 회원에 따라 그 지위를 강화시키거나 격하시키기도 하고 어떤 회원은 퇴출시킬 수도 있다. 치료자는 내담자 삶에서 잊혀 왔던 중요한 사람에 대한 기억을 이끌어 냄으로써 내담자로 하여금 위안과 지지를 발견하고, 나아가 그 관계에서 쌍방이 서로의 인생에 기여한 이야기를 발달시킴으로써 내담자 정체성을 재구성한다. 회원재구성 대화는 다음과 같은 단계로 진행된다(White, 2010).

1 회원의 기여 탐색하기

회원이 내담자 삶에 어떻게 기여했는지에 관해 풍부한 이야기를 나눈다. 인물, 장소, 맥락에 관한 사실적 질문에서 시작하여 그 대상이 내담자의 어떤 점을 귀히 여겨 주었나, 어떤 자질에 주목해 주었나, 내담자로 하여금 어떻게 그것을 깨닫게 하거나 발휘할 수 있도록 도와주었나 등에 관한 질문을 던지면서 의미 있는 대상과의 관계가 자기 자신과 자기 삶에 대한 내담자의 의식/행동에 어떤 영향을 미쳤는지, 어떠한 결과로 이어지도록 했는지 풍부히 이야기하도록 한다.

2 내담자의 기여 탐색하기

내담자가 회원의 삶에 어떻게 기여했는지에 관해 풍부한 이야기를 나눈다. 그 대상의 관심과 지지를 내담자는 어떻게 혹은 무엇이라 이해하였는지, 그러한 바람에 내담자는 어떻게 부응하거나 화답하였는지, 그러한 부응이나 화답이 그 대상에게는 어떤 의미였을지 등을 질문할 수 있다. 이러한 대화는 의미 있는 대상의 삶에 내담자가 기여한 부분을 조명함으로써 관계의 상호성에 대한 이해와 함께 타인의 삶에 기여하는 존재로서의 정체성을 발달시키는 효과가 있다.

이 단계에서 치료자의 역할은 가족구성원이 이제 막 쓰기 시작한, 자신들의 과거, 현재, 미래에 관한 좀 더 풍부한 이야기를 계속해서 써 나가고 확장해 나갈 수 있도록 그 과정을 촉진시켜 주는 것이다. 이 같은 재저작과정에서 치료자는 다음에 설명하는 정의예식과 외부증인집단, 치료적 문서 등의 방법을 통해 내담자의 이야기가 더욱 풍부해지도록 도울 수 있다.

(6) 정의예식과 외부증인집단

이야기치료에서는 정체성이 사회적으로 정의된다는 시각에 기초하여, 치료과정에서 발달한 대안적 정체성을 공유하고 확산하는 방법으로 정의예식(Definitional Ceremony)을 제안하고 있다(White, 2010). 정의예식이란 용어는 문화인류학자인 마이어호프(Myerhoff, 1986)를 원용한 것으로, 내담자가 자신이 선호하는 자기 삶의 이야기, 특히 대안이야기로 발달 중인 이야기를 청중 앞에 공유하고 사회적으로 인정받는 기회를 치료과정의 일부로 경험하는 것을 말한다.

정의예식은 말하기(telling)와 다시말하기(retelling)를 예식의 주인공인 내담자와 외부증인(outsider witnesses), 즉 청중이 교대로 실시하는 구조로 이루어진다. 여기서 외부증인집단은 치료자집단(반영팀)이나 내담자의 인생클럽 회원이 될 수도 있고, 경우에 따라 지역사회 관련자를 청중으로 모집하기도 한다. 외부증인이 된 사람은 내담자의 이야기나 내담자에 대한 자신의 경험과 관련하여 다시말하기를 하게 되는데, 여기서의 목적은 공명(resonance), 즉 내담자의 '말하기'에 나타난 대안적 이야기가 증인 자신의 삶에 어떠한 의미를 주었는가를 말해 줌으로써, 내담자가 공유한 대안적 이야기의 의미와 가치를 인정해 주는 데 있다. 정의예식의 순서와 '말하기-다시말하기'의 진행 방법은 다음과 같다(White, 2004).

1 말하기

예식의 주인공이 자신의 삶과 관련하여 자신이 선호하는 이야기(정체성)를 외부증인에게 말한다. 그동안 외부증인은 청중의 입장이 되어 그 이야기를 듣기만 한다.

2 다시말하기(1차 다시말하기)

외부증인은 내담자 이야기 가운데 특히 인상 깊었던 부분에 초점을 두고, 다음 순서에 따라 다시말하기를 실시한다. 다음은 치료자가 외부증인을 면접하는 방식으로 실시될 수도 있고, 외부증인이 면접자 없이 다음 지침에 따라 스스로 말하기도 한다(White, 2010).

- **특정 부분 주목하기:** 예식 주인공의 이야기를 듣는 가운데 당신의 관심을 끌었던 표현, 용어, 장면은 어떤 것입니까?
- **이미지 설명하기:** 주인공의 삶의 목적, 가치, 신념, 희망, 꿈, 헌신의 대상 등과 관련하여, 이 표현을 듣고 어떤 이미지를 떠올렸습니까?
- **공명하기:** 당신의 삶이나 일과 관련하여, 그 표현이 왜 당신의 관심을 끌었는지를 설명해 줄 수 있는 부분이 있습니까?
- **지점 이동(transport)을 인정하기:** 삶에 대한 그 같은 표현을 현장에서 목격하면서 이전과는 다른 지점에 와 있는데, 그 위치가 이전의 위치와 어떻게 다릅니까? 이 경험으로 인해 당신은 어디에 서게 되었습니까? 그 표현을 목격함으로써, 또 그 이야기에 응답함으로써 당신이 예전의 당신과 어떻게 다른 사람이 되었습니까?

3 다시말하기의 다시말하기(2차 다시말하기)

일반적으로 예식의 주인공이 말하게 된다. 1차 말하기의 방법에 따라 실시한다.

4 다시말하기의 다시말하기의 다시말하기(3차 다시말하기)

일반적으로 외부증인이 말하게 된다. 1차 말하기의 방법에 따라 실시한다.

말하기와 다시말하기가 교대로 이루어지면서 사람들의 삶에 대한 대안적 주제와 대안적 줄거리가 풍부해지며, 그런 주제를 통해, 또 그 주제에 담긴 가치, 목적, 헌신의 대상 등을 통해 모든 참여자가 서로의 삶이 연결되는 현상을 경험하게 된다. 정의예식은 내담자와 외부증인을 포함하는 참여자 모두가 예식 이전과는 다른 지점으로 이동하는 지평 확장을 경험할 수 있도록 해 주는 치료적 대화다.

글상자 10-4 말하기와 다시말하기

아들의 심각한 알코올 문제로 마음고생을 하는 아버지가 아내와 함께 부자관계에 대해 자문을 구했다. 아버지는 아들 성규와 더 이상 대화할 수 없다는 사실에 상실감을 느꼈다고 했고, 치료자는 '술이 어떤 짓을 해도 개의치 않고' 아들과의 관계를 유지하려는 이유가 무엇인지 탐색했다. 치료적 대화를 듣고 있던 반영팀에서 치료자 두 명이 나와 다음 대화를 나눈다. (중략)

반영자1: 방금 전 대화를 들으면서 선생님에게 어떤 이미지가 떠올랐을 텐데, 성규 아버지의 말씀이나 행동 중 어떤 점이 그 이미지와 관계가 있나요?

반영자2: 글쎄요…. 제게 가장 인상 깊었던 점은 술이 그렇게 나쁜 영향을 끼치는데도 성규 아버지가 어쩌면 저렇게 꿋꿋할 수 있는지 하는 점이에요.

반영자1: 선생님의 삶 가운데 아버지의 그런 모습과 참 비슷하다고 생각되는 부분이 있다면 어떤 점인가요?

반영자2: 제가 아들이 둘 있는 거 아시지요? 그 애들은 지금 알코올 문제는 없지만, 앞으로 어떤 인생을 살더라도, 또 그것이 어떤 고통을 가져온다 해도 그 애들은 내 아들들이라는 걸 성규 아버지처럼 분명하게 할 수 있었으면 좋겠어요. 그러고 보니 술 문제 같은 것을 갖고 있으면서 부모와 자식 간에 끈끈함을 놓치지 않으려면 이루 말할 수 없는 노력이 필요할 거라는 생각이 드네요.

반영자1: 그렇게 하기 위해 성규 아버지 쪽에서 할 수 있는 일은 뭐라고 생각하세요?

반영자2: 후… 많지요. 아들에게 마음을 여는 것이 아닐까요? 아들을 나쁘게 생각하지 않으면서 술에 대해서는 단호한 입장을 취하는 거지요. 감싸 주는 것. 아주 많이요. 그리고 아들이 여기서 꼭 벗어나게 될 거다, 그렇지만 도움이 필요할 거라는 생각을 하는 거요. 이런 것이 모두 제가 생각하기에는 아버지로서 할 일인 것 같아요.

반영자1: 이제까지 보고 들은 성규 아버지의 경험을 생각할 때, 그로 인해 선생님이나 선생님의 부자관계가 어떻게 달라질 것 같으세요?

반영자2: 이제는 아들하고의 관계가 어려워질 때마다 떠올릴 수 있는 이미지가 생겼어요. 우리한테 어떤 문제가 생기더라도 나와 내 아들들 사이에는 아무것도 끼어들 수 없다는 확신을 줄 수 있는 그런 이미지가 생긴 거지요.

이후 몇 명의 치료자가 반영하는 걸 더 듣고 나서 성규 아버지는 자신의 결정에 자신감이 좀 더 생겼다고 했다. 자기와 자기 아들에 관한 이야기가 반영자2에게 뭔가 줄 수 있었다는 데 뿌듯함을 느꼈고, 그런 느낌을 매우 오랜만에 느껴 본다고 했다. 성규 아버지는 희망을 되찾아 가는 기분이라고 하면서, 아들이 아무리 어려운 상황에 있다 해도 희망의 끈을 놓지 않는 것이 바로 아버지의 몫인 것 같다고 했다. 반영자2의 말을 잘 기억하면 희망이 쉽게 사라지지 않을 거라고 했다.

출처: Russell & Carey (2004).

(7) 치료적 문서의 활용

치료적 문서는 치료적 대화 속에서 구성된 다양한 성과들을 가시화하고 보존하기 위한 목적에서 작성되며, 여기에는 상담회기 내용, 문제를 다루어 나가는 내담자 나름의 지식과 기술, 내담자가 선호하는 정체성, 내담자 성과 등에 관한 기록이 포함된다([그림

가족평화선언

하나, 지금까지는 '말다툼' 때문에 가족의 대화에 녹이 다 슬었고, 말다툼 때문에 사랑과 존중심이 다 없어졌으며, 말다툼 때문에 씁쓸함만 가득했었습니다.

둘, 우리는 이제 우리 자신을 평화의 가족으로 선언했으며, '말다툼'이 고개를 들 때는 가차 없이 쳐 버리겠다는 우리 의지를 증명하기 위해 '말다툼 없는 식사시간'을 보냈습니다.

셋, 만일 '말다툼'이 어떤 형태로든 가족 대화에 함부로 끼어들 때는, 이를 경고하기 위해 가족 모두가 각자의 힘과 지식이 닿는 데까지 할 수 있는 모든 것을 다 하겠다고 맹세했습니다.

넷, 한 걸음 더 나아가 이 선언은 눈에 잘 띄며 자주 가는 장소, 예를 들어 냉장고, 거실, 화장실에 붙여야 할 것입니다.

다섯, 경고가 필요한 상황이 발생할 때는 가족 중 누구라도 선언문을 크게 읽자는 제안을 할 수 있습니다.

여섯, 선언문이 낭독될 때는 말다툼과 미움의 종말을 확인하고 가족에게 협조와 평화가 되돌아왔음을 알리는 의미에서, 우리 모두 선언문에 귀를 기울이기로 맹세하였음을 선포합니다.

날 짜 ______________ 장 소 ______________

가족 서명 ________________________________

[그림 10-5] 치료적 문서

출처: Freeman, Epstein과 Lobovits(1997), p. 135에서 발췌 및 수정.

10-5] 참고). 치료적 문서의 형식은 편지, 메모, 진술서, 목록, 수필, 계약서, 증서 등으로 매우 다양하며 형식의 제약이 없다. 이를 위해 치료자는 직접 문서를 만들어 내는 동시에 내담자가 스스로 글쓰기를 할 수 있도록 독려한다(이선혜, 2020).

치료자는 내담자의 문제이야기나 해결지식 등 회기 중에 메모했던 것을 회기와 회기 사이에 내담자에게 보내 '치료적 편지'로 사용하기도 한다. 치료자는 그 같은 진술서가 좀 더 정확히 작성되도록 하기 위해 내담자에게 그에 대한 정정, 삭제 또는 추가를 요청한다. 이런 문서는 사례 기록으로도 활용될 수 있으며, 각 회기의 효과를 증대시키는 데 도움이 된다(Freeman et al., 1997).

그 밖에 내담자가 자기 자신이나 치료자에게 보내는 편지, 미술작품이나 시 또는 체크리스트와 같은 다른 형태의 글쓰기도 가능한데, 이 또한 회기의 가치를 더하는 데 도움이 된다(Kelley, 2004). 내담자는 이러한 문서를 향후 참고자료로 활용하기 위해 보관하거나 다른 어떤 방식으로 활용할 것인지 결정할 수 있다. 이 같은 문서는 내담자 혼자만을 위해 작성되는 경우도 있고, 치료자나 다른 사람과 공유되기도 한다.

5. 사례연구

1) 사례개요

자녀의 아토피 문제와 부부 관계

의뢰과정

송 씨 부부는 최근 부인이 피로감과 우울감을 자주 호소하고 부부 사이에 다툼이 잦아지자 관계를 개선하고자 부부 합의하에 가족치료를 받게 되었다.

제시된 문제

송 씨 부인은 가까이 사는 시아버지가 시도 때도 없이 찾아와 어린 손자 앞에서 상스러운 언행을 하는 것이 참기 힘들다. 그러나 그 점을 아무리 호소해도 남편은 별다른 반응을 하지 않는다고 불만을 토로했다. 남편은 아내가 항상 모든 일에 지나치게 반응하면서 에너지를 소모하기 때문에 아내와 말하기가 싫고, 대화를 하게 되면 꼭 심한 언쟁으로 이어진다고 호소했다.

(1) 가족의 기초정보

송 씨 부부(40세, 35세)는 중매로 만나 교제하다 결혼한 지 6년이 되었으며 두 살 난 아들이 한 명 있다. 남편은 회사원이고 조용하며 성실한 형이고, 아내는 과거에 직장생활을 하다 출산 후 전업주부로 지내고 있으나 배움과 발전에 대한 열망이 크다. 결혼 후 남편은 아내가 못 다한 학업을 마치도록 경제적으로 지원했으며, 출산 후 아내가 계속 우울해하고 진로를 고민하는 것을 안타깝게 생각하고 있다.

남편의 어머니는 부부가 서로 알기 전에 사망했으며, 시아버지는 이 부부가 결혼하기 직전 20년간 내연 관계에 있던 여성과 재혼했다. 사망한 시어머니는 남편의 내연 관계에 대해 오래전부터 알고 있었으며 이것이 시부모 부부갈등의 원인이었다. 남편의 어린 시절 아버지는 무섭고 어려운 존재로 간혹 어머니나 자식들에게 폭력을 행사하기도 했다. 시아버지는 경제적 여유가 있는 사람으로, 재혼 후 살림을 차리면서 사별한 부인과 살던 집을 아들 부부에게 내주었다.

아내는 3녀 1남 중 2녀로 성장했는데, 어린 시절 다른 형제들과 달리 고집이 세고 자기주장이 뚜렷해 부모와의 관계가 원만치 못했으며 그 때문에 벌도 많이 받았다. 다른 형제들은 부모가 바랐던 대로 교사나 공무원 등 '반듯한' 직업에 종사하고 있으나 아내는 여러 군데에서 직장생활을 하면서 서비스나 영업 업무에 종사한 적이 있다. 현재 아내는

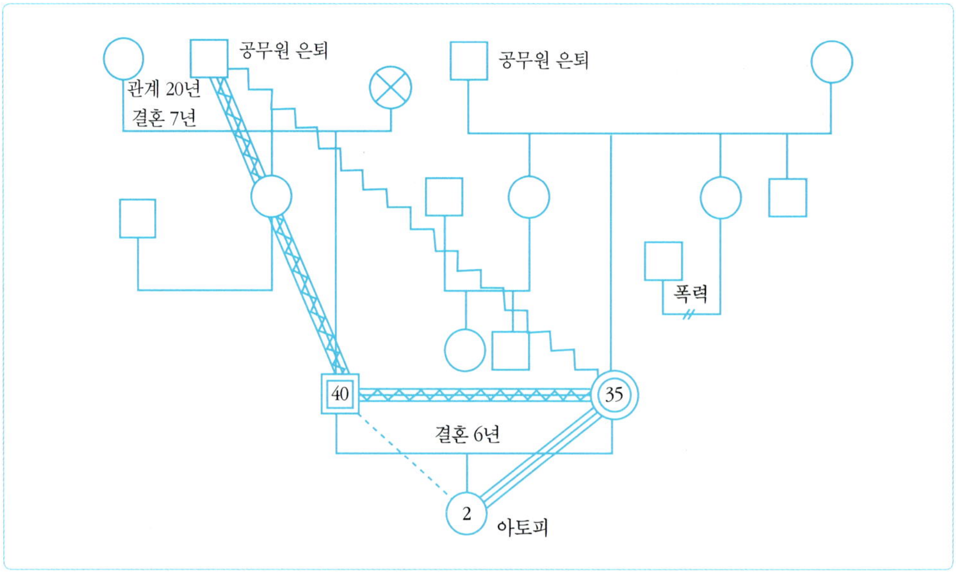

[그림 10-6] 송 씨 부부 가계도

육아 문제로 신체적 · 시간적 부담이 많은데도 친정아버지는 출가외인 운운하고 친정어머니는 몸이 불편하다거나 약속이 있다는 핑계로 별 도움을 주지 않아 이 점을 매우 섭섭하게 생각하고 있다.

(2) 문제발생 배경

아들 지훈은 출생 후 지금까지 아토피성 피부염을 앓고 있다. 상태가 호전과 악화를 반복하는 가운데, 송 씨 부인은 아들의 치료를 위해 좋다는 병원은 다 다녀 보고, 관련 서적도 열심히 읽으며, 최근에는 인터넷에서 유행하는 갖가지 민간요법도 해 보고 있다. 남편은 아내의 노력을 높이 평가하지만 매일 힘들다고 호소하는 아내를 대하는 것도 힘들고 퇴근해서 돌아오면 자신도 피곤하기 때문에 가사나 육아에 관한 아내의 요구에 마지못해 협조하고 있다.

시아버지는 손자를 귀여워하여 선물도 사 주고 며느리가 외출하게 되면 봐 주기도 한다. 그러나 낮술에 취해 남편이 없을 때 예고 없이 방문하는 경우가 잦고, 그럴 때는 특히 큰 소리로 교양 없는 언행을 한다. 송 씨 부인은 '반듯한' 친정아버지와 다른 시아버지의 그런 점이 매우 못마땅하여 남편에게 불만을 토로한다. 남편은 아버지가 권위적이고 폭력적이며 외도도 했으나 가장으로서 가족을 잘 부양한 점을 들면서, 나이 들고 본처와 사별한 아버지를 박대할 수 없다고 생각한다.

아내는 현재 사는 곳이 공기가 나빠 아토피 치료에 좋지 않으며 시아버지 집과 너무 가까워 불편하다면서 변두리로 이사하기를 원하고 있다. 남편은 아내의 말에 일리가 있으나 이사하려면 전세금을 새로 마련해야 하고 또 지금 이 집이 어머니 생전에 부모가 살았던 집이었기 때문에 차마 떠날 생각을 하지 못하고 있다.

(3) 가족역동의 이해

첫째, 송 씨 부부는 아토피 증세가 심한 아들을 돌보는 데 신체적 · 심리적으로 큰 부담을 느끼고 있으며, 이는 가족 스트레스의 원인이 되고 있다.

둘째, 부부 의사소통에서 아내는 불만을 지속적으로 표현하는 반면, 남편은 묵묵부답하여 의사 교환이나 의견 조정이 효과적으로 이루어지지 못하고 있다.

셋째, 시아버지는 한국 문화에서 종종 그러하듯 가까이 살면서 송 씨에게 경제적인 배려를 해 주고 있다. 송 씨는 아버지에 대한 충성심과 시아버지의 관여를 못마땅하게 생각하는 아내 사이에서 갈등하고 있다.

넷째, 송 씨 부부의 자원은 삶에 대한 자세가 성실하고 진지하다는 점과 이전에도 가족치료를 받은 경험이 있을 정도로 부부관계를 개선하는 데 많은 관심을 갖고 있다는 점이다.

2) 치료모델의 적용

(1) 문제이야기의 경청과 외재화

이야기치료에서 부부를 면담할 때 치료자는 한 배우자와 면담한 뒤 다른 배우자로 하여금 증인으로서 그 면담에 대해 반영하도록 하고, 다시 그 역할을 바꾸어 면담과 반영을 진행한다. 우선, 무엇이 문제인지, 두 사람 사이의 대화를 가로막고 있는 것은 무엇인지 질문한다. 송 씨 부부의 경우, 남편은 아내의 과거지사를 들추는 행동이나 따지는 행동이 나오면 도망가고 싶고, 아내는 남편의 대답을 회피하는 행동이 나오면 참을 수가 없다. 상대방의 그 같은 참을 수 없는 행동을 무엇이라고 부를 수 있을지 잠정적인 이름이나 제목을 정해 보도록 할 수 있다.

▶ **치료자:** (남편과 아내에게 각각) 상대방의 그런 행동을 한마디로 뭐라고 부를 수 있을까요?

문제행동을 외재화한 뒤에는 '따지기'와 '피하기'가 두 사람 대화에서 언제부터 나타나기 시작했는지, 언제 나타나는지, 시간이 지나면서 더 심해지는지 아니면 약해지는지, 부부관계, 부모-자녀 관계, 직장생활에 어떤 영향을 미치는지 두루 질문할 수 있다. 동시에 '따지기'와 '피하기'가 부부대화를 압도하지 않았던 때나 덜 압도했던 때가 있었는지 질문해 본다. 문제에 관한 이야기를 들으면서 거기에 숨어 있는 독특한 결과, 부부의 바람, 희망 등에 귀를 기울인다.

(2) 독특한 결과 도출

문제이야기를 경청하는 가운데 치료자는 부부가 뜻을 같이했던 독특한 결과에 관한 질문을 던진다.

▶ **치료자:** 두 분이 생활하는 중에 '따지기'와 '피하기'가 나타나지 않는 때가 있나요? 있다면 그 일에 대해 이야기해 주시겠어요?

여기서 치료자는 부부가 평소 명상이나 스트레스 해소에 관한 책을 같이 읽고 우리 먹거리로 식단을 꾸민다는 독특한 결과를 찾아낼 수 있다. 이런 독특한 결과 뒤에 숨어 있는 부부의 생활원칙은 무엇인지 질문하고, 이런 '알차게 사는' 모습이 두 사람에게 있어 중요한 것인지, 왜 중요한 것인지, 아내가 지훈의 아토피를 치료하기 위해 갖은 방법을 다 동원하는 행동이 '알차게 산다'는 신조와 어떤 관계가 있는 것인지 질문해 본다. 또한 어떻게 해서 적당히 생활하고자 하는 유혹에 빠지지 않을 수 있었는지, 두 사람이 어떻게 협조했기에 그런 귀찮은 일을 다 할 수 있었는지 등 '알찬 삶'을 유지할 수 있었던 기술과 전략에 관해 질문한다.

(3) 대안적 이야기 구성

나아가 치료자는 '알차게' 사는 모습을 과거 자신들의 행동 어디에서 또 찾아볼 수 있는지 질문한다. 남편이 결혼 후 아내의 학업을 경제적·정서적으로 지원한 점, 부부의 대화방식을 개선하기 위해 치료자에게 찾아온 점이 이 '알찬 삶'과 어떤 관계가 있는지, 그런 점이 자신들이 원하는 부부로서의 모습과 어떤 관계가 있는지, 또 지훈이를 위해 공기 좋은 곳으로 이사 가야 한다는 생각에는 부모로서의 어떤 입장과 가치가 반영되어 있는지 질문한다. 이와 같은 질문에 이어서 미래행동에 대해 다음과 같은 질문을 던질 수 있다.

▶ **치료자**: 이제까지 말씀해 주신 것(입장, 가치, 원칙 등)을 염두에 두고 생활한다면, 앞으로 두 분이 대화할 때 어떻게 할 수 있을까요?

앞으로 그런 가치를 토대로 부부가 '알찬 삶'의 프로젝트를 함께 진행시켜 나간다고 할 때, 시아버지와의 관계에 있어서, 또 시어머니의 '혼이 깃든' 이 집을 떠나는 여부와 관련하여 무엇을 할 수 있을지 질문하면서 대안적 이야기를 더욱 풍부히 발전시켜 나갈 수 있다.

요약

이야기치료는 화이트와 엡스턴이 개발하고 호주 덜위치센터를 주축으로 발전된 가족치료 접근이다. 사회구성주의, 페미니즘 등 포스트모더니즘과 후기구조주의를 토대로 인간 삶의 문제를 언어, 의미, 맥락의 차원에서 새롭게 조명하고 그에 따른 해결방안을 모색하는 데 초점을 둔다. 개인과 가족의 삶의 문제는 사회적 관계 속에서 언어를 통해 의미가 부여되는 과정에서 구성되는 것이라고 보기 때문에, 해체적 대화를 통해 문제이야기와 거기에 담긴 내담자 정체성의 절대성에 도전하고 재저작 대화를 통해 내담자의 기존 정체성에 대안적 정체성을 지속적으로 더해 나감으로써 내담자의 자기이야기가 풍부해지고 자기 삶에서 행위자로서의 역량(personal agency)이 향상되는 데 목표를 둔다.

치료의 과정은 내담자 이야기 해체, 독특한 결과의 발견과 확장, 이야기 재저작을 통한 내담자 삶의 방향 모색과 정체성 재구성으로 이루어지며, 내담자의 대안적 삶의 이야기와 정체성을 사회적으로 풍부히 하기 위해 외부증인집단을 참여시키는 정의예식과 치료적 문서를 활용하기도 한다. 치료자는 내담자 이야기의 공동저자로서 치료적 대화과정에 거푸집을 짓는 역할을 하기 때문에 영향력을 발휘하되 '탈중심적'인 입장을 취한다. 회기의 횟수나 간격, 한 회기의 길이 등은 별도 원칙 없이 내담자나 외부증인 등 참여자의 상황에 맞게 조절할 수 있다.

이야기치료는 현실 이해와 문제해결에서 다양성을 중시하는 특성 때문에 가족의 물론 개인, 집단, 지역사회 등 다양한 단위의 내담자에게 모두 적용될 수 있는 융통성 높은 개입 방법이다. 내담자의 문제이야기를 해체하는 과정에서 문제에 기여하는 사회문화적 관행과 억압을 다루는 점은 다른 접근에서 흔히 찾아볼 수 없는 독특한 점으로 성·가정폭력, 정신질환 스티그마 등 사회구조적 뿌리를 가진 다양한 삶의 문제에 접근하는 데 매우 유용하다.

연습문제

1. 나는 개인적으로 어떤 담론을 갖고 있으며, 그로 인해 가족이나 대인관계에 어떤 영향을 받는지 탐색해 보자.
   ① 평소 가족관계나 대인관계와 관련하여 자연스럽거나 당연하다고 생각하는 원칙, 규칙, 상식, 예의 등 다양한 유형의 담론 가운데 한 가지를 선택한다.
   ② 내 주변에서 그 원칙이나 규칙을 따르는 사람은 누구이고, 따르지 않는 사람은 누구인가? 그리고 내가 그 규칙에 따르거나 따르지 않는 데 대해 찬성하거나 반대할 사람은 누구인가?
   ③ 그들의 찬성이나 반대 의견은 어떤 식으로 나에게 전달이 되는지 생각해 보자. 언어적인지 비언어적인지(눈짓 등), 직접적인지 간접적인지 등 메시지가 전달되는 다양한 방식이나 과정을 구체적으로 탐색해 보자.

2. 한 조를 3인으로 구성하고 외재화 대화의 지도에 따라 다음을 연습해 보자.
   ① 역할 1(문제): 의인화된 문제의 역할을 수행한다. 거만하고 야비한 태도로 리포터의 인터뷰에 응한다. 문제를 갖고 있는 사람에 대한 자기 행위와 의도 등을 말한다.
   ② 역할 2(문제를 갖고 있는 사람): 문제를 갖고 있는 사람의 역할을 수행하면서 문제가 어떤 존재이고 문제로 인해 자신의 삶이 어떻게 되었는지, 그리고 그런 결과에 대해 어떤 입장인지 설명한다.
   ③ 역할 3(리포터): 문제(역할 1)를 대상으로 문제의 성공담과 실패담을 인터뷰한다. 문제를 갖고 있는 사람(역할 2)을 대상으로 외재화대화의 단계에 따라 다양한 질문으로 인터뷰한다.

3. 이야기가 사회적 관계 속에서 어떻게 우리 삶과 정체성을 구성하는지 다음의 연습을 통해 경험해 보자. 2인 1조 대화 또는 수필쓰기의 형식으로 진행할 수 있다.
   ① 자신이 평소 하는 일 가운데 활용하고 있는 능력, 자질 또는 긍정적 속성을 한 가지 선택하고, 그것이 갖는 개인적 의미를 설명한다.
   ② 그 자질이 어디서 왔는지, 삶에서 적용해 본 예, 그것이 사회적 관계에 미치는 영향, 그에 대한 자신의 입장과 이유를 설명한다.
   ③ 그 자질이 자신의 삶의 원칙이나 가치와 어떤 관계가 있는지, 그런 원칙이나 가치를 갖고 앞으로 어떤 일을 할 수 있을지, 주변 사람 중 누가 그런 생각이 정말 당신답다고 할지 등을 설명해 보자.

제4부

가족치료의 이슈

가족치료 모델을 잘 숙지하고 있다 하여도 임상 현장에서는 그 이상의 전문 지식이 요구된다. 어떤 치료모델을 어떻게 활용하는가가 중요한 것처럼 가족의 생활주기, 가족치료의 과정, 윤리적 쟁점 등에 대한 이해가 가족치료의 실천에 필수적이다. 이 책의 제4부에서는 가족치료의 실제에서 중요하게 고려되어야 하는 점을 살펴본다. 제11장에서는 가족생활주기별 발달과제와 한국 가족의 구조적 변화 및 가족치료의 쟁점을 살펴보며, 제12장에서는 가족치료과정의 초기, 중기, 종결기의 주요과제 및 이슈들을 살펴본다. 제13장에서는 윤리적 가족치료 실천을 위한 가족치료의 윤리원칙과 윤리적 딜레마 그리고 윤리적 의사결정 모델 등에 대해 살펴본다.

제 11 장

가족생활주기와 가족치료

이 장에서는 가족치료를 위해 고려할 수 있는 가족생활주기에 대해 설명한다. 이를 위해 먼저 가족생활주기의 관점에 대해 알아보고, 학자별 가족생활주기 단계와 과업에 대해 살펴본다. 구체적으로 카터(Betty Carter)와 맥골드릭(Monica McGoldrick)의 가족생활주기 6단계, 에릭슨(Milton Erickson)의 가족생활주기 6단계, 그리고 벡바와 벡바(Becvar & Becvar)가 제시한 가족생활주기의 역동적 과정모델에 대해 살펴본다.

우리나라에서는 가족생활주기의 각 단계별로 어떤 발달과업이 주어지며, 특징적인 의례와 풍습으로는 어떤 것이 있는지 그리고 가족치료에서 고려해야 할 단계별 특성은 어떤 점들이 있는지 살펴본다. 최근 비혼, 저출산, 고령화 현상, 이혼과 재혼 등의 영향으로 다양한 가족구조가 출현하면서 전형적인 가족생활주기의 개념과 특성에 변화가 생기고 있다. 이와 관련하여, 특히 지난 30년간 우리나라의 이혼과 재혼 경향은 어떠하며, 이혼가족과 재혼가족은 어떠한 특성을 가지며 어떠한 발달주기와 과업을 갖는지 살펴본다.

1. 가족생활주기의 관점

인간은 태어나서 특정한 발달단계를 거치며 단계마다 과업이 있는 것처럼 가족에게도 발달단계와 과업이 있다. 가족생활주기는 가족을 역동적으로 변화하는 체계로 간주하고 시간이 경과함에 따라 가족 내의 발달적인 경향을 묘사하기 위해 일반적으로 사용되는 용어다(Carter & McGoldrick, 2005). 특정 생활주기의 단계에 속한 가족은 비슷한 특징을 보이며, 비슷한 경험을 하고 비슷한 발달과업을 갖는다. 개인의 발달은 가족의 영향을 받을 뿐 아니라 가족에게 영향을 주기 때문에 가족구성원의 발달은 가족생활주기의 관점에서 살펴보아야 한다. 가족생활주기 모델은 개인의 생활과정의 모든 영역을 포함하지만 전체로서의 가족이 강조된다.

가족생활에는 인간의 생애주기처럼 탄생과 죽음이 있다. 남녀가 결혼하면서 새로운 가족생활주기가 시작되고, 자녀의 출산과 양육으로 확대되었다가, 자녀의 독립으로 축소되며, 부부가 늙어 사망하게 되면 이 주기가 끝난다. 가족이 이러한 가족생활주기의 단계를 순조롭게 거치려면 결혼생활에 부과된 특정 과업을 완수해야 한다. 가족구성원의 지위와 기능은 가족생활주기의 단계에 따라 변화하므로 각 단계에 맞게 각 구성원의 지위와 관계가 변화해야 가족이 잘 기능하게 된다(박태영, 2002).

가족생활주기 관점은 단계에 따라 수행해야 하는 과업을 중시하며 단계별 발달과업의 성취 여부는 증상이나 문제발생과 밀접한 연관이 있다고 본다. 앤더슨과 사바텔리(Anderson & Sabatelli, 2016)는 가족발달과 맥락에 반응하여 가족이 수행하고 관리해야 하는 과업을 1차 과업과 2차 과업으로 나누었다. 1차 과업은 가족의 특성이나 형태와 상관없이 가족이 공통적이며 필수적으로 수행해야 하는 과업이다. 가족의 정체성 형성, 경계선 조정, 가족의 정서적 분위기 조정, 가정관리를 위한 전략의 고안 등이 1차 과업에 속한다. 2차 과업은 가족이 스트레스나 외부로부터의 정보, 그리고 변화에 반응하여 전략과 규칙을 조정할 책임을 수행하는 것으로 가족이 개방성과 적응력을 이루는 것을 말한다.

가족이 생활주기의 특정 단계의 과업을 성공적으로 수행하지 못하거나 가족생활주기의 한 단계에서 다음 단계로 넘어갈 때 적응의 문제가 생기기 쉽다. 가족은 적응과정에서 심각한 문제가 생기면 스트레스를 많이 받게 되므로 가족생활주기상의 위기와 부적응이 가족 문제의 원인이 될 수 있다. 따라서 치료자는 내담자와 그가 처한 가족생활주기를 이해하는 것이 매우 중요하다.

가족생활주기의 개념을 가족치료에 최초로 도입한 사람은 헤일리(Haley, 1976)다. 그는 가족이 생활주기의 한 단계에서 다음 단계로 넘어가는 전환기(transition)를 두려워하거나 그 전이를 이루지 못하고 갇혀 있을 때 증상이 나타난다고 보았다. 예를 들어, 부모간 갈등의 중재자 역할을 한 자녀는 청년기에 독립하기가 어렵고 다음 단계로 나가지 못하는 증상을 보일 수 있다. MRI 모델(Watzlawick et al., 1974)은 가족이 문제를 해결하기 위해 시도하였으나 별 효과 없이 끝난 것이 문제가 되어 가족생활주기의 특정 전환기에 문제로 나타나는데, 이는 예측할 수 있다고 하였다. 따라서 가족생활주기를 이해하면 가족의 문제를 병리가 아니라 정상이라고 재정의할 수 있다. 구조적 가족치료의 미누친(Minuchin, 1988; Minuchin & Fishman, 1981)은 가족이 환경적 · 발달적 도전에 직면하여 적절한 구조적 변화를 이루지 못할 때 문제가 발생한다고 보았다. 그리하여 문제는 가족의 역기능 때문이 아니라 가족생활주기의 한 단계에서 다음 단계로 넘어갈 때 가족이 하위체계의 기능이나 경계선, 위계구조의 재구조화에 실패한 신호로 가정하였다. 보웬(Bowen)은 가족생활주기의 개념을 직접 사용하지 않았지만, 3세대 이상의 가계에 걸쳐 전수되는 정서적 가족역동에 초점을 둔 점은 카터와 맥골드릭(Carter & McGoldrick, 1980)의 수평적 및 수직적 스트레스원 개념과 더불어 가족생활주기 모델의 발전에 크게 공헌하였다.

가족생활주기의 단계를 가족치료 임상에 적용할 때 다음과 같은 몇 가지 딜레마에 직면한다. 첫째, 가족체계가 계속적이고 상호작용적인 특징이 있음에도 가족생활주기의 단계는 특정 시기에 초점을 두어 기술한다. 둘째, 오늘날 가족구조와 형태가 다양함에도 전통적인 핵가족 형태에 초점을 두는 경향이 있다. 셋째, 가족생활주기의 단계의 시작은 맏자녀의 발달적 전이 시점에 초점을 두는 경향이 있어서 가족 상호작용의 복잡한 특성을 반영하지 못한다는 한계가 있다. 넷째, 각 단계의 특징은 공통적일 수 있지만, 특정 과업의 수행방식이 가족마다 다를 수 있다는 점에 대한 관심이 부족하다. 다섯째, 가족생활주기의 단계와 발달과업에 있어서의 문화적 다양성과 차이를 간과하는 경향이 있다. 여섯째, 사회의 변화에 따른 가족발달주기의 정기적인 수정이 필요하다(Becvar & Becvar, 2016). 따라서 가족치료사가 임상에서 가족생활주기를 고려할 때 이상의 한계점을 고려할 필요가 있다.

2. 가족생활주기 단계와 발달과제

가족생활주기의 단계는 학자에 따라 다르게 구분된다. 가족생활주기에 관한 대표적인 학자로는 가족사회학자인 힐(Reuben Hill)과 듀발(Evelyn Duvall)이 있다. 이들은 1940년대 후반 시간의 흐름에 따른 가족생활의 규칙성을 설명하기 위하여 2세대 핵가족을 중심으로 가족생활주기를 8단계로 구분하였고 각 단계마다 수행해야 하는 과업을 제시하였다(Duvall, 1962). 첫 자녀의 발달단계를 기초로 부부결혼기, 자녀출산기, 취학전 자녀양육기, 아동기 자녀양육기, 10대 자녀양육기, 성인자녀 독립기, 중년 부부가족 시기, 노년 부부가족 시기의 8단계로 구분하였다. 이렇게 결혼으로 시작하여 양쪽 배우자의 죽음으로 끝나는 가족생활주기의 취지는 가족이 전형적으로 겪는 단계를 사전에 예견하고 계획해 보기 위한 것이었다. 그러나 듀발과 힐은 전통적인 핵가족 형태를 중심으로 가족생활주기의 단계를 설명하였다는 한계가 있다.

1980년 가족치료학자인 베티 카터와 모니카 맥골드릭(Carter & McGoldrick, 1980)은 듀발과 힐의 시각을 확장하여 다세대 시각을 추가하고 이혼과 재혼가족의 생활주기도 포함하였다. 또 에릭슨(Erickson)은 가족생활주기를 6단계로 나누고, 가족 스트레스는 가족생활주기의 한 단계에서 다음 단계로 넘어가는 전환점에서 가장 높으며 가족구성원의 증상은 가족생활주기의 발달과정에 장애요소가 나타날 때 발생된다고 하였다(Haley, 1976). 한편, 벡바와 벡바(Becvar & Becvar, 2016)는 가족생활주기의 역동적 과정모델을 제안하였는데, 이는 가족생활주기를 개인발달 및 부부발달과 통합한 모델이다.

1) 카터와 맥골드릭의 가족생활주기

카터와 맥골드릭은 3세대 이상의 가족을 가족생활주기 6단계로 나누어 설명하였다. 이 6단계는 결혼전기, 결혼적응기, 자녀아동기, 자녀청소년기, 자녀독립기, 노년기로 구분된다. 가족은 어느 특정 순간에 작동하는 정서적 장이며, 가족의 정서적 체계는 적어도 3세대나 4세대가 포함된다. 따라서 가족이 미치는 영향이 가족의 특정 구성원이나 어느 핵가족에게만 제한된다고 생각하지 않았다. 가족발달과정의 한 단계에서 다음 단계로 넘어가는 전환점에서 가족의 스트레스가 가장 심하고, 가족생활주기의 진행이 방해를 받거나 궤도에서 벗어날 때 증상이 발생한다고 보았다.

카터와 맥골드릭은 가족생활의 단계변화에 따라 야기되는 스트레스를 '수직적 스트레스원'과 '수평적 스트레스원'으로 구분하였다([그림 11-1] 참고). '수직적 스트레스원'은 정서적 삼각관계의 기제를 통해 세대 간 전수된다는 보웬의 다세대 전수 개념을 활용한 것으로 가족 패턴, 가풍, 생활사, 태도, 규칙, 신화 등이 세대 간 전수에 포함되며 스트레스 요인으로서 가족에게 전수된 혹은 주어진 이슈다. '수평적 스트레스원'은 가족생활주기의 변화와 전이에 대처하면서 한 단계에서 다음 단계로의 전환에 따라 발생하는 발달적 스트레스와 가족 외부로부터의 스트레스원을 포함한다. 예를 들어, 자녀를 낳아 자녀아

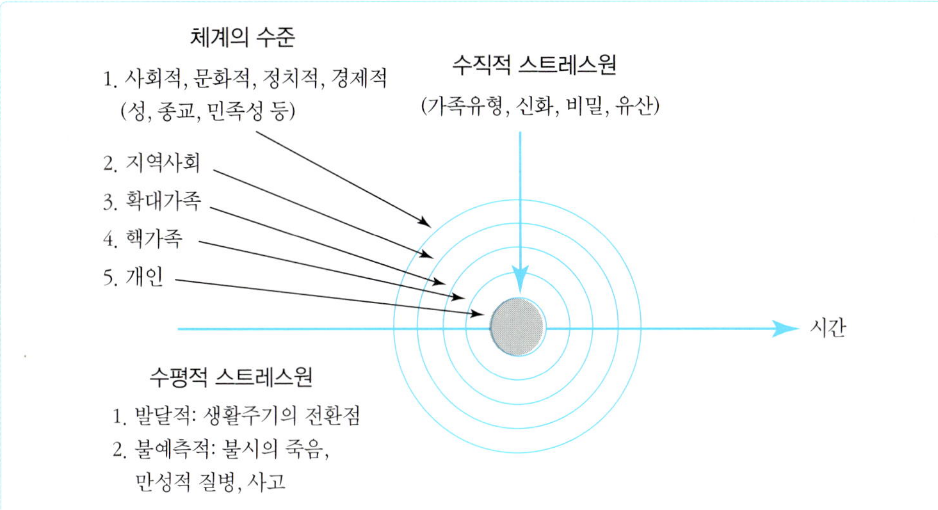

[그림 11-1] 가족체계 내의 수평적 스트레스원과 수직적 스트레스원
출처: Carter & Mcgoldrick (2000), p. 22.

동기에 접어든 가족은 생활주기의 전환으로 스트레스를 경험하게 되는데, 양육으로 인한 부부갈등이 한 예가 될 수 있다. 이때 부부간에 누가 양육을 하며, 어떻게 하느냐에 대한 의견이나 가치관이 다르다면 이것이 곧 수평적 스트레스원으로 작용하여 스트레스는 증가할 수 있다. 이와 같이 수평적 스트레스는 발달상 예측할 수 있는 스트레스원도 있지만 가족원의 불시의 죽음이나 만성질환, 사고 혹은 실직과 같이 예측할 수 없는 스트레스원도 포함한다.

수직적 스트레스원이나 수평적 스트레스원이 가족 내에서 잘 해소되지 못하면 가족갈등이 생기는데 이 두 스트레스가 교차되는 시기는 가족이 견디기 어려울 정도로 치명적일 수 있다. 따라서 가족치료사는 가족이 현재 당면하고 있는 수평적 스트레스원과 세대에 걸쳐 전수된 수직적 스트레스원의 주제를 함께 고려해야 한다.

카터와 맥골드릭의 가족생활주기 6단계와 가족생활주기별 발달과제는 〈표 11-1〉에 제시된다. 그들은 가족생활주기의 시작을 결혼전기로 하였는데, 결혼전기에 원가족과 분화가 잘 되고, 본인과 맞는 배우자를 만나면 그 외의 가족생활주기에 적응을 잘할 수 있고, 발달과업을 잘 수행할 수 있다고 보았기 때문이다. 즉, 다른 생활주기에 잘 적응하기 위해 가장 기본적으로 해야 할 과업이 결혼전기에 시작되므로 이 시기가 중요하다.

표 11-1 카터와 맥골드릭의 가족생활주기의 단계

가족생활주기 단계	전환기의 정서적 과제	발달을 위해 필요한 가족체계의 변화
결혼전기	자신에 대한 정서적 · 재정적 책임을 수용하고 부모-자녀 관계의 분리를 받아들임	① 원가족과의 관계에서 분화 ② 친밀한 이성관계의 발달 ③ 일과 재정적 독립 측면에서 자신에 대한 확립
결혼적응기	새로운 체계에 대한 수임	① 부부체계의 형성 ② 배우자가 포함되도록 확대가족, 친구와의 관계 재정비
자녀아동기	새로운 가족구성원 수용	① 부부체계에 자녀를 위한 공간 만들기 ② 부모역할 받아들이기(자녀양육, 재정, 가사일에 공동참여) ③ 부모, 조부모 역할이 포함되도록 확대가족과의 관계 형성
자녀청소년기	자녀의 독립과 조부모의 허약함을 고려하여 가족경계의 융통성 증가	① 청소년 자녀가 가족체계에 출입이 자유롭도록 부모-자녀 관계의 변화 ② 중년기 부부의 결혼 및 진로 문제에 재초점 ③ 노인세대를 돌보기 위한 준비 시작
자녀독립기	가족구성원 수의 증감 수용	① 부부체계를 이인군 관계로 재조정 ② 성장한 자녀와 부모와의 관계를 성인 대 성인의 관계로 발전 ③ 사돈과 며느리, 사위, 손자녀가 포함되도록 관계 재정비 ④ 부모 또는 조부모의 무기력과 죽음에 대처
노년기	역할변화 수용	① 신체적 쇠퇴에 직면하면서 자신과 부부의 기능과 관심사 유지 ② 다음 세대가 중추적 역할을 하도록 지원 ③ 연장자가 할 수 있는 일을 대신하지 않으면서 자신의 지혜와 경험이 활용될 수 있는 여지 마련 ④ 배우자, 형제, 친구의 죽음에 대처하면서 자신의 죽음을 대비하며 삶을 되돌아보고 통합

출처: Carter & McGoldrick (2000), p. 22.

2) 에릭슨의 가족생활주기와 가족치료

밀튼 에릭슨(Milton H. Erickson)은 전략적 가족치료 발전에 기여한 학자이자 임상가로서 개인의 증상에만 초점을 두기보다 가족생활주기에 따라 변화해 가는 과정에서 잘 적응하지 못할 때 증상이 나타난다고 보았다. 그는 가족생활주기의 주요단계에서 나타나는 가족 내 갈등과 증상 및 개입방식을 보여 주는 수많은 임상사례를 제시하였는데, 그의 이러한 관점과 임상사례를 종합하여 헤일리(Haley, 1986)는 가족생활주기를 6단계, 즉 구애기, 결혼초기, 자녀양육기, 중년기, 자녀독립기, 노년기로 구분하였다.

각 단계의 특징을 살펴보면, 구애기는 젊은이가 청소년기에서 성인 사회의 구성원으로 옮겨 가는 시기로, 이 시기의 주요과제는 성공적인 구애로 배우자를 선택하는 것이다. 결혼초기는 결혼한 부부가 각자의 원가족에서 독립을 하며 배우자에게 적응해 나가는 시기다. 자녀양육기는 자녀가 출생하는 시기로 자녀의 출생은 기쁨과 함께 어려움을 주어 현존하는 문제를 악화시킬 수 있다. 중년기에는 남편이 안정된 사회적 지위를 갖게 되나 아내와 멀어질 수도 있는 반면, 아내는 자신의 야망이 좌절되면서 아내와 어머니로서의 역할 상실을 경험할 수 있다. 자녀독립기는 자녀가 부모에게서 분리되어 독립하려는 시기로 자녀의 독립은 많은 가족에게 위기가 될 수 있다. 마지막으로, 노년기는 자녀가 독립하고 부모는 은퇴하여 노부부만 남게 되는 시기로 사회적으로 유용한 역할에서 역할이 축소되는 어려움과 여러 측면에서 '상실'을 경험하게 되는데, 이를 최소화할 수 있도록 예방을 하는 것이 필요하다.

에릭슨은 가족생활주기에 따른 단계별 문제와 그에 따른 치료목표와 개입방법에 대해 제시하였는데, 그 내용은 〈표 11-2〉와 같다.

표 11-2 에릭슨의 가족생활주기 단계별 치료적 접근방법

가족생활 주기 단계	문제	치료목표	개입방법
구애기	① 신체적 외모에 대한 콤플렉스 ② 원가족과의 분화 문제 ③ 또래 관계의 문제	부적응 개인을 도와 직업과 배우자를 얻게 하여 기능적인 사회구성원이 되는 것	① 사고, 행동방식을 수용하면서 변화로 이끄는 생각과 행동을 소개함 ② 치료자 자신과 지역사회의 자원을 최대한 활용함 ③ 자신에 대한 인식, 특히 신체상을 재개념화시킴

결혼초기	① 배우자 및 원가족과의 마찰 ② 성적 부적응, 배우자의 외도 ③ 결혼에 대한 헌신의 부족	여러 가지 문제를 극복하고 부부생활을 유지하면서 자녀양육기로 넘어가는 것	① 증상을 이용해 원가족과 독립할 수 있게 함 ② 성적 부적응을 병리적으로 다루지 않음 ③ 배우자의 외도는 상황에 따라 직접적으로 개입함
자녀 양육기	① 한쪽 배우자가 자녀와 밀착되어 부부의 문제를 아동을 통해 다룸 ② 자녀양육으로 부부 또는 원가족과 갈등 ③ 습관적인 의사소통 문제 ④ 가족 간의 경계선 파괴	부모와 자녀를 분리하여 부부생활과 자녀양육생활을 독립적으로 하는 것	① 개인을 둘러싸고 있는 상황을 모두 고려함 ② 부모의 권위는 인정하고 상황에 따라 아동과 치료적 동맹을 맺음 ③ 과잉 간섭하는 부모를 아동에게서 분리시킴 ④ 아동의 잘못된 행동보다는 올바르게 행동하는 데 초점을 둠
중년기	① 주도권을 갖기 위한 힘겨루기 ② 가족 안정성을 유지하려고 역기능적 상호작용을 고수함	부부의 습관적이고 주기적인 상호작용에 내재된 갈등을 해결하는 것	① 부부를 함께 상담 ② 부부의 역기능적 관점을 바꿈 ③ 모순적인 과제 부여로 변화를 야기함 ④ 직면을 사용함
자녀 독립기	① 자녀의 독립으로 부부의 공통요소가 사라져 그동안 유지해 온 가족의 안정성이 깨짐 ② 부모의 관심, 자비, 과잉보호 때문에 부모-자녀 관계가 동료관계로 옮겨가지 못함	자녀는 독립하여 성인의 역할을 수행하게 하고 부모는 자녀를 독립된 개체로 인정하며 이전과 다르게 상호작용하는 것	① 필요에 따라 부모와 자녀를 함께 또는 개별적으로 작업함 ② 자녀를 가족과 분리시키면서도 가족과의 유대를 지속하게 함
노년기	① 은퇴에 따른 역할상실감 ② 부부가 갑자기 24시간 함께 있게 됨으로써 문제 발생	변화에 대한 희망보다는 피할 수 없는 일을 수용하게 함	① 부부가 애정적이고 서로 도움이 되는 역할을 하도록 함 ② 배우자가 먼저 사망할 경우 다른 가족과의 관계를 도움 ③ 질병의 고통을 덜어 주기 위해 최면술을 사용함

출처: Haley(1986)에서 발췌 및 수정.

3) 가족생활주기의 역동적 과정모델

벡바와 벡바(Becvar & Becvar, 2016)는 가족생활주기 모델이 가족 이슈의 복잡성을 충분히 포함하지만 여전히 일차원적이라는 한계가 있으므로, 가족발달 모델을 개인발달 모델과 통합한 역동적 과정모델(dynamic process model)을 제시했다. 이 모델에 의하면 가족이 하나의 체계로서 개인발달, 부부발달, 가족발달의 상호작용 조합에 따라 특징적인 발달적 전이와 발달과업이 달라질 수 있다. 따라서 가족치료 임상 현장에서 훨씬 더 다양하게 적용될 수 있으며, 또 전통적인 핵가족 형태를 넘어 다양한 부부와 가족 형태에 적용될 수 있다. 개인발달의 개념틀은 대표적으로 에릭슨(Erikson, 1963)의 심리사회적 모델, 피아제(Piaget, 1955)의 인지발달 모델, 콜버그(Kohlberg, 1981)와 길리간(Gilligan, 1982)의 도덕성 발달 모델, 뉴가르튼(Neugarten, 1976)의 성인발달 모델이 있다. 예를 들면, 에릭슨의 심리사회적 모델은 개인의 발달을 8단계로 나누어 각 단계마다 성취해야 할 특정 과업이 있으며, 그 과업의 성취 여부는 그 이후의 발달단계 전부에 영향을 주며, 과업을 수행하지 못했거나 미해결된 과업이 있을 경우 그 이후의 발달이 어려워진다고 본다. 심리사회적 발달 모델을 인지발달 모델이나 도덕성 발달 모델과 같은 다른 측면의 모델과 합쳐 임상 현장에서 적용하면 가장 효과적이다.

표 11-3 결혼생활의 단계와 과업

단계	정서적 이슈	주요 과업
신혼기 (0~2년)	결혼생활에의 몰입	• 원가족으로부터의 분화 • 가족 · 친구와 더불어 배우자의 자리 만들기 • 직업 요구에 적응하기
결혼 초기 (2~10년)	관계의 성숙	• 결혼생활의 낭만 유지하기 • 분리와 연결의 균형 유지하기 • 결혼생활에의 몰입을 새롭게 형성하기
결혼 중기 (10~25년)	은퇴 후 계획하기	• 중년기 변화에 적응하기 • 관계의 재협상 • 결혼생활에의 몰입을 새롭게 형성하기
결혼 후기 (25년 이상)	회고와 정리	• 부부의 기능성 유지하기 • 가족의 주거 변화 • 배우자의 죽음에 대처하기

출처: Becvar & Becvar (2016), p. 132.

가족생활주기의 역동적 과정모델은 결혼생활주기의 단계와 과업도 통합하며 〈표 11-3〉과 같이 제시한다. 이는 전통적 핵가족 형태를 취하지 않고, 자녀를 자발적/비자발적으로 출산/입양하지 않고 부부만으로 이루어진 가족의 발달단계와 과업을 이해하는 데도 도움이 된다.

가족생활주기의 역동적 과정모델에서 벡바와 벡바(Becvar & Becvar, 2016)는 선행연구들(Barnhill & Longo, 1978; Becvar & Becvar, 1999; Carter & McGoldrick, 1980; Duvall, 1962)을 종합하여 가족생활주기의 단계와 단계별 주요 과업을 〈표 11-4〉와 같이 제시했다. 이 모델과 카터와 맥골드릭의 가족생활주기와의 차이점은 이 모델이 자녀출산과 양육기를 4단계로 세분화하였다는 점이다.

표 11-4 가족생활주기 단계와 과업

단계	정서적 이슈	주요 과업
결혼전 성인기	성인자녀의 부모로부터의 분리와 독립	• 원가족으로부터의 분화 • 동료관계의 발달 • 직장생활 시작
신혼기	결혼생활에의 몰입	• 부부체계의 형성 • 가족 · 친구와 더불어 배우자의 자리 만들기 • 직장의 요구에 대한 적응
자녀출산기	새로운 가족구성원인 자녀의 수용	• 자녀의 자리에 대한 적응 • 부모역할 수행하기 • 조부모의 자리 만들기
학령전 아동기	자녀의 새로운 인성의 수용	• 특정 자녀의 요구에 적응하기 • 에너지 소모와 사생활 부족에 대처하기 • 부부만의 시간 갖기
학령기 아동기	자녀가 가족외부의 관계를 수립하도록 돕기	• 가족/사회 상호작용을 확장하기 • 자녀의 교육적 발달을 격려하기 • 활동과 시간 요구의 증가를 다루기
10대 자녀기	가족 경계의 융통성을 증가시켜 자녀의 독립성 허용하기	• 부모-자녀 관계의 균형을 변화시키기 • 중년기의 직업 및 부부관계 이슈에 재초점 맞추기 • 노년기 세대에 대한 관심을 높이기

진수기	가족구성원의 진수와 들어옴을 수용하기	• 성인자녀를 직업, 대학, 결혼생활로 진수시키기 • 지지적 가정 기반을 유지하기 • 성인자녀가 때로 들어옴을 수용하기
중년기	자녀를 떠나보내고 서로 직면하기	• 결혼생활의 재정립 • 자녀의 배우자 및 손자녀를 환영하기 • 노부모의 노화에 대처하기
은퇴	은퇴와 노화의 수용	• 개인과 부부의 기능 유지 • 중년세대를 지지하기 • 부모, 배우자의 죽음에 대처하기 • 가족의 주거 변화

출처: Becvar & Becvar (2016), p. 131.

이 모델은 개인발달, 부부발달, 가족발달을 통합하여 [그림 11-2]와 같이 시각화하는데, 예를 들어 10대 자녀와 부부로 이루어진 핵가족의 역동적 발달과정은 [그림 11-3]과 같이 제시할 수 있다. 가족구성원이 늘어나고, 또 확대가족, 또 확대가족의 구성원까지 고려하면 이 모델은 더욱 복잡해지지만, 그만큼 개인발달과 부부발달 및 가족발달을 통합적이고 전체적인 3차원 관점에서 이해할 수 있다. 또한 전통적인 핵가족뿐 아니라 다양한 형태의 가족에도 적용될 수 있어서 임상 현장에서 더욱 효과적이다.

[그림 11-2] 가족생활주기의 역동적 과정모델

출처: Becvar와 Becvar(2016), p. 133의 [그림 5-1]을 수정 및 보완.

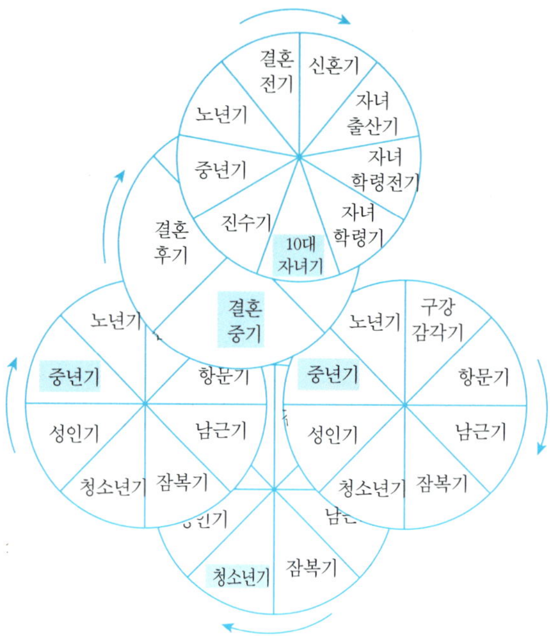

[그림 11-3] 가족생활주기의 역동적 과정모델 예

출처: Becvar와 Becvar(2016), p. 134의 [그림 5-2]을 수정 및 보완.

4) 한국인의 가족생활주기

여기서는 앞서 제시한 카터와 맥골드릭의 가족생활주기 6단계를 기초로 한국인에게 생활주기별로 주로 어떤 일이 발생하고, 어떤 과업이 있으며, 어떤 문제점이 있는지 살펴본다.

(1) 결혼전기/구애기

결혼전기는 미혼의 자녀가 원가족을 떠나 자신의 가족을 이루기 전까지의 기간을 말한다. 성인자녀는 원가족을 떠나 자신의 정체성 확립, 건강하고 성숙하며 친밀한 관계의 형성, 자신에 대한 정서적 · 재정적 책임의 수용, 직업적 독립의 수용이라는 발달과업에 직면한다. 카터와 맥골드릭(Carter & McGoldrick, 1996)은 성인기로의 전환을 성공적으로 해결하기 위해서 부모 · 가족은 자녀와 지속적인 유대관계를 가지면서 자녀의 분리와 독립을 수용하고, 성인자녀의 정체성에 대한 모호함과 상이점을 받아들이며, 가족 외부로 향하는 정서적 애착과 생활양식의 차이를 수용하는 능력을 필요로 하며, 부모가 부부로서 빈둥지 기간 동안 친밀성을 재협상하는 데 성공해야 한다고 강조하였다. 이 단계의 문제점은 성인이 된 자녀와 부모의 관계가 덜 위계적이어야 함에도 부모가 이를 인정하지 못하거나 수용하지 못하는 데 있다. 이처럼 성인자녀의 지위가 변화되지 못하면 자녀는 부모에게 반항하거나 도망가려는 형태로 부모와 가족에게서 유사 독립적인 단절을 보이기도 한다. 또는 부모가 성인자녀의 의존성을 부추기거나 반대로 성인자녀가 부모에게 계속 의존하는 문제가 생길 수 있다.

현재 우리나라에서 성인자녀는 대학졸업-취업-결혼-자녀출산이라는 전형적인 방식이 아니라 다양한 방식으로 부모로부터 독립하는 경향이 있다. 젊은 청년일수록 첫 취업시기, 결혼 및 출산의 지연 추세가 뚜렷하며, 부모로부터 분가비율이 감소(한국청소년정책연구원, 2010, 2011)하고, 비혼화와 결혼의향이 감소하며 가족가치관의 다양화 등으로 가족으로부터 독립하지 못하고 부모에게 의존하는 기간이 점점 늘어나고 있다. 이러한 시대상을 반영하는 신조어도 대거 등장했는데, 독립할 나이에도 부모에게 의존하고 사는 '캥거루족'과 '중년 캥거루족(35세 이상으로 부모에게 의존하는 자녀)'(중앙일보, 2023. 7. 18.), 청년 취업의 어려움을 은유하기 위하여 삼포세대에 이어 최근에는 'N포세대'라는 용어가 등장했고, 직업을 대체하는 여성들의 결혼을 가리키는 '취집'이라는 용어도 등장했다(정혜정, 2013). 청년기와 성인기 사이에 등장한 이 시기를 미국의 발달심리학자 아네트(Arnett, 2000)는 성인발현기(emerging adulthood)라는 새로운 용어를 사용하여 서술하였다. 가족생활주기상 이 시기의 출현은 부모-자녀 관계 및 부부관계의 새로운 조정과 적응을 요한다. 그러나 우리나라에서 여전히 성인자녀의 독립은 서구적 의미에서의 독립이라기보다 가족공동체 안에서 부모와 상호호혜적 관계의 시작을 의미하는 경향이 강하다. 다만 그 정도와 범위에 대해서는 부모와 청년세대 간 갈등과 반목이 있을 가능성이 크다. 현대 한국가족은 과거에 비해 가족 내 위계질서가 상당히 약화되어, 성인자녀의 독립에 대한 부모의 기대나 요구는 더 이상 효력을 발휘하지 못할 가능성이 크다(정혜정, 2013).

결혼전기에 행해지는 의례로 약혼식이 있다. 약혼식은 양가의 직계 가족, 조부모와 친족이 공식적으로 첫 인사를 나누는 자리로서의 의미를 가진다. 전통 혼례에서는 약혼식이라는 개념이 없었고 혼인이 결정되면 신랑 집에서 신랑의 사주를 적어 신부 집에 보냈고, 사주 받는 것을 약혼으로 간주했다. 혼인 하루 전날이나 당일 신랑 집에서 신부 집으로 함을 보내는데, 함 속에는 채단(저고리와 치마를 만들 옷감)과 혼서지, 패물 등을 넣었다. 얼마 전까지는 신부 집에서 음식을 장만하여 신랑 집 식구를 초대하는 형식을 취했으나, 중 · 상류층을 중심으로 호텔이나 화려한 음식점에서 비용은 신부 집에서 부담하고 신랑 측에서는 신부 측에게 사주함을 전달하며, 약혼반지와 시계 등을 교환하였다. 그러나 재정적으로 여의치 않거나 시간이 급박한 경우 약혼식은 생략되기도 하였으며, 최근에는 약혼식을 별도로 진행하는 경우가 드물어지고 있다.

결혼의 형태와 배우자 선택의 주체가 시대별로 차이를 보인다. 1940년대와 1950년대에는 중매혼의 경향이, 그 이후 차츰 중매와 연애의 절충혼의 경향이 보이다가 최근에는 연애혼이 많은 비중을 차지한다. 2000년대에 들어 배우자를 선택할 때 부모의 영향력보다는 개인의 의사와 판단이 주요한 요인으로 작용하고 있다. 최근에는 여성의 사회진출이 일반화되고 생활 편의상 처가와 가까이 살거나 처가에서 사는 남성이 늘면서 전통적인 부계제에서 양계제로 바뀌는 경향이 뚜렷하다.

(2) 결혼적응기

결혼적응기는 결혼으로 하나의 가족을 이루는 단계다. 한 쌍의 남녀가 만남을 갖고 사귀는 구애기간을 거친 후 결혼이라는 의식을 통하여 가족이 이루어진다. 구애기간 동안 연인은 결혼의 낭만적인 측면만 보기 쉽다. 이 시기의 주요 과업은 부부 각자 원가족으로부터 독립하여 배우자와 친밀감과 애정관계를 발전시키고 부부로서의 정체성을 확립하는 것이다. 이 과정에서 자신의 원가족과 해결하지 못한 한 배우자의 문제가 결혼을 결정하는 요소가 될 수 있으며 나아가 기능적인 부부관계의 균형을 깨뜨릴 수 있다(Carter & McGoldrick, 1996). 이 시기에 자신의 부모에게서 정서적으로 독립하지 못한 사람은 결혼을 통해 정체감을 형성하려고 하며, 배우자가 자신과 다른 점을 갖고 있음을 인정하거나 수용하는 것이 어렵다. 결혼으로 부부는 자신의 원가족에서 분화하여 한 가정을 책임지는 역할을 맡게 되는데, 이 과정에서 상대방에게 적응해야 하는 과업이 부과된다. 결혼생활을 유지하고 발전시키기 위해서는 부부의 헌신적인 노력과 협력이 매우 중요하다. 상대방을 통해 자신을 확인하려는 욕구를 갖기보다는 상대방의 관점과 방식을 인정하여야 하며, 새로 형성한 가족에 배우자가 포함될 수 있도록 확대가족이나 친구와의 관계를 재정비해야한다.

이 시기에 부부는 자녀출산 계획을 둘러싸고 갈등을 경험할 수 있는데, 이는 결혼비용 마련으로 인한 부채를 먼저 갚으려는 요구와 자녀양육에 대한 부담으로부터 야기되는 경우가 많다. 직장여성의 경우, 임신과 출산으로 인해 직장을 그만두게 되면 소득감소의 원인을 제공할 것에 대한 염려가 있다. 이 시기에 부부는 가정 밖의 근로활동과 가정 내의 가사노동 분담에 대한 발달과업이 수행해야 한다. 맞벌이가 증가하고 기혼여성의 취업률이 높아지는 현 시대에 남성이 경제활동과 가족부양의 역할을 담당하고 여성이 자녀양육과 가사노동을 담당하는 전통적인 성역할 고정관념이 조정되어 가사노동을 효율적으로 수행할 수 있어야 한다. 또한 자녀계획, 일과 가정의 양립과 부부간 분담, 재정계획과 관리 같은 가정생활에 대한 계획이 수립되고 수행되어야 한다(김유경, 김양희, 임성은, 2009).

결혼적응기에 행해지는 의례로 결혼식과 집들이가 있다. 1960년대 예식장업이 본격화되면서 예식의 형식과 절차가 바뀌어 흰색 드레스에 면사포를 쓴 신부가 아버지의 손을 잡고 입장하여 미리 대기해 있는 신랑의 손을 잡는 것으로 바뀌었다. 예식장 안의 폐백실에서 신랑 집 어른에게 폐백 드리는 절차는 구식 혼례식의 절차의 일부가 변형된 것이다. 예식이 끝나면 하객은 피로연에서 음식을 대접받는데, 1980년대 초반에는 피로연을 없애려고 정부가 가정의례준칙을 강화하여 비누, 수건, 우산 등의 답례품을 주는 사례가 많았다. 우리나라에서 결혼식은 전통적으로 인륜지대사이자 두 가문의 결합으로 여겨져 매우 중시되었으며, 오늘날까지도 그러한 전통이 강하게 남아 있다. 따라서 결혼 예식과 비용 및 주거지 등을 둘러싸고 결혼하는 젊은 남녀뿐 아니라 부모자녀 간 그리고 가족 간의 갈등이 빈번이 일어나고 있다(한국일보, 2016. 2. 18.).

집들이는 독립된 새 살림의 출발을 축하하기 위한 의례다. 결혼식에서는 형식적인 인사와 답례가 있는 반면, 집들이는 형식에 구애받지 않은 만남의 장을 마련함으로써 신혼부부가 각각 유지하고 있는 사회관계망을 함께 공유한다는 의미가 있다. 따라서 양가의 부모와 친척보다는 직장동료나 친구 중심의 초대가 우선시되며 여러 날에 걸쳐 이루어지기도 한다.

(3) 자녀아동기/자녀양육기

자녀아동기는 어린 자녀가 있는 가족으로 자녀의 출생은 부부관계에 부모-자녀관계가 첨가되므로 성인에게는 지위가 한 단계 상승한다는 것과 어린 자식을 돌보는 세대가 된다는 것을 의미한다. 부부는 자녀를 위한 물리적 · 심리적 공간을 제공해야 하며 자녀양육과 집안일에 협동할 수 있어야 한다. 또한 부모의 지나친 기대로 자녀가 중압감을 받지 않도록 하며 부부관계와 부모-자녀관계에서 균형을 유지하도록 한다. 부부가 자녀양육에 지나치게 몰두할 경우 부부간의 관계가 멀어지고 성관계가 소원해지는 섹스리스(sexless) 부부로 지내기 쉽다(중앙일보, 2008. 9. 22.). 부부간의 성관계는 결혼만족도와 밀접한 연관이 있다는 점을 놓고 볼 때 섹스리스 부부로 지내는 기간이 길어질수록 결혼생활에 대한 관심과 흥미가 더욱 저하되고, 결국 자녀 독립 후 부부만 남는 시기에서 부부관계의 재적응을 어렵게 하는 원인이 되기도 한다. 또한 이 시기는 가족 내에서 조부모가 어른 역할을 할 수 있는 기회를 주는 것도 중요하다.

이 시기는 자녀양육에 대한 관심이 집중적으로 증가하는 시기로서 우리나라에서 전체 생활비 중에서 양육비와 교육비가 가장 많이 드는 시기다. 특히 우리 사회는 교육을 최우선으로 강조하는 경향이 강해서 부모는 자녀가 학교생활에 적응하고, 선생님 및 또래와 원만한 관계를 유지하며, 학교 공부에 적응할 수 있도록 관심을 가지고 돕는 것이 필요하다. 이 시기의 가족은 공통적으로 부인의 양육 및 가사부담이 증가하기 때문에 부부가 자녀양육과 가사분담을 공평하게 수행해야 하며, 필요할 경우 적절한 부모역할 대리 수행자를 찾아 양육지원을 받을 필요가 있다(김유경, 김양희, 임성은, 2009).

특히 우리나라의 치열한 대학입시경쟁으로 인해 부모들은 자녀들이 매우 어린 시기부터 집중적으로 사교육을 시키고 자녀교육에 최대한 투자하고자 교육비 마련에 대한 높은 부담을 가지며 자녀의 일거수일투족에 관심을 가지고 챙기는 등 지나치게 관여하는 이른바 '헬리콥터 부모'가 많다(헬스조선, 2022. 5. 13.). 이는 자녀의 온전한 성장과 발달을 저해할 뿐 아니라 부모자녀 간의 갈등과 부부갈등으로 이어지기 쉽다. 자녀가 부모와 애착이 제대로 형성되지 않거나 좋은 관계를 맺지 못하고 학교적응에 어려움이 클 경우 행동정서 문제를 보일 가능성이 크다. 최근 이 시기의 일부 아동이 주의력결핍 과잉행동장애(ADHD)와 같은 정서 또는 행동상의 어려움을 많이 보이고 있다는 보도가 잇따르고 있다. 부모와의 안정적인 애착관계와 가족원 간의 효율적인 의사소통이 자녀의 학교적응과 사회화에 매우 중요한 시기다.

이 단계에서 행해지는 의례로는 임신과 출산, 백일과 돌잔치, 입학식 등이 있다. 각 가정이 자녀를 적게 낳기를 바라면서 출산율이 크게 떨어지고 있으나 대를 이을 아들을 포기한 것은 아니어서 1980년대 후반부터 2000년대 초반까지 '태아 성감별'과 태아의 성별이 여아인 경우에 '인공 임신중절 수술'이 행해졌고 출생 성비가 남아선호가 두드러지는 방향으로 심각한 불균형을 이루기도 했다. 그러나 2000년대 후반에 접어들어 출생아의 성비가 정상범위에 접어들었다.

자녀의 백일 때는 주로 양가 부모와 친족을 중심으로 집에서 잔치를 하였으며 아이의 순진무구성을 기리며 액을 방지하고자 백설기와 수수팥떡을 반드시 준비하였다. 예전에는 백일 선물로 흰색 무명실이나 쌀 등을 선택하였으나 요즈음에는 금반지, 아기 옷, 현찰 등 실질적인 선물을 많이 한다. 돌은 백일보다 성대하게 치르며 초대범위도 친족을 넘어 친지를 포함한 사회관계망으로 확대된다. 최근에는 번거로움을 피하기 위해 큰 음식점이나 호텔의 뷔페식당을 이용하여 돌잔치를 하기도 한다. 선물은 백일과 별로 차이가 없으며 금반지, 아기 옷, 은수저, 현찰 등으로 한다. 아이가 성장하여 공식 교육기관에 입학하는 것은 교육열이 높은 우리나라 부모들에게는 특별한 의미를 지닌다. 유치원, 초등학교, 중 · 고등학교, 대학교 등으로 이어지는 각 단계의 입학식 중 부모에게 가장 감동적인 단계는 첫아이의 초등학교 입학식이다.

(4) 자녀청소년기/부모중년기

자녀청소년기는 청소년기의 자녀를 둔 가족으로 신체적 · 심리적 · 정신적으로 변화하고 성숙해 가는 청소년자녀가 독립적인 가치관을 형성하고 정체감을 발전시킬 수 있도록 부모는 자신의 생각과 방식을 강요하거나 비판하기보다 애정 어린 관심과 의사소통을 통해 자녀와의 관계를 새롭게 형성해야 한다(김유경, 김양희, 임성은, 2009). 이 시기의 가족은 어린 자녀를 양육하고 보호하던 역할과는 달리 자녀가 책임감을 가지도록 가족의 구조와 조직을 변화시켜야 하는 단계다. 그러므로 가족 내의 자녀에 대한 규정뿐 아니라 자녀의 발달과 관심의 변화에 대응하여 부모의 역할도 변해야 한다. 한 예로, 부모는 청소년자녀가 가족의 체계에 자유롭게 '출입'할 수 있도록 가족의 경계선 설정에 유연하여야 한다. 이제 부부는 중년기로 접어드는 시기로서 자신들의 부부관계와 향후 거취 문제에도 초점을 맞추며 노인기로 접어든 노부모에 대한 보살핌도 준비해야 할 때다.

우리나라에서 이 시기에 대부분의 가족은 자녀의 대학 진학을 지원하는 분위기로 정돈된다. 치열한 경쟁 속에서 좋은 대학에 합격해야 한다는 우리 사회 전반의 분위기를 나타내는 입시철, 입시병, 입시지옥, 자식농사에 목숨 건 부모 같은 표현들은 어디서나 흔히 들을 수 있다. 특히 입시철이 다가오면 수험생 자녀뿐 아니라 부모와 가족, 심지어 일가친척 모두가 한마음으로 가슴앓이를 하는 입시병을 앓으며 자녀의 대입성공을 기원한다. 자녀가 이러한 기대에 부응할 경우 문제가 없지만, 그렇지 못하고 이로 인한 실패감과 부담감이 클 경우 부모자녀 간의 갈등과 부부불화가 심화되고 자녀가 불안과 우울, 두통과 소화불량, 초조함, 무기력증 등 정서행동 문제뿐 아니라 더 나아가 자살이라는 극단적 선택을 하는 경우도 종종 있다.

최근에는 청소년 자녀의 입시 스트레스를 보여 주는 현상으로 '명절 버그아웃(Bugout, 일시 피난민)'이라는 신조어가 생겨나기도 했다. 이는 입시를 앞둔 청소년 자녀들이 이전에는 주로 며느리들이 겪었던 명절 스트레스를 경험하는 것과 관련이 있는 용어로서, 청소년 자녀의 입시 스트레스가 명절 때 귀향이나 친척 모임을 기피하도록 만드는 현상을 뜻한다(경향신문, 2024. 9. 14.).

따라서 부모와 가족은 청소년자녀가 공부와 입시에 대한 지나친 부담과 스트레스에서 벗어나 자율적이고 능동적으로 학업에 임하고 목표를 세워 나갈 수 있도록 든든한 지원자이자 안식처가 되어 줄 필요가 있다. 이 시기의 자녀들이 스스로 고민하고 세워 나가는 삶의 방향과 정체성이 부모의 시각에서 만족스럽지 않고 신뢰할 수 없는 방향이라 하더라도 자녀를 믿어 주고 격려하며 실패를 해도 되돌아가 다시 시도함으로써 자신의 삶을 다져 갈 수 있도록 지원하는 것이 중요하다.

자녀청소년기에 행해지는 의례로는 입학, 졸업, 입시가 있다. 앞에서 언급한 것처럼 초등학교 입학이 다른 단계의 입학식보다 중요시되는 반면, 졸업식은 대학 졸업식이 가족의례로 중요시되고 있다. 졸업식에서 부모가 학사모를 쓰고 사진 찍는 모습이 빈번하게 목격되는데 이는 학업의 공을 부모에게 돌린다는 의미다. 한국 사회에서 취업의 큰 변수가 학벌인 만큼 자녀가 어느 학교에 입학하느냐는 가족에게 큰 관심사가 된다. 한 번으로 판가름 나는 명문대학의 입학 여부는 입시생이 있는 가족이라면 모두 경험하는 현대판 한국 가족의 통과의례이며 합격을 기원하는 의미로 상품화된 각종 선물세트가 입시철이 되면 날개 돋친 듯 팔리는 것도 매우 한국적인 풍경이다. 입시의례의 절정은 입시 날 아침 교문이나 담에 붙어 있는 엿이나 찰떡, 새벽에 교문 앞에서 기도나 불공을 드리며, 심지어 돼지머리와 떡과 술로 고사상을 차려 기원하는 모습에서도 볼 수 있다.

(5) 자녀독립기

자녀독립기는 자녀가 독립을 꾀하는 시기로, 부모의 품에서 떠나 독립된 사람으로서 자율성을 확립하는 단계이며, 부모는 은퇴를 준비하거나 은퇴를 하는 시기다. 인간의 수명이 연장된 이 시대의 부모에게 이 단계는 매우 새로우면서 길게 느껴진다. 이 시기는 부부가 자녀양육의 책임에서 벗어서 새로운 관계를 형성하고 새로운 활동에 공동으로 참여하면서 부부관계를 강화하거나 확장할 수 있는 긍정적인 기회로 여겨질 수 있다. 그러나 이러한 기회를 제대로 활용하지 못하면 부모로서의 책임감 상실로 인한 공허감, 외로움, 상실감, 우울감 등으로 이어질 수 있다. 이 시기에 부부가 재적응에 성공하지 못하고 갈등할 경우 그동안 참고 살아왔던 부부관계를 정리하고, 막내자녀가 대학교에 입학하여 부모로서의 책임감을 다하는 시기의 '대입 이혼'으로 이어질 수도 있다(동아일보, 2009. 9. 26.)

이 시기는, 특히 우리나라에서 자녀양육과 교육지원이 거의 완료단계에 이르러 이에 대한 관심과 지원은 상대적으로 낮은 대신 성인자녀의 취업과 결혼에 대한 부담이 높은 시기다. 그리하여 자녀들의 취업이 순조롭지 않거나 임시직 혹은 계약직으로 일하고 있을 경우에 안정적인 취업에 대한 심적 부담이 많으며(김유경, 김양희, 임성은, 2009), 이를 둘러싼 가족원 간의 긴장과 갈등이 발생할 가능성이 큰 시기다.

자녀가 물리적으로 독립하여 어느 정도 안정적인 경제생활을 하게 되면 부모는 새로운 생활에 적응해야 하는 과제가 생긴다. 여성은 이제까지 기능해 왔던 어머니 역할이 줄고 '빈둥지(empty nest)' 시기를 맞으면서 폐경기를 경험하게 되고 남성은 경제적 활동이 감소된다. 최근 이 시기의 대부분의 부모는 1955년에서 1963년에 출생한 소위 베이비부머 세대다. 그들은 산업화의 주력부대로 지난 30년간 달려 왔으면서도 아직도 자녀들의 학비와 결혼비용에 헐떡이고 고령의 부모 부양 걱정을 하면서도 정작 자신들의 노후엔 전혀 신경 쓰지 못하고(송호근, 2013), 초고령화 사회에서 100세 사회에 대한 준비도 없이 100세를 살아가야 하는 첫 번째 세대다. 특히 열악한 시대적 상황에 노출된 베이비붐 세대 부모가 조기퇴직할 경우, 퇴직을 위해 준비한 것이 무엇이며, 어떻게 대처하는가, 자녀를 비롯한 자원이 무엇인가 등에 따라 은퇴 후 생활이 달라진다.

이 단계의 특징은 가족구성원이 가족체계에 들어오거나 나가는 것이다. 성장한 자녀는 집을 떠나 학업, 입대, 취직을 하기도 하고, 결혼한 자녀는 배우자를 새로운 가족구성원으로 들어오게 한다. 이 단계에서 부부는 성장한 자녀와 부모와의 관계를 성인 대 성인의 관계로 발전시켜야 한다. 자녀의 배우자로 인해 며느리, 사위, 사돈, 손자녀가 생기므로 이들이 모두 가족체계에 포함되도록 가족관계를 재정비하고 부모나 조부모의 무능력과 죽음도 준비해야 한다. 무엇보다 이 시기의 부부는 부부체계를 이인군 관계로 재조정해야 하는 중요한 과업에 직면하며, 이러한 조정과 협상이 제대로 이루어지지 않을 경우 황혼이혼이나 별거 혹은 졸혼으로 이어질 수 있다.

이 단계에서 주로 행해지는 의례로 군 입대, 약혼식과 결혼식을 들 수 있다. 자녀 중, 특히 장남의 군 입대는 가족의 중요한 구성원이 일정 기간이지만 집을 떠나는 것으로 분리의례에 속하며, 비록 현대가족이 핵가족의 형태를 띠고는 있으나 친가의 조부모에게 장손의 군 입대는 중대사다. 그러므로 입대 전에 미리 날을 잡아서 조부모와 가까운 친척을 초대하여 식사대접을 하면서 장도(長途)를 격려받는다. 약혼식과 결혼식은 결혼전기와 적응기에 간단히 설명하였다.

이 단계에 흔히 있는 자녀의 유학은 가족의 구조와 역할에 큰 변화를 야기한다. 자녀가 성인이 되어 유학하는 경우 부모의 주된 역할은 경제적 지원이다. 그러나 자녀가 비교적 어릴 경우 어머니가 객지에서 보살펴야 하므로 가족의 구조가 변형되기 쉬우며 결과적으로 부모의 부부관계, 자녀와의 관계에 손상이 오기 쉽다. 대개의 경우 가장인 아버지가 경제적인 부담을 짊어지게 되는데 이들을 가리키는 신조어가 생겼다. 자녀의 조기유학 때문에 국내에 홀로 남아 있는 '기러기 아빠', '기러기 아빠' 중에 여유가 없어 힘들고 외로워도 국내에서 발만 동동 구르는 '펭귄 아빠', 형편이 좋아서 언제든 외국으로 가족을 보러 갈 수 있는 '독수리 아빠' 등이 그 예다.

(6) 노년기

이 시기의 주제는 가히 '상실'이라고 할 수 있으며 이를 최소화하며 역할의 변화를 수용해야 하는 단계다. 상실은 신체적 쇠퇴를 비롯하여 경제, 사회, 심리, 정서 등 여러 측면에서 오는데 배우자, 형제, 친구, 친지의 상실에 대처하며 자신의 죽음에도 대비하여야 한다. 노부모는 신체적으로 쇠퇴 과정에 있지만 각자의 기능과 관심사를 유지하는 것이 필요하다. 다음 세대가 중추적인 역할을 하도록 지원해야 하며 아래 세대는 연장자가 할 수 있는 일을 대신하지 않으면서 연장자의 지혜와 경험이 쓰일 수 있는 기회를 주어야 한다.

최근 우리나라는 평균수명의 연장에 따라 노년기가 길어지고 최근에는 전통적으로 노인으로 분류되었던 60~75세의 연령에 속하면서 신체적·정신적으로 건강한 사람들을 新중년으로 분류하기도 한다. 이들은 노인의 연령을 65세 이상으로 규정한 법기준(「노인복지법」)에 대해 동의하지 않으며 "평균 70.9세는 되어야 노인"이라고 생각했다(조선일보, 2013. 9. 9.). 또 예전의 '실버부부'가 은퇴 후 남편이 사망할 때까지 부부가 18년을 함께 살았다면, 2010년 이후의 21세기 '신중년 부부'는 29년을 함께 살게 된다(조선일보, 2015. 2. 3.). 이렇게 예전에 비해 부부끼리 살아야 하는 시기가 대폭 늘어나면서 만족스러운 부부관계의 유지와 관리가 훨씬 중요한 발달과업이 되었다. 한 일간지(조선일보, 2015. 2. 3.)는 신중년들이 일과 자식에게 빼앗겼던 인생을 되찾고 부부끼리 멋진 생활을 영위하고 있는 모습을 보여 주고 있다.

또한 이 시기는 신체적·정신적 건강이 빠르게 저하되는 시기이므로 개인이 노후보장을 충분히 마련했는지 여부와 가족들로부터 돌봄을 적절히 받는지 여부가 중요하다.

즉, 경제적 위기대응 지원이 부족하거나 가족의 지지가 부족할 경우 빈곤층으로 전락하기 쉬우므로 경제적 불안정은 치료와 건강 유지에 부정적인 요인으로 작용하게 된다(김유경, 김양희, 임성은, 2009). 노부모의 재산 혹은 유산을 둘러싼 공평하고 적절한 분배도 이 시기의 중요한 과업 중 하나다. 최근에는 노부모의 재산이나 유산분배를 둘러싼 가족 갈등이 끊이지 않고 있다. 전통가족에서는 장남을 중심으로 가계가 이어지는 직계가족의 형태를 유지하였기 때문에 장남이 집단의 대소사와 가계를 책임지고 물려받는 동시에 재산도 물려받았다. 하지만 현대가족에서는 노부모 부양에 대한 의식이 약화되고, 특히 아들과 딸이 번갈아 가며 노부모를 부양하는 경우가 흔하여 노부모 부양에 대한 자녀의 책임과 더불어 노부모의 재산에 대한 공평한 분배가 이 시기 가족의 주요한 발달과업으로 부상하고 있다. 이 과업이 제대로 이루어지지 않으면 노부모-성인자녀 간의 갈등, 형제자매 간의 갈등, 심지어 확대가족과의 갈등과 단절로 이어질 수 있다.

노년기에 행해지는 의례로는 환갑, 고희, 금혼식과 회혼식을 들 수 있다. 의식의 변화와 수명의 연장으로 전통적인 환갑잔치는 거의 치르지 않고 대신 약식 의례가 늘었다. 최근에는 부모의 환갑을 축하하기 위해 부모에게 효도 여행을 보내 드리거나 경제적 여유가 있는 가족은 확대가족과 함께 여행을 가기도 한다. 환갑잔치 대신 장수를 축하하는 의미로 칠순잔치에 더 의미를 둔다. 금혼식은 결혼한 지 만 50년이 되어 올리는 의식이고, 결혼한 지 만 60년이 되면 회혼식을 올리는데, 전통적으로 회혼식이 더 큰 의미가 있다. 백년을 기약하고 60년 동안 동고동락하며 살아왔음을 축하하는 회혼례는 그 형식이 혼인식과 같다.

한국 가족은 가족생활주기로 볼 때 주기별로 어떤 문제가 특징적으로 나타나며 공통으로 나타나는 문제가 무엇인지를 연구와 임상 실제를 통해 알아보았다(정문자, 2001). 〈표 11-5〉에서처럼 가족생활주기의 모든 단계에서 공통된 문제로 지적된 것은 가족 간 갈등, 대화의 단절, 부부갈등과 폭력, 이혼, 경제적 문제였다.

표 11-5 가족생활주기에 따른 한국 가족 문제

생활주기	특징적 가족 문제	생활주기	특징적 가족 문제
결혼전기	• 부부간 지나친 밀착/경직 • 아버지와 자녀간 불화 • 어머니의 지나친 간섭	자녀 청소년기	• 아버지의 외도, 음주, 폭력 • 자녀에 대한 아버지의 무관심 • 자녀에 대한 어머니의 간섭 • 부모-자녀 간 삼각관계

결혼적응기	• 인척과의 갈등 • 불안정한 생활패턴 • 불성실한 가정생활	자녀독립기	• 친척, 원가족 갈등 • 성인자녀에 대한 간섭 • 남편의 무관심, 부인의 의존성
자녀아동기	• 가족유대감 약화 • 부정적인 양육태도 • 부모-자녀 간 삼각관계 • 자녀의 컴퓨터 게임	노년기	• 가족 내에서의 소외감 • 결혼한 자녀와의 밀착 • 남편의 불성실, 음주, 외도
공통적 가족 문제			
• 가족 간 갈등 • 대화단절 • 부부갈등, 불화, 폭력		• 이혼 • 경제적 문제	

출처: 정문자(2001)에서 발췌 및 수정.

3. 이혼과 재혼가족의 가족생활주기

1) 이혼가족의 특성과 가족생활주기

(1) 우리나라의 이혼 현황

지난 30년간 우리나라의 이혼 현황을 통계청(2013, 2024a) 자료를 통해서 살펴보면 다음과 같다.

첫째, 우리나라 이혼은 1994~2002년 기간 동안 지속적으로 증가하여 인구 1천 명당 이혼건수인 조이혼율이 2002년에 3건이었고, 2003년에는 3.4명으로 최고조에 이르렀다가, 2004년 이후에 다소 감소 추세로 전환되었고, 2023년에는 1.8건으로 감소하였다. 더불어 총 이혼건수를 보면, 1994년에 65.0천 건에서 조이혼율이 최고조에 이르렀던 2004년에는 166.6천 건으로 급격히 증가하였고, 그 이후에 거의 비슷한 수준을 유지하다가 2015년 이후에 증감을 오갔으며, 2020년 이후에 감소 추세로 돌아서서 2023년에 전체 이혼건수가 92.4천 건으로 줄어들었다([그림 11-4] 참조).

둘째, 이혼부부의 이혼 전 평균 혼인지속기간은 계속 증가 추세인데, 1994년 9.2년에서 서서히 증가하여, 2023년에는 16.8년으로 지난 30년간 7.6년 증가하였다. 혼인지속기간이 20년 이상인 부부의 이혼 구성비를 보면, 1994년에 7.2%로 가장 낮았으나, 전체 이혼이 감소한 2004년 이후에도 증가하여 2013년에는 32.4%였고, 2023년에는 35.6%로 가

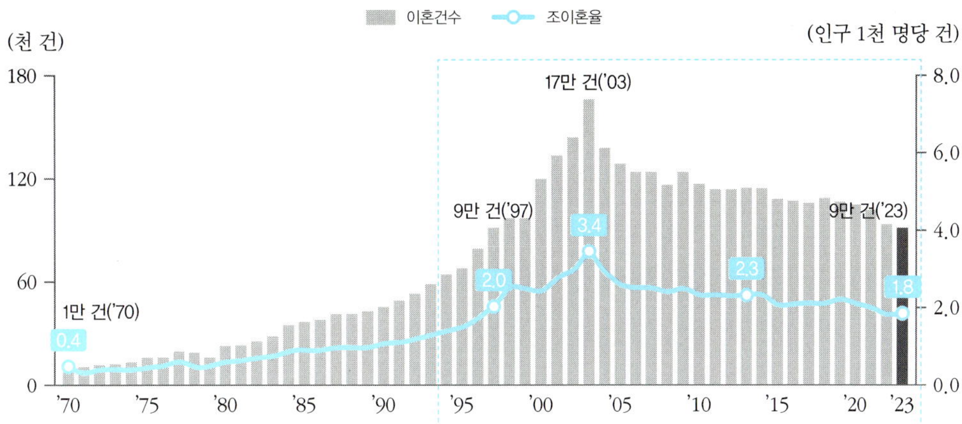

[그림 11-4] 기간별 이혼건수 및 조이혼율

출처: 통계청(2024a).

장 높은 비중을 차지하였는데, 이 가운데 특히 혼인지속기간이 30년 이상인 부부의 이혼 구성비도 16%를 차지하였다. 한편, 혼인지속기간이 4년 이하인 부부의 비중은 1994년 33.7%, 2013년에 23.7%로 가장 높았으나, 2023년에는 18%로 20년 이상 부부보다 낮은 비중을 차지하였다([그림 11-5] 참조).

셋째, 성별 평균 이혼연령을 보면, 남성의 평균 이혼연령이 1994년 38.1세에서 2023년에 49.9세로 지난 30년간 11.8세 증가하였고, 여성의 평균 이혼연령은 1994년 34.1세에

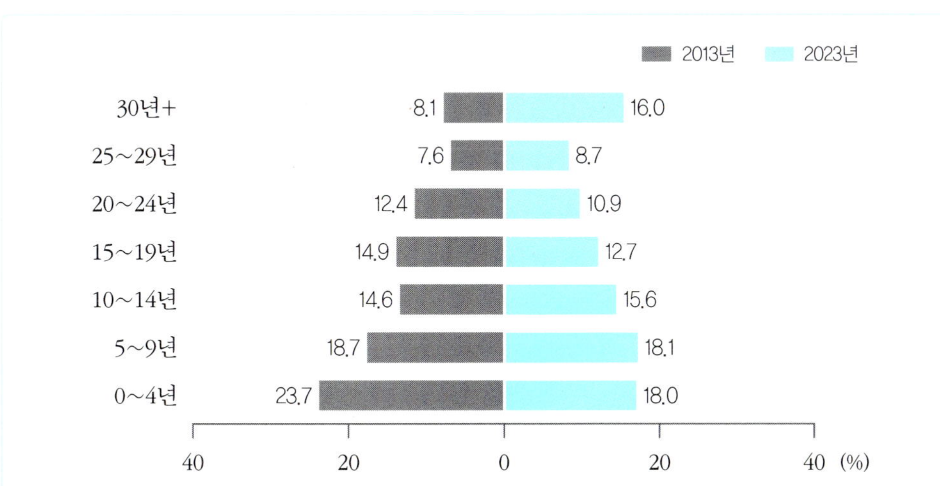

[그림 11-5] 혼인지속기간별 이혼 구성비 비교(2013년, 2023년)

출처: 통계청(2024a).

서 2023년 46.6세로 12.5세 증가하였다. 조금 더 구체적으로 성별 · 연령별 이혼 경향 측면에서 살펴보면, 1994년에 남성 이혼의 연령비 구성은 30대가 50.9%였고, 여성 역시 30대가 49.8%로 가장 높은 비중을 차지하였으나, 2024년에는 40대가 남성은 31.3%이고, 여성이 32%로 가장 높은 비중을 차지하였다. 이렇게 남녀 모두 평균 이혼연령이 높아지면서 2023년에 50대의 이혼 비중이 남성은 27.8%이고, 여성은 23.98%였으며, 60대 이상도 남성은 20.4%이고 여성은 13.9%로서, 실제로 남녀 모두 50대와 60대 이상의 연령을 합친 집단의 이혼 비중이 가장 높았다.

넷째, 미성년 자녀수별 이혼 현황(미상 포함)을 보면, 미성년 자녀가 없는 부부의 이혼 구성비는 1993년 31.2%에서 2023년 53.2%로 증가하였고, 반면 미성년 자녀가 있는 부부의 이혼 구성비는 1993년 68.8%에서 2023년 42.9%로 감소하였다.

2) 이혼가족의 특성과 가족생활주기

이혼을 진지하게 생각해 보는 시점에서 이혼이 성립된 시점 사이에 가족은 혼재된 감정을 느끼게 되는데, 다음의 전환점에서 정서적 스트레스가 정점에 이른다.

- 별거 또는 이혼을 결정한 시점
- 이혼결정을 가족과 친구에게 알린 시점
- 재산과 자녀양육/방문권에 대해 논의가 된 시점
- 신체적 별거가 이루어진 시점
- 법률상 이혼이 성립한 시점
- 별거 부부나 전 배우자가 재산이나 자녀 문제로 접촉하는 시점
- 자녀가 모두 졸업하고 결혼하여 자녀를 가지거나 병든 시점
- 각 배우자가 재혼하고 이사하며 병이 들거나 사망한 시점

반드시 위의 순서대로는 아니더라도 정서적 압력의 최고점은 모든 이혼가정에서 찾아볼 수 있으며 수개월 또는 수년에 걸쳐 여러 차례 일어난다. 이혼과정 동안 분출되는 정서는 정서적 이혼에 대한 작업과 관계되는데, 이것은 결혼생활로부터 자신을 되찾는 것이다.

이혼하는 부부의 자녀는 일반 가정의 자녀와 비교해 볼 때, 권위적인 인물에게 반사회

적, 과잉행동적, 충동적, 공격적, 의존적인 행동과 불안을 더 많이 보이며 덜 순종적인 것으로 보고되고 있다. 일반적으로 학령 전 아동(만 3~5세)은 부모가 집을 떠난 사실에 놀라며, 이 시기 아동의 자아 중심적인 특성 때문에 죄의식을 느끼게 된다. 학령기 중에서도 저학년에 속하는 아동(만 6~8세)은 부모의 이혼 상황을 이해하고 이혼이 자신의 잘못이 아니라는 것을 알지만, 가족의 붕괴가 자신의 삶에 미칠 충격을 걱정한다. 고학년(만 9~12세)의 아동은 부모의 갈등을 감지할 수 있는 능력이 있으며, 부모 상호 간에 개인적인 감정이나 풀 수 없는 어려움이 있음을 짐작한다. 그리고 어머니나 아버지에게 상처를 주지 않으려고 자신의 슬픔이나 분노를 감출 수 있는 능력을 갖고 있다. 그러나 사춘기의 자녀는 일반적으로 자신을 버린 한쪽 또는 양쪽 부모에 대하여 크게 분노를 느낀다(Kaslow, 1981). 국내 연구들도 비슷한 결과를 보였는데, 이혼가정 청소년이 일반가정 청소년에 비해 정서적 불안정성, 낮은 자아존중감, 사회적 지지 부족 등의 특성을 나타내며, 이러한 요인들이 학교생활 적응 및 전반적인 심리적 안정성에 부정적인 영향을 미친다는 점을 일관되게 보고하고 있다(이삼연, 2002; 채선미, 이영순, 2011; 홍윤경 외, 2010). 또한 이혼가정 청소년의 비양육부모와의 관계 질은 가족기능 및 사회적 지지 수준에 의해 영향을 받았다(조성희, 2016).

이혼 후 첫 1~2년이 스트레스와 혼란이 가장 많은 시기로, 많은 사람이 이혼 직후보다 1년 후에 스트레스를 더 많이 경험한다. 이혼은 전통적인 가족생활주기의 흐름을 방해하며 그 주기를 회복하는 데 최소 2년이 걸린다. 이혼의 정서적인 문제를 충분히 해결하지 못한 가족은 수년 동안 정서적으로 곤경에 처한 상태로 남아 있을 수 있다. 별거나 이혼과정에서 각 배우자는 결혼이 실패할 때 자녀의 방문이나 후견인 문제, 경제적 문제와 같이 자신들이 해야 할 부분을 타협해야 한다. 이혼 후에는 사회관계를 재구축하고 부모-자녀관계를 재정립하는 과제가 있다.

한국 사회에서 이혼자를 심층면접한 결과(옥선화, 남영주, 2006), 이혼을 긍정적이기보다는 부정적으로 인식하였다. 이들은 이혼 사실이 알려지는 것이 싫어서 종교모임이나 단체모임에 나가는 것을 꺼리므로 사회관계망이 축소되는 경향이 있다. 최근에 미혼 남녀의 52%가 이혼을 긍정적으로 평가했다는 조사 보고가 있듯이(경북일보, 2015. 2. 18.), 이혼이 점차적으로 수용되면서 자녀가 있어도 이혼하는 사례가 늘어나고 있으나, 이혼으로 받는 '사회적 낙인'에서 벗어나기는 쉽지 않은 것 같다. 이혼에 의한 사회관계망 축소는 이혼 당사자뿐 아니라 이혼자의 부모에게까지 영향을 미치는 것으로 밝혀졌다. 그러므로 이혼은 당사자와 가족뿐 아니라 가족관계와 사회관계에도 영향을 미치며, 남편 및 아내의 친족을 포함한 이혼 전에 성립되었던 사회적 관계를 재정립해야 하는 '과업'을 안게 된다.

이혼 전과 후에 가족이 겪게 되는 정서적 과정과 각 과정에서의 수행되어야 할 발달적인 쟁점(Carter & McGoldrick, 2000)은 〈표 11-6〉과 같다.

표 11-6 이혼 전후 가족의 정서적 과정과 발달적 쟁점

	양상	전환의 정서적 과정 필수적 태도	발달적 쟁점
이혼 전	1. 이혼결심	결혼관계를 유지하기 위한 문제해결능력이 없음을 인정	결혼실패에 각자가 책임이 있음을 수용
	2. 체계붕괴계획	체계에 속한 모든 사람을 위해 적절한 배려	① 공동양육, 방문 및 재정지원과 같은 문제를 협동적으로 작업 ② 확대가족과 이혼에 대해 다룸
	3. 별거	① 자녀에 대한 공동 부모역할과 재정 부담의 의사를 밝힘 ② 배우자에 대한 애착을 떼기 위한 작업	① 정상가족 상실에 대한 애도 ② 부부관계, 부모자녀관계 및 재정 문제의 재구조화 및 별거 생활의 적응 ③ 확대가족과의 관계를 재정비, 배우자의 확대가족과 지속적 관계 유지
	4. 이혼	정서적 이혼에 대해 더 열심히 작업. 즉, 상처, 분노, 죄책감 등을 극복하도록 노력	① 정상가족 상실에 대한 애도: 재결합에 대한 환상을 포기 ② 결혼에 대한 희망, 꿈, 기대를 되찾음 ③ 확대가족과 지속적 관계 유지
이혼 후	1. 한부모가족 (보호자 가정 또는 주거주지)	재정적 책임을 지면서, 전 배우자와 공동양육관계를 유지, 전 배우자와 그 가족이 자녀와 접촉을 유지하도록 지지	① 전 배우자 및 그의 가족이 방문할 수 있도록 방문시간을 융통성 있게 조절 ② 자신의 재정적 수단을 재정립 ③ 자신의 사회적 관계망을 재정립
	2. 한부모가족 (비보호자 경우)	전 배우자와 부모관계를 위한 접촉을 유지하면서, 그와 자녀와의 관계를 지지	① 효율적인 부모관계를 지속하는 방법 찾기 ② 전 배우자와 자녀에 대한 재정적 책임을 유지 ③ 자신의 사회적 관계망을 재정립

출처: Carter & McGoldrick (2000), p. 45.

3) 재혼가족의 특성과 가족생활주기

(1) 우리나라의 재혼 현황

지난 30년간 우리나라의 재혼 현황을 통계청(2013, 2024a, 2024b) 자료를 통해서 살펴보면 다음과 같다.

첫째, 재혼 건수를 보면 지난 30년간 1994년부터 2005년까지 크게 증가하다가 그 이후 약간 감소하는 추세를 보였고, 2020년 이후의 재혼 건수 자체는 30년 전과 비슷하였다(〈표 11-7〉 참조). 이는 같은 기간 동안 전체 혼인 건수 자체가 감소한 결과를 반영한 현상으로 보여, 전체 혼인 건수에서 재혼이 차지하는 재혼 비율은 지난 30년간 오히려 2배 이상 증가하였다. 즉, 1994년 12.5%이던 재혼 비율이 2005년에는 전체 혼인 4건 중 1건이 재혼인 25.4%로 폭증하였으며, 그 이후에도 재혼 비율은 20% 이상을 유지하고 있다(〈표 11-7〉, [그림 11-6] 참조).

둘째, 재혼 유형별 현황을 살펴보면(〈표 11-7〉 참조), '남녀 모두 재혼'인 건수가 가장 많았는데, 이 형태의 재혼은 1994년 22.8천 건에서 2005년 46.3천으로 2배 이상 증가하다가 그 후에 감소하였으며, 2023년에 23.7천 건으로 나타났다. '남성 재혼과 여성 초혼' 건수는 1994년 13.5천 건에서 2008년 20.6천 건까지 서서히 증가하다가 그 이후 감소하는 추세를 보였으며, '남성 초혼과 여성 재혼' 건수는 1994년 13.5천 건에서 그 이후 등락을 보이다가 2023년에는 7.6천 건으로 감소하였다. 이렇게 배우자의 혼인 형태별 재혼

표 11-7 재혼 건수와 재혼 비율

연도		1994	1996	1999	2002	2005	2008	2011	2014	2017	2020	2023
전체 재혼 건수 (단위: 천 건)		49.1	61.0	63.3	64.1	80.0	77.9	70.4	66.0	58.0	46.1	43.2
재혼 비율(%)		12.5	14.0	17.6	21.0	25.4	23.8	21.4	21.6	21.0	21.6	22.3
재혼 유형별 (단위: 천 건)	남편 재혼+아내 재혼	22.8	28.6	33.5	35.3	46.3	42.1	37.7	35.5	31.1	25.2	23.7
	남편 재혼+아내 초혼	13.5	15.7	12.7	11.7	13.1	15.0	13.9	12.0	10.5	8.9	7.6
	아내 재혼+남편 초혼	12.8	16.5	17.0	17.1	20.1	20.6	18.7	18.4	16.2	12.8	11.4

출처: 통계청(2024a, 2024b)에서 자료를 재구성함.

참고: 재혼 유형별 건수에서 '남편 재혼+아내 미상' '아내 재혼+남편 미상'의 건수는 전체 재혼 건수에서 제외함.

[그림 11-6] 연도별 재혼 비율

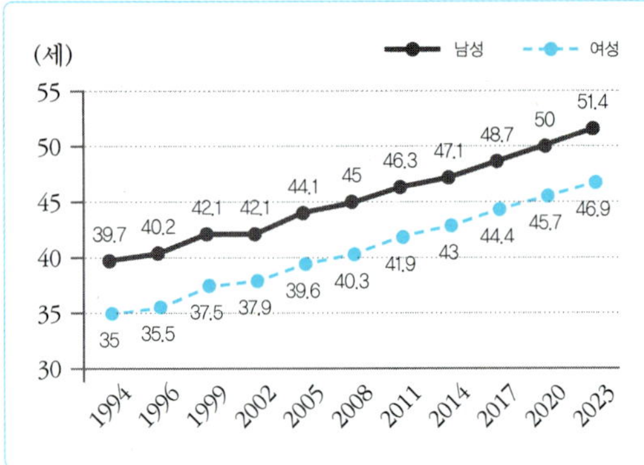

[그림 11-7] 연도별 성별 재혼 평균연령

출처: 통계청(2024a, 2024b).

건수가 모두 감소한 것은 혼인 건수 자체가 감소한 결과를 반영한 것으로 보이며, '남성 재혼+여성 초혼'과 '여성 재혼+남성 초혼'의 형태가 '남녀 모두 재혼' 건수와의 격차가 줄어들어 배우자 혼인 형태별 재혼이 다양화되었음을 보여 준다.

셋째, 연도별 성별 재혼 평균연령의 현황을 보면, 남성의 평균 재혼연령은 1994년 39.7세에서 2023년 51.4세로 지난 30년간 11.9세 증가하여 남성 재혼의 주된 연령대가 40대에서 50대 초반으로 이동하였다. 여성 재혼의 평균연령은 1994년 35세에서 2023년 46.9세로 지난 30년간 평균 12.2세 증가하여 여성 재혼의 주된 연령대가 30대에서 40대 중후반으로 이동하였다([그림 11-7] 참조). 이렇게 남녀 모두 평균 재혼 연령이 증가하는 배경에는 같은 기간 동안 신혼기 이혼의 비율보다 혼인지속연수가 20년 이상에 해당하는 황혼기 이혼이 더 많이 증가한 현상을 반영한 결과로 보인다.

(2) 재혼가족의 특성과 가족생활주기

이혼의 증가와 비례하여 재혼도 증가하고 있는 현대 사회에서 재혼은 또 다른 가족 형태로 수용되고 있다. 재혼의 결과로 생긴 의부 가족이 새로운 가족 체계의 안정성을 가지려면 새로운 가족생활주기의 단계를 거쳐야 한다.

재혼가족은 전통적인 가족생활주기의 분열이면서 새로운 주기의 시작으로 재혼 전에 가졌던 가족생활주기의 형태가 일부 유지되면서 새로운 가족생활주기가 시작된다. 재혼가족의 구성원은 부모의 죽음이나 별거와 같은 중요한 상실경험을 가지고 있는데, 서로 다른 경험, 전통, 가치, 기대를 지닌 사람이 어느 시점에 한 가족을 이루게 되므로 어려움이 있을 것으로 예상된다.

재혼이라는 전환기에 가족의 정서적 과정에는 새 결혼과 새 가족에 대한 투자와 이에 관련된 두려움이 있다. 이 시기에는 이전의 결혼에서 생긴 자녀가 갖는 두려움과 이전 부모에 대한 충성심, 자녀와 확대가족 및 이전 배우자가 보이는 적대감과 당황스러운 반응, 가족구조와 역할 및 관계에서 모호한 것에 대한 갈등, 부모로서 자녀의 복지에 최선을 다하지 못했다는 죄의식, 전 배우자에 대한 애착 등이 나타난다.

첫 결혼이 두 가족의 결합을 의미하는 것처럼, 두 번째 결혼에는 둘 이상의 가족이 결합한다. 전통적인 가족생활주기는 사망이나 이혼으로 끝나지만, 재혼 가족은 이혼 후 새로운 가족구조의 적응처럼 새로운 가족구조를 효과적으로 운영하는 데에 최소 2~3년이 걸린다(Carter & McGoldrick, 2000).

재혼가족 중에는 부모 둘 다 재혼인 경우가 있고, 한쪽 부모만 재혼인 경우도 있다. 김효순(2005)에 따르면 두 명 모두 재혼인 경우 한쪽만 재혼일 때보다 재혼가족에서 야기되는 부정적인 감정을 더 잘 다루고, 가족 내의 경계도 더 명료한 것으로 나타났다. 경계가 모호하고 불투명할수록 가족의 스트레스와 역기능을 전반적으로 증가시킨다고 보았다.

재혼가족은 각 발달단계에서 가족관계의 복잡하고 역동적인 네트워크를 재협상하고 재조직하는 것을 요구한다(Visher & Visher, 1988). '즉각적 사랑'을 요구하는 계부모는 좌절과 거부를 느끼기 쉽다. 한편, 발달과정 중에 의부 가족 내의 관계가 서로 배려하고 사랑하는 유대적 관계로 발전하여 평생 지속되기도 한다. 최근 재혼가족에 관한 국내 연구에 의하면(박경례, 박재연, 2021), 재혼가족의 회복탄력성이 높을수록 다양한 문제와 사건들로 인한 스트레스를 능동적이고 수용적으로 대처할 수 있었으며, 경제적 만족감이 크고 부부관계에 만족할수록 삶의 질 수준이 높아 재혼가족에서 부부관계는 매우 중요한 요인이었다.

재혼이라는 전환기에 가족의 정서적 과정은 새 결혼과 새 가족에 대한 투자와 관련된 두려움으로 차 있게 된다. 이에 대한 과정은 〈표 11-8〉에 구체적으로 설명되어 있다.

표 11-8 재혼가족의 형성: 발달적 개요

단계	필수적 태도	발달적 쟁점
1. 새로운 관계의 형성	첫 결혼 상실에서의 회복(적절한 '정서적 이혼')	복잡성과 모호성을 다룰 준비를 갖추고 새로운 결혼과 가족 형성에 다시 헌신함
2. 새로운 결혼과 가족에 대한 개념화와 계획 세우기	재혼과 계가족 형성에 대한 자신과 새 배우자 및 자녀가 갖는 두려움을 수용 다음 사항에 내재된 복잡성과 모호성에 적응하기 위해 시간과 인내심이 요구됨을 인정 1. 다양한 새로운 역할 2. 경계: 공간, 시간, 소속감 및 권위 3. 정서적 문제: 죄책감, 충성심, 갈등, 상호성에 대한 욕구, 해결되지 않은 과거의 상처	① 거짓상호성을 피하기 위해 새로운 관계에서 개방성을 갖도록 작업 ② 전 배우자와 공동 재정 및 공동 부모 관계 유지를 위한 계획 ③ 자녀가 두 체계 안에서 겪는 두려움, 충성에 대한 갈등 및 소속감을 다룰 수 있도록 돕기 ④ 배우자 및 자녀를 포함시키기 위해 확대가족과의 관계를 재정비 ⑤ 자녀가 전 배우자의 확대가족과 관계를 유지하도록 계획
3. 재혼 및 가족의 재구성	전 배우자에 대한 애착 끊기와 이상적인 '정상가족'에 대한 집착에서 벗어남, 투과성 있는 경계를 가진 새로운 가족모델을 수용	① 새 배우자-계부모를 포함하도록 가족 경계선을 재구조 ② 여러 체계가 섞일 수 있도록 관계와 재정적 배려를 하위체계를 통해 재조정 ③ 자녀가 보호자의 친부모, 조부모 및 확대가족과 관계를 지속하도록 허용 ④ 계가족의 통합을 강화시키는 추억과 역사의 공유

출처: Cater & McGoldrick (2000), p. 47.

요약

가족생활주기는 시간이 경과함에 따라 가족 내의 발달적인 경향을 묘사하기 위해 일반적으로 사용하는 용어다. 개인의 발달은 가족의 영향을 받을 뿐 아니라 가족에게 영향을 주기 때문에 가족구성원의 발달은 가족생활주기의 관점에서 살펴보아야 한다. 각 가족생활주기마다 수행해야 할 특정 발달과업이 있는데 발달과업을 잘 수행하고 각 단계에 맞게 각 구성원의 지위와 관계가 변화되면 가족이 잘 기능하게 된다. 하지만 특정 발달과업을 수행하지 못하게 되면 가족생활주기의 한 단계에서 다음 단계로 넘어갈 때 적응의 문제가 생기기 쉽다. 가족은 적응과정에서 심각한 문제가 생기면 스트레스를 많이 받게 되므로 가족생활주기상의 위기가 가족 문제의 원인이 될 수 있다.

현재 가족치료에서는 카터와 맥골드릭의 가족생활주기를 보편적으로 사용하고 있는 경향이 있다. 하지만 벡바와 벡바의 가족생활주기의 역동적 과정모델을 통해 가족발달을 개인발달과 동합하여 보다 더 포괄적으로 살펴볼 수 있다. 가족생활주기는 3세대 이상의 가족을 결혼전기, 결혼적응기, 자녀아동기, 자녀청소년기, 자녀독립기, 노년기의 6단계로 나누어 설명하고 있다. 각 단계의 변화에 따라 야기되는 스트레스를 '수직적 스트레스원'과 '수평적 스트레스원'으로 구분하고 있다. 수직적 스트레스원에 영향을 주는 요소로는 세대를 거쳐 전수된 가풍, 규칙, 생활사 등이 있다. 수평적 스트레스원에는 한 단계에서 다음 단계로 전환하면서 생기는 규범적이며 발달적인 스트레스와 불시의 사고 등 불예측적인 스트레스가 포함된다.

한국인의 가족생활주기에서 빈번하게 나타나는 문제를 단계별로 살펴본 결과 공통적인 문제는 가족 간 갈등, 대화의 단절, 부부갈등과 폭력, 이혼, 경제적 문제였다. 한국인의 가족생활주기에도 변형이 일어나고 있는데, 변형의 주된 원인으로 독신, 저출산, 고령화, 혼인의 감소, 이혼의 증가가 지적되고 있다. 이혼이나 사별 또는 비혼으로 한부모가족이 증가하고 있으며 재혼가족, 동성애가족, 집단가족 등 다양한 가족 형태도 증가일로에 있다. 다양한 가족 형태에서 개인과 가족의 문제는 개인의 발달은 물론 가족의 생활주기 맥락에서 이해될 필요가 있고 가족치료자는 이 점을 유념해야 할 것이다.

연습문제

1. 가족생활주기 중 한 단계를 골라, 한국 가족에게서 많이 나타나는 문제를 살펴보자. 이 문제들은 무엇이며 이를 해결하기 위해 앞에서 배운 가족치료 모델 중 어떤 모델의 어떤 기법을 활용하면 좋을지 토론해 보자.

2. 다양한 가족 형태(예: 핵가족, 한부모가족, 재혼가족 등)의 가족생활주기 단계와 단계별 과업은 어떤 면에서 공통점이 있고 차이점이 있는지 이야기해 보자.

3. 다음의 양식에 있는 각 질문에 답하면서 자기 가족의 가족생활주기의 단계별 경험에 대해 나누어 보자.

다음의 각 질문에 답하면서 당신 가족의 발달단계를 탐색해 봅시다. 가족생활주기의 전환기에서 어떠한 증상행동이 나타났습니까? 당신 자신의 경험에 대해 아는 것이 다른 사람의 유사한 경험을 이해하는 데 어떻게 도움이 될 수 있습니까?

- 당신의 집에는 형제자매들이 아직도 몇 명이나 남아 있습니까? 각 형제자매가 집을 떠나면서 어떠한 변화가 일어났습니까? 당신 가족은 다르게 행동했습니까? 그렇다면, 어떻게요?

- 결혼이 당신의 가족에 어떤 영향을 미쳤습니까? 형제자매의 결혼이나 연애? 부모님의 새 배우자와의 결혼? 새로운 구성원이 결혼으로 당신 가족의 일원이 되어서 당신과 당신 가족이 서로 관계를 맺는 방식에 변화가 있었습니까? 새 자녀가 가족에 들어와서는 어떠한 변화가 있었습니까?

- 당신 가족은 트라우마 사건을 경험한 적이 있습니까? 그 당시 각 가족구성원은 몇 살이었습니까? 각 가족원은 어떻게 반응했습니까? 그 사건들은 당시 가족체계를 어떻게 흔들었습니까? 당신의 가족은 회복했습니까? 그렇다면 가족의 어떤 특성이 도움이 되었습니까? 그렇지 않다면 당신 가족이 어떤 면에서 도움을 필요로 할 것 같습니까?

- 부모님이 은퇴에 가까웠다거나 이미 은퇴하셨다면, 가족구성원들이 서로를 대하는 방식에서 차이가 있습니까? 그렇다면, 어떠한 차이입니까?

- 당신의 삶 전체를 되돌아볼 때, 당신 가족의 경험은 이 장에서 서술한 가족생활주기의 발달단계에 적용될 수 있습니까?

- 당신 가족 중 한 사람 혹은 가까운 사람의 죽음에 대해 당신 가족은 어떻게 반응했습니까? 그런 경험 때문에 가족에서 오래 지속되는 어떤 변화가 있습니까?

출처: Goldenberg & Goldenberg (2013), p. 49.

제 12 장

가족치료 과정

1. 가족치료 초기

1) 가족평가

(1) 가족평가의 개념

가족평가는 가족을 하나의 단위로 평가하고 사정하는 일련의 행위로 가족 내부 및 외부체계 그리고 이들 간의 상호작용을 파악하기 위해 자료를 수집 · 분석 · 종합하여 가족에 대한 개입을 계획하는 일련의 과정이다. 이 과정에서 가족 문제, 가족의 구조와 관계 유형, 가족과 외부체계와의 상호작용, 가족의 강점, 자원, 내담가족의 문제해결에 대한 동기 등을 평가하게 된다(조홍식, 김인숙, 김혜란, 김혜련, 신은주, 2010).

가족에 대한 평가는 가족치료의 전 과정에서 이루어진다. 초기 평가는 개입의 전 단계에서 개입을 위한 계획의 근거를 제공하기 위해 이루어진다. 치료의 개입 과정에서는 새롭게 직면되는 문제를 평가하고 개입계획을 수정한다. 종결기에서는 내담자 가족의 정서적 반응을 확인하고 변화된 가족관계 유형을 확인하며 재평가하는 작업이 이루어진다(조홍식 외, 2010).

가족을 평가하는 것은 개인을 진단 · 평가하는 것보다 복잡하다. 개별 가족원이 각각 복잡한 심리역동적 존재이고 가족원마다 가족의 문제를 바라보는 시각이 다르기 때문이다. 종종 상담자와 가족 간에도 문제를 다르게 볼 수 있다(김유숙, 2006).

(2) 가족평가의 어려움

1 가족의 복잡성

가족평가의 가장 큰 도전은 가족의 복잡성을 포착하는 것이다. 여러 가족원의 특성을 사정하면서 동시에 가족 단위로 종합해 평가하는 것은 복잡한 작업이다. 가족 내부 역동과 외부체계와의 상호작용을 보면서, 가족원의 생물학적 기질과 발달, 가족 외부의 관계망(친구, 학교, 지역사회)의 영향도 고려해야 한다. 가족은 다른 집단과는 달리 생물학적·유전적 요소, 시간과 공간을 걸친 역사, 세대 간 헌신, 외부 사회체계와의 상호작용 같은 고유한 면을 가지므로 이러한 요소를 통합적으로 평가해야 한다(김유숙, 전영주, 김요완, 2017).

2 평가의 철학적 근거

모더니즘(근대주의) 입장에서 가족을 평가하는 경우, 가족의 기능에 대해 객관적이며 가치중립적이며 결정적인 기준을 따른다. 즉, 기능적 가족과 역기능적 가족에 대한 명확하고 보편적인 기준을 사용해서 평가하는 편이다. 반면, 포스트모더니즘 접근에서는 객관성이나 진리는 사회적으로 구축되는 것이라고 보기 때문에 가족평가도 평가자의 가치가 내재된 여러 가지 맥락 내에서 영향을 받는다고 본다. 따라서 포스트모던 치료사들은 전문가의 평가를 최소화하고 내담자의 평가를 존중하려고 노력한다.

3 평가의 단위 및 정보를 얻는 방법

평가의 단위가 개인인지, 커플인지 또는 가족 전체인지의 문제는 중요하다. 또한 관계에 대한 정보를 누구에게 얻는가에 따라 평가결과가 다를 수 있다는 점도 고려해야 한다. 예컨대, 한 개인의 관점에서 가족에 대해 보고한 것이 과연 전체 가족의 실체를 정확히 반영하는가? 자기 보고식 질문지를 적용할 수 있는 연령의 제한은 몇 세까지인가? 부부관계나 부모-자녀 관계 같은 이인관계에서 한쪽에서만 정보를 얻어도 되는가? 가족원이 자신에 대해 보고하는 내부자 관점과 중립적인 제삼자의 외부자 관점 중 어느 쪽이 가족의 실체를 더 정확히 보고할 수 있는가?

4 가족치료 모델에 따른 관점 차이

치료자가 선호하는 가족치료 모델에 따라 평가의 초점이 다를 수 있다. 행동주의 치료

모델은 특정한 표준검사를 하는 데 관심이 있다. 이들은 행동주의적 개입이 가족상담 전과 후에 어떤 변화를 가져왔는지에 대해 과학적인 측정을 통해 알고자 하기 때문이다. 구조주의자는 경계와 전반적인 상호교류 유형에 관심을 갖는다. 전략주의자는 삼각화, 위계 및 증상을 유지시키는 유형의 평가에 초점을 둔다. 보웬 치료자는 분화수준의 평가를 우선할 것이다. 그러나 치료모델을 불문하고 가족을 관찰하고 그들과의 상호작용을 통해 임상적 판단을 내린다는 점에서는 공통적이다(김유숙, 전영주, 김수연, 2003).

(3) 초기면접에서의 평가

1 라포 형성

가족을 만나는 초기단계에서 치료자는 일상적이며 가벼운 대화를 통해 기본적인 정보를 얻고 가족과의 친밀감을 형성한다. 가족원 중에는 자신이 문제라는 생각을 하지 않으며 상담받는 것을 꺼리는 경우도 적지 않다. 그러므로 상담초기에는 치료자가 객관적인 면을 강조하는 것보다 가족원을 그대로 수용하고 그들의 관점을 존중하면서 가족과 라포를 형성하는 것이 중요하다. 초기면접에서 가족과 상담자 사이에 신뢰감이 잘 형성되면 심층적인 정보를 얻을 수 있다. 치료자의 수용, 공감과 효과적인 의사소통은 향후 상담의 흐름에 큰 영향을 미친다.

2 초기 평가

첫 상담에서 치료자는 내담자 가족의 이름과 연령, 발달단계, 관계망 등에 대한 내용을 확인한다. 초기단계 평가는 어떻게 상담에 오게 되었는지, 문제에 대한 가족원의 생각은 각각 어떠한지, 문제를 해결하기 위해 어떤 노력을 했는지 등에 대한 가족의 토론이 대부분을 차지하게 된다. 이 평가과정을 통해 가족은 자신의 가족역동성을 다루는 방법을 깨닫게 되고, 가족구성원 각자가 가족을 바라보는 눈이 다르다는 것을 느끼게 된다. 가족을 평가하는 주목적은 가족상담의 계획을 세우고 가족을 알아 가는 과정으로 필요하지만, 가족 스스로 자신들의 역동을 파악하도록 하는 시간이 된다. 그러므로 상담자가 평가하는 과정 자체가 치료적 개입이라는 마음가짐을 갖는 것이 중요하다(Nichols & Schwartz, 2002).

3 평가 항목

- 가족이 제시하는 문제는 무엇인가?
- 어떻게 가족치료에 의뢰되었는가?
- 가족의 발달단계는 어떠하며 발달과업은 어떻게 수행되었는가?
- 가족은 문제해결을 위하여 어떤 시도를 하였는가?
- 가족의 강점은 무엇인가?
- 문제가 유지되는 데 각 가족원의 역할은 어떠했는가?
- 약물 및 알코올 중독, 가정폭력, 성 학대, 혼외관계 등의 문제가 있는가?
- 가족의 성역할 및 가족구조는 어떠한가?
- 가족의 의사소통 유형은 어떠한가?
- 가족 문제에 대한 치료자의 가설은 어떠한가?

(4) 가족평가의 방법

1 면접

면접은 가족평가의 여러 방법 중 가장 기본적이며 중요한 도구로 내담자와의 대담 관계에서 증상의 어려움이나 가족의 대처, 가족의 기능을 평가하는 방법이다. 면접의 대상은 IP나 가족, 이웃, 목회자 등 다양하다. 면접을 통해 치료자는 가족 문제의 지속기간, 문제의 과거기록, 문제에 대해 가족원이 갖는 관점, 문제해결을 위해 기울였던 노력의 종류와 정도, 상황을 변화시키려는 의지의 정도 등을 평가한다(조홍식 외, 2010).

면접을 실시하기 위해서는 경청과 요약 그리고 질문 등의 기본적인 기술이 필요하다. 치료자는 내담자의 말을 주의 깊게 들어 주고 공감을 표하면서 직접적이거나 간접적인 질문을 던지며, 내담자의 말에서 단서를 이끌어 내어 확대해 주기도 한다. 때로 관찰이나 체크리스트, 구조화된 설문지 등을 면접과 병행하여 사용하기도 한다.

면접은 개방되고 편안한 분위기에서 이루어져야 한다. 그러기 위해서 주변의 방해를 받지 않을 만한 공간을 선택하고 녹음이나 녹화를 위한 기기를 준비한다(물론 이에 대한 내담자의 사전동의를 구해야 한다). 면접에서 상담자의 경청이 중요하므로 상담자의 발언은 절제되어야 하며, 내담자는 충분한 발언을 통해 자기표현을 할 수 있어야 한다.

치료자는 내담자와의 눈 맞춤이나 내담자 쪽으로 약간 기울인 자세 등의 비언어적 단서와 '음.' '그렇죠.' 등의 언어적 단서를 통해 내담자의 말에 공감을 표현한다. 그러나 말하는 것을 거부하는 내담자에게는 억지로 말을 시키는 것보다는 침묵도 의사소통의 일부로 인정하고 적절히 활용하는 것이 필요하다.

2 관찰

관찰은 가족원의 실제 상호작용을 잘 살펴보고 그들의 언어적 · 비언어적 교류를 평가하는 방법으로 치료의 전 과정에서 이루어지는 가장 기초적이며 질적인 진단방식이다. 치료자는 관찰을 통해 가족 내의 연합과 동맹, 삼각관계, 역할수행, 갈등, 권력과 통제 등의 역동을 파악할 수 있으며, 다른 한편 치료적 개입이 어떤 효과를 내는지도 알 수 있다.

가족에 대한 정확한 평가를 하기 위해서는 가족의 실제 생활을 관찰하는 것이 가장 이상적이겠지만 현실적으로 생활관찰을 하는 것은 어려운 일이다. 그 대안으로 가족치료실에서 가족원 간에 가족의 문제(증상)에 대한 이야기를 나누어 보도록 한 다음 그 교류과정을 관찰하거나, 또는 가족에게 게임이나 과제를 준 후에 그것을 풀어 나가는 과정을 관찰함으로써 가족의 구조나 규칙에 대한 정보를 얻을 수 있다. 예를 들어, 가족에게 함께 그림을 그려 보도록 하고 합동그림을 그리는 과정에서 나타나는 권력과 연합, 규칙의 집행 등을 관찰해 볼 수 있다. 일방경이나 녹화자료를 활용해 가족 교류과정에 대한 체계적 관찰을 할 수도 있다(김유숙, 전영주, 김요완, 2017).

가족치료 모델에 따라 가족을 관찰하는 방법이 다양하게 응용될 수 있다. 예를 들어, 경험주의 기법인 가족조각은 공간을 활용하여 가족원의 관계를 표현할 수 있는 은유적 방법으로, IP에게 조각가 역할을 맡기며 각 가족원의 신체적 동작과 자세, 표정 등을 자유롭게 조각하여 연출해 보도록 한다. 가족조각의 과정과 조각 후의 토론에 대해 관찰함으로써 가족관계에 대해 평가해 볼 수 있다. 또 다른 예로 구조주의 기법 중 하나인 실연(enactment)은 이전에 있었던 가족 상황을 치료실에서 재연하거나 역할극을 해 보도록 하는 것이다. 주로 일상생활에서 자주 경험하는 문제에 대해 실연하도록 한 후에 가족의 의사소통이나 권력관계 등을 관찰하기도 하고, 문제를 해결하기 위한 새로운 상호작용 방법을 반복하여 실연하도록 요청하기도 한다.

3 검사

가족평가를 위한 검사는 주로 가족원이 어떻게 상호작용하며 기능하는지에 대한 정보를 수집하는 것을 목적으로 한다. 어떤 검사는 사용이 단순하나 어떤 도구는 사용을 위해 상당한 수준의 기술과 지식을 요하는 복잡한 것도 있다.

가족치료에서 널리 사용되는 평가도구로 도식적 · 계량적 · 투사적 검사가 있다. 첫째, 가계도나 생태도와 같은 도식적 검사는 표준화된 도표 작성법을 활용해 가족의 과거와 현재에 걸친 다세대 역동과 사회적 관계망 등을 시각적으로 확인할 수 있다. 둘째, 가족기능을 측정하기 위해 표준화 또는 비표준화 척도를 사용할 수 있는데, MMPI 나 MBTI 등의 개인 심리검사를 사용하거나 ENRICH 등의 관계평가 도구를 활용하기도 한다. 셋째, 문장완성검사(SCT), 가족화, 이미지카드(예: 솔라리엄카드) 등 투사적 도구도 가족치료의 현장에서 빈번하게 사용된다.

(5) 가족평가 도구

1 가계도

가계도는 보웬가족치료에서 다세대의 역동을 살펴보기 위해 개발된 기법으로, 삼 세대 이상에 걸친 가족성원에 관한 정보와 그들 간의 관계를 도표로 기록하는 작성방법이다. 가계도에는 가족에 관한 정보가 도식화되어 있어 복잡한 가족유형의 형태를 한눈에 볼 수 있고, 가족성원 각 개인과 가족 속에서 반복되어 나타나는 유형이나 사건들을 볼 수 있다. 가족이 호소하는 문제와 관련하여 가설을 세워 볼 수 있다. 치료자는 가계도 작성과정에서 체계적인 질문을 할 수 있고 가족 스스로가 공간과 시간을 넘나들면서 다세대적 맥락에서 가족의 정서과정을 살펴보면서 현재의 가족 문제를 볼 수 있게 한다.

2 생태도

생태도는 가족과 가족의 생활공간 안에 있는 사람 및 기관 간의 연계를 그림으로 나타내는 방법이다(조흥식 외, 2002). 생태도를 통해 환경에서 가족으로 자원의 흐름이 어떻게 이루어지는지 표시됨으로써, 내담자에게 유용한 자원이 무엇인지, 가족에게 스트레스를 주는 것이 무엇인지, 가족과 환경간의 경계가 어떠한지 등, 가족 내 역동과 가족 외 역동에 대한 많은 정보를 얻을 수 있다. 치료자가 내담자와 함께 생태도를 그릴 수도 있고, 치료자가 질문방식의 인터뷰를 통해 정보를 수집하여 그릴 수도 있다.

3 MBTI

MBTI 검사는 네 가지의 분리된 선호경향으로 구성된 문항들을 통해 개인이 인식하고 판단할 때 각자 선호하는 경향을 찾아내 그것들이 개인의 행동에 어떤 영향을 미치는지 탐색할 수 있도록 고안되었다. 미국의 가족치료자들을 대상으로 한 설문검사 결과, MBTI는 가족치료 임상현장에서 가장 많이 활용되는 검사 중 하나로 나타났으며(Boughner, Hayes, Bubenzer, & West, 1994), 부부관계 뿐만 아니라 부모-자녀관계나 형제자매관계 등 다양한 가족관계를 다루는 데 임상적 활용도가 높다. 본인의 통찰 없이 맹목적으로 검사결과에 의존하는 것보다 자신과 가족의 역동에 대한 생각을 정리하여 검사결과와 연결하여 통찰을 갖는 것이 좋다.

4 ENRICH

ENRICH는 1981년 미네소타 대학교의 올슨(David H. Olson)과 드럭먼(Joan M. Druckman), 포니어(David G. Fournier)에 의해 개발된 부부 및 커플관계 평가도구로서 결혼향상이나 상담의 방향을 제시해 준다. ENRICH의 검사 목표는 부부관계의 강점과 약점을 파악하여 상담과 결혼 향상에 도움을 주고, 근원가족에 대한 이해를 도우며, 개인, 커플, 가족의 목표를 세울 수 있도록 해 주는 것이다. 척도는 총 165문항으로, 결혼만족도, 성격문제, 의사소통, 갈등해결, 재정관리, 여가활동, 성관계, 자녀/양육, 가족/친구, 역할관계, 종교적 신앙 등 11개 영역에 각 10문항씩으로 이루어져 있다(김유숙, 전영주, 김수연, 2003). 한편, PCA 점수를 바탕으로 부부유형을 다음과 같은 다섯 가지로 나누어지며, 이를 바탕으로 부부치료계획을 수립할 수 있다.

- **활기찬 부부**: 대부분의 영역에서 최고의 PCA 점수가 나타난다. 자원이 풍부하고 통합된 인성을 가지며, 가장 행복한 결혼생활을 영위할 가능성이 높고 이혼할 가능성이 가장 적다.
- **조화로운 부부**: 1~2개의 영역을 제외하고는 대부분의 영역에서 높은 PCA 점수를 보인다. 대체로 행복한 결혼생활을 하며, 애정표현이나 성적 영역에서 만족스러우나 부모역할이 스트레스원이 되기도 한다.
- **전통적인 부부**: 의사소통이나 갈등해소에서 다소 낮은 PCA 점수를 보이나 전통적 영역(자녀양육, 가족친구, 신앙)에서 상대적으로 높은 점수를 보인다. 이혼이 높지는 않으나 행복한 결혼생활을 한다고 하기 어렵다.
- **갈등 있는 부부**: 많은 영역에서 낮은 PCA 점수를 보이며, 이혼의 위험성이 높고 결혼생활이 행복하지 않다.
- **활기 없는 부부**: 대부분의 영역에서 가장 낮은 PCA 점수를 나타낸다. 대부분 불행한

결혼생활을 하며 이혼할 위험성이 높다.

(6) 가족기능 평가: 순환 모델

1 순환 모델의 개념과 도구

순환 모델(Circumplex Model)은 미네소타 대학교의 올슨과 그의 동료들(Olson et al., 1989)이 가족체계이론을 바탕으로 가족기능에 관한 50여 개의 개념을 추출 및 분석하여 귀납적으로 발전시킨 개념이다. 순환 모델은 가족기능의 핵심 영역으로 응집성과 적응

순환 모델의 두 차원

- **응집성**

가족 응집성(cohesion)은 가족 간의 정서적 친밀감과 결속을 반영하는 개념이다. 응집성의 수준에 따라 유리, 분리, 연결, 밀착의 네 수준으로 나누는데, 너무 낮은 응집성이나 너무 높은 응집성은 가족의 기능에 바람직하지 않은 것으로 알려져 있다.

유리된 가족은 지나친 개인주의와 제한적인 가족참여로 개인에게 필요한 가족의 지원이 부족할 수 있는 반면, 밀착(속박)된 가족은 과도한 가족 동일시로 지나친 충성심 요구와 소속감으로 인한 개인의 자율성이 제한되는 부작용이 있을 수 있다. 따라서 응집성의 개념은 직선적이라기보다 곡선적 개념으로 볼 수 있다.

- **적응성**

순환 모델의 두 번째 차원인 적응성(adaptability)은 안정과 변화 간의 구조적 수준을 의미하는 개념으로 가족체계가 안정지향 대 변화지향의 맥락에서 구조를 변화시키는 능력을 살펴본다. 적응성의 수준은 가족이 가족 내외의 변화에 따라 지도력이나 역할관계, 관계규칙 등의 영역에서 얼마나 융통성을 발휘할 수 있는가의 문제다. 순환 모델에서는 적응성의 수준에 따라 경직, 구조적, 융통적, 혼돈의 네 가지 수준으로 나눈다. 적응성이 매우 낮은 경직된 가족이나, 너무 높은 혼돈된 가족은 역기능적인 반면, 적응성이 적절할 때 가족의 기능은 최적의 수준이 된다. 이렇게 네 수준의 응집성과 적응성을 교차시키면 16개 유형(4개의 극단가족유형과 8개의 중간범위가족유형, 4개의 균형가족유형)이 나오게 된다.

[그림 12-1] 순환 모델에 의한 가족체계유형

출처: Olson et al. (1989).

성을 선택하여 가족유형을 범주화하였다(Olson et al., 1989; Walsh, 1993).

순환 모델을 바탕으로 개발된 평가도구로서 내부자 척도(자기보고식)인 FACES(Family Adaptability and Cohesion Scale)와 외부 관찰자 척도인 CRS(Clinical Rating Scale)가 있다([부록 12-1] 참고). 순환 모델에 직접 도식화되지 않지만 응집성과 적응성을 이동시키는 촉매역할을 하는 개념으로 의사소통 개념이 CRS에 포함된다. 순환 모델 척도는 가족 내 기능에 초점을 둔 표준화된 검사로서 세계적으로 가장 많이 사용되어 온 가족평가도구 중 하나다.

2 평가방법 및 검사의 적용

순환 모델의 자기보고식 척도인 FACES(Family Adaptability and Cohesion Scale)는 수십 년간 검증되어 오면서 현재 FACES IV까지 개발되어 있다. 여기서는 신뢰도와 타당도가 높게 나타난 FACES II를 소개하기로 한다. 홀수 번호 문항은 응집성에 관한 문항이고, 짝수 번호 문항은 적응성에 관한 문항이며, 문항 번호 3, 9, 15, 19, 24, 25, 29는 역점수로 계산한다(〈부록 12-1〉 참고).

한편, 치료자나 관찰자 등 가족의 외부자 관점에서 가족기능을 평가할 수 있도록 개발된 것은 임상평가도구(Clinical Rating Scale: CRS)다. CRS는 가족의 응집성, 적응성, 의사소통의 세 차원을 관찰하고 평가하도록 구성되어 있다. 반구조화된 면접을 통해 가족에게 특정 과제를 주고, 과제 수행하는 동안의 가족의 상호작용을 관찰하면서 평가할 수 있다([부록 12-1] 참고). FACES나 CRS를 활용하여 가족의 응집성과 적응성에 대한 종합적인 평가를 할 수 있다.

2) 가족치료 사례개념화

(1) 사례개념화의 의미

사례개념화(case conceptualization)란 초기 상담과정에서 문제해결을 위한 개입방법을 찾기 위해 문제를 둘러싼 여러 요인에 관한 정보를 수집하여 문제의 원인을 파악하는 행위다. 사례개념화는 평가와 임상적 과정의 중간 지점에 있다고 할 수 있다. 사례개념화의 궁극적인 목적은 개인이나 가족에 대한 진단이 아니라 성공적인 개입을 위한 것이다. 1990년대에 들어서면서 사례개념화라는 용어를 사용하기 시작하였고, 최근에는 사례개념화 역량이 상담자의 능력을 가늠하는 핵심요소의 하나로 인식되고 있다(김유숙

> **참고 사례개념화란**
>
> 상담자들에게 사례개념화는 나침판, 이정표, 등대와 같은 이미지다. 그것은 마치 망망대해에 출항을 앞두고 뱃머리를 어느 쪽으로 향해야 하는지를 결정해야 하는 선장의 심정과 같을 것이다. … 방향을 정하고 출발해야 주어진 시간에 효율적으로 바다를 이해하여 목표를 향해 나가는 과정을 안내받을 수 있기 때문이다.
>
> 출처: 김유숙 외(2017).

외, 2017).

상담자는 내담자를 만나기 전에 접수자료나 의뢰기관의 의뢰서를 토대로 내담자의 주요 호소문제를 둘러싼 가설을 세운다. 초기면담 과정에서 이러한 가설을 지속적으로 검증해 가면서 무엇이 문제를 초래한 유발요인이며, 그것이 어떻게 유지되고 있는지를 이해하는 것이 필요하다. 이때 상담자의 유연성이 중요한데, 내담자와 직접 만나는 면담에서 새로운 정보가 드러나면 자신이 세운 가설을 변경해야 한다. 그리고 내담자의 문제나 어려움뿐만 아니라 회복탄력성, 대처자원 등의 강점과 자원에도 관심을 가지는 것이 필요하다.

(2) 가족치료 사례개념화

가족치료 사례개념화와 달리 개인상담 중심의 사례개념화는 가족 간의 역동을 중시하는 관계치료의 특수성을 충분히 담아 내지 못한다. 가족치료 사례개념화의 특징은 다음과 같다(김유숙 외, 2017).

첫째, 가족치료 사례개념화는 한 명의 개인보다는 가족 전체를 포함하며, 그들 간의 역동을 포함한 전체적인 교류패턴을 파악하는 데 초점을 둔다. 이는 가족이 함께 상담에 참여할 때뿐 아니라, 한 명의 내담자와 면담을 진행할 때도 마찬가지다. 개인의 문제행동을 순환적 인과관계의 관점에서 보며 가족의 역동을 파악하려는 자세를 가지고 순환적 질문을 통해 면담과정에 여러 인물을 등장시킨다.

둘째, 개인의 특성, 가족역동, 그리고 사회문화적 체계를 포함한 다양한 관점에서 내담자의 호소문제를 이해해야 한다. 상담자는 개인과 가족에게 무엇이 일어나고 있는지에 대해 다양한 관점으로 파악한다. 예를 들면, 최근의 배경정보뿐 아니라 가족사, 과거 상담경험, 내담자가 경험했던 다른 증상과 문제 등에 대한 폭넓은 정보를 얻고자 노력해야 한다.

참고 가족치료 사례개념화를 위한 순환적 질문의 활용

- 가족 중 OO가 무엇을 하나요?
- 이런 일이 일어날 때 OO는 어디에 있나요?
- 그러면 OO는 무엇을 하나요?
- 이런 일을 누가 처음 알아차리나요?
- OO는 어떤 반응을 보이나요?
- OO가 그렇게 하지 않으면 어떤 일이 일어납니까?
- 그때 누가 무엇을 했나요?
- 문제를 해결하기 위해 00는 어떤 노력을 했나요?
- 만약 OO가 그렇게 했다면(혹은 그렇게 하지 않았다면) 그들은 어떻게 다르게 했을까요?
- 이 일이 이렇게 일어나는 것에 대해서 당신과 동의하는 사람이 누구인가요?

셋째, 개인심리치료는 문제의 발생과 유지 배경에 대해 선형적 인과관계로 이해하는 경향이 있지만, 가족치료는 순환적 인식론을 강조한다. 원인(A)에 의한 결과(B) 중심으로 생각하는 직선적 사고모델은 선형적(linear) 인식이며, 체계적 관점에서는 원인(A)에 의해 결과(B)가 일어나며, 그것은 또 다른 결과(C)를 초래하고 결과(C)가 최초의 원인(A)으로 되돌아온다는 사고모델은 순환적(circular) 인식이다. 특정 가족의 행동이 다른 가족에게 지속적으로 영향을 미치게 될 때 그 행동이 돌고 돌아서 첫 번째 가족에게 또 다시 영향을 미치는 일종의 연쇄고리가 순환적 패턴을 만든다.

마지막으로, 가족치료 사례개념화에는 가족이 호소하는 문제에 대한 배경 평가에만 그치지 않고 문제에 가려져 보이지 않았던 가족의 탄력성, 강점을 파악하고 변화의 토대가 될 수 있도록 한다. 비록 잘 드러나지 않더라도 내담자의 가족 배경에 존재하는 탄력성이나 강점을 찾는 과정을 사례개념화에 포함하는 것이 중요하다.

(3) 포스트모더니즘 기반 사례개념화

근대주의(Modernism) 가족치료는 가족체계적 관점에서 가족을 해독하고 재구조화할 수 있는 사이버네틱스 기계처럼 다루었으며, 이러한 구조적이고 전략적인 사례개념화의 틀에서 치료자는 가족의 결함과 문제의 해법을 찾아내는 전문가였다. 치료자의 임상행위는 내담자의 반응이 치료자의 이론적 틀이나 범주에 얼마나 잘 들어맞는지 가설을 확인하고 점수화하는 것이었다.

1980년대 이후 탈근대주의(post-modernism)의 영향으로 사회현상에 대한 보편성과 객관성에 대한 회의가 확산되면서 근대주의의 자기 과신과 오만에 대한 반향이 일어났다. 가족치료영역에서도 가족을 평가하거나 개입을 계획하는 행위가 관찰자(치료자)의 주관적 가치와 선호하는 이론에 의해 영향을 받는다는 인식이 커졌다. 전문가의 중립적이고 객관적인 평가가 가장 중요하다는 믿음이 흔들리게 되었고, 치료자는 자신들의 한계를 인정하면서 자신들의 역할에 대해 다시 생각하게 되었다.

탈근대주의 관점에서 볼 때 가족치료 사례개념화는 사회, 문화적 맥락에 의해서, 전문가의 지식권력에 의해서, 또는 가치가 내재된 여러 맥락 내에서 영향을 받는 행위다. 치료자의 관점 역시 내담자를 포함한 여러 관점 중의 하나에 지나지 않는다.

문제와 해결방법에 대한 전문가는 치료자가 아닌 내담자이며, 치료자는 단지 가족의 이야기와 목표 반응에 대한 정보를 요청하는 입장에 있다. 탈근대주의 치료자는 자신이 세운 가설과 범주에 내담자의 정보를 맞춰 넣기보다는 내담자가 자신들의 세계를 어떻게 보는지에 더 관심을 갖는다. 가족평가에서 가족이 문제를 어떻게 인지하고 해결에 대해 어떤 생각을 하는지를 아는 것은 상담자가 보는 문제 못지않은 중요성을 갖는다.

따라서 상담자의 내담가족에 대한 평가나 사례개념화는 최소화되며, 알고자 함의 자세로 호기심을 가지고 접근한다. 전문가와 내담자의 통합적인 평가 및 사례개념화는 체계적이며 협력적 과정을 거친다(Becvar & Becvar, 2003).

참고 상담자 본인 점검 항목

- 상담자는 중산층 핵가족 중심의 '정상가족 이데올로기'를 내면화하고 있지 않은가?
- 상담자는 가족 내 성별 불평등 및 권력 이슈에 관심을 갖고 있는가?
- 상담자는 가족이 처한 빈곤과 차별 문제에 대한 사회적 맥락에 주목하는가?
- 상담자의 신념체계와 내담자 가족의 신념체계는 어떻게 상호작용하는가?

3) 초기 가족치료의 이슈

(1) 면접 전 전화상담

초기 전화상담의 목적은 호소문제에 대한 개략적인 정보를 얻고, 가족원이 상담에 올 수 있도록 돕는 것이다. 전화상담자는 전화를 건 사람이 문제에 대해 말하는 것을 들은 후 의뢰 경로, 문제와 관련된 가족원 등을 확인하고, 첫 상담에 참석해야 할 사람과 날짜, 시간, 장소 등을 구체적으로 정한다. 대부분의 내담자는 상담실을 방문하기 전에 망설이기 때문에 첫 상담 약속일 전에 확인 전화를 함으로써 불참 확률을 줄일 수 있다.

(2) 첫 면접상담

첫 면담의 목적은 제시된 문제를 듣고, 상담자와 내담자 가족 간의 라포(rapport)를 형성하며, 정보를 수집하는 것이다. 상담자는 먼저 가족에게 본인 소개를 하고, 다음으로 가족에게도 소개를 부탁한다. 상담신청자가 전화통화로 이미 이야기한 내용을 간단히 요약하여 다른 가족원들이 궁금해하지 않도록 배려한다. 상담신청자에게 호소문제를 좀 더 상세히 말해 줄 것을 청하는 것도 괜찮다. 상담자는 상담을 신청한 가족원의 관점을 듣고 확인한 후("이런 말씀이시군요."), 다른 가족원들 또한 각자 가진 문제에 대한 생각을 질문한다.

상담자는 가족에게 상담에 온 소감을 물어봄으로써 가족의 솔직한 표현을 격려한다. 만약 내담자가 "나는 상담에 오고 싶지 않았어요." 또는 "상담에 별 기대 없어요."라는 식으로 말한다면, 상담자는 "솔직하게 이야기해 주셔서 고맙습니다."라고 유연하게 응대할 수 있다.

참고 가족치료 평가에서 고려할 점

1. 호소문제 파악하기: 상호작용적 관점에서 문제를 보도록 전환하기
2. 의뢰 경로: 어떻게 의뢰되었는지, 또 이전과 현재 치료받은 경험 여부 확인하기
3. 체계적 맥락 확인하기: 문제를 둘러싼 대인 간 상호작용의 맥락 확인하기
4. 가족생활주기단계: 새로운 생활주기단계에 적응하는 데 어려움 확인하기
5. 가족구조: 경계, 위계, 삼각관계, 가족원의 역할과 지위 등 확인하기
6. 의사소통: 경청하기, 말하는 방식, 대화시간과 빈도, 의사소통 채널 등 확인하기
7. 약물/알코올중독: 음주 빈도와 양, 블랙아웃 빈도, 음주로 인한 가족불만 등 확인하기
8. 가정폭력: 아내구타, 아동학대, 부모폭력 등이 의심되는 경우 신고의 의무 있음
9. 혼외관계: 외도 상대자들이 부부관계에 끼어 있는 경우 부부관계의 해결이 어려움
10. 가족 내 양성평등: 부부간 권력, 성역할, 성차 등의 이슈 탐색하기
11. 문화적 요인: 국적, 인종, 민족, 종교, 지역, 사회계층 등 문화적 민감성 확인하기

출처: Nichols(2011)에서 발췌 및 수정.

1 상담의 통제

상담자의 우려 중 하나는 내담가족이 상담실에서 다투거나 심한 긴장에 빠져 통제 불능상황이 되는 것이다. 어떤 내담가족은 상담실에서 문제에 대해 이야기하기 시작하면서 감정이 고조되어 상호 비난을 심하게 주고받는 경우도 있다. 이런 경우를 대비해 상담 시작하기 전에 치료자는 '가족 중 한 사람이 말할 때는 방해하지 말아야 한다.'라는 규칙을 미리 알려 준다. 특히 다른 가족원의 말에 감정적으로 반응하는 가족에게 이러한 규칙은 특히 중요하다.

2 정보수집 및 가설 세우기

첫 상담 시간은 내담자의 호소문제 탐색에 대부분 할애하게 된다. 상담자는 가족원이 문제해결을 위해 무엇을 했는지에 대해 질문하고, 가족의 상호작용을 관찰함으로써 가족의 연쇄과정에 대한 가설을 발전시킨다. 어떤 상담자는 정보수집을 위해 표준화된 심리검사나 가계도, 기타 설문지 등을 활용하기도 한다. 그러나 문제에만 집중한다면 상담 분위기가 가라앉을 수 있다. 가족원의 흥미, 업적, 성공의 경험 등을 탐색한다면 상담의 정서적인 에너지를 극적으로 바꿀 수 있다. 내담자는 자신이 경험했던 최악의 순간뿐만 아니라 최고의 순간에도 관심을 가져주는 상담자에게 감동하며, 탐색된 내담자의 강점은 문제해결의 중요한 자원이 될 수 있다.

3 생활주기 파악 및 상담구조화

가족이 처한 가족생활주기에 대한 정보수집은 가설을 세우는 데 중요하다. 많은 가족이 가족생활주기의 전환기에 적응하지 못해 어려움을 겪어 상담을 청하기 때문이다. 젊은 상담자는 종종 내담가족이 겪고 있는 생활주기를 경험해 본 적이 없을 수 있는데, 이런 경우 상담자는 성급히 결론짓기보다는 가족이 겪고 있는 어려움에 대해 호기심을 가지고 존중하는 태도로 접근하는 것이 바람직하다.

첫 회기 상담에서 상담구조화가 이루어진다. 일반적으로 첫 상담 말미에 가족과 합의하에 상담계약을 맺게 되는데, 약속시간, 상담에 소요되는 시간, 상담에 참여할 가족원, 관찰자 참관 및 녹화 여부, 상담비용 등에 대해 알려 준다.

참고 첫 회기 점검사항

1. 가족원 각각과 접촉하며 문제에 대한 각자의 견해, 상담에 대한 감정을 나눈다.
2. 상담의 구조와 속도를 조절함으로써 리더십을 발휘한다.
3. 온화함과 전문성을 균형 있게 갖춤으로써 가족과의 협력 관계를 발전시킨다.
4. 가족원의 긍정적인 행동과 강점을 칭찬한다.
5. 개인에게 공감해 주고 가족의 행동방식을 존중한다.
6. 구체적인 문제와 시도했던 해결책에 초점을 맞춘다.
7. 문제로 제시된 상호작용에 대한 가설을 발전시킨다.
8. 불참한 가족원, 친구 또는 다른 조력자들이 문제에 관여될 수 있다는 점을 고려한다.
9. 치료를 구조화한다(가족의 목표 인정, 상담자의 계획 구체화, 치료적 계약 협상).
10. 가족이 질문할 수 있도록 한다.

출처: Nichols(2011)에서 발췌 및 수정.

(3) 초기면담

1 변화를 위한 신뢰 형성

10회기 내의 단기상담에서 상담 초기단계는 일반적으로 1~3회기까지를 의미한다. 초기단계의 상담과업은 무엇이 문제를 유지시키는지에 대한 가설을 세우고, 상담목표를 정립하며, 문제해결을 위한 작업을 시작하는 것이다. 대다수 상담자는 변화를 위해 무엇이 필요한지 알고 있으며, 훌륭한 상담자란 변화를 위해 기꺼이 밀고 나가겠다는 의지와 헌신을 가진 사람이다. 또한 상담자가 내담자와 강한 치료적 동맹을 맺는 것은 중요하다. 치료적 동맹이란 내담자의 견해를 경청하고, 인정하는 공감적 이해를 유지하며, 가족원이 존중받고 있다고 느끼게 하는 것을 의미한다.

2 순환적 사고로의 전환

가족들에 의해 한 사람이 문제의 원인으로 지목되면, 상담자는 다른 가족원이 문제에 어떻게 개입되어 있는지를 질문함으로써 일방적 인과관계에 도전한다. 도전하는 방식은 상담자의 스타일에 달렸지만, 중요한 것은 특정 가족원(예를 들면, 말 안 듣는 아이)을 비난하는 대신 다른 사람(훈육을 효과적으로 하지 못하는 부모)을 비난하는 것이 아니라, 문제를 상호작용적인 것으로 확대하여 공유되고 유지되는 것으로 보는 것이다.

고착된 상호작용에 도전하는 가장 좋은 방법은 가족의 역동을 정체시키는 패턴을 직접 지적하는 것이다. 때로는 상담자가 내담자에게 "당신이 X를 하면 할수록 그는 Y할 것이며, 당신이 Y를 하면 할수록 그녀는 X를 할 것입니다."라고 설명해 주는 것도 유용하다.

3 경청과 공감

경청은 상대방의 언어적 메시지뿐만 아니라 의도, 기대, 감정 등도 공감하고자 노력하는 듣기 자세다. 상담자는 내담자와 시선을 맞추고, 내담자 쪽으로 몸을 기울이며, 내담자의 진술의 흐름에 적절하게 따라가는 질문이나 반응을 제공함으로써 경청하고 있음을 내담자에게 확인시켜 줄 수 있다. 가족치료자가 각각의 가족원의 감정과 관점을 지속적으로 경청할 때 내담자는 자신의 생각과 감정을 자유롭게 표현할 수 있고, 자신의 방식으로 문제를 탐색하며 상담의 주체로서 책임감도 가질 수 있다.

2. 가족치료 중기

1) 중기의 과제

(1) 가족원 간의 상호작용 촉진

중기단계에서 상담자는 한 발 뒤로 물러나, 상담에서 덜 적극적인 역할을 하면서 가족원들끼리 더 많이 상호작용할 수 있도록 격려한다. 가족이 서로 건설적으로 교류하는 데 관심을 집중하고, 가족이 상호작용하는 동안 상담자는 뒤로 물러나 그 과정을 관찰한다. 단, 대화가 정체될 때에는 상담자가 개입해 가족이 대화를 지속하도록 도와준다. 녹음이나 녹화를 통해 상담자는 자기 모니터링을 하며, 과도하게 상담에 개입하고 있지 않은지 점검해야 한다.

(2) 가족의 불안 다루기

상담의 중기 단계에서 가족원 간의 상호작용을 늘려 가는 것은 필요하나, 때로는 가족원 중 누군가 갈등에 대해 직접적으로 이야기하는 것에 대해 다른 가족원이 불안해할 수 있다. 일단 불안수준이 높아지면 반응적이 되며 경청하는 것이 어려워진다. 이럴 때는 가족원끼리 대화하도록 하는 것보다 각 가족원이 상담자에게만 말하게 함으로써 가족의 불안을 통제할 수 있다. 또는 가족원이 서로에게 덜 방어적으로 말하는 방법을 가르침으로써 불안을 가족 스스로 다루게 할 수도 있다. 가족원이 서로 대화하거나 상담자와 함께 대화하는 것을 번갈아 하게 함으로써 불안수준은 조절될 수 있다.

(3) 자기표현 촉진하기

상담 중기에 상담자는 지시적인 역할을 가능한 한 자제하면서 가족이 스스로의 자원에 의존할 수 있게 격려해야 한다. 상담자는 다양한 기법을 활용해 가족원이 단지 비난하는 수준을 넘어 자신이 느끼는 것과 원하는 것을 직접적으로 이야기할 수 있도록 돕는다. 비생산적인 상호작용이 상대방 탓이 전부가 아니라 자신도 어떤 역할을 하고 있는지 깨닫고 배울 수 있도록 한다.

2) 중기의 평가

(1) 평가와 개입의 순환

가족치료가 진행되면서 평가와 치료적 개입은 반복해 이루어진다. 치료자는 가족평가에 기초하여 치료적 개입을 선택하며, 치료적 중재에 대한 효과성을 검증하기도 한다. 따라서 평가와 중재의 주기는 치료과정에서 반복된다.

중기단계는 내담자 가족이 자신을 표현하고 상호 이해하는 데 많은 부분을 할애한다. 만일 치료자가 가족의 상호작용에 지나치게 관여하면 가족원 스스로 문제를 다루는 방법을 배우는 것이 어려워진다. 치료자가 한 걸음 뒤로 물러나 가족과정을 관찰하며 가족 간의 대화가 정체될 때에만 개입하는 것이 바람직하다. 다만, 가족원이 갈등에 직면해 불안할 때에는 치료자가 불안을 조절하거나 최소화함으로써 가족이 덜 방어적으로 말할 수 있도록 돕는다.

(2) 고착 다루기

회기가 거듭되어도 가족과정이 향상되지 않고 있다면 치료가 정체되는 이유를 파악하는 것이 필요하다. 예컨대, 부부치료를 하는 과정에서 관계가 개선되지 않는다면 부부 중 한 명이 심각하게 이혼을 고려하고 있고 상담에 대한 동기가 적기 때문일 수 있다. 이런 경우에 치료자가 부부관계 개선을 위해 아무리 노력을 해도 치료가 진전되지 못한다.

중기단계의 평가에서는 치료과정의 전이 문제와 역전이 문제에 대한 평가가 필요하며, 치료자가 특정 개인의 역할을 대신해서 가족의 결여된 기능을 대체하고 있지는 않은지 확인해 보아야 한다. 또한 치료자가 피하고 싶은 개인이나 관계가 있는지도 점검한다. 이러한 과정은 회기 간에 동료와의 자문이나 슈퍼비전을 통해 개선될 수 있다.

(3) 중기 점검사항

- 문제에 대한 가족원 개개인의 책임감 인식이 증진되는가?
- 가족원의 상호이해가 촉진되는가?
- 치료가 정체되지 않았는가?
- 치료에서 '피하고 싶은' 어려운 관계나 개인이 있는가?
- 대화 주제 선택에서 치료자가 지나치게 개입하고 있지 않은가?
- 치료자가 특정 가족원의 역할(아내, 특정 자녀 등)을 맡고 있지 않은가?

3) 변화를 촉진하는 개입방법

(1) 공감

상담자와 내담자 간의 공감적인 유대는 상담자로 하여금 내담자의 저항을 받지 않고 변화를 위해 밀고 나갈 수 있게 한다. 공감이란 내담자의 감정과 태도, 신념 등에 대해 정확하게 의미를 포착하고 이해하며, 이해하고 있다는 사실을 내담자에게 전달하는 일종의 소통을 의미한다. 언어적 · 비언어적 방식으로 공감적 소통을 할 수 있는데, 따로 어떤 상담자는 내담자를 제대로 이해하지 못하면서도 "이해합니다."라고 쉽게 말하거나 공감적인 몸짓을 습관적으로 하기도 한다. 과장된 공감은 진정한 공감이라고 할 수 없다. 오히려 상담자가 "제가 그런 경험을 한 적이 없어서 잘 모르겠는데, 당신이 두려워하는 것이 무엇인지 말씀해 주세요."라고 말하는 편이 나을 수 있다.

(2) 존중

상담자가 내담자의 배경과 상관없이 존중하는 것은 중요하다. 존중이란 내담자가 화나는 것이 두려워 선심을 쓰거나 내담자의 의견을 무조건 따르는 것이 아니라 내담자를 존중한다는 것은 내담자에게 정직한 것, 진실을 다루는 내담자의 능력을 존중하는 것, 생각을 말할 상담자의 권리를 존중하는 것과 같이 내담자의 권리를 존중하는 것을 뜻한다. 사람을 존중한다는 것 역시 변화할 수 있는 그의 능력을 신뢰한다는 의미다.

또한 내담자의 자율성을 존중하고 삶의 중요한 결정을 스스로 내릴 수 있는 권리를 존중하는 것도 중요하다. 상담자가 내담가족의 문제를 해결해야 한다는 과도한 책임감을 갖는 것은 주의해야 한다. 내담자 본인이 아닌 사람이 내담자의 문제를 풀 수 있다는 환상을 버릴 때 상담자는 내담자가 회기에서 스스로 도움이 되는 유익한 것을 발견할 수 있도록 돕는 작업에 집중할 수 있다. 상담자의 침착함은 내담자의 불안을 가라앉히고, 가족들이 전체 맥락에서 문제를 볼 수 있도록 돕는다.

(3) 관계질문

가족치료자는 순환적으로 사고하며, 문제를 개인의 심리적인 문제가 아닌 사람들 간의 문제로 본다. 따라서 가족치료자의 질문은 한 사람이 다른 사람에게 어떤 영향을 미치는가에 초점을 둔다. 관계질문은 2인 이상의 사람들 사이에 무엇이 일어나고 있는가에 초점을 두기 때문에 상호작용 질문이라고도 한다. 예컨대, "아내가 잔소리를 과하게 한다고 하셨는데, ○○ 씨는 그에 어떻게 대응합니까?" "○○ 씨가 술을 마시면 아들은 어떻게 반응합니까?" 등과 같은 질문은 가족원 간에 영향을 미치는 방식에 대해 탐색할 수 있게 돕는다.

순환질문은 관계의 지각 차이, 정도의 차이, 현재와 과거의 차이 등의 질문 범주를 갖는다. 순환질문의 유형 중 하나인 삼자질문(triadic question)은 한 명의 가족원(A)에게 다른 두 가족원(B와 C)의 관계에 대해 질문하는 것이다.

참고 순환질문

- 아버지가 폭력을 휘두르면 누가 가장 불안해합니까? 당신입니까? 어머니입니까?
- 당신이 음식을 거부할 때 관심을 보이는 사람은 누구입니까?
- 화가 난 어머니를 진정시키려고 노력하는 사람은 누구입니까?

(4) 재구성

재구성이란 동일한 상황에 대해 다르게 해석하거나 다른 의미를 부여하는 방법으로, 가족치료에서 매우 중요한 기법이다. 이는 내담자의 관점을 존중하면서도 문제상황을 이해하는 대안적인 관점을 제공함으로써 가족원들이 관계 맺는 방식을 좀 더 유연하게

참고 가족치료 중기 점검사항

1. 집중하기, 저항 극복을 위해 창의적 방법 사용하기, 공감하기 등을 활용한다.
2. 상담자가 가족 상호작용에 지나치게 개입하지 않는다.
3. 가족문제에 있어서 각 개인의 책임과 상호이해를 향상시킨다.
4. 관계 개선을 위한 노력은 현재의 불평에 긍정적 영향을 미친다는 것을 분명히 한다.
5. 하위집단을 만날 때 전체 가족에 대한 모습을 염두에 둔다.
6. 특정 가족원과의 관계를 회피하지 않는다.
7. 중기단계에서 특별히 고려할 사항은 다음과 같다.
   - 대화 주제 선택에서 상담자가 지나치게 적극적인 역할을 맡고 있지는 않는가?
   - 가족과 상담자가 갈등보다 더 중요한 사회적 관계 발달에 신경을 썼는가?
   - 상담자가 내담자 가족 내의 결여된 기능 또는 특정 역할을 대신하지는 않았는가?

출처: Nichols(2011)에서 발췌 및 수정.

만들 수 있다. 예를 들어, 학교에 가기를 거부하는 청소년의 행동에 대해 상담자는 "우울한 어머니를 옆에서 지켜드리기 위해 학교에 가지 않는군요."라고 재구성할 수 있다. 재구성은 가족을 만나는 초기면접에서부터 활용할 수 있는데, 재구성을 통해 문제 상황에 대한 내담자의 관점과 상담자의 관점을 이어 줄 수 있다.

4) 가족상담자의 이슈

(1) 상담자의 자기성찰

우리는 자신을 잘 안다고 생각하는 경향이 있지만, 사실은 자신이 누구인지 잘 알지 못하는 부분들이 있다. 모든 상담 및 심리치료에서 그러하듯이 가족치료에서도 가장 중요한 도구는 상담자 자신이다. 상담자가 어떤 사람이고, 어떤 역량을 갖추고 있는가는 상담의 과정과 효과에 중요한 요인이며, 상담자의 역량 지표 중 하나가 자기성찰이라고 할 수 있다.

상담자는 상담을 통해 내담자 스스로 자신에 대해 자각할 수 있도록 돕는 역할을 해야 하는데, 선행적으로 상담자 스스로 본인을 잘 아는 것이 필수적이다. 자기성찰은 '상담자가 내적인 대화에서 자신의 한계와 조건을 발견하고 인식하며 행동할 수 있도록 하는 능력과 태도'라고 할 수 있다(Reiter, 2021). 특히 상담자가 윤리적이며 가치에 민감한 임상실천을 하기 위해 자기성찰의 깊이는 매우 중요한 영향을 미친다. 즉, 자기성찰은 상담자가 내담자에게 더 나은 상담서비스를 제공할 수 있도록 한다.

상담자의 자기성찰을 촉진하는 방법으로 가계도를 활용해 상담자 본인의 원가족 분석을 할 수 있다. 상담자가 원가족 작업을 하는 이유는 본인의 원가족의 정서과정과 불안을 탐색함으로써 내담가족을 보다 효과적으로 도울 수 있기 때문이다.

> "우리는 내담자들을 그들의 깊이에서 만나기 위해 우리 자신의 '깊이'로 들어간다."
> (Mearns & Cooper, 2005, p. 137: Reiter, 2021에서 재인용).

(2) 역전이

역전이는 정신분석에서 소개한 개념으로 '상담자가 원가족에서의 과거 경험을 내담자에게 전이하여 나타나는 내적 반응'을 의미한다. 최근에는 상담자가 내담자에게 하는 특정반응을 뜻할 때 사용된다. 예컨대 상담자가 내담자에게 사적 매력을 느끼거나, 내담자를 불편하게 느끼거나, 내담자와 관계를 잘 맺지 못하는 등의 방식으로 역전이가 나타날 수 있는데, 이는 상담자의 과거 미해결된 갈등과 관련이 있을 수 있다.

상담자들은 역전이를 예방하기 위해 여러 방식으로 노력한다. 상담 중 본인의 내적 반응이 어떤 방식으로 나타나는지 알기 위해 동료상담자들에게 자문을 받거나 슈퍼바이저로부터 지도감독(슈퍼비전)을 받기도 한다. 상담회기를 녹음하거나 녹화한 자료를 분석하며 스스로 모니터링하는 방식의 '자기 슈퍼비전'도 본인의 역동과 상담패턴을 이해하고 역전이를 예방하는 데 도움이 될 수 있다.

(3) 소진 및 자기돌봄

상담자는 끊임없는 문제를 호소하는 사람을 만난다. 타인의 삶과 복지 증진에 기여하는 사명감과 가치도 크지만, 스트레스 또한 많은 직업군이다. 상담자의 '소진'은 일종의 정서적 고갈로 심신이 지쳐 제대로 일을 하기 어려운 상태를 의미한다. 지속적인 스트레스에 노출되었으나 그것을 제대로 다루지 않았을 때 소진이 발생하게 된다.

상담자의 소진이 발생하는 원인 중 하나는 상담자가 내담자를 돌보는 과정에서 이들의 고통을 내면화하고 에너지를 쏟지만, 정작 본인은 타인으로부터 충분한 돌봄을 받지 못한다는 점이다. 소진을 경험하는 상담자는 공감능력과 내담자를 격려할 수 있는 역량이 줄어들기 때문에 상담에 부정적 영향을 미칠 수 있다(Reiter, 2021).

소진을 예방하는 최선책은 상담자의 자기돌봄을 게을리하지 않는 것이다. 상담실 밖에서 자신을 돌볼 수 있는 다양한 활동을 하는 것이 필요하다. 자기돌봄의 활동에는 충분한 휴식, 운동, 명상, 가족이나 친구와의 사교활동, 일과 개인생활의 경계 구분 등을 포함한다.

3. 가족치료 후기

1) 종결의 신호

단기상담을 선호하는 상담자는 제시된 문제가 해결되는 대로 상담을 마치는 반면, 정신분석 치료자의 상담은 내담자의 내면 탐색을 위해 수년 이상 걸릴 수도 있다. 가족이 상담목표를 달성했다고 느끼는 것은 상담자가 내담가족의 증상이 감소하는 시점에 이르렀다고 느끼는 것과 관련이 있다.

종결 시기를 알려 주는 신호 중 하나는 가족이 갈등을 회피하는 것이 아님에도 불구하고, 상담실에서 사소한 이야기밖에 딱히 할 말이 없는 경우와 꼭 해야 할 작업이 없는 경우다. 종결을 준비하기 위해 상담의 간격을 늘리며 작별을 준비하는 것이 적절하다.

2) 후기 점검사항

(1) 후기 평가

종결단계에서는 가족의 문제가 어느 정도 해결되었는지 파악하는 것이 필요하다. 가족이 목표를 이루었다고 느끼고 치료자가 횟수를 줄이거나 회기 간격을 늘리는 것이 좋겠다는 생각이 든다면 종결이 가까워진 것을 알 수 있다. 종종 내담자 가족이 갈등을 회피하는 것이 아닌데도 일상적 이야기 외에는 상담실에서 특별히 할 말이 없는 것도 종결의 지표가 된다.

이 단계에서 가족은 상담의 목표를 이루었다고 느끼며, 상담자는 상담 횟수를 줄이거나 간격을 넓힐 수 있다고 느낀다. 그러나 때로는 치료의 효과가 경미하거나 다른 프로그램에 의뢰해야 하는 등의 이유로 가족치료가 종결될 수도 있다. 종결단계에서 가족은 그동안 상담에서 배운 내용을 회고해 보고 강화하는 시간을 갖는다.

(2) 후기 점검사항

- 제시된 문제가 해결되었는가?
- 가족 상호작용 유형이 개선되었는가?
- 가족원 각자가 목적했던 바를 이루고 만족하는가?
- 미래에 비슷한 문제가 재발했을 때 다루는 방법을 알고 있는가?
- 가족원이 가족 내외의 관계를 개선해 왔는가?

3) 종결의 절차

(1) 회고와 작별

종결단계에서 가족은 상담자와의 관계를 회고하고 작별 인사를 하는 데 초점을 둔다. 종결단계에서는 상담과정을 통해 가족이 함께 성취한 것을 되짚어 보는 것이 좋다. 대부분의 가족치료는 교육적인 기능을 갖고 있으므로, 가족이 서로 잘 지내는 방법에 대해 배운 것을 종결에서 확인한다.

(2) 문제 재발에 대한 대비

내담자에게 미래에 좋아진 상태가 다시 나빠질 수도 있다는 것을 예상하게 하고, 그럴 때 난관을 어떻게 다룰 것인지에 대해 토의하게 하는 것이 도움이 된다. "상황이 악화된다는 것을 어떻게 알 수 있으며, 무엇을 하겠습니까?"라는 질문을 할 수 있다. 또한 가족에게 현재의 안정과 조화가 영원히 유지될 수 없다는 사실을 상기시키고, 문제 재발의 신호에 과잉반응하는 것이 악순환을 초래할 수 있음을 알려 주는 것이 도움이 된다.

(3) 추후 상담

상담이 종결되고 몇 주 후 가족이 어떻게 지내고 있는지 확인해 보는 것이 바람직하다. 상담자는 전화나 이메일, 혹은 짧은 상담으로 가족의 상태를 파악할 수 있다. 가족은 이러한 상담자의 관심에 감사할 것이고, 상담자는 사례가 제대로 종결되었음을 확인할 수 있다.

요약

이 장에서는 가족치료의 과정을 초기, 중기, 후기로 나누어 단계별 주요 과제와 이슈를 살펴보았다. 먼저, 가족치료 초기에서는 평가와 사례개념화, 초기 단계의 라포 형성과 점검사항에 대해 살펴보았다. 가족평가는 가족을 하나의 '단위'로 보고 가족 내부와 외부 그리고 이들 간의 상호작용을 파악하기 위해 자료를 수집·분석·종합하여 가족에 대한 개입을 계획하는 일련의 과정을 의미한다. 가족치료 사례개념화는 순환적 인식론을 기반으로 가족역동, 그리고 사회문화적 체계를 포함한 다양한 관점에서 내담자의 호소문제를 이해한다.

다음으로, 가족치료 중기의 주요과제 및 평가, 변화를 촉진하는 방법, 가족상담자의 이슈에 대해 살펴보았다. 마지막으로, 가족치료 후기의 신호와 점검사항, 종결의 절차 등을 다루었다.

연습문제

1. 다음 가족연대기 샘플을 참고해 본인의 연대기를 작성한다. 2인씩 조를 이루어 서로 가족연대기에 나타난 주요사건에 대해 설명하고 소감을 나누어 본다.

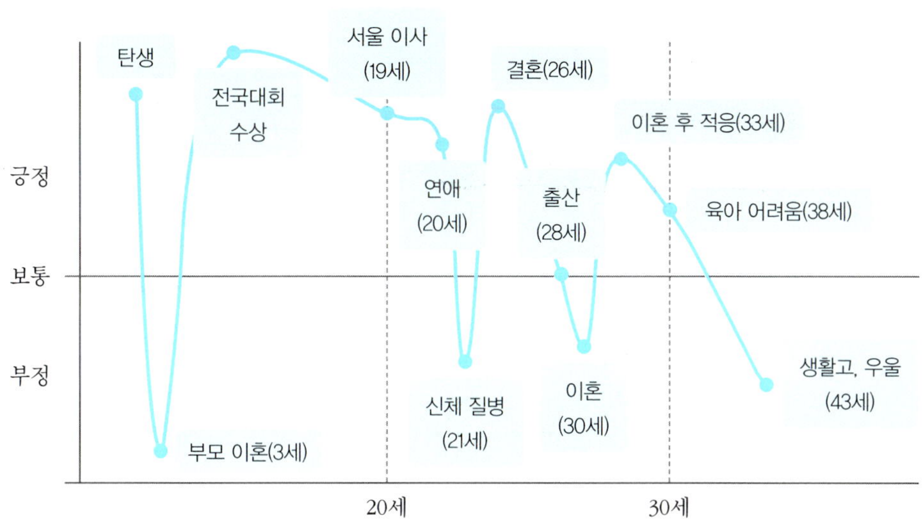

2. 3~5명이 한 팀을 이루고 그 중 한 명이 내담자를 맡아 (가상의) 문제 상황을 제시한다. 나머지 구성원들은 상담자 역할을 맡아 순환질문을 3개씩 만들어 질문해 본다. 실습을 마친 후 순환질문이 어떻게 문제해결에 도움이 되었는지 함께 나누어 보자.

3. 부부가족상담전문가가 되기 위해 (또는 더 나은 가족상담자가 되기 위해) 인간적으로, 전문가로서 나에게 필요한 부분은 무엇이며 어떤 노력을 기울여야 하는지 생각해 보고 나누어 보자.

부록 12-1

순환 모델: 자기보고식 척도(FACES II)

전혀 그렇지 않다	다소 그렇지 않다	그저 그렇다	다소 그런 편이다	정말 그렇다
1	2	3	4	5

1. 우리 가족은 서로 돕는다.	1	2	3	4	5
2. 우리 가족은 누구나 쉽게 자기 생각을 가족에게 이야기한다.	1	2	3	4	5
3. 고민이나 비밀이 있으면 가족이 아닌 사람과 이야기하거나 의논하는 편이다.	1	2	3	4	5
4. 집안의 중요한 일을 결정할 때는 모든 가족이 참여한다.	1	2	3	4	5
5. 우리 가족은 집에 오면 그날 있었던 일을 서로에게 이야기한다.	1	2	3	4	5
6. 우리 형제는 부모님의 교육이나 생활지도 방법에 대한 우리의 생각을 말씀드리곤 한다.	1	2	3	4	5
7. 집안에 일이 생기면 우리 가족은 함께 일을 처리한다.	1	2	3	4	5
8. 문제가 생기면 우리 가족은 함께 의논하고 의논을 통해 만족한 해결책을 찾으려고 한다.	1	2	3	4	5
9. 우리 가족은 멋대로 행동하는 경향이 있다.	1	2	3	4	5
10. 우리 가족은 돌아가면서 집안일을 돌본다.	1	2	3	4	5
11. 우리 가족은 각자의 친구를 좋은 친구로 인정한다.	1	2	3	4	5
12. 우리 집의 규칙은 상황에 맞게 조절된다고 본다.	1	2	3	4	5
13. 우리 가족은 자신의 일을 결정하기 전에 가족과 먼저 상의하는 편이다.	1	2	3	4	5
14. 우리 가족은 하고 싶은 말이 있으면 스스럼없이 이야기하는 편이다.	1	2	3	4	5
15. 우리 가족은 집안을 위해서 무엇을 해야 할지를 모르는 것 같다.	1	2	3	4	5
16. 우리 부모님은 우리 형제의 의견을 존중해 주시는 편이다.	1	2	3	4	5
17. 나는 부모님과 형제에게 깊은 애정과 친밀감을 느낀다.	1	2	3	4	5
18. 우리 부모님은 상이나 벌을 공정하게 주시는 편이다.	1	2	3	4	5
19. 가족이 아닌 사람에게서 더 깊은 친밀감과 편안함을 느낀다.	1	2	3	4	5
20. 우리 가족은 문제나 고민거리가 생기면 새로운 해결방법을 찾아보려고 한다.	1	2	3	4	5
21. 우리 가족은 가족이 내린 결정을 잘 따른다.	1	2	3	4	5
22. 우리 가족은 집안일을 나누어서 하며, 자기가 맡은 일에 대해 책임감을 갖고 있는 편이다.	1	2	3	4	5
23. 우리 가족은 함께 여가 시간을 보내는 것을 좋아한다.	1	2	3	4	5
24. 우리 가족의 규칙은 바꾸기가 힘들다.	1	2	3	4	5
25. 우리 가족은 집에서 서로 대하기 싫어한다.	1	2	3	4	5
26. 우리 가족은 어떤 문제가 생기면 그 문제에 대해 서로 상의하는 편이다.	1	2	3	4	5
27. 우리 가족은 서로의 친구에 대해 잘 알고 있다.	1	2	3	4	5
28. 우리 가족은 마음속에 있는 생각을 이야기하는 것을 서로 꺼리는 것 같다.	1	2	3	4	5
29. 가족 전체가 합심하여 행동하기보다 몇몇 가족원끼리만 짝을 지어 행동하는 편이다.	1	2	3	4	5
30. 우리 가족은 취미활동을 같이 하는 편이다.	1	2	3	4	5

* 문항채점은 본문 순환 모델의 평가방법 및 검사의 적용을 참고하시오(p. 393).
* 출처: Olson, Rusell, & Sprenkle (1989).

순환 모델: 외부관찰자 척도(Clinical Rating Scale: CRS)

	유리		분리		연결		밀착	
응집성	1	2	3	4	5	6	7	8
정서애착	•	•	•	•	•	•	•	•
가족관여	•	•	•	•	•	•	•	•
결혼관계	•	•	•	•	•	•	•	•
부모-자녀 관계	•	•	•	•	•	•	•	•
내적 경계(시간, 공간)	•	•	•	•	•	•	•	•
외적 경계(친구, 관심, 여가)	•	•	•	•	•	•	•	•
전체 평가	•	•	•	•	•	•	•	•

	경직		구조적		융통적		혼돈	
적응성	1	2	3	4	5	6	7	8
지도력	•	•	•	•	•	•	•	•
훈육	•	•	•	•	•	•	•	•
협상	•	•	•	•	•	•	•	•
역할	•	•	•	•	•	•	•	•
규칙	•	•	•	•	•	•	•	•
전체 평가	•	•	•	•	•	•	•	•

	낮은	←	용이성		→	높은
의사소통	1	2	3	4	5	6
듣는 기술 공감 경청	•	•	•	•	•	•
말하는 기술 자신을 위해 말하기 타인을 위해 말하기 (역점수화)	•	•	•	•	•	•
표현의 자유로움	•	•	•	•	•	•
명료성	•	•	•	•	•	•
따라 가기	•	•	•	•	•	•
배려/존중	•	•	•	•	•	•
전체 평가 *	•	•	•	•	•	•

* 전체 평가는 평가자의 종합적인 평가를 토대로 한다. 채점은 p. 393을 참고하시오.

부록 12-2

접수면접 기록

접수자:
작성일:

<table>
<tr><td>내담자의 이름</td><td>집 전화</td><td>직장 전화</td><td colspan="2">이메일 주소</td><td>나이</td></tr>
<tr><td colspan="3">주소</td><td>최종학력</td><td>직업</td><td>성별</td></tr>
<tr><td>도시/우편번호</td><td colspan="4">가장 친한 친척 또는 친구(이름, 주소)</td><td></td></tr>
<tr><td colspan="3">직장주소</td><td colspan="3">비상시에 연락할 곳(휴대폰 번호)</td></tr>
<tr><td rowspan="3">결혼상태:
□독신자 □기혼
□미망인 □이혼
□별거 □재혼
결혼했다면, 결혼기간은?
년 개월
자녀: ( )남 ( )녀</td><td colspan="5">연간가족수입: 만 원</td></tr>
<tr><td colspan="5">배우자 직업: 배우자 최종 학력:</td></tr>
<tr><td colspan="5">이전의 상담경험: 있다( ) 없다( )
있다면: 정신의학과( ) 성직자( ) 변호사( ) 상담자( ) 역술인( ) 기타 ( )
상담기간: ( ) 년 ( ) 개월</td></tr>
<tr><td colspan="6">다른 기관 관련</td></tr>
</table>

가족사항 (배우자, 자녀)	이름	나이	학년	직업	관계	동거의 유무(예, 아니요)

호소하는 주요 문제:

현재 문제의 발달과정:

가족관계의 특징:

상담예약일: 상담(예정)자:

가족평가 요약서

가족번호: 날짜:
평가팀: 평가일:

가족평가

1. 가족 문제 및 증상:

2. 가족의 강점:

3. 가족생활주기 및 발달과업의 적절성:

4. 가족구조의 경직성/융통성

경직 1 2 3 4 5 6 7 8 9 10 융통성

5. 가족유형

□ 평가 □ 점수범위(1~10으로 전환시킬 것)

______ 경계:	폐쇄적	1	2	3	4	5	6	7	8	9	10	개방적
______ 의사소통:	암시적	1	2	3	4	5	6	7	8	9	10	명시적
______ 가족기능:	역기능적	1	2	3	4	5	6	7	8	9	10	기능적
______ 성역할:	전통적	1	2	3	4	5	6	7	8	9	10	양성평등

6. 가계도

치료전략

7. 문제에 대한 체계적인 치료구상(현재 나타나는 문제와의 관계, 문제의 작용 방법, 누가 개입되었는지, 문제로 인해 도움이 된 사람은 누구인지, 실제 변화에 누가 가장 관심 있는가 등)

8. 가족치료 전략의 개요

9. 기타치료와 서비스(가족 치료전략의 목표와 기능을 포함)

10. 결과에 대한 평가기준

치료자 서명: ____________________ 날짜: ____________________
슈퍼바이저 서명: ____________________ 날짜: ____________________

내담자의 가족치료 평가서

상담자 이름: ____________________ 마지막 상담 날짜: ____________________

1. 누구의 제안으로 치료를 마쳤습니까?
□ 치료자와 나(우리)의 협의 □ 치료자가 종료함
□ 내(우리)가 일방적으로 □ 미리 예정한 치료기간이 완료됨

2. 치료에 오게 된 문제는 현재 어떻습니까?
□ 나빠졌다 □ 똑같다
□ 조금 나아졌다 □ 완벽히 해결되었다

3. 치료기간 중에 추가적으로 나타난 문제가 있다면 표시하고, 그 문제가 해결되었는지를 나타내십시오.
문제해결됨
□ 자녀 문제(누구: ____________________)
□ 부모님과의 문제(누구: ____________________)
□ 부부 문제(누구: ____________________)
□ 그 밖의 가족관계 문제(구체적으로: ____________________)
기타:

4. 치료자와는 어떻게 지내셨습니까?
□ 매우 잘 지낸다 □ 긍정적이다
□ 그리 좋지 못하다 □ 매우 좋지 못하다

5. 치료결과가 당신이 생각한 목표와 얼마나 부합됩니까?
□ 완전히 □ 충분히 □ 소
□ 약간 □ 전혀

6. 치료 기간 동안 당신은 어떻게 변화했다고 생각하십니까?
□ 매우 긍정적임 □ 거의 긍정적임 □ 긍정과 부정이 반반임
□ 매우 부정적임 □ 변화 없음

7. (변화가 있었다면) 그 변화가 3개월에서 6개월 이후 지속될 것이라 생각하십니까?
□ 매우 확실함 □ 거의 긍정적임 □ 불확실함
□ 다소 의심스러움 □ 매우 의심스러움

8. 치료에 대해 얼마나 만족하셨습니까?
□ 완전히 □ 많은 정도 □ 적당한 정도
□ 약간 □ 전혀 없음

9. 상담, 치료를 받은 후의 소감을 간단히 써 주십시오.

출처: 정민자(2002)에서 발췌 및 수정.

제 13 장

가족치료의 윤리적 쟁점

아동을 면접하는 과정에서 부모의 방임이 의심될 때 치료자는 어떻게 해야 할까? 부부치료의 맥락에서 개인면담을 하는 중 내담자가 배우자 모르게 했던 자신의 외도 경험을 치료자에게 말할 때, 치료자는 어떻게 해야 할까? 내담자가 감사하다며 선물을 건네거나 자신의 집에 초대할 때, 혹은 동업을 제의할 때 치료자는 어떻게 해야 할까?

전문적인 가족치료 서비스를 제공하는 데는 지식과 경험뿐만 아니라 예측이 가능하거나 그렇지 않은 다양한 상황에 대한 치료자의 적절한 대처가 요구된다. 그런 상황에는 임상적 사안도 있겠으나 법이나 윤리 차원에서 문제해결을 모색해야 하는 경우도 있을 것이다. 치료자는 원조 과정에서 직면하는 어려움이 윤리적 차원의 사안인지 여부를 판단하고 사안의 쟁점을 명확히 포착하여 윤리원칙에 입각한 문제해결에 노력을 기울일 필요가 있다.

이 장에서는 가족치료 윤리의 특이성에 대한 설명에서 출발하여 가족치료의 윤리원칙을 개괄적으로 설명한다. 이어서 가족치료 장면에서 발생할 수 있는 다양한 윤리적 딜레마 상황을 알아보고 치료자의 문제해결 과정을 안내할 수 있는 윤리적 의사결정 모델을 제시한다. 또한 최근 온라인 공간의 상담 및 치료 방식이 국내는 물론 전 세계적으로 증가하는 추세이므로 관련된 윤리원칙과 쟁점에 대해서도 다룰 것이다.

1. 가족치료사의 가치와 윤리

1) 가치

가치(value)란 다수의 사회구성원에 의해 선하거나 바람직하다고 여겨지는 것 혹은 개인의 선호도를 말한다. 가치는 개인이 특정한 상황에서 어떻게 행동해야 할지를 결정하고자 할 때 지침이 되는 것이다. 가족치료자도 한 사람의 개인으로서 가족치료에 임할 때 자신의 가치체계를 토대로 실천에 임하게 되는데, 그 가치체계는 전문적 가치, 개인적 가치, 사회적 가치의 복합체로 이해될 수 있다.

첫째, 전문적 가치는 주로 가족치료 전문직에서 중시되는 가치를 말하며, 여기에는 인간의 가치와 존엄, 다양성의 존중, 자기결정권 등이 포함된다. 둘째, 개인적 가치는 개인으로서 치료자가 좋고 싫음을 구분하는 기준을 말한다. 개인적 가치는 개인으로서의 치료자의 성장과 발달에 기초를 두고 있는 동시에 치료자가 속해 있는 사회적 · 문화적 · 역사적 영향하에 있다. 치료자는 전문적 가치를 기반으로 실천에 임하지만 자신의 개인적 가치가 부지불식간에 내담자와의 관계에 영향을 미치게 되는 상황에 빠질 수 있다. 셋째, 사회적 가치는 사회에서 중시하는 가치를 말하며, 일반적으로 전문적 가치와 개인적 가치에 대한 기준을 제시해 준다. 그러나 사회적 가치는 시대나 문화에 따라 변할 뿐만 아니라 최근에는 더 이상 그에 대한 사회적 합의가 이루어지지 않고 있다(예: 정상적인 가족관계).

치료자의 가치체계를 이루고 있는 세 가지 요소, 즉 전문적 · 개인적 · 사회적 가치는 상당 부분 일치하지만 전적으로 일치하는 것은 아니다. 전문적 가치는 사회적 가치에 토대를 두고 있으나 항상 일치하는 것은 아니며, 개인적 가치도 전문적 가치나 사회적 가치와 다를 수 있다.

2) 윤리

윤리는 무엇이 옳고 바른 것인지의 판단기준이 되는 것을 가리킨다. 가치와 윤리는 모두 적절한 행동을 선택하기 위한 기준을 말하며 혼용되어 쓰이는 경향이 있으나, 가치는 이상적인 면을 다루는 반면, 윤리는 현실적인 면을 다룬다는 차이가 있다. 예를 들어, 사생활 보호가 우리 사회에서 바람직하게 여겨지는 가치라면, 치료적 대화에 대한 비밀보장은 가족치료자가 지켜야 할 윤리로서 현실적 · 실천적 성격을 갖는다. 그런 의미에서 윤리는 "행동화된 가치"(Levy, 1976)다.

그렇다면 인간이 바람직한 행동을 하기 위해서는 무엇을 기준으로 삼아야 하는가? 이것을 밝히는 과업은 전통적으로 철학의 관심사 가운데 하나였다. 여기에 관련된 이론은 크게 윤리적 상대주의와 윤리적 절대주의의 두 범주로 분류된다. 윤리적 상대주의자는 윤리적 결정에 이르기 위한 일차적 기준은 정해진 도덕규칙이 아니라 바람직한 결과라고 주장한다. 따라서 결과적으로 얻게 되는 선(good)의 양을 기준으로 삼아 행동을 선택해야 한다는 것이다. 윤리적 절대주의자는 행위의 도덕성은 행위 그 자체에 있는 것이지 행동의 결과와 연관 지을 수 없다고 주장한다. 따라서 정해진 도덕규칙은 행동 선택의 근본이 되며 규칙은 그로 인해 어떤 손실이 초래될지에 관계없이 어떤 상황에서도 지켜져야 한다는 것이다.

로웬버그와 돌고프(Lowenberg & Dolgoff, 2000)는 이 두 가지 접근은 너무 추상적이고 일반적이어서 실천가가 임상 현장에서 제기되는 윤리적 문제를 처리하는 데 활용하기에는 무리가 있다고 비판하면서, 임상적 실용주의, 자아실현, 상황윤리, 종교윤리 등을 비롯하여 페미니즘, 지역사회주의, 신민주주의 등을 두루 소개하고 있다. 이들 접근은 좀 더 실용적이고 현대적인 대안으로서 철학 이외에도 정치사상이나 종교사상의 영향을 비롯하여 인종차별이나 성차별적 사고와 같은 사회적 관행에 자극을 받아 발달된 것이다.

그 가운데 임상적 실용주의는 사회적 가치를 토대로 내담자의 문제를 규명하고 개입하는 데 초점을 두며, 실천 맥락에서 발생하는 가치갈등은 그 사회의 가치를 참조하여 해결하고자 하는 접근이다. 자아실현 접근에서는 인간은 본래 선한 존재로 윤리적으로 행동할 수 있는 능력을 갖고 있다고 보면서, 윤리적 의사결정에 대한 개인(내담자)의 책임감을 강조하고 있다. 상황윤리는 사례가 처한 독특한 상황에 기초해 윤리적 딜레마를 해결하려는 경향을 총체적으로 일컫는 말이다. 이 접근에서는 각 상황은 시대적, 문화적, 환경적 맥락에 따라 다양하고 끊임없이 변하기 때문에 행위의 윤리성은 그 행위가 발생한 상황 안에서만 판단 가능하다는 입장을 취하고 있다.

한편, 반인종차별이나 반성차별적 사고 등도 현대 윤리가 발달하는 데 큰 영향을 미쳤는데, 특히 페미니즘을 포함하는 포스트모던 접근에서는 사회적 지배나 억압에 대한 비판, 호혜성에 대한 강조, 개별성에 대한 인식, 편파성과 추상적 보편성에 대한 거부 등의 측면에서 실천 윤리에 중요한 함의를 던져 주었다(Lowenberg & Dolgoff, 2000). 특히 1980년대 가족치료가 전기 모델에서 후기 모델로 이동하는 데 지대한 영향을 미쳤는데,

비판의 핵심은 정상가족, 가부장제 등 전기 가족치료가 전제하고 있는 '기능적 가족'에 대한 규범이었다. 그리하여 후기 가족치료의 발달은 가족치료에서 윤리적 실천의 개념과 적용에 대해 새로운 논의를 불러오게 되었다(정혜정, 2018).

3) 가족치료 윤리의 필요성

개인치료와 가족치료는 핵심적인 윤리원칙을 공유하지만 여러 내담자를 동시에 다루는 가족치료의 고유한 특성으로 인해 두 가지 치료 간에는 중요한 차이점이 존재한다. 가족치료는 체계이론과 가족역학에 대한 특정한 훈련을 요하며 비밀유지, 다양한 이익의 균형, 다중 치료관계의 관리와 같은 추가적인 복잡성을 동반한다(AAMFT, 2022; IAMFC, 2017). 이는 부부치료자가 윤리적 의사결정과 경계 설정에서 더욱 주의를 기울여야 함을 의미한다. 미국부부가족치료학회(American Academy of Marital and Family Therapy)는 가족치료 전문단체 차원에서 회원윤리강령(AAMFT, 2015)을 만들어 임상 실천의 윤리적 잣대로 활용토록 하고 있다. 개별 기관에서도 다양한 규정을 수립하고 적용함으로써 임상가의 윤리적 실천을 규제하고 있다. 또한 미국의 주 정부는 치료적 서비스에서 사생활보호나 자기결정권 등 사회적 가치가 존중될 수 있도록 하는 내용을 법으로 규정하고 있다.

이와 같은 서비스 환경은 임상 실천이 가능한 한 법의 테두리 안에서 이루어지도록 하는 장점이 있으나, 윤리적 딜레마 상황에서는 내용이 모호한 윤리강령보다 기관 방침이나 법에 우선하여 의사결정을 내릴 가능성이 크다는 맹점도 있다. 이런 경향에 대해 일부에서는 임상가가 피소당하지 않는 데에만 관심을 둔다고 비판한다. 여기서 법이나 기관방침을 준수하는 행위는 문제가 윤리적으로 조명되는 상황을 비켜 갈 뿐, 문제가 내포하고 있는 윤리적 딜레마 자체를 직접적으로 다루는 것은 아니라는 데 주목할 필요가 있다. 법이나 방침이 임상 장면의 다양한 딜레마에 대해 구체적 지침을 제시해 주지 못하거나 그 결과가 모든 사례에 바람직한 것은 아닐 수 있기 때문이다.

우리나라는 가족치료를 포함한 심리상담 서비스의 확대와 더불어 최근 윤리적 실천에 대한 관심이 크게 늘고 있다. 또한 공공부문으로 현장이 다변화되면서 개인정보, 서비스 동의, 정보 공유 등을 둘러싼 제도와 절차가 속속 수립되고 있다. 아직 국내 관련 법과 제도에 보완할 점이 많고 사회문화적 차이 때문에 서구의 윤리강령 및 관련 지침을 그대로 적용하기 어려운 한계가 있다. 그럼에도 법과 규정에 대한 이해(제2장 참조)와 더불어 윤리적 사안과 쟁점에 대한 치료자의 인식과 감수성을 높일 수 있다면, 임상 장면의 다양한 윤리적 딜레마에 보다 효과적으로 대응하는 데 유용할 것이다.

2. 가족치료의 주요 윤리원칙

가족치료자에게 요구되는 윤리원칙은 여러 정신건강 전문직에서 일반적으로 요구되는 윤리원칙과 많은 공통점이 있다. 여기서는 가족치료자가 내담자, 동료가족치료자, 훈련생, 연구대상, 사회일반을 포함하는 다양한 대상과의 관계에서 기본적으로 지켜야 할 윤리원칙을 제시한다. 미국부부가족치료학회(AAMFT, 2015)와 한국가족치료학회(한국가족치료학회, 2022) 윤리강령에 명시된 주제를 중심으로 설명하면 다음과 같다.

1) 내담자에 대한 책임

(1) 다양성 존중

치료자는 내담자의 인종, 성별, 종교, 출신국가, 성적지향 등에 관계없이 전문적 서비스를 제공하고 내담자를 공정하게 대우해야 한다. 내담자의 사회문화적 배경이나 가치관은 치료자의 가치관(예: 가족규범, 성역할 등)과는 독립된 것으로서, 치료자의 가치관에 의해 내담자의 행동이나 처지를 판단할 수 없다.

가족치료의 경우, 가족의 구조와 문화적 배경에 대해 한층 광범위한 시각과 이해를 요한다. 복수의 이해관계 사이에서 균형점을 찾아가며 치료과정을 진행해야 하기 때문이다(AAMFT, 2022; IAMFC, 2017). 특히 가족체계의 복지와 개별 구성원의 자율성 사이에서 때로 상충되는 목표들 사이를 누비면서 균형점을 찾아야 하는 과제가 있다(AAMFT, 2022).

(2) 이중관계 금지

치료자가 내담자와의 사이에 전문적 치료관계 이외에 다른 사적 관계를 맺는 것을 이중관계라 한다. 이중관계에는 내담자와의 사적인 친밀 관계, 성적 관계, 동업자 관계, 사제 관계 등이 포함된다. 치료자는 내담자와의 사적 관계를 피하기 위해 모든 노력을 기울여야 한다. 이에 더하여, 가족체계를 대상으로 하는 치료는 그 속성상 복수의 치료 관계를 포함하기 때문에 이중관계 원칙을 위배할 수 있는 소지가 있다. 따라서 경계(boundary)에 대한 관리와 잠재적 갈등에 각별한 주의를 기울여야 한다(AAMFT, 2022).

(3) 자기결정권 존중

자기결정권이란 인간이 갖고 있는, 자신의 운명을 결정할 수 있는 무조건적 권리를 말한다. 치료자는 내담자의 결정할 권리를 존중하되 내담자가 책임 있는 결정을 내릴 수 있도록 도와주어야 한다. 이를 위해 치료자는 자신의 결정이 가져올 수 있는 결과에 대해 내담자가 충분히 이해할 수 있도록 돕는다.

(4) 치료종결이나 의뢰에 대한 책임

치료자는 내담자가 치료적 관계에서 도움을 받고 있는 것이 분명하다고 판단되는 경우에만 치료적 관계를 지속한다. 치료자가 다룰 수 없거나 다루기에 부적절하다고 판단되는 경우 다른 치료서비스를 받을 수 있도록 도와준다.

(5) 고지된 동의

고지된 동의(informed consent)란 치료를 시작하기 전에 내담자로 하여금 자신의 권리와 책임에 대해 충분히 이해한 상태에서 치료에 동의하도록 하는 절차를 말한다. 치료자가 내담자에게 사전에 고지하고 동의를 구해야 할 내용은 대략 다음과 같다. 첫째, 치료의 내용과 구조, 잠재적 혜택과 해악에 대해 치료자는 평이한 용어를 사용하여 구체적으로 설명하고 동의를 구한다. 둘째, 치료 장면을 녹음·녹화하거나 제삼자가 관찰할 경우에는 내담자에게 그 취지, 과정, 자료보관 등에 관해 사전에 충분히 설명하고 동의를 구한다. 셋째, 훈련생이 슈퍼바이저의 지도감독하에 서비스를 실시하게 될 경우 사전에 설명하고 동의를 구한다. 넷째, 치료자가 다른 전문가에게 자문을 구하거나 의뢰를 목적으로, 또는 내담자와 관련된 비전문가에게 정보를 구하기 위한 목적 등 제삼자에게 내담자에 관한 정보를 공개해야 하는 경우에는 내담자에게 사전에 설명하고 동의를 구한다. 가족치료의 경우는 개인이 아니라 복수의 가족원으로부터 동의를 득해야 하기 때문에 이보다 조금 더 복잡하고 미성년자를 포함하는 경우는 더욱 그러하다(Avasthi, Grover, & Nischal, 2022).

참고 고지된 동의에 포함되어야 할 내용은?

- 비밀보장의 한계
- 치료기록의 성격과 범위
- 치료자의 직책, 경험, 훈련, 전문영역
- 치료모델과 대안
- 예상되는 치료기간
- 치료에 따르는 위험
- 비용 및 청구방법
- 내담자의 치료중단 권리

2) 비밀보장

(1) 비밀보장 원칙

비밀보장의 원칙은 사생활보호에 대한 사회적 가치에 기초하고 있으며 전문적 치료관계 유지에 가장 기본이 되는 중요한 원칙이다(Gladding et al., 2001). 비밀보장이란 치료자가 내담자와의 신뢰관계에 근거하여 얻은 정보를 내담자의 사전 동의 없이는 타인에게 발설하지 않는 것을 의미하며, 넓게는 치료기록의 적절한 보관과 공유 등을 모두 포함한다. 부부 및 가족치료사에게는 치료관계에 있는 내담자가 두 명 이상일 수도 있기 때문에 독특한 비밀보장 문제가 있다(AAMFT, 2022). 치료자는 각 내담자의 비밀을 존중하고 보호해야 한다. 가족치료사는 정보를 공개하려면 모든 구성원의 동의를 받아야 한다.

국내법 가운데 관련 종사자에게 비밀을 누설하지 않도록 금지하는 규정을 두고 있는 법에는 「가정폭력범죄의 처벌 등에 관한 특례법」 「아동복지법」 「노인복지법」 「성매매방지 및 피해자보호 등에 관한 법률」 「아동청소년의 성보호에 관한 법률」 「학교폭력예방 및 대책에 관한 법률」 「자살예방 및 생명존중문화 조성을 위한 법률」 등이 있다.

참고 비밀보장이 지켜지지 않았을 때, 어떤 결과가 초래될 수 있을까?

전문적 도움이 필요한 사람이 아예 도움을 청하지 않을 수도 있다.
이미 치료자와 관계를 수립하기 시작한 사람도 말하기를 꺼릴 수도 있다.
이미 신뢰관계가 수립되었다 하더라도 그 관계가 손상될 수 있다.

출처: Lowenberg & Dolgoff (2000).

(2) 치료적 대화에 관한 비밀유지특권

비밀유지특권 또는 특권적 의사소통(privileged communication)은 치료자가 치료과정 중 알게 된 내담자에 대한 정보를 내담자의 사전 동의 없이 법정소송 중에 증인으로서 외부(법정)에 공개할 수 없도록 하는 내담자의 법적 권리다. 비밀보장 원칙은 윤리적 차원에서 다루어지는 것인 반면, 비밀유지특권은 법적 차원의 논의를 요하는 사항이다. 이 권한은 통상적으로 부부, 변호사와 내담자, 사제와 신자 사이에 성립되며, 그 외에는 법에 규정된 경우에만 적용된다(Lowenberg & Dolgoff, 2000). 우리나라에는 현재 이에 준하는 법 조항이 없으나 치료자는 여전히 내담자에 대해 비밀보장의 윤리적 의무를 갖고 있다.

(3) 비밀유지특권의 예외 상황

사생활보호가 중요한 사회적 가치로 취급되면서 치료자가 비밀보장을 중요한 실천 원칙으로 삼게 되었고, 전문적 의사소통에 대한 내담자의 비밀유지특권이 법적으로 보장되기에 이르렀다. 그러나 인간 삶과 문제의 다양성과 복합성 그리고 불가피한 전문적 이유로 인해 전문적 의사소통의 내용을 누설할 수밖에 없는 예외 상황, 즉 비밀유지특권이 적용되지 않는 상황이 발생하게 된다. 다음 경우는 미국에서 일반적으로 거론되는 대표적 예외 상황이다.

1 내담자가 신체적 자해나 타해의 위험에 처해 있을 때

내담자를 통해 알게 된 정보가 누군가를 즉각적인 위험에서 보호할 수 있는 경우, 내담자가 자기 자신이나 가족을 포함한 타인에게 해를 입힐 수 있다고 판단되는 경우, 내담자가 자해나 타해의 위험에 처해 있는 경우, 내담자가 자살이나 생명을 위협하는 다른 심각한 위험에 처해 있는 경우 등으로 표현되는 상황에서 치료자는 적절한 절차를 개시함으로써 관련인이 경고를 받을 수 있도록 해야 한다(duty to warn). 국내의 경우 「정신건강증진 및 정신질환자 복지서비스 지원에 관한 법률」에 관련 조항이 명시되어 있다.

2 아동, 장애인, 노인 등 보호대상자에 대한 학대나 유기 주장이 있을 때

내담자에게 아동학대, 방임, 배우자폭력 등 가족성원에 의한 피해 사실이 있음을 치료자가 알게 되었거나 피해가 의심되는 경우에 치료자는 사법당국에 신고할 의무가 있다. 국내에서는 「아동복지법」「노인복지법」「아동청소년의 성보호에 관한 법률」「학교폭력 예방 및 대책에 관한 법률」 등에 관련 조항이 명시되어 있다.

3 학대, 폭력, 위험성 등을 이유로 법원이 명령했을 때

논란의 대상이 되는 정보를 치료자가 법원의 위임을 받아 획득한 경우는 비밀보장특권이 적용되지 않는다. 단, 법원이 특정 치료자에게 내담자에 대한 평가를 요청했을 때 치료자가 이미 내담자의 변호사에게 유사한 평가를 해 준 적이 있다면 그 평가내용은 비밀보장특권에 의해 법적 보호를 받는다.

3) 전문성과 품위

부부가족치료자는 높은 수준의 직업적 자격과 청렴성을 유지해야 한다. 유능한 상담활동은 다년간의 교육과 수련을 통해서 갖춰지므로, 책임감 있는 치료자는 지속적인 재보수교육을 통해 가족치료 지식과 실천을 향상시켜야 한다. 특히 체계이론과 가족역동에 초점을 둔 훈련은 필수적이다(AAMFT, 2022; IAMFC, 2017). 더불어 다른 치료자와의 상호작용 속에서 자신의 기술을 업데이트해야 하는데, 여기에는 슈퍼비전도 포함된다. 슈퍼비전에 관한 보다 구체적인 사항은 관련서(Todd & Storm, 2014)를 참조할 수 있다.

가족치료자에게 원가족 문제와 관련된 자기인식은 매우 중요하다. 치료자의 지각과 반응은 자신의 원가족 문제의 영향을 받을 가능성이 높기 때문에 자신의 취약성을 인식하지 못하는 경우 내담자를 오해하거나 자신의 불안을 낮추는 방향으로 내담자를 유인할 가능성이 있다. 자신의 정서적 이슈를 아는 경우 내담자 문제에 대한 정서적 반응이 훨씬 감소된다. 이러한 이유 때문에 가족치료 훈련프로그램에서는 학생들이 자신의 원가족 문제를 살펴보도록 고안한 원가족 가계도 분석과 같은 성찰적 작업을 포함한다(Corey et al., 2022).

또한 치료자는 자신의 능력 밖에 있는 문제에 대한 진단, 처치, 충고 등을 하지 않으며,

증언이나 진술 등 자신의 전문적 소견을 공식화하는 경우 타인의 삶에 영향을 미칠 수 있으므로 각별히 주의를 기울인다. 가족치료자가 신체적 · 정신적으로 위험신호를 보이는 경우, 알코올이나 기타 약물의 오남용으로 전문적 능력이 손상되어 치료자의 역할을 수행할 수 없는 경우에는 치료행위를 할 수 없다. 상담 및 치료 관련 학회에서는 이런 경우에 회원자격 박탈 등의 조치를 취하고 있다.

4) 훈련생, 피고용인, 연구대상에 대한 책임

치료자는 자신을 피고용인이나 훈련생이 신뢰 또는 의존하는 점을 이용하여 자신의 이익을 추구하는 행위를 해서는 안 된다. 치료자는 자신이 그들에게 영향력 있는 존재임을 인식하고, 그들과 치료, 성관계, 사업, 친구관계 등 추가적 관계를 맺어 이중관계를 형성하는 것은 전문가로서의 판단력 상실은 물론 착취의 소지가 있으므로 금해야 한다. 연구자는 연구참여자들의 존엄성을 존중하고 그들의 안녕과 복지를 보호하며 연구 행위를 관리하는 각종 윤리규정과 직업윤리규정을 준수해야 한다. 내담자를 포함하는 연구를 계획함에 있어 연구의 전 과정에서 윤리적 측면을 신중하게 고려해야 하는데, 여기에는 연구참여 대상의 취약성에 대한 판단, 연구내용에 대한 충분한 설명과 동의받는 절차, 수집한 개인정보의 보관과 사용 등이 포함된다. 최근 국내에서도 휴먼서비스 분야에서 이루어지는 연구가 윤리적 기준에 부합하는 절차에 따라 진행되도록 소속기관 연구윤리위원회(IRB)을 통해 연구계획을 사전 검토하고 승인하는 제도를 강화하고 있다.

5) 가족치료 전문직에 대한 책임

가족치료 전문가는 전문단체의 회원 혹은 서비스 기관의 피고용인으로서 전문직에서 요구하는 수준의 서비스를 제공할 책임이 있다. 또한 금전적 보상이 없다고 하더라도 지역사회나 사회의 향상에 기여하는 활동을 업무에 포함시켜야 한다. 대중의 이익에 부합하는 부부가족치료 관련 법 또는 규정을 만들거나 그에 반하는 규정을 개정하는 작업에 참여한다. 저작물의 제작과 관련하여 적절한 인용이나 정확한 정보 제시 등에 주의를 기울인다.

한편, 가족치료 전문가는 자신의 전문성 발전을 위해 동료 전문가들과 협력하고 교류에 힘쓴다. 자신의 접근방식과 다른 타 전문가의 접근을 존중하며 자신의 이익을 위해

타 전문가의 전문성을 손상시키는 언어 및 행동을 삼간다. 동료 전문가의 비윤리적 행동이 발생하였을 때 그러한 상황을 시정하려는 노력을 할 책임이 있다. 또한 다른 상담기관을 이용하는 내담자에게 중복되는 서비스를 제공하지 않도록 주의하며 공동으로 서비스를 제공할 때는 타 전문가와 적절한 협의를 거쳐 역할과 관계를 명확히 하도록 한다.

6) 전문가로서의 의견 진술

가족치료 전문가는 면접, 컨설팅, 평가, 보고, 사정 등의 형태로 법이 적용되는 범위 안에서 공식 및 비공식적으로 의견을 진술할 수 있다. 전문가 자격으로 법정에서 증언하게 될 경우 증언은 정확하고 객관적이고 공정하며 독립적이어야 한다. 또한 가족치료의 실천과 평가 사이에는 명확한 구분이 있어야 하며 소송절차에서 이해충돌 가능성이 있는 내용은 공개하지 않는다. 법적으로 요구되지 않는 한 법적 평가를 했던 사람을 내담자로 받지 않으며, 미성년자나 양육권 분쟁이 있는 성인 상담에 있어서 법원의 요구가 없는 한 미성년 자녀의 친권, 양육권, 면접교섭권 등을 위한 평가에 관여하지 않는다. 전문가 관점에서 미성년자에 대한 정보를 법원에 제공하거나 정신건강 평가를 할 때는 미성년자와 보호자의 정보제공 동의서가 있어야 한다. 자신이 직접 상담하지 않은 사람에 대해 전문적인 의견을 제공하지 않는다.

7) 서비스 비용 및 홍보

치료자는 치료서비스나 슈퍼비전에 대해 적절한 비용을 부과한다. 서비스나 슈퍼비전을 제공할 때는 시작에 앞서 제공될 서비스나 슈퍼비전의 내용을 내담자 또는 훈련생에게 설명해 주고 비용을 밝힌다. 또한 약속시간에 늦거나 아예 나타나지 않을 때 비용을 부과할 것인지, 혹은 치료자가 내담자와의 약속을 지키지 못했을 경우 어떻게 할 것인지 등 비용 부과 방침의 세부 사항에 대해 사전에 협의하고 설명해 줄 필요가 있다.

8) 비대면 상담 및 슈퍼비전

상담이나 수련감독을 비대면으로 진행할 경우 이에 따르는 법적 · 윤리적 문제를 인지하고 법률과 윤리강령을 따라야 한다. 전화, 화상, 이메일 등의 수단을 이용하여 비대면 상담을 할 때, 상담이나 수련감독에 참여하는 사람의 지적 · 정서적 · 신체적 · 상황적 수준이 비대면 매체에 적합한지 전문적 판단의 책임이 있다. 또한 비밀보장과 양질의 상담을 보장할 수 있는 비대면 매체를 선택할 책임이 있으며, 내담자와 수련생에게 비대면 상담에 사용되는 비대면 매체의 안전장치와 한계에 대해 서면으로 설명을 해야 한다. 비대면 상담의 기록물 및 기기 관리에 책임이 있으며 관련 법적 요구를 충족할 수 있는 지식과 기술을 가지고 있어야 한다. 또한 비대면 상담기록물의 보존 방법과 보존 기간에 대하여 내담자 및 수련생에게 서면으로 고지하고 동의를 받아야 한다.

3. 가족치료의 윤리적 딜레마

윤리적 딜레마란 "다른 행동을 취할 더 나은 이유가 있는 상황"으로 정의할 수 있다(Woody, 1990, p. 133). 즉, 문제를 해결하기 위한 방법이 한 가지 이상 제시된 상황에서 양자 선택이 모두 나름대로 장단점을 갖고 있어 어떤 선택을 할지 분명히 결정하기 어려운 경우를 가리켜 윤리적 딜레마라고 한다. 개인치료에 적용되는 윤리원칙은 대부분 가족치료에도 적용되는데, 가족치료 장면에서 독특하게 발생하는 윤리적 딜레마는 치료의 초점이 개인에서 부부나 가족체계로 이동하는 점과 많은 관련이 있다. 특히 개별 가족원의 정보 보호와 가족체계의 정보 권리 간 균형, 개별 가족원의 자율성과 가족체계의 복지 간 균형, 개별 구성원의 행동이 가족체계에 미치는 영향을 고려하며 여러 관점을 반영해야 하기 때문이다. 또한 1980년대 이후 포스트모더니즘의 영향으로 발달한 후기 가족치료 모델들은 치료윤리를 이전과 다른 시각에서 접근하기 때문에 임상 장면에서 치료자의 윤리 실천에 도전이 되고 있다. 여기서는 가족치료자의 윤리적 딜레마를 치료관계, 치료자, 치료패러다임의 세 가지 유형으로 구분하고 관련 쟁점과 접근 전략을 논의한다. 가족치료의 윤리적 딜레마에는 어떤 것들이 있고 어떤 쟁점이 존재하며 어떻게 풀어갈 수 있을지 이 장을 통해 함께 알아보기로 한다.

1) 치료관계 이슈

(1) 누구를 내담자로 볼 것인가

내담자 체계가 한 명 이상으로 구성되었을 때 치료자는 누구의 이익에 초점을 두어야 하는가? 가족치료에서 치료자는 가족구성원 각각과의 관계, 각 하위체계와의 관계, 전체로서의 가족과의 관계라는 다양한 관계를 고려해야 하는 입장에 서게 된다. 따라서 개인치료 경우와 달리 관계 양상이 매우 복잡해지며, 누구를 내담자로 보아야 하는가, 누구의 이익을 최우선으로 할 것인가라는 문제가 등장하게 된다. 다음 사례를 살펴보자.

[글상자 13-1]에서 치료자는 아동의 문제를 다루기 위한 부모체계 강화에 초점을 두어야 하는가, 부부간의 관계 향상에 초점을 두어야 하는가, 아니면 폭력 피해자의 징후가 보이는 아내의 복지에 초점을 두고 그에 대한 임상적 차원의 개입을 시도해야 할 것인가? 이와 같은 딜레마는 가족치료 분야에서 오랫동안 논의되어 온 주제로서, 분명한 해결책을 구하기는 매우 어렵다. 이런 상황을 치료자가 어떻게 다룰 수 있을지 다음의 입장을 통해 좀 더 구체적으로 살펴보자.

글상자 13-1 어떤 체계에 초점을 두어야 할까?

도벽이 있는 아동의 가족을 의뢰받은 치료자는 초기 가족평가를 통해 부모체계의 양육방식에 초점을 둔 개입을 계획하였다. 그러나 치료가 진행되어도 부모-자녀 관계 방식에 진전이 보이지 않자 부부에 대한 개별면담을 실시하였다. 남편은 아동의 문제가 애들을 버릇없이 키운 아내의 탓이라면서, 아동의 도벽을 고치는 것도 중요하지만 아내가 엄마 노릇을 제대로 하게 되는 것이 더 중요하다고 했다. 한편, 아내는 남편이 지나치게 변덕스럽고 자기 위주로 생각하며, 모든 일에 아내를 비난하고 손찌검까지 하기 때문에 하루도 마음 편할 날이 없다고 호소했다.

1 체계로서의 가족에 초점을 두는 입장

글래딩, 렘리와 휴버(Gladding, Remley & Huber, 2001)에 따르면, 가족치료자는 개인이 아니라 부부나 가족체계를 내담자로 설정함으로써 이런 딜레마 상황에 효과적으로 대처할 수 있다고 본다. 즉, 가족치료자는 체계 옹호자로서 그중 어느 한 개인의 대변자가 되는 상황을 피해야 한다는 것이다. 이런 입장은 변화라는 것이 가족 전체에 영향을 미치기도 하지만 역으로 각각의 구성원에 의해 만들어지는 것이라는 가족치료의 이론적 배경을 염두에 둘 때 자연스럽게 도출될 수 있는 실천 지침이다. 이렇게 볼 때, 치료자는 문제를 정의하고 변화를 계획할 때 전체 가족의 맥락에서 이를 수행해야 한다. 부부나 가족이 치료자의 도움을 구하러 올 때는 대개 '상대방이 변하기만 한다면'이라는 조건을 내걸기가 일쑤다. 이때 치료자는 자신이 가족체계의 대변자라는 입장을 분명하게 전달하면서 구성원 각각이 가지고 있는 불만이나 호소를 관계 차원의 문제로 재정의하는 데 초점을 맞추어야 한다(Gladding et al., 2001).

2 가족 대 개인의 균형을 강조하는 입장

우디와 우디(Woody & Woody, 2001)는 단위로서의 가족과 개인의 역동을 이해하는 두 가지 과업 간의 균형을 더욱 강조함으로써, 누구를 내담자로 보아야 할 것인지에 대한 딜레마를 다루고자 했다. 즉, 구성원이 서로의 복지(안녕)에 얼마나 관심을 갖고 있는지를 세심하게 사정하고, 구성원의 목표를 중심으로 가족유대를 강화하는 데 참여하며, 모든 구성원의 이익과 복지에 관심을 보여야 한다고 강조한다. 그 초점을 체계 옹호에 두든 여러 관계 간의 균형에 두든 간에, 가족치료자는 가족체계 내 어떤 개인이 심각한 억압을 받고 있지 않은지를 항상 의식하는 자세로 임하는 것이 중요하며, 이런 경우에 치료자의 관심사는 개인의 복지로 이동하게 된다.

3 개인의 복지에 초점을 두는 입장

가족 중 누군가가 위험한 상황에 처한 징후가 발견되는 등 개인의 복지가 위협을 받는 상황에서 임상적 차원의 개입이 필요한 경우, 그 성원의 개인적 욕구를 가족의 다른 어떤 욕구보다 우선적으로 다루어야 한다. 예컨대, 치료자가 가족 내 폭력이나 학대 및 유기에 대해 알게 된 경우, 치료자는 그 개인의 복지에 우선순위를 두어 법에 따라 관계당국에 그 사실을 보고해야 한다. 치료자의 이 같은 대응에 대해 글래딩 등(Gladding et al., 2001)은 개인의 복지가 위험에 처한 상황에서 가족체계는 이차적 관심사가 되는데, 이런 상황에서도 그 성원의 복지가 우선되는 것이 결국은 모든 성원의 이익을 위한 것이라고 본다. 개인의 복지에 초점을 두는 입장에서는 이러한 상황에서 치료적 신뢰관계가 깨지면서 치료가 중단되거나, 부모의 아동 양육권이 박탈되어 아동이 외부에 위탁 양육되는 등 부정적인 상황을 초래할 수 있다. 설사 치료자의 행동이 법을 준수하는 것이라고 할지라도, 그 결과가 진정으로 가족의 복지를 위한 것인가는 쉽게 단정할 수 없다.

(2) 내담자가 기대하지 않았던 상황이 발생하는 경우

가족치료에 따르는 혜택이나 위험은 개인치료에 비해 그 양상이 매우 다르다. 가족치료로 인해 부부 중 한 사람이 이혼을 결심하게 되었다면 어떻게 할까? 부부갈등을 완화하고자 치료자를 찾았으나 치료과정 중에 아내가 이혼을 결심하게 되는 상황이 벌어지고 남편은 치료자의 개입이 잘못되었음을 비난하는 상황이 벌어질 수 있다. 또 행동 문제를 가진 아동기 자녀 때문에 치료자에게 왔으나 치료과정에서 오히려 부모의 비일관된 양육방식이 문제로 지목되면서 결과적으로 부모가 매우 불만족스럽게 생각할 수 있을 것이다.

[글상자 13-2]는 남편과 아내가 상담에 대해 서로 다른 기대를 갖고 각자의 기대를 상담결과와 연결하여 생각해 볼 때, 치료자에게 어떤 윤리적 딜레마를 가져올 수 있는지를 보여준다. 이 같은 갈등 상황 속에서 과연 할머니가 육아를 계속 유지하는 것이 바람직한가? 아니면 외부 자원을 활용함으로써 갈등관계를 피하는 선택이 바람직한 것인가? 어떤 선택이 부부, 자녀, 친정어머니 모두에게 장기적으로 이익이 되는가?

글상자 13-2 치료 결과가 내 기대와 다르다?

김 씨는 인근에 사는 장모님이 매일같이 찾아와 살림과 육아를 맡아 주는 게 편리하지만 속옷 차림으로 TV를 보고 있는데 장모님이 불쑥 들어온다든가, 바지 뒤집어 벗지 마라, 용돈 절약하라는 등 장모님의 잔소리가 점점 괴로워졌다. "장모님이 너무 자주 오셔서 불편하다."라고 아내에게 말하면 "고마워하지는 못할망정 웬 배부른 소리냐?"라며 핀잔을 듣기 일쑤였다. 이런 식의 대화로 언성을 높이고 감정이 상하는 일이 잦아지자 김 씨 부부는 상담실을 찾았다. 상담기간 중 장모님의 방문은 주 1회로 조정되었고 부부는 의사소통과 친밀감에 많은 향상을 보였다. 하지만 6개월 후 상담이 종결될 무렵 김 씨는 장모님의 방문을 지금처럼 주 1회로 하거나 아니면 더 이상 같이 살 수 없다고 강하게 말했다. 아내는 우리 같은 맞벌이부부에게는 할머니의 육아가 최선인데 상담이 남편의 태도를 개선하는 데 전혀 도움이 되지 않았다며 상담료 환불을 요구했다.

글래딩 등(Gladding et al., 2001)은 치료를 개시하기에 앞서 일반적으로 다음 세 가지 정보를 내담자에게 제공하도록 제안한다. 첫째, 절차, 목표, 치료의 부작용, 구조, 둘째, 치료자 자격, 실천방침, 셋째, 기타 자원이다. 내담자가 치료를 시작하거나 치료를 계속할지를 결정할 때 적절한 정보에 바탕을 두고 선택할 수 있도록 배려해야 하기 때문이다. 특히 가족기능을 더욱 만족스럽게 만드는 것, 의사소통을 좀 더 분명하게 하는 것 등 치료자의 목표가 무엇인지 분명히 밝히고, 내담자가 이에 대해 어떻게 생각하는지, 내담자 각각의 개인목표가 무엇인지 또 그것이 가족 전체의 목표와 어떻게 같거나 다른지 등을 파악하는 과정을 지원한다. 또 개인의 목표가 관계목표에 어느 정도 부합하는지,

개인목표는 이차적 관심사가 되는지, 아니면 수용이 전혀 불가능한지를 파악하는 과정을 돕는다. 특히 가족치료가 보기에 따라서는 바람직하지 않은 결과를 초래할 수도 있다는 점을 내담자에게 경고해야 한다. 그럼에도 무엇보다 중요한 것은 궁극적 상담 목표가 관계 개선이든 이혼이든 부부의 상호작용이 문제를 효과적으로 해결할 수 있는 상태로 전환될 때 두 사람 모두에게 최상의 이익이 될 수 있을 것이다(Wilcoxon, Remley, & Gladding, 2012).

한편, 치료자 자신이 사용하는 가족치료 모델에 따라 치료과정이나 절차에 관해 상세히 설명하는 것이 곤란할 때가 있다. 예를 들어, 전략적 모델에서 역설적 개입을 통해 내담자에게서 반대 행동을 유인하고자 한다. 이때 치료과정이나 기술에 대해 너무 많은 정보를 주게 되면 치료자가 의도하는 치료적 효과를 보지 못하게 될 수 있다. 또 내담자의 불안을 줄이고 기대를 높이고 끈기를 갖고 목표를 추구하도록 하기 위해 치료성과를 낙관적으로 표현하기도 한다(Jacobson & Margolin, 1979). 부부나 가족의 상호작용을 촉진하기 위해 재구조화나 재명명 기법을 활용함으로써 가족의 현실을 반영하지 않는 표현을 할 수도 있다. 이런 표현이 설사 현실에 대한 객관적이고 정확한 설명은 아닐지라도 가족이 그것을 받아들인다면 부부가 공동의 노력을 하게 될 가능성은 커진다(Gladding et al., 2001). 이와 같은 이유로 일부에서는 치료적 전략을 옹호하기도 하나, 다른 한편에서는 치료적 접근에 대한 내담자의 선택권을 들어 윤리적 문제를 제기하기도 한다. 그 때문에 브레이, 셰퍼드와 헤이스(Bray, Shepherd, & Hays, 1985)는 치료에 동의할지의 여부를 결정하는 데 도움이 될 수 있는 내용을 중심으로 치료의 위험에 대해 사전정보를 주도록 권고한다.

(3) 어떤 비밀을 어디까지 보장해야 하는가

비밀보장과 관련된 윤리적 딜레마는 치료자가 내담자 개인의 사생활보호에 대한 권리와 그 정보와 관련된 타인이나 사회의 권리 사이의 중요성을 저울질하는 과정에서 발생한다. 치료자의 비밀보장 실천은 일반적으로 다음의 세 가지 규칙에 따른다(AAMFT, 2016). 첫째, 내담자의 날인 동의 없이 내담자 정보를 유출하지 않는다. 둘째, 비밀정보 유출이 불가피한 경우 해당 목적의 달성에 필요한 최소한의 정보만을 제공한다. 셋째, 비밀보장의 적용 여부에 대한 명확한 판단이 어려운 경우는 비밀보장을 유지한다. 가족치료 장면에서는 내담자가 복수인 특성 때문에 구성원 간에 비밀보장 문제가 발생하는 동시에 가족과 가족 경계 밖의 외부인 간에도 비밀보장 문제가 발생한다. 따라서 비밀보장은 가족구성원 간의 비밀보장과 외부인에 대한 비밀보장이라는 두 가지 다른 측면에서 생각해 볼 수 있다.

[글상자 13-3]은 개인수준의 비밀보장과 함께 가족수준의 비밀보장에 관련된 치료자의 윤리적 딜레마를 포함하고 있다. 치료자는 내담자의 비밀보장에 대한 요청을 어떻게 다루어야 하는가? 그 정보를 다른 가족원과 공유하지 않은 상태에서 내담자, 태아, 가족 전체의 이익을 추구하는 방안을 논의할 수 있는가? 근친상간이나 성폭력의 가능성을 논외로 한 상태에서 과연 의미 있는 치료성과를 거둘 수 있는가? 치료자가 한쪽 배우자와 비밀을 공유한 상태에서 부부 혹은 가족 체계에 이익이 되는 치료적 과정을 이끌어 낼 수 있을까? 치료자는 내담자의 자기 정보에 대한 권리와 타인의 정보 요청 권리를 보호해야 하는 입장에서 두 가지 모두 만족시키고자 할 때 윤리적 딜레마에 처하게 된다. 개입하기 전에 고지된 동의 절차를 거치는 방법과 비밀이 치료자에게 알려진 이후 대처하는 방법으로 나누어 생각해 보자.

글상자 13-3 가족원의 비밀은 어디까지가 비밀?

청소년기관에 소속된 지도자가 15세 중학생의 임신 사실을 알고 이 학생의 가족을 가족전문상담기관에 의뢰했다. 이에 앞서 학생은 자신의 임신 사실을 부모에게 알리는 데 동의했으며, 부모는 종교적 이유로 일단 임신을 지속시키는 데 동의하고 입양 가능성에 대해서는 추후 가족상담을 통해 논의하기로 하였다. 그 학생은 가족치료자와 개별적으로 만난 자리에서 태아의 아버지가 친척이라고만 할 뿐 그 이상은 절대 밝힐 수 없다고 하면서, 다른 가족에게는 이런 사실도 비밀로 해 줄 것을 신신당부했다. 한편, 청소년기관은 의뢰기관으로서 가족치료자에게 상담결과에 대한 자세한 기록을 요청하고 있다.

아내의 외도로 이혼 얘기가 오가는 한 부부가 치료자를 찾았다. 치료자는 아내와 남편을 각각 2회 정도 상담한 뒤 부부상담 시간을 갖기로 하고 이 사례를 진행했다. 개별상담에서 아내는 후회도 없고 더 이상 상대를 만나지도 않을 것이나 이제 남편과 시집에 약점을 잡혔으니 하루 빨리 이혼하는 수밖에 없다며, 남편이 이혼을 미루는 데 대해 조바심을 나타냈다. 한편, 남편은 아내의 외도에 몹시 배신감을 느낀다며 여자로서 있을 수 없는 일이라고 큰 소리로 울분을 터트렸으나, 자신도 아내 모르게 여러 차례 외도한 경험이 있다는 사실을 털어놓으며 아내와 처가에는 이 사실을 비밀로 해 달라고 사정했다.

1 고지된 동의절차의 진행

비밀보장은 고지된 동의와 관련이 있다. 치료를 시작하기에 앞서 가능한 한 빨리 분명한 태도로 이 두 가지 사안을 가족과 함께 다루어야 한다(Woody & Woody, 2001). 관계 초기에 치료자는 내담자가 이해할 수 있는 평이한 용어로 비밀보장과 고지된 동의에 관해 설명하고, 임상적 필요에 의한 것이든 법에 의한 것이든 비밀을 지킬 수 없는 사태가 발생할 수 있다는 점을 주지시킨다(Wilcoxon et al., 2012). 또한 치료자는 치료과정에서 논의될 수 없는 비밀이 발견되면 치료의 효과가 줄어들 수 있다는 점을 설명한다. 특히 치료자가 알게 될 '비밀정보(confidences)'가 무엇을 의미하는지, 즉 내담자가 하는 말 모두를 의미하는지, 아니면 내담자가 따로 언급하는 것에 한정하는지 등 치료자와 내담자 사이에 '비밀정보'가 무엇인지를 서로 동의하는 과정이 필요하다. 이와 함께 비밀이 발견되면 어떻게 대처할지 가족과 함께 사전에 계획을 세워 놓는 것이 바람직하다.

부부나 가족과 관련하여 나올 수 있는 '비밀정보'에는, 예컨대 외도, 부부관계에 대한 헌신, 성행동/성정체성/성적지향, 근친상간, 가정폭력이나 학대, 범죄행위, 약물 사용, 자해 및 타해의 위험을 보이는 정신상태를 들 수 있으며, 청소년과 관련해서는 무단결석, 약물 사용, 조직폭력단 활동 등을 들 수 있다. 혼외관계는 속임과 호혜성을 위배하는 비밀 행위며, 입양아동의 부모가 자녀의 입양 사실을 숨기는 것은 자기 정체성에 대한 아동의 권리를 침해하는 비밀 행위로 인식된다(Gladding et al., 2001). 한편, 치료에 참여하는 다른 사람이 알지 못하는 내담자의 개인적 경험은 현재의 가족(부부) 관계나 문제와 별 관련이 없으면서 치료적 함의를 갖고 있는 경우, '비밀정보'라기보다는 '사적 정보(privacy)'로 보아야 한다(Karpel, 1980).

2 드러난 비밀정보에 대한 대처

치료자가 비밀스러운 정보를 다루는 방법은 다양하다. 첫째, 가족치료를 하지만 개인치료에서처럼 개별 가족구성원에 대해 비밀보장의 원칙을 철저히 지킨다. 부부나 가족치료 중에 구성원을 개별적으로 만나 비밀을 듣고 그것을 바탕으로 관계에 대한 더욱 깊은 이해를 도모하고자 한다. 치료자는 철저히 비밀보장을 준수하는 상태에서, 비밀을 가진 구성원으로 하여금 부부나 가족면담에서 스스로 그 비밀을 말할 수 있도록 돕는 데 초점을 둔다.

둘째, 치료자–개별 내담자 혹은 개별 내담자 간에 동맹이 생길 수 있기 때문에 비밀정보의 공유를 억제한다. 이런 입장의 치료자는 개별 회기를 하지 않는 것이 일반적이다.

조기에 정보공개 원칙에 대한 동의를 받지 않았거나 비밀보장의 결과를 깊이 생각해 보지 못한 상태라면, 내담자가 치료자에게 영향력을 행사하려 할 수 있다(Margolin, 1982).

셋째, 위 두 가지 극단적 입장의 중간적 위치에 있는 치료자는 개인과의 관계에서 나온 정보와 관련하여, 어떤 정보를 언제 공개할 것인가를 치료자가 판단하는 것이 바람직하다는 입장이다. 이 판단은 부부나 가족의 이익을 최대화한다는 기준에 입각한 것이지만, 치료자에게 부담이 가는 방법이며, 부적절하게 수행되었을 때 조기종결을 초래하거나 내담자가 추후 정신건강서비스를 기피할 수 있는 위험을 내포하고 있다(Gladding et al., 2001).

넷째, 카르펠(Karpel, 1980)은 비밀을 다루는 데 있어 '분별 있는 책임성' 방침을 제시하고 있다. 치료자는 다음과 같은 자신의 임상적 판단을 기초로 정보를 공유하거나 철회해야 한다. 구체적으로, 특정한 정보가 그것을 모르는 사람과 어떤 관계가 있는지를 고려하고, 그 정보를 모르는 사람의 입장에서 주어진 상황을 이해하고자 노력한다. 또한 정보공개 시점과 그 결과에 대해 그 정보를 모르는 사람의 입장에서 생각한다. 치료자가 정보를 공개하지 않은 채 관계를 지속하는 행위는 Karpel(1980)에 있어 비밀을 갖고 있는 사람과 결탁하는 것인 동시에 비밀을 모르고 있는 사람의 신뢰를 저버리는 행위다.

작용을 통해 비밀보장이 경우에 따라서는 그 정보를 모르는 사람을 보호하기 위한 좋은 의도에서 나온 시도일 수 있으나, 예기치 못한 상황에서 공개되었을 때 구성원, 관계, 치료 자체에 부정적 영향을 미칠 수 있다. 또한 진단이나 치료목적으로 특정한 정보를 알아야 할 필요가 있어 당사자의 신뢰를 저버리고 정보를 수집해야 할 때 치료자에게 윤리적 갈등이 발생할 수 있다.

(4) 가족치료 장면에서는 어떤 유형의 이중관계가 발생하는가

일반적으로 심리치료의 이중관계는 치료자가 내담자와 전문적 치료관계 이외 동업, 이성관계, 성관계 등을 맺는 것을 말한다. 전문적 신뢰를 동원하여 자신의 이익을 추구하고자 한다는 점에서 윤리적으로 문제가 된다. 가족치료에서 이중(다중)관계는 치료자가 가족, 특히 커플 구성원 중 한 사람 또는 두 사람 모두를 대상으로 커플치료와 개인치료를 동시에 제공하는 경우에 발생한다(정혜정, 2018). 동일한 치료자가 이 두 가지를 병행하는 것은 역할 충돌에 해당한다. 커플치료의 대상과 관심사는 이자관계(dyad) 자체인 반면, 개인치료의 중심은 개인 내담자와 그 사람의 안녕에 있기 때문이다. 커플치료와 개별치료를 병행할 경우, 치료자의 역할이 중복되면서 경계가 모호해지고 커플관계 중심의 치료목표가 흔들릴 위험이 있다.

글상자 13-4 부부치료와 개인치료의 병행

30대 중반 부부인 수진과 민호는 자녀양육, 친밀감, 의사소통과 관련된 잦은 갈등으로 부부치료를 시작했다. 3회기를 마친 후 민호는 불안을 호소하며 개인치료를 요청했다. 아내가 없어야 편히 말할 수 있을 것 같다고 말했다. 일주일 후 수진도 과거의 해결되지 않은 성적 트라우마로 인해 부부관계에 어려움이 있는데, 민호 앞에서는 입이 떨어지지 않으니 치료자와 따로 만나고 싶다고 했다. 수진과 민호 모두 다른 치료자와의 신뢰 형성이 어렵다고 느끼고 있었다. 이에 치료자는 부부회기와 개인회기를 병행하되, 다음과 같은 조건을 설정하였다. 첫째, 개별회기는 부부관계를 개선하는 데 도움이 되는 개인적 요소를 다루는 것으로 제한한다. 둘째, '비밀 없음' 원칙에 기초하여, 개별회기에서 부부관계에 중대한 영향을 미칠 수 있는 정보가 있을 경우 공유가 필요하다.

출처: OpenAI (2025, June 22).

[글상자 13-4]는 부부치료 장면에서 치료자가 부부치료자인 동시에 개인치료자가 되는 이중관계의 딜레마 상황을 잘 보여 주고 있다. 이 치료자에게는 어떤 선택지가 있을까? 두 내담자의 개인치료를 모두 외부에 의뢰하고 자신은 부부관계에 집중된 치료만 지속하는 것이 적절할까? 아니면 부부치료의 맥락에서 제한된 개별회기를 제공하는 것이 더 나은 선택일까? 한 사람이나 두 사람 모두에게 개인치료를 병행하여 제공하되, 이중관계의 위험을 수용하고 명확한 경계 설정과 투명성을 유지하며 치료를 지속하는 선택은 어떨까?

(5) 정신과 질환과 진단이 치료적 과정에 어떻게 작용하는가

우리 나라에서 알코올 사용 장애, 니코틴 사용 장애, 우울장애, 불안장애 중 어느 하나에라도 이환된 적이 있는 사람의 비율은 남자 32.7%, 여자 22.9%, 전체 27.8%로, 성인 4명 중 1명이 평생 한 번 이상 정신건강 문제를 경험하고 있다(보건복지부, 2022). 정신적 질환은 조기 사망에 따른 부담(2%)보다 생산성 저하와 같이 문제를 안고 살아가는 생애 기간이 장기화되는 데 따르는 부담(98%)이 크기 때문에(Go, Kim, Paik, Roh, & Yoon, 2020) 개인과 가족의 관계와 삶의 질에 지대한 영향을 미친다. 가족치료 장면에서 구성원의 정신과적 질환에 대한 조기 발견이나 개입이 요구되는 경우와 관련하여 여러 윤리적 딜레마가 초래될 수 있다. 다음 [글상자 13-5]는 가족치료 장면에서 직면하게 될 수 있는 딜레마 상황을 제시한 것이다. 정신과 질환을 인지하거나 하지 못하는 경우, 예컨대 이혼

글상자 13-5 정신과 질환이나 진단과 관련한 치료자의 딜레마

자율성과 선의 간의 갈등: 남성 내담자는 우울 증상이 심각하나 약물 치료나 상담을 거부하고 있고 치료자는 그가 현재 판단력이나 의사결정 능력이 저하된 상태라고 생각하고 있다. 그의 자율성을 존중하면서도 배우자와 어린 자녀에 대한 부정적 영향을 최소화해야 하는 데 치료자의 딜레마가 있다.

출처: Beauchamp & Childress (2013).

낙인과 문화적 민감성: 부모가 나고 자란 문화권에서는 정신질환이 금기시되거나 부정된다. 청소년 자녀의 치료를 지연시키거나 거부하려는 가족과 대치하게 될 때, 정신과 진단에 대한 가족 내 낙인을 해결하면서도 가족의 문화적 가치를 존중하려면 치료자는 어떻게 해야 할까?

출처: Sue & Sue (2019).

기대치 관리: 가족이 조현병을 앓고 있는 구성원의 빠른 회복을 기대할 때, 치료자는 이를 현실화해야 하는 과제에 직면할 수 있다. 가족이 내담자 경과나 예후에 대해 지나치게 희망적이지도 않은 그러나 지나치게 회의적이지도 않은, 현실적인 기대를 갖도록 지원하기 위한 치료자의 선택은?

출처: Sprenkle & Blow (2004).

옹호와 중립성 간의 갈등: 자녀가 정신과 진단을 받는 것에 대해 한쪽 부모가 강력히 반대하고 있다. 치료자는 자녀가 이용할 수 있는 학교기반 서비스를 안내하면서도 부모 간 갈등 상황에서 중립을 지켜야 하는 딜레마에 처할 수 있다.

출처: Corey, Corey, & Callanan (2015).

하는 구성원이 아동양육권 소송을 제기하는 등 자신의 법적 권리를 행사하고자 할 때 정신과 진단은 패소에 중대한 변수로 작용할 수 있기 때문이다. 또한 정신과 진단은 진단받은 구성원에게 모든 문제를 전가하는 가족의 행태를 합리화시켜 주는 등 가족 내 권력 다툼에 악용될 소지가 있기 때문에 치료자의 신중한 자세가 요구된다.

2) 치료자 이슈

(1) 치료자에게 당연한 것이 내담자에게도 당연한 것인가

치료자는 사회적 산물로서 자신이 밟아 온 개인적 · 전문적 발달 경로를 거치면서 다양한 가치를 지니게 된다. 치료자는 전문적 훈련과 경험을 통해 자신의 가치가 내담자와의 상호작용에 이입되는 가능성을 최소화하고자 노력하나, 치료자가 의도하지 않았다 하더라도 치료자의 가치가 내담자와의 상호작용에 반영되면서 부부 혹은 가족의 갈등이 증폭되거나 약화되는 힘으로써 작용할 수 있다(Goldenberg & Goldenberg, 2002; Pope & Vasquez, 2016). 예컨대, 치료자의 접근이 남편과 아내의 전통적 성역할 기대를 반영하게 된다면, 권위적인 남편과 갈등관계에 있는 아내는 가부장적 사회규범으로 인해 자신이 느꼈던 무력감이 치료 장면에서 재연됨을 경험하게 된다. 세대 간 갈등이 있는 가족을 만나게 되는 경우, 치료자가 자녀의 생각을 우선시하게 되면 자녀의 대리인이 되어 부모의 견해에 맞서게 되는 상황이 벌어질 수도 있다.

[글상자 13-6]의 첫 번째 사례는 외도에 대한 치료자 자신의 경험과 생각이 치료관계에 어떤 영향을 주었는지 생각해 보게 한다. 두 번째 사례는 치료자의 종교공동체가 갖고 있는 성 개념이나 성관련 쟁점에 대한 침묵과 제재가 치료자로서 동성커플의 관계 갈등에 접근하는 방식에 어떤 영향을 미쳤는지 생각해 보게 한다.

나아가 초기 가족치료 모델에서는 정상과 비정상, 기능과 역기능에 대한 기준을 논하

글상자 13-6 **치료자의 담론은 임상 장면에서 그 모습을 드러낸다**

공 씨 부부는 남편의 외도 문제로 부부상담을 받게 되었다. 전 남편의 외도로 심리적 외상이 있는 치료자는 상담과정 내내 아내 내담자 편에 섰다. 아내 내담자가 느낄 고통에 대해 노골적으로 동정을 표시하거나 은연중에 남편 내담자의 행동이 용서받을 수 없는 것이란 뜻을 전했다. 또한 외도의 맥락을 설명하려는 남편 내담자의 시도를 방해하고 죄책감을 표현하거나 관계를 회복하고자 하는 의지를 최소화했다. 어느 회기에서는 "이렇게 신뢰가 깨지면 다시 회복하는 건 거의 불가능합니다. 아내분, 이 관계를 유지할 가치가 있는지 고민하실 권리가 충분히 있어요."라고 말했다.

종교기관에 소속된 어떤 치료자가 한쪽 파트너의 소원하고 비지지적 행동으로 갈등이 심화된 동성커플을 상담하게 되었다. 치료자는 그 파트너의 원가족 관계가 소원하다는 것을 초기부터 알고 있었음에도 계속해서 이들의 갈등은 종교공동체가 동성결혼에 대해 너무 폐쇄적인 데 따른 것이라 여겼다. 슈퍼바이저는 비슷한 상황에 있는 이성커플의 가계도를 보여 준 뒤 치료목표에 대해 물었고, 치료자는 그 목표를 적절히 정의하는 과정에서 자신이 이 동성커플에 대해 느낀 불편함이 원가족 문제를 간과하는 결과를 가져왔음을 깨닫게 되었다.

는 일이 일반적이었다(Carter & McGoldrick, 1980; Minuchin, 1974). 그러나 사회변동과 함께 가족의 구조와 유형이 다양해지면서 더 이상 정상과 비정상, 기능과 역기능을 객관적으로 구분하는 것이 어려워졌다. 이에 따라 가족치료에서 전통적 규범을 적용하려는 시도 자체를 윤리적 차원에서 비판하는 입장이 대두되었으며, 그 같은 입장은 주로 포스트모더니즘, 특히 페미니즘 분야에서 두드러졌다. 사회에 만연된 가부장적 가치가 부부관계에서 실천됨으로써 나타난 가족 문제를 다시 가부장적 성격을 반영하는 치료이론과 개념으로 해결하려는 것은 반치료적이라는 입장이다.

우리나라에서도 성장-학업-일-은퇴로 이어지는 생애발달 규범이 해체되면서 개인과 가족의 기능과 역기능에 대한 의미가 달라지고 있으며, 다양한 형태의 가족을 제도적으로 수용하는 방안에 대한 사회적 고민이 깊어지고 있다(김지혜, 2023; 박광동, 2022). 자연인으로서 자신의 담론(준거집단의 세계관)이 치료자로서 문제를 정의하고 개입 방법을 선택하며 치료적 관계를 맺는데 어떤 방식으로 작용하는지에 관해 면밀한 검토와 성찰이 필요한 이유다.

(2) 치료자의 원가족 이슈는 치료관계에 어떤 영향을 주는가

치료자의 원가족 경험에서 비롯되는 감정적 반응은 내담가족과의 관계에서 반복적으로 나타날 가능성이 크며, 그러한 반응은 치료관계에 지속적인 장애가 된다. 예컨대, 치료자가 폭력적인 아버지 밑에서 성장한 경우, 폭력적인 남성 내담자를 만났을 때, 직면이 필요한 상황에서 적절히 직면하지 못함으로써 의도하는 임상적 결과를 얻지 못하게 될 수 있다. 또 이혼과 관련하여 해결되지 못한 갈등이나 두려움을 갖고 있는 경우, 가족상담 장면에서 이혼에 관한 논의를 하는 것 자체를 회피함으로써 상담이 답보 상태를 거듭하게 될 수 있다.

[글상자 13-7]은 가족치료가 몇 회기째 별 진전을 보이지 않자 치료자가 슈퍼비전을 요청하게 된 사례다. 이 치료자는 훌륭한 경청기술 덕분에 몇 가지 주요 사안에 대한 내담자 입장을 잘 이해하게 되었음에도 혼란에 빠진 내담자를 상담하는 데 여전히 어려움을 겪고 있었다. 슈퍼바이저는 치료자와 함께 그의 원가족 관계를 탐색하면서 원가족 경험이 내담가족에 대한 치료자의 감정적 반응에 어떤 영향을 미치고 있는지 연결시키도록 도와주었다.

글상자 13-7 내가 왜 이럴까?

한 남성 치료자는 회기 중 가족구성원의 감정이 격앙될 때마다 자신이 '얼어붙는 듯한 느낌'을 갖게 된다고 했다. 치료자의 원가족 관계를 살펴본 결과, 어머니는 스트레스를 받을 때마다 자신의 감정을 강렬하게 표현했고 그에 대해 아버지는 무기력하게 대응했는데 그마저도 어머니에게 무시당하곤 했다. 치료자는 아버지에 대한 어머니의 불만에 귀를 기울이는 것이 자신의 역할이라 생각했기 때문에 불만이나 걱정을 드러내 이야기하지 못했고 어머니에게 거부당할까 봐 상당히 조심스러워했다….

출처: Braverman (2008).

3) 치료패러다임 이슈: 후기 가족치료의 윤리 실천

전기와 후기 가족치료가 모두 일반체계이론과 사이버네틱스에 기초하여 발전했지만 전기 모델은 모더니즘 사조를, 후기 모델의 인식론에는 후기 구조주의와 사회구성주의 등 포스트모던 사조가 추가되었다. 이러한 배경 때문에 전기와 후기 모델은 가족치료 윤리에 대해서도 입장을 달리한다(정혜정, 2018). 모더니즘은 보편성, 진실의 절대성, 객관성, 이분법적 사고를 중시하기 때문에 윤리를 보편적이고 절대적인 것으로 본다. 그래서 모더니즘 윤리는 주로 '위에서 아래로' 처방되는 규칙이나 강령에 근거한 윤리를 선호한다. 현재 대부분의 전문가 조직에서 제시하는 윤리강령이 이 범주에 속한다.

이와 대조적으로 포스트모더니즘은 다양성, 진실의 상대성, 주관성, 변증법적 사고를 중시하기 때문에 윤리 또한 사회적 상호작용을 통해 구성되는 것으로 본다. 현실은 절대적으로 존재하는 것이 아니라 상호작용을 통해 구성되는 것이기 때문에 상담치료에서 '무엇이 윤리적인지' 역시 상담치료에 참여하는 모든 사람들의 상호적·협동적인 구성과정을 통해 결정된다(Wilcoxon et al., 2012). 이 시각에서 윤리적인 실천이란 무엇이 옳고 적합한지를 결정함에 있어 지배적 규범 또는 전문가 지식이나 판단보다 주변화된 집단의 경험과 해석을 중심에 두고 그들이 목소리를 낼 수 있는 여건을 조성하는 것이다(정혜정, 2018). 상담윤리 저변에 깔린 전제는 담론일 뿐 절대적인 진실은 아니며, 윤리는 특정한 사람의 특정한 경험에 입각하여 이야기할 수 있을 뿐이다(Freedman & Combs, 2006, 2009).

포스트모던 시각에서 볼 때, 지배 문화의 도덕성이나 윤리적 잣대를 비주류 문화에 그대로 적용하는 것은 오히려 윤리적으로 문제가 된다. 지배 문화에서 통용되는 규범은 시대나 문화에 따라 다르고 또 지속적으로 변화하지만 전문가 윤리강령은 그렇지 못하기 때문이다. 그래서 때로 윤리적으로 깊이 있는 사고를 어렵게 하고, 징계나 제재를 받지 않으면 윤리적으로 문제가 없는 것으로 보는 관행을 초래했다(Freedman & Combs, 2006). 따라서 치료자는 해당 윤리적 사안에 대한 자신의 입장을 투명하게 밝히고, 이와 별개로 내담자 스스로 무엇이 자신에게 적합한지 숙고하고 선택하는 과정을 안내해야 한다. 윤리의 구성 및 실천에 관한 이와 같은 입장이 치료 장면에 어떻게 치환되는지 내러티브 모델을 중심으로 간략히 살펴보면 다음과 같다.

첫째, 상담치료 과정에서 제기되는 윤리적 사안에 대한 판단은 고정되어 있는 것이 아니라 특정한 상담관계를 통해 형성된다. 자기(self)는 본질적이거나 결정된 실체가 아니라 타인과의 관계를 통해 구성되는 존재이므로 윤리적 판단 또한 관계 속에서 생성된다. 상담치료에 참여하는 모든 사람은 윤리기준과 윤리행동을 함께 정의하는 협조자로, 특정 시점과 장소에서 발생하는 특정 사안을 놓고 무엇이 윤리적인지를 의논하고 결정하는 데 참여한다. 이러한 논의는 내담자들이 합의하는 윤리적 기준이 생성될 때까지 계속된다(Storm, Todd, Sprenkle, & Morgan, 2001). 전문가 조직의 윤리강령을 비롯하여 내담자들의 윤리에 대해 투명하게 의논하는 과정에서 다양한 반응, 발상, 신념, 가치, 가능성이 제안된다. 이 과정에서 내담자뿐만 아니라 치료자도 자신의 행동이 미치는 영향을 비판적으로 사고할 수 있다.

둘째, 책임실천(accountability)이다. 책임실천이란 내담자가 자신의 이야기와 선택에 대해 스스로 책임을 지고 치료 과정에 적극적으로 참여하며, 자신의 행동이 자신과 타인에게 어떤 영향을 미치는지 반영하는 과정을 의미한다(White, 2010). 이 과정에서 치료자는 비난받는 느낌 없이 솔직하고 열린 자기성찰을 할 수 있는 공간을 만들어 내는 방식으로 내담자를 지원한다. 이는 본질적으로 자신의 내러티브에 대해 책임을 지고 그 내러티브 안에서 긍정적 변화를 이루기 위해 노력하는 것을 뜻한다. 외재화 기법의 적용을 통해 문제를 자신을 정의하는 것이 아니라 자신이 직면하고 있는 것으로 바라볼 수 있게 하고, 자기 비난 없이 문제를 다룰 수 있는 주체성을 강화하는 전략을 활용할 수 있다. 치료자와 내담자(들)이 공동 구성하는 "동반자적 윤리"의 실천방식은 전통적인 "위계적 윤리"의 실천방식과 대조가 된다(정혜정, 2018).

셋째, 관심공동체(community of concern)의 운영을 통한 윤리의 실천이다(Madigan & Epston, 1995; Madigan, 2012). 통상적으로 전문지식은 전문가를 '관찰자'로 구분 짓고 그들을 '타자'와 분리하는 역할을 한다. 치료자는 딜레마 상황을 동료들과는 공개적으로 이야기하지만 내담자들과는 공유하지 않는 것이 일반적이다. 후기 모델에서 윤리적 이슈를 다루는 방식은 위계적 규정에 근거하기보다 과정에 참여한 모두가 주어진 상황과 관련하여 윤리적이고 책임적인 선택지를 구성해 나가는 방식이라고 할 수 있다. 관심공동체는 동반자적 윤리를 실천하기 위한 전략의 하나로, 참여자들은 치료자 생각에 대해 반박하고 질문하고 반문하며 반영할 기회를 가지게 된다. 이러한 순환적 대화 속에서 내담자들은 포함과 평등의 지위를 부여받는다. 이는 푸코가 언급한 전문가의 독백이 대화의 공동체로 대체되는 지점으로, '대상을 향해 말하기'가 아니라 '대상과 함께 말하기'의 과정이다(Madigan & Epston, 1995).

[글상자 13-8]은 문제 외재화, 사회적 내러티브 탐구, 재저작 과정을 통해 가정폭력 행위자들이 자신의 행동을 직면하고 책임지는 존재로서의 주체성을 발달시키며 비폭력적인 관계방식을 향해 나아갈 수 있도록 지원하는 과정을 보여 준다. 관심공동체 안에서는 타인의 특정한 딜레마나 어려움에 기꺼이 감응하고 마음을 열 수 있으며, 그 과정에서 서로의 생각을 나누고 다시 나눔으로써(telling and retelling) 윤리적이고 책임적인 선택지를 구성하고 실천할 수 있다. 치료자의 윤리 실천이 전문가 윤리강령 준수가 아니라 내담자들의 삶에 미친 실천적 영향에 의해 평가된다는 후기 모델의 입장(정혜정, 2018)이 치료 과정에서 어떻게 구체화되는지 알 수 있다. 관심공동체의 구성과 진행 방법은 이 책의 제10장(p. 337)의 '정의예식'을 참조할 수 있다.

글상자 13-8 책임을 부여하는 대화에서 책임 개념의 발달을 촉진하는 대화로

가정폭력 가해자들이 참여한 집단은 문제 행동(분노)을 외재화하여 이를 정체성과 분리시키는 작업과 함께 시작된다. 치료자의 안내에 따라 '남성성'과 같은 지배적인 사회적 규범을 탐색하고, 그러한 사회문화적 담론이 자신의 분노와 폭력 행동에 어떤 영향을 미쳤는지 성찰한다. 이어서, 누군가에게 절제하거나 공감을 보였던 독특한 결과들을 포착하는 작업을 수행하면서 이면의 의도와 가치를 찾아내고, 책임감과 존중이라는 가치를 이해하는 사람으로서 참여자들의 내러티브를 구성해 나간다. 이 과정은 자기 행동에 대한 책임을 자각하고 관계를 회복하며, 보다 호혜적인 관계적 행동을 채택할 수 있는 행위자로서의 역량(agency)을 발달시키기 위한 것이다.

4. 윤리적 의사결정 모델

윤리적 딜레마 상황에서 '무엇이 최선의 선택인가'에 대한 적절한 답을 도출하는 일은 윤리적 사고에 숙련되지 않은 초보 치료자들은 물론 실천 경험이 축적된 전문가에게도 큰 도전이 된다. 윤리적 의사결정 모델은 윤리적 원리의 차원에서 갈등 상황의 해결을 안내할 목적으로 의학(Hare, 1981), 사회복지학(Lewis, 1984; Lowenberg & Dolgoff, 2000; Reamer, 1983, 1995), 상담학(Kitchener, 1986) 등 생명권, 자유권, 기회균등, 사회정의와 같은 가치들의 상충이 발생하는 실천 영역에서 개발되어 왔다. 국내 상담 분야에서 윤리적 의사결정 모델에 관한 연구는 극소수이고 최근에 이루어진 연구들이다(서영석, 이소연, 최영희, 2009; 김옥진, 2018). 윤리적 의사결정 모델이 개별 사례의 윤리적 딜레마에 대한 구체적 지침을 제공할 수는 없으나 딜레마를 풀어 가기 위한 치료자의 여정에서 지도와 나침반이 되어 줄 수 있다.

치료자는 가족치료 장면에서 윤리적 딜레마에 봉착했을 때, 다음과 같이 세 단계로 구성된 윤리적 의사결정의 단계를 거침으로써 딜레마의 해결방안을 모색할 수 있다. 이는 로웬버그와 돌고프(Lowenberg & Dolgoff, 2000)가 제시한 세 가지 지침(사정, 규칙, 원칙)을 바탕으로 가족치료 실천 상황에 적합하게 고안한 것이다([그림 13-1] 참고). 이들의 지침은 딜레마 상황을 규명하고 해당되는 윤리원칙을 검토하는 단계를 거쳐 상충되는 가치들 간의 우선순위를 제안하고 있다. 최종 결정을 도출하도록 구조화되었다는 점에서 의사결정 모델로서 실용성이 높다.

윤리적 의사결정 모델을 사용하기에 앞서 무엇보다 중요한 것은 평소에 치료자가 전문적 임상가로서 성장하고 활동하는 과정에서 자신의 개인적 가치와 자신이 몸담고 있는 사회의 문화적 가치에 대해 충분히 성찰하는 기회를 가져야 한다는 것이다. 치료자는 신뢰관계를 바탕으로 내담자에게 중대한 영향을 미칠 수 있는 존재이므로, 자신이 갖고 있는 가치가 내담자와 내담자 가족관계에 미칠 수 있는 영향에 대해 철저히 고찰해야 한다.

특별히 자신이 가족, 가족 관계, 가족 문제에 대해 갖고 있는 신념은 무엇인지, 그중 자신의 개인적 성장과정을 통해 형성된 부분과 전문가적 성장과정을 통해 형성된 부분은 각각 어떤 것인지, 또 그중 사회문화적 맥락에 만연한 가치, 신념, 편견 등에 의해 영향을 받은 부분은 어떤 부분인지에 대해 지속적으로 자문하는 노력을 게을리하지 말아야 한다. 이러한 자문과정은 원가족분석, 교육분석, 정신분석 등 치료자 자신에 대한 분석, 사

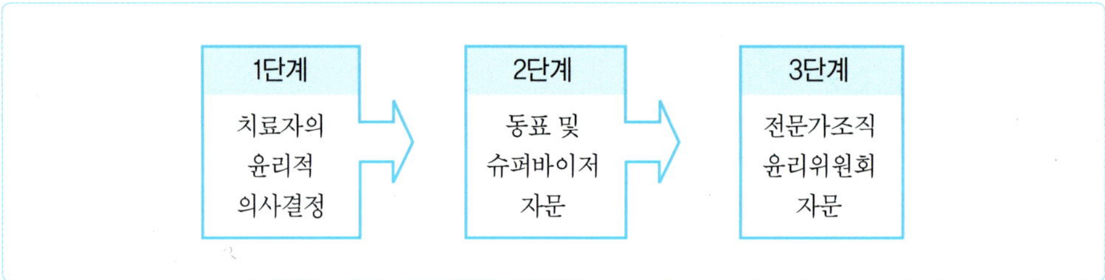

[그림 13-1] 3단계 윤리적 의사결정 모델

례 슈퍼비전, 여러 학문 분야에서 쉼 없이 쏟아져 나오는 인간에 대한 새로운 시각과 연구결과에 대한 지속적인 관심과 적용 등 다각적 노력을 통해 가능하다. 다음에 설명하는 윤리적 의사결정 모델은 이 같은 노력을 전제로 하며, 각 단계별 구체적 내용은 [그림 13-1]과 같다.

1) 치료자의 윤리적 의사결정 (1단계)

(1) 윤리적 사정

치료자는 다음과 같은 순서에 따라 치료자가 당면한 윤리적 딜레마를 둘러싼 제반 쟁점을 사정한다.

- 치료자가 직면해 있는 윤리적 딜레마와 관련이 있는 치료자의 개인적 가치는 무엇인가?
- 치료자가 직면해 있는 윤리적 딜레마와 관련이 있는 사회적 가치는 무엇인가?
- 치료자가 직면해 있는 윤리적 딜레마와 관련이 있는 전문적 가치와 윤리는 무엇인가?
- 대안적인 선택의 여지에는 어떤 것이 있는가?
- 준비한 대안 가운데 그 결정으로 영향 받게 될 사람들의 권리를 극대화시킬 수 있는 것에는 어떤 것이 있는가?
- 준비한 대안 가운데 사회의 이익과 권리를 최대한 보호할 수 있는 것에는 어떤 것이 있는가?
- 개인적 · 사회적 · 전문적 가치 사이의 갈등을 줄이기 위해 치료자가 할 수 있는 일은 무엇인가? 또 개인적 이익과 사회적 이익 사이의 갈등을 줄이기 위해 치료자가

할 수 있는 일은 무엇인가?

- 대안 가운데 최소한 손실의 원칙을 지키는 데 도움이 되는 것은 어떤 것에는 어떤 것이 있는가?
- 각 대안이 효율적이고 효과적이며 또한 윤리적일 수 있는 것은 어디까지인가?
- 각 대안의 단기적이고 장기적인 윤리적 결과에는 어떤 것이 포함되는가?

(2) 윤리규칙 검토

치료자는 당면한 윤리적 딜레마를 해결하기 위해 위에서 준비한 대안을 놓고, 다음의 과정을 통해 각 대안에 적용되는 윤리규칙을 검토(Ethical Rules Screen: ERS)한다.

- 가족치료 전문가 윤리강령을 살펴보고, 어떤 규칙(조항)을 적용할지 결정한다. 이러한 규칙은 치료자 자신의 개인적 가치체계보다 우선시되어야 한다.
- 윤리강령에 명시된 규칙 중 적용 가능한 조항이 한 가지 이상인 경우, 해당되는 조항에는 가능한 한 모두 따른다.
- 현재 치료자가 직면하고 있는 윤리적 딜레마에 대해 윤리강령의 규칙이 직접적으로 적용되지 않거나, 혹은 여러 가지 규칙이 서로 상충되는 지침을 제공하는 경우, 다음과 같이 윤리원칙을 검토한다.

(3) 윤리원칙 검토

치료자가 윤리적 딜레마를 해결하기 위해 여러 가지 대안을 만드는 과정에서, 상이한 윤리원칙을 토대로 나온 안 간에 서로 충돌하는 결과가 발생할 수 있다. 윤리원칙 사이의 갈등을 해결하기 위한 가장 보편적인 윤리원칙 검토(Ethical Principles Screen: EPS) 방법은 다음과 같다.

- 윤리원칙을 가장 중요한 것부터 가장 덜 중요한 것의 순으로 서열화한다.
- 일단 순위가 확정되면 높은 순위의 원칙을 먼저 지키고 난 뒤 낮은 순위의 원칙을 지킨다.

참고 윤리원칙의 서열화

- 윤리원칙 1: 생명보호의 원칙
- 윤리원칙 2: 평등과 불평등의 원칙
- 윤리원칙 3: 자율성과 자유의 원칙
- 윤리원칙 4: 최소한 손실의 원칙
- 윤리원칙 5: 삶의 질의 원칙
- 윤리원칙 6: 사생활보호와 비밀보장의 원칙
- 윤리원칙 7: 진실성과 정보개방의 원칙

1 윤리원칙 1: 생명보호의 원칙

인간 생명에 대한 보호 원칙은 생명보호가 모든 권리 가운데 가장 기본적인 것으로 다른 의무나 원칙에 우선하는 원칙을 말한다. 이 원칙은 내담자를 포함한 모든 사람에게 동일하게 적용되며, 생명에 대한 권리가 침해되었을 때는 다른 권리도 누릴 수 없게 된다.

2 윤리원칙 2: 평등과 불평등의 원칙

평등과 불평등의 원칙은 동등한 사람들은 평등하게 대우받아야 하며, 동등하지 않은 사람들은 만일 동등하지 않은 점이 문제의 핵심이 될 때는 불평등하게 대우받아야 한다는 원칙을 말한다(Kitchner, 1984; Rawls, 1971). 단적인 예로, 학대받는 아동은 성인과 동등하게 취급되었을 때 힘의 불균형으로 동등하지 못한 상황에 처하게 되므로, 성인과 대등한 상태가 되도록 하려면 그 아동의 권리가 더욱 우선시되는 상황이 만들어져야 한다.

3 윤리원칙 3: 자율성과 자유의 원칙

자율성과 자유의 원칙은 내담자의 결정은 자신의 자율적 의사와 판단에 의해 이루어지며 존중되어야 한다는 원칙이다. 그러나 이 원칙은 자신이나 다른 사람의 생명을 위협하거나 평등 · 불평등 사안보다 우선시되지 않는다.

4 윤리원칙 4: 최소한 손실의 원칙

최소한 손실의 원칙은 치료자가 행동을 선택할 때 최소한의 손실 혹은 가장 수월하게 회복될 수 있는 손실을 가져오게 될 안을 선택하는 원칙을 말한다.

5 윤리원칙 5: 삶의 질의 원칙

삶의 질 원칙은 치료자가 내담자뿐만 아니라 관련된 사람의 삶의 질을 더욱 향상시키는 기회를 선택해야 한다는 원칙을 말한다.

6 윤리원칙 6: 사생활보호와 비밀보장의 원칙

치료자는 모든 사람의 사생활보호에 대한 권리를 신장시키는 실천적 결정을 해야 한다. 치료적 관계에서 알게 된 내담자의 정보를 외부에 누설하지 않는 행위는 치료자가 이 원칙과 그에 따른 의무를 실천에 옮긴 결과다.

7 윤리원칙 7: 진실성과 정보개방의 원칙

진실성과 정보개방의 원칙은 내담자를 비롯하여 관련된 사람에게 진실을 말하고 모든 관련된 정보를 충분히 개방하는 것을 허용하는 실천적 결정을 해야 함을 의미한다.

윤리규칙을 서열화하여 의사결정에 도달하는 방법은 윤리원칙 간의 갈등을 손쉽게 해결하는 방법이 될 수는 있으나, 모든 상황에 적용할 수 있는 맹목적 공식은 아니다(Lowenberg & Dolgoff, 2000).

2) 동료나 슈퍼바이저의 자문 (2단계)

치료자가 앞의 단계를 거쳤음에도 자신이 당면한 윤리적 딜레마의 해결책을 찾을 수 없는 경우, 동료나 슈퍼바이저의 자문을 구함으로써 딜레마 상황을 다른 시각에서 바라보고 해결책을 함께 모색하는 기회를 갖도록 한다. 해결책을 찾았으나 그것이 적절한 것인지, 주어진 상황에서 가장 바람직한 것인지에 대한 확신이 필요한 경우에도 동료나 슈퍼바이저의 자문을 구할 수 있다.

3) 전문가조직 윤리위원회의 자문 (3단계)

전문가조직의 윤리위원회는 치료자가 임상에서 윤리적 딜레마 상황에 당면했을 때 치료자 자신이나 주변 전문가에게서 해결책을 모색하지 못했을 경우, 적절한 지침을 제공하는 역할을 한다. 나아가 내담자를 포함하는 타인이 치료자의 행위를 비윤리적인 것으로 문제 삼는 경우, 대개 잘못이 입증되기 전까지는 무죄로 간주되며 자신의 무죄를 입증하기 위한 절차를 밟을 수 있는 권리가 주어진다. 윤리위원회는 문제가 제기된 사례를 접수하고 그에 관해 조사하며 불만사항을 해소하는 전 과정에 관여하게 된다.

5. 사이버상담 윤리

1) 사이버상담 윤리의 필요성

한국에서 인터넷의 급속한 발전과 사용은 컴퓨터를 활용한 사이버상담의 발전을 가져오고 있다. 사이버상담이란 인터넷을 기반으로 하여 도움을 필요로 하는 내담자가 상담자와 함께 자신의 문제를 해결함과 동시에 인간적인 성장을 도모할 수 있도록 지원하는 일체의 조력활동으로 정의된다(김현아, 2018). 사이버상담의 구체적인 방법에는 모바일 단문상담, 채팅상담, 이메일상담, 데이터베이스상담, 화상상담 등이 포함된다. 국내에서 사이버상담은 1990년대 시작되어 1990년대 말에는 100여 개의 상담기관이나 단체가 컴퓨터통신이나 인터넷을 통한 사이버상담을 제공하는 것으로 집계되었다(임은미, 김지은, 박승민, 1998). 그 무렵 사이버상담의 내용으로는 심리검사, 성격검사, 적성검사 등 각종 검사가 52.2%로 절반을 차지했다(허애지, 2003).

최근 코로나19 팬데믹 동안 화상회의 소통 방식이 광범위하게 활용되면서 사이버상담에 대한 관심과 사례의 폭발적 증가를 목격했다. 사이버 매체가 가지고 있는 공간과 시간 이동의 자율성으로 인해 지리적으로 고립된 지역의 내담자와도 인터넷이나 스마트폰 등을 활용하여 상담이 가능한 시대가 열림에 따라 상담욕구 충족의 기회가 증가하고 있다(김현아, 2018). 사이버상담은 치료적 목적 이외에도 코로나19 팬데믹과 같은 응급 상황에서 사정과 모니터링을 수행할 수 있기에 유용하다. 또한 청장년 사이에서 사회관계망서비스(SNS) 활용도가 점차 높아지면서 이러한 매체를 활용하는 상담에 대한 서비스 제공자들의 관심이 높아지고 있다(이선혜, 이지혜, 2022).

국내에서 부부나 가족을 상담하는 경우, 복수 가족원의 일정이나 시간대를 조율하기 어려운 점이 원활한 가족상담의 저해요인이 되고 있음을 상기할 때 화상상담은 상담시간이나 장소에 유연성을 주면서 부부나 가족의 상담욕구에 부응할 수 있는 유용한 방법이 될 수 있다. 이렇듯 한국 사회의 바쁜 일상과 인터넷 및 모바일기기의 광범위한 보급과 사용으로 인터넷 기반의 소통방식이 지속 개발되면서 사이버상담은 다양한 유형으로 확대될 것으로 전망된다. 하지만 사이버상담은 테크놀로지를 사용하여 진행되는 만큼 대면상담과 다른 유형의 윤리적 이슈가 발생할 소지가 있다. 다음에서는 가족치료 분야의 사이버상담을 중심으로 윤리기준을 살펴본다.

2) 사이버상담 윤리기준

미국부부가족치료학회(AAMFT) 윤리강령은 1962년에 제정된 이래 전문적 요구와 도전의 변화에 대응하기 위해 여러 차례 개정되었고, 상담치료에서 테크놀로지의 사용이 더욱 보편화됨에 따라 2015년 개정판(AAMFT, 2015)에 사이버상담에 대한 조항이 포함되었다. 또한 온라인 치료를 위한 지침을 발간하고 모범사례를 통해 인터넷 보안, 주정부 경계를 넘는 실천, 기술적 어려움 처리 등 사이버상담에 특화된 많은 윤리적 · 임상적 고려사항들을 다루었다(Wrape & McGinn, 2019). AAMFT 윤리강령은 현재 대면, 우편, 전화, 인터넷 및 기타 전자 전송을 포함한 다양한 맥락에 적용되는데, 상담치료에서 테크놀로지를 적극 수용하고 있음을 보여 준다.

사이버상담에 대한 AAMFT 윤리기준은 상담실 기반의 대면상담에 적용되는 것과 동일한 연방정부 및 주정부 규정, 윤리강령, 전문적 지침의 적용을 받는다. AAMFT는 사이버상담의 경우도 전통적인 대면치료와 동일한 관리표준이 적용된다는 점을 강조한다. AAMFT는 2017년 온라인상담 모범사례 보고서를 발간함으로써 사이버상담 윤리지침을 보다 정교화한다는 조직의 의지를 굳건히 한 바 있다(Wrape & McGinn, 2019). 이는 높은 수준의 전문적 · 윤리적 가족치료를 실천하면서도 테크놀로지 발전에 적응하려는 조직의 지속적인 노력을 반영하는 것이다.

국내에서도 사이버상담이 급속히 확대되는 추세에 맞추어 한국가족치료학회를 비롯한 국내 상담 관련 학회 윤리강령에 사이버상담과 관련한 조항이 신설되었다. 한국가족치료학회의 경우, 윤리강령에 관련 법률 확인, 참여능력 판단, 매체사용의 위험에 대한 고지, 매체선택 및 안정장치, 기록보존, 내담자에 대한 기술지원 조항을 포함하고 있다. 테크놀로지 기반의 상담치료 서비스에 대한 시대적 요구에 부응하기 위한 행보를 시작한 점은 매우 고무적이다. 하지만 사이버상담의 양적 성장에 비해 윤리기준의 발달 수준과 치료자 훈련체계는 아직 미흡한 실정이다. 마련된 윤리기준이 실무에서 원활히 적용되기 위해서는 미국부부가족치료학회의 온라인상담 모범사례집과 같은 자료 개발과 치료자 교육 · 훈련이 뒷받침되어야 할 것이다.

미국부부가족치료학회 윤리강령

윤리기준 VI: 테크놀로지 기반 전문서비스

부부가족 치료사들의 상담치료, 지도감독, 기타 전문서비스가 이루어지는 온라인 플랫폼 수는 지속적으로 증가하고 있다. 전통적인 치료 및 지도감독 환경은 물론 기술적으로 지원되는 전문서비스를 활용하는 데에는 큰 이점과 책임이 따른다. 이 표준은 전자적 수단을 사용하여 치료, 감독 및 관련 전문 서비스를 제공하는 데 필요한 기본 윤리 요건을 다룬다.

6.1 기술 지원 서비스

결혼 및 가족 치료사들은 전자적 수단(전화, 인터넷 등 포함)을 통해 치료나 감독 서비스를 시작하기 전에 관련 법률을 준수하고 있는지 확인한다. 또한 치료사들은 다음을 준수해야 한다.

(a) 기술 지원 서비스나 감독이 클라이언트 또는 감독 대상자의 전문적 · 지적 · 정서적 · 신체적 필요에 적합한지 판단한다.

(b) 기술 지원 서비스와 관련된 잠재적 위험과 이점을 클라이언트 또는 감독 대상자에게 알린다.

(c) 의사소통 매체의 보안을 보장한다.

(d) 관련 기술 사용에 대한 적절한 교육, 훈련 또는 감독 경험 후에만 전자 치료나 감독을 시작한다.

6.2 치료 또는 감독에 대한 동의

개인, 이인관계, 가족, 또는 그룹 단위로 서비스를 계약하는 클라이언트와 감독 대상자는 기술 지원 서비스와 관련된 위험과 책임을 인지해야 한다. 치료사는 서면으로 이러한 위험과 이를 최소화하기 위한 치료사와 클라이언트/감독 대상자의 책임을 알린다.

6.3 기밀 유지 및 전문적 책임

치료사나 감독자는 기밀 유지 및 서비스 품질과 관련된 최선의 관행을 준수하고 관련 법률을 충족하는 기술 플랫폼을 선택해야 할 책임이 있다. 클라이언트와 감독 대상자는 치료사 또는 감독자의 기술이 제공하는 한계와 보호 조치를 서면으로 인지해야 한다.

6.4 기술과 문서화

치료사와 감독자는 식별 가능한 정보 또는 민감한 정보를 포함하는 모든 문서가 전자적으로 저장되거나 전송될 때 기밀 유지 및 서비스 품질과 관련된 최선의 관행을 준수하고 관련 법률을 충족하는 기술을 사용하도록 해야 한다. 클라이언트와 감독 대상자는 치료사 또는 감독자의 기술이 제공하는 한계와 보호 조치를 서면으로 인지해야 한다.

6.5 서비스와 실무의 위치

치료사와 감독자는 실무와 서비스의 위치에 관한 모든 관련 법률을 준수하며, 허가된 관할 지역 밖에서 기술 지원 수단을 사용하여 실무를 하지 않는다.

6.6 최신 기술의 훈련 및 사용

결혼 및 가족 치료사들은 선택한 모든 기술 지원 전문 서비스 사용에 충분히 훈련되고 능숙해야 한다. 서비스의 품질과 보안을 최적화하고 기술 지원 서비스의 최선의 관행 기준을 준수하기 위해 오디오, 비디오 및 기타 옵션을 신중하게 선택한다. 또한 이러한 기술 선택은 클라이언트와 감독 대상자의 전문적 요구를 최적으로 충족시키기 위해 적절히 발전되고 최신 상태여야 한다.

출처: AAMFT (2015).

한국가족치료학회 윤리강령(2022)

6. 회원은 상담이나 수련감독을 비대면으로 진행할 경우 이에 따르는 법적 · 윤리적 문제를 인지하고 법률과 윤리강령을 따라야 한다.

6.1 회원은 전화 화상 이메일과 그 외의 수단 등을 이용하여 비대면 상담을 할 때에 먼저 해당 서비스 제공에 대한 관련 법률을 확인한다.

6.2 회원은 상담 및 수련감독에 참여하는 사람의 지적 · 정서적 · 신체적 · 상황적 수준이 비대면매체에 적합한지 전문적 판단을 내려야 한다.

6.3 회원은 비대면 상담 및 수련감독을 위한 매체 사용의 위험을 대상자에게 미리 알리고 위험을 최소화하기 위해 상호 최선을 다할 책임이 있음을 알리고 동의서에 관련 문구를 포함시킨다.

6.4 회원은 전문가로서 비밀보장 양질의 상담을 보장할 수 있는 비대면 매체를 선택할 책임이 있다. 내담자와 수련생에게 비대면 상담에 사용되는 비대면 매체의 안전장치와 한계에 대해 서면으로 설명을 해야 한다.

6.5 회원은 비대면 상담의 기록물 및 기기 관리에 책임이 있으며 관련 법적 요구를 충족할수 있는 지식과 기술을 가지고 있어야 한다. 또한 비대면 상담기록물의 보존 방법과 보존기간에 대하여 내담자 및 수련생에게 서면으로 고지하고 동의를 받아야 한다.

출처: 한국가족치료학회(2022). http://www.familytherapy.or.kr/kaft/sub06.php

3) 주요 윤리 쟁점과 대응

가족 및 부부 치료에서 사이버상담을 진행할 때 발생하는 주된 윤리적 문제와 함께 그에 따른 대응 방안을 간략히 제시하면 다음과 같다.

(1) 비밀보장과 사생활보호

사이버상담에서 기밀성 유지는 매우 중요하다. 온라인 플랫폼은 해킹이나 데이터 유출에 취약할 수 있어, 강력한 암호화와 보안 조치가 필수적이다. 가정에서 세션에 참여할 때는 다른 가족 구성원이 우연히 대화를 엿들을 수 있는 위험이 있다. 치료자는 내담자에게 개인적인 공간을 확보하고 헤드폰을 사용하도록 권장해야 한다. 또한 화면 공유나 세션 녹화와 관련된 프라이버시 문제도 고려해야 한다(Wrape & McGinn, 2019).

(2) 역량과 훈련

사이버상담 서비스를 제공하는 치료자는 전통적인 대면 치료 기술뿐만 아니라 온라인 환경에서의 치료 제공에 대한 특별한 훈련이 필요하다(Liem, Sit, Arjadi, Patel, Elhai, & Hall, 2020).

여기에는 화상 회의 플랫폼 사용법, 온라인에서의 라포 형성 기술, 디지털 도구를 활용한 치료 기법 등이 포함된다. 또한 기술적 문제 해결 능력도 중요하다. 예를 들어, 연결이 끊겼을 때의 대처 방법이나 오디오(비디오) 품질 개선 방법 등을 알아야 한다(Wrape & McGinn, 2019).

(3) 사전 동의

사이버상담에서의 사전 동의는 일반적인 치료 동의서보다 더 복잡하다. 여기에는 온라인 치료의 잠재적 위험(예: 기술적 오류, 제3자의 침입 가능성), 비상시 절차(예: 연결이 끊겼을 때의 대안적 연락 방법), 세션 녹화에 대한 정책, 주 간 또는 국가 간 치료 제공과 관련된 법적 문제 등이 포함되어야 한다(Stoll, Müller, & Trachsel, 2020). 치료자는 이러한 모든 측면을 내담자가 완전히 이해하고 동의하도록 해야 한다.

(4) 응급상황 관리

사이버상담에서 응급상황 관리는 특히 어렵다. 치료자는 각 세션 시작 시 내담자의 정확한 위치를 확인해야 하며, 해당 지역의 응급 서비스 연락처를 알고 있어야 한다. 또한 자살 위험이나 가정 폭력 상황에서의 개입 계획을 미리 수립해야 한다. 위기 상황에서 원격으로 개입할 수 있는 구체적인 전략과 프로토콜을 개발하는 것이 중요하다(Stoll et al., 2020).

(5) 윤리기준 및 법적 준수

사이버상담은 기존의 윤리기준을 온라인 환경에 적용해야 하는 도전을 제시한다. 예를 들어, 소셜 미디어를 통한 내담자와의 접촉이나 문자 메시지를 통한 의사소통에 대한 경계 설정이 필요하다. 또한 국가 경계를 넘는 치료를 제공하는 것에 대한 법적 문제(예: 면허, 보험 적용)를 숙지해야 한다. 국제적으로 서비스를 제공할 경우 문화적 차이와 언어 장벽도 고려해야 한다(Wrape & McGinn, 2019).

(6) 복수참가자 관리

가족 및 부부 치료에서 다수의 참여자를 온라인상으로 관리하는 것은 복잡한 사안이다. 예를 들어, 한 파트너가 다른 파트너 모르게 개별 회기를 요청할 경우의 대응 방법, 온라인에서 갈등이 고조될 때 효과적으로 중재하는 방법, 모든 참여자가 공평하게 발언 기회를 갖도록 하는 방법 등을 고려해야 한다. 또한 한 장소에 있는 가족 구성원들과 다른 장소에 있는 구성원을 동시에 다루는 방법도 숙지해야 한다(Wrape & McGinn, 2019).

(7) 디지털 의사소통의 도전

온라인 환경에서는 미묘한 비언어적 신호를 포착하기 어려울 수 있다. 치료자는 이를 보완하기 위해 언어적으로 더욱 명확하게 의사소통하고, 감정 상태나 반응에 대해 더 자주 확인해야 한다. 또한 화면 피로나 기술적 문제로 인한 집중력 저하를 관리하는 방법, 온라인에서 효과적으로 침묵을 다루는 방법, 그리고 화상 통화에서의 눈 맞춤과 같은 온라인 특유의 의사소통 기술을 개발해야 할 필요가 있다(Stoll et al., 2020).

이상의 각 영역에 대한 치료자의 깊이 있는 이해와 준비는 사이버상담 서비스, 특히 가족 및 부부 치료에서 윤리적이고 효과적인 실천을 위해 필수적이다.

요약

가족치료자는 항상 윤리적 갈등 상황에 노출되어 있다. 윤리적 딜레마를 좀 더 효과적으로 다루기 위해서는 무엇보다 자기 자신의 개인적 가치를 비롯해 사회적 · 전문적 · 조직적 가치를 의식하는 자세를 갖고 있어야 한다. 또한 가족치료는 개인치료와 핵심적인 윤리원칙을 공유하지만 여러 내담자를 동시에 다루는 가족치료의 고유한 특성으로 인해 추가적인 복잡성을 동반한다는 점을 염두에 두어야 한다. 이 장에서는 국내외 가족치료 전문단체의 윤리강령을 중심으로 주요 윤리원칙을 설명했다. 또한 가족치료에서 종종 당면하게 되는 다양한 윤리적 딜레마를 치료관계 이슈, 치료자 이슈, 치료패러다임 이슈의 범주로 구분하고 총 여덟 가지의 딜레마 상황을 논의하였다. 특히 치료패러다임 이슈에서는 전문가 윤리강령에 근거한 딜레마 해결방식과의 차이점을 설명하면서 후기 가족치료의 여러 윤리 실천의 전략을 제시하였다. 가족치료자는 자신이 사용하는 가족치료 모델에 내포된 가치와 윤리적 측면에 대해 면밀히 검토하는 동시에 전문가 윤리기준을 실무에 적용함으로써 가족치료 실천이 윤리적 테두리 안에서 일어나도록 하는 것의 중요성을 강조했다. 이 장에 제시된 3단계 윤리적 의사결정 모델은 치료자의 윤리적 의사결정, 동료 및 슈퍼바이저 자문, 전문가조직 윤리위원회 자문으로 구성되며, 가족치료자가 윤리적 딜레마에 당면했을 때 그 해결을 모색하는 과정에서 활용할 수 있도록 고안된 것이다. 윤리적 사정, 윤리규칙 검토, 윤리원칙 검토로 이어지는 치료자의 윤리적 의사결정 과정이 모든 윤리적 딜레마 상황에 다 적용될 수 있는 것은 아니지만 치료자의 자가 점검 도구로 유용하게 쓰일 수 있다. 이 장의 후반부에서는 유선 및 디지털 플랫폼상에서 이루어지는 상담치료와 관련한 주요 쟁점과 대응 방안을 다루었다.

연습문제

1. 치료자로서 가족치료에 영향을 미칠 수 있는 자기 자신의 개인적 가치와 사회적 가치에 대해 이야기 나누어 보자.

2. 다음의 두 가계도에 나타나는 부모-자녀 삼각관계에 대한 비교를 통해 치료자의 원가족 양상이 치료적 관계에 어떤 영향을 미칠 수 있을지 생각해 보자.

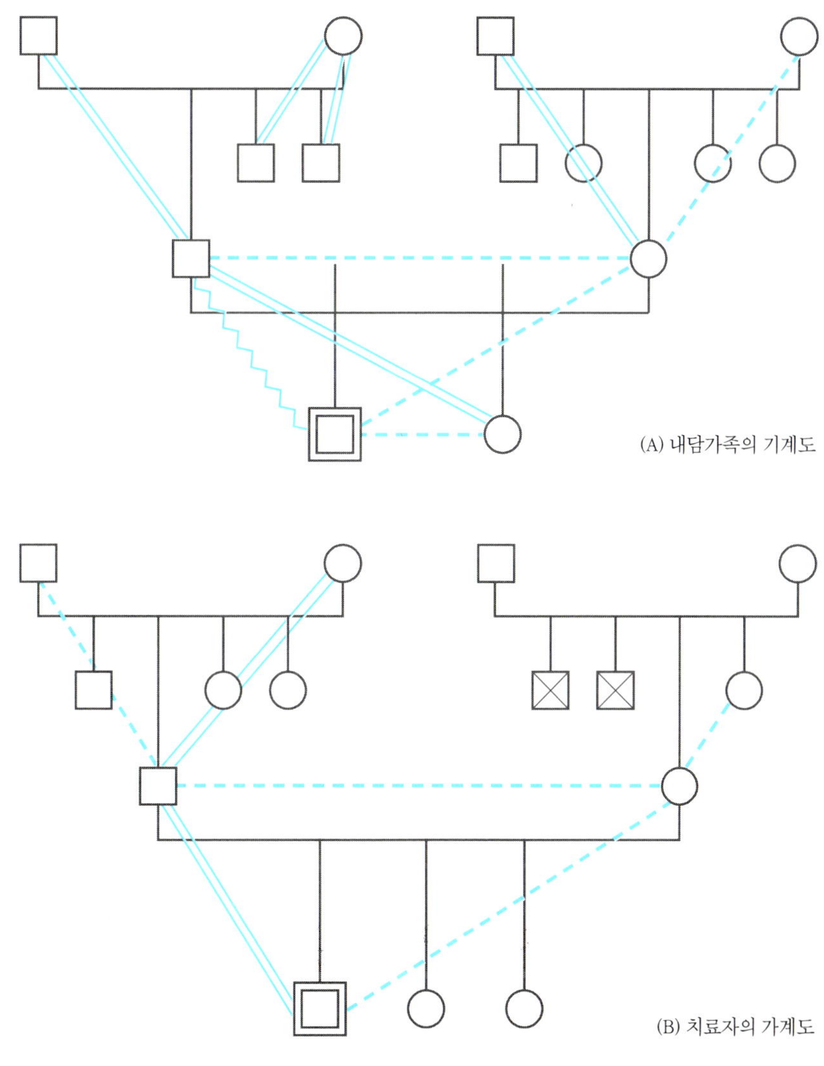

(A) 내담가족의 가계도

(B) 치료자의 가계도

출처: Braverman (2008), p. 575에서 재구성.

3. 다음 사례(정혜정, 2008)에 대한 접근이 윤리적으로 적절하려면 치료과정이 어떤 방식으로 진행되어야 할 것인가? 다음 사례를 읽고 전기 가족치료와 후기 가족치료의 관점에서 각각 윤리적 실천과정의 시나리오를 구성해 보자.

> 집을 나간 20대 딸의 부모가 상담을 받으면서 "딸과 연락이 되지 않는다."라며 딸의 행방을 매우 걱정하고 있다. 치료자는 우연히 딸의 친구를 상담하게 되고 딸이 다른 친구 집에 있음을 알게 된다. 이 경우 치료자가 부모에게 연락하여 딸이 안전하게 잘 있으니 걱정하지 말라고 말해야 하는가? 사생활 유지와 비밀보장이라는 윤리강령에 비추어 어떠한가? 만일 딸의 부모가 걱정을 덜하게 되고 현재 상황에 고무적 변화가 생긴다면 어떠한가?

용어설명

MBTI(Myers–Briggs Type Indicator) 융의 성격유형론을 바탕으로 브리그스와 마이어스(Briggs & Myers)가 개발한 자기보고식 성격검사로 검사문항을 통해 개인이 인식하고 판단할 때 선호하는 경향을 찾고 이러한 경향이 인간의 행동에 미치는 영향을 파악하게 한다.

가계도(genogram) 최소 3세대 이상에 걸친 가족과정을 도식을 통해 평가하는 보웬의 치료적 기법으로, 원가족과의 융합 문제나 미분화, 삼각관계, 핵가족 정서체계, 정서단절 등을 진단할 수 있다.

가설설정(hypothesizing) 밀란 모델의 치료적 개념으로 치료의 전 과정을 통해 치료자가 지속적으로 가족기능에 대해 추측하고 가정하는 것을 의미한다.

가정폭력방지 및 피해자보호 등에 관한 법률 가정폭력을 예방하고 가정폭력의 피해자를 보호·지원함을 목적으로 하는 법률이다.

가정폭력범죄의 처벌 등에 관한 특례법 가정폭력범죄에 대해 환경 조정과 심리행동 교정을 위한 보호처분을 내려 가정의 평화와 안정을 회복하고 건강한 가정을 유지하며 피해자와 가족구성원의 인권을 보호함을 목적으로 하는 법률이다.

가족 경계선(family boundary) 미누친은 경계는 두 개 또는 그 이상의 수의 체계나 하위체계를 나누기 위한 추상적인 개념이라고 설명한다. 가족 경계선은 가족이 하나의 단위로서 외부와 관계하는 방식을 일컫는 데 사용하는 은유적 표현으로, 체계와 체계 간의 상호작용의 특징을 구분하고 이러한 상호작용이 그 체계 내에 머물도록 하는 역할을 한다.

가족게임(family game) 밀란학파의 개념으로서 가족을 지배하는 상호작용 규칙과 관계성 규칙으로 오랜 시간 가족 안에서 발전, 유지되어 온 일련의 의사소통 규칙을 의미한다. 조현증을 비롯한 역기능 가족에서 가족원 모두 가족게임에 개입되어 승자도 패자도 없는 게임을 지속한다고 본다.

가족구조(family structure) 가족구성원이 상호작용하는 방식을 조직화하는 보이지 않는 기능적 요구로서, 반복적이고 체계화되어 있어 예측할 수 있는 가족의 행동양식이다.

가족규칙(family rules) 일정한 가족기능의 반복을 통하여 만들어지는 공유된 규범이나 가치체계를 가리키는 것으로 암묵적 규칙과 명시된 규칙이 있다.

가족생활주기(family life cycle) 시간의 경과와 함께 변화하는 가족 내 발달적 경향을 묘사하기 위해 사용하는 용어이며, 남녀의 결혼에서 시작하여 부부의 사망으로 이어지는 모든 단계와 단계별 과업으로 이루어진 가족의 주기를 중심으로 개인과 가족을 바라보는 관점을 말한다.

가족신화(family myth) 가족원이 공유하는 잘못된 기대와 신념으로 현실 왜곡 또는 현실 부정의 요소를 가지며 역기능적 가족이 가족의 상호작용을 합리화하려고 가족신화를 조직적 신념으로 활용한다.

가족조각(family sculpture) 한 가족구성원이 '감독'이 되어 다른 가족구성원에 대해 느끼는 내적 정서 상태와 가족원 간의 의사소통 유형을 자세와 동작 및 소도구를 사용하여 공간적으로 나타내도록 하는 비언어적인 치료기법이다.

가족투사과정(family projection process) 미성숙한 부모가 정서적으로 취약한 자녀를 선택하여 무의식적으로 그들의 불안과 융화를 전수하는 과정으로 투사대상인 자녀는 정서적 손상을 입게 된다.

가족평가(family evaluation) 가족을 하나의 단위로 하여 가족 내부기능과 외부체계에 대한 자료를 수집하고 분석한 것을 종합하여 가족에 대한 개입을 계획하는 일련의 과정을 말한다.

가족항상성(family homeostasis) 어떠한 상황에서도 안정성을 유지하려는 가족의 속성을 의미하는 것으로, 가족 안에서 발전시킨 상호작용 규칙에 의해 유지된다. 체계적 관점에서 가족은 내적 기능의 상대적 항상성을 유지하는 동질의 정체단위로 본다.

가치 다수의 사회구성원에 의해 선하거나 바람직하다고 여겨지는 것 혹은 개인의 선호도를 말한다.

거짓상호성(pseudo-mutuality) 가족원 개개인의 정체성을 인정하면 가족원 전체의 결속에 방해가 된다는 신념을 가진 가족의 경우, 가족원 간에 안정을 추구하는 관계로서 표면적으로는 개방되고 상호 이해하고 만족하는 것 같지만 실제는 그렇지 않은 모습을 나타내는 용어다.

거짓적대성(pseudo-hostility) 가족원이 진실한 모습으로 상호작용하는 것이 아니라 가족원 간의 친밀감과 사랑에 대한 욕구를 숨기고 겉으로 거리감을 두거나 적대적인 방식으로 상호작용하는 모습을 나타내는 용어다.

건강가정기본법 가족 문제의 적절한 해결방안을 강구하며 가족구성원의 복지증진에 이바지할 수 있는 지원정책을 강화함으로써 건강가정 구현에 기여하는 것을 목적으로 하는 법률이다.

게슈탈트 치료(gestalt therapy) 경험주의 치료의 한 유형으로서 게슈탈트 심리학의 원리에 기초하고 있으며, '지금-여기'에서의 경험을 지각, 사고, 감정, 욕구, 신체감각, 행동 등의 영역으로 확장시키는 치료법이다.

결혼적응기(the new couple) 결혼으로 하나의 가족을 이루는 단계로 부부가 결혼과 함께 각자 자신의 원가족에서 분화하여 한 가정을 책임지는 역할을 맡으며 상대방에게 적응해야 하는 과업을 수행하는 기간을 말한다.

결혼전기(single young adults) 가족생활주기의 첫 단계로 미혼의 자녀가 자신의 가족을 이루기 전까지의 기간을 말한다.

경계선(boundary) 눈에 보이지 않지만 개인과 하위체계의 안팎에 누가 어떻게 참여하는가를 규정하는 규칙으로서, 가족원 사이에 허용되는 접촉의 양과 종류를 규정한다. 경직된, 명확한, 모호한 경계선의 세 범주로 나눌 수 있다.

경험적 가족치료(experiential family therapy) 치료자의 자기활용을 통해 내담자로 하여금 내면 깊숙이 있는 자신과 만나는 경험을 갖도록 하는 데 초점을 두는 접근이다. 이처럼 경험을 통하여 개인이 성장하도록 돕는 경험적 가족치료자로서 위터커와 사티어가 잘 알려져 있다.

고된 체험 기법(ordeal technique) 증상이 나타날 때마다 내담자가 괴로워하는 일을 하도록 처방하는 역설적 기법 중 하나다.

고무울타리(rubber fence) 경계가 불안정하여 가족체계에 위협이라고 간주되는 사람을 배제하여 추방하지만, 반대로 치료자와 같이 가족원은 아니지만 가족체계에 협조적인 사람은 가족체계 내부에 포함시키는 것을 말한다. 즉, 가족을 둘러싼 경계는 자신들의 편의에 따라 넓어지기도 하고 축소되기도 하는 상황을 나타낸다.

고지된 동의(informed consent) 치료 시작에 앞서 치료자가 내담자에게 치료 전반에 관해 설명하고 동의를 구하는 절차다. 치료의 구조와 방법, 정보의 기록(녹취)과 사용 등을 포함한다.

공동저작(co-authoring) 치료자와 내담자가 공조관계 속에서 대안적 이야기를 발전시키는 행위로 이야기치료에서 강조하는 실천방식이다.

과정질문(process question) 내담자의 감정을 가라앉히고 정서적 반응에 의해 유발된 불안을 낮추기 위해 정서보다는 가족과정에 대한 내담자의 사고에 초점을 두고 그것을 촉진하는 보웬 모델의 질문기법이다.

관계성질문(relationship question) 내담자와 중요한 관계에 있는 사람들의 생각, 의견 그리고 지각 등에 대해 내담자에게 묻는 질문으로 중요한 타인의 눈으로 내담자 자신을 보도록 함으로써 내담자가 자신의 희망, 힘, 한계, 가능성 등을 지각하도록 돕는 해결중심 모델의 질문기법이다.

구성주의(constructivism) 포스트모더니즘을 함축하는 이론으로서, 객관적이고 절대적인 실재는 존재하지 않으며, 진리와 실재란 각 개인이 삶의 과정에서 구성되는 것이라고 본다.

구조적 가족치료(structural family therapy) 미누친이 발전시킨 모델로서 경계선, 하위체계, 위계구조의 개념을 통해 가족의 상호작용 구조를 파악할 수 있다고 보며, 치료목적은 증상이나 문제의 제거가 아니라 가족을 재구조화하는 것으로 보는 가족치료 초기 모델 가운데 하나다.

구조적 결정론(structural determinism) 체계의 행동은 외부의 힘에 의해 결정된다기보다는 그 체계의 자체 구조에 의해 결정된다.

구조적 연결(structural coupling) 체계가 그 조직패턴을 보존함과 동시에 지속적인 구조적 변화를 수행하는 것은 환경과의 상호작용을 통해서가 아니라 끊임없는 자기갱신의 변화 때문이다.

구조적 지도(structural map) 구조적 가족치료에서 가족의 상호작용을 그림으로 나타내고, 변화과정을 평가하거나 치료목표를 설정하는 데 사용하는 도표다.

긍정적 의미 부여(positive connotation) 밀란 모델의 기법으로 문제를 지속시키는 가족의 부정적인 증상행동을 긍정적인 동기로서 재구성해 줌으로써 파괴적인 가족게임을 무력화시키는 치료기법이다.

기계론적 세계관(mechanistic world view) 세상은 기본적인 물질 구성체로 만들어진 거대한 기계와 같으며, 기계의 작동원리와 같은 법칙에 의해 세상이 움직인다고 보는 세계관으로서, 개인심리치료의 이론적 밑바탕이 된다.

기능분화(functional differentiation) 현재 가족의 관계과정(부부관계, 부모-자녀 관계 등)에서의 불안을 감소시키기 위해 기능수준을 상호 교환하여 결정되는 분화수준으로 현재 상황에서 주어진 목표활동을 얼마나 성취하는가에 대한 개념이며 기능분화는 환경에 따라 변화될 수 있다.

기본분화(basic differentiation) 다세대 정서과정에 의해 원가족으로부터 물려받은 기본 분화수준을 의미하며 어린 시절에 형성된 자아를 통해 형성된다. 따라서 한번 일정한 수준으로 분화가 이루어지면 기본 분화는 환경에 따라서 변화되지 않는다.

기적질문(miracle question) 문제 자체를 제거하거나 감소시키지 않고 문제와 떨어져서 해결책을 상상하게 하는 질문으로서 내담자가 문제에 대한 집착에서 벗어나 바꾸고 싶어 하는 것을 스스로 설명하게 하여 해결 중심 영역으로 들어가며 목표 설정에 도움이 되는 해결중심 모델의 질문기법이다.

긴장고조 기법(intensification) 가족체계의 여러 부분에서 스트레스를 증가시킴으로써 가족의 재구조화를 돕는 구조적 가족치료의 기법이다.

나-입장(I-position) 분명하게 정의된 자기 입장을 표현하며 분화된 방향으로 정서적 반응성을 통제하는 자세를 일컫는 보웬 모델의 용어다.

내러티브(narrative) 삶의 사건들이 이야기 행위를 통해 특정 순서로 배열되면서 하나의 실체가 되는 것으로 이야기치료에서 내러티브, 이야기(story), 설명(account)은 모두 동일한 의미로 사용된다.

노년기(families in later life) 가족생활주기의 마지막 단계로 부부가 신체적 쇠퇴에 직면하여 역할 변화를 수용하고 갖가지 상실에 따르는 부작용을 최소화해야 하는 기간을 말한다.

노인복지법 노인의 심신 건강을 유지하고 노후의 생활안정을 위하여 필요한 조치를 강구함으로써 노인의 보건복지증진에 기여함을 목적으로 하는 법률이다.

다세대 전수과정(multigenerational trans-mission process) 가족의 정서적 관계 과정이 여러 세대에 걸쳐 진행되며, 특히 투사과정이 여러 세대에 걸쳐 반복될 경우 각 세대에서 점진적으로 불안과 융화에 취약한 개인이 양산되어 역기능을 야기한다.

대안적 이야기(alternative story) 이야기치료를 통해 만들어지는, 문제로 가득 찬 지배적 이야기에 상반되는 이야기를 말한다.

대처질문(coping question) 자신의 미래를 매우 절망적으로 보기 때문에 아무런 희망이 없다고 하는 내담자에게 주로 사용하는 질문으로 어려운 상황 속에서 어떻게 견딜 수 있었고 잘 대처해 왔는지를 질문함으로써, 내담자로 하여금 자신이 미처 인식하지 못했던 자원과 성공적 경험 및 장점이 있었음을 깨닫게 하는 해결중심 모델의 질문기법이다.

도(道) 인간이 마땅히 가야 할 길이며 인간이 궁극적으로 추구해야 하는 실재를 말한다.

독특한 결과(unique outcome) 심리학자 고프만에서 유래한 개념으로, 내담자의 이야기 가운데 문제로 가득 찬 이야기와 대조되는 이야기를 가리키며 대안적 이야기의 시발점이 된다.

동일결과성(equifinality) 다양한 출발에서 동일한 결과에 이른다는 것을 나타내며, 특정 원인이나 결과에 주목하기보다 체계의 과정에 주목할 필요가 있음을 강조하는 일반체계이론의 용어다.

동일잠재성(equipotentiality) 다귀결성(multifinality)이라고도 하며, 동일한 출발에서 다양한 결과에 이른다는 것을 나타내며, 특정 원인이나 결과에 주목하기보다 체계의 과정에 주목할 필요가 있음을 강조하는 일반체계이론의 용어다.

디지털 의사소통(digital communication) 중간중간 끊어짐이 있는 언어적 의사소통을 나타내는 용어로서, 비언어적 메시지와 맥락을 나타내는 아날로그 의사소통과 구별된다.

마침표(punctuation) 순환적 인과관계 속에서 특정 원인을 구별해 내는 것을 의미하며, 관련된 사람들이 마침표를 어디에 찍느냐에 따라 문제로 규정하는 것이 달라진다.

만성불안(chronic anxiety) 실제적인 위협이 없음에도 불구하고 만성적으로 거부나 유기의 불안을 느껴 개인의 적응능력을 위축시키는 불안의 유형으로서 보웬은 만성불안이 다세대 정서과정을 통해 전수된다고 본다.

말하기-다시말하기(telling-retelling) 내담자와 청중이 교대로 상대방의 이야기에 반영하는 이야기치료의 한 방법이다.

명상(meditation) 감정과 직관력을 담당하는 뇌의 우반구를 사용하여 '지금-여기'에 존재하게 하는 활동으로 자신의 내·외적 자원을 감사히 생각하고 충분히 활용할 수 있게 하며, 새로운 에너지를 갖고 새로운 선택과 가능성을 추구할 수 있도록 함으로써 변화와 성장이 일어나게 하는 치료도구다.

모방(mimesis) 구조적 가족치료자가 가족의 생활방식과 정서 상태에 적응하기 위해 가족이 사용하는 언어, 몸짓, 대화방식을 그대로 따라 하는 기법을 말한다.

모자공생(mother-child symbiosis) 보웬의 조현병 자녀와 어머니의 관찰에서 유래한 용어로, 모자간의 정서적 관여가 병리적으로 심해서 두 명의 자아가 하나의 존재로 간주될 정도로 강렬한 정서애착의 상태를 의미한다.

무당(sharman) 굿 등을 통해 종교적 의식을 주재하고 접신(接神)을 통해 예언을 하며 병의 진단과 치료를 맡는 무속신앙(샤머니즘)의 주재자다.

무위(無爲) 도사상의 핵심으로서, 행동이 자연스럽고 자발적이어서 자기가 하는 행동이 구태여 행동으로 느껴지지 않는 행동이어서 행동이라 이름할 수도 없는 행위를 나타낸다.

문제이야기(problem story) 내담자의 문제에 대한 통상적 이해방식을 가리키는 이야기치료의 용어다. 이런 이야기는 내담자 삶에서 문제가 주가 되고 내담자가 종속적 위치에 있는 이야기다.

미니멀리즘(minimalism) 작지만 의미 있는 변화를 일으킬 수 있는 잘 계획된 최소의 개입으로 연쇄적 변화를 유도하는 치료 모델의 철학이다.

미분화 가족자아군(undifferentiated family ego mass) 가족원 간에 보이는 '밀착된 상태' 혹은 자아분화가 결여된 상태다. 가족원의 정서적 개입이 심해서 개별적으로 기능하지 못한 채 핵가족이 감정적으로 지나치게 가까워 가족원의 발달을 저해하고 상호거부를 초래하는 상태를 의미한다.

밀란 모델(Milan model) MRI의 사이버네틱스의 영향을 받아 이탈리아 밀란을 거점으로 발전된 전략적 치료모델의 하나로서, 초기에는 역설적 개입에 초점을 두었으나 점차 정보에 초점을 두면서 가족의 신념체계의 변화에 관심을 두게 된다. 베이트슨의 인식론을 가장 잘 반영한 접근이므로 전략적 치료모델 중에서도 체계적 모델로 분류된다.

반영팀 모델(reflecting team model) 노르웨이 정신과 의사인 톰 안데르센이 발전시킨 후기 가족치료 모델로 관찰실에서 상담 장면을 관찰한 치료팀(관찰자)이 상담실에서 상담을 받던 내담자와 가족(참여자)에게 그들의 생각과 느낌을 전달하고, 이에 대한 참여자의 생각과 느낌을 관찰자에게 전달하면서 치료적 실재에 대한 이해에 초점을 둔다.

보웬 가족치료 자연체계이론을 바탕으로 보웬이 발전시킨 가족치료모델로 치료자는 내담자가 다세대적 정서과정에 대한 정보를 수집하고 분석하는 작업을 통해 현재 문제에 대해 통찰에 이르고 나아가 자기분화를 추구하는 과정에서 코치의 역할을 수행한다.

부모역할을 하는 자녀(parental child) 부모가 제 기능을 못하는 가족에서 부모의 역할과 책임을 맡는 자녀를 뜻하며, 자녀가 자기 능력 밖의 책임을 맡게 되거나 성장발달에 지장을 받게 될 때 문제의 소지가 있다.

부부균열(marital schism) 부부가 서로 역할을 교환할 수 없고 목표를 공유하거나 보완할 수 없으며, 부부 각자 자신의 욕구와 기대를 충족시키기 위해 상대방의 지위를 손상시키는 상황을 말한다.

부부불균형(marital skew) 부부간의 권력이 지나치게 불균형을 이룬 상황으로 강한 배우자가 약한 배우자를 지배함으로써 부부간 갈등이 표면화되는 것을 막는 것을 말한다.

불변의 처방(invariant prescription) 밀란 모델의 기법으로 역기능적 가족이 경직되고 파괴적인 가족게임을 중단하도록 고안된 '보편적'인 처방 방법이다. 일반적으로 10회기의 팀 접근법, 역설적 지시의 사용 등으로 구조화된 회기에서 부모의 동맹을 강화하고 기존에 존재했던 세대 간의 은밀한 동맹을 깨뜨림으로써 융통성 있는 생활방식을 개발하도록 하는 기법이다.

비계 세우기(scaffolding) 스캐폴딩을 참조할 것.

비밀보장(confidentiality) 치료자가 내담자와의 신뢰관계에 근거하여 얻은 정보를 내담자의 사전 동의 없이 타인에게 발설하지 않는다는 원칙이다.

비밀유지특권(privileged communication) 치료자가 치료과정 중 알게 된 내담자에 대한 정보를 내담자의 사전 동의 없이 법정소송 중에 증인으로서 외부에 공개할 수 없도록 하는 내담자의 법적 권리다.

빈약한-풍부한 설명(thin-thick description) 개인의 삶의 이야기는 여러 가닥으로 이루어져 있으므로 그중 한 가지 유형의 이야기만으로 그 사람의 정체(성)를 파악하려는 시도는 빈약한 설명인 반면 다양한 이야기를 토대로 개인을 설명하려는 시도는 풍부한 설명이라고 한다.

빙산 치료(iceberg) 개인의 행동 이면에 있는 기대, 감정, 감정에 대한 감정, 지각, 열망 그리고 자아에 대해 탐색하며 이를 통해 자기가치를 찾고 자아통합을 하도록 돕는 경험적 치료기법이다.

사례개념화(conceptualization) 초기 상담과정에서 문제해결을 위한 개입방법을 찾기 위해 문제를 둘러싼 여러 요인에 관한 정보를 수집하여 문제의 원인을 파악하는 행위다.

사이버네틱스(cybernetics) 살아 있는 생물체계와 사회체계에 있어서 순환적 인과관계와 피드백 기제를 통한 자기조절 과정에 관한 과학을 일컫는 말이다. 1차 사이버네틱스(simple cybernetics, first-order cybernetics)는 체계와 환경과의 상호작용에 초점을 두며, 일반체계이론과 동일한 시각으로 간주된다. 한편, 2차 사이버네틱스(cybernetics of cybernetics, second-order cybernetics)는 체계가 환경과 상호작용할 뿐 아니라 가장 높은 수준의 피드백 과정에서 볼 때 모든 체계는 닫혀 있고 자기조직적인 특성을 가지고 있음을 기술하는 데 초점을 둔다.

사이코드라마(psychodrama) 치료과정에서 환자들이 어려움이나 갈등에 관해 직접 토론하는 대신에 자신의 어려움을 유발한 다양한 대인관계 상황을 언어와 행위를 통해 재창출하고 재경험하도록 하는 집단역동 기법을 말한다.

사회관계망(social network) 친구나 친척과 같은 특정한 관계 속에서 상호 연결되어 있는 개인이나 기관으로 이루어진 사회적 구조를 말한다.

사회구성주의(social constructivism) 우리의 현실은 객관적 진실이 아니라 다른 사람과의 대화를 포함한 사회적 상호작용을 통해 생성된 사회적 산물이라고 보는 포스트모던 이론이다.

사회적 정서과정(societal emotional process) 가족의 정서과정 개념을 사회의 정서과정으로 확장한 보웬의 개념으로, 사회 내 긴장과 스트레스가 높을 때 구성원의 융합의 압력이 강해지며, 사회구성원의 이기심과 공격성, 회피성이 높아진다는 개념이다.

삼각관계(triangles) 이인관계에서 긴장이 심해질 때 관계 불안을 감소시키기 위해 제삼자를 끌어들여 삼인 체계를 만듦으로써 긴장을 해소하는 정서적 역동방식이다.

상담자의 자기성찰(therapist's self-reflection) 상담자가 내적인 대화에서 자신의 한계와 조건을 발견하고 인식하며 행동할 수 있도록 하는 능력과 태도다.

상담 전 변화에 관한 질문(pre-session change question) 문제해결을 위해 상담 전에 의식적 또는 무의식적으로 시도했던 방법에 대해 질문함으로써, 내담자 스스로 노력한 점과 내담자가 지닌 해결능력을 인정하고 강화하기 위해 사용하는 해결중심 모델의 질문기법이다.

상위 규칙(meta-rule) 가족행동을 규제하는 일반적인 규칙 위에 작용하는 '규칙을 총괄하는 규칙'을 의미하며, 가족원이 가족규칙을 어떻게 유지하고 변화시킬 것인가에 대한 규칙을 의미한다.

상징적 경험적 가족치료(symbolical-experien-tial family therapy) 인간이 경험하는 것의 대부분은 인간의 인식이나 의식 밖에서 일어나기 때문에 비언어적이거나 상징적으로 접근할 수밖에 없다는 점과 개인과 가족의 변화는 교육이 아니라 경험을 통해 가능하다는 점을 토대로 치료과정에서 개인과 가족의 관계유형에 역점을 두는 경험적 가족치료자 위터커의 접근이다.

생활연대기(life chronology) 출생 후 현재까지 자신의 주요 생활사건을 연대별로 나열한 것으로 이것을 통해 자신의 인생 경험을 반추하며 자신에게 미쳤던 사건의 영향을 재구성하면서 더욱 성장할 수 있다.

생태도(ecomap) 가족과 가족의 생활공간 안에 있는 사람 및 기관 간의 연계를 그림으로 나타내는 것으로 환경과 가족 간의 자원의 흐름을 알 수 있다.

선호하는 이야기(preferred story) 개인의 목적의식, 꿈, 희망이 깃들어 있는, 문제이야기와 상반된 삶의 이야기다.

성장모델(growth model) 변화와 그 변화를 확장해 가면서 성장할 수 있는 인간의 능력에 바탕을 두고 있으며, 개인과 가족의 잠재능력 개발과 자기실현에 초점을 두는 치료모델이다.

성폭력방지 및 피해자보호 등에 관한 법률 성폭력범죄를 예방하고 피해자를 보호 · 지원함을 목적으로 하는 법률이다.

성폭력범죄의 처벌 등에 관한 특례법 성폭력범죄의 처벌 및 그 절차에 관한 특례를 규정함으로써 성폭력범죄 피해자의 생명과 신체의 안전을 보장하고 건강한 사회질서의 확립에 이바지함을 목적으로 하는 법률이다.

소진(burnout) 일종의 정서적 고갈로 심신이 지쳐 제대로 일(상담)을 하기 어려운 상태를 의미한다.

수직적 긴장(vertical stressors) 정서적 삼각관계의 기제를 통해 세대 간 전수된다는 보웬의 다세대 전수 개념을 활용한 것으로, 세대 간에 전수되는 것으로는 가족 형태, 가족 주체, 가풍, 생활사, 경험 등이 있으며 긴장의 요인이 되기도 한다.

수평적 긴장(horizontal stressors) 발달단계 가운데 한 단계에서 다음 단계로의 전환에 따라 발생하는 발달적 긴장, 즉 생활주기의 변천과 외적인 긴장을 포함하는 개념이다.

순환 모델(circumplex model) 올슨 등이 가족체계 이론을 바탕으로 개발한 가족기능모델로서 응집성과 적응성을 가족기능의 핵심 축으로 가족 유형을 범주화하였다.

순환적 인과관계(circular causality) 살아 있는 체계는 유기적으로 연결되어 있으므로 원인과 결과를 정확히 식별해 내는 것은 불가능하고 체계의 요소들은 상호 영향을 미치는 관계에 있음을 나타내는 용어다.

순환질문(circular questioning) 밀란 모델의 기법으로 각 가족원에게 돌아가며 가족상호작용에 대해 이야기하도록 함으로써 다른 가족원의 입장에서 새로운 인식을 도모하고 관계적 맥락에서 문제를 바라볼 수 있도록 하는 대화기법이다.

스캐폴딩(scaffolding) 비계 세우기라고도 하며, 개인의 문제이야기를 대안적 이야기로 대체·발전시키기 위해 개인의 의도 상태에 관한 이야기를 심화 · 발달시키는 질문과정을 가리킨다.

실연(enactment) 치료자가 가족원에게 요청하여 가족의 상호작용을 치료실에서 실제로 행동해 보이도록 하는 것으로 재구조화를 위해 사용하기도 한다.

아날로그 의사소통(analogic communication) 비언어적 메시지와 맥락을 합한 것으로 중간에 끊어짐이 없이 연속적으로 이어지는 메시지 양식을 나타내는 용어다.

아동복지법 아동이 건강하게 출생하여 행복하고 안전하게 성장하도록 복지를 보장하는 것을 목적으로 제정된 법률이다.

악몽질문(nightmare question) 해결중심 모델에서 사용하는 기적질문과 유사하나 특수한 형태의 문제중심적 질문으로, 내담자에게 더 나쁜 일이 일어나야만 내담자가 무언가를 하려고 하거나 문제에서 벗어날 수 있을 것으로 생각될 때 사용하는 질문기법이다.

알지 못함의 자세(not-knowing posture) 앤더슨과 굴리시안에 의해 주창된 포스트모던 치료자의 자세로서 정상성과 기능성에 관한 전제나 가정(이론)을 배제한 상태에서 내담자를 자기 체험의 전문가로 보며 그 이야기를 경청하는 태도를 말한다.

업(業, karma) 인과응보라고도 하며, 모든 것은 나름의 파동을 만들어 내며, 이 파동은 성질이 비슷한 파동을 일으켜 좋지 못한 생각과 말과 행동은 악하고 유해한 파동을 끌어오게 됨으로써 결국 좋지 못한 파동으로 결말이 나게 된다는 불교의 핵심개념을 의미한다.

엔리치(ENRICH) 올슨과 동료들이 개발한 부부 및 커플관계 평가도구로 관계의 강점과 약점 영역을 파악하여 결혼상담의 방향을 제시해 주는 표준화 도구다.

여성주의 상담(feminist therapy) 여성의 병리는 심리 내적 혹은 개인적인 것이라기보다 사회적이고 정치적인 것이며, 상담의 핵심을 여성 개인의 문제에 대한 사회적 근원을 인식하고 여성의 역량을 강화하는 데 둔다.

역설적 개입(paradoxical intervention) 내담자에게 증상행동을 계속하도록 격려하는 '증상 처방적' 개입으로, 내담자가 치료자의 지시에 저항하면서 변화를 일으키도록 유도하는 방법이다.

역전이(countertransference) 상담자가 원가족에서의 과거 경험을 내담자에게 전이하여 나타나는 내적 반응'을 의미한다. 최근에는 상담자가 내담자에게 하는 특정반응을 뜻할 때 사용된다.

연기(緣起) 모든 것은 상호 의존적이며 상호 연결되어 있다고 보는 불교의 핵심개념이다.

연합(coalition) 특정 가족원이 제3의 구성원에 대항하기 위하여 맺는 동맹이다. 안정된 연합은 가족 내 한 가족원을 밀어내기 위해 두 사람이 밀착된 관계를 지속적으로 형성하는 현상이며, 우회적 연합은 가족원 간에 갈등이 생겼을 경우 이를 피하기 위해 제3의 가족원과 밀착된 관계를 형성하는 것이다.

영향권(wheel of influence) 성장기 동안 자신에게 다양한 측면에서 영향을 준 사람이나 사건을 바퀴 모양으로 그린 것이다. 이 그림을 통해 미처 인식하지 못했거나 인정하고 싶지 않았던 경험과 관계를 재정리해 볼 수 있다.

예외질문(exception-finding question) 일상생활에서 성공적으로 잘하고 있으면서도 의식하지 못하는 것을 발견하고, 성공했던 행동을 의도적으로 하도록 강화시키기 위해 예외 상황에 초점을 두고 던지는 해결중심 모델의 질문기법이다.

외부증인집단(outsider witness group) 이야기치료의 정의예식이나 회원재구성 대화에서 내담자의 이야기를 반영하기 위해 초대된 집단으로 전문가나 비전문가, 가족이나 주위의 지지적 인물 등 참여자격에는 제한이 없다.

외재화(externalization) 사람과 문제 사이에 거리를 두는 기법. 문제가 마치 사람과 별개의 인격을 가진 존재인 것처럼 취급하면서 사람과 문제의 관계를 탐색할 수 있는 기회를 만들어 낸다.

울트라모더니즘 가족치료(ultra-modernism family therapy) 가족치료 발달의 이 시점은 패러다임이나 세계관의 새로운 변화가 아니라 새로운 전환이 필요한 시점으로서 그동안 발전되어 온 가족치료 이론을 망라하고 개인치료와 가족치료 등 치료 분파 간의 새로운 통합과 선택적 사용을 강조하는 시각이다.

원가족 도표(family of origin map) 원가족의 맥락에서 개인 심리의 내적 과정뿐 아니라 가족구성원의 성격적 특성, 자아존중감 정도, 의사소통 및 대처유형, 가족규칙, 가족의 역동성, 가족 내의 상호 대인관계, 세대 간의 유사점과 차이점, 그리고 사회와의 연계성 수준 등 가족 상호작용이나 역동성을 이해하고 평가하기 위해 경험적 가족치료에서 사용되는 치료도구다. 보웬 접근에서 사용하는 가계도와는 구성과 내용에 있어 차이가 있다.

원가족 삼인군 치료(primary triad therapy) 역기능적인 원가족 삼인군(어머니, 아버지, 아동)관계에서 유래된 쟁점을 현재의 상황에서 이해하게 하며, 이러한 쟁점을 현재의 삶에 대한 방해물이 아닌 긍정적인 것으로 부각시키는 사티어의 경험적 치료기법이다.

위계구조(hierarchy) 가족 내 권위와 책임에 근거하여 가족구성원 각자가 어떠한 위치에 있는가를 말해 주는 가족의 기능적 구조를 말한다.

위장기법(pretend technique) 전략주의 기법 중 비교적 덜 직면적인 놀이적 기법으로서, 내담자는 증상을 가진 척하고 보호자는 내담자를 돕는 척하는 가상의 게임(연극)을 하면서 가족의 이중적 위계구조를 재구조화하여 증상을 포기하게 하는 치료기법이다.

유기체론적 세계관(organismic world view) 우주는 상호 연결된 관계의 망으로 구성되어 있으며 본질적으로 역동적이며, 유기체는 맥락이나 상황에 따라 상대적으로 행동한다고 보는 세계관이다.

유지(maintenance) 구조적 가족치료자가 가족구조를 지각하고 분석할 때 가족구조를 의도적으로 지지해 주는 기법으로서 가족의 전체 구조뿐 아니라 하위체계에 대한 적극적인 승인과 지지를 포함한다.

윤리(ethics) 옳고 바른 것인지의 판단 기준이 되는 것, 행동화된 가치를 말한다.

윤리적 딜레마(ethical dilemma) 문제를 해결하기 위한 판단기준이 한 가지 이상이며 서로 상충될 때, 어떤 기준에 근거하여 행동해야 할지를 분명히 결정하기 어려운 경우를 가리키는 말이다.

은유(metaphor) 치료자가 직접적으로 지시하거나 평가하기보다는 간접적이고 비유적인 표현을 사용하는 것으로, 내담자의 자존감이나 체면을 손상시키지 않게 되어 덜 위협적이다.

음양오행 사상 음양(陰陽)과 오행(五行)의 순환이 융합되어 우주의 모든 면이 역동적 형태의 전체 속에서 정의되고 기록될 수 있다고 믿는 사상으로서 정치철학, 천문역학, 동양의학, 역학에 깊은 영향을 미쳤다.

응집성(cohesion) 가족 간의 정서적 친밀감과 결속을 반영하는 개념이다. 응집성은 수준에 따라 유리, 분리, 연결, 밀착의 네 수준으로 나누는데, 너무 낮거나 너무 높은 응집성은 가족의 기능에 바람직하지 않다.

의도 상태(intentional states) 지향 상태를 참조.

의사소통(communication) 일반적 의미로 의사소통은 인간 상호 간의 메시지를 주고받는 과정이나 이론적으로는 내용과 관계의 수준이 있으며, 관념화와 기호화, 전달단계, 수신단계, 해독단계, 이해단계, 행동단계에 따라 이루어지는 과정으로 이해된다.

의사소통 가족치료(communication approach) 베이트슨과 잭슨이 설립한 MRI를 중심으로 유추한 개념이 치료적 목적으로 적용되는 과정에서 발전한 가족치료 모델이다. 가족 내에서 일어나는 상호작용에 초점을 둔 접근으로 언어적 · 비언어적 의사소통을 연구함으로써 가족체계를 파악하고 잘못된 의사소통을 바로잡음으로써 가족의 기능 개선을 유도하는 치료모델이다.

의사소통 및 대처유형(communication & survival stance) 스트레스 상황에서 자기 존재의 가치를 보호하고 자신의 욕구를 표현하거나 충족시키기 위한 목적으로 보여 주는 개인의 의사소통 유형 및 대처방식이다. 사티어 모델에서는 역기능적 의사소통 유형으로 회유형, 비난형, 초이성형, 산만형이 있고 기능적 유형으로는 일치형이 있다. 일치형이 되는 것은 경험적 가족치료의 목적 중 하나다.

의식(ritual) 밀란 모델의 기법으로 가족이 가족규칙/신화를 과장하는 의식을 실행함으로써 가족게임을 과장되게 인식하도록 유도하는 방법이다.

이야기 다시쓰기, 재저작 대화(re-authoring) 개인이 자신의 삶에 관한 이야기를 자신이 선호하는 방향으로 재해석하여 이야기하도록 돕는 치료적 대화를 말한다.

이야기 풀기, 풀어헤치기(unpacking) 내담자가 자신의 삶의 이야기를 체험에 근거하여 구체적으로 서술하는 행위를 말한다.

이야기쓰기, 저작(authoring) 개인이 자신의 삶에 관해 이야기하는 행위를 말한다.

이야기치료 화이트와 엡스턴이 발전시킨 모델로, 사람과 문제를 분리하고 문제에 기여하는 사회문화적 영향을 이해함으로써 내담자 문제를 해체하고, 내담자 삶의 지식과 기술을 재조명하는 과정을 통해 과거를 재해석하고 미래 삶의 목적을 재구성하며, 새롭게 구성된 삶의 이야기를 다른 사람과 나누면서 문제와 분리되는 내담자 정체성의 재구성을 시도하는 치료법이다.

이중관계(dual relationship) 치료자가 내담자와 전문적 치료관계 이외에 다른 사적 관계를 맺는 경우를 가리키는 말이다.

이중구속(double-bind) MRI 의사소통 연구에서 도출된 개념으로, 발신자가 수신자에게 논리적으로 상호 모순되며 일치하지 않는 두 가지 메시지를 동시에 전달하는 역기능적 의사소통을 의미한다.

이혼숙려제 협의이혼 청구 시 이혼결정 및 이혼 이후 과정에 대한 숙고의 기회를 제공하기 위해 서울가정법원에서 2005년 초부터 시작한 제도다.

인본주의 심리학(humanistic psychology) 개인의 독특성, 가치성장, 실현의 잠재력을 강조하는 성격심리학의 한 유형으로 '지금-여기'에서의 경험을 중시하는 사티어 경험주의모델의 토대 가운데 하나다.

일반체계이론(general systems theory) 체계가 외부환경과 상호작용하면서 환경으로부터의 지속적인 입력과 출력을 통해 자신을 유지해 나간다고 보는 생물학적, 유기체론적 모델이다.

입장진술, 입장 말하기(statement of position) 내담자로 하여금 자신의 문제에 대한 입장을 표명하도록 돕기 위해 고안된 이야기치료의 기법이다.

자기분화(differentiation of self) 보웬의 핵심개념으로 개인이 사고와 감정을 분리하는 심리 내적 능력과 타인과 융화되지 않는 대인관계적 능력을 의미한다. 궁극적인 상태의 개념이라기보다 개인이 자신만의 방식에 따라 기능하는 것을 배우는 과정이다.

자기조직(self-organization) 살아 있는 체계가 그 구성요소들을 계속 변화시키고 재순환시키면서도 그 전체 구조를 유지할 수 있는 능력이 있어서 체계의 생존과 유지는 외부환경과의 상호작용을 통해서뿐 아니라 그러한 구성요소의 고유한 연결성에 의해 이루어진다는 것을 의미한다.

자기준거성(self-reference) 관찰자가 관찰하는 모형은 객관적인 틀에 의해서가 아니라 관찰자 자신의 가치, 인식론, 이론, 세계관 등 그의 마음의 모형에 좌우된다는 것이다.

자녀독립기(launching children and moving on) 가족생활주기의 한 단계로 자녀가 부모의 품을 떠나 독립된 사람으로서 자율성을 확립하는 시기를 말한다.

자녀아동기(families with young children) 가족발달주기의 한 단계로 자녀의 출생으로 인해 부부관계에 부모-자녀 관계가 부가되는 시기를 말한다.

자녀청소년기(families with adolescents) 가족발달주기의 한 단계로 자녀가 청소년기에 접어들면서 자녀를 양육하고 보호하던 역할과는 달리 자녀가 책임감을 가지도록 가족의 구조와 조직을 변화시켜야 하는 시기를 말한다.

자아존중감(self-esteem) 자신이 갖고 있는 특질에 대한 자기 평가를 통해 개인이 갖게 되는 하나의 신념으로 개인의 심리적 상태뿐 아니라 대인관계에도 영향을 미치는 중요한 성격 구인이다. 자아존중감을 높이는 것은 경험적 가족치료의 목적 중 하나다.

자연체계(natural system) 진화론적 관점에서 인간가족을 포함한 모든 생명체의 행동이 동일한 규칙에 의해 이루어진다고 보는 관점으로, 자연세계에 대한 '체계' 또는 '과정'적 사고를 의미한다.

자율성(autonomy) 체계의 구조와 그 작용의 질서가 환경에 의해 일방적으로 주어지는 것이 아니라 체계 그 자체에 의해 만들어지는 것을 뜻한다.

재구성(reframing) 부정적인 것으로 인식되는 행동을 긍정적 명칭으로 바꿈으로써, 그 행동이 인식되는 맥락 자체를 바꾸고 동일한 행동에 대해 새로운 반응을 불러일으키는 치료기법을 말한다.

재구조화(restructuring) 구조적 가족치료의 목적으로서, 역기능적 가족의 경계선, 하위체계, 위계구조를 재조정함으로써 기능적인 가족구조로 변형시키는 것을 의미한다.

적응성(adaptability) 안정과 변화 간의 구조적 수준을 의미하며, 가족의 변화에 따라 지도력과 역할관계, 관계규칙 등을 융통성 있게 변화할 수 있는 가족의 능력을 반영하는 개념이다.

전략적 가족치료(strategic family therapy) MRI의 의사소통주의와 상호작용주의에서 시작된 치료 모델로서 정교하게 계획된 전략적 개입을 통해 역기능적 가족 상호작용의 변화에 초점을 둔 지시적이며 증상 중심적인 가족치료 모델이다.

전략적 구조주의 모델(strategic-structural model) 전략적 가족치료모델 중 헤일리의 접근모델을 의미한다. 헤일리는 베이트슨의 인식론에 에릭슨의 역설적 개입을 절충한 전략적 모델을 발전시키는 과정에서 다시 미누친의 구조주의 모델의 영향을 받게 되었으며, 따라서 헤일리의 전략모델은 증상을 유지시키는 가족의 위계와 조직에 특별한 관심을 둔 전략적 구조주의 모델로 분류된다.

전체성(wholeness) 체계의 특성은 좀 더 작은 부분들의 특성으로 환원되어 이해될 수 없고, 체계는 부분들을 단순히 합쳐 놓은 것보다 더 크기 때문에 부분들의 특성은 더욱 큰 전체라는 맥락 속에서만 이해될 수 있음을 나타내는 용어다.

정서적 과정(emotional process) 생활사건에 대한 심리·정서적 반응은 단일하고 일시적인 것이 아니라 일련의 과정으로 이해될 수 있음을 내포하는 말이다.

정서적 단절(emotional cut-off) 원가족의 투사과정에 많이 개입된 가족원이 원가족과의 접촉에서 생기는 불안을 줄이기 위해 원가족과의 접촉을 끊는 행위로 부모와의 미해결된 융화에 대한 과장된 독립성의 표현이다.

정서적 이혼(emotional divorce) 법적 · 재정적 · 사회적 이혼에 이은 이혼과정의 마지막 단계로, 보웬은 부부간에 정서적인 면에서 거리를 갖는 상태를 정서적 이혼이라고 한다.

정신건강복지법 정신질환의 예방과 정신질환자의 의료 및 사회복귀에 관하여 필요한 사항을 규정함으로써 국민 정신건강 증진의 향상을 목적으로 하는 법률이다.

정의예식(definitional ceremony) 개인의 정체성은 사회관계 속에서 형성된다는 사회구성적 관점을 토대로 한 이야기치료의 한 방법이다. 내담자의 대안적 이야기와 대안적 정체성을 공식화하기 위한 치료적 의식으로 아동의 경우 축하파티의 형태로 꾸며지기도 한다.

정체성 영역(landscape of identity) 인간 마음의 일부로서의 정체성 영역을 의미하는 이야기치료의 용어이며 개인의 목적의식, 꿈, 희망, 가치 등을 말한다.

제휴(alignment) 가족집단 안에서 가족구성원이 서로 간에 일시적 또는 영구적으로 연결되어 협력하거나 반대하여 분열을 하는 것을 의미한다.

조이혼율(crude divorce rate) 인구 1,000명당 이혼자 수로 계산하는 지표로 변화추이를 관찰하고 지역 간 비교를 하는 데 유용하나, 인구에 아동을 포함시키는 점과 지역별 시기별 인구변화 요인을 통제하지 못하는 점 때문에 오류의 소지가 있다.

증상활용 기법 가족이 증상을 가진 사람(IP)에 초점을 맞추려는 경향에 도전하거나 제시된 증상을 직접 다룸으로써 가족 재구조화를 도모하는 구조적 가족치료의 기법이다.

지배적 이야기(dominant story) 내담자가 어떤 사람인지 단적으로 보여 주는, 주위에 널리 알려진 이야기로, 긍정적일 수도 부정적일 수도 있다.

지향 상태, 의도 상태(intentional states) 내담자의 자기이야기 속에서 찾아볼 수 있는 삶의 원칙, 소신, 의도, 목적, 가치, 희망, 꿈, 헌신의 대상 등 내담자가 삶에서 지향하는 바를 말한다.

척도질문(scaling question) 내담자에게 문제의 심각성, 문제의 우선순위, 문제해결에 대한 희망, 자아존중감, 변화에 대한 확신, 변화하기 위한 의지, 상담에 대한 평가 정도 등을 숫자로 표현하도록 하는(일반적으로 1~10 사이의) 해결중심 모델의 질문기법이다.

체계이론(systems theory) 세계를 모든 현상의 상호 연관성과 상호 의존성으로 파악하는 이론으로서 일반체계이론과 사이버네틱스로 구체화된다.

초월구조주의 모델(metaframeworks model) 가장 최근에 개발된 가족치료 모델 가운데 하나로서, 내담자의 문제파악을 위해 가족치료 학파를 망라하는 주요 개념을 선택하여 초월적인 원칙에 입각하여 서로 연결함으로써 심리 내적 과정, 가족구조, 가족 상호작용, 가족발달, 성 문화라는 여섯 영역에 초점을 둔다.

추적(tracking) 구조적 가족치료자가 가족의 의사소통과 행동의 내용을 따라가고 그것이 계속되도록 격려하면서 가족에 합류함으로써 가족의 상호작용 구조를 파악하는 데 사용하는 기법이다.

치료자-내담자 관계유형(therapist-client relationship types) 해결중심 모델에서는 치료자-내담자 관계유형을 고객형, 불평형, 방문형, 잠재적 고객형의 네 가지로 나누며, 이러한 분류는 치료 과정의 진행과 과제 부여에 도움이 된다.

치료적 문서(therapeutic documents) 이야기치료에서 회기 내용을 요약하거나 치료적 대화를 통해 발견한 내담자의 삶의 지식이나 기술을 기록한 것으로 치료적 목적에 활용되는 문서이며 편지, 메모, 진술서, 목록, 수필, 계약서, 증서 등 다양한 형태를 띤다.

치료적 이중구속(therapeutic double-bind) 내담자에게 문제증상을 계속 실행하라고 지시하는 다양한 역설적 개입을 일컫는 용어로, 내담자는 증상을 포기하거나 증상에 대한 자기통제력을 인정해야 하는 딜레마에 처하게 되는 상태를 의미한다.

치료적 피드백: 메시지(therapeutic feedback: message) 해결중심 모델에서는 상담 후반부에 치료자가 상담실에서 나와 치료팀과 함께 상담과정을 검토하면서 메시지를 만들고 이를 전달한다. 메시지는 칭찬, 연결문, 과제로 구성된다.

치료팀(therapy team) 전문가 또는 전문가와 훈련생으로 구성되고, 일방경 뒤 혹은 치료 공간에서 내담자와 치료에 관해 다양한 관점에서 치료과정을 반영(reflection)하며 메시지를 작성하는 데 도움을 주는 팀을 말한다.

코칭(coaching) 두 성인과 치료자의 삼각관계에서 치료자의 중립적이고 객관적인 지시에 따라 작업하는 보웬의 치료기법이다.

탈삼각화(detriangulation) 삼각관계 내의 불안이 감소하고 자아분화가 촉진되면, 삼각관계의 정서구조가 이인의 안정한 관계와 일인의 아웃사이더로 회귀하게 되는 과정을 말한다.

탈중심적 위치(decentered position) 전문가로서의 치료자의 지식이 아니라 내담자의 삶의 지식과 기술에 대한 내담자의 이야기에 우선순위를 두는 이야기치료자의 입장이다.

통합적 문제중심치료 모델(integrative problem-centered therapy) 핀소프에 의해 개발되었으며, 상호구성주의, 체계이론, 상호인과관계를 기본적인 이론적 틀로 하며 개인치료와 가족치료를 유기적으로 통합한 모델이다.

파급효과(domino effect) 단번에 변화가 일어나기보다 작지만 의미 있는 변화부터 시작하여 단계적인 과정에 의해 변화가 일어나는 것을 의미한다.

페미니즘(feminism) '개인적인 것은 정치적인 것이다.'라는 신념을 바탕으로 여성 개인의 경험은 사적인 것에 불과한 것이 아니라 성역할 고정관념화, 제도화된 성차별, 여성억압을 강요하는 정치와 제도에서 비롯된 것이라는 신념체계다.

포스트모더니즘(post-modernism) 1980년대부터 문학, 예술, 문화 전반에 나타난 시대정신과 세계관으로, 모더니즘에서 강조하던 객관적 지식과 절대적 진실에 도전하는 반면, 다양성, 차이, 비본질주의를 강조한다.

피드백 고리, 환류 고리(feedback loop) 체계를 통제하는 방법으로서 과거 행동에 대한 결과를 다시 그 체계에 전달해 주는 것을 의미한다.

피드백, 환류(feedback) 체계의 어떤 과정이나 행동의 결과(output)에 대한 정보를 그 근원(input)에 전달하는 과정으로서, 부적(negative) 피드백은 체계의 안정성을 유지하는 방향으로의 피드백을 말하고, 정적(positive) 피드백은 체계를 변화시키려는 방향으로의 피드백을 말한다.

피해자 증인 신문 폭력 피해자가 자신의 폭력 피해 사실에 대해 증인으로서 법정 신문에 응하는 것을 말한다.

하위체계(subsystem) 가족을 체계로 볼 때, 가족 안에 존재하는 더 낮은 체계로서 세대, 성, 흥미, 기능에 따라 형성될 수 있는데, 미누친은 부부, 부모, 부모자녀, 형제자매 하위체계의 기능을 강조한다.

학교폭력 예방 및 대책에 관한 법률 피해학생의 보호, 가해학생의 선도 교육 및 피해학생과 가해학생 간의 분쟁조정을 통하여 학생의 인권을 보호하고 학생을 건전한 사회구성원으로 육성함을 목적으로 하는 법률이다.

합류(joining) 구조적 가족치료자가 가족의 조직과 상호교류 유형을 있는 그대로 수용하고 가족의 강점을 직접 경험함으로써 가족원이나 가족체계와의 관계를 직접 맺고자 하는 행동이다.

해결중심단기치료(solution-focused brief therapy) 드세이저와 김인수 부부가 발전시킨 치료모델로 밀워키의 단기가족치료센터를 중심으로 시작되었으며 문제를 분석하기보다는 문제가 아닌 예외 상황 파악과 내담자의 강점, 자원을 사용해 가족이 원하는 해결책을 찾는 모델이다.

해결중심상담 사례개념화(case conceptualization in solution-focused therapy) 문제중심상담 사례개념화와는 대조되는 것으로, 내담자에 대한 정보수집에서 문제 관련 기술은 최소화하고 내담자의 강점, 자원, 성공적 경험의 예외 탐색과 인정을 통해 내담자가 원하는 목표를 협동적으로 설정하며 목표 달성을 위한 전략들을 통합적으로 활용하는 것이다.

해결중심적 대화(solution talk) 과거와 현재의 성공적 경험에 초점을 두는 해결중심 모델의 치료적 대화로 문제에 초점을 두는 대화를 해결에 초점을 두는 대화로 바꾼다.

해체(deconstruction) 철학자 데리다에서 유래한 개념으로, 인간의 현실에서 당연시하는 지식이나 관습에 근본적 의문을 제기하는 행위를 말한다.

행위 영역(landscape of action) 이야기치료의 용어로 인간 마음의 일부로서의 행동 영역을 말한다.

행위자로서의 역량(personal agency) 자신의 삶에 주체로서의 의식을 가지고 임하는 태도를 가리키는 것으로, 이야기치료를 통해 향상시키고자 한다.

현상학(phenomenology) 객관적 현실보다 현실에 대한 개인의 주관적 경험을 이해함으로써 인간 행동의 원인을 이해하고자 하는 입장으로 많은 치료모델의 철학적 기초가 된다.

협력언어체계 모델(collaborative language systems model) 치료체계는 치료자와 내담자가 협력하여 새로운 방식으로 구축하는 언어 체계이고, 치료자는 치료적 대화의 참여관찰자이자 참여관리자로서 치료적 대화를 구축하는 예술가로서의 역할을 강조하는 가족치료 후기 모델이다.

형제자매 위치(sibling position) 가족 내 출생순위와 관련 있는 개념으로 형제자매 관계에서의 기능상의 위치를 의미한다. 형제자매 위치는 미래 배우자와의 상호작용뿐 아니라 그들의 성격에도 영향을 미친다. 그러나 막내 같은 역할을 하는 장녀도 있고 장자의 역할을 하는 차남도 있으므로 형제 위치가 반드시 출생순위와 일치하지는 않는다.

회원재구성(re-membering) 인생을 회원으로 구성된 클럽으로 보고 치료적 과정을 통해 지지적 인물로 내담자의 인생회원을 재구성하고자 하는 이야기치료의 기법이다.

후기 구조주의(post-structuralism) 철학이나 사회과학에 나타난 포스트모더니즘 현상으로서, 기존 철학이 추구해 온 진리는 정치적 · 사회적 권력에 의해 만들어진 담론에 불과하다고 본다.

참고문헌

ENRICH Korea 가정사역훈련원(2002). PREPARE · NRICH 프로그램. 상담자 훈련 워크북 자료집.

ENRICH Korea. (2002). 워크숍 자료집. http://www.enrichkorea.org.

고미영(1998). 탈근대주의 시대의 가족치료 동향. 한국가족치료학회지, 6(1), 15-34.

고미영(2000). 이야기치료의 한국적 적용에 관한 연구. 한국가족치료학회지, 8(2), 111-136.

고정은, 최중진(2019). 가족상담 자격제도 개선을 위한 연구: 한국가족치료학회 및 연계학회를 중심으로. 가족과 가족치료, 27(1), 53-71.

곽정호, 송진한, 하종성, 배철영, 신동학(1993). 가족생활주기별 스트레스량 측정 및 생활사건의 내용분석에 관한 고찰. 가정의학회지, 14(8-9), 614-626.

권정혜(1993). 인지행동치료의 실제. 1993년도 한국심리학회 동계연수회 자료집.

김광일(1972). 한국 샤머니즘의 정신분석학적 연구. 신경정신의학, 11, 121-129.

김광일(1991). 한국전통문화의 정신분석: 신화, 무속, 그리고 종교체험. 교문사.

김승권(2012). 한국가족의 위기성 및 취약성과 정책과제. 보건복지포럼, (187), 6-19.

김옥진(2018). 상담자의 윤리적 의사결정모델(pp. 117-148). 김현아, 공윤정, 김봉환, 김옥진, 김요완, 노성숙, 박성현, 방기연, 임정선, 정성진, 정혜정, 황임란. 상담학 총서 시리즈: 상담철학과 윤리(2판, 제4장). 학지사.

김용태(2000). 가족치료 이론. 학지사.

김유경, 김양희, 임성은(2009). 한국가족의 위기변화와 사회적 대응방안 연구: 경제위기 이후 가족생애주기별 위기유형을 중심으로. 연구보고서 2009-18. 보건사회연구원.

김유숙(2002). 가족치료: 이론과 실제(개정판). 학지사.

김유숙(2004). 한국가족치료의 발달과정. 한국가족치료학회 제19회 추계학술대회 자료집, 7-34.

김유숙(2006). 가족상담(2판). 학지사.

김유숙, 전영주, 김수연(2003). 가족평가핸드북. 학지사.

김유숙, 전영주, 김요완(2017). 가족평가.

김지혜(2023). 가족각본. 창비.

김현아(2018). 최근의 상담윤리(pp. 419-457). 김현아, 공윤정, 김봉환, 김옥진, 김요완, 노성숙, 박성현, 방기연, 임정선, 정성진, 정혜정, 황임란 공저. 상담철학과 윤리(2판, 제13장). 학지사.

김현아, 공윤정, 김봉환, 김옥진, 김요완, 노성숙, 방기연, 이장호, 임정선, 정성진, 정혜정, 황임란(2013). 상담철학과 윤리(한국상담학회 상담학 총서 2). 학지사.

김효순(2005). 재혼가족의 적응에 관한 문헌고찰: 브론펜브레너의 모형을 중심으로. 가족과 문화, 17(1), 191-237.

老子(1995). 도덕경(오강남 편역). 현암사.

류경남, 최수정(2006). 가족상담심리 용어사전. 학지사.

박경례, 박재연(2021). 재구성 가족의 삶의 질에 영향을 미치는 요인에 관한 연구: 재혼을 경험한 성인의 관점에서. 가족과 가족치료, 29(1), 191-220.

박광동(2022). 다양한 가족형태의 법적 수용과 보호에 관한 연구(연구보고 22-13). 한국법제연구원.

박성덕, 이우경(2008). 정서중심적 부부치료: 이론과 실제. 학지사.

박성희(2007). 불교와 상담(동양상담학 시리즈 2). 학지사.

박창근(1997). 시스템학. 범양사출판부.

박태영(2002). 가족생활주기와 가족치료. 학지사.

보건복지부(2002a). 우리나라 정신질환 이환실태. 보건복지부.

보건복지부(2022b). 2021년 정신건강실태조사 보고서. 국립정신건강센터.

서광(2002). 마음의 치료. 불광출판사.

서영석, 이소연, 최영희(2009). 상담에서의 윤리적 의사결정모델 개관. 한국심리학회지: 상담 및 심리치료, 21(4), 815-842.

서울가정법원(2007). 숙려기간과 상담. http://slfamily.scourt.go.kr

송성자, 정문자(1994). 경험적 가족치료 Satir 이론과 기법. 중앙적성출판사.

송호근(2013). 그들은 소리내 울지 않는다. 도서출판 이와우.

숭산(1999). 오직 모를 뿐: 숭산대선사의 서한 가르침(현각 편, 무산본각 역). 물병자리.

신혜종, 노치영, 김은영(2005). 한국 가족치료 인력양성의 현황과 과제. 한국가족치료학회지, 13(2), 29-60.

심혜숙, 곽미자(1996). 상담과 성격유형: 상담장면에서의 MBTI 활용 가능성에 대한 일 연구. 한국심리유형학회, 3(1), 50-67.

심혜숙, 김정택(1990). 16가지 성격유형의 특성. 한국심리검사연구소.

양승은(1995). 전략적 가족치료모델. 이화여대 사회복지학과 편. 가족치료총론. 동인.

엄예선(1994). 한국가족치료개발론. 홍익재.

여성가족부(2024). 2024년 가족사업안내(I).

옥선화, 남영주(2006). 이혼자들의 이혼 인식 실태에 관한 질적 연구. 한국가정관리학회지, 24(1), 223-235.

유은혜(2023). 포스트모더니즘과 기독교의 자유의 문제. ACTS 신학저널, 58, 35-164.

이부덕(2007). 영성적 가족치료: 다면적 접근 이론과 실제. 춘계학술대회 자료집, 3-21.

이부영(1972). 한국민간의 정신병 치료에 관한 연구: 무속사회의 정신병 치료. 최신의학, 13(1), 80.

이상복(2007). 통합절충 가족치료에서 기독교 영성의 적용. 춘계학술대회 자료집, 99-133.

이삼연(2002). 이혼가정 청소년과 일반가정 청소년의 정서, 인지, 행동특성 비교. 대한가정학회지, 40(11), 119-131.

이선혜(2008). 내러티브접근의 가족치료사적 의의와 한국 가족치료 발전에 대한 함의: 고 마이클 화이트의 작업에 대한 재조명. 한국가족치료학회지, 16(1), 43-62.

이선혜(1998). 한국에서의 Bowen 이론 적용에 대한 고찰: 자아분화 개념을 중심으로. 한국가족치료학회지, 6(2), 151-176.

이선혜(2020). 이야기치료(상담 및 심리치료 이론 시리즈 16). 학지사.

이선혜, 서진환, 신영화(2005). 한국 가족치료의 현장과 인력: 전국기관 조사연구. 한국가족치료학회지, 13(1), 79-123.

이선혜, 이지혜(2022). 화상회의 플랫폼 기반 상담실습에 관한 탐색적 연구: 상담자집단과 내담자집단의 참여 경험. 복지상담교육연구, 11(1), 21-52.

이영분, 김기환, 윤현숙, 이원숙, 이은주, 최현미, 홍금자(2001). 사회복지실천론. 동인.

이윤주(2004). 미국의 가족구조 변화 및 이혼에 따른 어린이 양육 문제와 대책. 제16회 학술대회 연제집, 33-38.

이윤주, 양정국(2007). 은유와 최면: 밀턴 에릭슨 상담의 핵심. 학지사.

이화여자대학교 사회복지학과 편(1995). 가족치료총론. 동인.

임은미, 김지은, 박승민(1998). 청소년 사이버 상담의 실제와 발전방향. 청소년상담연구, 6(1), 115-132.

전연진(2005). 청소년의 위기를 기회로 만들어 가는 해결중심 집단프로그램. 국가청소년위원회.

전영주(1998). 삼세대 가족의 정서체계 역동성과 성인자녀의 우울증. 한국가족관계학회지, 3(1), 22-45.

전영주, 최연실(2005). 가족치료에서의 자격제도화: 현황과 과제. 한국가족치료학회지, 13(2), 61-87.

장경섭(2018). 가족자유주의와 한국사회: 사회재생산 위기의 미시정치경제적 해석. 사회와이론, 189-218.

장영희(2011). 삶은 작은 것들로 이루어졌네(p. 256). 이 아침 축복처럼 꽃비가. 샘터.

정문자(2001). 연구와 임상에서 살펴본 한국 가족 문제와 관련 변인. 한국가족치료학회지, 9(2), 1-34.

정문자(2007). 사티어 경험적 가족치료(제2판). 학지사.

정문자(2021). 해결중심가족치료의 사례개념화. 2021 한국상담학회 춘계상담학회 연수회. 미간행물.

정문자, 송성자, 이영분, 김유순, 김은영(2008). 해결중심단기치료. 학지사.

정문자, 송성자, 이영분, 김유순, 김은영, 어주경(2006). 해결중심 가족치료 사례집. 학지사.

정문자, 이영분, 김유순, 김은영(2017). 해결중심 가족상담. 학지사.

정문자, 이영분, 김유순, 김은영(2024). 해결중심 가족상담: 이론과 실제(2판). 학지사.

정민자(2002). 가족상담/치료 진단평가서. 도서출판 양지.

정현종(2003). 견딜 수 없네. 시와 시학사.

정혜정(2004). 가족치료의 태동과 발전과정에서 본 인식론의 변화에 관한 연구. 한국가족치료학회지, 12(1), 1-35.

정혜정(2013). 한국 청년의 독립: 가족으로부터의 분화와 미분화의 연장선에서. 2013년 한국가족관계학회 추계학술대회 자료집.

정혜정(2018). 부부 및 가족상담 윤리(pp. 303-334). 김현아, 공윤정, 김봉환, 김옥진, 김요완, 노성숙, 박성현, 방기연, 임정선, 정성진, 정혜정, 황임란 공저. 상담철학과 윤리(2판, 제10장). 학지사.

정혜정, 이선혜, 박정윤(2015). 가족센터 가족상담 매뉴얼 개발 연구. 한국건강가정진흥원.

정혜정, 조은경(2007). 한국형 자기분화척도 개발과 타당성에 관한 연구. 한국치료학회지, 15(1), 19-46.

조경미, 주혜주(2003). 이혼가정 청소년과 양부모가정 청소년의 정신 건강, 행동특성에 관한 비교 연구. 정신간호학회지, 12(4), 543-551.

조성희(2016). 이혼가정 청소년의 비양육부모와의 관계에 영향을 미치는 요인. 청소년학연구, 23(10), 147-172.

조홍식, 김인숙, 김혜란, 김혜련, 신은주(2010). 가족복지학(4판). 학지사.

채선미, 이영순(2011). 이혼가정 청소년의 정서, 자아, 사회적 지지와 학교생활 적응의 관계. 청소년학연구, 18(6), 137-162.

최인숙(1995). 한국 문화와 가족치료: 사례 1. 이화여대 사회사업학과 편, 가족치료총론(pp. 593-613). 동인.

최준식(2002). 무교의 가족치료적 기능에 대한 단상. 한국가족치료학회지, 10(1), 131-144.

최중진, 장새롬(2024). 해결중심 단기치료의 변화 고찰: 새로운 관점과 접근의 등장. 가족과 가족치료, 32(4), 653-677.

최지원, 김수지(2018). 한국 가족치료의 현황과 실제에 관한 연구: 학회 회원을 중심으로. 가족과 가족치료, 26(4), 709-728.

통계청(2013). 우리나라의 이혼 · 재혼 현황: 지난 30년간 이혼 · 재혼 자료 분석. http://kostat.go.kr

통계청(1985, 1990, 1995, 2000, 2005, 2010). 행정구역/성/연령/혼인상태/세대구성별 총조사인구.

통계청(2005a). 장래인구특별추계.

통계청(2006a). 2005 인구주택총조사.

통계청(2006b). 인구 동태 건수 및 동태율 추이.

통계청(2010a). 2010 인구주택총조사.

통계청(2010b). 인구 동태 건수 및 동태율 추이.

통계청(2010c). 장래인구특별추계.

통계청(2010d). 한국 사회지표.

통계청(2010e). 혼인 · 이혼통계.

통계청(2024a). 2023년 혼인 이혼 통계.

통계청(2024b). 인구동향조사.

한국가족치료학회(2022). 한국가족치료학회 부부가족상담윤리강령.

한국건강가정진흥원(2023). 2022 가족지원사업 연간결과보고서.

한국청소년정책연구원(2010). 청년기에서 성인기로의 이행과정 연구 I: 우리나라의 청년기에서 성인기로의 이행실태. 한국청소년정책연구원.

한국청소년정책연구원(2011). 청년기에서 성인기로의 이행과정 연구 II: 총괄보고서. 한국청소년정책연구원.

허애지(2003). 청소년 사이버 상담의 이용 실태 및 효용성에 관한 연구. 서강대학교 공공정책 대학원 석사학위논문.

홍나영, 최혜경(2001). 20세기 한국의 혼례 문화 변천에 관한 연구: 서울과 경상도의 지역의 사례를 중심으로. 대한가정학회지, 40(11), 141-156.

홍윤경, 김희연, 이희숙(2010). 이혼가정 청소년의 애착 및 탄력성과 우울 및 외로움과의 관계. 청소년상담연구, 18(1), 113-134.

황성철(1996). 사회사업가의 윤리적 갈등과 의사결정에 관한 연구: 의료사회사업가의 윤리적 갈등 상황에 대한 반응과 의사결정을 중심으로. 한국사회복지학, 29, 218-240.

황희경(2003). 음양오행 사상을 둘러싼 몇 가지 문제에 대하여(pp. 101-120). 김교빈, 박석준 외. 동양철학과 한의학. 아카넷.

AAMFT [Amercian Association for Marriage and Family Therapy]. (2001). *AAMFT Code of ethics-effective*. AAMFT.

Allen, K. R., & Henderson, A. C. (2017). *Family theories: Foundations and applications*. John Wiley & Sons.

American Academy of Family Therapy (2016). *Legal guidelines for family therapists*.

American Academy of Marital and Family Therapy (AAMFT) (2015). AAMFT Code of Ethics.

American Academy of Marital and Family Therapy (AAMFT) (2022). Ethics for marriage and family therapists. EdCompass https://www.mindfulceus.com/material.php?id=1269

Andersen, T. (1987). The reflecting team: Dialogue and meta-dialogue in clinical work. *Family Process, 26*, 415-428.

Andersen, T. (1991). *The reflecting team: Dialogues and dialogues about dialogues*. W. W. Norton.

Anderson, H., & Goolishian, H. (1988). Human systems as linguistic systems: Preliminary and evolving ideals about the implications for clinical theory. *Family Process, 27,* 371-393.

Anderson, H., & Goolishian, H. (1990). Beyond cybernetics: Comments on Atkinson and Heath's "Further thoughts on second-order family therapy". *Family Process, 29,* 157-163.

Anderson, H., & Goolishian, H. (1992). The Client is the expert: A not-knowing approach to therapy. In S. McNamee & K. Gergen (Eds.), *Therapy as social construction.* Sage Publications.

Anderson, S. A., & Sabatelli, R. M. (2016). **다세대 발달관점의 가족관계**(정문자, 정현숙, 정혜정, 전영주, 정유진 공역). 학지사. (원저 2011년 출간).

Arnett, J. J. (2000). Emerging adulthood: A theory of development from the late teens through the twenties. *American Psychologist, 55,* 469-480.

Avasthi, A., Grover, S., & Nischal, A. (2022). Ethical and legal issues in psychotherapy. *Indian Journal of Psychiatry, 64*(Suppl 1), S47-S61.

Banmen, J. (2001). Satir model workshop, unpublished manuscript. Seoul, Korea.

Banmen, J. (2002). Satir model workshop, unpublished manuscript. Seoul, Korea.

Banmen, J., & Gerber, J. (1992). **당신은 해냈습니다**(정문자 역). 교문사. (원저 1985년 출간).

Banmen, J. & Maki-Banmen, K. (2014). What has become of Virginia Satir's therapy model since she left us in 1988? *Journal of Family Psychotherapy, 25,* 117-131.

Barnhill, L. R., & Longo, D. (1978). Fixation and regression in the family life cycle. *Family Process, 17,* 469-478.

Bateson, G. (1972). *Steps to an ecology of mind: Collected essays in anthropology, psychiatry, evolution, and epistemology.* Ballantine.

Bateson, G. (1979). *Mind and nature: A Necessary unity.* Hampton Press.

Bateson, G. (1990). **정신과 자연**(박지동 역). 까치글방. (원저 1980년 출간).

Bateson, G., & Jackson, D. D. (1964). Some varieties of pathogenic organization. *Disorders of Communication, 12,* 270-290.

Bateson, G., Jackson, D. D., Haley, J., & Weakland, J. (1956). Toward a theory of schizophrenia. *Behavioral Science, 1,* 151-164.

Baumrind, D. (1991). The influence of parenting style on adolescent competence and substance use. *Journal of Early Adolescence, 11*(1), 56-95.

Beauchamp, T. L., & Childress, J. F. (2013). *Principles of biomedical ethics* (7th ed.). Oxford University Press.

Becvar, D. S., & Becvar, R. J. (1999). *Systems theory and family therapy* (2nd ed). University Press of America.

Becvar, D. S., & Becvar, R. J. (2001). **가족치료: 체계론적 통합**(정혜정, 이형실 공역). 하우출판사. (원저 1988년 출간).

Becvar, D. S., & Becvar, R. J. (2003). *Family therapy: A systemic integration* (5th ed.). Allyn & Bacon.

Becvar, D. S., & Becvar, R. J. (2016). **가족치료: 체계론적 통합**(8판)(정혜정, 이형실, 윤경자, 이동훈 공역). 시그마프레스 (원저 2013년 출간).

Berg, I. K. (1992). *Family based services: A solution-focused approach* (Revised ed.). BFTC Press.

Berg, I. K., & De Jong, P. (1996). Solution-building conversation: Co-constructing a sense of competence with clients. *Families and Society, 77,* 376-391.

Berg, I. K., & Miller, S. D. (2001). **해결중심적 단기가족치료**(가족치료연구모임 역). 하나의학사. (원저 1992년 출간).

Berger, P., & Luckmann, T. (1966). *The social construction of reality.* Doubleday.

Bertalanffy, L. von. (1968). *General systems theory: Foundation, development, applications.* George Brazillier.

Bolen, J. S. (1994). **도와 인간심리: 만남의 심층심리학적 이해**(이은봉 역). 집문당. (원저 1982년 출간).

Boscolo, L., Cecchin, G., Hoffman, L., & Penn, P. (1987). *Milan systemic family therapy.* Basic Books.

Boughner, S. R., Hayes, S. F., Bubenzer, D. L., & West, J. D. (1994). Use of standardized assessment instruments by marital and family therapists: A survey. *Journal of Marital and Family Therapy, 20*(1), 69-75.

Bowen, M. (1978). *Family therapy in clinical practice.* Jason Aronson.

Braverman, S. (2008). 가계도의 활용. C. L. Storm & T. C. Todd 편, **가족치료슈퍼비전의 이론과 실제**(한국가족치료학회 편역). 학지사. (원저 2002년 출간).

Bray, J. H., Shepherd, J. N., & Hays, J. R. (1985). Legal and ethical issues in informed consent to psychotherapy. *American Journal of Family Therapy, 12,* 50-60.

Bruner, J. (1986). *Actual minds, possible worlds.* Cambridge, MA: Harvard University Press.

Butler, W., & Powers, K. (1996). Solution-focused brief therapy. In S. Miller, M. Hubble, & B. Duncan (Eds.), *Handbook of solution-focused brief therapy.* Jossey-Bass.

Cantwell, P., & Holmes, S. (1994). Social construction: A paradigm shift for systemic therapy and training. *Australia and New Zealand Journal for Family Therapy, 15*(1), 17-26.

Capra, F. (1985). **새로운 과학과 문명의 전환**(이성범, 구윤서 공역). 범양사출판사. (원저 1981년 출간).

Capra, F. (1989). **현대물리학과 동양사상**(증보개정판)(이성범, 김용정 공역). 범양사출판사. (원저 1975년 출간).

Capra, F. (1998). 생명의 그물: 살아 있는 시스템들에 대한 새로운 과학적 이해(김용정, 김동광 공역). 범양사출판사. (원저 1995년 출간).

Carter, B., & McGoldrick, M. (1980). *The family life cycle: A framework for family therapy.* Gardener Press.

Carter, B., & McGoldrick, M. (1996). 가족생활주기와 가족치료(정문자 역). 중앙적성출판사. (원저 1989년 2판 출간).

Carter, B., & McGoldrick, M. (2000). 가족생활주기와 치료적 개입(정문자 역). 중앙적성출판사. (원저 1989년 2판 출간).

Carter, B., & McGoldrick, M. (2005). *The expanded family life cycle: Individual, family, and social perspectives* (3rd ed.). Allyn & Bacon.

Caudill, O. B. (2001). Practice management: Integrating ethics into business. In R. H. Woody & J. D. Woody (Eds.), *Ethics in marriage and family therapy* (pp. 169-195). Amercian Association for Marriage and Family Therapy.

Chung, H., & Gale, J. (2005). Appreciating some different epistemological premises of Korean and North American clients. AFTA-IFTA 2005, *Conference program & Abstract book*, 107.

Corey, G., Corey, M. S., & Callanan, P. (2015). *Issues and ethics in the helping professions* (9th ed.). Cengage Learning.

Corey C., Schneider M. & Callanan P. (2014). 상담 및 심리치료 윤리(8판)(서경현, 정성진 공역). 센게이지러닝코리아. (원저 2011년 출간).

Corey C. Schneider M., & Callanan P. (2022). 상담 및 심리치료 윤리(10판)(서경현, 정성진 공역). 센게이지러닝코리아. (원저 2017년 출간).

Dalai Lama (2000). 마음을 비우면 세상이 보인다(공경희 역). 문이당. (원저 1998년 출간).

de Shazer, S. (1985). *Keys to solution in brief therapy.* W. W. Norton.

de Shazer, S. (1988). *Clues: Investigating solutions in brief therapy.* W. W. Norton.

de Shazer, S., & Berg, I. K. (1995). The brief therapy tradition. In J. Weakland & W. Ray (Eds.), *Propagations: Thirty years of influence from the mental research institute.* Haworth Press.

de Shazer, S., & Berg, I. K. (1997). What works? Remarks on research aspects of solution-focused brief therapy. *Journal of Family therapy, 19,* 121-124.

Denborough, D. (2001). The narrative metaphor in family therapy: An interview with Michael White. In D. Denborough (Ed.). *Family therapy: Exploring the field's past, present and possible futures.* Dulwich Centre.

Denborough, D. (2008). *Collective narrative practice: Responding to individuals, groups, and communities who have experienced trauma*. Dulwich Centre Publications.

Denborough, D. (2012). A storyline of collective narrative practice: A history of ideas, social projects and partnerships. *The International Journal of Narrative Therapy and Community Work, 1*, 40-65.

Derrida, J. (1981). *Positions*. Chicago University Press.

Duhl, F. J., Kantor, D., & Duhl, B. S. (1973). Learning, space, and actions in family therapy: A primer of sculpture. *Seminars in Psychiatry, 5*(2), May.

Duvall, E. (1962). *Family development*. Lippincott.

Duvall, E. M., & Miller, B. C. (1985). *Marriage and family development* (6th ed.). Harper & Row.

El Ouassil, S., & Karig, F. (2023). **세상은 이야기로 만들어졌다: 신화 · 거짓말 · 유토피아**(김현정 역). 원더박스. (원저 2021년 출간).

Epston, D. (1989). Temper tantrum parties: Saving face, losing face, or going off your face! In D. Epston & M. White, *Experience, contradiction, narrative and Imagination* (Chapter 3). Dulwich Centre.

Erikson, E. H. (1963). *Childhood and society*. W. W. Norton.

Fisch, R. (1965). Resistance to change in the psychiatric community. *Archives of General Psychiatry, 13*, 359-366.

Fisch, R., Weakland, J., & Segal, L. (1982). *The tactics of change: Doing therapy briefly*. Jossey-Bass.

Flemons, D. (1991). *Completing distinctions: Interweaving the ideas of Gregory Bateson and Taoism into a unique approach to therapy*. Shambhala.

Flemons, D. (2002). 동양사상과 가족치료. **한국가족치료학회 제20회 워크숍 자료집**, 5-20.

Foucault, M. (1980). *Power/Knowledge: Selected interviews and other writings*. Pantheon Books.

Franklin, C. (1998). Distinction between social constructionism and cognitive constructivism: Practice applications. In C. Franklin & P. Nurius (Eds.), *Constructivism in practice: methods and challenges* (pp. 57-94). Families International.

Freedman, J., & Combs, G. (1996). *Narrative therapy: The social construction of preferred realities*. W. W. Norton.

Freedman, J., & Combs, G. (2006). **이야기치료의 이론과 실제: 부부치료를 중심으로**(허남순, 이경욱, 여혜숙, 오세향 공역). 학지사. (원저 2002년 출간).

Freedman, J., & Combs, G. (2009). **이야기치료: 선호하는 이야기의 사회적 구성**(김유숙, 전영주, 정혜정 공역). 학지사. (원저 1996년 출간).

Freeman, J., Epston, D., & Lebovits, D. (1997). *Playful approaches to serious problems: Narrative therapy with children and their families*. W. W. Norton.

Furman, B., & Ahola, T. (1994). Solution talk: The solution-oriented way of talking about problems. In M. F. Hoyt (Ed.), *Constructive therapies* (pp. 41-66). Guilford Press.

Furrow, J. L., Palmer, G., Johnson, S. M., Faller, G., & Palmer-Olsen, L. (2023). **정서중심 가족치료**(박성덕, 정혜정, 정지연 공역). 학지사. (원저 2019년 출간).

Gale, J. E. (1991). *Conversation analysis of therapeutic discourse: The pursuit of a therapeutic agenda*. Ablex.

Galvin, K. M., & Brommel, B. J. (2001). **가족관계와 의사소통**(노영주, 서동인, 원효정 공역). 도서출판 하우. (원저 1986년 2판 출간).

Gergen, K. J. (1985). Social constructivist movement in psychology. *American Psychologist, 40,* 266-275.

Gergen, K. J. (1991). The saturated family. *Family Therapy Networker, 15*(5), 27-35.

Gilligan, C. (1982). *In a different voice*. Harvard University Press.

Gladding, S. T., Remley Jr., T. R., & Huber, C. H. (2001). *Ethical, legal, and professional issues in the practice of marriage and family therapy* (3rd ed.). Merrill Prentice Hall.

Go, D. S., Kim, Y. E., Paik, J. W., Roh, S., & Yoon, S. J. (2020). A comparison of disease burden and the government budget for mental health in Korea. *Journal of Mental Health, 31*(4), 471-478.

Goffman, E. (1963). *Stigma: Notes on a spoiled identity*. Englewood Cliffs, NJ: Prentice-Hall.

Goldenberg, H., & Goldenberg, I. (2013). *Family therapy: An overview* (8th ed.). Cengage Learning.

Goldenberg, I., & Goldenberg, H. (2002). **가족치료**(김득성, 윤경자, 전영자, 전영주, 조명희, 현은민 공역). 시그마프레스. (원저 2000년 5판 출간).

Goldenberg, I., & Goldenberg, H. (2004). *Family therapy: An overview* (6th ed.). Thomson & Brooks/Cole.

Goldner, V. (1993). Power and hierarchy: Let's talk about it!. *Family Process, 32,* 157-162.

Gortevant, H. D., & Carlson, C. I. (1989). *Family assessment: A guide to methods and measures*. The Guilford Press.

Gurman, A. S. (1979). Dimensions of marital therapy: A comparative analysis. *Journal of Marital and Family Therapy, 5*(1), 5-18.

Haley, J. (1964). Research on family patterns: An instrument measurement. *Family Process, 3,* 41-65.

Haley, J. (1976). *Problem-solving therapy*. W. W. Norton.

Haley, J. (1986). *Uncommon therapy: The psychiatric techniques of Milton H. Erickson*, M. D. W. W. Norton.

Haley, J. (1987). *Problem-solving therapy* (2nd ed.). Jossey-Bass Publishers.

Hare, R. M. (1981). The philosophical basis of psychiatric ethics. In S. Bloch & P. Chodoff (Eds.), *Psychiatric ethics* (pp. 25-48). Oxford University Press.

Hare-Mustin, R. T. (1978). A feminist approach to family therapy. *Family Process, 17*, 181-194.

Hare-Mustin, R. T. (1994). Discourses in the mirrored room: A postmodern analysis of therapy. *Family Process, 33*, 19-35.

Hartman, A., & Laird, J. (1983). *Family-centered social work practice*. The Free Press.

Heywood, L., Conti, J., & Hay, P. (2022). Paper 1: a systematic synthesis of narrative therapy treatment components for the treatment of eating disorders. *Journal of Eating Disorders, 10*(1), 137.

Hoffman, L. (1981). *Foundations of family therapy: A conceptual framework for systems change*. Basic Books.

Hoffman, L. (1990). Constructing realities: An art of lenses. *Family Process, 29*, 1-12.

Hoffman, L. (1992). A reflexive stance for family therapy. In S. McNamee & K. Gergea (Eds.), *Therapy as social construction* (pp. 7-24). Sage.

Hoffman, L. (2002). *Family therapy: An intimate history*. W. W. Norton.

Hoffman, L. (2004). 가족치료를 위한 재귀적 관점. S. McNamee & K. J. Gergen 편, **심리치료와 사회구성주의**(pp. 23-56, 김유숙 역). 학지사. (원저 1992년 출간).

Hook, N., & Paolucci, B. (1970). The family as an ecosystem. *Journal of Home Economics, 62*, 315-318.

Huber, C. H. (1994). *Ethical, legal, and professional issues in the practice of marriage and family therapy* (2nd ed.). Merrill Publishing.

International Association of Marriage and Family Counselors (IAMFC) (2017). *IAMFC Code of Ethics*. Alexandria, VA. Author.

Jackson, D. D. (1965). The study of the family. *Family Process, 4*(1), 1-20.

Jackson, D. D., & Watzlawick, P. (1963). The acute psychosis as a manifestation of growth experience. *Psychiatric Research Reports, 16*, 83-94.

Jacobson, N. S., & Margolin, G. (1979). *Marital therapy: Strategies based on social learning and behavior exchange principles*. Brunner/Mazel.

Johnson, S. (2022). **정서중심 부부치료**(원서 3판, 박성덕 역). 학지사. (원저 2000년 출간).

Jonhson, S., & Greenberg, L. (1985). Emotionally Focused Couples Therapy: An outcome study. *Journal of Marital and Family Therapy, 11*(3), 13-317.

Jordan, J. (1985). Paradox and polarity: The Tao of family therapy. *Family Process, 24*(2), 165-174.

Jung, M. (1998). *Chinese American family therapy: A new model for clinicians*. Jossey-Bass.

Kabat-Zinn, J. (2005). **마음챙김과 자기치유**(장현갑, 김교헌, 장주영 공역). 학지사. (원저 1990년 출간).

Karpel, M. A. (1980). Family secrets: I. Conceptual and ethical issues in the relational context; II. Ethical and practical considerations in therapeutic management. *Family Process, 19*, 295-306.

Kaslow, F. W. (1981). Divorce and divorce therapy. In A. S. Gurman & D. P. Kniskern (Eds.), *Handbook of family therapy* (pp. 662-696). Brunner/Mazel.

Kaslow, F. W. (1986). Marital and family therapy. In M. B. Sussman & S. K. Steinmetz (Eds.), *Handbook of marriage and the family* (pp. 835-860). Plenum Press.

Keeney, B. P. (1983). *Aethetics of change*. The Guilford Press.

Keeney, B. P., & Ross, J. M. (1985). *Mind in therapy: Constructing systemic family therapies*. Basic Books.

Keeney, B. P., & Sprenkle, D. H. (1982). Ecosystemic epistemology: Critical implications for aesthetics and pragmatics of family therapy. *Family Process, 21(1)*, 1-19.

Kelley, P. (2004). 내러티브접근과 사회복지실천. F. Turner 편, **사회복지실천이론의 이해와 적용**(pp. 517-540, 연세사회복지실천연구회 역). 나남. (원저 1996년 4판 출간).

Kerr, M. E., & Bowen, M. (1988). *Family evaluation*. W. W. Norton.

Kerr, M. E., & Bowen, M. (2005). **보웬의 가족치료 이론**(남순현, 전영주, 황영훈 공역). 학지사. (원저 1988년 출간).

Kim, S. W. (2006). *Examining the effectiveness of solution-focused brief therapy: A meta-analysis using random effects modeling*. The University of Texas at Austin.

Kitchner, K. S. (1984). Intuition, critical evaluation and ethical principles: The foundation of ethical decisions in counseling psychology. *Counseling Pychology, 12*, 43-55.

Kitchener, K. S. (1986). Teaching applied ethics in counselor education: An integration of psychological processes and philosophical analysis. *Journal of Counseling & Development, 64*(5), 306-310.

Kitchener, K. S. (1988). Dual role relationships: What makes them so problematic? *Journal of Counseling & Development, 67*, 217-221.

Kohlberg, I. (1981). *The philosophy of moral development*. Harper & Row.

Lee, S. H. (2014). Narrative therapy: Korea's turn to new possibilities in health and human services. **한국가족치료학회지**, 22(4), 301-314.

Levy, C. S. (1976). *Social work ethics*. Haworth Press.

Lewis, H. (1984). Ethical assessment. *Social Casework, 65*(4), 203-211.

Lidz, R. W., & Lidz, T. (1949). The family environment of schizophrenic patients. *Journal of Psychiatry, 106*, 332-345.

Liem, A., Sit, H. F., Arjadi, R., Patel, A. R., Elhai, J. D., Hall, B. J. (2020). Ethical standards for telemental health must be maintained during the COVID-19 pandemic. *Asian Journal of Psychiatry, 53*, 1022-18.

Linares, J. L. (2001). Does history end with postmodernism? Toward an ultramodern family therapy. *Family Process, 40*(4), 401-412.

Lowenberg, F. M., & Dolgoff, R. (2000). **사회복지실천윤리**(서미경, 김영란, 박미은 공역). 양서원. (원저 1996년 출간).

Loewenberg, R. M., & Dolgoff, R. (1996). *Ethical decisions for social work practice*.

Madanes, C. (1998). **전략적 가족치료 이론과 사례**(오창순 역). 아시아미디어리서치. (원저 1981년 출간).

Madigan, S., & Epston, D. (1995). From Spy-chiatric Gaze to Communities of Concern: From professional monologue to dialogue. In S. Friedman (Ed), *The reflecting team in action*. Guilford Publications.

Madigan, S. (2012). Anti-individualist narrative practice: Listening to the echoes of cutura histories. *The International Journal of Narrative Therapy and Community Work, 1*, 27-34.

Mann, S., & Russell, M. (2004. 5.). Narrative Therapy. **한림대학교 사회복지대학원 워크숍 자료집**.

Margolin, G. (1982). Ethical and legal considerations in marital and family therapy. *American Psychologist, 37*(7), 788-801.

Maturana, H. (1978). Biology of language: The epistemology of reality. In G. A. Miller, & E. Lenneberg (Eds.), *Psychology and biology of language and thought*. Academic Press.

Maturana, H., & Varela, F. (1987). Autopoiesis and cognition: *The realization of the living*. D. Reidl.

McGoldrick, M., & Giordano, J. (1996). Overview: Ethnicity and family therapy. In M. McGoldrick, J. Giordano, J. K. Pearce (Eds.), *Ethnicity and family therapy* (2nd ed., pp. 1-27). Guilford Press.

McGoldrick, M., Gerson, R., & Shellenberger, S. (2011). **가계도: 사정과 개입**(이영분, 김유숙, 정혜정 공역). 학지사. (원저 1999년 출간).

McKergow, M. (2024). **차세대 해결중심치료의 실천-갤러리 모델**(최중진 역). 학지사. (원저 2021년 출간).

McNamee, S., & Gergen, K, J. (2004). **심리치료와 사회구성주의: 자기이야기의 새로운 구성**(김유숙 역). 학지사. (원저 1992년 출판).

Metcalf, L., Thomas, F., Duncan, B., Miller, S., & Hubble, M. (1996). What works in solution-focused brief therapy: A qualitative analysis of client and therapist's perceptions. In S. Miller, M. Hubble, & B. Duncan (Eds.), *Handbook of solution-focused brief therapy* (pp. 335- 350). Jossey-Bass.

Micoxon, S. A., Remley, T. P. Jr., & Gladding, S. T. (2012). *Ethical, legal, and professional issues in the practice of marriage and family therapy* (5th ed.). Pearson.

Miller, S. (1994). The solution-conspiracy: A mystery in three installments. *Journal of Systemic Therapies, 13,* 18-37.

Mills, S. D., & Sprenkle, D. H. (1995). Family therapy in the postmodern era. *Family Relations, 44*, 368-376.

Minuchin, S. (1974). *Families and family therapy.* Harvard University Press.

Minuchin, S. (1988). **가족과 가족치료**(김종옥 역). 법문사. (원저 1974년 출간).

Minuchin, S. (1998). Where is the family in narrative family theapy? *Journal of Marital and Family Therapy, 24*(4), 397-403.

Minuchin, S., & Fishman, H. C. (1981). *Family therapy techniques.* Harvard University Press.

Minuchin, S., & Nichols, M. P. (1993). *Family healing: Tales of hope and renewal from family therapy.* The Free Press.

Minuchin, S., Montalvo, B., Guerney, B. G., Rosman, B. L., & Schumer, F. (1967). *Families of the Slums.* Basic Books.

Minuchin, S., Nichols, M. P., & Lee, W. (2007). **부부 · 가족상담의 4단계 모델: 증상에서 체계까지 상담사례의 적용**(오진미, 신희천, 유계식, 김만권 공역). 시그마프레스. (원저 2007년 출간).

Minuchin, S., Rosman, B., & Baker, L. (1978). *Psychosomatic families: Anorexia nervosa in context.* Harvard University Press.

Morgan, E. (2003). **이야기치료란 무엇인가?**(고미영 역). 청목출판사. (원저 2000년 출간).

Myerhoff, B. (1986). Life not delath in Venice. In V. W. Turner & F. M. Bruner (Eds.), *The anthropology of experience.* University of Illinois Press.

Neugarten, B. I. (1976). Adaptation and the life cycle. *Counseling Psychologist, 6*(1), 16-20.

Nichols, M. P. (2011). **가족치료: 개념과 방법**(김영애, 김정택, 송성자, 심혜숙, 정문자, 제석봉 공역). 시그마프레스. (원저 2010년 출간).

Nichols, M. P., & Schwartz, R. C. (2002). **가족치료: 개념과 방법**(김영애, 정문자, 송성자, 제석봉, 심혜숙, 김정택, 정석환, 김계현, 이관직 공역). 시그마프레스. (원저 2001년 5판 출간).

Nichols, M. P., & Schwartz, R. C. (2004). **가족치료: 핵심개념과 실제적용**(김영애, 김정택, 심혜숙, 정석환, 제석봉 공역). 시그마프레스. (원저 2002년 출간).

Nichols, M. P., & Schwartz, R. C. (2007). **가족치료: 개념과 방법**(김영애, 정문자, 송성자, 제석봉, 심혜숙, 김정택, 정석환, 김계현 공역). 시그마프레스. (원저 2006년 7판 출간).

Nisbett, R. (2004). **생각의 지도**(최인철 역). 김영사. (원저 2003년 출간).

Nurse, A. R. (1999). *Family assessment: effective uses of personality tests with couples and families*. John Wiley & Sons.

O'Hanlon, W. H. (1993). Take two people and call them in the morning: Brief solution-oriented therapy with depression. In S. Friedman (Ed.), *The new language of change: Constructive collaboration in psychotherapy* (pp. 50-84). Guilford Press.

O'Hanlon, W. H., & Weiner-Davis, M. (1989). *In search of solutions: A new direction in psychotherapy*. W. W. Norton.

Olson, D. H., Russell, C. S., & Sprenkle, D. H. (1989). *Circumplex model: Systemic assessment and treatment of families*. The Haworth Press.

OpenAI (2025, June 22). Case vignette: Dual relationship in couple therapy (Option C resolution) [Large language model response]. ChatGPT. https://chat.openai.com/

Payne, M. (2006). *Introduction to narrative therapy for counselors*. Sage Publications.

Pilgrim, D. (2000). The real problem for postmodernism. *Journal of Family Therapy, 22*, 6-23.

Pinsof, W. M. (1995). *Integrative problem-centered therapy: A synthesis of family, individual, and biological therapies*. Basic Books.

Pope, K. S., & Vasquez, M. J. T. (2016). *Ethics in psychotherapy and counseling: A practical guide* (5th ed.). Wiley.

Prigogine, I., & Stengers, I. (1993). **혼돈으로부터의 질서**. 고려원.

Rawls, J. (1971). *Theory of justice*. Harvard University Press.

Reamer, F. G. (1980). Ethical content in social work. *Social Casework, 61*, 531-540.

Reamer, F. G. (1983). Ethical dilemmas in social work practice. *Social Work, 28*(1), 31-35.

Reamer, F. G. (1995). *Social work values and ethics*. Columbia University Press.

Reiter, M. D. (2016). **가족치료 사례개념화**(정혜정 역). 학지사. (원저 2014년 출간).

Reiter, M. D. (2021). **가족치료의 길잡이**(정혜정 역). 학지사. (원저 2018년 출간).

Ricoeur, P. (1984). *Time and narrative*. The University of Chicago Press.

Rogers, C. R. (1957). The necessary and sufficient conditions of therapeutic personality change. *Journal of Consulting Psychology, 21*, 95-103.

Rogers, C. R. (1959). A theory of therapy, personality and interpersonal relationships as developed in the client-centered framework. In S. Koch (Ed.), *Psychology: A study of a science*. Vol III. Formulations of the Person in the Social Context. McGraw Hill.

Russell, S., & Carey, M. (2004). (Eds.). *Narrative therapy: Responding to your questions*.

Dulwich Centre Publications.

Satir, V. (1972). *Peoplemaking*. Science & Behavior Books.

Satir, V. (1988). *The New Peoplemaking*. Science & Behavior Books.

Satir, V. (1991). **가족의사소통의 새로운 기법: 사람만들기**(성민선, 송준 공역). 홍익재. (원저 1972년 출간).

Satir, V., Banmen, J., Gerber, J., & Gomori, M. (1991). *The Satir Model: Family therapy and beyond*. Science & Behavior Books.

Schwab, J. (1990). *A resource handbook for Satir's concepts*. Science & Behavior Books.

Sieburg, E. (1985). *Family communication: A integrated systems approach*. Gardner Press.

Simon, D. (1996). Crafting consciousness through form: Solution-focused therapy as a spiritual path. In S. Miller, M. Hubble, & B. Duncan (Eds.), *Handbook of solution-focused brief therapy*. Jossey-Bass.

Sinclair, S. L., & Monk, G. (2004). Moving beyond the blame game: Toward a discursive approach to negotiating conflict within couple relationships. *Journal of Marital and Family Therapy, 30*(3), 335-347.

Sprenkle, D. H., & Blow, A. J. (2004). Common factors and our sacred models. *Journal of Marital and Family Therapy, 30*(2), 113-129.

Stoll, J., Müller, J. A., & Trachsel, M. (2020). Ethical issues in online psychotherapy: A narrative review. *Frontiers in Psychiatry, 10*, 1-16.

Storm, C. L., Todd, T. C., Sprenkle, D. H., & Morgan, M. M. (2001). Gaps between MFT supervision assumptions and common practice: Suggested best practices. *Journal of Marital and Family Therapy, 27*, 227-239.

Sue, D. W., & Sue, D. (2019). *Counseling the culturally diverse: Theory and practice* (8th ed.). Wiley.

Suler, J. R. (1993). *Contemporary psychoanalysis and eastern thought*. SUNY Press.

Tarragoda, M. (2008). Postmodern/poststructuralist therapy. In Lebow, J. L. (Ed.), *Twenty-first century psychotherapies: Contemporary approaches to theory and practice* (Chapter 6). John Wiley & Sons Inc.

Thomas, L. (2004). Poststructuralism and therapy: What's it all about? In S. Russell & M. Carey (Eds.), *Narrative therapy: Responding to your questions* (pp. 93-99). Dulwich Centre Publications.

Titelman, P. (1998). *Clinical applications of Bowen family systems theory*. The Haworth Press.

Todd, T. C., & Storm, C. L. (2014). **가족치료 슈퍼비전의 이론과 실제**(한국가족치료학회 편역). 학지사. (원저 2008년 출간).

Toman, W. (1961). *Family Constellation: Its effects on personality and social behavior.* Springer.

Visher, E. B., & Visher, J. S. (1988). *Old loyalties, new ties: Therapeutic strategies with stepfamilies.* Brunner/Mazel.

Vygotsky, L. (1986). *Thought and language.* MIT Press.

Walsh, F. (1993). *Normal family process.* The Guilford Press.

Walsh, F., & Scheinkman, M. (1989). (Fe)male: The hidden gender dimension in models of family therapy. In M. McGoldrick, C. M. Anderson, & F. Walsh (Eds.), *Women in families: A framework for family therapy* (pp. 16-41). W. W. Norton.

Walter, J. L., & Peller, J. E. (1996). **단기가족치료: 해결중심으로 되어가기**(가족치료연구모임 역). 하나의학사. (원저 1992년 출간).

Walters, M., Carter, B., Papp, P., & Silverstein, O. (1988). *The invisible web: Gender patterns in family relationships.* Guilford Press.

Watzlawick, P. (1965). Brief communications-paradoxical predictions. *Psychiatry, 28*(4), 368-374.

Watzlawick, P., Beavin, J. H., & Jackson, D. D. (1967). *Pragmatics of human communications: A study of interactional patterns, pathologies and paradoxes.* W. W. Norton.

Watzlawick, P., Weakland, J., & Fisch, R. (1974). *Change: Principles of problem formulation and problem resolution.* W. W. Norton.

Weakland, J. H., Fisch, R., Watzlawick, P., & Bodin, A. (1974). Brief therapy: Focused problem resolution. *Family Process, 13*(2), 141-166.

Whitaker, C. A., & Keith, D. V. (1981). Symbolic-experiential family thrapy. In A. S. Gurman & D. P. Kniskern (Eds.), *Handbook of family therapy* (pp. 187-225). Brunner/Mazel.

White, M. (1989). Family therapy training and supervision in a world of experience and narrative. In D. Epston & M. White (Eds.), *Experience, contradiction, narrative and Imagination* (Chapter 4). Dulwich Centre.

White, M. (1995). *Re-authoring lives: Interviews and essays.* Dulwich Centre.

White, M. (1998). Some notes by Michael White. In C. White & D. Denborough (Eds.), *Introducing narrative therapy: A collection of practice-based papers.* Dulwich Centre Publications.

White, M. (2001a). The narrative metaphor in family therapy: An interview with Michael White. In D. Denborough (Ed.), *Family therapy: Exploring the field's past, present & possible futures*(pp. 131-138). Dulwich Centre Publications.

White, M. (2001b). 이야기치료. 한림대학교 사회복지대학원 제31회 워크숍 자료집.

White, M. (2004). Narrative Therapy: Mapping narrative therapy. 한림대학교 사회복지대학원 제48회 워크숍 자료집.

White, M. (2010). 이야기치료의 지도(이선혜, 정슬기, 허남순 공역). 학지사. (원저 2007년 출간).

White, M., & Epston, D. (1990). *Narrative means to therapeutic ends*. W. W. Norton.

WHO. (2001). *World Health Report 2001: Mental Health, New Understanding, New Hope* (Nonserial Publication). World Health Organization/Geneva: Switzerland.

Wiener, N. (1948). Cybernetics. *Scientific American, 179*(5), 14-18.

Wilcoxon, S. A., Remley, T. P. Jr., & Gladding, S. T. (2012). *Ethical, legal, and professional issues in the practice of marriage and family therapy* (5th ed.). Pearson.

Wittgenstein, L. (1980). *Culture and value*. Translated by P. Winch. The University of Chicago Press.

Woody, J. D. (1990). Resolving ethical concerns in clinical practice: Toward a pragmatic model. *Journal of Marital and Family Therapy, 16*(2), 133-150.

Woody, R. H., & Woody, J. D. (2001). Protecting and benefiting the client. In R. H. Woody & J. D. Woody (Eds.), *Ethics in marriage and family therapy* (pp. 13-41). American Association for Marriage and Family Therapy.

Worell, J., & Remer, P. (2004). 여성주의 상담의 이론과 실제(김민예숙, 강김문순 공역). 한울아카데미. (원저 1996년 출간).

Wrape, E. R., & McGinn, M. M. (2019). Clinical and ethical considerations for delivering couple and family therapy via telehealth. *Journal of Marital and Family Therapy, 45*(2), 296-308.

Wynne, L. C., Ryckoff, I. M., Day, J., & Hirsch, S. I. (1958). Pseudo-mutuality in the family relations of schizophrenics. *Psychiatry, 21*, 205-220.

Zimmerman, J. (2017). Neuro-narrative therapy: Brain science, narrative therapy, poststructuralism, and preferred identities. *Journal of Systemic Therapies, 36*(2), 12-26.

[기사]

SBS 8시 뉴스(2007. 2. 20.). 명절기간 동안 잇달은 가족의 폭력사건.

곽노필(2024. 6. 29.). "사주도 움직인다" … 사주명리학자의 운명 극복론. 한겨레신문

권아현(2023. 10. 4.). MZ세대가 사주 공부에 빠진 이유. 조선일보

김광현, 이은우, 김동욱, 김희균, 권재현, 남원상(2006. 11. 21.). 대한민국 40대, 2006년의 초상: 캥거루족 자녀, 허리휜다. 동아일보.

김남일(2008. 6. 4.). 이혼, 3개월은 생각해보세요. 한겨레신문.

김선재(2016. 11. 3). [취재파일플러스] 56%가 "나는 캥거루족"… 계속 증가하는 까닭. http://news.chosun.com/site/data/html_dir/2017/10/27/2017102701494.html. SBS.

김소연(2007. 6. 6.). 국민 여러분이 양심배심원이 돼주세요.

김신영(2015. 2. 3.). [6075 新중년] 은퇴後 둘이서 멋지게… '新婚같은 황혼부부' 뜬다. 조선일보.

김영옥(2023. 7. 18.). 부모에 얹혀사는 청년 캥거루족 42만여 명 시대. 중앙일보.

김지아(2024. 6. 11.). "불안한 한국 젊은이들, 무당 찾아" … 외신이 분석한 '샤머니즘' 인기 이유. 조선일보.

김진철(2007. 5. 24.). '태아감별'의 저주… 2020년 신랑 100년에 신부 88명. 한겨레신문.

김창호(2004. 10. 13.). [해체주의 철학자 데리나 뭘 남겼나] 서양 이분법에 반기 들다. 중앙일보.

김철중(2011. 5. 11.). 1만여 명이라던(복지부 2008년 보고서 · 성인 포함) 자폐장애, 초등생 이하만 11만 명. 조선일보.

김태균(2025. 2. 18.). 결혼정보회사 듀오 "여성이 남성보다 이혼에 더 긍정적". 경북신문.

듀오 휴먼라이프연구소(2010). 2010 미혼남녀의 이상적인 배우자상.

듀오 휴먼라이프연구소(2010). 시대별 혼수품 동향.

매일경제 디지털뉴스국(2017. 9. 30.). "황금연휴 며느리들은 괴롭다" … 명절증후군 환자 증가.

박연직(2011. 5. 15.). 늘어나는 황혼이혼… 신혼이혼 앞질렀다. 세계일보.

배현정(2007. 6. 25.). "우리 희망을 함께 나눠요" 드림즈 증후군 하늘이네 가족. 한국아이닷컴.

서욱진(2011. 2. 25.). "아빠가 용돈 주는데…" 27만 명이 자발적 백수. 한국경제.

석남준(2012. 9. 20). 부모의 눈물로 울리는 웨딩마치 6. 온국민 결혼비용 스트레스. 조선일보.

성미애(2005. 11. 21.). 한창 돈 들어갈 나이에 나가라니…. 주간조선.

이고은(2007. 6. 19.). 재력가 너도나도 '데릴사위 구함'. 경향신문.

이나연, 노시용(2005. 8. 3.). 정서장애 어린이 5년새 28% 급증. 동아일보.

이은희(2007. 6. 9.). 정신병원 퇴원요구 방치한 의사, '감금죄' 첫 인정. 오마이뉴스.

이정원(2013. 10. 10). 노후자금까지 다 내준 '캥거루족(독립할 나이에도 부모에 의존하는 사람) 부모'의 비극. 조선일보.

이지혜(2011. 5. 12.). "자폐가 엄마 잘못이라고? 애정결핍 때문 아닙니다". 조선일보.

이해나(2022. 5. 13.). '헬리콥터 부모' … 부모와 자녀 모두에게 독 돼. 헬스조선.

이현주(2016. 2. 19.). 거품 낀 '작은 결혼식' … 잘못하면 허리 휜다. 한국일보.

이혜인(2024. 9. 14.). 1993년 신문에 '며느리증후군' 첫 등장… '명절 스트레스' 변천사. 경향신문.

정철근, 천창환(2007. 4. 16.). 이혼 급증… 시름 깊은 농촌, 중앙일보.

조민진(2007. 5. 9.). 인생후반 행복찾기 '45+45' 프로젝트. 문화일보.

조현정(2007. 1. 16.). 트로피 아내보다 전문직 아내가 좋아. 매일경제.

주혜주(2007. 4. 9.). 대학생 성형수술에 대한 인식은?. 세계일보.

홍수영(2009. 9. 26.). "황혼이혼도 늦으리" 이젠 '대입(大入)이혼'까지…. 동아일보.

[참고사이트]

Center for Stuttering Therapy http://www.coloradostutteringtherapy.com/therapy/index.htm
ENRICH Korea http://www.enrichkorea.org
국제정서중심치료센터 https://iceeft.com/
덜리치센터 http://www.dulwichcentre.com.au
미국가족치료학회 http://www.afta.org
미국부부가족치료학회 http://www.aamft.org
미국부부가족치료학회 자료실 http://www.familytherapyresources.net
법제처 http://www.moleg.go.kr
부부 · 가족상담학회 http://www.kamfc.or.kr
서울가정법원 http://slfamily.scourt.go.kr/slfamily/sosong/sosong_02/sosong_02_01/index.html, 2007. 7. 1.
심리치료네트워크 http://www.psychotherapynetworker.org
심리치료서비스 검색 http://www.therapistlocator.net
애커먼가족연구소 http://www.ackerman.org
에반스톤가족치료센터 http://www.eftc.info
여성가족부 http://www.mogef.go.kr
정신건강연구소 http://www.mri.org
조지타운가족센터 http://www.thebowencenter.org
필라델피아아동지도클리닉 http://www.phillafamily.com
한국MBTI연구소 http://www.mbti.co.kr
한국가족관계학회 http://www.kafr.or.kr
한국가족치료학회 http://www.familytherapy.or.kr
한국건강가정진흥원 www.kihf.or.kr
한국단기가족치료연구소 http://www.가족치료.kr, http://brief-therapy.or.kr
한국사티어변형체계학회 http://www.ksta.kr
한국상담학회 http://counselors.or.kr:8080/index.html
한국이야기치료학회 http://www.narrative.or.kr
해결중심치료학회 http://cafe.daum.net/solutionfocus, www.solutionfocus.or.kr

[사진출처]

아름다운 노부부 http://hanok.jeonju.go.kr/cultureDBImage/m-image/m-4957.jpg

찾아보기

인명

내용

저자 소개

정문자(Moon Ja Chung)

연세대학교 아동・가족학과 명예교수/한국단기가족치료연구소 공동대표

미국 시라큐스대학교 아동・가족학과(Ph.D.)

(사)한국가족치료학회 제6대 회장

(사)한국가족치료학회 부부가족상담 슈퍼바이저

(사)한국상담학회 전문상담사 1급(수련감독, 부부가족상담)

(사)한국상담심리학회 상담심리전문가

정혜정(Hye Jeong Chung)

전북대학교 아동학과 교수

미국 텍사스테크대학교 인간발달・가족학과(Ph.D.)

(사)한국가족치료학회 제12대 회장

(사)한국가족치료학회 부부가족상담 슈퍼바이저

(사)한국상담학회 전문상담사 1급(수련감독, 부부가족상담)

국제정서중심치료센터(ICEEFT) 공인 정서중심 부부치료사

이선혜(Sun Hae Lee)

중앙대학교 사회복지학부 교수

미국 캘리포니아주립대학교 버클리 사회복지대학원(Ph.D.)

(사)한국가족치료학회 제17대 회장

(사)한국가족치료학회 부부가족상담 슈퍼바이저

(사)한국상담학회 전문상담사 1급(수련감독, 부부가족상담)

한국내러티브상담학회 내러티브상담사 전문가 및 슈퍼바이저

전영주(Young Ju Chun)

신라대학교 상담치료복지학과 교수

미국 퍼듀대학교 아동발달 가족학과(Ph.D.)

(사)한국가족치료학회 제18대 회장

(사)한국가족치료학회 부부가족상담 슈퍼바이저

(사)한국상담학회 전문상담사 1급(수련감독, 부부가족상담 및 아동청소년상담)

한국가족놀이치료학회 가족놀이상담사 슈퍼바이저

가족치료의 이해(4판)

Foundations of Family Therapy (4th ed.)

2007년 9월 10일 1판 1쇄 발행
2011년 4월 25일 1판 7쇄 발행
2012년 1월 5일 2판 1쇄 발행
2017년 2월 15일 2판 12쇄 발행
2018년 2월 25일 3판 1쇄 발행
2025년 1월 20일 3판 15쇄 발행
2025년 8월 25일 4판 1쇄 발행

지은이 • 정문자 · 정혜정 · 이선혜 · 전영주
펴낸이 • 김진환
펴낸곳 • (주)학지사
04031 서울특별시 마포구 양화로 15길 20 마인드월드빌딩
대표전화 • 02-330-5114 팩스 • 02-324-2345
등록번호 • 제313-2006-000265호

홈페이지 • http://www.hakjisa.co.kr
인스타그램 • https://www.instagram.com/hakjisabook

ISBN 978-89-997-3477-9 93180

정가 28,000원